高等院校经济学管理学精品规划教材

统 计 学

——统计设计和数据搜集、整理与分析

（第四版）

孙允午　张志杰　主编

上海财经大学出版社

图书在版编目(CIP)数据

统计学：统计设计和数据搜集、整理与分析/孙允午，张志杰主编. —4版. —上海：上海财经大学出版社，2022.9
（高等院校经济学管理学精品规划教材）
ISBN 978-7-5642-3943-5/F·3943

Ⅰ.①统… Ⅱ.①孙… ②张… Ⅲ.①统计学-高等学校-教材 Ⅳ.①C8

中国版本图书馆CIP数据核字（2022）第010162号

□ 责任编辑　刘光本
□ 责编电邮　lgb55@126.com
□ 责编电话　021-65904890
□ 封面设计　张克瑶

统 计 学
——统计设计和数据搜集、整理与分析
（第四版）

孙允午　张志杰　主编

上海财经大学出版社出版发行
（上海市中山北一路369号　邮编200083）
网　　址：http://www.sufep.com
电子邮箱：webmaster@sufep.com
全国新华书店经销
上海新文印刷厂有限公司印刷装订
2022年9月第4版　2022年9月第1次印刷

787mm×1092mm　1/16　23印张　589千字
习题集　9.25印张　237千字
印数:59 701—63 700　定价:79.00元

前言

在这个经济和信息化高速发展的时代,数据充斥在我们周围的生活和工作中,人们对于统计学的认识和应用也越来越普及。除了数学领域,统计学还广泛应用于社会经济学、金融、军事、通信、医药健康等众多领域。如何获取数据、处理数据、描述数据,以及从数据中提取准确的有用信息,进而为你的学习、工作或生活做出正确决策提供帮助,构成了统计学的核心研究内容。

"统计学"是高等院校许多专业的基础课程。随着社会经济和科学技术的发展,上海财经大学"统计学"课程一直在不断地进行改革和完善。改革的目标就是结合"社会经济统计学原理"和"数理统计"这两门课程的内容,综合描述性统计和推断性统计的教学体系,取长补短,解决这两门课程一些内容的重复和定义的差异等问题,与国际上"统计学"课程的内容逐步接轨。为此,2006 年孙允午主编了《统计学》教材,取得了很好效果,获得教育部、财政部的重点推荐和上海市优秀教材一等奖。经过多年的教学实践和形势发展变化的需要,我们深感《统计学》教材有必要做进一步的修改,以满足在现有的社会经济发展的背景和技术条件下学习本课程的需要,满足高校精品课程建设的需要。与前三版教材相比,第四版教材有如下一些特点:

1. 其体系与国际上通行的《统计学》教材接轨,基本相同,涵盖了现代统计学描述性统计与推断性统计的全部内容,但本版教材更加注重从如何用好统计学的角度来组织安排章节内容。例如:将原第一章和第二章的统计基础和数据描述的内容按照统计工作的流程更加具体化,拆分到不同的章节中,分别介绍统计绪论、统计设计、数据的搜集与整理、图表展示。将原有的概率基础一章细化为随机变量与概率分布和统计量与抽样分布,以更好地体现总体与样本的内容,进而将概率论与统计学相结合,这样的过渡也更有利于学生建立统计思维,为后续"计量经济学"等课程中的高级统计方法的学习打下基础。

2. 更加注重将数据类型和统计方法结合起来。不同的数据类型,其对应的统计分析方法不同,因此我们在第九章到十一章中分别以定量数据、有序分类数据和无序分类数据为主介绍对应的各种统计分析方法,增加了卡方检验等相关内容,这样有利于学生更加深刻地理解数据类型的重要性,结合对数据类型的正确认识,以指导如何选择正确的统计分析方法,这对用好统计学这门工具是非常重要的。

3. 对一些章节中的统计引例进行了更新,新的统计引例更加符合章节内容,对于统计理论和方法的公式也进行了更新,例如统计量、分位数等。

本教材可供非统计专业的本科生使用,也可供非统计专业的研究生或统计专业的本科生作为参考。

本教材自出版以来,得到了广大读者和有关方面的认可,是上海市精品课程建设项目。经过多年的教学实践,我们发现原教材中存在一些问题,而且社会也在发展,因而有必要对本教材进行再次修订,以更好地适应教学之需。本次主要的修改内容是从应用的角度基于统计学的方法体系对原教材中的章节结构进行了调整,增删了部分内容以更好地体现方法体系的完整性,并增加和改变了部分例题以及更新了有关的数据等。孔令才博士、洪尚志博士、孙雨骐博士、李寒盈博士参与了本版教材的部分编写工作。

本教材在编写过程中,这得到了上海财经大学和复旦大学统计学专业诸多同仁的热情相助,笔者在此表示衷心的感谢。同时,还要感谢使用过本教材的各位老师和同学以及上海财经大学出版社的编辑,他们提出的宝贵意见和建议使本书更为完善。

限于笔者水平,错误在所难免,敬请各位同仁批评指正。如您在使用过程中发现错误或有建议,请与我们联系(statabc@gmail.com),我们将尽全力提高本教材的质量,衷心感谢您的付出。

孙允午　张志杰
2022 年 8 月

目 录

第一章 绪论 1
  统计引例 1
  第一节 什么是统计 2
  第二节 为何需要数据 2
  第三节 统计学的基本概念 2
  第四节 数据的类型 5
  第五节 统计工作的基本步骤 8
  第六节 统计法规 9
  第七节 统计学的方法体系 10
    本章小结 13
    思考与练习 13

第二章 统计设计 14
  统计引例 14
  第一节 统计设计简介 14
  第二节 观察性调查研究的统计设计 15
  第三节 干预性实验研究的统计设计 19
  第四节 统计设计需要注意的问题 21
    本章小结 22
    思考与练习 22

第三章 数据的搜集与整理 24
  统计引例 24
  第一节 数据的来源 25
  第二节 数据的整理 26
    本章小结 30
    思考与练习 30

第四章　数据的图表展示 ... 31
  统计引例 ... 31
  第一节　统计表 ... 32
  第二节　统计图 ... 36
  第三节　图表应用的注意事项 ... 42
  本章小结 ... 42
  思考与练习 ... 42

第五章　数据的描述性分析 ... 44
  统计引例 ... 44
  第一节　分类数据的统计描述 ... 44
  第二节　定量数据的统计描述 ... 48
  本章小结 ... 65
  思考与练习 ... 65

第六章　随机变量与概率分布 ... 70
  统计引例 ... 70
  第一节　随机事件与概率 ... 70
  第二节　随机变量及其概率分布 ... 79
  第三节　常见离散型随机变量的概率分布 ... 84
  第四节　常见连续型随机变量的概率分布 ... 90
  第五节　大数定律和中心极限定理 ... 98
  本章小结 ... 99
  思考与练习 ... 99

第七章　统计量与抽样分布 ... 102
  统计引例 ... 102
  第一节　抽样与抽样分布 ... 102
  第二节　样本均值的抽样分布 ... 104
  第三节　样本比例的抽样分布 ... 112
  第四节　样本方差的抽样分布 ... 114
  本章小结 ... 116
  思考与练习 ... 116

第八章 参数估计和假设检验的基本原理 ·· 117
统计引例 ··· 117
第一节 参数估计的基本原理 ··· 117
第二节 假设检验的基本原理 ··· 132
本章小结 ··· 137
思考与练习 ··· 138

第九章 定量数据的统计分析 ··· 140
统计引例 ··· 140
第一节 单个样本均值的检验 ··· 140
第二节 两个独立样本均值之差的检验 ·· 143
第三节 两个配对样本均值之差的检验 ·· 146
第四节 多个独立样本均值的方差分析 ·· 147
第五节 多个区组样本均值的方差分析 ·· 150
第六节 多个样本均数间的两两比较 ·· 155
第七节 离散程度的检验 ·· 157
本章小结 ··· 159
思考与练习 ··· 159

第十章 有序分类数据的统计分析 ·· 162
统计引例 ··· 162
第一节 非参数统计的概念和特点 ··· 162
第二节 单个样本的符号检验 ··· 163
第三节 两个配对样本的 Wilcoxon 符号秩检验 ·· 166
第四节 两个独立样本的 Mann-Whitney U 检验 ·· 168
第五节 多个独立样本的 Kruskal-Wallis H 检验 ·· 170
第六节 多个区组样本的 Friedman M 检验 ··· 171
第七节 非参数统计推断中多个样本间的两两比较 ·· 173
本章小结 ··· 174
思考与练习 ··· 174

第十一章 无序分类数据的统计分析 ··· 176
统计引例 ··· 176
第一节 χ^2 检验 ·· 176
第二节 单个样本比例的检验 ··· 184

第三节　两个配对样本比例差异的检验 ··· 185

　　第四节　两个独立样本比例差异的检验 ··· 186

　　第五节　多个独立样本比例差异的检验 ··· 187

　　第六节　分层卡方检验 ··· 188

　　第七节　趋势卡方检验 ··· 189

　　第八节　多个独立样本比例间的两两比较 ····································· 191

　　　本章小结 ·· 191

　　　思考与练习 ··· 192

第十二章　相关分析 ··· 193

　　统计引例 ··· 193

　　第一节　相关的概念和二元概率分布 ·· 193

　　第二节　定量数据的线性相关分析 ··· 197

　　第三节　有序分类数据的等级相关分析 ··· 202

　　第四节　无序分类数据的关联分析 ··· 203

　　　本章小结 ·· 205

　　　思考与练习 ··· 205

第十三章　回归分析 ·· 208

　　统计引例 ··· 208

　　第一节　简单线性回归模型 ·· 208

　　第二节　多元线性回归模型 ·· 222

　　第三节　非线性回归模型 ··· 235

　　　本章小结 ·· 240

　　　思考与练习 ··· 240

第十四章　时间序列分析 ·· 244

　　统计引例 ··· 244

　　第一节　时间序列的种类和编制方法 ·· 244

　　第二节　时间序列的传统分析指标 ··· 247

　　第三节　时间序列的构成与测定 ·· 253

　　第四节　时间序列的预测方法 ··· 265

　　　本章小结 ·· 274

　　　思考与练习 ··· 275

第十五章 统计指数 ... 278
统计引例 ... 278
第一节 指数的概念和种类 ... 278
第二节 综合指数 ... 279
第三节 平均数指数 ... 282
第四节 两种常见的经济指数 ... 286
本章小结 ... 292
思考与练习 ... 292

附录一 部分思考与练习参考答案 ... 294
附录二 公式证明 ... 311
附录三 模拟试卷与参考答案 ... 316
附录四 统计用表 ... 335
1. 随机数字表 ... 335
2. 正态分布双侧临界值表 ... 336
3. 标准正态分布表 ... 336
4. t 分布单侧临界值表 ... 338
5. t 分布双侧临界值表 ... 339
6. χ^2 分布临界值表 ... 340
7. F 分布上侧临界值表 ... 342
8. $D-W$ 检验上下临界值表 ... 344
9. 二项分布表 ... 346
10. 泊松分布表 ... 348
11. Wilcoxon 符号秩检验 T 值的临界值表 ... 350
12. Mann-Whitney U 检验的临界值表 ... 351
13. Spearman 秩相关系数检验的临界值表 ... 352
14. 游程检验中 r 检验的临界值表 ... 353
15. 简单相关系数 r 检验的临界值表 ... 354

参考文献 ... 355

第一章

绪 论

统计引例

永美公司的顾客满意度调查

永美是一家通过电视进行商品直销的公司,追求给顾客提供优质的服务和高质量的商品。为了加深对顾客的了解,永美要求顾客填写一份满意度调查表,并寄回公司。调查表中有以下的一些问题:

- 从你订购商品起到收到这些商品的天数。
- 在未来的12个月内,你准备花多少钱去购买直销商品?
- 根据你最近在永美的购买情况,你对永美所提供的服务总体评价如何?
1. 比预想的要好得多
2. 比预想的要好
3. 和预想的差不多
4. 比预想的要差
5. 比预想的要差得多
- 你如何评价最近在永美购买的商品的质量?
1. 比预想的要好得多
2. 比预想的要好
3. 和预想的差不多
4. 比预想的要差
5. 比预想的要差得多
- 在未来的12个月内,你是否打算在永美购买其他商品?
1. 是
2. 否

请你对此次调查进行审核。此次调查的结果能提供何种类型的信息?永美将如何使用这种信息去提高现有的服务和商品的质量?你认为这个调查中还应包括哪些问题?

第一节　什么是统计

"统计"一词从字面上可理解为统而计之,说明了其应用的广泛性。它是根据英语Statistics意译而来的,有三个含义:统计工作、统计数据和统计学。

统计工作就是对统计数据进行搜集、整理和分析的过程。最早的统计可追溯到人类社会发展初期的计数活动。随着社会经济的发展,统计工作越来越频繁,也越来越重要了。

统计数据是统计工作所产生的成果,用以描述我们所研究现象的属性和特征,如统计图表、统计分析报告、统计资料汇编、统计年鉴等。统计工作的好坏取决于统计数据资料的数量和质量。

统计学是一门研究总体数量特征的方法论科学。它来源于统计工作,是统计工作及其成果的理论概括和总结;反过来它又指导统计工作,能帮助和促进统计工作日益完善和提高。

根据分析方法不同,统计学可分为描述统计学和推断统计学。描述统计学是关于搜集、展示一批数据并反映这批数据特征的各种方法,其目的是为了正确地反映总体的数量特点。推断统计学是根据样本统计量估计和推断总体参数的技术和方法。

第二节　为何需要数据

统计学要研究各种随机变量,对这些随机变量的观察所获取的数据,单位与单位之间或者人与人之间实际上总是存在着不同,而这些不同的数据中包含了我们所需的信息,这能帮助我们在许多场合中做出更为正确的决策。例如:

- 市场研究者需要对产品的特性进行评估,以区分不同的产品。
- 药品制造厂商需要判别一种新药是否比现在正使用着的药更有效。
- 生产部门的经理按惯例要检查生产过程,以检验其生产的产品质量是否符合公司的标准。
- 审计人员想通过查看某家公司的财务报表,以确认这家公司是否依据了通行的会计准则做报表。
- 财务金融分析人员想判断在未来的五年中,哪些行业中的哪些公司最具有成长性。
- 经济学家想估计我国国内生产总值今年的增长速度。

在本章开始时的永美公司顾客满意度调查中,就表现了以上几个方面的应用。例如,永美公司的调查结果就是搜集到了数据,然后才能对数据进行分析,以根据需要评价标准、测量服务和产品的质量好坏以及协助制订可供选择的行动方案。

在开始进行统计分析时,最重要的是识别出数据的来源是否合适,数据是否准确。若数据质量较差(如:存在偏差、模糊不清或其他不准确的缺陷),即使采用再复杂高深的统计分析方法也不可能弥补这些缺陷。

第三节　统计学的基本概念

一、总体与样本

总体是根据一定目的确定的所要研究对象的全体,它是客观存在的、具有某些相同性质的全部单位或事件的整体。构成总体的个体单位就称为总体单位。总体可以分为有限总体和无限总体。如果一个总体所含的单位数为无限多个，它就是无限总体，例如连续生产的某种产品的数量、大海的鱼资源数等；否则，就是有限总体，例如企业数、人口数等。

样本亦可称为抽样总体，是从总体中抽取的部分单位所组成的整体，用以分析总体。对于无限总体，我们不可能对每一个单位都进行观察，即使是有限总体，由于其大量性的特点，观察全部单位也会耗费巨大，因此我们抽取样本的目的就是要用样本的数量特征来估计或推断总体的数量特征。

例如，为了解我国人口的年龄、性别、民族等分布特征，在我国的所有人口中抽取1%进行抽样调查。这时，所有具有中国国籍、居住在我国境内的人构成了总体，从中抽取的1%的人口构成了样本，根据这个人口样本所测量到的人口年龄、性别、民族等分布特征即为样本统计量（或称样本指标），据此推断的我国全部人口的年龄、性别、民族等分布特征即为总体参数（或称总体指标）。

二、同质与变异

同质性是指构成总体的各个单位必须具有某种共同的属性。这个共性是构成总体的必要条件和确定总体范围的标准，根据研究目的的不同，确定的总体也会不同，其同质性也会发生变化。例如调查国有企业时，企业的共同属性为国家所有，这些企业构成了统计总体，此时所有国企都是同质的，而民营企业就是非同质的。在永美公司的例子中，总体的同质性表现在所有顾客都在永美公司购买过商品。

变异性是指差异性，是指总体各单位之间除了在某方面有共性外，在其他方面必然存在差异。差异是普遍存在的，这是统计研究的基础。例如国有企业虽然均为国家所有，但其所属行业、企业规模等性质都是不同的；永美公司的顾客则有性别、年龄、消费意愿等差异。统计研究的实质就是在同质的基础上研究总体各单位之间的差异性，找出客观存在的规律性，从而对同类事物进行估计和预测。

三、变量与数据

变量是说明现象某种特征的概念。例如年龄、性别、教育程度等都是变量，变量的具体取值就是变量值。

数据是对现象测量的结果，它也是变量的具体表现。例如对经济活动总量的测量可以得到国内生产总值的数据。

根据计量尺度的不同，变量可分为离散型变量和连续型变量，数据可对应分为分类数据和定量数据（见图1-1），对于数据类型的具体介绍将在第四节展开。

四、参数与统计量

参数也称为总体指标，是综合测量整个总体的某个数量特征。对于一个确定的总体，其总体参数是确定的数值，也就是常量，比如某个学校的全体学生的平均身高。

统计量也称为样本指标，是根据样本数据计算的综合测量值，可用以反映或估计、推断总体的某个数量特征。统计量并不是常量，而是随机变量，根据抽取的样本的不同可取不同的数值，比如我们从某个学校抽取100名学生，他们的平均身高就是统计量，会随着抽取的学生的不同而变化。

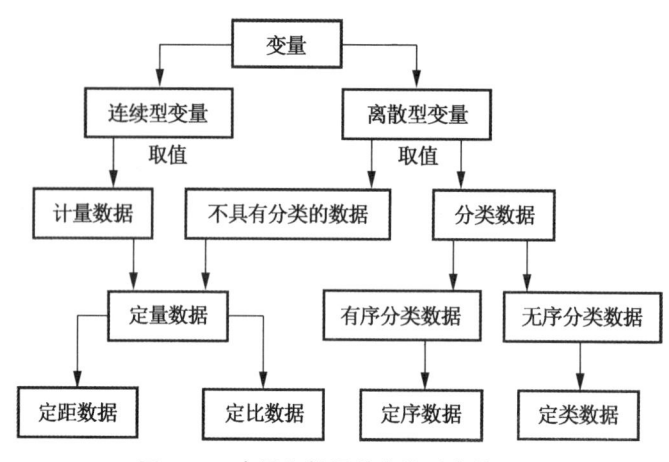

```
                        变量
              ┌──────────┴──────────┐
         连续型变量              离散型变量
            │取值                    │取值
    ┌───────┼──────┐           ┌────┴────┐
 计量数据  不具有分类的数据    分类数据
    │                      ┌───────┴───────┐
 定量数据              有序分类数据    无序分类数据
  ┌─┴─┐                    │                │
定距数据 定比数据         定序数据       定类数据
```

图 1-1 变量和数据的分类对应关系图

五、概率与频率

概率是对随机事件发生的可能性大小的度量。例如天气预报说明天下雨的概率为 30%，这里的 30% 就是对下雨这一事件的可能性大小的一种数值度量。概率是确定的值，介于 0 到 1。概率为 0 的事件称为不可能事件，概率为 1 的事件称为必然事件，概率在 0 到 1 之间的事件为随机事件，概率小于 0.05 的一般称为小概率事件，其含义为在单次实验中不太可能发生。

频率是在多次重复试验中事件发生的占比。例如投 n 次骰子，出现了 m 次数字 6，那么在 n 次投骰子的随机试验中，投骰子得数字 6 的频率即为 m/n。频率是与试验次数有关的数，它在概率附近摆动，并且当试验次数相当大的时候，频率可以作为概率的一种近似。对于均匀骰子而言，n 足够大的时候，m/n 会十分接近 1/6。

六、参数统计方法与非参数统计方法

统计方法根据是否假设统计总体分布的具体函数形式，可分为参数统计方法和非参数统计方法：

(1) 参数统计方法，是指统计的样本所来自的总体分布具有某种已知的函数形式，而部分的分布具体参数是未知的，参数统计的目的就是对这些未知参数进行参数估计，或者进行假设检验，如常用的 t 检验等方法属于参数统计方法。

(2) 非参数统计方法，是不依赖于总体分布的具体形式，同时也不对分布参数进行估计或者假设检验。非参数统计方法的特征是与总体分布无关，即在总体分布未知的情况下进行统计推断的方法，如常用的秩和检验等方法属于非参数统计方法。

许多实际问题中，总体分布的函数形式往往未知，或者信息太少，此时参数统计的方法就不太适用。非参数统计的"非参数"意味着其方法不涉及描述总体分布的有关参数。在总体分布形式已知时，非参数统计方法往往没有参数统计方法的效率高，这是因为非参数统计方法利用的信息比对应的参数统计方法要少，此时选用合适的参数统计方法能获得更高的统计效率。

第四节　数据的类型

统计数据是对我们所研究现象的属性和特征的具体描述,这种描述包括定性的文字描述和定量描述。为方便统计汇总分析,通常可对定性的文字描述进行数量化,用数字代码替代原来的文字表现形式。为了以后用不同的统计分析方法进行研究,必须搞清楚数据的不同类型。而从不同的角度看问题,数据就有不同的分类方法,形成不同的类型。同时,进行数据分类必须遵循两个重要的方法原则:

(1) 互斥原则,即每一个数据只能划归到某一类型中,而不能既是这一类,又是那一类;

(2) 穷尽原则,即所有被观察的数据都可被归属到适当的类型中,没有一个数据无从归属。

一、定性数据、半定量数据和定量数据

传统的统计学把数据划分为用文字描述的定性数据和用数字描述的定量数据。如一家企业的所有制形式可以是国有、私营、股份制和外资等,在本章的"统计引例"中消费者对永美公司所提供服务的总体评价等都属于文字描述的定性数据(也称为无序分类数据);而企业的净资产额、净利润额等,在本章的"统计引例"中消费者在永美公司从订购至收到这些商品的天数以及消费者准备在未来的 12 个月内花多少钱去购买家用电器等,都属于数字描述的定量数据。介于定性数据和定量数据之间,还有一个半定量数据(也称为有序分类数据),如消费者在永美公司未来的 12 个月内购买家用电器的花费与过去 12 月内购买家用电器的花费相比,预算是减少、不变还是增加? 这样的数据就是半定量数据。

二、离散型数据和连续型数据

若我们所研究对象的属性和特征的具体表现是相对固定的,则可称这种数据为常量;若其具体表现在不同时间、不同空间或不同单位之间可取不同的数值,则可称这种数据为变量。变量有离散型和连续型之分。离散型变量的数据是可列的,如一家公司的职工人数、某地区的企业数等。连续型变量的数据可以取介于两个数值之间的任意数值,如销售额、经济增长率等。定性数据只能是离散型的,例如,对问题:"你最近持有股票吗?"的回答,就限于简单的是或否。再如,对永美公司调查中的问题:"在未来的 12 个月内,你是否打算在永美购买其他商品?"的回答也是如此。定量数据既可以是离散型的,也可以是连续型的。如对"你现在订阅了几份杂志?"的回答是离散型的,但不具有分类性质,即不是定性数据;而对你的身高是多少米的回答,以及对在永美公司的顾客满意度调查中所问的问题:"在未来的 12 个月内,你准备花多少钱去购买直销商品?"的回答都是连续型的。

有些连续型变量在具体整理分析时,可进行离散化处理。例如严格地讲,人的年龄是一个连续型变量,因为从人们的出生时点到统计的时点是一个连续变量,但在实际统计工作中,往往是按实足年份进行离散化的处理。

对连续型变量的量度还受到测量工具的影响。例如,人们的身高是一个连续型随机变量,但由于测量工具的精确程度不同,某人的身高可能是 1.70 米、1.701 米、1.700 9 米或者是 1.700 87 米。从理论上讲,不可能出现两个人的身高是完全相同的这种情况。因为测量的工具越精确,就越有可能区分出他们身高的不同。但是,大部分测量工具都不是十分精确的,无

法测出细小的差别。因而,即使随机变量确实是连续的,也经常会在试验或调查的数据中发现取值相同的观测值。

三、数据的四个层次

社会统计学往往把数据划分为四个层次,即把定性数据再细分为定类数据和定序数据,把定量数据再细分为定距数据和定比数据。

1. 定类数据也称名义数据或无序分类数据,这种数据只对事物的某种属性和类别进行具体的定性描述。例如,对人口按性别划分为男性和女性两类,数量化后可分别用0和1表示,这种类型的定类数据也称为二分类数据(见表1-1解释);对企业按所有制性质划分为国有企业、集体所有制企业、股份制企业、合资企业、私营企业、外资企业等,可分别用1、2、3、4、5、6等表示;在永美公司的调查中,消费者对未来的12个月内是否打算在永美公司购买其他商品的回答结果,可分别用1表示是、用2表示否。这种数字只是代号而无顺序和多少大小之分,不能区分大小或进行任何数学运算。定类数据形成各种类型,它们的排序是无关紧要的,哪一类在前、哪一类在后对所研究的问题并无实质性影响。而且,它们能够进行的唯一运算是计数,即计算每一个类型的频数或频率(即比重)。

2. 定序数据也称序列数据或有序分类数据,是对事物所具有的属性顺序进行描述。定序数据不仅具有定类数据的特点,将所有的数据按照互斥和穷尽的原则加以分类,而且还使各类型之间具有某种意义的等级差异,从而形成一种确定的排序。这种序列测定在社会经济管理工作中应用很广泛。例如,对企业按经营管理的水平和取得的效益划分为一级企业、二级企业等;对青年职工按所受正规教育划分为大学毕业、中学毕业、小学毕业等;在永美公司的调查中,消费者对永美所提供服务的总体评价等都属于定序数据。这种排序是确定的,对所研究的问题有特定的意义。但是,它并不能具体测定各等级之间的间距大小,例如不能计算一级企业和二级企业的有实质意义的量的差距。类似地,也不能计算服务质量比预想的要好与差不多之间的差距。

3. 定距数据也称间距数据,是比定序数据的描述功能更好一些的定量数据。它不仅能将事物区分为不同类型并进行排序,而且可以测定其间距大小,标明其强弱程度。温度是典型的定距数据,如10℃、20℃等。它不仅有明确的高低之分,而且可以计算差距,如20℃比10℃高10℃、比5℃高15℃等。定距测定的量可以进行加或减的运算,但却不能进行乘或除的运算,其原因是在定距数据的数值之间虽有确定的间距,但是没有自然确定的原点,即它的零点是人为指定的,所以不能得出某天的最高温度20℃比最低温度10℃高出1倍的结论。

4. 定比数据也称比率数据,是比定距数据更高一级的定量数据,它不仅可以进行加减运算,而且还可以作乘除运算。定比数据与定距数据的显著区别是它有一个自然确定的、非任意的零点,也即在数值序列中,零值是有实质意义的。例如,人的年龄、体重都没有负值,以零为绝对界限,一个人的年龄不能比零岁更年轻,体重也不能比零更轻。因此,我们既可以说甲60岁,比乙(30岁)年长30岁,也可以说甲的年龄是乙的2倍。几乎所有的物理量都可以进行定比测定;绝大多数的经济变量也可以进行定比测定,如产量、产值、固定资产投资额、居民货币收入和支出、银行存款余额等。

上述统计数据四个层次的描述功能是依次增大的,因而它们的运算功能也是依次增大的,可概括为表1-1。

表 1-1　　　　　　　　　　　　　四个层次统计数据的比较

数据的层次	运　算	特　征	举　例
定类数据*	计数	分类	产业分类
定序数据	计数 排序	分类 排序	企业等级
定距数据	计数 排序 加、减	分类 排序 有基本的测量单位	温度
定比数据	计数 排序 加、减 乘、除	分类 排序 有基本的测量单位 有绝对零点	商品销售额 身高 体重 年龄

＊定类数据的一个特殊数据类型为二分类数据，观察可能的结果只有 2 个，通常用变量取值为 0 和 1 对应两种可能的结果，因此这种变量也称为 0—1 变量（归为离散型变量）。虽然二分类数据从背景上可以分为定类数据和定序数据，但由于在统计学分析时所用的统计分析方法是相同的，因此二分类数据一般不区分是定类数据还是定序数据，都归类为定类数据。

统计数据的四个不同层次表明对不同研究对象定量分析的条件和形式是不同的，必须根据具体对象和问题加以区别。例如，对企业职工可以计算他们的平均工资和平均收入，但却不能计算他们的平均道德水平和平均政治信仰。掌握统计数据的不同层次，对于正确地分析数据和选择假设检验方法是十分必要的。

必须指出，统计数据四个层次的高低之分只是就客观事物量化程度和运算功能来说的，而不是指统计研究本身的高低之分。如果从客观对象量化分析的难易程度来看，定比数据和定距数据是对定量数据的测量，比较直接和容易，而定类数据和定序数据则是对属性的测量，量化过程就困难得多，特别是对多维的复杂现象和过程的测量就更加困难。例如，对科技创新和文化活动的测量比对生产活动的测量要困难；对经常困扰人们的各种原因引发的通货膨胀和国民经济运行的周期性波动的测量，显然比对产品产量和产值的测量要困难得多；对诸如贫困与富裕、生活质量、社会公平与进步、综合国力等社会和政治问题的定量分析，无疑比经济问题又要困难得多。

在实际问题中，定距数据使用的机会较少，而且在许多场合可以采用与定比数据同样的处理方法，通常可把两者合并在一起。如在统计软件 SPSS 中，分别用"Nominal""Ordinal"和"Scale"表示数据的三种类别，最后一种就是定距数据与定比数据的合并。本书此后就把这种合并后的数据统称为定量数据，只在特别需要时才加以区别。

四、截面数据和时间序列数据

为了对数据采用不同的分析方法，可根据数据所反映的时间特点分为截面数据和时间序列数据。截面数据是所搜集的不同单位在同一时间点的数据，时间序列数据是所搜集的同一总体或单位在不同时间点的数据。例如，所有上市公司公布的当年的年度净利润就是截面数据，而某公司公布的近 10 年的年度净利润就是时间序列数据。

五、原始数据和次级数据

原始数据是指直接从各个调查单位搜集的、尚未经过整理的统计数据资料，也称一手数据。次级数据是指那些已经加工整理过的，往往是公开发表的数据，如从报纸杂志、统计年鉴、会计报表上取得的数据，也称二手数据。

第五节　统计工作的基本步骤

统计工作是对某一现象数量进行的一种调查研究活动，也是对事物的表象、本质及其规律性的认识活动。一个比较完整的统计活动过程一般分为四个基本步骤，简化为"设计、搜集、整理、分析"八个字。

一、统计设计

统计设计是指根据所要研究问题的性质，在有关学科理论的指导下，制定统计指标、指标体系和统计分类，给出统一的定义、标准，同时提出搜集、整理和分析数据的方案和工作进度等。统计设计的好坏决定了科研结果的好坏，一定的设计决定了一定的数据分析方法，不同设计方案下获得的资料要用不同的方法来分析。搞好统计设计不仅要有统计学的一般理论和方法作为指导，而且还要求设计者对所要研究的问题本身具有深刻的认识和相关的学科知识。例如，要设计一套能够较好地评价永美超市经营状况的统计体系与方法，设计者不仅要有统计方法知识，还必须了解企业经营管理的方法。

二、搜集数据

经过统计设计、形成方案后，就可以开始搜集统计数据。统计数据的搜集有两种基本方法。对于大多数自然科学和工程技术研究来说，采用实验法来通过有控制的实验去取得数据是最为快捷有效的方法。对于社会经济现象来说，一般无法进行重复试验，要取得有关数据就必须到社会总体中，对足够多的单位进行调查观察。统计数据的收集要做到完整、准确、及时、可靠。如对于医学科学研究，数据主要来自三个方面：日常工作记录(包括病例、卫生监测记录、健康检查记录等)，统计报表(包括工作报表、传染病报表等)，专题调查或实验。关于数据搜集的更详细方法将在第三章介绍。

三、整理数据

原始的统计数据搜集上来后，还必须经过整理、加工和分析才能真正发挥其作用。整理数据就是对原始数据进行去伪存真、归类整理汇总的过程。对于数据的检查和核对有逻辑检查和统计检查的方式。根据逻辑关系、常识和专业知识，对研究的数据进行检查，如正常成年男性身高一般不会超过 3 米，体重不会小于 40 千克。统计核查则是根据数据间的关联性进行，如检查体重的同时考察身高就比单独检查体重要好。现在一般采用计算机软件整理数据。在输入计算机前，数据需要进行编码处理，如性别可以用汉字、字母(如 M 代表男，F 代表女)或数字(如 1 代表男，2 代表女)来编码。

四、分析数据

在统计分析阶段，所运用的方法包括两大类：描述性统计和推断性统计。
描述性统计对采集的数据进行整理、归类，计算出各种能反映总体数量特征的综合指标，并用图表的形式将它们展示出来。统计描述是统计研究的基本方法，它为统计推断、统计咨询、统计决策提供必要的事实依据。统计描述通过对分散无序的原始数据的整理归纳,运用分组法和综合指标法对分布状态、数字特征和随机变量之间的关系进行描述,进而得到现象总体的数量特征,揭示客观事物内在的数量规律性,以达到认识数据的目的。常用的统计描述方法有统计图、统计指标和统计表格,将在第四、五章展开介绍。

推断性统计研究的是如何利用样本数据去估计或检验总体的数量特征,用来判断样本与样本、样本与总体之间的差异是由抽样误差引起的,还是本质差别造成的。在进行统计研究中常常存在这种情况,由于我们所要认识的总体庞大且复杂,要搜集全面的数据并利用描述性统计的方法来认识客观现象是难以奏效的,人们往往利用所能获得的样本数据,来推断总体的数量特征。例如,民意测验中某一候选人是否能够当选,全国婴儿的性别比例如何以及永美公司的顾客满意度等,这时就必须利用统计推断方法来解决。常用的统计推断方法包括参数估计、假设检验和预测,其运用领域越来越广泛,是现代统计学的主要内容。

第六节　统计法规

统计学"statistics"一词源于国家"state",拉丁语"statisticus"表示治国术,德语"statistik"指政治科学。统计学的诞生有着自然科学和社会科学的双重烙印,对经济社会的发展起到越来越重要的作用。为了规范统计工作,各国制定了相应的统计法规。

我国在1963年由国务院发布了《统计工作试行条例》。

1983年12月8日第六届全国人民代表大会常务委员会第三次会议通过了《中华人民共和国统计法》(以下简称《统计法》),1984年1月1日起施行。

1996年5月15日根据第八届全国人民代表大会常务委员会第十九次会议《关于修改〈中华人民共和国统计法〉的决定》,对《统计法》做出了修正。

2009年6月27日第十一届全国人民代表大会常务委员会第九次会议再次修订《统计法》,并自2010年1月1日起施行,共分为五十条。

根据2005年12月16日《国务院关于修改〈中华人民共和国统计法实施细则〉的决定》修订,自2006年2月1日起施行的《中华人民共和国统计法实施细则》规定:

《统计法》所指的统计,是指运用各种统计方法对国民经济和社会发展情况进行统计调查、统计分析,提供统计资料和统计咨询意见,实行统计监督等活动的总称。《统计法》赋予统计机构和统计人员依法独立行使下列权利和义务:

1. 统计调查权:调查、收集有关资料,召开有关调查会议,检查与统计资料有关的原始记录和凭证。统计调查对象应当依照《统计法》和国家有关规定,如实提供统计资料和情况,不得虚报、瞒报、拒报、迟报,不得伪造、篡改。

2. 统计报告权:将统计调查取得的统计资料和情况加以整理、分析,向上级领导机关和有关部门提供统计报告。任何单位或者个人不得阻挠和扣压统计报告,不得篡改统计资料。

3. 统计监督权:根据统计调查和统计分析,对国民经济和社会发展情况进行统计监督,检查国家政策和计划的实施,考核经济效益、社会效益和工作成绩,检查和揭露存在的问题,检查虚报、瞒报、伪造、篡改统计资料的行为,提出改进工作的建议。有关部门和单位对统计机构、统计人员反映、揭露的问题和提出的建议,应当及时处理,做出答复。

在细分领域,统计法规也有着更详细的规定。例如,为了保证药物临床试验过程规范,结果科学可靠,保护受试者的权益并保障其安全,国家药品监督管理局根据《中华人民共和国药品管理法》《中华人民共和国药品管理法实施条例》,参照国际公认的原则,先后多次修订《药品临床试验管理规范》。目前实施的是2020年4月27日颁布并于7月1日起施行的《药物临床试验质量管理规范》,它规定了临床试验全过程的质量标准,包括方案设计、组织实施、监察、稽查、记录、分析、总结和报告。其中很多条款涉及统计方法,明确提出临床试验各个阶段均需有生物统计学专业人员参与,比如在试验方案中要包括试验设计的类型、随机化分组方法及设盲的水平、根据统计学原理计算所需的受试者样本量、统计分析计划、统计分析数据集的定义和选择等。

第七节　统计学的方法体系

统计学的内容非常丰富,通常认为包括频率统计学(也称经典统计学)、贝叶斯统计学和空间统计学三大领域(或三大学派)。

(1) 频率统计学:将概率建立在可以多次实施的随机试验的基础上,根据样本及其分布中的信息对未知参数进行推断,利用样本时不仅考虑实际抽到的样本,还要考虑所有理论上可能抽到的样本。

(2) 贝叶斯统计学:基于样本与先验信息,利用贝叶斯公式求出参数的后验分布,进而通过对后验分布的抽样进行参数估计与统计推断。贝叶斯统计学的假设检验完全不同于频率统计学的方法,并不局限于原假设与备择假设,可以同时检验两个或多个假设,利用各个假设的后验概率或者贝叶斯因子进行统计推断。频率统计学样本具有随机性,但未知参数为固定常数。而贝叶斯统计学则认为已经被观测到的数据样本为固定不变,而参数由于未知,具备不确定性,应该视为随机变量。

(3) 空间统计学:以具有地理空间位置信息的事物或现象为主要研究对象,由于研究区域中不同位置的值之间常常是非独立的,相互之间存在空间自相关,即著名的地理学第一定律,因此需要专门的能处理空间自相关的方法以有效分析空间数据,这种专门针对空间数据进行分析的统计学即为空间统计学。

统计学以频率统计学的理论发展最为完善,本教材讲解的即是频率统计学的内容。基于研究设计进行数据的搜集与整理后,应对相应的数据进行正确的统计分析。根据统计分析的工作不同,可分为统计描述与统计推断两大部分,基于不同的检验要求从理论角度的方法体系可表示为图1-2。

由于数据类型的不同,导致了统计分析方法的不同,可见数据类型是统计学方法选择的核心之一,基于不同的数据类型从应用角度的方法体系可表示为图1-3。

此外,有另一种方法体系的分类思路,即将假设检验方法分为参数检验和非参数检验:若检验统计量不依赖于总体的参数或分布,则称这种检验方法为非参数检验,如秩和检验、卡方检验等;反之为参数检验。

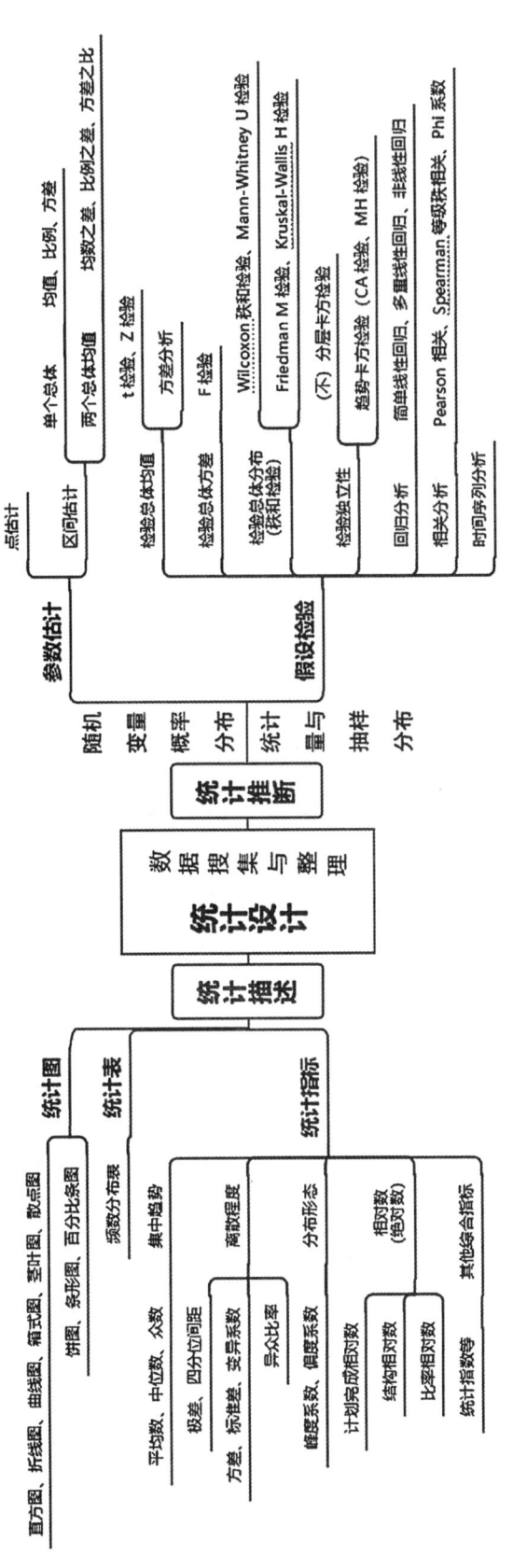

图 1-2 常见频率统计学分析方法汇总（理论角度）

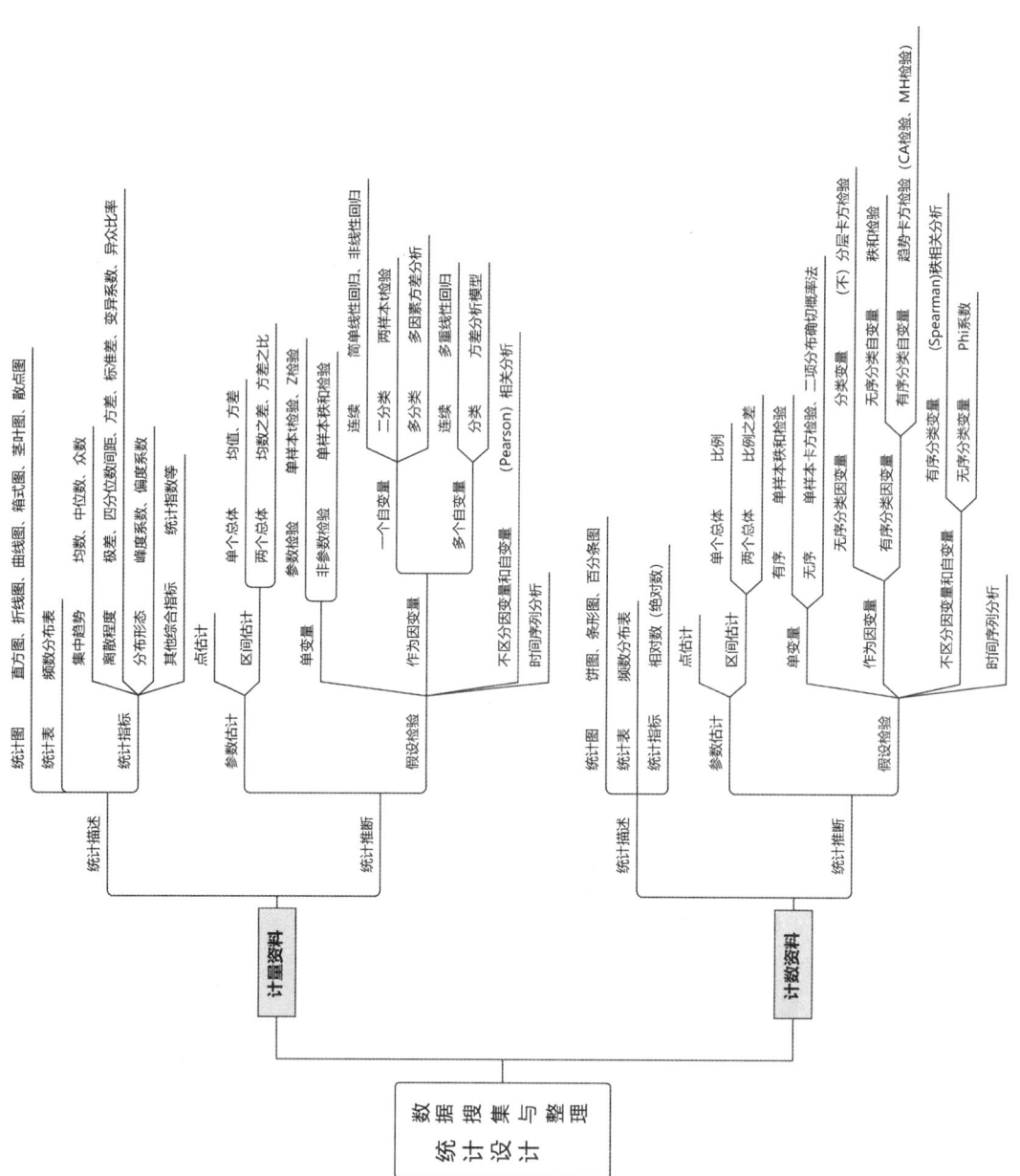

图 1-3 常见频率统计学分析方法汇总（应用角度）

本章小结

本章对统计学做了介绍,讨论了数据的必要性以及统计学的基本概念,并介绍了各种类型的数据,阐述了统计工作的基本步骤并列举了相关的统计法规,最后对统计学的方法体系进行了总结。在本章开始部分的"统计引例"中,你看到了永美公司进行的那次顾客调查包含了五个问题。你应该注意到:前两个问题会得到定量数据,后三个问题会得到定性数据。你可以进一步看出:对第一个问题(几天)的回答是离散型的;对第二个问题(花费的金额)的回答是连续型的。在搜集数据后,必须对其进行整理,以便进行各种分析。在此后的四章中,将分别介绍统计设计方法、数据的整理方法以及各种图表的绘制方法和各种探索性数据分析技术,并且计算各种有用的数据分析和总体描述性的测度指标。

思考与练习

1.1 什么是总体?什么是样本?两者有何不同?
1.2 什么是同质性?什么是变异性?两者有何不同?
1.3 什么是统计量?什么是参数?两者有何不同?
1.4 描述性统计和推断性统计有何不同?
1.5 定性数据与定量数据有何不同?
1.6 连续型数据与离散型数据有何不同?
1.7 根据运算功能,数据可划分为哪四个等级?
1.8 统计工作的基本步骤是什么?
1.9 假设以下信息是在开学第一周内从到过学校书店的学生中搜集的,试判断以下获得的是定性数据还是定量数据;若是定量数据,指出是离散型的还是连续型的:

(1) 购书的费用。
(2) 购买了几本教材。
(3) 所学的专业。
(4) 性别。
(5) 对学校书店的服务质量的评价。
(6) 是否拥有手机。
(7) 是否有个人电脑。

1.10 一家酒店管理层想评估顾客的满意度,在每套客房内有以下这样一份问卷:

您的评价	很好	好	一般	差
客房服务				
客房卫生				
娱乐场所				
餐　厅				

(1) 您认为这种四级分类设计能否给管理者提供足够的信息?
(2) 是否还应增加一个表示很差的类型,用以改进问卷的结构?

第二章

统计设计

统计引例

城乡居民收入情况调查

目前我国经济高速发展,城乡居民收入也有了很大的提高,现在决定对上海地区城乡居民的收入情况进行一次调查。作为调查负责人,你需要决定调查的方式以及调查对象的人数、年龄分布、职业分布和地区等。面对这样一个敏感话题,你需要高质量的统计设计来开展调查,如何科学地进行统计设计是问题的关键。在统计设计的过程中,选择全面调查还是抽样调查就成了首先需要考虑的问题。

第一节 统计设计简介

任何一项研究工作不仅仅需要有专业知识,还需要有一定的统计学知识。为了保证研究结果的可靠性,现在国内外研究人员都提倡在研究工作的整个过程中要有统计学专业人员的参与。统计学专业人员的职责不仅仅是对数据进行分析,更重要的是在研究工作的各个环节采取一定的措施保证能收集到高质量的数据。为了能以较少的代价获取较高质量的数据,要求任何一个研究者必须在研究工作开始之前进行合理、高效的研究设计。

一个科学、合理的研究设计方案,应该做到科学、高效、经济、可行,不仅能够依据研究目的安排具体的研究任务和设计所要采取的技术路线和方法,而且能够用较少的人力、物力、财力及时间进行研究,并最大限度地减少误差,获得丰富而可靠的信息资料。良好的研究设计是顺利进行科学研究和统计分析的先决条件,也是获得预期结果的重要保证。

研究设计包括专业设计和统计设计两部分。专业设计是从专业角度考虑研究的科学安排,是基础,包括选题、建立假说、确定研究对象和技术方法等;统计设计则是从统计学的角度考虑设计的科学性和逻辑性,使研究结果具有重现性,更可靠、更科学。统计设计是对资料搜集、整理和分析全过程总的设想和安排,包括确定设计类型、估计样本量、选定统计分析指标和统计分析方法等。本章主要从统计设计的角度讲解研究设计的基本原理与方法。

在统计设计中,根据是否对研究对象实施干预措施,可以分为两大类:

(1) 观察性调查研究:确切地说是非随机化对比研究,在统计收集数据的过程中,我们不需要对观察对象进行任何干预,这种研究一般应用于对观察对象的自身情况进行数据收集。在本章的统计引例中,你要调查城乡居民收入,属于城乡居民的自身情况,不需要在调查中进行人为干预,类似的还有全国人口普查。

(2) 干预性实验研究:在统计数据的收集过程中,我们需要针对不同情况对调查对象进行人为干预,这种研究一般应用于对照实验中。在实验中将调查对象分为实验组和对照组,对不同组进行一定的人为干预,最后评估两组调查对象是否在某项指标中有着显著的差异。这在医学统计学中的应用是非常广泛的。

第二节 观察性调查研究的统计设计

一、普查、抽样、统计报表制度和重点调查

在观察性调查研究中,搜集数据的组织方式主要有普查和抽样,此外还有统计报表制度和重点调查。

普查是为了某些特定目的而组织的、对总体中的全部单位都进行的调查。对于搜集准确性要求比较高的全面统计数据资料,当不宜或不能用其他方法取得数据时,一般采取普查的组织方式。如掌握一个国家重要的国情国力,作为制定政策和长期发展规划的依据。由于普查需耗费大量的人、财、物力和时间,因此只能是间隔一段时间开展一次。我国现阶段组织的普查主要有十年一次的人口普查、五年一次的经济普查和十年一次的农业普查。

抽样是只对总体中的部分单位进行的调查,这部分单位的集合称为样本。与对总体进行全面普查不同,统计抽样主要是选取一个对总体具有代表性的样本,抽取的样本可以提供用于估计总体特征的信息。

统计报表制度是按一定的表式和要求,自上而下统一布置,自下而上提供统计资料的一种统计调查方法。这种搜集统计数据方法是随着计划经济而产生的,并曾在我国占主导地位,在社会主义市场经济条件下仍是我国搜集统计数据的组织方式之一。

重点调查是对总体中的重点单位进行的调查。所谓重点单位,是指在总体中,某些单位个数虽然较少,但它们的变量值在总体的变量总值中占有很大比重。通过对这些单位的调查,就能了解总体的基本情况。例如,要了解全国钢铁生产的基本情况,只要调查鞍钢、宝钢、首钢、武钢、包钢等十几家特大型的钢铁企业就可以掌握全国钢铁企业生产的基本情况。重点调查只有在总体中存在重点调查单位的情况下才可以采用。

二、抽样的优点

(1) 适用的范围广。对于有限总体,从理论上讲,既可以进行普查也可以进行抽样;对于无限总体,就只能进行抽样。理论上可以而实际上很难采用普查的情况,也只能采用抽样,如产品质量的破坏性检验、居民住户调查等。

(2) 节约资源。与全面普查相比,抽样最大的优点是节省人、财、物力和时间。

(3) 随机抽样有时比普查更为精确。

三、抽样的类型

如图 2-1 所示,抽样有两种类型:非随机抽样和随机抽样。

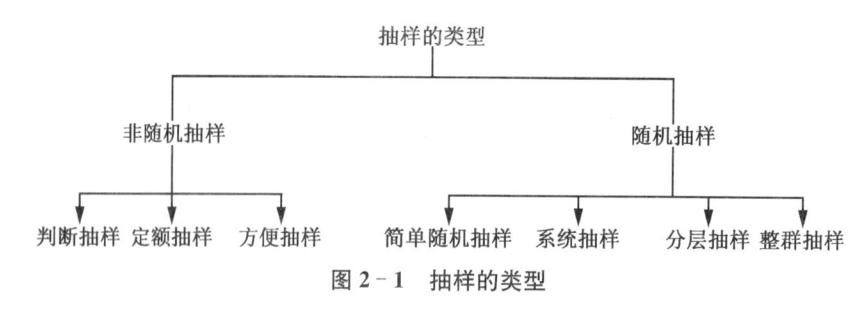

```
                        抽样的类型
            ┌──────────────┴──────────────┐
         非随机抽样                      随机抽样
      ┌─────┼─────┐              ┌─────┬─────┬─────┐
   判断抽样 定额抽样 方便抽样    简单随机抽样 系统抽样 分层抽样 整群抽样
```

图2-1 抽样的类型

  非随机抽样是不按照随机原则来抽取样本中的单位或个体。随机原则是根据概率的基本原理，确保总体中每一个单位都有同等被选中的机会。因此，随机抽样又称为概率抽样，而非随机抽样又称为非概率抽样。非随机抽样在抽取单位时不考虑抽取的概率，而概率抽样理论由于考虑抽样的概率，因此尚不能应用于非随机抽样的情况。许多公司进行的调查是通过给那些浏览互联网的人们提供调查表。这种调查的结果能及时提供大量的数据。但是，这种方式获得的样本包含的人群是那些愿意填写调查表的国际互联网用户，不属于随机抽样。常见的非随机抽样有判断抽样、定额抽样和方便抽样。在许多研究中，只有判断抽样这类非随机抽样可以采用。非随机抽样具有方便、快速和低成本等优点。但也存在两个主要缺点：因抽样的偏差而导致精确性差，结论缺乏普遍性。因而，应该尽量少用非随机抽样，除非你想以较低的成本获得大致的结果，或者想通过小规模的初步研究为更为复杂的调查做准备。

  判断抽样又称为典型调查，是从事有关工作的专家按照一定的标准有意识地在总体中选择若干有代表性的单位组成样本进行调查，代表单位的选取标准应根据统计研究的目的而定。例如在编制物价指数时，对商品的调查既不是普查也不是随机抽样，而以选择代表性商品为宜。通常是在划分类别的基础上选取交易额大的若干种商品作为代表性商品，还要考虑商品在各年度交易中的连续性。判断抽样的调查结果可以用来说明总体，或作为总体的代表，但是其代表性如何，则取决于代表单位的选取是否合适。由于抽样过程没有依据随机原则，判断抽样的误差不能准确地计算出来，但随机抽样的误差不仅可以计算，还可以通过统计设计将其控制在一定的范围之内。

  定额抽样是根据已定的单位数抽取样本，往往是对总体了解甚少时采用。如想获取某地区化妆品的销售情况，对该地区的5家商店进行调查。

  方便抽样是为了取样方便，随意地抽取样本单位。街头偶遇式调查就是一种最为常见的方便抽样。

四、随机抽样

  随机抽样是根据随机原则来抽取样本单位。实际问题中应该尽量采用随机抽样，因为到目前为止，这是根据样本对总体进行统计推断的唯一方法。随机抽样过程中首先要定义一个抽样框，抽样框中应含有总体中的全部单位，它可以是总体各单位的编号、名录或一份地图这样的数据源。样本是从抽样框中抽取的，若总体中的某些部分或单位没有包括在抽样框中，则抽样将是不准确和有偏的，并会导致错误的结论。

  随机抽样有四种最为常见的组织方式：简单随机抽样、系统抽样、分层抽样和整群抽样。这些抽样方式的成本费用、精确程度和复杂性都各不相同，以下将对这些方式展开讨论。

  1. 简单随机抽样

  简单随机抽样亦称为完全随机抽样。简单随机抽样是在抽样框中的每个单位都具有相同的被抽中的机会。此外,每个容量相同的样本被抽中的机会也是相同的。简单随机抽样是最为基本的随机抽样的组织方式,也是其他随机抽样组织方式的基础。

在简单随机抽样时,可用 n 表示样本单位数(样本量),用 N 表示总体的单位总数。在形成的抽样框中,每个个体或单位被编成 1 到 N 号,任一具体的编号在第一次抽取时被抽中的机会均为 $1/N$。

抽取样本时,有两种基本的方法:有放回抽样和无放回抽样。

有放回抽样,意味着一个单位被抽中后,再把它放回抽样框中,使其有相同的概率被再次抽中。比如,在一个装有 100 张名片的盒子内,首先抽到了一张张三的名片,记录下有关的信息后,再把这张名片放回盒子内,并把所有的名片进行充分的洗牌,然后再抽取第二张。在第二次抽取时,张三仍有相同的概率被再次抽中,这个过程可持续进行到抽取了预定的样本量 n 为止。不过一般而言,抽取不同的单位要比重复抽取相同单位进行测量更为合理。

无放回抽样,意味着一个单位被抽中后,不再把它放回抽样框之中,因而不会被再次抽中。抽样框中的任何一个编号第一次被抽中的概率均为 $1/N$,而在第一次没有被抽中所余下的号码中,第二次被抽中的概率为 $1/(N-1)$。这个过程可持续进行到抽取了预定的样本量 n 为止。

不管样本的抽取是采用有放回抽样还是无放回抽样的方法,以上这种抽签式的取样方法存在着很大的缺陷——若洗牌不充分,就无法随机抽取样本。这就造成了这种方法不是非常有用,因而需要采用随机数字表、计算机随机数发生器等更为简便、科学的方法来抽取样本。

简单随机抽样适合于总体内部差异不是很大、规模也不大的情况。总体规模太大,编号就不易操作。另外,总体内部差异太大,简单随机抽样就无法保证抽取的样本的分布和总体的分布相似,就会降低抽样推断的精确度。这意味着,由简单随机抽样所获取的数据有可能对研究总体的指标(参数)不具有好的代表性。虽然简单随机抽样总的来讲对研究总体具有代表性,但不可能知道某个样本实际上是否具有代表性。

2. 系统抽样

系统抽样亦可称为等距抽样。在系统抽样时,抽样框中的 N 个单位被分成 k 个系统,k 的数值等于抽样框的容量(N)除以所需的样本量(n):$k=N/n$。式中的 k 可以近似到最近的整数。为了获取一个系统样本,要在抽样框中前面的 k 个个体或单位中随机抽出第一个样本单位,然后可在其后的每隔 k 个单位抽取样本中其余的部分。

系统抽样时,确定抽样框中每个单位的编号有两种方法:一种是利用原有的顺序或编号,如已编有号码的支票、存单、购物发票或托收清单,或者是俱乐部会员的名单、学生的注册名单,或者是从生产流水线上下来的、有编号的产品等,这时系统抽样可比简单随机抽样更为快捷、更为方便地抽取样本,并能方便、自动地获取所需的数据。另一种是若对所研究的总体已有所了解,则可用已知的相关变量对抽样框中的单位进行编号,如已知某企业职工的收入数据,想要研究该企业职工的消费水平,则可按职工收入的高低排序编号,这时系统抽样不但比简单随机抽样更方便,而且样本的代表性更好、误差更小。

若现象存在某种趋势或周期性,抽取不当会发生偏差,造成严重的系统性误差,在这种情况下统本统计量对总体指标的代表性甚至比简单随机抽样更差。为了克服这种缺陷,在现象存在某种趋势时,可以采用抽取每个间隔当中的单位,或者把间隔扩大 1 倍,用对等抽样的方法抽取两个对等的系统。在现象存在某种周期性时,应避免抽样间隔与现象本身的周期性相吻合。

3. 分层抽样

分层抽样亦可称为类型抽样。在分层抽样时，首先要根据一些相同的特征，把总体或抽样框中的 N 个单位划分成为不同的层（或称为类型），尽量使每一层内各单位更具有相似性，层与层之间具有差异性，然后在每一层中都采用简单随机抽样，再把每层的简单随机样本合并起来。这种抽样方法要比简单随机抽样和系统抽样更为有效，因为这样能保证抽取的这些单位对整个总体更具有代表性，进而可以保证估计总体参数时精度更高。

通常有两种方法可用于分层抽样中确定样本单位数在各层之间的分配：等比例分配和最优分配。等比例分配即按各类型组在总体中所占的比例分配样本单位数，使各类型组中抽取的单位数占各类型组总单位数的比例相等。设总体共有 N 个单位，分成 k 个类型，则有 N_1，N_2，N_3，…，N_k 各组，拟抽取 n 个单位组成样本，第 i 组中抽取的样本单位数为 n_i，则有：

$$\frac{n_i}{N_i} = \frac{n}{N}$$

等比例分配法考虑了各类型组规模不等的因素，有利于减少人为的抽样偏差，且计算操作很方便。所以，实际工作中应用很普遍。

考虑到在一定条件下，总体各单位差异较大时，样本的抽样误差也较大，为了减少抽样误差，就要扩大样本。类似地，将总体分成 k 个类型组后，由于各类型组规模不等，各组内部差异程度也不相同。为了尽量减少抽样误差，就应对内部差异大的类型组多抽样本单位，内部差异小的类型组少抽样本单位，即按各类型组内部差异大小的比例抽样。如果把按各类型组规模大小的等比例抽样同按各类型组内部差异程度大小的比例抽样结合起来确定各类型组的样本单位数，无疑是减少抽样误差的最理想的方法。这种样本单位分配方法在抽样技术中称为最优分配。但是，这种方法实际上很少采用，因为除非有历史资料可以参考，在调查之前一般不可能知道各类型组内部的差异到底是多大。

4. 整群抽样

在整群抽样时，首先把总体中的 N 个单位划分成为若干个群，并要求每个群对整个总体都具有代表性，然后对群进行简单随机抽样，并对抽中群内的所有单位进行调查研究。群的划分可以按组织系统或自然分布的状态，如国家、地区、城市的街区、公寓楼或家庭、村庄、自然地理区域等。

整群抽样比简单随机抽样的方法能节约更多的成本，特别当总体的分布地域非常辽阔时。然而在实际问题中，整群抽样常常比简单随机抽样的方法误差更大，因而需要抽取更多的样本单位数才能获得相同的精度。

五、游程检验

在简单随机抽样中，要从总体中抽取一个样本并根据样本所包含的信息对总体做出某种判断，前提是这个样本必须是随机样本，那么非常重要的一个问题就是如何判断抽取到的样本是否是一个随机样本，此时可以采用非参数统计中的游程检验。

游程检验又称连贯检验，常用于检验样本的随机性。

游程是指具有相同性质的数据序列，例如将两个随机样本的观察值 $x_1, x_2, \cdots, x_n$ 和 y_1，$y_2, \cdots, y_n$ 混合起来，按从小到大的次序排列起来，形成类似 $xxyyxyxxxxyyy$ 的序列，那么，我们把每个连续出现某一样本观察值的区段称为游程，每个区段包含的样本观察值的个数为游程长度。例如上面的序列中,就有长度分别为 2、1 和 4 的 3 个 x 游程,以及长度分别为 2、1 和 3 的 3 个 y 游程。

游程检验可分为两种情况:

(1) 如果两个样本来自两个不同的总体,可以采取混合有序样本的方法,根据实际游程个数,检验样本是否是从这两个总体中随机抽取的;

(2) 如果样本观察值来自同一总体,可以先将观察值按从小到大顺序排列,然后按中位数(或平均值)将观察值分为大于或小于中位数两部分,再根据上、下两部分相互交错所形成的游程个数来检验样本的随机性。显然,当样本量一定时,游程个数的多少反映了样本的随机性。

例如,某学校为了调查一年级学生的成绩,随机地抽取 16 个学生进行口试,按口试成绩的中位数将学生成绩分为两部分各 8 人,用 x 表示成绩在中位数以下的学生,用 y 表示成绩在中位数以上的学生,按学生进入考场先后次序排列,如果出现以下两种极端情况:

序列 1:$xxxxxxxxyyyyyyyy$

序列 2:$xyxyxyxyxyxyxyxy$

序列 1 中只有 2 个游程,而在序列 2 中却有 16 个游程,根据样本随机性的原则,成绩在中位数以下的学生应该相互渗合在一起。但上面两个序列明显地按照某种规则排列,除非是人为的即有意识做出的安排,作为自然状态出现的可能性是极小的。所以,可以认为这种样本不是随机样本。

对于如何根据游程个数的多少确定样本观察值的随机性这一类问题,埃森哈特(Eisenhart)和斯威德(Swed)编制的专门的表,为我们提供了极大的方便。为了使用书后附表 14,可指定某种符号的观察数目为 n_1,另一个符号的观察数目为 n_2,其样本量为 $n_1 + n_2 = n$。附表 14 所列的数字是游程个数的临界值 r,其相应的 n_1 和 n_2 均不大于 20。如观察到的游程个数小于或等于附表 $14a$ 中的临界值 r,或者大于或等于附表 $14b$ 中的临界值 r,那么按照 0.05 的显著性水平否定关于随机性的原假设。对于双侧检验,有两个临界值,附表 $14a$ 中临界值 r 为下限,附表 $14b$ 中的临界值为上限,因显著性水平为 0.05,则两侧各占 $\alpha/2$,当观察到的游程个数在附表 $14a$ 中的临界值 r 和附表 $14b$ 中的临界值 r 之间,就不拒绝原假设。

对于大样本来说,游程个数 r 的分布近似于正态分布,可利用后面章节讲解的正态分布来检验。

第三节 干预性实验研究的统计设计

干预性实验研究需要研究者人为给予干预措施。与观察性调查研究相比,干预性实验研究的目标通常不是调查对象的自然情况,而是研究某种干预是否会对调查对象本身造成影响,一般而言会存在实验组和对照组进行比较,它具有如下优点:

(1) 有效地覆盖调查性研究力所不及的方面,利用多组实验数据之间的关系来判断所采取的干预对实验对象的影响。

(2) 可以很好地控制非处理因素,在众多的因素中可以有效地排除与实验无关的因素,使实验结果更加科学。

(3) 同时将多种因素考虑在较少次数的实验中,提高实验效率。

干预性实验研究在医学领域应用非常广泛,感兴趣的读者可以参考相关教材,这里仅对常见的研究设计做以简要介绍。

一、单因素设计

1. 完全随机化设计

完全随机化设计是一种采样完全随机化分组的方法,将同质的实验单位随机分配到各处理组,各组分别接受不同的干预。各组含有的样本量可以相等(平衡设计),也可以不等(非平衡设计),采用平衡设计的检验效率较高。

完全随机化设计的优点是设计简单,易于实施,出现缺失时仍可进行统计分析。缺点是样本量较小时,可能导致均衡性相对较差,抽样误差较大。

完全随机化设计包含两种形式:一是将受试对象随机分配成两个处理组,每一组随机接受一种处理。一般把这样获得的两组资料视为代表两个不同总体的两份样本对总体数据进行推断;二是从两个群体中(如某年龄组男性与女性)分别随机抽取一定数量的观察对象,测量某项指标进行比较,在实际工作中这类资料也按完全随机化设计的两样本比较来对待。

2. 配对设计

配对设计是配伍区组设计最简单的形式,将受试对象按配对条件配成对子,每对中的个体分别接受不同的处理。配对设计是为了控制某些非处理因素对实验结果的影响。将那些因素相同或相近的受试对象配成对子,使得同一对子中的受试对象除处理因素不同外,其他因素相同或相近,同一对子中的两受试对象分别接受不同的处理,其实验结果的差异可以简单地认为是"纯"处理因素的作用。

在研究设计中,配对设计主要有两种情形:(1)同一对象接受处理前后的比较,目的是推断该处理有无作用,例如观察某指标的变化,用同一组病人治疗前后做比较,或用同一批动物处理前后做比较;或用同一批受试对象的不同部位、不同器官做比较等;又如同一批产品施以不同检测方法或培养方法的比较等也属于配对设计。(2)两个特征相同或相近的同质研究对象分别接受两种不同的处理,目的是推断两种处理的效果有无差别,如取同窝别、同性别、体重相近的2只动物配对。

配对设计的优点,主要是利用配对的对子相近的特征,减少研究以外因素对研究结果的影响。缺点是,在对子中有一方数据缺失时,另一方也无法纳入统计分析。

3. 交叉设计

交叉设计是按照事先设计好的处理次序,在不同时期,在同一对象上一次实施不同的处理,比较这些处理之间的差异,是自身比较和组间比较设计思路综合应用的一种设计方法。由于该设计在试验过程的不同时期交叉进行,因而被称为交叉设计。交叉设计在不同的处理之间需要设置清洗期,在该时期不进行任何处理,直至确认前一处理的作用已经消失。

交叉设计的优点,一是节约样本量;二是能够控制个体差异和时间对处理因素的影响,效率较高;三是在临床试验中,每个受试对象同时接受了处理因素和对照(如标准疗法或药物),因此均等地考虑了每个患者的利益。

交叉设计的缺点,一是每个处理时间不能太长,因在同一受试对象上做了多种处理,处理时间过长会导致整个试验周期过长,受试对象中断试验;二是当受试对象的状态发生根本变化时,如死亡、治愈等,后一阶段的处理将无法进行;三是受试对象一旦在某一阶段退出试验,就会造成该阶段及其以后的数据缺失,增加统计分析的困难。

二、两因素设计

两因素设计最常见的是随机区组设计,它是配对设计的拓展,配对设计适用于处理因素仅有两个水平的情况。但在实际研究中,处理因素可能包括多个水平,该设计方法先将实验单位按需配对,因素的一些特征相同或相近的组成区组,再将各区组的实验单位随机分配到各个处理组。随机区组设计中,单位组间差别越大越好,组内差别越小越好。

随机区组设计的优点是每个区组内的实验单位都有较好的同质性,一定程度上减少了非实验因素导致的误差,即减少了混杂因素的影响,提高研究效率。缺点是要求区组内实验单位数与处理组数相等,实验中若有数据缺失将对统计分析带来一定困难。

三、多因素设计

1. 析因设计

析因设计是一种多因素的交叉分组设计,析因设计实验中所涉及的全部实验因素的各水平全面组合形成不同的实验条件,每个实验条件下进行两次或两次以上的独立重复实验,它可以检验每个因素各水平间的差异,而且可检验各因素间的交互作用,故又称完全交叉分组试验设计。

在析因设计中,每个因素各水平的选择取决于研究目的。如仅想了解因素的主次及两因素有无交互作用,可将水平设为有、无;如欲探讨两因素的最佳组合,则以两个实际剂量作为两个水平。

析因设计的优点是不仅用来分析全部因素的主效应,而且可以分析各因素间的交互作用;用相对较小样本,获取更多信息。缺点是所耗费的人力、物力和时间也较多,且当考察的实验因素和水平较多时,受试者很难承受。

2. 正交设计

正交设计是根据正交性从全面试验中挑选出部分有代表性的点进行试验。选择的这些组合在任意两个因素的水平组合上是正交的,"均匀分散,齐同可比",具有高效、快速、经济的特点,广泛应用于工业生产中的优选试验,近年来在中药萃取流程、药物筛选、实验条件优化等医学研究工作中的应用越来越广泛。

与析因设计相比,由于不需要考虑所有的交互作用,正交设计可以适当减少样本量。但如果正交设计须考虑所有的交互作用时,此时正交设计实际上就是析因设计,其设计要求与析因设计是相同的。

第四节 统计设计需要注意的问题

几乎每天你都可以从报纸、网络、广播和电视中看到或听到有关各种问题的调查结果。显然,信息技术的发展已促进了统计调查研究的盛行,但并非所有这些研究都是科学的、有意义的或重要的。为避免调查失去客观性和可信性,我们应注意如下几个方面的问题:

首先,必须注意到调查的目的。为什么要进行这个调查,调查是为谁进行的。如一个调查只是为了满足人们好奇心或只是为了娱乐,那么这种调查往往只看重结果而不关心过程,其结果不能被进一步加以应用。

其次,必须判断调查误差的大小。统计调查过程中会产生登记性误差和代表性误差。登记性误差包括登记、汇总、录入时产生的误差，以及无应答误差和测量误差等。登记、汇总、录入时产生的误差主要是受到调查人员的工作态度好坏和业务水平高低的影响。无应答误差的产生是由于有些被调查者不愿意回答所调查的问题。无应答误差是由于无法搜集到所有调查单位的数据引起的，又导致了无应答偏差。因为不能简单地假定不回答调查问题的人与那些回答问题的人相似。回答的方式也会影响到应答率，面谈和电话访问要比邮寄调查表的应答率高很多，但它们的成本也高。测量误差的产生是受到测量工具和可操作性的影响，所以获取的测量数值往往只是你所想要的数值的近似值。

代表性误差是指由抽样引起的误差。根据随机还是非随机抽样，代表性误差又可分为系统性的代表性误差和偶然性的代表性误差。采用非随机抽样方法的调查，或总体中的某些单位没有包括在抽样框中，就会造成严重的偏差，即所谓的系统性的代表性误差。这种偏差也许是无意之中造成的，但它会导致统计结果毫无意义。要根据样本对总体做出正确的统计推断，唯一的途径就是采用随机抽样并设置好抽样框。但即使采用了随机概率抽样方法进行调查，也可能会存在误差，这种误差就称为偶然性的代表性误差或简称为抽样误差。抽样误差是样本统计量与总体参数之间的差异，反映了每个样本之间的差异性，因为某个单位被选入某一样本存在着偶然性。一项好的调查设计，通常应在考虑成本的基础上，尽量降低各种误差或使误差最小化。

最后，要注意到调查中的道德性问题。如果某些部门或个人不愿意回答某种调查的形式，而资助者也知道用某种方式设计的调查会把这部分单位或个人排除在外，则无应答误差就变成了道德性问题。若在提供调查的结果时，有意略去了样本量和抽样误差的范围，使得资助者对某一观点有更深的印象，而实际上这个观点根本就不重要，则抽样误差就变成了道德性问题。测量误差在以下三种情况下会成为道德性问题：

(1) 调查者别有用心地、有意识地选择导向性的问题，使回答者出现有倾向性的回答。

(2) 询问者有意识地通过语气、语调引导被询问者出现有倾向性的回答。

(3) 回答者不重视或不愿意回答调查的内容，就很可能提供错误的信息。

以上是观察性调查研究中需要注意的问题，也是经济学领域中最为常见的，而干预性实验研究则在医学领域中更为常见，相关注意问题可参考相关教材。

本章小结

本章对统计设计做了简要介绍，讨论了观察性调查研究和干预性实验研究两大类型的统计设计，对常见的设计类型进行了讲解，并对实际工作中需要注意的问题进行了梳理。在本章开始部分的"统计引例"中，研究者想要调查城乡居民的收入，属于观察性调查研究，可以选择抽样调查的方式开展调查。

思考与练习

2.1 什么是普查？

2.2 什么是重点调查？

2.3 随机抽样和非随机抽样有何不同？

2.4 有放回抽样和无放回抽样有何不同？

2.5　什么是简单随机抽样?
2.6　什么是系统抽样?
2.7　什么是分层抽样?
2.8　什么是整群抽样?
2.9　什么是干预性实验研究?它与观察性调查研究的区别是什么?

2.10　假设一所大学的校友会负责人想对5年前和10年前毕业的校友进行一次调查,以了解他们所获得的成就、最近的工作状况和将来的追求目标。为了搞好这次调查,需要有以下方面的信息:校友的性别、求学的专业、本科的平均积点、以后获得的学位(即硕士或博士学位)、现在的就业情况、现在的年收入、大学毕业后有过几份正式工作、未来五年预计的年收入、参加的党派和婚姻状况。

作为一名研究机构的负责人,你要写出一份调查的计划书,说明将怎样进行调查,其中必须包括:

(1) 说明调查的目的(即你想了解什么和为什么)。

(2) 讨论将如何以及何时进行这次调查(即怎样在两个年级的3 000名校友会成员中抽取所需的300名校友作为样本)。

(3) 问卷的初稿(包括一系列有联系的定性问题和定量问题)。

(4) 附在问卷前的卷首语初稿。

(5) 帮助答题者回答问题的填表说明。

(6) 讨论你将如何检验答卷的真实性和准确性。

(7) 讨论你将在调查中采用何种抽样类型。

(8) 表明你已经注意到了以下几个事项:进行调查所需的费用,贯彻和完成调查所需的时间等。

(9) 表明你已经注意到了以下的问题:因为5年前和10年前毕业的这两届的校友会成员作为抽样框与实际毕业学生的真正总体之间存在着差异,因而对调查的结果能否预测这两届所有的毕业生尚存疑虑。

第三章

数据的搜集与整理

统计引例

评估百得便利超市公司各家门店的销售额

近年来,便利超市这种销售模式在我国发展很快。百得便利超市公司在某大城市拥有50家门店,有关这些门店的一些数据见表3-1。其中,所在的区域A是指坐落在该城市内环线内的门店,区域B是指坐落在该城市内环线外、中环线内的门店,区域C是指坐落在该城市中环线外的门店;员工人数是指某年末各家门店的职工人数;销售额是指当年12月的月销售总额。假如你是这家便利超市公司的管理人员,现在需要对这些数据进行整理,以便做进一步的分析之用。你会从哪些方面进行考虑?

表 3-1　　　　　　　　百得便利超市公司的有关数据

门店编号	区域	员工人数	销售额(万元)	门店编号	区域	员工人数	销售额(万元)
1	A	8	35.3	14	A	12	48.7
2	B	11	41.1	15	A	10	33.8
3	B	9	34.9	16	C	11	35.7
4	A	8	32.6	17	C	9	31.4
5	A	10	38.9	18	A	7	26.0
6	C	9	43.1	19	B	9	39.6
7	B	9	35.2	20	B	8	41.1
8	B	10	39.2	21	C	7	33.3
9	C	8	32.9	22	A	9	46.2
10	A	9	30.3	23	C	10	38.8
11	A	7	25.1	24	A	11	39.4
12	C	8	28.1	25	B	10	41.6
13	B	10	31.5	26	A	11	38.8

续表

门店编号	区域	员工人数	销售额(万元)	门店编号	区域	员工人数	销售额(万元)
27	B	10	41.7	39	A	11	44.7
28	B	10	46.5	40	A	10	47.8
29	A	11	**301***	41	B	12	50.1
30	A	10	43.4	42	B	10	37.5
31	A	9	34.7	43	C	9	40.1
32	C	10	37.3	44	A	9	38.3
33	C	8	34.5	45	A	11	45.5
34	A	9	38.6	46	C	9	29.7
35	C	9	33.3	47	B	11	35.2
36	B	10	48.8	48	C	7	28.4
37	C	11	52.4	49	C	8	31.8
38	C	9	37.4	50	A	9	30.3

* 人为添加了异常值

第一节 数据的来源

数据的主要来源有以下几个方面：
(1) 从政府机构、各种组织、公司和企业所公布的数据中获取。
(2) 设计一次试验以获取必要的数据。
(3) 从观察研究中获取。
(4) 进行一次统计调查。

第一种搜集数据的方法就是把政府机构、各种组织和公司所公布的数据作为来源，这种数据往往是次级数据，而其他三种方法获取的数据往往是原始数据。各级政府的统计部门是数据的主要搜集和汇编者，而且要公布一些重要的数据，如国内生产总值和消费价格指数等。各个行业的数据由相关的部门或组织予以公布，如中国人民银行会及时公布金融统计数据。按照有关政策，上市公司须及时公布本公司的财务数据和其他重要的信息。此外，每天的媒体会发布关于股价、气候和各种文体活动的大量统计数字信息。

第二种搜集数据的方法就是试验。在一次试验中，对整个过程都要进行严格的控制。例如，在检验洗衣机洗净程度的研究中，研究人员不是去询问顾客他们所认为的哪种牌子的洗衣机洗衣效果最好，而是通过实际洗涤脏衣服，来研究哪种牌子的洗衣机效果最佳。正确的试验设计至关重要，相关内容见第二章。

第三种搜集数据的方法就是通过观察研究。研究人员通常是在自然状态下进行直接的观察。如关于动物行为的大部分知识都来自这种方法，而天文学和地理学因为很难进行试验和调查，只能通过观察进行研究。同样，商务和管理中的观察研究可搜集到大量有关的信息，用以帮助做出正确的决策。例如，观察路口的交通流量、观察顾客在商场的购买行为和观察流水线上的产品质量等。

第四种搜集数据的方法是进行统计调查。它对所调查的人们的行为不进行任何控制,仅提出诸如出生年月、爱好、消费习惯、对某一事件的看法和其他特征方面的问题,然后对他们回答的结果进行整理、编码、列表和分析。

在上述方法中,统计调查是搜集社会经济原始数据的主要方法。编制一份统计调查方案在调查工作展开之前是必需的。调查方案的主要内容应包含以下五项:

① 确定调查的目的;
② 确定调查对象和调查单位,调查对象就是想要进行调查的现象的总体;
③ 拟订调查的具体内容并设计出调查表,调查表有单一表和一览表两种形式;
④ 确定调查时间,即要明确调查的数据资料所属时间和调查工作的起止时间;
⑤ 编制调查的组织计划。

数据来源和科学技术发展有密切的联系。现在,可以方便地获得大量及时和精确的数据,这要归功于信息技术的广泛使用:当产品在超市、百货商店和其他渠道被销售出去时,条形码自动地记录存货的数量;自动取款机(ATM)和其他网上银行使得交易能被及时记录下来;旅行机构有精确到最近一分钟的关于航班和旅馆的空位数据;十年前要花数小时甚至数天的交易,现在只要在瞬间便可完成;图书馆的使用也有了新的含义。人们不再限于诸如书籍和报刊等印刷出来的媒体。基于电脑的信息系统,如使用 CD 盘上的数据库、在国际互联网上冲浪、与其他网络用户用电子邮件交换信息,或设计爬虫系统爬取内容等,使你能通过电子技术方便地寻找到数据。

第二节 数据的整理

统计搜集到的大量资料是分散的、不系统的,只能说明各个单位的特征和属性,必须按照科学的原则加以整理,使之条理化和系统化,成为便于储存和传递的、反映总体特征的数据。本节介绍数据整理的若干方法。

一、排序

数据整理的最简单做法就是排序。所谓排序,就是把定量数据按从大到小或从小到大的顺序排列,把定性数据按习惯的文字顺序排列,便于我们研究其条理。计算机 EXCEL 软件有排序的功能,在做排序处理时,通常都是针对整个工作表的所有数据的,当指定了排序变量和排序方式后,所有数据都会联动。

表 3-2 是根据本章开始部分百得便利超市公司的数据,用 EXCEL 排序功能对这 50 家门店月销售额进行的排序。

表 3-2　　　　　　　　　　50 家门店月销售额的排序

门店编号	销售额(万元)	门店编号	销售额(万元)
11	25.1	46	29.7
18	26.0	10	30.3
12	28.1	50	30.3
48	28.4	17	31.4

续表

门店编号	销售额(万元)	门店编号	销售额(万元)
13	31.5	5	38.9
49	31.8	8	39.2
4	32.6	24	39.4
9	32.9	19	39.6
21	33.3	43	40.1
35	33.3	2	41.1
15	33.8	20	41.1
33	34.5	25	41.6
31	34.7	27	41.7
3	34.9	6	43.1
7	35.2	30	43.4
47	35.2	39	44.7
1	35.3	45	45.5
16	35.7	22	46.2
32	37.3	28	46.5
38	37.4	40	47.8
42	37.5	14	48.7
44	38.3	36	48.8
34	38.6	41	50.1
23	38.8	37	52.4
26	38.8	29	301

排序对我们了解数据的分布情况有所帮助，如通过表3-2我们能知道这50家门店的月销售额在25.1万元到301万元之间，其中11号门店的销售额最低，29号门店的销售额最高。当需要整理大量的数据时，排序给我们带来的帮助是极为有限的，这时就需要采用分组的方法。

二、分组

所谓分组，对于定性数据就是依据属性的不同将数据划分成若干组，对于定量数据就是依据数值的不同将数据划分成若干组，也称为重编码。分组后，要使组内的差异尽可能小，而组和组之间则有明显差异，从而使大量无序的、混沌的数据变为有序的、层次分明的、显示总体数量特征的数据资料。因为任何总体内部各单位之间都是既有共性又有差异性的，分组便是以这种共性和差异性的对立统一为基础的最基本的整理方法，它对于自然科学和社会科学的研究都是必不可少的。在社会经济统计研究中，分组有划分现象的类型、研究总体的结构和研究现象之间的依存关系等重要作用。

在分组的基础上，可以制作频数统计表描述各分组的分布情况。频数统计表的具体介绍见第四章。

三、多数据集整理

有时我们会遇到多个数据集的情况，如从不同的数据来源获得数据、数据会根据时间定期采集、依据需求对样本进行了变量补充,这个时候就需要将数据集进行合并或连接处理。依据合并的维度,一般分为纵向合并和横向连接。

1. 纵向合并

要求数据集拥有相同的变量,并且变量的编码需要保持一致,此时相当于一个数据集被分割成了多组,我们所做的就是将这些数据集重新整合为一个完整的数据集。例如在经济普查中,不同省份的调查均使用相同的问卷来收集相关信息,在汇总全国数据时就需要将不同省份的数据进行纵向合并操作。

2. 横向连接

一般情况下要求不同数据集具有相同的关键字段,关键字段是指数据集中对数据对象有唯一和完整标识的列。例如学生有多门课程的成绩,记录在不同的成绩单上,现在以学生的学号为关键字段(学生名字可能有重复,不适合用作关键字段),就可以在同一张成绩单上横向连接不同课程的成绩,形成综合的成绩单。注意,如果数据集中没有关键字段,则必须按照观测顺序排序后才能连接,而且要求不同数据集的观测数完全相同,这在实际工作中是不太方便的,建议加上关键字段以方便操作。

多数据集的整理可以帮助我们完善数据,获取更多信息。在表 3-1 中如果有新的门店加入或者有更多关于门店的变量引入,就可以通过这种方式进行扩充。

四、缺失值处理

对于缺失值过多的变量在统计分析中只能选择删除,而对缺失率不高的变量,可保留变量并填补缺失值。对于定性数据,常见的填补方法是引入新的类别,例如问卷调查中需要填写被调查者的性别,但在处理问卷时发现有些人没有填写这一字段,那么我们可以用"男""女"和"未知"三个类别来表示性别,将所有缺失的性别归入"未知"类。对于定量数据,可以根据数据分布情况来填补,若数据分布正态,则用均值填补,若数据分布偏态,则用中位数填补;也可以采用插值法,如随机插值、拉格朗日插值等。缺失值填补的方法较为复杂,感兴趣的读者可参考相关教材。

五、异常值处理

异常值又称离群点,是指存在于数据中的不合理的值,如明显偏离大多数观测值的值。例如表 3-1 中 29 门店的销售额为 301 万元,那么我们就可以认为这个数值为异常值,需要进行核对。

异常值的检验有如下两种常用方法:

1. 统计分析法

计算变量的第一四分位数(Q1)、第三四分位数(Q3)以及四分位数范围(IQR=Q3−Q1),那么可以定义小于 Q1−1.5*IQR 或者大于 Q3+1.5*IQR 的数据为异常值,据此判断是否是异常值。

2. 图示法

如箱式图,当某个数值高于箱形图的上界或低于下界的,则认为是异常值。

发现异常值后,我们需要对其进行处理。在有条件的情况下,可以对其进行重新获取,得到正确的数值。否则,我们可以按照缺失值的方法来处理,但当异常值的数据为真实值时,就可能丢掉了也许是新发现的信息,具体的处理方式应当结合实际情况。

六、离散型变量的编码处理

当变量为离散型变量的时候,我们需要将其变为可输入的数值状态,即进行编码处理。若变量有序,我们可以使用(1,2,3)等顺序编码,但更多的情况下变量处于无序状态,此时我们通常使用 one-hot 编码或者哑变量编码,针对变量的类别生成新的变量。

one-hot 编码的基本思想为将分类变量的每一个类别都看作一种状态,若它有 n 个类别,则将其抽象为 n 个状态,每个状态中只有一个值为 1,其余均为 0,它保证了每个取值只有一种状态被激活。如果我们需要将表 3-1 中的区域进行数值化处理,则可以参考表 3-3 所示的编码表示。

表 3-3　　　　　　　　　　　门店区域的 one-hot 编码

区域 A	区域 B	区域 C
1	0	0
0	1	0
0	0	1

哑变量编码则是任意将某个状态位移除,使用 $n-1$ 个状态来表达 n 个类别的情况。相对于 one-hot 编码,它使用一个全为 0 的状态序列表示某个类别作为对照类别。在表 3-4 中,我们令第一个状态位即(1,0)表示区域 A,第二个状态位即(0,1)表示区域 B,那么(0,0)表示既不是区域 A 也不是区域 B,此时只能为区域 C。

表 3-4　　　　　　　　　　　门店区域的哑变量编码

区域 A	区域 B	区域 C
1	0	0
0	1	0

七、连续型变量的变换处理

在进行参数统计分析的时候,有些方法(如 t 检验和方差分析)会要求样本来自正态分布的总体并且方差齐同,而如果实际的统计资料不满足该要求的话,直接应用参数统计分析方法就会导致错误的结论,此时我们可以采取适当的变量变换来使数据达到正态化的要求。常用的变换方法有对数变换、平方根变换、平方变换、倒数变换和 Box-Cox 变换。

对数变换是对原始数据 X 取对数,即 $X'=\log(X)$。如果原始数据存在非正数或者较小的正值,可以根据实际需要添加常数 K,令 $X'=\log(X+K)$。K 一般为正数。对数变换适用于符合对数正态分布的统计资料,如抗体滴度、疾病潜伏期、水果中的农药残留量等。

平方根变换是将原始数据 X 的平方根作为分析变量,即 $X'=\sqrt{X}$。同样,根据数据情况可添加常数 K,令 $X'=\sqrt{X+K}$。平方根变换适用于符合泊松分布或者轻度偏态的资料。

平方变换是将原始资料的平方作为分析数据,即 $X'=X^2$。常用于方差与均数成反比时或资料呈左偏态时。

倒数变换是将原始资料的倒数作为分析数据,即 $X'=1/X$。常用于方差与均数的平方成正比时，可将两端极端值的影响减小并且往往要求资料中没有接近或小于 0 的数据。

Box-Cox 变换是由 Box 和 Cox 提出的一类变换。它允许研究者使用不同的 λ 值来做尝试。具体公式为：

$$X' = \begin{cases} \dfrac{X^\lambda - 1}{\lambda}, & \text{如果 } \lambda \neq 0 \\ \ln(X), & \text{如果 } \lambda = 0 \end{cases}$$

一般而言，对数转换的削弱作用强于平方根转换，例如 1、10、100 经过对数转换后为 0、1、2，而平方根转换后为 1、3.16、10。对于 Box-Cox 变换，λ 为 −1，0，0.5 和 2 时，它分别等价于倒数、对数、平方根和平方变换。另外，当变量为比率且取值在 30%～70%时，一般不考虑 Box-Cox 变换。除了上述变换，其他的变换方式还有反正弦变换（也称角度变换，适用于发病率、感染率、病死率等服从二项分布的比率数据）、平方根反正弦变换（适用于百分比数据）。

本章小结

本章对数据的预处理进行了简要介绍，讨论了数据的搜集方法以及常见的数据整理方式，这在统计学分析工作中往往占大部分时间（>70%），内容非常烦琐，常常被统计专业人员所忽视。在此后的两个章节中，将介绍常见的探索性数据分析技术，如统计图的绘制、统计描述的测度指标等。

思考与练习

3.1 数据的搜集方式有哪些？
3.2 为什么要对搜集到的数据进行整理？
3.3 什么是分组？分组有什么作用？
3.4 多数据集的纵向合并、横向连接分别有什么要求？
3.5 缺失值的常见处理方式有哪些？

第四章

数据的图表展示

统计引例

评估百得便利超市公司各家门店的销售额

假如你是第三章引例中百得便利超市公司的管理人员,在对表 3-1 中的异常值进行重新收集和更正后,得到表 4-1 中的数据。现在需要对这些数据进行分组整理并用图表予以展示,以便做进一步的分析。

表 4-1　　　　　　　　　　百得便利超市公司的有关数据

门店编号	区域	人数	销售额(万元)	门店编号	区域	人数	销售额(万元)
1	A	8	35.3	17	C	9	31.4
2	B	11	41.1	18	A	7	26.0
3	B	9	34.9	19	B	9	39.6
4	A	8	32.6	20	B	8	41.1
5	A	10	38.9	21	C	7	33.3
6	C	9	43.1	22	A	9	46.2
7	B	9	35.2	23	C	10	38.8
8	B	10	39.2	24	A	11	39.4
9	C	8	32.9	25	B	10	41.6
10	A	9	30.3	26	A	11	38.8
11	A	7	25.1	27	B	10	41.7
12	C	8	28.1	28	B	10	46.5
13	B	10	31.5	29	A	11	52.9
14	A	12	48.7	30	A	10	43.4
15	A	10	33.8	31	A	9	34.7
16	C	11	35.7	32	C	10	37.3

续表

门店编号	区域	人数	销售额（万元）	门店编号	区域	人数	销售额（万元）
33	C	8	34.5	42	B	10	37.5
34	A	9	38.6	43	C	9	40.1
35	C	9	33.3	44	A	9	38.3
36	B	10	48.8	45	A	11	45.5
37	C	11	52.4	46	C	9	29.7
38	C	9	37.4	47	B	11	35.2
39	A	11	44.7	48	C	7	28.4
40	A	10	47.8	49	C	8	31.8
41	B	12	50.1	50	A	9	30.3

第一节　统计表

当统计数据比较多时，就应该制作表或者图来展示，使数据的重要特性能从表或者图中直观地反映出来，这样可提高分析数据和解释数据的效率。本节首先介绍统计表，下节将介绍统计图。

在统计表中，比较常用的就是频数分布表。在分组的基础上，将每个数据分配到各组之中，计数落入各组的个体数目——可称其为频数，就形成了一组数据的频数分布（亦可称为变量数列或分配数列）。频数分布可分为按定性数据分组的定性数列和按定量数据分组的定量数列，其具体展示形式就是频数分布表，表的基本结构是两列，左为数据的分组形式，右为各组的频数。频数一列的右侧还可以再派生出其他列：定性数列可以派生出相对频数（频率），即各组频数占数据总数目的百分比；定量数列除派生相对频数外，还可以有累计频数和相对累计频数（累计频率）。

一、频数分布表

频数分布表即汇总整理表，在编制频数分布时，一个重要的问题是分组变量的选择。从理论上讲，应该选择与研究问题有关的变量。另一个重要的问题是组和组之间的界限即组限的确定。组限的确定也应遵循穷尽和互斥原则，即一个数据必须能分配进入一个特定的组，并且一个数据只能分配进入一个特定的组。编制定性数列时，组限的确定一般比较简单，如人口按性别分组、企业按所有制分组、在本章的引例中按所在的区域分组等。有时组限的确定比较复杂，如人口按职业分组、商品按类型分组，这就需要按有关部门颁布的标准目录进行分组。从表 4-2 中可以看出百得超市公司在该大城市 50 家门店的区域分布情况。

表 4-2　　　　　　　　　　按区域分组的定性数列

区　域	频数（门店家数）	频率（%）
A	20	40
B	14	28
C	16	32
合　计	50	100

根据定量变量的类型,定量数列又可分为单项数列和组距数列两种形式。单项数列即变量的一个取值为一组,适用于离散型变量,并且变量的取值较少。表 4-3 是对本章的引例中按门店的职工人数分组所形成的单项数列,从中可以看出每家门店的职工人数分布在 7 到 12 名之间,并且职工人数 9 名和 10 名这两组的分布比较集中,共占了 56%。

表 4-3　　　　　　　　　　　按职工人数分组所形成的单项数列

人　数	频数(门店家数)	频率(%)	累计频数	累计频率(%)
7	4	8	4	8
8	7	14	11	22
9	15	30	26	52
10	13	26	39	78
11	9	18	48	96
12	2	4	50	100
合　计	50	100	—	—

组距数列即每一组有一个上限值和一个下限值所形成的区间,适用于连续型变量或离散型变量且变量的取值较多的情况。在编制组距数列时,应注意以下三个方面的问题:首先要确定表格中适当的组数;其次要确定合适的组距;最后要确定每个组的组限以防止互相重合。

1. 确定组数

分组的组数没有严格的规定,主要取决于观测的数据有多少。如果观测数据有很多,那么分组的组数也应该多一些。同时,还与数据分布的形态有关。如果数据的集中程度较高,那么分组的组数可以少一些。很多情况下是凭经验或者是反复试分组才可确定组数。

2. 确定组距

组距为上限与下限之差。根据各组的组距是否都相等,组距数列又可分为等距数列和异距数列。一般情况下,往往是编制等距数列。而当数据的分布很不均匀或者是为了把现象的类型更好地划分出来时,就需要编制异距数列。例如,对用百分制表示的考试成绩分组,就应编制不等距的数列,实际常分为"90~100 分""80~89 分""70~79 分""60~69 分""0~59 分"各组。注意,对这种定量数据的分组形式,实质上就是把考试成绩的不同类型划分出来,与定序数据的分组形式优、良、中、及格和不及格相对应。

编制等距数列时,组距可以由全距(全部数据中的最大值与最小值之差)除以所确定的组数来获得,即组距=全距/组数。因为这个比值往往存在小数,在实际分组时可对组距略为放大取整数,使其成为一个较为方便的数值,例如 5 或 10 的倍数。在本章的引例中,因为只有 50 个数据,所以分成六个组已经足够了。根据排序,可得月销售额的全距为 52.9-25.1=27.8(万元)。按上式计算,组距=27.8÷6≈4.63,所以实际的组距可取 5 万元,分成如表 4-4 的等距数列。从表中可看出 50% 以上的门店月销售额都在 30 万元到 40 万元之间。

表 4-4　　　　　　　　　　　　按某月销售额分组所形成的等距数列

月销售额(万元)	频数(门店家数)	频率(%)	累计频数	累计频率(%)
25～30	5	10	5	10
30～35	13	26	18	36
35～40	15	30	33	66
40～45	8	16	41	82
45～50	6	12	47	94
50～55	3	6	50	100
合　计	50	100	—	—

3. 确定组限

在编制组距数列时,组限的确定一般比较复杂。从理论上来讲,确定的组限应能把现象的不同类型划分出来,如以上提及的考试成绩分组。但是,实际上确定定量数据的组限时往往具有主观性,特别当数据的个数不多时,选择不同的分组组限还可能会产生完全不一样的结果。例如按居民的收入分组就是如此,这时就要根据经验取整数,或者根据当时当地的具体情况而定,如某地现在的人均收入 2 000 元以下为低收入、个人收入调节税的起征点为 3 500 元,则 2 000 元和 3 500 元都可以成为组限。

组限的确定还要考虑数据是连续型变量还是离散型变量。为了不重复和不遗漏,编制离散型变量的组距数列时,最好用两个相邻的整数分别表示较小组的上限和比它大的那组的下限,如对考试成绩分组时分成"70～79 分""80～89 分"这样的形式。编制连续型变量的组距数列时,就需要用以下、以上等文字加以说明,如按居民的收入分组,可分成"2 000～3 000 元以下""3 000～4 000 元以下"这样的形式;或者如表 4-4 所示,用同一个整数分别表示较小的一组的上限和比它大的那组的下限,即用"25～30 万元""30～35 万元"的形式,此时一般以每组的下限为闭区间、上限为开区间,即左闭右开区间。

有时,在调查表的设计时无法确定实际数据的取值范围,或者数据中存在极端值,即存在着个别特别大或特别小的数值,组距数列中就可采用开口组的形式,这时最小一组没有标出下限或最大一组没有标出上限。例如,按照联合国的有关标准,人口按年龄可分为"0～14 岁""15～60 岁"或"15～65 岁""60 岁以上"或"65 岁以上"三组,分别表示少儿人口组、成年人口组和老年人口组。再如,对考试成绩分组时,不及格这组常用"60 分以下"表示。

使用组距数列的优点是它能使数据的主要特征变得清晰起来,但是其缺点是如果不查看原始数据的话,无法了解在某个分组中的数据值到底是如何分布的。例如对表 4-4 中月销售额在 50 万元到 55 万元的三家门店,我们不知道这些数据是均匀分布在整个区间中的,还是集中在 50 万元附近或者集中在 55 万元附近。这时,我们只能假定数据在各组中的分布是均匀的或是对称的,并用组中值作为这组的代表性数值。实际工作中,数据的分布往往不能满足上述假设条件,组中值只能作为这组近似的代表性数值。组中值的计算很简单,一般取各组上限和下限的算术中点,即(上限+下限)/2。所以表 4-4 中 50 万元到 55 万元这组的组中值就是 52.5 万元,其余各组的组中值分别为 27.5 万元、32.5 万元、37.5 万元、42.5 万元和 47.5 万元。

开口组组中值的计算方法是以相邻一组的组距为准,所以其结果更为近似。例如,一家调查公司对某大城市的居民进行了一项调查,根据当时当地的具体情况,按居民的收入分组形成了表 4-5。

表 4-5　　　　　　　　　按居民的收入分组所形成开口组及其组中值

人均月收入（千元）	组中值	户　数
3 以下	1.5	30
3～5	4	120
5～7	6	180
7～10	8.5	100
10～15	12.5	40
15～20	17.5	20
20 以上	22.5	10
合　计	—	500

显然，表 4-5 中 3 千元以下和 20 千元以上这两组的组中值代表性很差。

二、统计表格

统计表格是把统计数据用表格的形式展示出来。统计表格有各种不同的类型。

首先，根据统计表格的作用，可以把统计表格分为调查表、汇总整理表和计算分析表。

其次，根据数据所属的时间，统计表格又可分为截面数据表和时间序列表。假如在本章的引例中，1 号门店某年各月的销售额如表 4-6 所示，则表 4-6 即为时间序列表。

最后，按分组变量的多少，统计表格还可分为单变量分组表和多变量分组表。因为分组的变量每增加一个，分组的组数将成倍增加，所以常用的多变量分组表是两个变量的分组表。根据两个变量的排列方式，有平行形式和交叉形式。如对人口进行分组时，可以先按性别再按年龄分组，形成如表 4-7 所示的形式。

表 4-6　　　　　　　　　　1 号门店某年各月的销售额　　　　　　　　　　单位：万元

月　份	1	2	3	4	5	6	7	8	9	10	11	12
销售额	48.2	36.3	31.6	29.5	36.7	30.9	32.5	37.1	33.4	39.7	34.1	35.3

表 4-7　　　　　　　　　对人口先按性别再按年龄的平行分组表

性　别	年　龄	频　数
男	0 岁 1 岁 2 岁 ……	…… …… …… ……
女	0 岁 1 岁 2 岁 ……	…… …… …… ……

这就是两个变量的平行分组表。在本章的引例中，可以对这 50 家门店按区域并按人数分组，形成如表 4-8 的形式。

表 4-8　　　　　　　　50 家门店按区域并按人数的交叉分组表

区域＼人数	7	8	9	10	11	12	合计
A	2	2	6	4	5	1	20
B	—	1	3	7	2	1	14
C	2	4	6	2	2	—	16
合计	4	7	15	13	9	2	50

这就是两个变量的交叉分组表,这种形式的分组表又称为列联表。

在计算机办公自动化软件中,有各种形式的表格自动套用格式可供选择。但是,统计表的格式习惯上采用左右两端不封口的古典型,特别是上中下三条线的格式(即三线表)。

第二节　统计图

统计图通常可比统计表更生动地描述数据。实际使用的统计图有很多类型,本教材介绍饼图、条形图、直方图、折线图、曲线图、茎叶图和箱式图,其中饼图和条形图主要适用于定性数据,直方图、折线图、曲线图、茎叶图和箱式图主要适用于定量数据。

一、饼图

饼图是以整个圆的 360°代表全部数据的总和,按照各类型组所占的百分比(频率),把一个"饼"切割为各个扇形。图 4-1 就是一个表示按区域分组的饼图,直观地反映了这 50 家门店的区域分布情况。

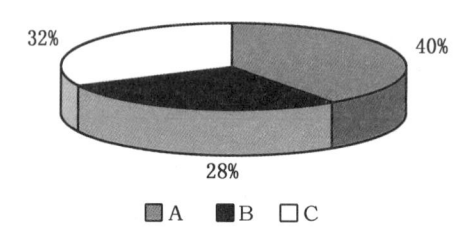

图 4-1　50 家门店按区域分组的饼图

二、条形图

在条形图中,每一分类组表示成一个条,条的长度代表了这个组中所含数据的频数或频率。在图 4-2 中,我们可以直接比较 50 家门店数按区域分组的条形图。

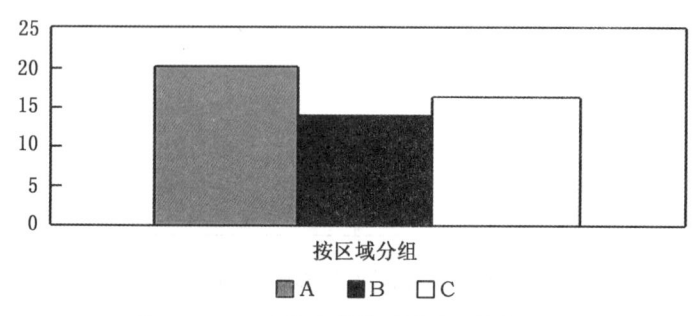

图 4-2　50 家门店数按区域分组的条形图

我们还可以使用分段条形图和百分条形图分别展示用两个变量交叉分组的频数分布和频率分布。根据表 4-8 的两个变量交叉分组的频率分布，我们在图 4-3 中可以直接比较 50 家门店按区域并按人数分组形成的分布情况。

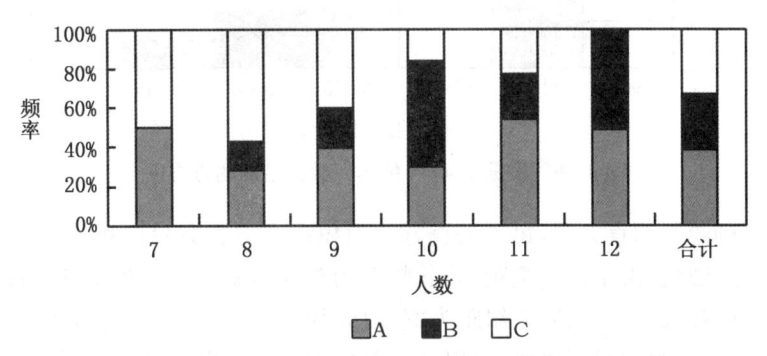

图 4-3　50 家门店按区域并按人数分组的分段比例条形图

对两个变量交叉分组的频数分布和频率分布，我们还可以用条形图的另一种形式（复式条形图或分组条形图）来展示。图 4-4 就是反映 50 家门店按区域并按人数分组情况的相依图。

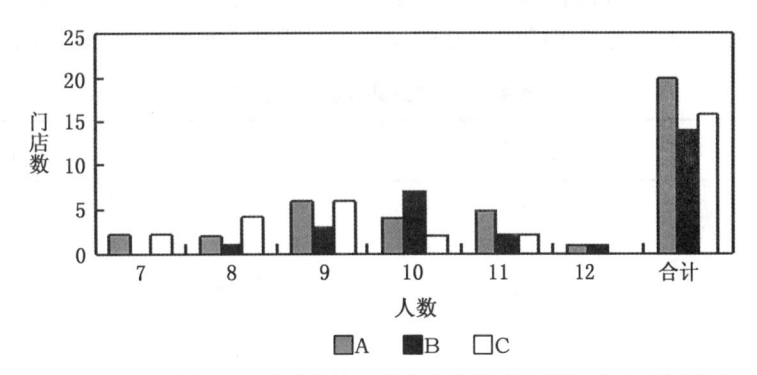

图 4-4　50 家门店按区域并按人数分组的复式条形图或分组条形图

三、直方图

直方图与条形图相似，是在每个分组区间上绘制一个长条形而产生的图形，它可以用来描述已表示成频数或频率的数据。在绘制直方图时，一般把所研究的变量用横轴（X 轴）来表示，而纵轴（Y 轴）则表示每个组观测数据的频数或频率。图 4-5 和图 4-6 都是根据表 4-4 按销售额等距数列所形成的直方图。

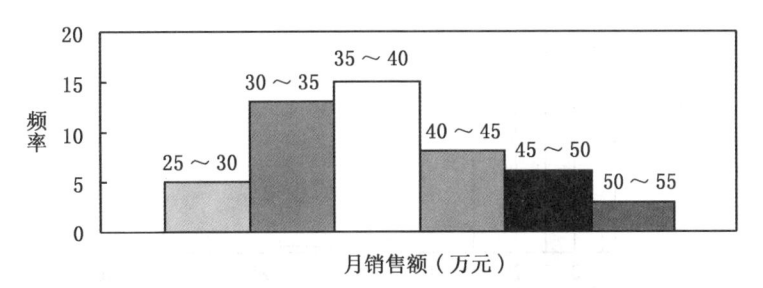

图 4-5　根据表 4-4 的等距数列绘制的直方图

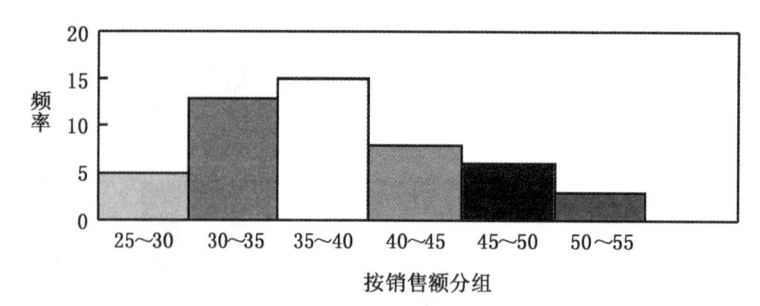

图 4-6 根据表 4-4 的等距数列绘制的直方图

根据等距数列绘制的直方图，每一条直方的面积占全部直方总面积的比重与该组的频率成正比。对于异距数列，由于各组组距不同，频数的差异不能直接表明变量分布的特征。这时要先计算出各组的频数密度，然后以组距为宽、以频数密度为高来绘制直方图。所谓的频数密度，是指频数与其所在组的组距之比，可以反映单位组距所出现的次数。用公式表示为：

$$频数密度 = \frac{某组的频数}{该组的组距}$$

如对表 4-5 中的异距数列数据，可先计算出各组的频数密度列于表 4-9，然后绘制的直方图如图 4-7 所示，图中开口组的组限是假设这组与相邻一组的组距相同而定的。

表 4-9　　　　　　　　　表 4-5 中异距数列的频数密度

人均月收入(千元)	组　距	户数(频数)	频数密度
3 以下	2	30	15
3～5	2	120	60
5～7	2	180	90
7～10	3	100	33.33
10～15	5	40	8
15～20	5	20	4
20 以上	5	10	2
合　计		500	

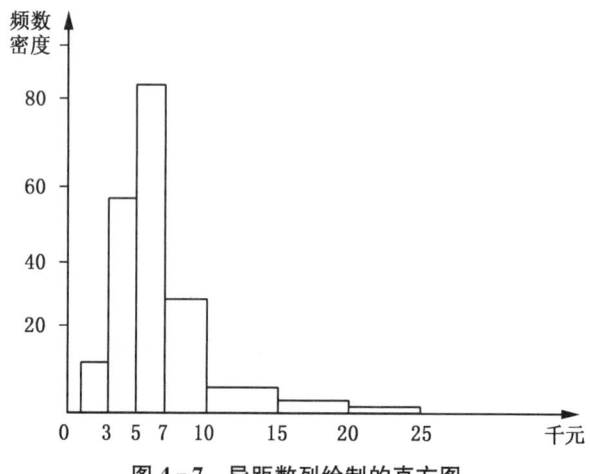

图 4-7 异距数列绘制的直方图

按频数密度绘制的直方图与按频数分布绘制的直方图不同。前者的频数密度是尺度而不是面积，它用纵轴上的尺度标示各组的频率，其和不等于100%；后者则用面积标示各组的频率，直方图中所有长方形的面积之和为100%。

四、折线图

折线图可以在直方图基础上将每个长方形的顶端中点用折线连接而成，或用组中值与频数（或频率）求坐标点连接而成，图4-8就是根据图4-6的直方图绘制的折线图。

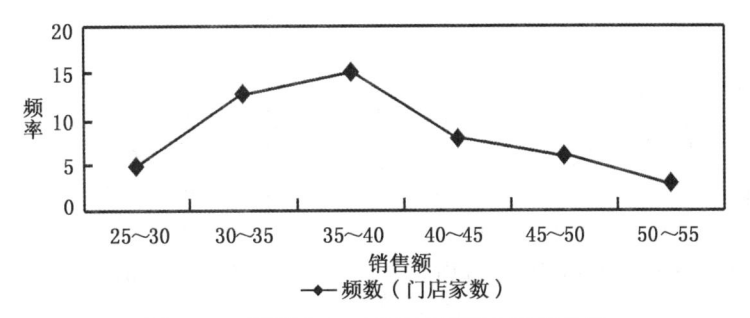

图4-8 根据图4-6的直方图绘制的折线图

累计频数（或频率）分布也可用折线图表示，由小到大累计折线是从最小值的下限开始，连接各组上限与该组累计频数（或频率）所形成的坐标点而成，图4-9就是根据图4-6的直方图绘制累计频数的折线图。

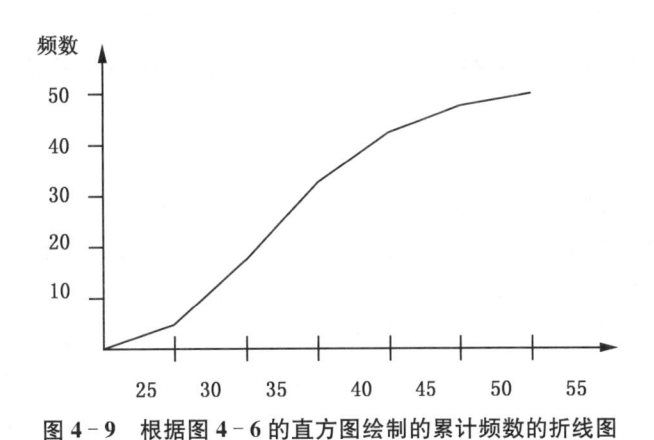

图4-9 根据图4-6的直方图绘制的累计频数的折线图

五、曲线图

当变量的取值非常多、变量数列的组数无限增多时，折线便趋于一条平滑的曲线，这是一种概括描述变量数列分布特征的理论曲线。常见的分布曲线是中间次数较多、两端逐渐减少的钟形分布，这种分布曲线有对称和非对称之分，非对称的又有左偏态和右偏态两种形式。图4-10、图4-11和图4-12分别是对称的、左偏态的和右偏态的钟形曲线分布图。分布曲线的其他形式有J形曲线、倒J形曲线和U形曲线，分别如图4-13、图4-14和图4-15所示。

图 4-10　对称的钟形曲线分布图

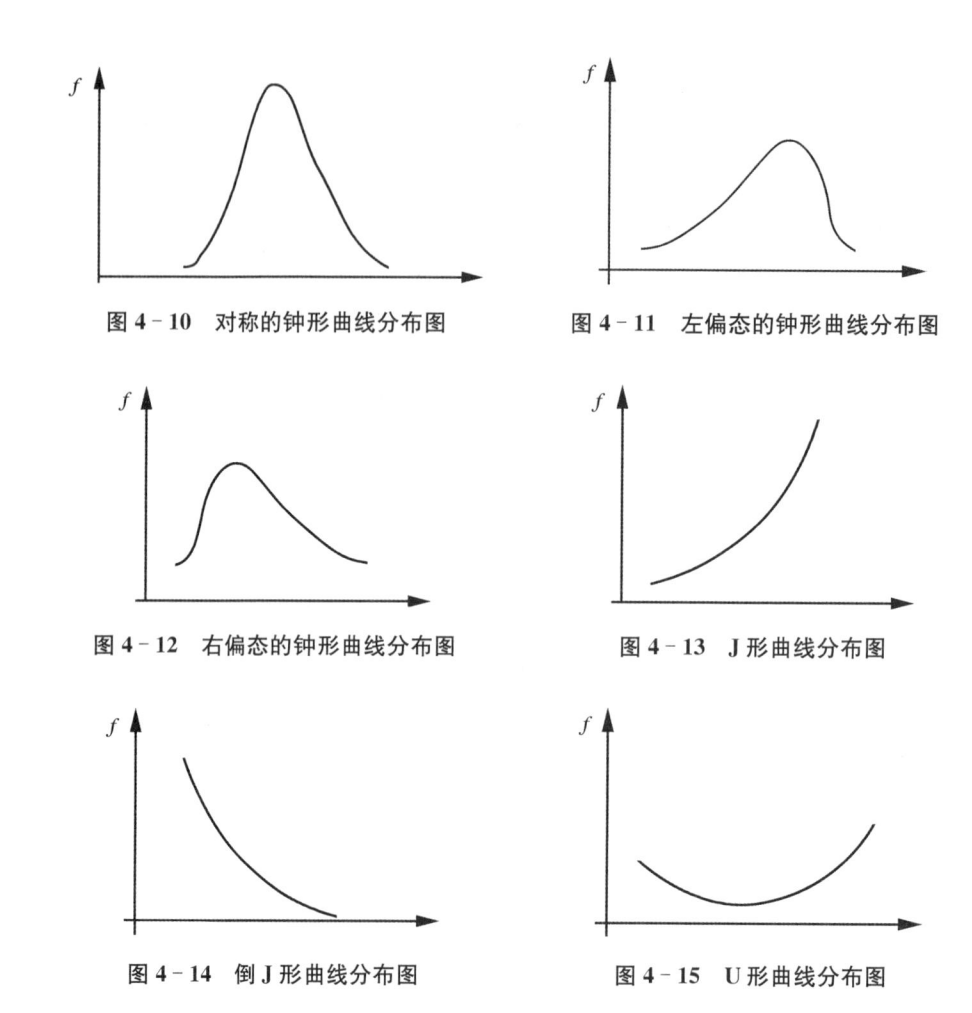

图 4-11　左偏态的钟形曲线分布图

图 4-12　右偏态的钟形曲线分布图

图 4-13　J形曲线分布图

图 4-14　倒J形曲线分布图

图 4-15　U形曲线分布图

六、茎叶图

茎叶图是探索性数据分析中的一种方法,也是对一批数据进行组织整理的很有价值的一个工具,可以了解一批数据中由所有观测值构成的数据的取值范围是如何分布的。茎叶图把每个数据分解成茎和叶两部分,一般取前几位数为茎、最后一位数为叶,然后按茎和叶的大小排列成图。例如,百得便利超市公司50家门店那个月的销售额数据都是两位数并带有小数的数字,把在十位上的数字作为茎的数字,在个位数上的数字作为叶的数字,为了方便,在此处的茎叶图中可把数字的小数部分省去。这样,数字25.1的茎就是数字2,叶就是数字5。同时,茎叶图的茎可以扩展或压缩以包括更多或更少的行。在此例中,我们可对茎进行扩展,把行细分为包括数字0~4和5~9两行,得到的茎叶图如图4-16所示。

茎	叶
2	5 6 8 8 9
3	0 0 1 1 1 2 2 3 3 3 4 4 4
3	5 5 5 5 7 7 7 8 8 8 8 8 9 9
4	0 1 1 1 1 3 3 4
4	5 6 6 7 8 8
5	0 2 2

频数

图 4-16　50家门店销售额的茎叶图

如果用直线把全部数据分茎划框,忽略其中的数字,逆时针旋转90°,就是前面介绍的直方图。

七、箱式图

在介绍箱式图之前,首先讲一下五数概括。所谓五数,即最小值 x_{min}、最大值 x_{max}、第一四分位数 M_1、中位数 M_e 和第三四分位数 M_3。以下是根据这五个数之间的关系确定数据分布形态的方法:

1. 如果数据是完全对称的,那么这五个数字之间的关系就应有:

a. 从最小值 x_{min} 到中位数的距离等于中位数到最大值 x_{max} 的距离。

b. 从 x_{min} 到 M_1 的距离等于 M_3 到 x_{max} 的距离。

2. 如果数据是不对称的,那么五个数字之间的关系就应有:

a. 在右偏态分布中,从 x_{max} 到中位数的距离大于中位数到 x_{min} 的距离。

b. 在右偏态分布中,从 M_3 到 x_{max} 的距离大于从 x_{min} 到 M_1 的距离。

c. 在左偏态分布中,从 x_{min} 到中位数的距离大于中位数到 x_{max} 的距离。

d. 在左偏态分布中,从 x_{min} 到 M_1 的距离大于 M_3 到 x_{max} 的距离。

例 4-1 根据本章统计引例中第一四分位数、第三四分位数和中位数的计算结果,我们知道这 50 家门店该月销售额的最小值、第一四分位数 M_1、中位数 M_e、第三四分位数和最大值分别为 $x_{min}=25.1, M_1=33.3, M_e=37.9, M_3=41.7$ 和 $x_{max}=52.9$,现在要用五数概括法确定数据的分布形态。

解 因为五个数是:

$$25.1 \quad 33.3 \quad 37.9 \quad 41.7 \quad 52.9$$

由于从中位数到 x_{max} 的距离($52.9-37.9=15$)超过从 x_{min} 到中位数的距离($37.9-25.1=12.8$),同样地,从 M_3 到 x_{max} 的距离($52.9-41.7=11.2$)超过 x_{min} 到 M_1 的距离($33.3-25.1=8.2$),根据这五个数值以及五数概括法的判别方法,50 家门店该月销售额呈右偏态分布。

箱式图其实就是基于五数概括的图示化展示方式,使得集中趋势、离散趋势和偏态更为直观。如图 4-17 所示,箱式图包括一个横长的矩形箱体及其两侧长线。箱体的左右两侧分别表示 M_1 和 M_3,箱体内的纵线表示 M_e,矩形的长度表示四分位范围,也就是表明有 50% 的数值落在箱体之内。箱体外两侧的长线分别表示最小值 x_{min} 到 M_1 的距离和 M_3 到最大值 x_{max} 的距离。绘制箱式图时,一般要标出极端值,这时定义极端值为小于 M_1 或大于 M_3 1.5 倍于四分位范围的长度,x_{min} 和 x_{max} 是去掉了极端值后的最小值和最大值并且把极端值用星点标出。图 4-17 描述了百得便利超市 50 家门店该月销售额的箱式图。

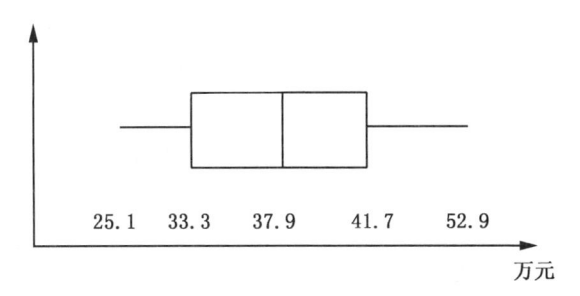

图 4-17 百得便利超市 50 家门店该月销售额的箱式图

图 4-17 说明了数据是右偏态的,右侧的长线大于左侧。注意到代表中位数的垂线没有靠近箱子的右侧,暗示了中间 50% 的值是呈左偏态的。但总的来说,数据是右偏态的。

第三节　图表应用的注意事项

在本章的第一节和第二节中,我们分别介绍了不同类型的统计表和统计图,以及它们的应用场景。数据的统计表展示可以使读者快速清晰地掌握准确的信息或者数据的分布情况;数据的统计图展示则是通过以某一方面作为切入点使读者了解数据的分布或者趋势。统计图的多种选择丰富了其在数据展示方面的应用场景;相比于统计图而言,统计表的形式虽然相对单一,但是对于后期数据的存储、查询、更新和分析却有着巨大作用。

统计图表在制作和应用的过程中,最重要的是保证其准确性、有效性和可靠性。为了更好地完成任务,在制作和应用过程中我们需要注意以下几个方面:

(1) 搜集与整理绘制图表的数据时,要细致认真,确保数据不出错,从而保证图表的准确性。

(2) 在绘制图表时,需要根据数据展示的目的来选择图表的种类,从而更好地反映研究的问题。例如在研究某一种类占比时,应选择饼图;在研究一项数据的大体分布时,可选择箱式图。

(3) 在绘制统计图表时,需要详细注明标题和数据的时间,在方便阅读的同时也保证了图表的时效性。

(4) 统计表中的项目名称和部分统计图中的坐标轴以及图例需要清晰且准确的标注,并且坐标轴的刻度范围要科学准确,不可随意选取坐标轴的刻度,确保图表准确性的同时避免对读者造成误导。

(5) 统计图的绘制需要给人以美感,线条均匀,着色部分要色彩鲜明。

统计图表作为数据表现的最重要形式,可以让我们迅速了解数据的基本情况,对所要研究的问题有一个初步直观的认识。统计图表在生活和工作中有着非常普遍的应用,在数据时代来临之际如何科学、美观地展示数据并通过图表的形式反映所研究的问题已成为一个热门的内容。

统计图表的重要性不言而喻,绘制人员需要注意以上五个方面,以保证图表的准确性、有效性和可靠性,确保图表清晰完整,避免给读者造成误导。

本章小结

本章主要介绍了如何使用统计表和统计图对数据进行呈现与展示,以便对数据的分布有一个初步且直观的认识,为后续统计分析方法的选择提供必要的信息。需要指出的是,在统计数据的展示时谨防用华而不实的图表,甚至故意用扭曲的图表来蒙骗读者。

思考与练习

4.1　直方图和茎叶图有什么联系?

4.2　试对条形图和直方图进行比较。

4.3 下面的数据表示的是 50 瓶 2 升装软饮料的实际容量,抽样的时候是随机抽取的。已将这些数据按从大到小的水平列出:

2.109	2.086	2.066	2.075	2.065	2.057	2.052	2.044	2.036	2.038
2.031	2.029	2.025	2.029	2.023	2.020	2.015	2.014	2.013	2.014
2.012	2.012	2.012	2.010	2.005	2.003	1.999	1.996	1.997	1.992
1.994	1.986	1.984	1.981	1.973	1.975	1.971	1.969	1.966	1.967
1.963	1.957	1.951	1.951	1.947	1.941	1.941	1.938	1.908	1.894

(1) 对以上的数据进行合适的分组。
(2) 绘制合适的统计图表展示以上的数据。
(3) 在(1)和(2)的基础上,判断软饮料的容量是不是集中在某个数值的附近。

第五章

数据的描述性分析

统计引例

评估百得便利超市公司各家门店的销售额

让我们回到第四章的百得便利超市公司销售额的研究上。我们已经学习了如何用图表来表示数据。但在处理如销售额这样的数字资料时,有效的数据分析不仅要展示或观察数据,而且还要计算和概括数据的重要特征,分析由此得到的结果,如各家门店销售额的集中趋势是什么? 它们的离散程度有多大? 作为一名公司的管理人员,你需要对这些数据做进一步的分析。

第一节 分类数据的统计描述

我们在第一章已经介绍过:参数是总体指标,统计量是样本指标。所谓指标就是根据总体或样本的数据计算的综合测量值(亦可称为测度或量数),它综合反映了具体时间、地点、条件下研究对象的数量特征,因此又可称为综合指标。凡指标都具有描述功能,样本指标还具有估计和推断功能。本章将主要介绍描述功能。指标可以有各种不同的分类,除了上述按数据的范围不同可分为总体指标和样本指标外,还可按指标数值的形式不同分为绝对数、相对数和平均数。不同的数据类型需要用对应的指标来进行描述,本节将介绍分类数据的描述方法,下一节介绍定量数据的描述方法。

一、绝对数

绝对数(亦称总量指标)是统计资料经过汇总整理后得到的反映总体规模和水平的总和指标。例如,企业的销售收入、一个地区或国家的社会总产值、国内生产总值等。绝对数是反映一个国家的国情和国力,一个地区或一个企业的人力、物力、财力的基本数据,是进行经济核算和经济活动分析的基础,也是计算相对数和平均数的基础。

绝对数按其反映总体的内容不同,分为变量总值和单位总数。变量总值是指某变量各观察值之和,表明总体在一定时间、地点、条件下达到的总水平。单位总数即观察值的个数,表明总体在一定时间、地点、条件下达到的总规模。

绝对数又可按其反映总体的时间状态不同,分为时期数和时点数。在经济统计中,时期数和时点数又往往用流量和存量表示。时期数表明总体在一段时间内累积的总量,指标的数值随时期长短而变化,如国内生产总值、产品的产值、税后利润等。时点数表明总体在某一时刻的数量状态,如人口总数、资金占用余额、库存总额等都是时点数。实际工作中,这两种绝对数在对比分析、平均分析时计算处理的方法是有所不同的,所以必须加以区分。时期数和时点数最主要的区别就在于是否具有可加性:不同时期的时期数相加后有意义,表示更长时期内的总量;不同时点的时点数相加后的总量没有意义。

需要注意的是,绝对数都应具有计量单位,常用的计量单位有实物量和价值量两大类,不同价值量的绝对数是可以加总的,而不同实物量的绝对数是不能加总的,因为其加总后的总量没有意义。

二、相对数

相对数是用两个有联系的指标进行对比的比值,可以反映现象的数量特征和数量关系,并可将现象的绝对差异抽象化,使原来不能直接相比的绝对数可以进行比较。例如,由于不同企业的生产规模等条件不同,直接用总产值或总产量比较,评价意义不大。但用各自的计划完成程度、资金利润率、资金产值率、发展速度等相对数进行比较,便可对其生产经营的结果做出合理的评价。

相对数的具体数值大多采用无名数(如系数、倍数、成数、百分数和千分数等)表示,也有一些相对数用复名数(复合单位)表示,如人口密度用每平方千米的人口数来表示等。

常用的相对数有计划完成相对数、结构相对数、比较相对数、强度相对数与动态相对数五种。

1. 计划完成相对数

计划完成相对数也称计划完成百分数或计划完成程度指标,属于相对比指标,它是将某一时期的实际完成数与同期计划数进行对比,反映计划执行情况的相对指标,一般用百分数表示。计算公式如下:

$$计划完成相对数 = \frac{实际完成数}{同期计划数} \times 100\%$$

实际工作中,由于计划数可表现为绝对数、相对数、平均数等多种形式,因此计算计划完成相对数的方法也不尽相同。

(1) 计划数为绝对数时,计划完成相对数的计算公式为:

$$计划完成相对数 = \frac{实际完成总量}{同期计划总量} \times 100\%$$

(2) 计划数为相对数时,计划完成相对数的计算公式为:

$$计划完成相对数 = \frac{实际是基数的百分数}{计划规定是基数的百分数} \times 100\%$$

例 5-1 某企业某种产品的产值计划要求增长 10%,该种产品的单位成本计划要求下降 5%,而实际产值增长了 15%,实际单位成本下降 3%,则计划完成程度指标为:

$$产值计划完成相对数 = \frac{100\% + 15\%}{100\% + 10\%} \times 100\% = 104.55\%$$

$$单位成本计划完成相对数 = \frac{100\% - 3\%}{100\% - 5\%} \times 100\% = 102.11\%$$

上述两种计划完成相对数的经济意义是不同的。产值计划完成程度若大于100%,说明超额完成计划;若小于100%,则说明没有完成计划。比值愈大,表明完成计划愈好,这种指标称为正指标。单位成本计划完成程度若大于100%,说明成本比计划提高,没有完成计划;若小于100%,说明成本比计划降低,超额完成计划。比值愈小,说明完成计划愈好,这种指标称为逆指标。

在实际问题中,相对数的变动分析常用减的方法。两个相对数相减,其结果表现为百分点。百分点相当于百分数的单位,一个百分点就是基数除以100。如例5-1中,实际产值比计划多完成了5个百分点,而实际单位成本比计划少完成了2个百分点。

(3) 计划数为平均数时,计划完成程度的计算公式为:

$$计划完成相对数 = \frac{实际完成的平均数}{计划规定的平均数} \times 100\%$$

例5-2 某企业计划要求劳动生产率达到5 000元/人,某种产品的计划单位成本为100元,该企业实际的劳动生产率达到6 000元/人,某种产品的实际单位成本为80元。它们的计划完成程度指标如下:

$$劳动生产率完成相对数 = \frac{6\,000\text{元/人}}{5\,000\text{元/人}} \times 100\% = 120\%$$

$$单位成本计划完成相对数 = \frac{80\text{元}}{100\text{元}} \times 100\% = 80\%$$

计算结果表明,该企业劳动生产率实际比计划提高20%,单位成本实际比计划降低20%。这里,劳动生产率为正指标,单位成本为逆指标。一般来说,正指标如产量、产值、利税额、销售额等计划指标是按最低限额规定的,而逆指标如单位成本、原材料消耗、流通费等计划指标是按最高限额规定的。

2. 结构相对数

结构相对数又称比重指标或结构相对指标,属于比例指标(或构成比指标),是总体内某一变量的部分数值与全部数值对比的比值,它既能说明总体内在的结构特征,另一方面不同时期结构相对数的变化也可以反映事物性质的发展趋势,为深入分析事物的性质提供依据,一般用百分数或系数表示。其计算公式为:

$$结构相对数 = \frac{总体中某部分数值}{总体全部数值} \times 100\%$$

若总体内某一变量的全部数值只分为两个部分,其中一部分数值与全部数值的对比是一种最为简单的结构相对数,这种结构相对数又可称为成数,用符号P或p表示。

3. 比较相对数

比较相对数是某一变量在同一总体内不同部分之间的数值对比或者在不同总体之间的数值对比的比值,属于相对比指标,所得到的相对数常用系数、倍数或百分数表示。计算公式为:

$$比较相对数 = \frac{总体中某一部分数值}{总体中另一部分数值}$$

或

$$比较相对数 = \frac{某一总体的变量数值}{另一总体同一变量的数值}$$

4. 强度相对数

强度相对数是将两个有联系但不同的变量数值对比而得到的比值,反映现象的强度、密度和普及程度,属于比率指标。强度相对数是一种特殊形式的相对数,一般采取复名数表示其单位。计算公式为:

$$强度相对数 = \frac{某一变量的数值}{另一有联系的不同变量的数值}$$

正指标比值的大小与其反映的强度、密度和普及程度成正比,逆指标比值的大小与其反映的强度、密度和普及程度成反比。有些强度相对数将其比式的分子、分母互换,就可从正指标变为逆指标,或者由逆指标变为正指标,其评价判别的意义相同。

例 5 - 3 某地区某一年的总人口为 1 200 万人,有 60 000 个零售商业机构,则该地区零售商业网点密度指标为:

$$某地区零售商业网点密度 = \frac{60\,000}{1\,200} = 50(个/万人)$$

上述地区商业网点密度也可以用逆指标表示:

$$某地区零售商业网点密度 = \frac{1\,200}{60\,000} = 0.02(万人/个) = 200(人/个)$$

正指标说明每 1 万人分摊有 50 个商业网点,逆指标说明每个商业网点服务对象为 200 人,其意义是相同的。

强度相对数还用于反映企业的经济效益,如流通费用率、资金利税率、资金产值率等,这些指标说明企业投入流通费、周转资金等获取产值、利税等收益的程度。计算公式如下:

$$流通费用率 = \frac{商品流通费用总额}{年销售收入}$$

$$百元资金利税率 = \frac{利税总额}{年度流动资金、固定资金占用余额}$$

$$百元资金产值率 = \frac{总产值}{年度流动资金、固定资金占用余额}$$

此外,如医学上常用的人口出生率、死亡率和自然增长率等反映人口变动的相对数也是强度相对数。

5. 动态相对数

动态相对数是将同一变量在不同时期的数值对比而计算的比值,属于相对比指标,一般用百分数表示,可用以揭示事物发展变化的趋势和方向。通常将作为比较基础的时期称为基期,与基期对比的时期称为报告期或计算期。动态相对数计算公式为:

$$动态相对数 = \frac{报告期数值}{基期数值} \times 100\%$$

由上式得出的比值又可称为发展速度。动态相对数也可以是增长速度,即发展速度减 100%。

以上的比较相对数、强度相对数与动态相对数又可统称为比率相对数。

同时,运用相对数对现象进行比较、评价时必须注意以下三点:

（1）统计的可比性，即用以对比的变量数值在含义以及包括的范围、计算方法、计量单位、时间跨度等方面要保持一致。如果被比较的双方在这些方面不一致，也就是违反了可比性原则，计算的相对数就不能真实反映对象量的差异，不能做出客观、公正、令人信服的评价。

（2）正确选择对比的基数。相对数的意义与对比基数的选择直接有关。只有基数选择恰当，构造的相对数科学、合理，计算的结果才有客观实际意义。

（3）相对数分析要与绝对数分析相结合。相对数抽象了现象数量的绝对差异，只说明现象数量相对差异。因此，如果对比的基数不同，同样的相对数其绝对差额却可能很悬殊。

第二节　定量数据的统计描述

定量数据的数字通常是有实际意义的，也就是具有比较意义，如身高、体重。对于定量数据的描述，我们主要从集中趋势、离散程度和分布形态三个角度进行更细致的刻画。

一、集中趋势

（一）集中趋势的概念与作用

集中趋势常用平均数测定，平均数是统计中广泛应用的一种综合指标，它表明同类现象在一定时间、地点、条件下达到的一般水平，是总体内某个变量大小各异的观察值的代表性数值。

平均数固然决定于总体内各个数值的个体水平，但它反映的是总体的数量特征，是总体变量分布的一个重要的特征值。无论是自然现象或社会经济现象，很多变量的分布都表现为接近平均数的数据居多，远离平均数的数据较少，即大多数数据以平均数为中心密集地分布在它的两侧，呈现出向心力作用下的集中趋势。因此，平均数也是对变量分布集中趋势的测定，反映分布集中趋势的特征。

这一节要讨论的是五种常用的平均数：算术平均数、调和平均数、几何平均数、中位数和众数。其中算术平均数、调和平均数和几何平均数是数值平均数，而中位数和众数是位置平均数。

（二）算术平均数

算术平均数（也称均值）是最常用的反映集中趋势的平均数。其基本公式是将一个变量的所有观察值相加，再除以观察值的个数，或者简单地说，是将几个观察值相加除以几。

算术平均数的具体计算方法分为简单算术平均、加权算术平均和截尾算术平均三种。

1. 简单算术平均数

如果一个总体包含了 N 个观测值，分别用 $x_1, x_2, \cdots, x_N$ 表示，则总体均值 μ 为：

$$\mu = \frac{x_1 + x_2 + x_3 + \cdots + x_N}{N} = \frac{\sum_{i=1}^{N} x_i}{N}$$

为简化表达，上式中的上下标都可省略，这样，总体均值 μ 可以简单地表示为(5-1)式：

$$\mu = \frac{\sum x}{N} \tag{5-1}$$

例 5-4　根据第四章的表 4-1 百得便利超市公司 50 家门店月销售额的排序数据，计算这 50 家门店该月的平均销售额。

解 由式(5-1),有:

$$\mu = \frac{\sum x}{N} = \frac{25.1 + 26 + \cdots + 52.9}{50} = 38.07(万元)$$

即这 50 家门店该月的平均销售额为 38.07 万元。

如一个样本包括 n 个观测值,分别用 $x_1, x_2, \cdots, x_n$ 表示,用符号 $\bar{x}$ 表示样本平均数,则样本平均数的计算公式如下:

$$\bar{x} = \frac{x_1 + x_2 + x_3 + \cdots + x_n}{n} = \frac{\sum_{i=1}^{n} x_i}{n}$$

为简化表达,上式中的上下标也都可省略,这样,样本算术平均数可以简单地表示为式(5-2):

$$\bar{x} = \frac{\sum x}{n} \tag{5-2}$$

例 5-5 在以上的 50 家门店中随机抽取了编号为 18、22、24、40 和 46 的 5 家门店,其月销售额分别为 31.4、33.3、38.8、44.7 和 45.5,计算这 5 家门店该月的平均销售额。

解 由式(5-2),有:

$$\bar{x} = \frac{\sum x}{n} = \frac{31.4 + 33.3 + 38.8 + 44.7 + 45.5}{5} = 38.74(万元)$$

即计算得到这 5 家门店该月的平均销售额为 38.74 万元。

2. 加权算术平均数

以上两个算术平均数都是简单算术平均数,而对于已分组的数据(如:频数分布表),则要用加权算术平均数的形式。如用 k 表示分组的组数、用 f_i 表示第 i 组的频数,样本的加权算术平均数为:

$$\bar{x} = \frac{x_1 f_1 + x_2 f_2 + \cdots + x_{k-1} f_{k-1} + x_k f_k}{f_1 + f_2 + \cdots + f_{k-1} + f_k} = \frac{\sum_{i=1}^{k} x_i f_i}{\sum_{i=1}^{k} f_i}$$

其简略形式为:

$$\bar{x} = \frac{\sum xf}{\sum f} \tag{5-3}$$

同理,总体的加权算术平均数本也可表示为:

$$\mu = \frac{\sum xf}{\sum f} \tag{5-4}$$

式(5-4)与式(5-3)的不同之处在于 $\sum f$ 等于 N 而不是 n。

例 5-6 根据表 4-3 的单项数列数据,计算百得便利超市公司平均每家门店的职工人数。

解 由以上公式,可得:

$$\mu = \frac{\sum xf}{\sum f} = \frac{7 \times 4 + 8 \times 7 + 9 \times 15 + 10 \times 13 + 11 \times 9 + 12 \times 2}{50} = 9.44(人)$$

即该超市公司平均每家门店的职工人数为 9.44 人。

如果根据组距数列计算加权算术平均数,则要以各组的组中值为该组的代表性数值。

例 5-7 表 5-1 来源于表 4-4 的等距数列,现要计算百得便利超市公司某月平均每家门店的销售额。

表 5-1　　　　　　　　　50 家门店按某月销售额分组的等距数列

月销售额(万元)	组中值	频　数	频率(%)
25～30	27.5	5	10
30～35	32.5	13	26
35～40	37.5	15	30
40～45	42.5	8	16
45～50	47.5	6	12
50～55	52.5	3	6
合　计		50	100

解 由以上公式,可得:

$$\mu = \frac{\sum xf}{\sum f} = \frac{27.5 \times 5 + 32.5 \times 13 + 37.5 \times 15 + 42.5 \times 8 + 47.5 \times 6 + 52.5 \times 3}{50} = 38.1(万元)$$

即这 50 家门店该月的平均销售额为 38.1 万元。显然,因为此处用了组中值,计算的结果与例 5-4 的 38.07 万元有些不同。需注意的是,凡是按照组距数列计算得到的结果都是近似的数值,因此,在计算机普及的时代最好能根据原来的数据进行计算,而用组距数列进行展示。

加权算术平均数是依据变量 x 和频数 f 两个因素计算的,平均数的大小不仅要受各组变量值的变化影响,也要受各组频数多少的影响。统计上把各组的频数称为权数,因为它对平均数的大小起着权衡轻重的作用。当各组频数相等时,加权算术平均数的计算公式形式就与简单算术平均数相似。

加权算术平均数还可采用频率为权数,计算公式为:

$$\bar{x} = x_1 \frac{f_1}{\sum f} + x_2 \frac{f_2}{\sum f} + \cdots + x_k \frac{f_k}{\sum f} = \sum x \frac{f}{\sum f} \tag{5-5}$$

式中:$\frac{f}{\sum f}$ 是各组的相对频数,即频率。

例如,根据表 5-1 的数据,可计算百得便利超市公司某月平均每家门店的销售额为:

$$\bar{x} = x_1 \frac{f_1}{\sum f} + x_2 \frac{f_2}{\sum f} + \cdots + x_k \frac{f_k}{\sum f} = \sum x \frac{f}{\sum f}$$
$$= 27.5 \times 10\% + 32.5 \times 26\% + 37.5 \times 30\% + 42.5 \times 16\% + 47.5 \times 12\% + 52.5 \times 6\%$$
$$= 38.1(万元)$$

可见，用频率加权与用频数加权计算的算术平均数完全相同。不难看出，当各组频数等比例增加（或减少）时，频数变了而频率则不变，无论按频数加权或按频率加权，计算的算术平均数都不变。因此，严格地说，计算加权算术平均数，其权数应是频率而不是各组的绝对频数。

3. 截尾算术平均数

简单算术平均数和加权算术平均数的计算是以所有观察值为依据的，所以任何极端数值都会对它产生很大的影响。所谓极端数值，是指在所有观察值中存在的个别数值，这种数值远离其余大部分数值的取值范围。当数据中存在极端值时，上述算术平均数便会歪曲数据传递的信息，因而它们不是描述或概括这类数据的集中趋势的最佳平均数。

截尾算术平均数是将数据进行排序后，去除一定比例的两端的值，再计算剩下的数据平均值而得到。如果数据没有极端值或者两侧极端值互相抵消，则结果与简单算术平均值相差不会很大；如果存在极端值，截尾算术平均数对于数据集中趋势的反映则更为良好。也就是说，截尾算术平均数不易受极端值影响。

例 5-8　甲参加歌唱比赛，比赛共有 10 位评委，最终得分会取去掉最高分和最低分的平均分，得分如下：

$$6.3 \quad 6.8 \quad 6.7 \quad 8.4 \quad 9.1 \quad 7.8 \quad 8.1 \quad 9.0 \quad 9.2 \quad 7.7$$

计算甲的得分。

解　去掉最高分 9.2 和最低分 6.3，由公式(5-1)可得甲的截尾算数平均数为：
$$\bar{x} = \frac{6.8 + 6.7 + 8.4 + 9.1 + 7.8 + 8.1 + 9.0 + 7.7}{8} = 7.95(分)$$

算术平均数有以下两个重要的数学性质：

(1) 各个观察值与算术平均数离差之和等于零。

简单算术平均数：$\sum (x - \bar{x}) = 0$

证明　$\sum (x - \bar{x}) = \sum x - n\bar{x} = \sum x - n \frac{\sum x}{n} = \sum x - \sum x = 0$

加权算术平均数：$\sum (x - \bar{x}) f = 0$

证明
$$\sum (x - \bar{x}) f = \sum xf - \sum \bar{x} f = \sum xf - \bar{x} \sum f$$
$$= \sum xf - \frac{\sum xf}{\sum f} \sum f = \sum xf - \sum xf = 0$$

算术平均数的这条数学性质说明，算术平均数实质意义是把变量的各观察值的差异全部抽象化，采取截长补短的办法把观察值小于平均数的负离差全部用大于平均数的正离差抵消补齐。

(2) 各个观察值与算术平均数的离差平方之和为最小值。

$$\sum(x-\bar{x})^2 = \min \text{ 或 } \sum(x-\bar{x})^2 f = \min$$

证明 $\sum(x-\bar{x})^2 = \min$

设 x_0 为不等于平均数 $\bar{x}$ 的任意值，则 $\bar{x} - x_0 = c, c \neq 0$

$\because \bar{x} - x_0 = c, x_0 = \bar{x} - c$，代入以 x_0 为中心的离差平方和，得：

$$\sum(x-x_0)^2 = \sum[x-(\bar{x}-c)]^2 = \sum[(x-\bar{x})+c]^2$$
$$= \sum[(x-\bar{x})^2 + 2c(x-\bar{x}) + c^2]$$
$$= \sum(x-\bar{x})^2 + 2c\sum(x-\bar{x}) + nc^2$$
$$= \sum(x-\bar{x})^2 + nc^2$$
$$\sum(x-x_0)^2 - nc^2 = \sum(x-\bar{x})^2$$

$\because c \neq 0, \therefore nc^2 > 0$

得 $\sum(x-x_0)^2 > \sum(x-\bar{x})^2$。

故 $\sum(x-\bar{x})^2 = \min$。

$\sum(x-\bar{x})^2 f = \min$ 可做类似证明。

算术平均数的这条性质说明，以任意不为算术平均数的数值为中心计算的离差平方和总大于以算术平均数为中心计算的离差平方和，因此，算术平均数是误差最小的总体代表值。

（三）调和平均数

调和平均数又称倒数平均数，是各统计变量的倒数的算术平均数的倒数。调和平均数可根据是否分组分为简单平均和加权平均的形式。简单调和平均数是算术平均数的变形，若有 N 个观测值，分别用 $x_1, x_2, \cdots, x_N$ 表示，则总体均值 μ 的计算如下：

$$\mu = \frac{1}{\frac{1}{N}\left(\frac{1}{x_1}+\frac{1}{x_2}+\cdots+\frac{1}{x_N}\right)} = \frac{N}{\sum_{i=1}^{N}\frac{1}{x_i}}$$

其简略形式为：

$$\mu = \frac{N}{\sum \frac{1}{x}} \tag{5-6}$$

样本的调和算术平均数为：

$$\bar{x} = \frac{n}{\sum \frac{1}{x}} \tag{5-7}$$

例 5-9 现在有两个电阻分别为 3Ω 和 5Ω，现将其并联在一起，计算等效电阻 R。

解 由物理学知识可知等效电阻 R 的倒数等于各个电阻的倒数之和，这也等价于 R 为各个电阻的调和平均。根据式(5-6)，可得 $R = \frac{N}{\sum \frac{1}{x}} = \frac{2}{\frac{1}{3}+\frac{1}{5}} = \frac{15}{4}\Omega$

在有分组的情况下,可以计算加权调和平均数,具体公式为:

$$\mu = \frac{\sum m}{\sum \frac{m}{x}} \tag{5-8}$$

式中,m 为各组的观察值之和,即 $m=xf$,可以看到加权调和平均数本质上与加权算术平均数一样,在分组的频数 f 未知而观察值之和 m 已知时,就可以使用加权调和平均数来计算。注意,由于采用倒数的形式,调和平均数要求变量的取值不能为 0。

(四)几何平均数

几何平均数是变量的 n 个观察值乘积的 n 次方根①,常用于发展速度、比率(如本利率)等变量的平均。因为这类比率变量的总比率是观察值的连乘积,而不是观察值之和,故不能用算术平均方法,只能用几何平均方法计算其平均数。几何平均数记作 $\bar{x}_G$。根据掌握的资料是否分组,几何平均也分为简单几何平均和加权几何平均两种方法。

简单几何平均为:

$$\bar{x}_G = \sqrt[n]{x_1 \times x_2 \times \cdots \times x_n} = \sqrt[n]{\prod_{i=1}^{n} x_i} \tag{5-9}$$

式中:x_i——被平均的变量值,$i=1,2,3,\cdots,n$;
$\prod$——连乘符号。

加权几何平均为:

$$\bar{x}_G = \sqrt[\sum f]{x_1^{f_1} \times x_2^{f_2} \times \cdots \times x_n^{f_k}} = \sqrt[\sum f]{\prod_{i=1}^{k} x_i^{f_i}} \tag{5-10}$$

式中:f_i——第 i 组观察值出现的频数,$i=1,2,3,\cdots,k$。

几何平均也可用对数的算术平均形式表示。因此,几何平均数也称"对数平均数"。这时,简单几何平均数为:

$$\lg \bar{x}_G = \frac{1}{n}(\lg x_1 + \lg x_2 + \cdots + \lg x_n)$$

加权几何平均数为:

$$\lg \bar{x}_G = \frac{1}{\sum f}(f_1 \lg x_1 + f_2 \lg x_2 + \cdots + f_k \lg x_k)$$

例 5-10 某企业生产某种产品要经过三个连续作业车间才能完成。若某月份第一车间粗加工产品的合格率为 95%,第二车间精加工产品的合格率为 93%,第三车间最后装配的合格率为 90%,则该产品三个车间的平均合格率为多少?

解 由于全厂产品合格率为三个车间产品合格率的连乘积,故应采用几何平均法计算。

$$\bar{x}_G = \sqrt[3]{95\% \times 93\% \times 90\%} = \sqrt[3]{0.79515} = 92.64\%$$

该产品三个车间的平均合格率为 92.64%。

---

① 若是总体,则几何平均数就是变量的 N 个观察值的乘积的 N 次方根,以下都做相同处理。

例 5-11 投资银行某笔投资的年利率是按复利计算的,若将过去 25 年的年利率资料整理为变量数列(见表 5-2),用几何平均法求 25 年的平均年利率。

表 5-2　　　　　　　　　　　　　　投资年利率分组表

年利率(%)	本利率 x(%)	年数 f(频数)
3	103	1
4	104	4
8	108	8
10	110	10
15	115	2
合　计	—	—

解　25 年的平均本利率为:
$$\bar{x}_G = \sqrt[25]{103\%^1 \times 104\%^4 \times 108\%^8 \times 110\%^{10} \times 115\%^2}$$
$$= \sqrt[25]{1.03 \times 1.1699 \times 1.8509 \times 2.5937 \times 1.3225}$$
$$= \sqrt[25]{7.6504} = 1.0848 = 108.48\%$$

即 25 年的平均年利率为 8.48%。

几何平均法除用于比率变量的平均之外,也适用于某些成几何级差变动的变量求平均数。

几何平均数在实际应用中有很多限制,如被平均的观察值中有一个为零,就不能计算几何平均数;如观察值为负值,开偶次根会形成虚根,失去直观的经济意义等。因此,几何平均数的应用范围比算术平均法窄。

(五) 中位数

要计算一批数据的中位数,首先必须对数据按大小顺序排列,处于数据序列中间位置的数值就是中位数,记作 M_e。它把全部数据分成相等的两部分,一部分比它小,另一部分比它大。

中位数不受数据序列中极端数值的影响。在出现极端数值时,中位数比算术平均数更适宜于描述数据的集中趋势。在缺乏计量手段时,也可用中位数近似地代替算术平均数。如估计一群人的平均身高而无测量身高的仪器时,则可对人群依高低排队,排在队伍中间的人的身高就是平均身高的近似值。

中位数的计算一般分两步,先确定中点位次,然后找出中点位次对应的观察值。

1. 由未分组资料计算中位数

首先按下面公式确定中位数位次:

$$中位数位次 = \frac{n+1}{2}$$

式中:n 为观察值个数。若 n 为奇数,则对应于中位数位次的那个观察值即为中位数。

设五个工人的日产量(件)依次排列为 10、11、12、13、14,则:

$$中位数位次 = \frac{5+1}{2} = 3$$

也即排于第 3 位的工人的日产量为中位数,中位数为 12 件。

若 n 为偶数,则对应于中位数位次左、右相邻两个观察值的简单算术平均数即为中位数。

设有六个工人的日产量(件)依次排列为 10、11、12、13、14、15,则:

$$中位数位次 = \frac{6+1}{2} = 3.5$$

中点位次为 3.5，说明中位数的位置在第 3 位与第 4 位的中间，取相邻两个观察值的简单算术平均为中位数，即：

$$中位数 M_e = \frac{12+13}{2} = 12.5(件)$$

2. 由分组资料计算中位数

由分组资料的单项数列求中位数也较简单，分组资料具有各组的频数分配，因此可按下面公式确定中位数位次：

$$中位数位次 = \frac{\sum f}{2}$$

即累计次数的一半。然后找出中位数组，也即包含累计次数一半的组。该组变量的观察值就是中位数。

例 5-12 某生产车间 120 名工人生产某种零件的日产量分组资料如表 5-3 所示，计算该车间工人日产量的中位数。

表 5-3　　　　　　　　　　某生产车间工人日产量分组资料

按日产量分组 x（件）	工人数 f（人）	累计人数
20	10	10
22	12	22
24	25	47
26	30	77
30	18	95
32	15	110
33	10	120

解 中位数位次 $= \frac{\sum f}{2} = \frac{120}{2} = 60$，累计次数分布中含 $\frac{\sum f}{2}$ 的累计次数为 77，该组即为中位数组，由此可以确定中位数为 26 件。

由组距数列求中位数，同样要先按中位数位次 $= \frac{\sum f}{2}$ 的公式确定中位数所在组，然后按照以下公式计算中位数：

$$M_e = L + \frac{\sum f/2 - S_{m-1}}{f_m} \times i \tag{5-11}$$

式中：L——中位数所在组的下限；

f_m——中位数所在组的次数；

S_{m-1}——比中位数所在组小的那些组的累计次数；

i——中位数所在组的组距。

例 5-13 计算百得便利超市公司某月 50 家门店销售额的中位数。若按表 4-1 的销售额排序数据,可以很容易得到中位数为37.9万元[(37.5+38.3)÷2]。现在要根据表4-4的等距数列(见表5-4)计算销售额的中位数。

表5-4　　　　　　　　　　50家门店按某月销售额分组的等距数列

月销售额(万元)	频数	累计频数
25～30	5	5
30～35	13	18
35～40	15	33
40～45	8	41
45～50	6	47
50～55	3	50
合　计	50	—

解　根据式(5-11),有

$$M_e = L + \frac{\sum f/2 - S_{m-1}}{f_m} \times i$$

中位数位次 $= \dfrac{\sum f}{2} = \dfrac{50}{2} = 25$

因第三组的累计次数为33包含了25,故该组为中位数所在组。因此:

$$M_e = 35 + \frac{50/2 - 18}{15} \times 5 = 37.33(万元)$$

显然,这也是一个近似的数值。

中位数把全部数据分为两个相等的部分,因而又可称其为二分位数。同理,若用三个数值 M_1, M_2, M_3 把变量数列中全部数据分为四个相等的部分,这三个数值即可称为四分位数。第一四分位数 M_1 是比中位数小的那部分再求得的中位数,第二四分位数 M_2 即为中位数 M_e,第三四分位数 M_3 是比中位数大的那部分再求得的中位数。如按表4-1的销售额排序数据,可得到百得便利超市公司某月50家门店销售额的第一四分位数 M_1 和第三四分位数 M_3 分别为33.3万元和41.7万元。照此推理,还可找出十分位数、百分位数等。

(六) 众数

众数也是一种位置平均数,它是一批数据中出现次数最多的那个数值,能够鲜明地反映数据分布的集中趋势,并且不受任何极端数值的影响。众数记作 M_o,通常只用于定性数据或离散型的定量数据。

例5-14　一家公司的网络系统管理者需要研究一天中发生的服务失败的次数。以下数据代表的是过去两周的每天服务失败次数:

1　3　0　3　26　2　7　4　0　2　3　3　6　3

求这些数据的众数。

解　这些数据按顺序排列如下:

0　0　1　2　2　3　3　3　3　3　4　6　7　26

其中众数即出现次数最多的数值是3。因而系统管理者可以说,一天中最有可能发生的服务失败数是 3 次。注意,这些数据的中位数也是 3,而算术平均数等于 4.5。由于原始数据中有极端值 26,因而此时中位数或者众数是比算术平均数更好的集中趋势描述指标。

在例 5-12 中,也很容易获得该车间工人日产量的众数是 26 件。

从以上的例子中可以发现,在数据有明显集中趋势时,计算众数既方便且意义明确。如数据无明显集中趋势,就不存在众数。当一批数据中有两个或几个变量值的次数都比较集中时,就可能有两个或几个众数。

对于连续型的定量数据,众数往往是不存在的。比如便利超市 50 家门店的销售额,尽管这个变量可能有很多的取值,但若精确到元、角、分,一个数值出现不只一次的可能性不大。因而对于连续型数据形成的组距数列,只能近似地确定众数。其过程是先确定众数所在组(即出现次数最多的那一组),然后利用以下公式计算众数:

$$M_o = L + \frac{d_1}{d_1 + d_2} \times i \tag{5-12}$$

式中:L——众数所在组的下限;

d_1——众数所在组频数与比其小的那组频数之差;

d_2——众数所在组频数与比其大的那组频数之差;

i——众数所在组的组距。

例 5-15 根据表 4-4,计算百得便利超市公司某月 50 家门店销售额的众数。

解 根据公式(5-12),有:

$$M_o = 35 + \frac{15-13}{(15-13)+(15-8)} \times 5 = 36.11 (万元)$$

即该超市公司 50 家门店销售额在 36.11 万元附近出现的次数最多。

在实际工作中,众数也有应用。如集市贸易上某种商品大多数的成交价格、大多数消费者所需要的服装和鞋帽尺寸、大多数家庭人口数等都是众数,具有一般水平或代表值的意义。

(七) 位置平均数与算术平均数的关系

(1) 它们所适用的数据类型有差别。众数适用于所有的定性数据和定量数据,中位数适用于定性数据中的定序数据和定量数据,而算术平均数只适用于定量数据。

(2) 对于定量数据,若是钟形分布,三种集中趋势指标一般都可适用。而对 J 形分布、反 J 形分布和 U 形分布,中位数和算术平均数没有任何意义。

(3) 在确定集中趋势指标的过程中,算术平均数比中位数和众数使用了更多的数据信息,因为算术平均数是根据每一个观察值计算的,而中位数和众数都只是由位置而定的。这一点决定了算术平均数适宜进行较为严格的数理推导和统计推断,而中位数和众数则不适宜。也正是由于这一点,算术平均数容易受到数列中极端数值的干扰。当存在这种情况时,算术平均数会歪曲数列的集中趋势,而中位数和众数都不受极端值的干扰。

(4) 对于钟形分布且数据量很大时,三种集中趋势指标有如下三种数量关系:

① 如果分布是对称的,则三种集中趋势在数量上相等,即:

$$\bar{x} = M_e = M_o$$

② 如果分布是右偏态的(又称正偏态的),有:

$$\bar{x} > M_e > M_o$$

③ 如果分布是左偏态的(又称负偏态的),有:

$$\bar{x} < M_e < M_o$$

(八) 计算和运用平均数还必须注意的几点问题

计算和运用平均数除了要注意以上提及的位置平均数与算术平均数的关系外,还必须注意以下几点:

(1) 只有同质的量才能平均。如果把不同质的量混同一起平均,其结果便是虚假的平均数,不能正确说明事物的一般水平。

(2) 对于分组资料,要将总平均数同组平均数结合起来分析。因为总平均数同时受组平均数和各组权数变动的影响,当权数发生了较大的变动后,总平均数可能发生与组平均数相反方向的变化。

(3) 将平均数与离散程度结合起来分析,这样不仅可以由离散程度来判断平均数的代表性,而且还能同时从集中趋势和离散程度两个方面全面考察数据分布的特点。

二、离散程度

(一) 离散程度的概念与作用

平均数把数据的差异抽象化,反映总体的一般水平和分布的集中趋势。但总体内各数值是参差不齐的,它们分布在平均数的周围,呈现一种集中趋势或离散程度,集中趋势强,离散程度弱;离散程度强,集中趋势就弱。所以不可能只有集中趋势而无离散程度,或只有离散程度而无集中趋势。它们分别从两个侧面描述了数据分布的特征,是人们了解和掌握数据分布性质的基本着眼点。测定离散程度的指标可叫作标志变异指标,或称标志变动度。

测定离散程度在统计分析中具有重要的作用。首先,它可以表明平均数的代表性。离散程度大,该分布的平均数代表性就小;离散程度小,则该分布的平均数代表性就大。例如,某车间有两个生产小组,每组各有 10 个工人,每个工人日产量件数如下:

第一组: 20 22 23 25 26 26 26 26 28 29

第二组: 12 14 18 24 28 30 30 30 31 33

两组工人的平均日产量都是 25 件。但第一组工人产量相对比较整齐,第二组工人产量参差不齐,差异较大。因此,第二组工人产量平均数代表性比第一组差。其次,测定离散程度可以表明现象的均衡性。例如,对企业全年各月的月产量数据计算其离散程度,可以反映企业生产是否存在前松后紧的现象。

常用的测定离散程度的指标有异众比率、极差、四分位差、平均差、标准差和方差以及离散系数等。

(二) 异众比率

异众比率是除众数组之外的其他各组相对频率之和,其含义是非众数组所占比重。异众比率是反映定名数据离散程度的唯一指标,这个指标越小,说明数据的离散程度越小,集中程度越大;反之,这个指标越大,说明数据的离散程度越大,集中程度越小。例如,百得便利超市公司 50 家门店按区域划分的众数是 A 区域,该组的频数是 20 家,所以异众比率为 60%,这说明 50 家门店按区域划分的离散程度比较大,众数的代表性较差。

(三) 极差、四分位差和平均差

1. 极差

极差也称全距,用符号 R 表示,是一批数据中最大观察值与最小观察值之差,即:

$$R = x_{\max} - x_{\min} \qquad (5-13)$$

式中的 $x_{\max}$ 和 $x_{\min}$ 分别是一批数据中最大观察值和最小观察值。如以上第一组工人日产量的极差为 29－20＝9(件)，第二组工人日产量的极差为 33－12＝21(件)，所以第二组工人日产量的离散程度比第一组工人的大，因而平均日产量 25 件对第一组工人的代表性就比第二组工人的好。

在首尾两组均为闭口组的组距数列情况下，极差只能按以下的公式近似取得：

$$R = 最大组的上限 - 最小组的下限$$

用极差反映总体分布的离散程度虽然简便，但它只从两端数值考察，忽略了中间数据的变动情况，不能说明整体的差异程度，尤其是存在极端数值情况下，使用极差往往会造成错误的结论。

2. 四分位差

四分位差是一批数据中的第三四分位数与第一四分位数之差的二分之一，即 $(M_3 - M_1)/2$。其意义是去掉数列中四分之一最小的部分和四分之一最大的部分，再根据中间 50% 部分来测定四分之一的距离为多少。因为除去了极端数值的影响，四分位差在反映数据的离散程度方面比全距较为准确，但仍显粗略。例如，按表 2－2 的销售额排序数据，我们已经得到第一四分位数 M_1 和第三四分位数 M_3 分别为 33.3 万元和 41.7 万元，所以百得便利超市公司 50 家门店销售额的四分位差为 $(41.7-33.3)/2=4.2$(万元)。

若用一批数据中的第三四分位数与第一四分位数之差，就称为四分位距，用于测定中间 50% 部分的距离为多少，含义与四分位差相似。

如果采用一批数据中的第一四分位数与第三四分位数的范围，即 (M_1, M_3)，就称为四分位数范围，这是常用的用四分位数表示离散程度的方法。

3. 平均差

平均差用符号 AD 表示，是各观察值与其平均数的绝对离差的算术平均。由于各观察值与其平均数的离差总和等于零，即 $\sum(x-\bar{x})=0$，因此，计算平均差采用离差的绝对值 $|x-\bar{x}|$。

根据未分组的资料计算的简单平均差公式为：

$$AD = \frac{\sum |x-\bar{x}|}{n} \qquad (5-14)$$

根据分组资料计算的加权平均差公式为：

$$AD = \frac{\sum |x-\bar{x}| f}{\sum f} \qquad (5-15)$$

例 5－16 根据例 5－5 中随机抽取的 5 家门店的月销售额数据，计算平均差。

解 例 5－4 已得 $\bar{x}=38.74$(万元)
由公式(5－14)，有：
$$AD = \frac{|31.4-38.74|+|33.3-38.74|+|38.8-38.74|+|44.7-38.74|+|45.5-38.74|}{5}$$
$$=5.112(万元)$$

即这 5 家门店的月销售额与其均值 38.74 万元虽然相差有大有小,但平均的距离为 5.112 万元。

平均差反映了全部数据的差异,能比全距或四分位差更好地反映数据的离散程度。但它采取离差的绝对值形式,这给平均差的数学处理带来了麻烦。因此,平均差并不是测定离散程度的最好方法。

(四) 标准差和方差

为了克服采取离差绝对值的形式所带来的数学处理上的麻烦,就要用标准差和方差这两个最主要的测定离散程度的指标。标准差是用离差平方来代替离差绝对值,即是所有观察值与平均数离差平方平均数的平方根,亦称均方差。标准差的平方即为方差。

标准差和方差的具体计算方法也分为简单和加权两种形式。

1. 根据未分组资料,标准差和方差的简单计算形式如下:

如果一个总体包含了 N 个观测值,分别用 $x_1, x_2, \cdots, x_N$ 表示,则总体标准差 σ 和方差 σ^2 为:

$$\text{标准差 } \sigma = \sqrt{\frac{\sum (x-\mu)^2}{N}} \qquad (5-16)$$

$$\text{方差 } \sigma^2 = \frac{\sum (x-\mu)^2}{N} \qquad (5-17)$$

对于一个包含 n 个观察值 $x_1, x_2, \cdots, x_n$ 的样本,样本标准差 S 和方差 S^2 为:

$$\text{标准差 } S = \sqrt{\frac{\sum (x-\bar{x})^2}{n-1}} \qquad (5-18)$$

$$\text{方差 } S^2 = \frac{\sum (x-\bar{x})^2}{n-1} \qquad (5-19)$$

可以看出,总体与样本计算方差(或标准差)的公式中,分母有些不同。求总体方差是各个观察值与平均数的离差平方和去除以数据的项数,而求样本方差是各个观察值与平均数的离差平方和去除以数据的项数减 1。样本方差的分母需要减 1 的原因将在第七章中给出。

例 5-17 在例 5-4 中,我们已经根据表 4-1 百得便利超市公司 50 家门店月销售额的数据,计算得到这 50 家门店该月的平均销售额为 38.07 万元,现在要计算销售额的标准差和方差。

解 由公式(5-17),这 50 家门店该月销售额的方差为:

$$\sigma^2 = \frac{\sum (x-\mu)^2}{N}$$
$$= \frac{(25.1-38.07)^2 + (26-38.07)^2 + \cdots + (52.9-38.07)^2}{50}$$
$$= 44.9737$$

标准差为:

$$\sigma = \sqrt{44.9737} = 6.7062 (\text{万元})$$

例 5-18 根据例 5-5 中随机抽取的 5 家门店的月销售额数据,我们已经计算得到这 5

家门店该月的平均销售额为 38.74 万元,现在要计算这个样本的标准差和方差。

解 由公式(5-19),这个样本的方差为:

$$S^2 = \frac{\sum(x-\bar{x})^2}{n-1}$$

$$= \frac{(31.4-38.74)^2+(33.3-38.74)^2+(38.8-38.74)^2+(44.7-38.74)^2+(45.5-38.74)^2}{5-1}$$

$$= 41.173$$

样本标准差为:

$$S = \sqrt{41.173} = 6.4166(万元)$$

2. 根据分组资料,标准差和方差的加权计算形式如下:

总体标准差 σ 和方差 σ^2 为:

$$\text{标准差 } \sigma = \sqrt{\frac{\sum(x-\mu)^2 f}{\sum f}} \tag{5-20}$$

$$\text{方差 } \sigma^2 = \frac{\sum(x-\mu)^2 f}{\sum f} \tag{5-21}$$

样本标准差 S 和方差 S^2 为:

$$\text{标准差 } S = \sqrt{\frac{\sum(x-\bar{x})^2 f}{\sum f - 1}} \tag{5-22}$$

$$\text{方差 } S^2 = \frac{\sum(x-\bar{x})^2 f}{\sum f - 1} \tag{5-23}$$

例 5-19 根据例 5-7 中的表 5-1,我们已经计算得到百得便利超市公司某月平均每家门店的销售额约为 38.1 万元,现要根据这个分组资料计算销售额的标准差和方差。

解 由公式(5-21),可得方差:

$$\sigma^2 = \frac{\sum(x-\mu)^2 f}{\sum f}$$

$$= [(27.5-38.1)^2 \times 5 + (32.5-38.1)^2 \times 13 + (37.5-38.1)^2 \times 15 + (42.5-38.1)^2 \times 8 +$$
$$(47.5-38.1)^2 \times 6 + (52.5-38.1)^2 \times 3] \div (5+13+15+8+6+3)$$

$$= 45.64$$

标准差:

$$\sigma = \sqrt{45.64} = 6.7557(万元)$$

在实际计算时,标准差和方差可用含有统计功能的计算器或计算机直接求得,如没有计算工具,可采用下列计算方差的简捷形式:

根据未分组资料计算总体方差:

$$\sigma^2 = \frac{\sum(x-\mu)^2}{N} = \frac{\sum(x^2 - 2x\mu + \mu^2)}{N} = \frac{\sum x^2}{N} - \mu^2$$

根据未分组资料计算样本方差:

$$S^2 = \frac{\sum(x-\bar{x})^2}{n-1} = \frac{\sum x^2 - n(\bar{x})^2}{n-1}$$

根据分组资料计算的加权方差简洁形式也可很容易推得:

$$\sigma^2 = \frac{\sum(x-\mu)^2 f}{\sum f} = \frac{\sum x^2 f}{\sum f} - \mu^2$$

$$S^2 = \frac{\sum(x)^2 f - (\bar{x})^2 \sum f}{\sum f - 1}$$

标准差和方差是测定离散程度的最好指标,它们虽然在计算公式上有密切的关系,但在具体使用时还是有所侧重。标准差与变量 X 的计量单位一致,比较容易解释变量的实际离散程度,所以更为常用,而方差的计量单位是原单位的平方,如万元的平方等,解释就比较困难。但是在公式的推导和数据处理过程中,方差就比较方便。

标准差有助于了解一批数据是如何围绕其均值而分布的。对最为常见的钟形分布(正态分布)变量来说,变量的大部分取值都落在变量的算术平均数加减一个标准差的范围内。因此,知道算术平均数和标准差,通常就可以确定大部分数据聚集在哪里。在百得便利超市公司50家门店销售额的例子中,算术平均数是38.07,标准差是6.7062,这表示在这50家门店中,大多数门店的销售额聚集在平均数38.07上下各6.7062的范围内,即在 $\mu-1\sigma=31.2638$ 万元和 $\mu+1\sigma=44.7752$ 万元之间。事实上,有68%的门店(即34家)的销售额落在了这个区间里。

(五)离散系数

前面学过的极差、四分位差、平均差及标准差等测定离散程度的指标,都是有计量单位的绝对数。事实上,数据分布的离散程度不仅取决于观察值的差异状态,还受到平均数本身水平高低的影响。若对两列数据的分布进行离散程度的比较,当它们的平均数不等、计量单位不同时,则应消除平均数不同和计量单位不可比的影响。此时就需要用离散系数(又称变异系数)这种相对数来测定离散程度,它通常是用百分比而不是一个具有计量单位的数字来表示。离散系数有多种形式,最常用的是标准差系数。标准差系数等于标准差除以算术平均数,再乘以100%,如样本的标准差系数为:

$$V_S = \frac{S}{\bar{x}} \times 100\% \tag{5-24}$$

例5-20 一家投资公司的经理想分析稳健型投资基金和激进型投资基金的市场表现,从市场上所有的稳健型和激进型投资基金中各抽取了5家基金,它们去年的平均收益率及其标准差的资料如表5-5所示。

表 5-5　　　　　　　　　　　投资基金的平均收益率及其标准差

基　金	算术平均数	标准差 S
稳健型	3.5(%)	2.5(%)
激进型	4.2(%)	2.8(%)

解　从表 5-5 中可以看到激进型投资基金的平均收益率及其标准差均高于稳健型投资基金,但不能以此断言激进型投资基金的离散程度比较大。因为由公式(5-24),可计算得到它们的标准差系数分别为 71.4% 和 66.7%,这说明激进型投资基金不但平均收益率高,而且平均收益率的代表性也比稳健型投资基金好。

在比较计量单位不同的两批数据时,离散系数也非常有用。这可见例 5-21 的说明。

例 5-21　一名从事包裹运送服务的业务经理打算购买一批新卡车。在包裹装车时,需要考虑两个主要的限制条件:每件包裹的重量(用千克计量)和体积(用立方米计量)。现在假设有 200 件包裹,它们平均重 26.0 千克,标准差 3.9 千克;平均体积 8.8 立方米,标准差 2.2 立方米。如何比较重量和体积的变异程度?

解　由于重量和体积的测量单位不同,业务经理应该用系数来比较这两种测量数据的变异性。重量的离散系数是 $V_S = (3.9/26.0) \times 100\% = 15.00\%$;体积的离散系数是 $V_S = (2.2/8.8) \times 100\% = 25.0\%$。因此,相对于均值而言,体积的变异明显大于重量的变异。

三、数据的分布形态

除了用集中趋势和离散程度来描述数据分布的状况以外,还可以用偏度和峰度反映数据分布的形态。我们已经在第四章中介绍过常见的变量分布曲线是钟形分布(又称正态分布),这种分布曲线有对称的和非对称的两种,非对称的又可分为左偏斜和右偏斜两种形式。这种分布形态的差异表明现象的数量特征,往往具有重要的意义。

偏度就是为了准确地测定数据分布的偏斜程度的指标。

同样,数据分布的曲线与正态分布①的曲线相比,其顶部的形态会有所不同,峰度就是用来反映数据分布曲线顶端的尖峭或扁平(矮胖)程度的指标。

测定分布的偏度和峰度最常用的方法是计算偏度系数 α 和峰度系数 β。在计算这两个系数时,要用到"矩"的概念。矩原是物理学中表示力与力臂对重心关系的术语,统计学把变量与权数对平均数的关系类比于"矩",用来描述频数分布的性质。一般地说,取变量中的 A 值为中点时,定义

$$M = \sum (x - A)^K / N$$

为变量 x 关于 A 的 K 阶矩。当 $A = 0$ 时,即变量以原点为中心,上式称为原点 K 阶矩,用 M_k 表示。如取 K 为 1,2,3,4 时,便有:

一阶原点矩 $M_1 = \sum x / N = \mu$,即算术平均数;

二阶原点矩 $M_2 = \sum x^2 / N$;

三阶原点矩 $M_3 = \sum x^3 / N$;

---

① 有关正态分布的性质和特点将在第六章介绍。

四阶原点矩 $M_4 = \sum x^4 / N$。

当 $A = \mu$ 时,即变量以算术平均数为中心,上式称为 K 阶中心矩,用 m_k 表示。如取 K 为 1,2,3,4 时,便有:

一阶中心矩 $m_1 = \dfrac{\sum(x-\mu)}{N} = 0$;

二阶中心矩 $m_2 = \dfrac{\sum(x-\mu)^2}{N} = \sigma^2$ (即方差);

三阶中心矩 $m_3 = \dfrac{\sum(x-\mu)^3}{N}$;

四阶中心矩 $m_4 = \dfrac{\sum(x-\mu)^4}{N}$。

偏度系数 α 为三阶中心矩除以标准差的三次方,即:

$$\alpha = \frac{m_3}{\sigma^3} \tag{5-25}$$

统计上用三阶中心矩来计算偏度系数,是因为中心矩本身可以通过高于平均数的离差之和与低于平均数的离差之和的比较来显示分布是否具有对称性。显然,当高于平均数的离差之和与低于平均数的离差之和相等时,全部离差之和等于 0,分布为对称分布;当这两种离差之和不相等,经过正、负相抵之后,结果便可显示出分布的偏斜程度,由于一阶中心矩恒为 0;而为偶数阶(即 $K = 2,4,6$ 等)时,任何离差经过平方后都为正值,没有正负削减,所以这两种中心矩都不能用于测定偏度,唯独奇次阶的中心矩能满足正负离差和的比较,其中又以三阶中心矩最为简单,故常用 m_3 与 σ^3 对比的相对数来测定偏度。从偏度系数的公式 $\alpha = m_3/\sigma^3$ 不难看出,$\alpha = 0$,分布是对称的;$\alpha < 0$,分布呈负偏态,α 值愈小,负偏程度愈高;$\alpha > 0$,分布呈正偏态,α 值愈大,正偏程度愈高。

峰度系数 β 为四阶中心矩除以标准差的四次方,即:

$$\beta = \frac{m_4}{\sigma^4} \tag{5-26}$$

一般来说,当 $\beta = 3$ 时,变量数列的曲线为正态曲线;当 $\beta > 3$ 时,为尖顶曲线,表明变量数列的次数比较集中于众数的位置,且 β 值越大,顶部尖峭程度越高;当 $\beta < 3$ 时,为平顶曲线,表明变量数列的次数在众数附近比较分散,且 β 值越小,顶部就更趋平坦。

以上是关于总体数据的不加权的计算公式,对于样本数据,可用相应的统计量代替总体平均数和总体标准差即可;对于分组的数据,可用相应的加权形式即可。

例 5-22 在例 5-17 中,我们已经知道这 50 家门店该月销售额的平均销售额为 38.07 万元,并计算得到其标准差为 6.706 2 万元,现在要计算销售额的偏度系数 α 和峰度系数 β。

解 由公式(5-25)和(5-26),这 50 家门店该月销售额的偏度系数和峰度系数为:

$$\alpha = \frac{\sum(x-\mu)^3}{N\sigma^3} = \frac{(25.1-38.07)^3 + (26-38.07)^3 + \cdots + (52.9-38.07)^3}{50 \times 6.706\,2^3}$$
$$= 0.314\,7$$

$$\beta = \frac{\sum(x-\mu)^4}{N\sigma^4} = \frac{(25.1-38.07)^4+(26-38.07)^4+\cdots+(52.9-38.07)^4}{50\times 6.706\ 2^4}$$
$$= 2.569\ 2$$

因为偏度系数 α 等于 0.314 7>0,峰度系数 β 等于 2.569 2<3,表明这 50 家门店该月销售额是正偏态的,其顶部较为平坦。

本章小结

在前四章中,我们学习了绪论、统计设计、如何搜集和整理数据以及用表格和图形来展示数据。统计的一项基本而重要的内容是对数据进行描述性分析。本章介绍的描述性分析是对数据的总量和相对关系、对数据的集中趋势、离散程度及其分布形态等进行量化测度。通过描述性分析,使我们可以掌握这些数据的分布特征和规律。下一章将介绍随机变量与概率分布的基本原理,它是推断统计学的数理基础。

思考与练习

5.1 什么是绝对数?怎样区分时期数和时点数?

5.2 什么是相对数?常用的相对数有哪几种?试述它们各自的特点。

5.3 什么是平均数?常用的平均数有哪几种?试述它们各自的特点。

5.4 集中趋势和离散程度各有什么作用?

5.5 常用的离散程度指标有哪几种?试述它们各自的特点。

5.6 什么是数据的分布形态特征?

5.7 什么是权数?权数有何作用?

5.8 具体指明下列指标属于哪种形式,绝对数要区分是时期数还是时点数,相对数要指明是具体的何种相对数:

(1) 国内生产总值;(2) 人均粮食产量;(3) 居民储蓄存款余额;(4) 居民住房总面积;(5) 固定资产折旧额;(6) 国民收入积累率;(7) 人口自然增长率;(8) 新生婴儿性别比;(9) 居民储蓄率;(10) 市场占有率;(11) 恩格尔系数;(12) 汇率;(13) 国有资产总值;(14) 单位产品成本;(15) 日用消费品价格;(16) 价格的需求弹性系数;(17) 工人劳动生产率;(18) 资金利税率;(19) 股价涨跌率;(20) 每百户居民家庭电脑拥有量。

5.9 某企业某年生产情况如下:

(1) 计划产值比前一年增长 5%,实际产值比前一年增长 10%,试计算当年产值计划完成程度;

(2) 计划单位成本比前一年降低 2%,实际单位成本比前一年降低 5%,试计算当年单位成本计划完成程度及超计划降低的百分数。

5.10 某自行车集团公司所属四个分厂,某月份生产的同一牌号、同一规格外销山地车的产量和总成本资料如下:

分　厂	产量（百辆）	生产总成本（万元）
甲	14.0	44.80
乙	9.8	34.30
丙	76.0	228.00
丁	3.2	12.16

要求：根据上述资料，

(1) 计算各分厂的单位产品成本；

(2) 计算该集团公司平均的单位产品成本，并对计算方法加以说明。

5.11 某地区某年个体工商户开业登记注册资料额分组资料如下：

注册资本金分组（万元）	50 以下	50～100	100～150	150～200	200 以上
各组个体工商户比重（%）	60	20	10	8	2

试计算该地区个体工商户注册资本金的平均数。这样计算的结果同按未分组的原始数据计算的平均数是否相同？并对相同或不相同的原因做出解释。

5.12 第一季度某种产品在三个地区销售额的资料如下：

月　份	单价（元）	销售额（元）		
		甲地区	乙地区	丙地区
1	1.5	15 000	30 000	45 000
2	1.2	24 000	12 000	36 000
3	1.1	11 000	22 000	33 000
合　计	—	50 000	64 000	114 000

要求：根据上述资料，

(1) 分别计算甲、乙、丙三个地区第一季度该种产品的平均价格；

(2) 分别计算第一季度各月该种产品的平均价格；

(3) 计算该种商品第一季度总的平均价格。

5.13 某投资银行的年利率按复利计算，10 年的年利率分配是：有 1 年为 7%，有 3 年为 8%，有 4 年为 10%，有 2 年为 11%。试求平均年利率是多少？

5.14 某企业某年 11 月份职工奖金额的分组资料如下：

按奖金金额分组（元）	职工人数（人）
200 以下	40
200～250	100
250～300	170
300～350	220
350～400	190
400～450	150
450～500	130
500 以上	120
合　计	1 120

要求：根据以上资料，计算平均数工资、工资的众数和中位数，并绘制分布曲线图，观察算术平均数、中位数和众数的位置。

5.15 某信息传呼机服务台两名接线员5天中每天接呼次数资料如下：

A接线员：120　　108　　76　　184　　165
B接线员：94　　68　　113　　55　　99

要求：根据以上资料，分别计算A、B两个接线员接线次数的全距和样本标准差，并基于日均次数的代表性从接线次数日分布的均衡角度做出简要评价和分析。

5.16 某市城市经济调查队间隔五年各抽取1 000户职工作平均每人年书报杂志购买金额调查，得到有关资料如下：

按年购买金额分组（元）	职工人数（人）	
	去年	5年前
0～10	100	250
10～20	400	640
20～30	260	80
30～40	100	20
40～50	80	8
50 以上	60	2
合　计	1 000	1 000

要求：根据以上资料，计算去年和5年前人均书报杂志消费额的算术平均数、标准差、标准差系数和偏度系数，并作两年的比较分析。

5.17 一轮胎制造厂的业务经理想要比较两种等级的轮胎的实际内径，它们的内径应该都是575毫米。从每种轮胎中抽取一个作为样本，每个样本包括5个轮胎，测得的实际内径从小到大依次为：

X级					Y级				
568	570	575	578	584	573	574	575	577	578

要求：
(1) 计算这两种轮胎实际内径的算术平均数、中位数和标准差。
(2) 哪种轮胎的质量更好？请解释。
(3) 如果将Y级的最后一个数据578改为588，这对(1)和(2)的结果会产生什么影响？

5.18 袋装茶叶的质量标志之一是每包茶叶的重量。某茶叶公司生产的袋装茶叶标明的每包茶叶平均重量是5.5克。如果茶叶装得不满，会引起消费者的不满。如果每包茶叶的实际重量超过这个数字，公司等于在白送产品。但要使每包茶叶的实际重量正好符合这个标准，却又很困难，因为厂里的温度与湿度的变异、茶叶密度的差异以及包装机的高速运行（每分钟约170包）都会影响每包茶叶的实际重量。下面提供的是从一台机器一小时的产品中抽取的50包茶叶的重量：

5.65	5.44	5.42	5.40	5.53	5.34	5.54	5.45	5.52	5.41
5.57	5.40	5.53	5.54	5.55	5.62	5.56	5.46	5.44	5.51
5.47	5.40	5.47	5.61	5.53	5.32	5.67	5.29	5.49	5.55
5.77	5.57	5.42	5.58	5.58	5.50	5.32	5.50	5.53	5.58
5.61	5.45	5.44	5.25	5.56	5.63	5.50	5.57	5.67	5.36

要求：

(1) 计算每包茶叶重量的算术平均数和中位数。

(2) 计算极差、四分位距、方差、标准差和标准差系数。

(3) 解释本题的集中趋势。为什么袋装茶生产商应该关心集中趋势？

(4) 解释本题的离散程度。为什么袋装茶生产商应该关心变异？

(5) 该公司的产品符合包装说明中标示的每包5.5克的重量吗？

(6) 如果你负责这一生产过程，根据每包茶叶的重量分布情况，你可能会对包装标示的标准做何改变？

5.19 以下是某班50名学生"统计学"的考试成绩：

50	51	54	58	59	61	61	62	63	64
65	66	67	68	69	70	71	72	72	72
72	73	74	74	74	75	75	75	75	76
77	78	79	80	81	82	83	84	84	85
86	86	87	88	90	91	91	95	97	99

要求：对这批数据进行适当的分组，并给出分组的结果，然后进行描述统计分析。

5.20 下表是根据一家上市公司某年年报资料整理的A、B两个行业的净资产（万元）及其分布：

	A	B
平均值	72 842.2	57 003.2
标准误差	7 333.45	5 365.5
中位数	61 606.2	50 481.2
众数	#N/A	#N/A
标准差	50 807.6	35 993.11
方差	2 581 415 974.4	1 295 504 288.3
峰度	4.7	1.2
偏度	2.0	1.1
极差	(1)	153 567.3
最小值	14 962.6	11 825.2
最大值	242 049.9	(3)
求和	(2)	2 565 145.2
观测数	48.0	45.0

要求：
a. 填上表中括号(1)、(2)、(3)中的数值；
b. 这两个行业净资产的变异程度哪个相对说来比较大？为什么？
c. 这两个行业净资产分布的形态哪个比较接近正态分布？为什么？

第六章

随机变量与概率分布

统计引例

家用电器公司的市场经理

作为一家家用电器公司的市场经理,你想进行一项购买意向调查,研究1 000户家庭在未来12个月中购买全面屏电视机(指将屏幕边框尽量做窄,从而获得更高的屏幕占比,带来更好的观看体验)的意向,这是一种购买意向研究。在开展调查12个月后,你要了解这1 000户家庭是否确实购买了电视机。同时,对那些确已购买了全面屏电视机的用户,你更感兴趣的是他们是否选择了某品牌的电视机(如华为、小米等),以及他们是否对全面屏电视机的购买感到满意。基于调查,你会对一些问题做出回答,其中包括:

- 一户家庭计划在明年购买全面屏电视机的概率是多少?
- 一户家庭确实购买全面屏电视机的概率是多少?
- 一户家庭计划并确实购买全面屏电视机的概率是多少?
- 假设一户家庭计划购买全面屏电视机,购买行为的发生概率是多少?
- 了解电视机的家庭购买计划是否会改变家庭购买电视机的预测可能性?
- 购买全面屏电视机的家庭中选择华为品牌的概率是多少?
- 购买全面屏电视机的用户中对所购商品感到满意的概率是多少?

这类回答对你开发未来的销售渠道和制定营销策略都是有用的。例如,你可以据此发现具有购买全面屏电视机意向的目标客户,也可以说服全面屏电视机购买者购买你代理的某品牌的电视机。

第一节 随机事件与概率

在前面五章中,我们介绍了统计设计、数据的搜集与整理、图表展示以及描述性分析。在本章中,我们将讨论有关概率的基础知识,因为概率是统计推断的数理基础,主要内容包括随机事件与概率、随机变量及其概率分布、常见离散型和连续型随机变量的概率分布、大数定律和中心极限定理等。

一、随机试验和随机事件

在自然界和社会经济现象中,存在着很多不确定的随机现象。例如,某一天是否会下雨;投掷一枚均匀的硬币,可能出现正面向上也有可能出现正面向下;一种新的消费品在市场上有可能获得成功也有可能失败。在统计学中,把这些不确定的事件称为随机事件,对随机事件进行的观察称为随机试验。人们是通过研究随机试验来研究随机现象的。随机试验应具有下列三个特性:

(1) 可重复性,即可在相同的条件下重复进行试验;

(2) 非唯一性,即每次试验的结果具有多种可能性,并且所有可能的试验结果是事先已知的;

(3) 随机性,即每次试验之前不能肯定将会出现哪种结果。

一个随机试验的所有可能结果组成的集合称为这个试验的样本空间。试验 E 的样本空间的子集为 E 的随机事件,简称为事件。在每次试验中,当且仅当这一子集中的一个样本点出现时,称这一事件发生。由于在一次试验中,可能出现这个结果,也可能出现那个结果,所以,指定的某个随机事件可能发生,也可能不发生。在随机事件中,有的可以看成是由某些事件复合而成的,而有些事件则不能分解为其他事件的组合。这种不能分解成其他事件组合的最简单的随机事件称为基本事件,而所有可能出现的基本事件的全体称为样本空间,即上述的以试验所有可能结果组成的集合来定义的样本空间。

例如,在掷一颗骰子的试验中,观察其出现的点数,"1 点""2 点""3 点"……"6 点"分别是基本事件。"奇数点"也是随机事件,但它不是基本事件,它是由"1 点""3 点"和"5 点"三个基本事件组成的,只要这三个基本事件中的一个发生,"奇数点"这个事件就发生。由几个基本事件构成的事件称为复合事件。

如果在每次试验中,某个结果必定出现,或者必定不出现,则分别称为必然事件和不可能事件。为讨论方便起见,把它们也当作随机事件,并把必然事件特记为 Ω,把不可能事件特记为 $\varnothing$。例如在上面提到的掷骰子试验中,"点数在 1 到 6 之间"是必然事件,"点数大于 6"是不可能事件。

在实际问题中,常常要研究一些比较复杂的事件,这些较复杂的事件往往是由一些较简单的事件组成的。这就需要将这些较复杂的事件分解成若干个较简单的事件,并且研究它们之间的相互关系。

1. 事件的包含

设有事件 A 与 B,若事件 A 发生时事件 B 必然发生,则称事件 B 包含事件 A,记作 $A \subset B$ 或 $B \supset A$。

2. 事件的相等

若事件 A 包含事件 B,同时事件 B 也包含事件 A,则称事件 A 与 B 相等(或等价),记作 $A = B$。

3. 事件的和(或并)

若事件 A 和 B 中至少有一个发生,即事件"A 或 B"发生,则称该事件为 A 与 B 的和(或并),记作 $A + B$ 或 $A \cup B$。

4. 事件的差

若事件 A 发生而事件 B 不发生,则称该事件为事件 A 与事件 B 的差,记作 $A - B$。

5. 事件的积(或交)

若事件 A 与 B 同时发生,即事件"A 并且 B"发生,则称该事件为事件 A 与 B 的联合事件(亦可称两个事件的交或积),记作 AB 或 $A \cap B$。

6. 互斥事件

若事件 A 与 B 不能同时发生,即 $AB=\varnothing$,则称事件 A 与 B 互斥(或称互不相容)。显然,基本事件间是互斥的。

7. 对立事件

若事件 A 与 B 两者中必有一个发生且仅有一个发生,即同时满足条件 $A+B=\Omega$ 及 $AB=\varnothing$,则称 A 与 B 为互相对立(或互逆)事件。事件 A 的对立事件记作 $\overline{A}$,即有 $A+\overline{A}=\Omega$ 且 $A\overline{A}=\varnothing$。

8. 完备事件组

若事件 $A_1,A_2,\cdots,A_n$ 为两两互斥,且 $A_1+A_2+\cdots+A_n=\Omega$,称 $A_1,A_2,\cdots,A_n$ 构成一个完备事件组。

随机事件之间的关系及运算可以用图 6-1 表示。

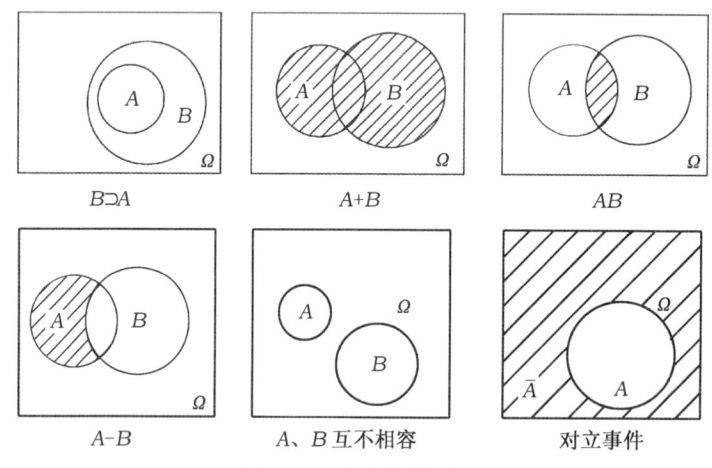

图 6-1 事件间的关系

现在,结合本章开头的"统计引例",可以更好地理解以上概念。表 6-1 提供的是一个有关购买全面屏电视机行为的 1 000 户家庭的样本调查结果的交互分类表(也称列联表)。

表 6-1　　　　　　　　　　　　全面屏电视机购买行为

计划购买	实际购买		合　计
	是	否	
是	200	50	250
否	100	650	750
合　计	300	700	1 000

在这个例子中,样本空间包括所有的 1 000 户家庭。样本空间内的事件取决于结果如何划分。例如,如果某人对购买计划感兴趣,则事件是"计划购买"和"不打算购买"。如果某人对实际购买行为感兴趣,那事件就是"已购买"和"未购买"。因此,样本空间的划分方式取决于有待确定的概率类型。在表 6-1 中,"计划购买"的对立事件是"不打算购买";"计划购买并实际

购买"事件是联合事件,因为它发生在已计划购买然后又实际购买的家庭。

二、概率的概念

由于随机事件的随机性,在一次试验中事件是否发生不可能事先知道;但它在一次试验中发生的可能性有的要大些,有的要小些。为了研究事件发生的可能性,就需要用一个数字来量化这种可能性的大小。我们就把刻画这种可能性大小的数值叫作事件的概率。概率可以指今天下雨的可能性,也可以指投掷一枚均匀的硬币出现正面的可能性,或者一种新的消费品在市场上获得成功的可能性。事件 $A,B,C,\cdots$ 的概率分别用 $P(A),P(B),P(C),\cdots$ 表示,由此可知概率是随机事件的函数。下面给出概率的三种主要含义:

1. 古典概率定义

先看一个简单的例子。投掷一枚均匀的硬币,考虑出现正面和出现反面这两个事件的概率。我们假定这枚硬币是均匀的,因而出现正面和出现反面的可能性是一样的。故人们有理由认为出现正面和出现反面这两个事件的概率都是 1/2。

这个例子具有下面两个特点:

(1) 每次试验只有有限种可能的试验结果。

(2) 每个基本事件发生的可能性是相同的。

在概率论中,把具有上述两个特点的试验叫作古典试验,它的数理模型称为古典概型。对于古典概型可以按下面定义的方法直接计算事件的概率。

定义 6-1 若试验结果一共由 n 个基本事件 $A_1,A_2,\cdots,A_n$ 组成,这些事件的出现具有相等的可能性,而事件 A 由其中某 m 个基本事件所组成,则事件 A 的概率是:

$$P(A)=\frac{A \text{ 中包含的基本事件}}{\text{试验中的基本事件总数}}=\frac{m}{n} \qquad (6-1)$$

这里 $A_1,A_2,\cdots,A_n$ 构成一个等概率完备事件组。

按上述定义计算的概率叫作古典概率。这种概率的计算特点是把计算事件 A 的概率 $P(A)$ 的问题,转化为计算事件 A 中包含的基本事件的个数 m 与总的基本事件的个数 n 的比值。

例 6-1 根据表 6-1 的数据,试问随机抽取一户家庭,该家庭计划在明年购买全面屏电视机的概率是多少?

解 基本事件总数为 $n=1\,000$,设事件 A 为抽出 1 户家庭是计划购买全面屏电视机,则事件 A 包含的基本事件个数为 $m=250$。运用公式(6-1):

$$P(A)=\frac{\text{计划购买户数}}{\text{总户数}}=\frac{250}{1\,000}=0.25$$

据此,随机抽取一户家庭,该家庭计划购买全面屏电视机的概率是 0.25(或 25%)。

2. 统计概率定义

古典概率是以等可能性为基础的,有很大的局限性。因为实际中有很多试验,它们的试验结果是不具备等可能性质的。例如,电话交换台在一段时间内接到呼唤的次数可能为"零次""1 次""2 次"……这些试验结果就不是等可能的。在这里,古典概率不适用了。下面介绍适用于一般试验的统计概率定义:在一定条件下重复 n 次试验,事件 A 发生的次数 m 称为事件 A 的频数。事件 A 的频数 m 与试验次数 n 的比,称为事件 A 的频率,记为 $f(A)$,即

$$f(A)=\frac{m}{n}。$$

例 6-2 某工厂大量生产某种产品,为了检查产品质量,抽检了一部分产品,记录如表 6-2 所示。

表 6-2　　　　　　　　　　　　产品质量抽检结果

抽检件数(n)	10	50	100	200	500	1 000	2 000
不合格品数(频数 m)	1	3	4	9	27	52	98
不合格品率(频率 m/n)	0.10	0.06	0.04	0.045	0.054	0.052	0.049

可以看出不合格品率在 0.05 左右摆动,并且随着抽检件数的增多逐渐稳定于 0.05。

这个例子表明,当试验次数 n 增大时,事件 A 发生的频率总是稳定在一个常数附近,通常把这一规律称为频率的相对稳定性。

定义 6-2　在一定条件下,重复进行 n 次试验,当 n 充分大时,如果事件 A 的频率总是稳定在某一个确定的常数 P 附近,则称数值 P 为随机事件 A 的概率,记作 $P(A)=P$。

在例 6-2 中,抽检产品的不合格品率稳定在 0.05 附近。设事件 A:"任抽一件产品为不合格品",则事件 A 的概率为 $P(A)=0.05$。

由于事件的概率是在统计的基础上通过频率计算而得到的,故称为统计概率。在一般情况下,概率值 P 是不可能用统计方法精确得到的,因此,在 n 充分大时,通常就以频率作为概率的近似值,即 $P(A)=\dfrac{m}{n}$。

3. 主观概率定义

在前两种定义中,事件的概率是由先验知识或实际数据计算而得的,而主观概率则是某个人对某一事件发生的可能性所做出的判断,它可能不同于另一个人对同一事件发生的可能性的判断。例如,新产品开发人员与负责市场营销的公司营销部经理对该产品赢得市场的可能性就会有不同的判断。个人以往的经验、个人的心态和个人所处的环境通常是人们赋予各种事件以主观概率的基础。在事件的概率不能由经验来确定时,主观概率之于决策尤为有用。

三、概率的基本运算

(一) 概率的基本性质

为了能够正确计算概率,必须了解概率的基本性质:其取值范围在 0 到 1 之间,包括 0 和 1。注意,一事件若是不可能事件,其发生的概率为 0;而一事件若是必然事件,其发生的概率为 1,即:

性质 1　$0 \leqslant P(A) \leqslant 1$

性质 2　$P(\Omega)=1, P(\varnothing)=0$

(二) 加法公式

1. 一般加法公式

加法公式是考虑事件 A 发生、事件 B 发生以及事件 A 和 B 都发生的情况。设 A、B 为任意两个事件,则有一般的加法公式为 A 或 B 的概率等于 A 的概率与 B 的概率之和减去 A 和 B 同时发生的概率:

$$P(A+B)=P(A)+P(B)-P(AB) \qquad (6-2)$$

例 6-3 根据表 6-1 的数据,怎样确定一户家庭计划购买或实际购买全面屏电视机的概率?

解 事件"计划购买或实际购买"包括了所有计划购买全面屏电视机的家庭和实际购买全面屏电视机的家庭,现在来确定它们是否对应于被研究的事件。设 A 表示事件"计划购买",B 表示事件"实际购买",则 AB 表示"计划购买且实际购买",而"计划购买或实际购买"可以用 $A \cup B$ 表示。运用一般加法公式可得其概率为

$$P(A \cup B) = P(A) + P(B) - P(AB) = \frac{250}{1\,000} + \frac{300}{1\,000} - \frac{200}{1\,000} = 0.35$$

一般加法公式将 A 的概率与 B 的概率相加;由于在计算 A 的概率和 B 的概率时,联合事件"A 和 B"的概率被两次计算在内,所以必须从中减去一次。这一点可以从表 6-1 得到证实。如果事件"计划购买"的结果与事件"实际购买"的结果相加,那么联合事件"计划并实际购买"已被包括在每一简单事件中了。因此,必须扣除被"二次计算"的联合事件,以给出正确的计算结果。

2. 互斥事件加法公式

两个互斥事件 A 与 B 之和的概率,等于这两个事件的概率之和,即:

$$P(A+B) = P(A) + P(B) \tag{6-3}$$

故互斥事件加法公式(6-3)是一般加法公式(6-2)当 A、B 互斥时的特殊情形。

例 6-4 应用互斥事件的加法公式。在"统计引例"的举例中,有 300 户家庭实际购买了全面屏电视机。若在调查时,这些家庭被要求说明其购买方式,询问结果见表 6-3。

表 6-3　　　　　　　　　　购买方式汇总表

购买方式	应答户数
商　店	183
互联网	87
电视购物	30

随机抽取一已购全面屏电视机的家庭,求其购买方式是互联网或电视购物的概率?

解 运用一般加法公式(6-2),有:

P(互联网或电视购物) = P(互联网) + P(电视购物) − P(互联网和电视购物)

$$= \frac{87}{300} + \frac{30}{300} - \frac{0}{300} = \frac{117}{300} = 0.39$$

所以,随机抽取一户购买全面屏电视机的家庭,其购买方式为互联网或电视购物的可能性为 39%。

显然,实际交易只能采取一种方式,因此一个买主同时通过互联网和电视购物完成交易的概率为 0。在这个例子中,联合事件发生的可能性不存在,因为不可能有此结果。就像前面提到的那样,只要联合事件不可能发生,就可以认为事件是互斥的。也就是说,一事件(互联网订购)的发生意味着另一事件(电视购物)不可能发生。这样,互斥事件的加法公式就应如(6-3)式所示。

以上的加法公式还有如下三个推论:

推论 1 设事件 $A_1, A_2, \cdots, A_n$ 两两互斥,则有

$$P(A_1+A_2+\cdots+A_n)=P(A_1)+P(A_2)+\cdots+P(A_n)$$

这个公式表明了概率的有限可加性。

推论 2　设 $\bar{A}$ 是 A 的对立事件,则有

$$P(\bar{A})=1-P(A)$$

推论 3　设有事件 A 与 B,其中 $A \supset B$,则有

$$P(A-B)=P(A)-P(B)$$

(三) 条件概率、统计独立和乘法公式

1. 条件概率

前面介绍的是从整个样本空间抽样时某一特定事件发生的概率。如果在计算某一特定事件 A 的概率时,已知另一事件 B 已经发生,且 $P(B)>0$,这种概率被称之为条件概率,记作 $P(A\mid B)$。条件概率由公式(6-4)确定:

$$P(A\mid B)=\frac{P(AB)}{P(B)} \tag{6-4}$$

即已知事件 B 发生时时,事件 A 发生的条件概率等于 A 和 B 同时发生的概率除以 B 的概率。

除了公式(6-4)以外,列联表也可用于求条件概率。就本章"统计引例"中提到家用电器公司而言,假设你已经获悉一户家庭计划购买全面屏电视机,那么该家庭实际购买全面屏电视机的概率是多少呢?这个案例的目的是求 $P(实际购买\mid 计划购买)$。这里,计划购买全面屏电视机的家庭为已知信息,所以,样本空间并不包括被调查的所有 1 000 户家庭,而仅仅包括那些计划购买全面屏电视机的家庭。由于在 250 户计划购买家庭中,有 200 户实际购买了全面屏电视机(见表 6-1)。所以,已知一家庭计划购买全面屏电视机,其实际发生购买行为的概率是:

$$P(实际购买\mid 计划购买)=\frac{计划并实际购买}{计划购买}=\frac{200}{250}=0.80$$

这个结果也可利用公式(6-4)求得:

设 A 表示事件"计划购买",B 表示事件"实际购买",则

$$P(B\mid A)=\frac{P(AB)}{P(A)}=\frac{200/1\,000}{250/1\,000}=0.80$$

2. 统计独立

在购买全面屏电视机的例子中,若已知一户为计划购买家庭,那么它是实际购买家庭的概率为 200/250=0.80。根据表 6-1,可以很容易得到一户家庭实际购买全面屏电视机的简单概率为 300/1 000=0.30,比条件概率低 0.50。这一结果显示的重要信息是,关于家庭计划购买电视机的有关信息影响到家庭实际购买电视机的概率,即结果因有关信息而具条件性。与此情形不同,如果两个事件相互间没有影响,则可以认为这两个事件相互独立,或称为统计独立。

若已知 B 时 A 的条件概率为 $P(A\mid B)$,则统计独立可表示为:

$$P(A\mid B)=P(A)$$

结合式(6-4)可以得到关于统计独立的更一般的表示:

$$P(AB) = P(A)P(B) \tag{6-5}$$

显然,对于两个事件 A 和 B,$P(B)>0$,以上两式等价,它们均表示事件 A 和 B 是统计独立的。在以上的例子中,"计划购买"和"实际购买"全面屏电视机并非统计独立,因为知道前者会影响后者的概率。例 6-5 说明了统计独立的存在与否。

例 6-5 判断统计独立。对 300 户实际购买全面屏电视机的家庭开展进一步调查,要求他们回答所购全面屏电视机是否为华为品牌,以及对所购商品是否满意。回答结果如表 6-4 所示。

表 6-4 　　　　　　　　　对购买全面屏电视机的满意情况

电视机类型	对购买表示满意 是	对购买表示满意 否	合 计
华为品牌	64	16	80
非华为品牌	176	44	220
合 计	240	60	300

判断对所购电视机是否满意和电视机类型是不是统计独立。

解 根据这些数据,有:

$$P(满意 | 华为品牌) = \frac{64/300}{80/300} = \frac{64}{80} = 0.80$$

这一结果等于:$P(满意) = \frac{240}{300} = 0.80$

可见,以上两个事件是统计独立的,因为对一个事件的了解并不影响另一事件的概率。

应该指出,两个事件是统计独立的与互斥是两个不同的概念。统计独立是指两个事件发生的概率互不影响,互斥是指两个事件不能同时发生,它们之间并没有什么联系,两个独立事件可以相容而且常常是相容的。

3. 乘法公式

由条件概率的定义,很容易得到

$$P(AB) = P(B)P(A|B) \tag{6-6}$$

即"A 和 B 同时发生"的概率等于 B 的概率与已知 B 发生时 A 发生的条件概率的乘积。称式 (6-6) 为一般乘法公式。

例 6-6 应用一般乘法公式。从表 6-4 中,你看到在已购买华为品牌全面屏电视机的 80 户家庭中,64 户家庭表示满意,16 户家庭则表示不满意。假设从这 80 户家庭中随机选出 2 户,试求它们对购买的电视机都表示满意的概率。

解 在这里,乘法公式应用如下:

设:A 表示第二户家庭感到满意;B 表示第一户家庭感到满意。

第一户家庭对其购买感到满意的概率是 64/80;然而,第二户家庭对其购买也感到满意的概率却依赖于对第一户家庭的选取结果。如果在得知第一户家庭对所购电视机感到满意的信息后,采用不放回抽样,那剩余家庭数将变为 79。这样,第一户家庭对其购买感到满意时,第二户家庭也对其购买感到满意的概率就是 63/79。 所以,运用公式(6-6):

$$P(AB) = P(B)P(A \mid B) = \frac{64}{80} \times \frac{63}{79} = 0.6380$$

结果说明,有 63.80% 的可能抽取到两户都对其所购电视机感到满意的家庭。

例 6-7 在有放回抽样情况下应用乘法公式。如果在得知第一户家庭对所购电视机感到满意的信息后,采用有放回抽样,那又会发生什么变化呢？试求选取的两户家庭都对其所购电视机表示满意的概率。

解 在这个例子中,第二次家庭选取与第一次家庭选取是统计独立的,因为第一次家庭选取不影响第二次家庭选取的概率。也就是说,先后两次抽取的家庭对其购买感到满意的概率相同(有放回抽样),都是 64/80。因此:

$$P(AB) = P(B)P(A \mid B) = P(B)P(A) = \frac{64}{80} \times \frac{64}{80} = 0.64$$

即有 64% 的可能抽取到两户都对其所购电视机感到满意的家庭。

在例 6-7 中,由于两次家庭的选取是统计独立的,因此,对公式(6-6)中的 $P(A \mid B)$ 可用 $P(A)$ 代替,获得公式(6-7)所示的独立事件的乘法公式:

$$P(AB) = P(A)P(B) \tag{6-7}$$

反过来,我们可以根据独立事件的乘法公式判断独立事件:

(1) 当且仅当 $P(A \mid B) = P(A)$ 时,事件 A 和事件 B 统计独立；

(2) 当且仅当 $P(AB) = P(A)P(B)$ 时,事件 A 和事件 B 统计独立。

(四) 全概率公式和贝叶斯公式

1. 全概率公式

当计算比较复杂事件的概率时,往往必须同时利用概率加法公式与乘法公式。设事件 B 能而且只能与互斥的事件 $A_1, A_2, \cdots, A_n$ 之一同时发生,换言之,设

$$B = BA_1 + BA_2 + \cdots + BA_n$$

这里当 $i \neq j$ 时 BA_i 及 BA_j 是互斥的。根据概率的加法公式及其推论,有:

$$P(B) = P(BA_1) + P(BA_2) + \cdots + P(BA_n)$$

再由概率乘法公式,得:

$$P(B) = P(A_1)P(B \mid A_1) + P(A_2)P(B \mid A_2) + \cdots + P(A_n)P(B \mid A_n)$$
$$= \sum_{i=1}^{n} P(A_i)P(B \mid A_i) \tag{6-8}$$

公式(6-8)称为全概率公式。当各 $P(A_i)$ 及 $P(B \mid A_i)$ 已知或容易做出估计时,可利用这个公式计算 $P(B)$。如根据表 6-1 的数据,利用公式(6-8),实际购买的概率计算如下:

$$P(B) = P(A_1)P(B \mid A_1) + P(A_2)P(B \mid A_2)$$

在这里：B 表示事件"实际购买", A_1 表示"计划购买", A_2 表示"未计划购买"。代入数据,得

$$P(B) = \frac{250}{1\,000} \times \frac{200}{250} + \frac{750}{1\,000} \times \frac{100}{750} = 0.30$$

2. 贝叶斯公式

与前面所述情况一样,设事件 B 能而且只能与互斥的事件 $A_1, A_2, \cdots, A_n$ 之一同时发生。

试问：在事件 B 已经发生的条件下，事件 A_i 的概率即条件概率 $P(A_i|B)$ 怎样计算？根据条件概率定义和乘法公式，有：

$$P(A_i|B) = \frac{P(A_i)P(B|A_i)}{P(B)}$$

然后利用全概率公式，得：

$$P(A_i|B) = \frac{P(A_i)P(B|A_i)}{\sum_{j=1}^{n} P(A_j)P(B|A_j)} \quad (6-9)$$

这个公式称为贝叶斯公式。

例 6-8 贝叶斯公式的应用。在本章的"统计引例"中，若家用电器公司考虑在市场上推广一种新型电视机。在公司过去推介的电视机中，销售成功的占 40%，不成功的占 60%。在将新产品推向市场之前，市场调研部要进行广泛的调研并发布调研报告，它们对销售前景或表示乐观，或表示不乐观。从以往经验看，有 80% 销售成功的电视机，其上市前的调研报告是乐观的；有 30% 销售不成功的电视机，其上市前的调研报告也是乐观的。假如市场调研部的调研报告对这款新品电视机是乐观的，那么，该款电视机销售成功的概率是多少呢？

解 要回答上面提出的问题，可设：

事件 A 表示销售成功的电视机，事件 B 表示乐观的调研报告，则

事件 $\overline{A}$ 表示销售不成功的电视机，事件 $\overline{B}$ 表示不乐观的调研报告。

并有：

$$P(A)=0.40, P(\overline{A})=0.60; P(B|A)=0.80, P(B|\overline{A})=0.30$$

然后利用公式(6-9)：

$$P(A|B) = \frac{P(A)P(B|A)}{P(A)P(B|A)+P(\overline{A})P(B|\overline{A})} = \frac{0.40 \times 0.80}{0.40 \times 0.80 + 0.60 \times 0.30} = 0.64$$

即一款电视机若其市场调研报告是乐观的，则其销售成功的概率是 0.64，不成功的概率是 $1-0.64=0.36$。

第二节 随机变量及其概率分布

一、随机变量与概率分布的概念

许多随机试验的结果——随机事件是表现为数量的。例如，一批产品中有 10 件不合格品，从中随机抽取 3 件，其中不合格品的件数就表现为数量。但也有一些随机试验的结果不是数量性的，而是表现为某种属性特征的。例如，抛一枚硬币，可能正面朝上，也可能反面朝上，这时如我们用 0,1 分别表示之，则其结果便是 0 或 1，变为数量型了。所以，对表现为属性的试验结果，我们可予以数量化。这样，任何一个随机试验，其结果都可用一个变量来刻画，试验的结果不同，表现为该变量的取值不同，这种变量称为随机变量。随机变量常用大写字母 X，Y,Z 等表示，它们的取值常用小写字母 x,y,z 等表示。

与随机变量相联系的一系列概率，称为概率分布。概率分布的表述方法与频数分布的表述方法一样，可以用表格和图形的形式。我们已经在第四章中介绍过频数分布，频数分布有按

变量值大小划分组别和各组频数这样两个组成要素。频数分布也可以展示通过实际观察所得到的随机变量的各种取值及其相应的出现频数的分布关系,因为频数分布所展示的内容需要经过实际观察取数并加以整理而得到,所以它是经验分布。相对于经验分布的是理论分布,如果我们能在宏观上把握随机变量各种取值及其概率的分布关系,就能很好地推算随机事件不同结果的出现机会,这就需要研究概率分布。

二、随机变量的概率分布

1. 离散型随机变量的概率分布

常用的随机变量有离散型随机变量和连续型随机变量两类。离散型随机变量是指取值个数为有限个或可列无穷多个的随机变量,其分布情况通常用分布律描述。设离散型随机变量 X,取值为 $X = x_1, x_2, \cdots, x_n, \cdots$,相应的概率为 $p_1, p_2, \cdots, p_n, \cdots$,则 X 的分布律为

$$P(X = x_i) = p_i, i = 1, 2, \cdots, n, \cdots$$

分布律也可以用表格或矩阵形式表示:

X	x_1	x_2	$\cdots$	x_i	$\cdots$
p_k	p_1	p_2	$\cdots$	p_i	$\cdots$

或

$$\begin{bmatrix} x_1 & x_2 & \cdots & x_i & \cdots \\ p_1 & p_2 & \cdots & p_i & \cdots \end{bmatrix}$$

由概率的定义,分布律满足如下两个条件:

(1) $p_i \geqslant 0, i = 1, 2, \cdots$

(2) $\sum_{i=1}^{\infty} p_i = 1$

与频数分布相似的是,离散型概率分布也有累积分布的形式,记为 $P(X \leqslant x)$,显然

$$P(X \leqslant x) = \sum_{x_i \leqslant x} p_i$$

例如,表 6-5 给出的是一家银行在某地区的分行每周批准的房屋抵押贷款笔数的分布。由于表中列出了所有可能的笔数,从而对应的概率之和必然为 1。图 6-2 和图 6-3 是表 6-5 的图示。

表 6-5　　　　　　　　每周批准的房屋抵押贷款笔数的概率分布

每周批准的房屋抵押贷款笔数	概率 $P(X=x)$	$P(X \leqslant x)$
0	0.10	0.10
1	0.10	0.20
2	0.20	0.40
3	0.30	0.70
4	0.15	0.85
5	0.10	0.95
6	0.05	1.00

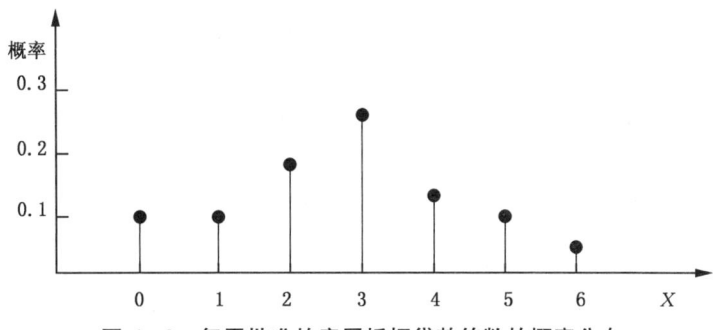

图 6-2 每周批准的房屋抵押贷款笔数的概率分布

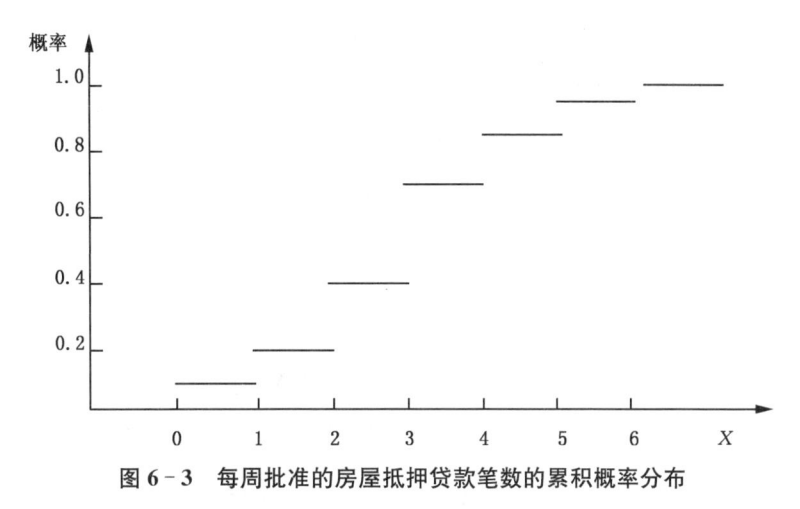

图 6-3 每周批准的房屋抵押贷款笔数的累积概率分布

2. 连续型随机变量的概率分布

连续型随机变量经测度取得数值,这些数值密集于某一数值区间,无法一一列举,只能列出随机变量的取值区间及其相应概率,或列出随机变量取值小于某一值的累积概率。相对于离散型概率分布图以直线高度表示概率,连续型概率分布则是以对应于一定区间的函数曲线下的面积来表示概率。对应于一连续型随机变量的整个取值区间,函数曲线下的面积等于1。该区间之内的某段对应的函数曲线下的面积为大于0且小于1的一个数值。为了理解连续型随机变量的概率分布,我们用图 6-4 来说明。图 6-4 是1 000名女大学生身高 X 的频数直方图。

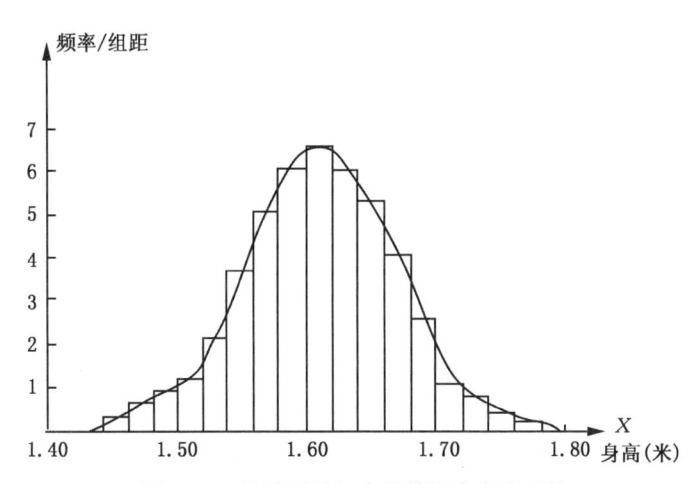

图 6-4 连续型随机变量的概率密度函数

如果考察的女大学生人数不断增加,数据分组时,组数越来越多,组距越来越小,那么频率将越来越稳定,频率直方图的上方也将越来越稳定于一条曲线 $f(x)$。我们称此曲线 $f(x)$ 为连续型随机变量 X 的概率密度函数(简称密度函数)。概率密度函数 $f(x)$ 具有下述两个性质:

(1) $f(x) \geqslant 0$,即概率密度曲线 $f(x)$ 位于 x 轴的上方;
(2) $\int_{-\infty}^{\infty} f(x) \mathrm{d}x = 1$,即曲线 $f(x)$ 与 x 轴之间的面积为1。

在频率直方图中,X 在每一组内取值的频率为该组矩形的面积,在区间 $[a,b]$ 上取值的频率为该区间内包含的矩形面积之和。随着数据的无限增多,分组越来越细,X 在 $[a,b]$ 上取值的频率将逐步稳定于概率;$[a,b]$ 内包含的矩形面积,也将稳定于曲线 $f(x)$ 下面 a 与 b 两点之间的面积。由此可见,随机变量 X 落在区间 $[a,b]$ 上的概率 $P(a \leqslant X \leqslant b)$ 应等于曲线 $f(x)$ 下在 $x=a$ 和 $x=b$ 两点之间的面积 $\int_{a}^{b} f(x) \mathrm{d}x$。因此,概率密度函数 $f(x)$ 全面描述了连续型随机变量 X 的统计规律。显然,对任一实数 c,

$$P(X=c) = \int_{c}^{c} f(x) \mathrm{d}x = 0$$

因而,对于连续型随机变量而言,单个数值的概率是没有意义的。

连续型随机变量的累积频率分布称为分布函数。设 X 是一个连续型随机变量,对任一实数 x,事件"$X \leqslant x$"的概率 $P(X \leqslant x)$ 称为随机变量 X 的分布函数,记为 $F(x)$,即有:

$$F(x) = P(X \leqslant x) = \int_{-\infty}^{x} f(x) \mathrm{d}x$$

易见,

$$P(a \leqslant X \leqslant b) = \int_{a}^{b} f(x) \mathrm{d}x = F(b) - F(a)$$

分布函数 $F(x)$ 具有下述性质:
(1) $0 \leqslant F(x) \leqslant 1$;
(2) $\lim_{x \to -\infty} F(x) = 0, \lim_{x \to \infty} F(x) = 1$;
(3) $F(x)$ 是非降函数,即若 $x_1 \leqslant x_2$,则有 $F(x_1) \leqslant F(x_2)$。

三、随机变量的期望值和方差

在前一部分中,我们看到随机变量的概率分布是能够完整地描述随机变量的统计规律的。但是在许多实际问题中,求概率分布不是一件容易的事。另一方面,有时不需要知道随机变量的概率分布,而只需要知道它的某些数字特征就够了。如同频数分布有集中趋势(如均值)和离散程度(如标准差)一样,概率分布也可以计算其集中趋势和离散程度,其中期望值和方差是分别反映集中趋势和离散程度的两个最重要特征数。

1. 离散型随机变量概率分布的期望值和方差

由于随机变量表示的是出现不同的可能结果,所以其均值一般称为期望值。一个随机变量 X 的期望值是 X 的所有可能取值的加权算术平均数,其权数就是与 X 相应的概率 $P(X)$,记为 μ 或 $E(X)$,即有:

$$\mu = E(X) = \sum_{i=1}^{N} x_i P(X = x_i) \tag{6-10}$$

对于每周批准的房屋抵押贷款笔数的概率分布(见表6-5),期望值计算如下:

$$\mu = E(X) = \sum_{i=1}^{N} x_i P(X = x_i)$$
$$= 0 \times 0.1 + 1 \times 0.1 + 2 \times 0.2 + 3 \times 0.3 + 4 \times 0.15 + 5 \times 0.1 + 6 \times 0.05 = 2.8$$

注意,批准的房屋抵押借款笔数的期望值2.8不具"字面意思",因为每周批准的笔数必定是一个整数。期望值表示的是每周批准的房屋抵押贷款笔数的平均数或平均水平。

离散型随机变量的方差(σ^2 或 $D(X), Var(X)$) 定义为变量的每个可能取值与它们的期望值的离差平方的加权平均数——权数为每个取值对应的概率,即有:

$$\sigma^2 = \sum_{i=1}^{n} [x_i - E(X)]^2 P(X = x_i) \tag{6-11}$$

相应的离散型随机变量的标准差(σ)由公式(6-12)确定。

$$\sigma = \sqrt{\sum_{i=1}^{n} [x_i - E(X)]^2 P(X = x_i)} \tag{6-12}$$

每周批准的房屋抵押贷款笔数的方差和标准差分别为:

$$\sigma^2 = \sum_{i=1}^{n} [x_i - E(X)]^2 P(X = x_i)$$
$$= (0 - 2.8)^2 \times 0.10 + (1 - 2.8)^2 \times 0.10 + (2 - 2.8)^2 \times 0.20 + (3 - 2.8)^2 \times 0.30 +$$
$$(4 - 2.8)^2 \times 0.15 + (5 - 2.8)^2 \times 0.10 + (6 - 2.8)^2 \times 0.05$$
$$= 2.46$$
$$\sigma = 1.57$$

2. 连续型随机变量概率分布的期望值和方差

设 X 是连续型随机变量,其概率密度函数为 $f(X), -\infty < x < \infty$,则其期望值为:

$$E(X) = \int_{-\infty}^{\infty} x f(x) dx \tag{6-13}$$

连续型随机变量的方差为:

$$D(X) = \int_{-\infty}^{\infty} [x - E(X)]^2 f(x) dx \tag{6-14}$$

对随机变量 X,不论是离散型还是连续型,其方差都可以用如下公式计算:

$$D(X) = E(X^2) - [E(X)]^2$$

3. 期望值和方差的数学性质

(1) 期望值的数学性质

① 设 C 是常数,则

$$E(C) = C$$

② 设 X 是一个随机变量,C 是常数,则有:

$$E(CX) = CE(X)$$

③ 设 X、Y 是任意两个随机变量,则有:

$$E(X+Y) = E(X) + E(Y)$$

④ 设 X、Y 是两个相互独立的随机变量,则有:

$$E(X \cdot Y) = E(X) \cdot E(Y)$$

(2) 方差的数学性质

① 设 C 是常数,则

$$D(C) = 0$$

② 设 X 是一个随机变量,C 是常数,则有:

$$D(CX) = C^2 D(X)$$

$$D(X + C) = D(X)$$

③ 设 X 和 Y 是两个相互独立的随机变量,则有:

$$D(X + Y) = D(X) + D(Y)$$

这个性质可推广到任意有限多个相互独立的随机变量的情况。

第三节 常见离散型随机变量的概率分布

一、两点分布

服从两点分布的变量 X 取值为这样一种特殊的定名数据:事物、现象的属性只有两种对立的表现,或"是"或"非"。例如产品质量分为合格还是不合格,消费者对一商品的意向是愿买还是不愿买。属性有多种表现的也可以转换成两种表现,其中的一种表现是研究者侧重考虑的,以"是"代表,其余所有表现合并为一种,以"非"代表。例如,在超市终端扫描到的顾客购买的洗涤用品品牌的数据可以有许多种品牌,但是研究者侧重考虑品牌 A,于是对其他品牌一律视为非 A。在统计学中,我们把研究者感兴趣的属性表现称作"成功",其对立表现称作"失败"。如果把对各个样本单位的属性观察过程视为试验,那么就存在"成功"和"失败"两种对立的结果,每次试验结果或者是"成功"或者是"失败",这种类型的试验称为贝努里试验(Bernoulli 试验)。例如,抛起一枚硬币,落地后无非是图案一面朝上或者是币值数字一面朝上。我们也可将属性用数字代码表现,以"1"代表"成功"或"是",以"0"代表"失败"或"非",所以两点分布又可称为 0-1 分布。这种分布的概率如表 6-6 所示。

表 6-6　　　　　　　　　　　　0-1 分布的分布律

X	0	1
$P(X)$	$1-p$	p

其中:$P(X=1) = p$,　$(0 < p < 1)$

$P(X=0) = 1 - p = q$,　$(p + q = 1)$

例 6 - 9 100件产品中有5件不合格品,从中任抽一件产品,设"$X=0$"为取得不合格品,"$X=1$"为取得合格品,则随机变量服从两点分布:

$$P(X=0)=0.05, P(X=1)=0.95$$

其概率分布如表6-7所示。

表6-7 产品的概率分布

X	0	1
p	0.05	0.95

两点分布的期望值为:

$$E(X)=0 \times q+1 \times p=p$$

又因为

$$E(X^2)=0^2 \times q+1^2 \times p=p$$

所以,两点分布的方差为:

$$D(X)=E(X^2)-[E(X)]^2=p-p^2=p(1-p)=pq$$

在例6-9中,任取一件是合格品的期望值为95%($p=0.95$);方差为4.75%($pq=0.95 \times 0.05$)。

二、二项分布

从两点分布出发,在相同条件下进行一系列其结果分为"成功"或"失败"的独立试验,即进行n重贝努里试验,所出现的"成功"的次数是一个不能事先确定的随机变量。这种试验"成功"次数的概率分布称为二项分布,记为$X \sim B(n,p)$。二项分布是一种常用的离散型概率分布,它有如下4个基本性质:

(1) 重复试验的次数固定不变,用n表示试验次数。

(2) 每一试验只能有两种互斥的可能结果出现,通常把其中一个称为"成功",另一个称为"失败"。

(3) 每次试验结果为"成功"的概率(p)都相等,结果为"失败"的概率($1-p$)也相等。

(4) 每次试验互相独立,即任何一次试验的结果都对另一次试验的结果没有影响。

我们可以把二项分布的"成功"次数为k的概率用如下的公式(6-15)表示:

$$P(X=k)=C_n^k p^k q^{n-k} \quad (k=0,1,2,\cdots,n) \tag{6-15}$$

这里C_n^k是在n次试验中成功次数的组合数,其公式为:

$$C_n^k=\frac{n(n-1)\cdots(n-k+1)}{k(k-1)\cdots 1}=\frac{n!}{(n-k)!\ k!}$$

例如,连续3次抛掷一枚均匀的硬币,出现2次正面的组合数是C_3^2,即正正反、正反正、反正正。

二项分布中含有两个参数n、p,当它们的值已知时,便可计算出分布列中的各概率值。参数为n、p的二项分布记作$B(n,p)$。二项分布的图形由参数n与p确定,如图6-5所示。

图 6-5 二项分布的图形

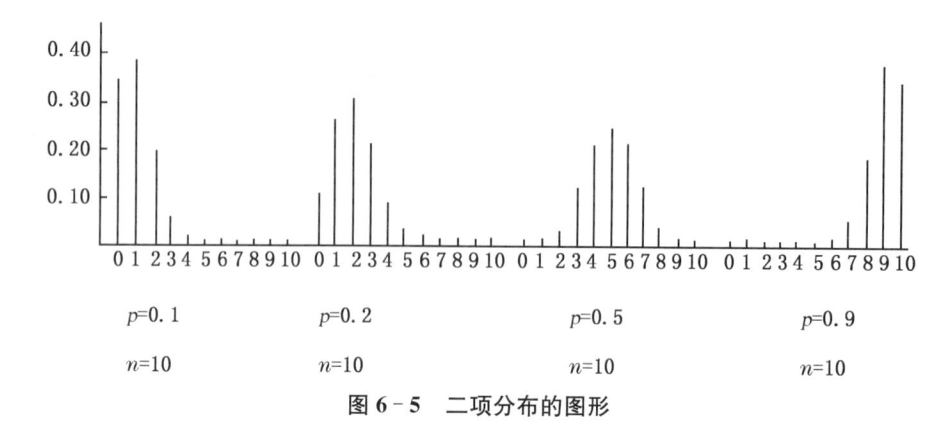

当 $p=0.5$ 时,对任意的 n,二项分布呈对称形状;当 $p<0.5$ 时,分布呈正偏态,众数出现在分布中心的左侧;当 $p>0.5$ 时,分布呈负偏态,众数出现在分布中心的右侧。p 越接近于 0.5,分布越趋于对称。n 越大,分布也越趋向于对称,当 n 无限增大时,二项分布趋向于正态分布。关于正态分布将在下一节介绍。

二项分布的名称来自初等代数二项式 $(a+b)^n$ 的展开式,即

$$(a+b)^n = a^n + C_n^1 a^{n-1} b + C_n^2 a^{n-2} b^2 + \cdots + b^n = \sum_{k=0}^{n} C_n^k a^{n-k} b^k$$

用 q 和 p 代替式中的 a 和 b,便有 $\sum_{k=0}^{n} C_n^k p^{n-k} q^k$。

可见概率值 $P(X=k)$ 恰好是二项式 $(p+q)^n$ 的展开式中的第 $k+1$ 项。二项分布的数学期望和方差分别为:

$$\mu = np \text{ 和 } \sigma^2 = npq$$

$\mu = np$ 表示我们能"期望"从 n 重贝努里试验中观察到 np 次成功。

例 6-10 某种商品的不合格率为 0.3,一顾客从商店买了 6 件这种商品,试求下列事件的概率:

(1) 恰有 4 件商品不合格;
(2) 不合格件数不超过一半;
(3) 至少有一件不合格品。

解 每件商品只有两种可能的结果:合格与不合格。由于我们关注的是不合格商品,因此可把买到不合格商品视为"成功"。买 6 件商品相当于做 6 次贝努里试验,各次试验互不影响。设不合格商品数为 X,显然,随机变量 X 服从二项分布,即 $X \sim B(6, 0.3)$。

(1) $P(X=4) = C_6^4 \times 0.3^4 \times 0.7^2 = 0.0596$

(2) $P(X \leqslant 3) = \sum_{i=0}^{3} P(X=i)$
$= C_6^0 \times 0.3^0 \times 0.7^6 + C_6^1 \times 0.3^1 \times 0.7^5 + C_6^2 \times 0.3^2 \times 0.7^4 + C_6^3 \times 0.3^3 \times 0.7^3$
$= 0.9295$

(3) $P(X \geqslant 1) = 1 - P(X=0) = 1 - C_6^0 \times 0.3^0 \times 0.7^6 = 0.8824$

当 n 较大时,用二项分布的公式计算概率很麻烦,为此人们编制了二项分布数值表,查表

即可得到所需的结果。设 $X \sim B(n,p)$，二项分布数值表给出了对各种不同的 n、p 和 x 值的累计概率分布 $P(X \leqslant x)$ 的数值。

三、超几何分布

超几何分布和二项分布涉及同样的事情：在一个由 n 个试验结果构成的样本中出现的"成功"数目。但两者获取数据的方法不同。二项分布的样本数据是从有限总体中有放回抽取或从无限总体中无放回抽取的，而超几何分布的样本数据则应从有限总体中无放回抽取的。于是，在二项试验中，成功的概率 p 对于所有的试验来说是一个常数，且所有试验结果的出现都是彼此独立的，但这对超几何试验来说就不成立。因为在大多数实际问题中，抽样往往是不重复的，如检测完的产品一般不再放回，对一名被调查者一般不做重复访问等。所以在超几何试验中，一次试验的结果受到前一次试验结果的影响。

一般地，在已知参数 n、N 和 M 的情况下，得到 k 个成功数的超几何分布的概率分布为：

$$P(X=k)=\frac{C_M^k C_{N-M}^{n-k}}{C_N^n} \quad (k=0,1,2,\cdots,l) \tag{6-16}$$

式中：n 为样本容量；N 为总体容量；M 为总体中的成功数；$l=\min(M,n)$。

超几何分布的数学期望和方差分别为：

$$\mu=np \text{ 和 } \sigma^2=np(1-p)\left(\frac{N-n}{N-1}\right)$$

式中：$p=\dfrac{M}{N}$ 为成功的比例；$\left(\dfrac{N-n}{N-1}\right)$ 是有限总体校正系数，校正从有限总体中不放回抽样产生的误差。

例 6-11 假设一个企业想成立一个 8 人小组，这 8 人来自不同部门并了解某个生产过程。这样的人在该企业中共有 30 个，其中 10 人在设计部门。如果小组成员是随机抽出的，那么其中将有 2 人来自设计部门的概率是多少？

解 在这里，符合条件的人共有 $N=30$，在设计部门有 $M=10$，现要抽选成立 $n=8$ 人小组。根据公式(6-16)，有：

$$P(X=2)=\frac{C_{10}^2 C_{20}^6}{C_{30}^8}=\frac{\dfrac{10!}{2!8!}\times\dfrac{20!}{6!14!}}{\dfrac{30!}{8!22!}}=0.298$$

即小组成员中将有 2 位来自设计部的概率为 0.298 或 29.8%。

这样计算很烦琐，尤其当 N 变大时。这时，用二项分布来近似计算超几何分布的各项概率，可以简化计算。因为当 N 很大、n 相对较小时，超几何分布近似于二项分布，即：

$$\frac{C_M^k C_{N-M}^{n-k}}{C_N^n} \approx C_n^k p^k (1-p)^{n-k}$$

上述近似公式可以从抽样的角度解释。如有一批产品共 N 件，其中不合格产品为 M 件。从中任取 n 件可看作是不放回地抽取 n 次、每次一件，其不合格品数服从超几何分布。若放回地抽取 n 次，则其中的不合格品数服从二项分布（因为 n 次抽取的结果互不影响，且每次抽取的条件相同，所以可看作是 n 重贝努里试验）。当批量 N 很大、抽检量 n 相对较小时，放回地

抽取 n 次,产品被重复抽到的可能性很小,这时与不放回的抽样方式几乎差不多,故二项分布与超几何分布近似。

四、泊松分布

泊松分布是又一种常见的离散型概率分布。它是由法国数学家泊松(S. D. Poisson,1781—1840)在 1837 年提出来的。现在这种分布在很多领域特别是在管理科学中得到了广泛的应用。很多经济或管理问题中,涉及每单位时间或每单位空间到达某种服务设施的等候服务或发生某种情况这样的随机事件出现的次数。例如,在单位时间内,高速公路上到达收费站的车辆数,超级市场的收款台前排队交款的人数,机场上请求降落和起飞的飞机架数,以及交通事故、机器故障、心脏病等在一定时间或范围内出现的次数等。与二项分布不同的是,这里出现的次数是指单位时间或空间内发生的情况,可用 $k=0,1,2,\cdots$ 来表示这种随机事件出现的次数,而二项分布变量则是在一定的试验次数中出现"成功"的次数。

如果单位时间或单位空间内某种事件出现的次数 X 能满足以下四个条件,则称此随机变量服从泊松分布,记为 $X \sim P(\lambda)$:

(1) 如果把时间区间或空间区间分成许多很小的区间,而在这些小的区间内正好发生一次某种事件的概率很小。

(2) 在这些小的区间内,出现两个或两个以上某种事件的概率小到可以视其为 0。

(3) 某种事件在区间内发生的概率仅与区间的大小有关,而与区间所在的位置无关。

(4) 不同区间内某种事件的发生次数在统计上是独立的。

为了更好地理解泊松分布,现举例如下:假设对在中午 12 点至下午 1 点的午饭时间内来到一家银行营业部的客户人数进行观察。在连续 1 小时内的某一时点,任一客户的来到都是一个离散事件。1 小时的平均来客数为 180 人。如果把 1 小时的区间细分为 3 600 个连续的 1 秒区间,那么

- 任意 1 秒区间内客户到达的期望(或平均)数为 0.05。
- 任意 1 秒区间内客户到达数大于 1 的概率接近于 0。
- 任意 1 秒区间内,1 个客户的到达并不对其他客户在其他 1 秒区间内的到达产生影响(也就是统计独立)。

泊松分布有一个参数,记作 λ,它代表每计数单位中"成功"的平均数或期望值。泊松分布的方差也等于 λ。泊松随机变量的成功数 k 可以取 $0,1,2,\cdots$。

泊松分布的概率分布为:

$$P(X=k)=\frac{\lambda^k}{k!}e^{-\lambda} \quad (k=0,1,2,\cdots) \tag{6-17}$$

式中:λ 为成功的预期数;$e=2.71828$ 为自然对数的底;k 为每单位区间的成功数。

例 6-12 回到午饭时间银行顾客数的例子。假设平均而言,在中午 12 点到下午 1 点期间,每分钟有 3 位客户来到银行。那么,在给定的一分钟内正好有 2 位客户来到银行的概率是多少?在给定的一分钟内,有 2 位以上客户来到的概率又是多少呢?

解 由公式(6-17),已知 $\lambda=3$,在任一给定的 1 分钟内正好有 2 位客户到达的概率为:

$$P(X=2)=\frac{3^2}{2!}e^{-3}=0.2240$$

在任一给定的 1 分钟内有 2 位以上客户来到的概率为:

$$P(x>2)=1-P(x\leqslant 2)=1-[P(X=0)+P(X=1)+P(X=2)]$$
$$=1-\mathrm{e}^{-3}\left[\frac{3^0}{0!}+\frac{3^1}{1!}+\frac{3^2}{2!}\right]$$
$$=1-0.4232=0.5768$$

可见，每分钟来到银行的客户不超出2个的可能性大约为42.3%；同一分钟3个或以上客户来到银行的可能性为57.68%。

在$\lambda=np$恒定的情况下，当n趋向无穷、同时p趋向于0时，此时二项分布趋向于泊松分布。这个结论表明，当n很大、p很小时（通常为$n\geqslant 20,p\leqslant 0.05$），有如下的近似公式：

$$C_n^k p^{n-k} q^k \approx \frac{\lambda^k}{k!}\mathrm{e}^{-\lambda}$$

其中$\lambda=np$。即可用泊松分布近似计算二项分布。因为泊松分布有专门数值表可查，这样就大大地简化了计算工作。表6-8可大致看出其近似程度。

表 6-8　　　　　　　　　　泊松分布与二项分布的关系表

k	按二项分布公式计算				按 $\frac{\lambda^k \mathrm{e}^{-\lambda}}{k!}$ 计算
	$n=10$	$n=20$	$n=40$	$n=100$	
	$p=0.1$	$p=0.05$	$p=0.025$	$p=0.01$	$\lambda=np=1$
0	0.349	0.358	0.366	0.366	0.366
1	0.385	0.377	0.372	0.370	0.368
2	0.194	0.189	0.186	0.185	0.184
3	0.057	0.060	0.060	0.061	0.061
4	0.011	0.013	0.014	0.015	0.015

五、负二项分布

考虑这样一个试验：它的性质与贝努里试验中列出的性质相同，只是试验将重复进行，直到获得一定数量的成功次数为止。此时，我们关心的不是n次试验中的成功次数及相应的概率（n是固定的），而是当总共成功k次时需要的总的试验次数X的取值及概率。显然，X是一个随机变量，称其分布为负二项分布，X取值n的概率为：

$$nb(n;k,p)=C_{n-1}^{k-1}p^k(1-p)^{n-k},n=k,k+1,k+2,\cdots$$

其中，p是一次试验中成功的概率。

例 6-13　在美国职业篮球联赛（NBA）的季后赛系列比赛中，七场比赛中赢得四场的球队是胜者。假设A队和B队在冠军赛中相遇，A队赢B队的概率是0.55，则

(1) A队在6场比赛中赢得系列赛的概率是多少？

(2) A队赢得系列赛的概率是多少？

(3) 如果采用五场三胜制，A队和B队在季后赛系列赛中相遇，则A队赢得系列赛的概率是多少？

解　(1) $b^*(6;4,0.55)=C_{6-1}^{4-1}0.55^4(1-0.55)^{6-4}=0.1853$

(2) 赢得系列赛需要赢得 4 场比赛,A 队总共赢得 4 场比赛时,需要的比赛场次可能是 4、5、6 或 7 场,因此

$$P(A \text{ 赢得系列赛}) = b^*(4;4,0.55) + b^*(5;4,0.55) + b^*(6;4,0.55) + b^*(7;4,0.55)$$
$$= 0.0915 + 0.1647 + 0.1853 + 0.1668 = 0.6083$$

(3) 采用五场三胜制,赢得系列赛需要赢得 3 场比赛,A 队总共赢得 3 场比赛时,需要的比赛场次可能是 3、4 或 5 场,因此

$$P(A \text{ 赢得系列赛}) = b^*(3;3,0.55) + b^*(4;3,0.55) + b^*(5;3,0.55)$$
$$= 0.1664 + 0.2246 + 0.2021 = 0.5931$$

第四节 常见连续型随机变量的概率分布

一、均匀分布

均匀分布是最简单的连续型分布。若连续型随机变量 X 在有限区间 $[a,b]$ 内取值,且其概率密度为:

$$f(x) = \begin{cases} \dfrac{1}{b-a} & a \leqslant x \leqslant b \\ 0 & \text{其他} \end{cases} \quad (6-18)$$

则称 X 在 $[a,b]$ 上服从均匀分布,记为 $X \sim U[a,b]$。其相应的分布函数为:

$$F(x) = \begin{cases} 0 & x < a \\ \dfrac{x-a}{b-a} & a \leqslant x \leqslant b \\ 1 & x > b \end{cases} \quad (6-19)$$

其图形见图 6-6。

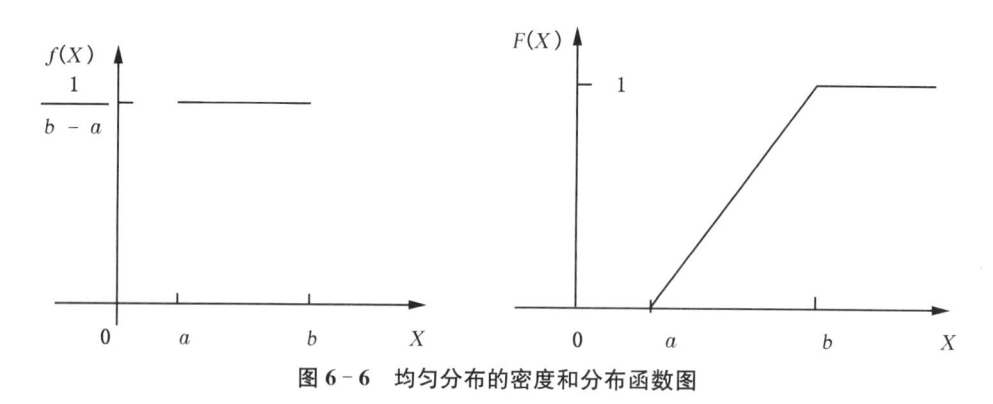

图 6-6 均匀分布的密度和分布函数图

X 落入区间 $[c,d]$ 的概率(其中 $a \leqslant c < d \leqslant b$):

$$P(c < x < d) = \int_c^d \frac{1}{b-a} dx = \frac{d-c}{b-a}$$

上式表明,X 取值于 $[a,b]$ 中任一区间的概率与该小区间的长度成正比,而与该小区间

的具体位置无关。这就是均匀分布的概率意义。

在实际问题中,服从均匀分布的例子是很多的。例如:

(1) 设通过某站的汽车 5 分钟一辆,那么乘客候车时间 X 是在[0,5]上服从均匀分布的随机变量。

(2) 某电台每隔 30 分钟报时一次,则打开收音机在听到报时之前的等待时间,就是一个在[0,30]区间内服从均匀分布的随机变量。

均匀分布的期望值为:

$$E(X) = \frac{1}{2}(a+b)$$

即其期望值恰好是区间$[a,b]$的中点。

均匀分布的方差为:

$$\sigma^2 = \frac{(b-a)^2}{12}$$

例 6-14 甲、乙两地间航班的飞行时间在 150 分钟到 180 分钟之间,所以可把飞行时间看成一个在这段时间内的连续型随机变量,且飞行时间在 150 分钟到 180 分钟区间内任何一分钟时段都具有同等的可能性。这样,航班的飞行时间 X 就服从下列的均匀分布:

$$f(x) = \begin{cases} 1/30 & 150 \leqslant x \leqslant 180 \\ 0 & 其他 \end{cases}$$

试问:(1) 甲、乙两地间航班的飞行时间的期望值和标准差是多少?

(2) 某一架航班从甲地飞往乙地所用时间在 160 分钟到 170 分钟之间的概率是多少?

解 (1) $E(X) = (150+180)/2 = 165$

$$\sigma = \sqrt{\frac{(180-150)^2}{12}} = 8.66$$

所以,甲、乙两地间航班的飞行时间的期望值是 165 分钟,标准差是 8.66。

(2) $P(160 \leqslant X \leqslant 170) = \int_{160}^{170} \left(\frac{1}{180-150}\right) dx = \frac{170-160}{180-150} = 0.33$

所以,某一架航班从甲地飞往乙地所用时间在 160 分钟到 170 分钟之间的概率是 0.33。

二、正态分布

(一) 正态分布的概念

在连续型随机变量的概率分布中,最重要和最常用的是正态分布,它在实际问题中有着广泛的应用。正态分布又称常态分布或高斯分布。

如果随机变量 X 的概率密度函数是:

$$f(x) = \frac{1}{\sqrt{2\pi}\sigma} e^{-\frac{(x-\mu)^2}{2\sigma^2}} \tag{6-20}$$

则称 X 服从以 μ、σ^2 为参数的正态分布,记为 $X \sim N(\mu, \sigma^2)$。

式中:$e \approx 2.71828$;

$\pi \approx 3.14159$;

$\mu =$ 数学期望;

$\sigma^2 =$ 方差；

X 为连续型随机变量，其取值范围 $-\infty < x < +\infty$。

根据连续型随机变量数学期望和方差的定义，有：

$$E(X) = \mu$$

$$D(X) = \sigma^2 \quad （证明从略）$$

即正态分布概率密度函数中的两个参数 μ 和 σ^2 分别为数学期望和方差。正态分布由这两个数字特征所决定。

如图 6-7 所示，正态分布概率密度函数的曲线称为正态曲线。

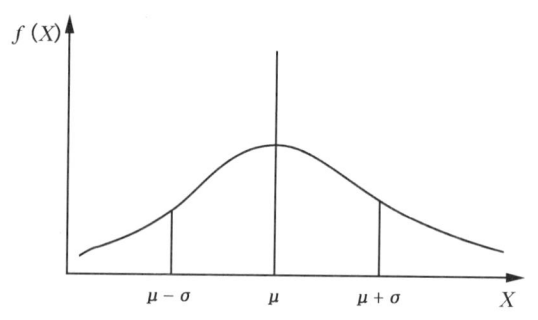

图 6-7 正态分布概率密度函数的曲线图

正态分布在统计理论和实践中起着非常重要的作用。一般来说，当一个随机变量是由许多独立随机因素综合而成，且其中每一个随机因素在总和中的影响都不大，则这个随机变量服从或近似服从正态分布。特别是由于和中心极限定理有关（将在下节中讨论），正态分布提供了统计推断的理论基础，从而为在统计推断中估计和控制抽样误差提供了方法和手段。有些重要的离散型概率分布（如二项分布）也可以用正态分布求得概率的近似值。

（二）正态曲线的特点

正态曲线具有以下特点：

(1) 正态曲线位于 x 轴的上方，以直线 $x = \mu$ 为对称轴，在 $x = \mu \pm \sigma$ 处有拐点。

(2) 在 $x = \mu$ 处，正态曲线处于最高点；当 x 从左右两侧远离 μ 时，曲线逐渐降低，当 $x \to \pm\infty$ 时以 x 轴为渐近线，形成中间高、两边低的对称的钟形状态，故又称钟形曲线。

(3) 当 σ 相等而 μ 不等时，曲线的图形沿着 x 轴平行移动，形状不变，见图 6-8。

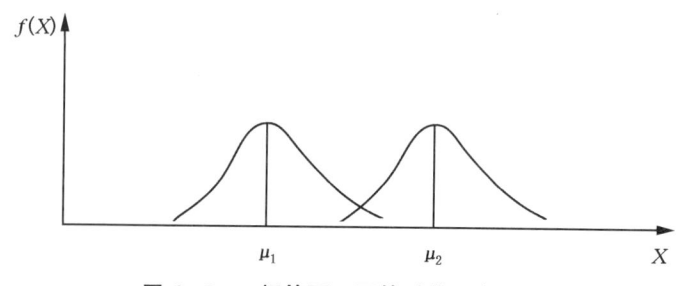

图 6-8 σ 相等而 μ 不等时的正态曲线

当 μ 相等而 σ 变小时，曲线变得狭高，即分布越集中于 μ 的附近；反之，σ 值增大时，曲线变得扁平，即分布越分散，如图 6-9 所示。

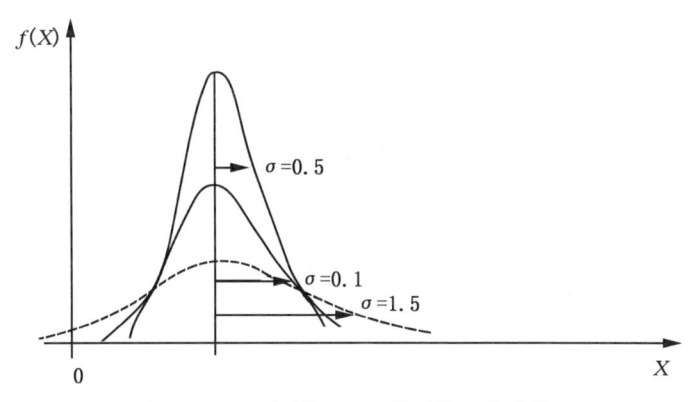

图 6-9 μ 相等而 σ 不等时的正态曲线

(4) 正态曲线下的总面积等于 1。

(三) 正态分布的性质

正态分布具有如下性质：

(1) 若 X 服从正态分布，则对任意的常数 $a(a \neq 0)$ 和 b，随机变量 $Z=aX+b$ 也服从正态分布。

(2) 若 X、Y 皆服从正态分布且相互独立，则对任意的常数 a、b (a、b 不全为 0)，$Z=aX+bY$ 也服从正态分布。

性质(2)可进一步推广为：

(3) 若 $X_1,X_2,\cdots,X_n$ 皆服从正态分布，且相互独立，则对任意 n 个常数 $a_1,a_2,\cdots,a_n$ (不全为 0)，$Z=a_1X_1+a_2X_2+\cdots+a_nX_n$ 也服从正态分布。

只要求出 Z 的数学期望 $E(Z)$ 和方差 $D(Z)$，就可以完全确定 Z 的分布。

(四) 标准正态分布

正态分布的概率计算很烦琐。为避免这种计算，可以编制一系列可以提供所求概率的表格。然而，参数 μ 和 σ 的组合是无限的，因此相应的表格数也是无限的。不过通过对数据标准化，只要编制一张标准正态分布表就可以了。因为利用式(6-21)，任何正态随机变量 X 都可以被转化为标准化的随机变量 Z。

$$Z=\frac{X-\mu}{\sigma} \qquad (6-21)$$

即 Z 值等于 X 与总体均值 μ 的差除以标准差 σ。

尽管随机变量 X 原有均值 μ、标准差 σ，经标准化后的随机变量 Z 的均值 $\mu=0$，标准差 $\sigma=1$。

将式(6-21)代入式(6-20)，可以得到标准化正态随机变量 Z 的概率密度函数：

$$f(Z)=\frac{1}{\sqrt{2\pi}}\mathrm{e}^{-\frac{Z^2}{2}} \qquad (6-22)$$

据此，任何一批正态分布的数据都可以转化为它的标准化形式，进而从一个累积标准化正态分布表中确定所求的概率。累积标准正态分布的函数可记为：

$$F(Z)=\int_{-\infty}^{Z}\frac{1}{\sqrt{2\pi}}\mathrm{e}^{-\frac{t^2}{2}}\mathrm{d}t \qquad (-\infty<Z<+\infty) \qquad (6-23)$$

累积标准正态分布的几何意义如图 6-10 所示。

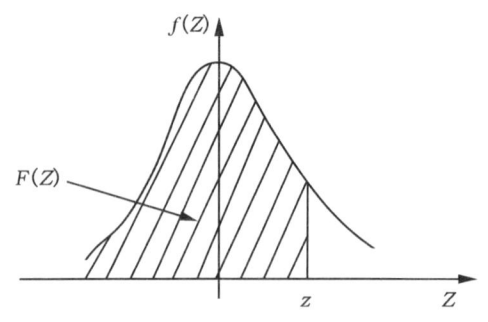

图 6-10 累积标准正态分布的几何意义

本书末附有标准正态分布函数 $F(Z)$ 的数值表,列出了 $Z \geqslant 0$ 的函数值。由于对称性,分布曲线与横轴所包围的面积为常数 1,故可用下述公式求出对应于 $Z<0$ 的函数值:

$$F(-Z) = 1 - F(Z)$$

Z 轴上的任意两点 $a, b(a<b)$ 之间曲线下的面积为:

$$\int_a^b \frac{1}{\sqrt{2\pi}} e^{-\frac{z^2}{2}} dz = F(b) - F(a)$$

例 6-15 "大学校园"是一家大学生网站。网站为吸引大学生,主页必须下载迅速。由于主页设计和网络通畅程度不同,主页完全载入浏览器所用的时间(即主页下载时间)也不同。利用与 Web 服务器连接的家用电脑可以观察主页下载速度。以往的观察数据表明,该主页的平均下载时间为 7 秒,标准差 2 秒。大约 2/3 的下载时间在 5 秒至 9 秒之间,大约 95% 的下载时间在 3 秒至 11 秒之间。换句话说,主页下载时间的分布像一个钟形曲线,分布在均值 7 周围。试问:(1)下载时间小于 9 秒的概率是多少?(2)下载时间在 5 秒和 9 秒之间的概率是多少?

解 已知过去观察到的主页下载时间是正态分布,均值 $\mu=7$ 秒,标准差 $\sigma=2$ 秒。经过标准化转换,原始变量 X 的每个测量值都对应于一个标准化变量 Z 的测量值。这样耗时 9 秒的下载时间处在下载时间均值之上 1 个标准差的位置,因为:

$$Z = \frac{9-7}{2} = 1$$

同时,耗时 1 秒的下载时间处在下载时间在均值之下 3 个标准差的位置上,因为:

$$Z = \frac{1-7}{2} = -3$$

在这里,标准差成了测量单位。耗时 9 秒比平均下载时间 7 秒标准化慢 2 秒相当于慢一个标准差;耗时 1 秒比平均下载时间快 6 秒相当于快 3 个标准差。

(1)现在要知道该网站的主页下载时间小于 9 秒的概率。由于 9 高于均值一个标准差,你要确定下载时间小于 1 个标准差的概率,即有 $P(X<9)=P(Z<1)$,查附表 3 有 $P(Z<1)=0.8413$,可见,该主页下载时间小于 9 秒的概率为 84.13%。

(2)从上一小题中已经确定下载时间小于 9 秒的概率是 0.8413。为求这里要知道的概率,必须先确定下载时间小于 5 秒的概率,然后将这一概率从 0.8413 中减去。因为:

$$Z = \frac{5-7}{2} = -1.00$$

即有：$P(5 < X < 9) = P(-1 < Z < 1) = P(Z < 1) - P(Z < -1)$
$= 2P(Z < 1) - 1 = 2 \times 0.8413 - 1 = 0.6826$

即得到下载时间在 5 秒和 9 秒之间的概率为 0.6826。

这一结果十分重要，它可以推及一般情形，即对于任何的正态分布，若从中随机抽取一个单位，则被抽中单位将落在均值上下一个标准差范围之内的概率都是 0.6826。同理，被抽中单位落在均值上下两个标准差范围之内的概率为 95.45%，即主页下载时间有 95.45% 的可能性介于 3 秒到 11 秒之间；而被抽中单位落在均值上下三个标准差范围之内的概率为 99.73%，即主页下载时间有 99.73% 的可能性介于 1 秒到 13 秒之间。换言之，下载时间几乎不可能小于 1 秒或者大于 13 秒（或者说在 10 000 次下载时间里只有 27 次）。这也就是为什么经常用 6σ（均值上下各三个标准差）来近似地表示正态分布数据范围的原因。

（五）正态分布对二项分布的逼近

二项分布 $b(n, p)$ 当 n 很大，p 和 q 都不太小时，不能用泊松分布近似计算。当 p 越接近 0.5 或 n 越大，二项分布就趋向于正态分布。但 n 越大，概率的计算量就越大。在这种情况下，可用正态分布来帮助求二项分布的概率。通常是当 np 和 nq 皆大于 5 时，就可以用正态分布来近似计算二项分布的概率。令 $\mu = np$，$\sigma^2 = np(1-p)$，则服从二项分布的随机变量 X 就近似服从正态分布 $N(\mu, \sigma^2)$。

例 6-16 某空调厂估计其在前年生产销售的某种型号的空调机中已有 90% 需要主动上门保养维修。该厂在下设的一些维修服务点随机抽查了 400 个维修记录，试问：

(1) 所售空调机需要上门保养维修数恰为 350 台的概率是多少？
(2) 所售空调机需要上门保养维修数不超过 350 台的概率是多少？

解 本例属于二项分布的问题。$p = 0.90$，$n = 400$，所以，上门保养维修数恰为 350 台的概率是：

$$P(X = 350) = C_{400}^{350} (0.90)^{350} (0.10)^{50} = 0.0165$$

显然以上的计算过程是非常麻烦的，所以可考虑用正态分布来近似计算这个概率值。因为 $np = 400 \times 0.90 = 360$，$n(1-p) = 400 \times 0.10 = 40$ 均大于 5，符合用正态分布来近似计算的条件。且 $\mu = np = 360$，$\sigma^2 = np(1-p) = 400 \times 0.90 \times 0.10 = 36$，即随机变量 X 近似服从正态分布 $N(360, 6^2)$。二项分布中 $P(X = 350)$ 表示 X 取值为 350 这个单一值的概率，然而在连续型的正态分布中取单一数值的概率为零。所以有必要将二项分布求概率的问题改变一下，使其成为求区间值的问题，即将 $P(X = 350)$ 看成是求 $P(349.5 \leqslant X \leqslant 350.5)$ 的概率，这种调整称为连续性校正。这时，

$$P(349.5 \leqslant X \leqslant 350.5) = P\left(\frac{349.5 - 360}{6} \leqslant z \leqslant \frac{350.5 - 360}{6}\right)$$
$$= P\left(\frac{350.5 - 360}{6}\right) - P\left(\frac{349.5 - 360}{6}\right)$$
$$= P(Z < -1.58) - P(Z < -1.75) = 0.017$$

计算结果与按二项分布公式计算的结果 0.0165 非常接近。

同样可求不超过 350 台的概率为：

$$P(X \leqslant 350) = P(X \leqslant 350.5) = P\left(Z \leqslant \frac{350.5 - 360}{6}\right) = P(-1.58) = 0.0571$$

三、χ^2 分布

χ^2（卡方）分布以及 t 分布和 F 分布都是从正态分布派生出来的分布，在统计学中占有重要的地位。

设随机变量 $X_1, X_2, \cdots, X_n$ 皆服从 $N(0,1)$，且相互独立，则随机变量 $X = \sum_{i=1}^{n} X_i^2$ 所服从的分布称为 χ^2 分布，并记为 $X \sim \chi^2(n)$。其中，参数 n 称为自由度。自由度是指一个样本中各项随机变量的数值可以自由变动的项数。如样本有 n 个随机变量，每项数值都可以自由变动，则其自由度为 n；如 n 个随机变量的平均数已确定，则只有 $n-1$ 个随机变量的数值可以自由变动，而剩余的另一个随机变量的数值必然由该平均数与 $n-1$ 个随机变量的数值所决定，不能自由变动，则这时 n 个随机变量的自由度为 $n-1$。如一个样本中各项随机变量 $X_1, X_2, \cdots, X_n$ 之间存在着 k 个独立的线性约束条件时，则只有 $n-k$ 个自由度。上述 χ^2 分布中的自由度为 n，表示 $\sum_{i=1}^{n} X_i^2$ 中独立随机变量的个数，也即平方和 $\sum_{i=1}^{n} X_i^2$ 中有 n 个随机变量项可以自由取值。X 的概率密度函数 $f(x)$ 曲线图形如图 6-11 所示。χ^2 分布为不对称分布，一般为正偏态分布，但随着其自由度 n 的增大，曲线逐渐趋向于对称，并趋于正态分布。

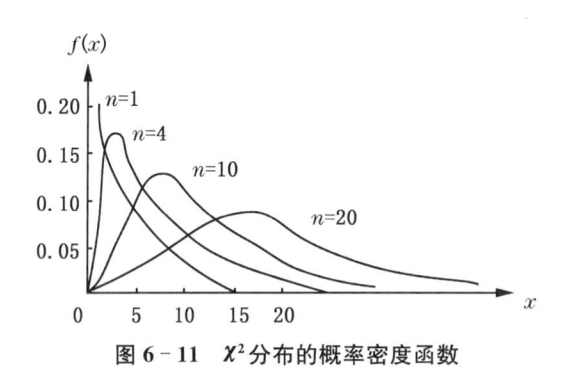

图 6-11 χ^2 分布的概率密度函数

$\chi^2(n)$ 分布的数学期望 $\mu = n$，方差 $\sigma^2 = 2n$。

χ^2 分布可用于方差估计与检验，以及非参数统计中拟合优度检验和独立性检验等。

四、t 分布

t 分布是由哥塞特（W. S. Gosset, 1876～1937）于 1908 年在一篇署名为"学生"的论文中首次提出的，因此又称为学生氏分布。

设随机变量 $X \sim N(0,1)$，$Y \sim \chi^2(n)$，且 X 与 Y 相互独立，则随机变量 $T = \dfrac{X}{\sqrt{Y/n}}$ 的分布称为自由度为 n 的 t 分布，并记为 $T \sim t(n)$。

图 6-12 是标准正态分布与 t 分布的比较。t 分布的曲线类似于标准正态分布的曲线，两者都是均值为零的对称的钟形曲线，取值范围也都在 $-\infty$ 与 ∞ 之间。但是，t 分布的方差大于 1，与标准正态分布相比，t 分布的中心部分较低，两个尾部较高。自由度 n 越小，这些差别就越明显，随着自由度 n 的不断增大，t 分布越来越趋近于标准正态分布，并以其为极限。

图 6-12　t 分布的概率密度函数

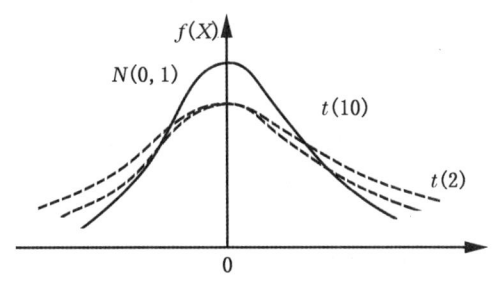

t 分布 $t(n)$ 的数学期望和方差分别为：

$$\mu = 0 \quad 和 \quad \sigma^2 = \frac{n}{n-2} \quad (n > 2)$$

t 分布可用于总体方差未知时正态总体均值的估计与检验，以及线性回归模型中回归系数的显著性检验等。

五、F 分布

设随机变量 $X \sim \chi^2(n)$，$Y \sim \chi^2(m)$ 且 X 与 Y 相互独立，则随机变量 $F = \dfrac{X/n}{Y/m}$ 的分布称为自由度为 (n, m) 的 F 分布，并记为 $F \sim F(n, m)$。F 的概率密度函数 $f(x)$ 的曲线图形如图 6-13 所示。F 分布一般为正偏态分布。

$F(n, m)$ 分布的数学期望和方差分别为：

$$\mu = \frac{m}{m-2} \quad (m > 2)$$

$$\sigma^2 = \frac{2m^2(n+m-2)}{n(m-2)^2(m-4)} \quad (m > 4)$$

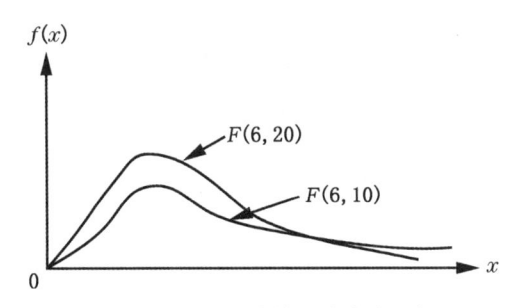

图 6-13　F 分布的概率密度函数

通常的 F 分布表只给出由右侧向左累加的概率，如图 6-14 所示。α 是一个较小的正数，给定 α，可查得临界值 $F_\alpha(n, m)$。而 $F_{1-\alpha}(n, m)$ 不能直接查出，需用到 F 分布的一个重要性质，即：

$$F_{1-\alpha}(n, m) = \frac{1}{F_\alpha(m, n)}$$

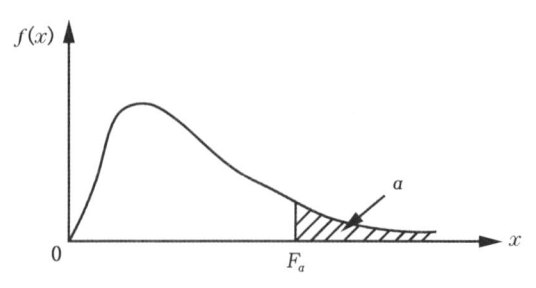

图 6-14　用 F 分布的性质查表

查 F 分布表得出 $F_\alpha(m,n)$，再计算其倒数即可求出 $F_{1-\alpha}(n,m)$。

例 6-17　已知随机变量 $F \sim F(6,15)$，试求 $F_{0.95,(6,15)}$。

解　一般的 F 分布表上没有给出 $F_{0.95,(6,15)}$ 的数值,利用 F 分布的性质,得：

$$F_{0.95,(6,15)} = \frac{1}{F_{0.05,(15,6)}} = \frac{1}{3.94} = 0.25$$

F 分布可用于两个正态总体方差的比较检验、方差分析和线性回归模型的检验等方面。

第五节　大数定律和中心极限定理

一、大数定律

我们知道,在同样条件下重复进行试验,随机事件发生的频率随着次数的增多而逐渐稳定并趋近于某个常数 p。这个 p 称为该随机事件的概率。可见频率的稳定性是定义概率的依据。至此,我们还没有在理论上对这种稳定性给以说明。此外,人们在科学实践中还认识到大量观测值的算术平均数也具有稳定性,即在相同条件下随着观察次数的增多,观测值的算术平均数逐渐稳定于某个常数。概率论中用来阐明大量随机现象平均结果的稳定性的一系列定理,统称为大数定律。

大数定律的本质意义在于经过大量观察,把个别的、偶然的差异性相互抵消,而必然的、集体的规律性便显示出来。例如,当我们观察个别家庭或少数家庭的婴儿出生时,生男生女的比例极为参差不齐,即有的是生男不生女,有的是生女不生男,有的是女多男少,有的是男多女少,然而经过大量观察,男婴、女婴的出生数则趋向均衡。也就是说,观察的次数愈多,离差的差距就愈小,或者说频率出现了稳定性。这就表明,同质的大量现象是具有规律的,尽管个别现象受偶然性因素的影响出现误差,但观察数量达到一定程度就呈现出规律性,这就是大数定律的作用。

二、中心极限定理

如果一个随机变量,它是由很多个相互独立的随机变量叠加而成,而其中每一个分量在总和中所起的作用都是不大的,那么作为总和的那个随机变量近似地服从正态分布,这就是中心极限定理的实际内容。

中心极限定理认为,不管总体的 X 服从何种分布形态,当样本容量 n（即每个样本中观察值的数目）增至足够大时,样本平均数的抽样分布都能够近似服从正态分布。这就是为什么正态分布在概率论中占有相当重要的位置的原因。

那么,多大的样本才够大呢? 大量统计研究已探讨过这个问题。统计学家发现的一般规律是,对许多总体分布来说,当样本容量不小于 30 时,均值的抽样分布将会近似于正态分布。而若已知总体分布是接近正态分布时,那么中心极限定理即便对更小的样本也成立。对于总体分布比较偏态或有不止一个众数等异常情况,均值分布正态性的样本规模一定要大于 30。

本章小结

本章学习了概率的基础知识,包括概率的概念和运算、条件概率、贝叶斯定理,说明了期望值、方差,以及一些重要的离散概率分布——二项分布、泊松分布、超几何分布和负二项分布的概念和应用,并介绍了正态分布等重要的连续型分布。最后介绍了大数定律和中心极限定理的基本思想,强调了正态分布在统计上的重要性。

思考与练习

6.1 概率的三种主要含义的区别是什么?

6.2 事件互斥与相互独立这两个概念有何不同?

6.3 频率分布与概率分布有何区别和联系?

6.4 超几何分布与二项分布有何区别和联系?

6.5 试描述正态分布,说明它的主要特点。

6.6 试用事件 A、B、C 表示下列事件:(1) 只有 A 发生;(2) 三个事件中至少有一个发生;(3) 三个事件都不发生;(4) 三个事件中恰好发生两个;(5) 三个事件中最多一个事件发生。

6.7 某地新上市甲、乙、丙、丁四种股票。设事件 A 表示投资者"购买甲种股票",B 表示"购买乙种股票",C 表示"购买丙种股票",D 表示"购买丁种股票"。试说明以下事件的含义:(1) AC;(2) $A\cup B$;(3) $\overline{A}$;(4) $B\overline{C}$;(5) $A\cup B\cup D$。

6.8 设某地有甲、乙两种杂志,该地成年人中有 20% 读甲杂志,16% 读乙杂志,8% 兼读甲和乙两种杂志。问成年人中百分之几至少读一种杂志?

6.9 某一居民区有 500 户人家装有电话。某天晚上恰有 100 户家中无人,而在其余 400 户中,又有 120 户人家拒绝电话调查。如果随机地给这些家庭中的某一家打电话,试求出现以下几种情况的概率:(1) 电话打到无人的家庭;(2) 电话打到有人的家庭,但这家人却拒绝调查;(3) 电话打到可以接受调查的家庭。

6.10 某射击小组共有 20 名射手,其中一级射手 4 人,二级射手 8 人,三级射手 7 人,四级射手 1 人,他们能通过选拔进入比赛的概率分别为 0.9、0.7、0.5、0.2,求任选一位射手能通过选拔进入比赛的概率。

6.11 甲、乙、丙三机床生产一批螺丝钉,各占总量的 25%、35%、40%,各机床产品的废品率分别为 5%、4%、2%。这批螺丝钉中随机取出一只经检查是废品,问这件废品是甲、乙、丙生产的概率分别等于多少?

6.12 某工厂的产品合格率是 96%。出厂产品需要进行一种不完全准确的简化检查方法,经试验知一个合格品经简化检查而获准出厂的概率是 0.98,而一个废品经简化检查而获准出厂的概率是 0.05。问用这种检查方法,获准出厂的产品是合格品的概率及未获准出厂的产品是废品的概率各为多少?

6.13 出口服装的贸易谈判中,每次谈判男服装成交的概率为 0.35,女服装成交的概率为

0.50，两者为互相独立事件。试求在一次谈判中出现以下情况的概率：(1) 男服装和女服装都能成交；(2) 男、女服装两者中至少有一个成交；(3) 男服装成交而女服装不成交；(4) 男、女服装都未成交。

6.14 判断下列各 $P(X=x)$ 是否能成为一个概率分布：(1) $P(X=x)=\frac{1}{2}$，$x=1,2$；(2) $P(X=x)=\frac{1}{3}$，$x=0,1,2,3$；(3) $P(X=x)=\frac{x}{5}$，$x=0,2,3$；(4) $P(X=x)=\frac{x-5}{10}$，$x=0,5,10,15$；(5) $P(X=x)=\frac{x^2}{10}$，$x=-1,0,3$。

6.15 某商店运来六台 55 英寸的彩色电视机，其中两台外壳有缺陷。一学校随机买了三台，设 X 是学校购买的电视机中外壳有缺陷的电视机数，试求：(1) X 的分布列；(2) $E(X)$。

6.16 一张考卷中有 15 个多项选择题，每题有 4 个备选的答案，其中只有一个是正确答案。一考生随机地选择答案，试求：(1) 答对 5～10 题的概率；(2) 至少答对 9 题的概率；(3) 答对的期望数。

6.17 某工厂生产的灯泡中有 2% 是次品。随机抽选 200 只灯泡，试求：(1) 至少有 5 只灯泡是次品的概率；(2) 平均的次品数。

6.18 某城市一交叉路口每月平均发生 5 起交通事故。假定每月事故数服从泊松分布，在指定的一月内出现以下事故数的概率分别是多少：(1) 8 次或 8 次以上；(2) 不多于 2 次；(3) 在 3 次与 11 次之间（包括 3 次和 11 次）。

6.19 某厂职工在一次操作测验中所得分数服从正态分布，平均值为 600，方差为 10 000。试问：(1) 参加测验的职工中得分低于 300 者占多大比例？(2) 一职工参加这项测验，他的得分不低于 850 的概率是多大？(3) 得分在 450～700 之间的职工占多大比例？

6.20 某种塑料制品的断裂强度服从正态分布，标准差为 3.5 千克。在所生产的样品中，大约有 1.83% 没有通过质量试验，试验中施加的压力是 130 千克。这些塑料制品的平均断裂强度是多大？

6.21 已知随机变量 $X \sim b(20,0.4)$，试用正态分布近似计算以下概率：(1) $P(X=4)$；(2) $P(3 \leqslant X \leqslant 11)$；(3) $P(X \geqslant 6)$。

6.22 设某股民在股票交易中每次判断正确的概率是 60%。该股民最近做了 100 次交易。试求至少 50 次判断正确的概率。

6.23 已知随机变量 $X \sim U(2,4)$，试求以下概率：(1) $P(-1 \leqslant X < 3)$；(2) $P((X-3)^2 < 0.25)$；(3) $P(3X+2 < 11.6)$。

6.24 为了节约游客订购旅游机构产生的费用，越来越多的旅游从业人员利用网络信息以研究节约旅游费用。最近一篇文章报道了对 400 名旅游机构经理的调查结果。假设有一份反映旅游经理人员上网研究机票价格和网上订票情况的列联表如下：

上网研究机票价格	网上订票 是	网上订票 否	合计
是	88	124	212
否	20	168	188
合计	108	292	400

(1) 如果随机选出一名旅游机构的经理,那么他上网研究机票价格的概率是多少?

(2) 如果随机选出一名旅游机构的经理,那么他在网上订票的概率是多少?

(3) 如果随机选出一名旅游机构的经理,那么他上网研究机票价格并在网上订票的概率是多少?

(4) 如果随机选出一名旅游机构的经理,那么他上网研究机票价格或在网上订票的概率是多少?

(5) 假设随机选出一名上网研究机票价格的旅游机构的经理,那么他在网上订票的概率是多少?

(6) 假设随机选出一名在网上订票的旅游机构的经理,那么他上网研究机票价格的概率是多少?

(7) 解释(5)和(6)结果的差异。

(8) 上网研究机票价格与在网上订票是独立事件吗?请解释。

第七章

统计量与抽样分布

统计引例

茶叶包装过程的检验

在龙津茶叶公司的工厂里，8小时一班的工作时间要完成5 000多袋茶叶的装袋任务。作为工厂的业务经理，你要负责督察每袋茶叶的包装重量。平均来说，每袋茶叶的重量是袋子的包装上所标示的100克。然而，受装袋过程中速度的影响，每袋茶叶的实际重量都不相同：有些袋子未装满，而有些袋子则超重。此外，如果装袋过程处理不当，每袋茶叶的实际重量与袋子标示的100克这一重量标准也会有很大的出入。总之，如果明显高于100克，则将导致成本上升，公司的利益就会受损；如果明显低于100克，则将损害消费者的利益，并将受到有关部门的查处，公司的声誉就会下降，同样使公司的利益受到影响。由于逐袋过秤费时费力、效率低下，你必须采取抽样的方法，并根据抽查的样本来判断装袋的过程正常与否。你可以每次抽取10袋，数理统计中称之为一个容量为10的样本，对其称重，然后计算它们的平均重量$\bar{X}$。由于每次抽得的样本不同，得到的$\bar{X}$也不同，这就需要清楚$\bar{X}$的分布。在这里，$\bar{X}$称为统计量，统计量的分布即为抽样分布。

第一节 抽样与抽样分布

在第六章，我们已经介绍了概率和概率分布、概率的数学期望和方差以及二项分布、超几何分布、泊松分布和正态分布等一些常用的概率分布。从本章开始，我们将讨论有关统计推断的问题。

数据分析的一个主要目的是统计推断。因为总体的参数值虽然是客观存在的，但是没有经过普查却是未知的，这就需要从总体中抽取随机样本，计算出诸如样本均值、样本方差和样本比例等统计量去估计有关总体的相应参数，这就是所谓的统计推断。统计推断主要关心的是得到关于总体的结论，而不是样本本身。例如，作为龙津茶叶公司的业务经理，你感兴趣的是利用由茶叶袋样本得到的平均袋重来估计总体的平均袋重。

样本是统计推断的出发点。统计推断的具体内容很广泛，但主要是参数估计和假设检验两大类问题。这两类问题的基本原理是一致的，只不过侧重点或问题的出发点有所不同。参数估计侧重于用样本统计量估计总体的未知参数,而假设检验则侧重于用样本资料验证总体是否具有某种性质或数量特征。本节将介绍统计推断的一些与抽样相关的基本概念,包括简单随机抽样、统计量、抽样分布和抽样误差等。

一、简单随机抽样

无论是参数估计还是假设检验,都需要从总体中抽取样本。第二章已经介绍了几种主要的抽样组织方式,其中最基本的是简单随机抽样。

如前所述,研究的总体可能是无限总体,也可能是有限总体;抽样可以是有放回抽样,也可以是不放回抽样。从容量为 N 的有限总体中进行有放回的简单随机抽样,样本容量为 n,每次抽样时,总体中 N 个个体被抽中的概率必定相等(即 $1/N$)。要是从有限总体中进行不放回的简单随机抽样,则所有不同的个体每一个被抽中的概率相等,这样抽得的不同样本共有 C_N^n 个,每个样本被抽中的概率为 $1/C_N^n$,任何一个个体被选入样本的概率都是 n/N。实际抽样几乎都是采用不放回的方法。如果样本只是有限总体的一个很小部分(如抽样比 $n/N \leqslant 5\%$),那么,不放回抽样与放回抽样的结果几乎一样,可以把不放回抽样近似地看作放回抽样。至于从无限总体中抽样,则没有放回抽样与不放回抽样的区分。

当我们要测定总体某个变量 X 时,该总体所有个体的变量值所组成的整体便可视为总体,称为总体 X。从随机抽样角度来看,由于个体的出现有随机性,因此变量 X 便可视为随机变量,X 的概率分布即为总体的分布。设 $X_1, X_2, \cdots, X_n$ 是取自有限总体 X 的一个简单随机样本,抽样是放回的,则简单随机样本具有这样两个性质:

(1) 同一性,即 $X_1, X_2, \cdots, X_n$ 与总体 X 具有相同的概率分布;
(2) 独立性,即 $X_1, X_2, \cdots, X_n$ 相互独立。

如果抽样是不放回的,则简单随机样本就只有同一性而不具有独立性。

至于从无限总体中抽样,就不存在有放回与不放回之分,它的简单随机样本同有限总体有放回抽样的一样,具有上述的同一性和独立性。这里,我们只对从有限总体中不放回抽样和从无限总体中抽样两种情况进行讨论。同时,为便于说明统计推断的基本原理,除非特别指出,下面我们主要对简单随机抽样的情形进行讨论。

二、统计量与抽样分布

总体的参数是常数,但往往是未知的,这就需要使用样本的统计量去估计和推算。我们已经知道,根据样本数据计算的指标称为统计量。设有样本 $X_1, X_2, \cdots, X_n$,则统计量是样本的一个函数,并且这个函数不包含任何未知的总体参数。例如,当 μ 已知时,$\overline{X} - \mu$ 是统计量;当 μ 未知时,$\overline{X} - \mu$ 就不是统计量。最常用的统计量是样本均值 $\overline{X}$、样本方差 S^2:

$$\overline{X} = \frac{1}{n} \sum_{i=1}^{n} X_i$$

$$S^2 = \frac{1}{n-1} \sum_{i=1}^{n} (X_i - \overline{X})^2$$

用样本统计量估计总体参数,可以从总体中随机地抽取许多个乃至所有可能的样本,每个样本都可以计算一个统计量的数值,因而统计量是一个随机变量,具有自身的概率分布。比如,样本均值的分布、样本比例的分布、样本方差的分布等。第六章已经阐明,概率分布可以用均值和方差这两个重要的数字特征值概括地描述。抽样分布同样具有均值和方差两个特征值。抽样分布也是理论分布,因为实际上不可能也没有必要从同一总体中抽取所有可能的样本,而总是抽取一个样本据以推断的;抽样分布的特征值也不是根据所有可能的样本统计量计算,而是依据统计分布规律推算的。抽样分布是统计推断的基础,正是依据抽样分布的性质,我们才能对总体做出具有一定概率保证的推断。

图 7-1 是用正态分布总体及从中抽取一个样本的分布来说明总体参数和样本统计量之间的关系。

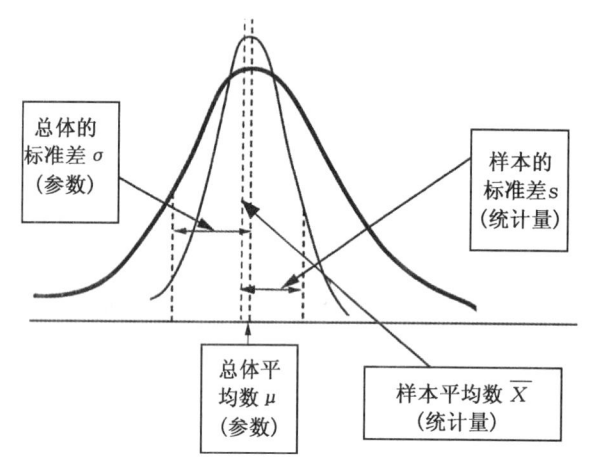

图 7-1 总体参数和样本统计量之间的关系

三、抽样误差

统计量本质上是随机变量,当使用统计量或其函数估计总体参数时,会产生误差,称为抽样误差。在统计学中,抽样误差也称为估计误差,是指在估计某一总体参数时,由于使用总体的一部分(即样本)而不是整个总体所造成的统计量(如样本均值 $\bar{X}$)和相应的参数(如总体均值 μ)之间的差异。由于样本只是总体的一个近似,因此抽样误差是使用样本进行统计推断时不可避免的,即使是简单随机样本也存在抽样误差。由定义容易得出,抽样误差会随着样本容量的增加而减小。

抽样误差又有实际抽样误差和抽样平均误差之分。实际抽样误差指某一次具体的抽样中,样本指标值与总体参数真实值之间的误差。抽样平均误差是指所有可能的样本指标之间的平均差异程度,反映了抽样指标与总体指标的平均离差程度。若没有经过普查,进而得到总体参数的真实值,实际抽样误差是无法计算的,所以通常在统计推断中所计算的抽样误差是指抽样平均误差。

第二节 样本均值的抽样分布

一、样本的算术平均数

第五章讨论了描述集中趋势的几个指标,其中,算术平均数的应用最为广泛。如果总体服从正态分布,算术平均数也是最好的反映集中趋势的指标。首先我们了解一下样本算术平均数的均值和标准差。

(一) 样本算术平均数的均值

算术平均数是无偏的,因为所有可能样本的算术平均数的均值(样本容量为n)等于总体算术平均数μ。关于无偏的定义将在第八章进行介绍。例如,假设某家公司的一条流水线上有 4 名操作工,他们组成了一个总体。在一天的调查期间内,他们操做出错的次数列于表 7-1 中。

表 7-1　　　　　　　　　　　　　每名操作工的出错数

操 作 工	出错次数
A	$X_1 = 3$
B	$X_2 = 2$
C	$X_3 = 1$
D	$X_4 = 4$

这一总体的分布如图 7-2 所示。

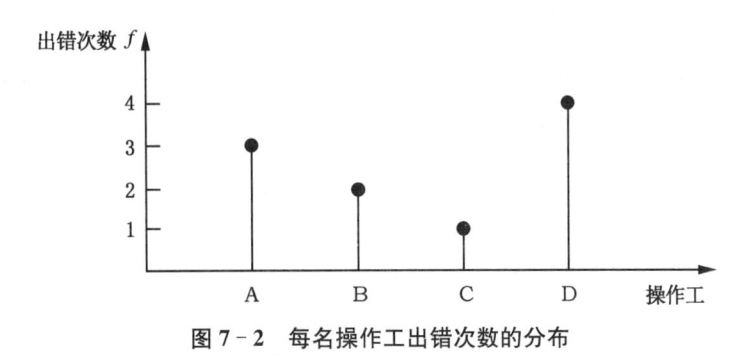

图 7-2　每名操作工出错次数的分布

在第五章中,我们介绍过由总体数据计算均值和标准差的公式:

$$\mu = \frac{1}{N} \sum_{i=1}^{N} X_i$$

$$\sigma = \sqrt{\frac{\sum_{i=1}^{N}(X-\mu)^2}{N}}$$

据此,对于表 7-1 的数据,有:

$$\mu = \frac{3+2+1+4}{4} = 2.5(次)$$

$$\sigma = \sqrt{\frac{(3-2.5)^2+(2-2.5)^2+(1-2.5)^2+(4-2.5)^2}{4}} = 1.118(次)$$

如果有放回地从这个总体中抽出两名操作工,就有 16 个可能样本($N^n = 4^2 = 16$)。这些可能样本如表 7-2 所示。如果对所有样本的均值加以平均,其结果用$\mu_{\bar{X}}$表示,此处正好等于总体均值$\mu = 2.5$。

表 7-2　　　　　　　　从 $N=4$ 的总体中有放回地抽出所有 $n=2$ 的 16 个样本

样　本	操作工	样本结果	样本均值
1	A、A	3、3	$\overline{X}_1 = 3$
2	A、B	3、2	$\overline{X}_2 = 2.5$
3	A、C	3、1	$\overline{X}_3 = 2$
4	A、D	3、4	$\overline{X}_4 = 3.5$
5	B、A	2、3	$\overline{X}_5 = 2.5$
6	B、B	2、2	$\overline{X}_6 = 2$
7	B、C	2、1	$\overline{X}_7 = 1.5$
8	B、D	2、4	$\overline{X}_8 = 3$
9	C、A	1、3	$\overline{X}_9 = 2$
10	C、B	1、2	$\overline{X}_{10} = 1.5$
11	C、C	1、1	$\overline{X}_{11} = 1$
12	C、D	1、4	$\overline{X}_{12} = 2.5$
13	D、A	4、3	$\overline{X}_{13} = 3.5$
14	D、B	4、2	$\overline{X}_{14} = 3$
15	D、C	4、1	$\overline{X}_{15} = 2.5$
16	D、D	4、4	$\overline{X}_{16} = 4$
			$\mu_{\overline{X}} = 2.5$

如果采用无放回抽样,按照组合法则,可以得到 6 个可能的两人样本:

$$C_N^n = \frac{N!}{n!(N-n)!} = \frac{4!}{2!2!} = 6$$

这 6 个可能样本如表 7-3 所示。

表 7-3　　　　　　　　从 $N=4$ 的总体中无放回地抽出所有 $n=2$ 的 6 个样本

样　本	操作工	样本结果	样本均值
1	A、B	3、2	$\overline{X}_1 = 2.5$
2	A、C	3、1	$\overline{X}_2 = 2$
3	A、D	3、4	$\overline{X}_3 = 3.5$
4	B、C	2、1	$\overline{X}_4 = 1.5$
5	B、D	2、4	$\overline{X}_5 = 3$
6	C、D	1、4	$\overline{X}_6 = 2.5$
			$\mu_{\overline{X}} = 2.5$

在这种情形下,所有样本均值的平均数 $\mu_{\overline{X}}$ 也等于总体均值 2.5。因此,样本算术平均数是总体均值的一个无偏估计。所以,尽管我们不知道从总体中抽出的某个特定样本的样本均值如何接近于总体均值,但至少可以相信,所有可能的样本均值的平均数必然等于总体均值。

(二) 样本算术平均数的标准差

图 7-3 描绘的是有放回抽样得到的所有可能的 16 个样本的操作错误数的均值变异。在这个例子中,由于抽出的操作工不同,样本均值有很大变异,但这种变异远没有总体本身的变异大。样本均值的变异小于总体数据变异的事实也验证了大数定律。某一特定样本均值所平

均的是样本中的所有数据,而总体则包括取值范围从极小值到极大值的所有数据。如果抽出的样本中含有一个极大值,尽管这个极大值会影响均值的大小,但由于样本中其他数据也参与平均,故而它对均值的影响会减弱。样本容量越大,参与平均的观察值越多,某个极值对样本均值的影响就越小。

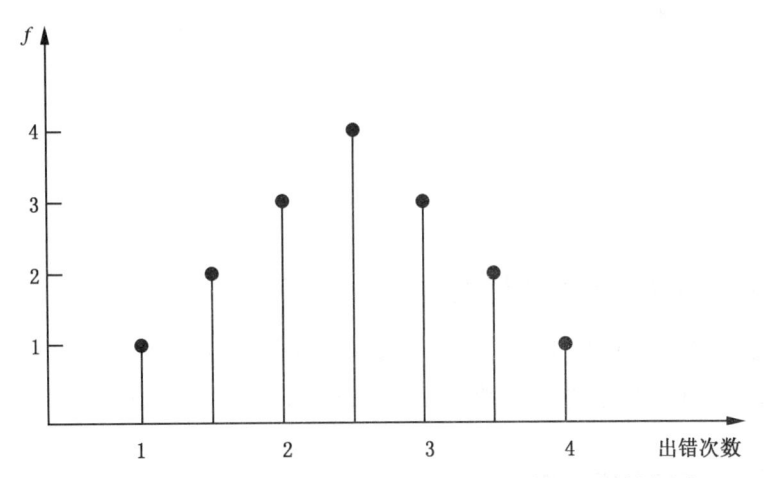

图 7-3 所有可能的两人样本的平均操作出错次数的抽样分布

样本与样本之间的算术平均数的差异,可以用所有可能的样本平均数的标准差来测量,这种样本均值的标准差就是抽样平均误差(或简称为均值标准误),记为 $\sigma_{\bar{X}}$。在放回抽样的情形下,均值的抽样平均误差等于总体标准差除以样本容量 n 的平方根,其公式为:

$$\sigma_{\bar{X}} = \frac{\sigma}{\sqrt{n}} \tag{7-1}$$

如果对表 7-2 中所有的样本均值计算标准差,可得到 $\sigma_{\bar{X}} = 0.7906$,正好等于总体的标准差 1.118 除以 $\sqrt{2}$。在无放回抽样的情形下,均值的抽样平均误差等于总体标准差除以样本容量 n 的平方根,然后再乘以有限总体校正系数,其公式为:

$$\sigma_{\bar{X}} = \sqrt{\frac{\sigma^2}{n}\left(\frac{N-n}{N-1}\right)} = \frac{\sigma}{\sqrt{n}}\left(\sqrt{\frac{N-n}{N-1}}\right) \tag{7-2}$$

如果对表 7-3 中所有的样本均值计算标准差,可得到 $\sigma_{\bar{X}} = 0.6455$,正好等于 $\frac{1.118}{\sqrt{2}} \cdot \sqrt{\frac{4-2}{4-1}}$。

$\sqrt{\frac{N-n}{N-1}}$ 或计算样本均值方差时的 $\frac{N-n}{N-1}$ 称为有限总体的校正系数,这个校正系数我们已在第六章介绍超几何分布和二项分布的关系时给出,现在只不过是把这种关系推广到了一般的情形。通常情况下,N 很大,$N-1$ 几乎等于 N,故校正系数可简化为 $\sqrt{1-\frac{n}{N}}$ 或 $1-\frac{n}{N}$。

n/N 称为抽样比,实际工作中,当抽样比小于 5% 时,$\sqrt{1-\frac{n}{N}}$ 近似于 1,故校正系数往往可以忽略不计。至于从有限总体有放回抽样时,有限总体可视同无限总体。

从(7-1)式和(7-2)式中可以看出,均值的抽样平均误差与总体的标准差 σ 成正比,与样本容量 n 的平方根成反比,并受到抽样方法的影响。在样本容量一定时,总体标准差愈大,抽样误差也愈大;在总体标准差一定时,样本容量 n 愈大,抽样误差就愈小;而在其他条件不变时,不放回抽样的误差总比放回抽样的小。

例 7-1 回到"统计引例"中的茶叶装袋过程。如果从一个工作班次装好的 5 000 袋的茶叶中,无放回地随机抽取一个规模为 25 袋的样本,这样该样本的容量占总体的比例远小于 5%。假定茶叶装袋过程的标准差是 15 克,计算均值的抽样平均误差。

解 利用(7-1)式,由 $n=25,\sigma=15$,均值的抽样平均误差为:

$$\sigma_{\bar{X}} = \frac{\sigma}{\sqrt{n}} = \frac{15}{\sqrt{25}} = \frac{15}{5} = 3(克)$$

可见,由每袋茶叶重量的标准差和样本容量 25 所确定的均值的抽样平均误差是非常小的。

二、一个样本均值的抽样分布

在介绍了抽样分布的概念、给出均值的抽样平均误差的定义以及样本算数平均数的均值和标准差后,我们想了解样本均值 $\bar{X}$ 服从什么分布。我们分正态分布总体和非正态分布总体两种情况讨论。

(一) 从正态分布的总体中抽样

首先看总体服从正态分布的情形。根据正态分布的性质可以证明:如果样本是有放回地抽自一个均值为 μ、标准差为 σ 的正态总体,则不管样本容量如何,其均值的抽样分布也是正态的,且均值为 $\mu_{\bar{X}}=\mu$,均值的标准差为 $\sigma_{\bar{X}}=\sigma/\sqrt{n}$。

在最简单的情形下,如果抽一个 $n=1$ 的样本,每个可能的样本均值是总体的一个观察值,因为:

$$\bar{X} = \frac{1}{n}\sum_{i=1}^{n} X_i = X_i$$

据此,如果随机变量服从总体均值为 μ、标准差为 σ 的正态分布,那么样本容量 $n=1$ 的均值 $\bar{X}$ 的抽样分布一定也服从均值为 $\mu_{\bar{X}}=\mu$ 标准差为 $\sigma_{\bar{X}}=\sigma/\sqrt{1}=\sigma$ 的正态分布。此外要注意,当样本容量增加时,均值的抽样分布依然服从均值为 $\mu_{\bar{X}}=\mu$ 的正态分布,但均值的抽样平均误差会缩小,即样本容量越大,样本均值与总体均值就越接近。从式(7-1)很容易得出,虽然不同规模的样本均值的抽样分布都近似服从正态分布,但规模越大的样本,其均值的抽样分布更紧密围绕总体均值。

为进一步了解均值的抽样分布的概念,仍回到"统计引例"的例子,假设装袋设备设定的每袋茶叶重量为 100 克,以使每袋茶叶的实装重量服从均值为 100 克的正态分布。由以往的经验得知,这一装袋过程的总体标准差是 15 克。

若现在从某天装好的数千个茶叶袋里随机抽取一个 25 袋的样本,计算该样本的平均袋重,样本均值可能会是 103 克、99 克、97 克等。

样本是总体的一个缩影,所以假如总体数据服从正态分布,样本观察值也应该近似服从正态分布。因此,若总体均值为 100 克,样本均值很有可能接近于 100 克。

若要确定这个规模为 25 袋的样本的均值低于 97 克的概率,则根据第六章中关于正态分布的介绍,我们已知通过标准化处理,可以通过查正态分布表计算要求的概率,标准化的公式为:

$$Z = \frac{X - \mu}{\sigma}$$

在这里,茶叶装袋的例子所涉及的观察值是样本均值 $\overline{X}$,要确定的是抽得的一个样本的均值小于 97 克的可能性。因此,以 $\overline{X}$ 取代 X,$\mu_{\overline{X}}$ 取代 μ,$\sigma_{\overline{X}}$ 取代 σ,可以得到求均值抽样分布 Z 的式(7-3)。

$$Z = \frac{\overline{X} - \mu_{\overline{X}}}{\sigma_{\overline{X}}} = \frac{\overline{X} - \mu}{\frac{\sigma}{\sqrt{n}}} \quad (7-3)$$

注意,根据无偏性,$\mu_{\overline{X}} = \mu$ 总是成立的。要求样本均值低于 97 克的概率,可用式(7-3):

$$Z = \frac{\overline{X} - \mu_{\overline{X}}}{\sigma_{\overline{X}}} = \frac{97 - 100}{\frac{15}{\sqrt{25}}} = \frac{-3}{3} = -1.00$$

查附表 3 可知,$P(Z \leqslant -1) = 0.1587$,于是 $P(Z < -1) = P(Z \leqslant -1) = 0.1587$。因而,在所有容量为 25 的可能样本中,有 15.87% 的样本均值小于 97 克。这一比例与总体中重量小于 97 克的茶叶袋所占的比例是不同的。后者计算如下:

$$Z = \frac{X - \mu}{\sigma} = \frac{97 - 100}{15} = \frac{-3}{15} = -0.20$$

查附表 3 可知,$P(Z < -0.20) = P(Z \leqslant -0.20) = 0.4207$,即所有茶叶袋中,有 42.07% 的袋子所装的茶叶少于 97 克。比较两个结果,可以看到,单袋重量小于 97 克的袋数远远多于平均袋重小于 97 克的样本数。造成这个结果的原因是,每个样本由 25 个不同的数据所构成,这些数据有大有小,通过平均,单个数据的影响就会被削弱,从而,样本均值远离总体均值的机会也就比单个数据远离总体均值的机会来得小。

例 7-2 显示了样本容量不同也会影响样本均值与总体均值的接近程度。

例 7-2 样本容量 n 对 $\sigma_{\overline{X}}$ 和均值抽样分布概率的影响。在茶叶装袋的例子中,如果样本容量从 25 增加到 100,均值的标准误会受什么影响? 这时,样本均值小于 97 克的可能性是多大?

解 如果 $n = 100$,那么

$$\sigma_{\overline{X}} = \frac{\sigma}{\sqrt{100}} = \frac{15}{\sqrt{100}} = \frac{15}{10} = 1.5$$

由式(7-2),有:

$$Z = \frac{\overline{X} - \mu_{\overline{X}}}{\sigma_{\overline{X}}} = \frac{97 - 100}{\frac{15}{\sqrt{100}}} = \frac{-3}{1.5} = -2.00$$

查附表 3 可知,$P(Z \leqslant -2.00) = 0.0228$,于是 $P(Z < -2.00) = P(Z \leqslant -2.00) = 0.0228$。

可见,样本容量扩大 4 倍,从 25 袋增加到 100 袋,均值标准误缩小了一半——从 3 克变为 1.5 克。这表明,抽取样本的规模越大,样本均值之间的变异就越小。在容量为 100 的样本中,有 2.28% 的样本其均值小于 97 克,而容量为 25 的样本中,这一比例为 15.87%。

(二) 从非正态分布的总体中抽样

此前讨论的都是从总体服从正态分布中抽取的样本均值的抽样分布。然而在许多实际情

况中,往往已知总体是非正态分布的,或者不知道总体是服从什么分布的,故对于这类总体的样本均值的抽样分布需要另外加以审察。为此,就要用到第六章介绍的中心极限定理。中心极限定理的作用至关重要,它使你能够在不了解总体特定分布的情况下对总体均值做出推断。根据中心极限定理,不管总体的 X 服从何种分布形态,当样本容量足够大时(一般 $n \geqslant 30$),均值 $\overline{X}$ 的抽样分布能够近似服从正态分布,即:

$$\overline{X} \stackrel{.}{\sim} N(\mu, \frac{\sigma^2}{n})$$

或

$$\overline{X} \stackrel{.}{\sim} N\left[\mu, \frac{\sigma^2}{n}\left(\frac{N-n}{N-1}\right)\right]$$

标准化后有:

$$\frac{\overline{X} - \mu}{\sigma/\sqrt{n}} \stackrel{.}{\sim} N(0,1)$$

或

$$\frac{\overline{X} - \mu}{\frac{\sigma}{\sqrt{n}}\sqrt{\frac{N-n}{N-1}}} \stackrel{.}{\sim} N(0,1) \tag{7-4}$$

总之,关于样本均值的抽样分布有如下的一些结论:

(1) 对于多数总体分布来说,不论其形态如何,如果样本观察值超过 30 个,那么样本均值的抽样分布将近似于正态分布。

(2) 如果总体是正态分布的,则不管样本大小如何,均值的抽样分布一定是正态分布。

例 7-3 某公司有 400 人,平均工龄为 10 年,标准差为 3 年。随机抽出 50 名组成一个简单随机样本,试计算样本的抽样平均误差。

解 这个公司的全体 400 名工作人员构成一个有限总体。虽然不知道总体分布的性质,但由于样本容量 $n=50$ 为大样本,因此,由中心极限定理知道,样本均值的抽样分布近似正态分布。利用式(7-2),由 $N=400, \mu=10$(年),$\sigma=3$(年),$n=50, n/N > 0.05$,均值的抽样平均误差为:

$$\sigma_{\overline{X}} = \frac{\sigma}{\sqrt{n}}\sqrt{1 - \frac{n}{N}} = \frac{3}{\sqrt{50}}\sqrt{1 - \frac{50}{400}} = 0.397(\text{年})$$

也即样本中工作人员的平均工龄的抽样平均误差为 0.397 年。

例 7-4 在例 7-3 中,若要了解样本中工作人员的平均工龄不低于 9 年的概率有多大。

解 我们已经由 $\mu=10$ 年,计算得到了样本均值的抽样误差为 0.397 年。由中心极限定理知道,样本均值的抽样分布近似正态分布。由式(7-2),有:

$$Z = \frac{\overline{X} - \mu_{\overline{X}}}{\sigma_{\overline{X}}} = \frac{9 - 10}{0.397} = -2.52$$

查附表 3 可知,$P(Z \leqslant -2.52) = 0.0059$,于是 $P(Z < -2.52) = P(Z \leqslant -2.52) = 0.0059$,即样本中工作人员的平均工龄低于 9 年的概率为 0.0059,因而不低于 9 年的概率为 0.9941。

三、两个样本均值之差的抽样分布

在实际问题中,有时需要对两个总体的均值进行比较,为此就需要了解两个总体的样本均值之差的抽样分布。假设从总体 X_1 和总体 X_2 独立地各自抽取容量分别为 n_1 和 n_2 的样本,这两个总体的均值分别为 μ_1 和 μ_2,方差分别为 σ_1^2 和 σ_2^2。下面我们分三种情况介绍两个样本均值之差 $\bar{X}_1 - \bar{X}_2$ 的抽样分布。

1. 如果总体 $X_1 \sim N(\mu_1, \sigma_1^2)$,总体 $X_2 \sim N(\mu_2, \sigma_2^2)$,则 $\bar{X}_1 - \bar{X}_2 \sim N(\mu_1 - \mu_2, \dfrac{\sigma_1^2}{n_1} + \dfrac{\sigma_2^2}{n_2})$,即有:

$$Z = \frac{(\bar{X}_1 - \bar{X}_2) - (\mu_1 - \mu_2)}{\sqrt{\dfrac{\sigma_1^2}{n_1} + \dfrac{\sigma_2^2}{n_2}}} \tag{7-5}$$

服从标准正态分布。

2. 如果两个总体都是非正态无限总体,则当两个样本容量 n_1 和 n_2 都足够大时,根据中心极限定理,$\bar{X}_1$ 和 $\bar{X}_2$ 分别近似地服从 $N(\mu_1, \dfrac{\sigma_1^2}{n_1})$ 和 $N(\mu_2, \dfrac{\sigma_2^2}{n_2})$,由于 $\bar{X}_1$ 和 $\bar{X}_2$ 独立,所以:

$$\bar{X}_1 - \bar{X}_2 \overset{\cdot}{\sim} N(\mu_1 - \mu_2, \dfrac{\sigma_1^2}{n_1} + \dfrac{\sigma_2^2}{n_2})$$

$\overset{\cdot}{\sim}$ 表示近似服从。

3. 如果两个总体分别是容量为 N_1 和 N_2 的有限总体,并且两个样本都是不放回抽取的,则当两个样本容量 n_1 和 n_2 都足够大时,根据中心极限定理,$\bar{X}_1$ 和 $\bar{X}_2$ 分别近似地服从

$$N\left(\mu_1, \dfrac{\sigma_1^2}{n_1} \cdot \dfrac{N_1 - n_1}{N_1 - 1}\right) \quad \text{和} \quad N\left(\mu_2, \dfrac{\sigma_2^2}{n_2} \cdot \dfrac{N_2 - n_2}{N_2 - 1}\right)$$

由于 $\bar{X}_1$ 和 $\bar{X}_2$ 独立,所以:

$$\bar{X}_1 - \bar{X}_2 \sim N\left[\mu_1 - \mu_2, \dfrac{\sigma_1^2}{n_1}\left(\dfrac{N_1 - n_1}{N_1 - 1}\right) + \dfrac{\sigma_2^2}{n_2}\left(\dfrac{N_2 - n_2}{N_2 - 1}\right)\right]$$

即有:

$$Z = \frac{(\bar{X}_1 - \bar{X}_2) - (\mu_1 - \mu_2)}{\sqrt{\dfrac{\sigma_1^2}{n_1}\left(\dfrac{N_1 - n_1}{N_1 - 1}\right) + \dfrac{\sigma_2^2}{n_2}\left(\dfrac{N_2 - n_2}{N_2 - 1}\right)}} \tag{7-6}$$

服从标准正态分布。

当两个抽样比 $\dfrac{n_1}{N_1}$、$\dfrac{n_2}{N_2}$ 都小于 5% 时,校正系数 $\dfrac{N_1 - n_1}{N_1 - 1}$ 和 $\dfrac{N_2 - n_2}{N_2 - 1}$ 可省略,式(7-6)可由式(7-5)近似。

例 7-5 居民区甲有 2 000 个家庭,平均居住时间为 130 个月,标准差为 30 个月;居民区乙有 3 000 个家庭,平均居住时间为 120 个月,标准差为 35 个月。从两个居民区中独立地各自

抽取一个简单随机样本,样本容量分别为 70 和 100。试问居民区甲样本中的平均居住时间超过居民区乙样本中的居民平均居住时间的概率是多大?

解 由题意,$N_1=2\,000, N_2=3\,000, n_1=70, n_2=100, \mu_1=130$ 月,$\mu_2=120$ 月,$\sigma_1=30$ 月,$\sigma_2=35$ 月;并设甲、乙两个样本居民平均居住时间分别为 $\overline{X}_1$ 和 $\overline{X}_2$,现要求 $\overline{X}_1>\overline{X}_2$ 的概率,根据标准正态分布表的设计,可先求 $\overline{X}_1<\overline{X}_2$,即 $\overline{X}_1-\overline{X}_2<0$ 的概率。

由于 n_1、n_2 都很大,故根据中心极限定理,样本均值之差

$$\overline{X}_1-\overline{X}_2 \sim N\left[\mu_1-\mu_2, \frac{\sigma_1^2}{n_1}\left(1-\frac{n_1}{N_1}\right)+\frac{\sigma_2^2}{n_2}\left(1-\frac{n_2}{N_2}\right)\right]$$

由于 $\frac{n_1}{N_1}$ 和 $\frac{n_2}{N_2}$ 都小于 5%,所以可忽略校正系数 $1-\frac{n_1}{N_1}$、$1-\frac{n_2}{N_2}$。因而有:

$$\overline{X}_1-\overline{X}_2 \sim N(\mu_1-\mu_2, \frac{\sigma_1^2}{n_1}+\frac{\sigma_2^2}{n_2})$$

由式(7-5),有:
$$Z=\frac{(\overline{X}_1-\overline{X}_2)-(\mu_1-\mu_2)}{\sqrt{\frac{\sigma_1^2}{n_1}+\frac{\sigma_2^2}{n_2}}}=\frac{(\overline{X}_1-\overline{X}_2)-(130-120)}{\sqrt{\frac{30^2}{70}+\frac{35^2}{100}}}=\frac{0-10}{5.01}\approx -2$$

查附表 3 可知,$P(Z\leqslant -2.00)=0.022\,8$。所以甲样本平均居住时间超过乙样本平均居住时间的概率是 $1-0.022\,8=0.977\,2$。

第三节 样本比例的抽样分布

在处理定性变量时,总体中的每个个体是按照是否具有某种特征来分类的,如男性或女性,喜欢 A 品牌或者不喜欢 A 品牌。个体是否具有某种特征,可以分别用数字 1 或 0 来表示。只要取得一个由 n 个单位构成的随机样本,定性变量的样本均值可以通过加总所有 1 和 0 的总数,再除以 n 而求得。比如说,在一个 5 人样本中,3 个人喜欢 A 品牌而 2 个人不喜欢,也就是说有 3 个 1 和 2 个 0,于是将 3 个 1 和 2 个 0 相加,除以样本容量 5,就得到均值 0.6。这也正是样本中 A 品牌喜欢者的比例。因此,在处理定性变量时,样本均值(取 1 和 0)就是具有某种特征的样本(单位的)比例 p,从而,样本比例 p 可用式(7-7)定义:

$$p=\frac{X}{n}=\frac{成功数}{样本容量} \tag{7-7}$$

样本比例 p 的取值在 0 和 1 之间。如果所有的个体都具有某项特征,则各赋予它们 1 分,于是 p 就等于 1;如果一半个体具有某项特征,则对它们各赋予 1 分,而对另一半个体各赋予 0 分,这样,$p=0.5$;如果所有个体都不具有某个特征,那对它们都赋予 0 分,从而 $p=0$。

样本均值是总体均值 μ 的无偏估计,样本比例 p 也是总体比例 P 的无偏估计。类似于均值的抽样分布,比例的抽样平均误差如式(7-8)所示:

$$\sigma_p=\sqrt{\frac{P(1-P)}{n}} \tag{7-8}$$

一、一个样本比例的抽样分布

在从一个有限总体中有放回抽样时,比例的抽样分布服从二项分布。然而,当 np 和 $n(1-p)$ 至少都大于 5 时,可以用正态分布作为二项分布的近似。在比例推断的多数场合,样本容量很大,足以符合以正态分布近似二项分布的条件。因此,很多时候,可以用正态分布近似比例的抽样分布。故而,用 p 替代式(7-3)中的 $\bar{X}$,用 P 替代 μ,用 $\sqrt{\dfrac{P(1-P)}{n}}$ 替代 $\dfrac{\sigma}{\sqrt{n}}$,得到式(7-9):

$$Z = \frac{p - P}{\sqrt{\dfrac{P(1-P)}{n}}} \tag{7-9}$$

例 7-6 为说明比例的抽样分布,现假设一家储蓄银行的地区分行经理发现,40% 的储户在银行有多个账户。如果抽取一个 200 位储户的随机样本,其中有多个账户的储户比例不大于 0.30 的概率是多少?

解 因为 $nP = 200 \times 0.40 = 80 \geqslant 5$,并且 $n(1-P) = 200 \times 0.60 = 120 \geqslant 5$,比例的抽样分布近似正态分布,利用式(7-9):

$$Z = \frac{p - P}{\sqrt{\dfrac{P(1-P)}{n}}} = \frac{0.30 - 0.40}{\sqrt{\dfrac{0.40 \times 0.60}{200}}} = \frac{-0.10}{\sqrt{\dfrac{0.24}{200}}} = \frac{-0.10}{0.0346} = -2.89$$

查附表 3 可知,$P(X \leqslant -2.89) = 0.0019$,即得到一个不大于 0.30 的样本比例的概率是 0.0019——一个几乎不会发生的事件。这就是说,如果总体的真实比例是 0.40,那么在容量为 200 的样本中,具有样本比例小于 0.3 的机会非常小。

二、两个样本比例之差的抽样分布

有时,为了对两个总体的比例进行比较,需要知道两个样本比例之差的抽样分布。假定两个样本是各自独立地从两个总体中抽取的,样本容量分别为 n_1 和 n_2。设两个总体的比例分别为 P_1 和 P_2,两个样本的比例分别为 p_1 和 p_2。当 n_1 和 n_2 都足够大时,p_1 和 p_2 都近似服从正态分布,由正态分布的性质可知,两个样本比例之差 $p_1 - p_2$ 也近似服从正态分布。

$p_1 - p_2$ 的均值为:

$$E(p_1 - p_2) = E(p_1) - E(p_2) = P_1 - P_2$$

当两个总体为无限总体时,$p_1 - p_2$ 的方差为:

$$\sigma_{p_1-p_2}^2 = \frac{P_1(1-P_1)}{n_1} + \frac{P_2(1-P_2)}{n_2} \tag{7-10}$$

当两个总体为有限总体且都是不放回抽样时,$p_1 - p_2$ 的方差为:

$$\sigma_{p_1-p_2}^2 = \frac{P_1(1-P_1)}{n_1}\left(\frac{N_1-n_1}{N_1-1}\right) + \frac{P_2(1-P_2)}{n_2}\left(\frac{N_2-n_2}{N_2-1}\right) \tag{7-11}$$

在实际应用中,当 $n_1 P_1$、$n_1(1-P_1)$ 和 $n_2 P_2$、$n_2(1-P_2)$ 都大于 5 时,就可认为 $p_1 - p_2$ 近似服从正态分布。

例 7-7 某厂甲、乙两个车间生产同一种产品,根据经验,其产品的不合格率分别为 3.5%

和 4%。今从两个车间生产的产品中各自独立地抽取一个简单随机样本,样本容量分别为 200 和 150。试问两个样本中产品不合格率相差不超过 1% 的概率是多少?

解 由题意,$P_1=0.035$,$P_2=0.04$,$n_1=200$,$n_2=150$,因为 n_1P_1 和 n_2P_2 都大于 5,所以可认为 p_1-p_2 近似服从正态分布。p_1-p_2 的均值和方差分别为:

$$E(p_1-p_2)=P_1-P_2=0.035-0.04=-0.005$$

$$\sigma^2_{p_1-p_2}=\frac{P_1(1-P_1)}{n_1}+\frac{P_2(1-P_2)}{n_2}=\frac{0.035\times0.965}{200}+\frac{0.04\times0.96}{150}=4.25\times10^{-4}$$

$$\sigma_{p_1-p_2}=0.020\,6$$

两个样本中产品不合格率相差不超过 1% 的概率又等于不超过正的 1% 的概率减去不超过负的 1% 的概率,即由公式(7-10),有:

$$Z_1=\frac{(p_1-p_2)-(P_1-P_2)}{\sqrt{\frac{P_1(1-P_1)}{n_1}+\frac{P_2(1-P_2)}{n_2}}}=\frac{-0.01-(-0.005)}{0.020\,6}=-0.24$$

$$Z_2=\frac{0.01-(-0.005)}{0.020\,6}=0.73$$

查附表 3 可知,$P(X\leqslant-0.24)=0.405\,2$,$P(X\leqslant0.73)=0.767\,3$,所以两个样本中产品不合格率相差不超过 1% 的概率等于 $0.767\,3-0.405\,2=0.362\,1$。

第四节 样本方差的抽样分布

在很多场合,我们往往需要对总体的离散程度做出统计推断,其中对总体方差 σ^2 的推断尤为重要。例如,要估计人们收入的差异程度、产品质量的稳定性等。下面我们分别介绍一个样本方差的抽样分布和两个样本方差之比的抽样分布。

一、一个样本方差的抽样分布

可以证明,若总体 $X\sim N(\mu,\sigma^2)$,从中抽取一个容量为 n 的随机样本,其样本方差为 S^2,则 $(n-1)S^2/\sigma^2$ 服从自由度为 $n-1$ 的 χ^2 分布,即:

$$\frac{(n-1)S^2}{\sigma^2}\sim\chi^2(n-1) \tag{7-12}$$

χ^2 分布的特性,我们已在第六章中给出。

例 7-8 某种空调压缩机需要一种精密零件,其直径长度的标准差为 0.001 毫米。现随机抽取 25 个零件,求其标准差大于 0.001 4 毫米的概率。

解 $\chi^2=\frac{(n-1)S^2}{\sigma^2}=\frac{(25-1)\times0.001\,4^2}{0.001^2}=47.04$

查自由度为 24 的 χ^2 分布表,可得 $P(\chi^2>45.559)=0.005$,即有:

$$P(S>0.001\,4)=P(\chi^2>47.04)<0.005$$

可见出现这种情形的概率不到 0.5%。其结果如图 7-4 所示。

当样本容量 $n\geqslant30$,χ^2 分布趋于正态分布。经数理统计推导,若 X 服从自由度为 $n-1$ 的 χ^2 分布($n>30$),则 $Z=\sqrt{2\chi^2}-\sqrt{2(n-1)}$ 近似服从标准正态分布,即:

$$Z=\sqrt{2\chi^2}-\sqrt{2(n-1)}\sim N(0,1) \tag{7-13}$$

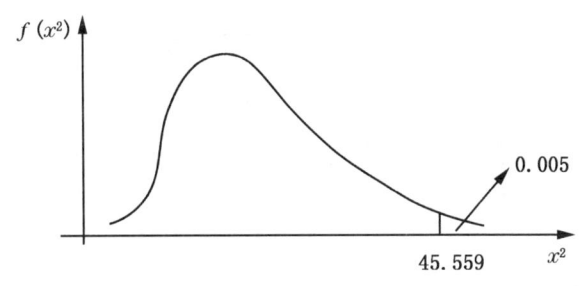

图 7-4 $\chi^2(24)$ 分布临界值大于 45.559 的概率为 0.5%

在例 7-8 中,若样本容量增加到 50 时,则有:

$$Z = \sqrt{2\chi^2} - \sqrt{2(n-1)} = \sqrt{\frac{2\times(50-1)\times 0.0014^2}{0.001^2}} - \sqrt{2\times 49}$$
$$= \sqrt{192.08} - \sqrt{98} = 13.86 - 9.90 = 3.96$$

查正态分布表,可得 $P(S\geqslant 0.0014)=P(Z\geqslant 3.96)=0.00004$,可见在样本容量增加后,出现这种情形的概率几乎等于零。

二、两个样本方差之比的抽样分布

可以证明,若有两个相互独立的正态总体,它们的方差分别为 σ_1^2 和 σ_2^2,从中各抽取一个容量为 n_1 和 n_2 的样本,样本方差分别为 S_1^2 和 S_2^2,则统计量 F 服从自由度为 n_1-1 和 n_2-1 的 F 分布,其中:

$$F = \frac{S_1^2/\sigma_1^2}{S_2^2/\sigma_2^2} \tag{7-14}$$

例 7-9 从两所学校分别随机抽取 25 名和 20 名教职工,其收入的标准差分别为 350 元和 200 元,若假定两校教职工收入的方差相等,则样本标准差出现如上差别的概率有多少?

解 因为 $\sigma_1^2 = \sigma_2^2$,有

$$F = \frac{S_1^2}{S_2^2} = \frac{350^2}{200^2} = 3.0625$$

查自由度分别为 24、19 的 F 分布表,可得 $F_{0.01,(24,19)} = 2.92$,因而

$$P\left(\frac{S_1^2}{S_2^2} = 3.0625\right) < 0.01$$

即出现如上差别的概率小于 1%,如图 7-5 所示。

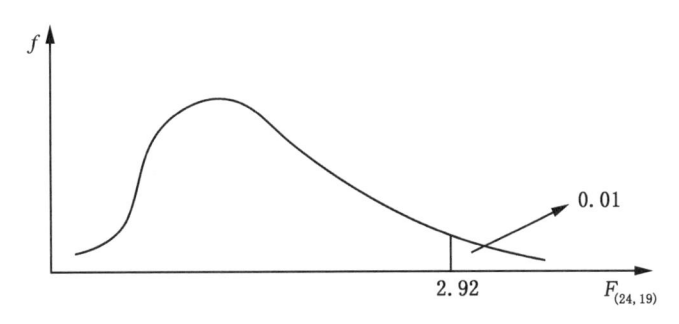

图 7-5 $F(24,19)$ 分布临界值大于 2.92 的概率为 1%

本章小结

统计推断使用样本信息推断总体信息,抽样是从总体中抽取样本的过程。本章首先介绍了简单随机抽样方法和统计量、抽样分布、抽样误差等概念,然后介绍了几个常用统计量的抽样分布,包括样本均值、样本比例和样本方差的抽样分布。抽样分布就是要找出统计量变动的规律性,是统计推断的基础。

思考与练习

7.1 什么是总体、样本、抽样?

7.2 简单随机样本具有什么性质?

7.3 什么是抽样误差、抽样平均误差?

第八章

参数估计和假设检验的基本原理

统计引例

茶叶包装过程的检验

在龙津茶叶公司的工厂里,8 小时一班的工作时间要完成 5 000 多袋茶叶的装袋任务。作为工厂的业务经理,你要负责监督装袋过程的整体质量。平均来说,每袋茶叶的重量是袋子的包装上所标示的 100 克。然而,受装袋过程中速度的影响,每袋茶叶的实际重量都不相同:有些袋子未装满,而有些袋子则超重。如果每袋茶叶的实际平均重量明显高于 100 克,则将导致成本上升,公司的利益就会受损;如果明显低于 100 克,则将损害消费者的利益,并将受到有关部门的查处,公司的声誉就会下降,同样使公司的利益受到影响。由于逐袋过秤费时费力、效率低下,你必须采取抽样的方法,并根据抽查的样本来判断装袋的过程正常与否。你可以每次抽取一个样本,并对其称重,然后计算它们的平均重量 $\bar{X}$。你可以通过 $\bar{X}$ 来估计这批茶叶的平均重量,也可以根据 $\bar{X}$ 判定这批茶叶取自于一个均值 μ 为 100 克的总体的可能性,据此做出是保持还是改变甚至关停装袋过程的决定。

第一节 参数估计的基本原理

一、参数估计的基本概念

参数估计通常有两种主要类型:点估计和区间估计。点估计是使用样本的一个统计值来估计总体的未知参数的真值。比如,样本均值 $\bar{X}$ 是总体均值 μ 的点估计,样本方差 s^2 是总体方差 σ^2 的点估计。区间估计则是估计未知参数所在的可能区间,这是因为抽样存在着误差,不同的样本可得到不同的统计值,所以常常还需要给出估计的一个范围,使得这个范围能以预先指定的概率包含被估计的总体参数。例如,估计某公司工作人员的人均年收入为 18 000 元,这是一个点估计;若估计人均年收入在 17 000 元到 19 000 元之间,则是一个区间估计。

我们把直接用来估计未知参数 θ 的统计量 $\hat{\theta} = \hat{\theta}(X_1, X_2, \cdots, X_n)$ 称为参数 θ 的点估计量,简称点估计或估计量。设 $x_1, x_2, \cdots, x_n$ 是样本的一组观测值,由此可以得到一个数值,这

个数值 $\hat{\theta}(x_1, x_2, \cdots, x_n)$ 称为参数 θ 的估计值。估计量只是一种估计的规则，它告诉我们如何根据一组观测值去计算估计值。例如，有一组样本观测值为 $x_1, x_2, \cdots, x_n$，根据 $\bar{x} = \frac{1}{n}\sum x$ 这个估计规则，就可以算出 μ 的一个估计值 $\hat{\mu} = \bar{x}$。

对于总体的同一个未知参数，如用不同的方法来估计，可以得到不同的估计量，这就需要设立一些衡量估计量好坏的标准。一般来说，衡量估计量好坏的标准有如下四个：

1. 无偏性

未知参数 θ 的估计量 $\hat{\theta}$ 是一个随机变量。如果我们从总体中抽取 k 个样本，就可得到 k 个估计值。这些估计值构成了估计量的一个频率分布。随着抽取的样本数 k 无限增大，该频率分布将无限地逼近于 $\hat{\theta}$ 的概率分布。尽管这些估计值有的偏大，有的偏小，但我们还是希望 $\hat{\theta}$ 在平均的意义上离 θ 越近越好，即 $E(\hat{\theta})$ 要尽量接近 θ。如果 $E(\hat{\theta}) = \theta$，则称估计量 $\hat{\theta}$ 是被估参数 θ 的一个无偏估计，否则就称为有偏估计。例如，我们在第七章介绍过样本均值具有高度的无偏性，所以样本均值 $\bar{X}$ 是总体均值 μ 的无偏估计，即 $E(\bar{X}) = \mu$。同样也可以证明：样本比例 p 是总体比例 P 的无偏估计，即 $E(p) = P$；简单随机样本的样本方差 S^2 是总体方差 σ^2 的无偏估计，即 $E(S^2) = \sigma^2$。但是，$S^{*2} = \dfrac{\sum(X - \bar{X})^2}{n}$ 不是总体方差 σ^2 的无偏估计。

2. 有效性

同一个被估参数的无偏估计常常不止一个，那么用哪一个无偏估计好呢？$(\hat{\theta} - \theta)^2$ 反映了估计量偏差，因此我们希望 $(\hat{\theta} - \theta)^2$ 在平均的意义上尽可能地小，即 $E(\hat{\theta} - \theta)^2$ 要尽量小。当 $\hat{\theta}$ 是 θ 的无偏估计时，$E(\hat{\theta} - \theta)^2$ 就是 $\hat{\theta}$ 的方差 $D(\hat{\theta})$。因而，对被估参数 θ 的两个无偏估计 $\hat{\theta}_1$ 和 $\hat{\theta}_2$，若 $D(\hat{\theta}_1) < D(\hat{\theta}_2)$，则称估计量 $\hat{\theta}_1$ 比 $\hat{\theta}_2$ 有较高的效率，简称 $\hat{\theta}_1$ 比 $\hat{\theta}_2$ 有效。由此可见，方差越小的无偏估计越有效。例如，设 $X_1, X_2, \cdots, X_n$ 是取自总体 X 的一个样本，如果总体的 μ 和 σ^2 都存在，则 X_1 和 $\bar{X}$ 都是 μ 的无偏估计，因为 $D(X_1) = \sigma^2$，$D(\bar{X}) = \dfrac{\sigma^2}{n}$ [或 $\dfrac{\sigma^2}{n}\left(\dfrac{N-n}{N-1}\right)$]，所以 $\bar{X}$ 有效，且 n 越大，$\bar{X}$ 越有效。对于正态总体，在总体均值 μ 的所有无偏估计中，样本均值 $\bar{X}$ 具有最小的方差，被称为一致最小方差无偏估计，因而是一种理想的最佳估计。

3. 一致性

一个好的估计量应该随着样本量的增大，与被估计参数的偏差越来越小。所以估计量的一致性是指当样本量增大时，估计量应当趋于接近未知参数。

设 $\hat{\theta}$ 是 θ 的一个样本量为 n 的估计量，对于无限总体，如果对任意 $\varepsilon > 0$，满足条件

$$\lim_{n \to \infty} P(|\hat{\theta} - \theta| < \varepsilon) = 1$$

则 $\hat{\theta}$ 为 θ 的一致估计量。当从容量为 N 的有限总体不放回抽样时，样本量 n 最大只能是 N，这时抽样就变成了全面调查，如果 $\hat{\theta}_n = \theta$，则称 $\hat{\theta}_n$ 是 θ 的一致估计。必须指出，这里 $\hat{\theta}_n$ 已不是随机变量了。一致估计的直观意义是随着 n 的不断增大，估计值逐渐地稳定于被估计的参数。估计量的一致性是在大样本情况下提出的一种要求，而对于小样本，它不能作为评价估计量好坏的标准。

根据均值和比例的大数定律，样本均值 $\bar{X}$ 是总体均值 μ 的一致估计，样本比例 p 是总体比

例 P 的一致估计。同样也可以证明简单随机样本的样本方差 S^2 是总体方差 σ^2 的一致估计。

4. 充分性

在统计推断中,首先要把散乱的样本观测值压缩成一个统计量的值,然后再进行推断。在数据的压缩过程中往往要损失一些有用信息,因此,构造统计量时应尽量减少这种信息损失。从直观意义上解释,如果一个统计量能把含在样本中有关总体(或未知参数)的信息完全提取出来,那么这种统计量就称为充分统计量,当充分统计量用作估计量时,就称为充分估计量。例如,对于方差已知的正态总体,$\overline{X}$ 就是参数 μ 的充分估计量。

二、点估计

常用的求点估计量的方法有数字特征法、顺序统计量法和极大似然估计法三种,以下主要介绍数字特征法。

当样本量增大时,样本分布将以某种概率意义趋近于总体的分布,样本的数字特征也将随之趋近于总体的特征。因此,我们很自然地想到用样本的数字特征去估计总体的数字特征。例如,我们可以用样本平均数(或比例)和样本方差来估计总体的均值(或比率)和方差。

$$\hat{\mu} = \overline{X} = \frac{\sum_{i=1}^{n} X_i}{n}$$

$$\hat{\sigma}^2 = S^2 = \frac{1}{n-1} \sum_{i=1}^{n} (X_i - \overline{X})^2$$

这种用样本的数字特征来估计与之相应的总体的数字特征的方法称之为数字特征法。

例 8-1 从某灯泡厂某天生产的一大批灯泡中,抽取 10 个进行寿命试验,取得数据如下(小时):

1 650, 1 400, 1 320, 1 390, 1 500, 1 550, 1 340, 1 430, 1 200, 1 380

试对这批灯泡的平均寿命和方差做出估计。

解 $\hat{\mu} = \overline{X} = 1\,416$(小时)

$\hat{\sigma}^2 = S^2 = 15\,982.22$(小时^2)

上一节中,我们讲到样本平均数的抽样平均误差为:

$$\sigma_{\overline{X}} = \frac{\sigma}{\sqrt{n}}$$

在抽样实践中,我们通常只抽取一个样本,也就无法知道总体的 σ,所以我们只能对它进行估计,即估计抽样平均误差,记为 $\hat{\sigma}_{\overline{X}} = \frac{S}{\sqrt{n}}$。

比例分布也即两点分布,对其总体的参数 P 进行点估计,也可用样本的比例 p 进行,即:$\hat{P} = p$。

例如,我们对一大群人口作抽样调查,发现男性人口占 50.8%,我们就可估计全部人口中男性约占 50.8%。

三、区间估计

参数的点估计可以找到一个在总体参数 θ 附近摆动的估计 $\hat{\theta}$,由于样本是随机抽取的,估

计 $\hat{\theta}$ 总免不了有些偏差。并且,由于参数 θ 本身是未知的,我们也不知道这个偏差究竟有多大以及它的可靠程度如何,这就是区间估计要解决的问题。参数的区间估计就是要以一定的置信度(概率)来保证估计的正确性,因此区间估计也称为置信区间或可信区间。

对总体的未知参数 θ 做区间估计,就是要给出区间的下限 $\hat{\theta}_L$ 和上限 $\hat{\theta}_U(\hat{\theta}_L < \hat{\theta}_U)$。它们都是只依赖于样本 $X_1, X_2, \cdots, X_n$ 的统计量,可以表示为 $\hat{\theta}_L = \hat{\theta}_L(X_1, X_2, \cdots, X_n)$ 和 $\hat{\theta}_U = \hat{\theta}_U(X_1, X_2, \cdots, X_n)$。参数 θ 在 $\hat{\theta}_L$ 和 $\hat{\theta}_U$ 之间,可以写成 $\hat{\theta}_L < \theta < \hat{\theta}_U$(或 $\hat{\theta}_L \leqslant \theta \leqslant \hat{\theta}_U$)。随机区间 $(\hat{\theta}_L, \hat{\theta}_U)$ 包含 θ 的概率称为置信度,它表明估计的可靠程度,记为 $1-\alpha (0 < \alpha < 1)$,也即:

$$P(\hat{\theta}_L < \theta < \hat{\theta}_U) = 1 - \alpha$$

我们称随机区间 $(\hat{\theta}_L, \hat{\theta}_U)$ 是参数 θ 的置信度为 $1-\alpha$ 的置信区间,表明可以有 $100 \times (1-\alpha)\%$ 的把握说这个区间包含未知参数 θ,也就是说当 $\alpha = 0.05$ 时,在 100 次抽样下,大约有 95 次该区间包含了 θ。

显然,对未知参数 θ 的区间估计有两个基本要求:
(1) 置信度:希望随机区间 $(\hat{\theta}_L, \hat{\theta}_U)$ 包含 θ 的概率 $P(\hat{\theta}_L < \theta < \hat{\theta}_U)$ 越大越好;
(2) 精确度:希望随机区间 $(\hat{\theta}_L, \hat{\theta}_U)$ 的平均长度 $E(\hat{\theta}_L, \hat{\theta}_U)$ 越短越好。

在样本量 n 一定的条件下,这两个基本要求往往是相互矛盾的。若置信度增加,则区间必然增大,降低了精确度;若精确度提高,则置信度必然减小。要同时满足这两个要求,就要增加样本量 n。英国统计学家奈曼(Neyman)建议采取一种妥协方案:在保证置信度的前提下,尽可能提高精确度。

有些实际问题,人们关心的只是未知参数在一定置信度下的下限或上限。例如,产品的平均使用寿命越长越好,人们关心的只是置信下限;与此相反,产品的不合格率越低越好,人们关心的只是置信上限,这样得出的置信区间 $(\hat{\theta}_L, \infty)$ 或 $(-\infty, \hat{\theta}_U)$ 称为单侧置信区间。相应地,前面所说的置信区间 $(\hat{\theta}_L, \hat{\theta}_U)$ 称为双侧置信区间。本章只讨论用得较多的双侧置信区间。

四、单个总体均值的置信区间估计

总体均值的置信区间[①]估计因研究的问题和已知条件不同而用不同的方法。下面我们分三种情况来讨论。

(一) 正态总体——方差已知

设总体 $X \sim N(\mu, \sigma^2)$,σ^2 为已知,于是样本均值

$$\bar{X} \sim N(\mu, \frac{\sigma^2}{n})$$

对 $\bar{X}$ 变量作标准化处理,令

$$Z = \frac{\bar{X} - \mu}{\frac{\sigma}{\sqrt{n}}}$$

---

① 为陈述方便起见,我们将忽略有限总体的校正系数,这样就无需把总体分成两种情况来讨论了。但是,在实际应用中,当抽样比 n/N 大于 5% 时,校正系数不能忽略。

易见，$Z \sim N(0,1)$，对于给定的置信度 $1-\alpha$，可以查标准正态分布双侧临界值表得出相应的临界值 $z_{1-\frac{\alpha}{2}}$，使

$$P\left(-z_{1-\frac{\alpha}{2}} < \frac{\overline{X}-\mu}{\frac{\sigma}{\sqrt{n}}} < z_{1-\frac{\alpha}{2}}\right) = 1-\alpha$$

利用不等式变形可得

$$P\left(\mu - z_{1-\frac{\alpha}{2}} \frac{\sigma}{\sqrt{n}} < \overline{X} < \mu + z_{1-\frac{\alpha}{2}} \frac{\sigma}{\sqrt{n}}\right) = 1-\alpha \tag{8-1}$$

例 8-2 在第七章中，我们对"统计引例"茶叶装袋的例子计算过无放回地从全部装好茶叶中随机抽取一个容量为 25 袋的样本，其均值的抽样平均误差为 3 克。现仍假设装袋茶叶的重量服从正态分布，且 $\mu=100$ 克、$\sigma=15$ 克、$n=25$，求样本均值的置信度为 95% 的置信区间。

解 查标准正态分布表可知 $z_{1-\frac{0.05}{2}} = 1.96$，由式(8-1)可得样本均值的 95% 的置信区间为：

$$100 - 1.96 \times \frac{15}{\sqrt{25}} = 100 - 5.88 = 94.12$$

$$100 + 1.96 \times \frac{15}{\sqrt{25}} = 100 + 5.88 = 105.88$$

这表明，在以 25 袋为抽样容量的所有样本均值中，有 95% 的均值将落在 94.12～105.88 克区间内。

这个结论是建立在演绎推理的基础上的。但是，在统计推断中我们需要建立在归纳推理的方法基础上。其原因是使用单一的样本结果推断出有关总体的结论，不是反之亦然的。实践中，总体均值是未知的参数，等待我们去估计。如在茶叶包装的例子中，总体均值 μ 实际是未知的，但假设真实的总体标准差 σ 是已知的 15 克。与其如以上使用 $\mu \pm 1.96(\sigma/\sqrt{n})$ 来确定 $\overline{X}$ 的上限和下限的话，还不如用样本均值 $\overline{X}$ 来确定总体均值 μ 的范围，所以可以把式(8-1)转变为式(8-2)：

$$P\left(\overline{X} - z_{1-\frac{\alpha}{2}} \frac{\sigma}{\sqrt{n}} < \mu < \overline{X} + z_{1-\frac{\alpha}{2}} \frac{\sigma}{\sqrt{n}}\right) = 1-\alpha \tag{8-2}$$

即使用 $\overline{X} \pm 1.96 \frac{\sigma}{\sqrt{n}}$ 来估计未知的 μ 的范围。

继续例 8-2 的假设。假如对于一个容量 $n=25$ 的样本，均值为 98.5 克。根据这个样本得到区间为 $98.5 \pm 1.96 \frac{15}{\sqrt{25}}$，或者 98.5 ± 5.88。估计的区间为：

$$92.62 \leqslant \mu \leqslant 104.38$$

因为假设的总体均值 μ 等于 100 克，也包含在这个区间中，可认为 $\mu=100$ 克的假设是正确的。

在式(8-2)中，$z_{1-\frac{\alpha}{2}} \frac{\sigma}{\sqrt{n}}$ 为一定倍数的抽样误差，称为绝对误差或极限误差、误差范围，可用 Δ 表示，即可表示为 $|\hat{\theta} - \theta| \leqslant \Delta$。其意义是在给定置信度的条件下对总体参数进行区

间估计所允许的最大误差。

例 8-3 某厂成批生产某种金属棒,其长度服从正态分布,标准差为 0.06 厘米,对一个由 25 根金属棒组成的随机样本进行了测量,平均长度为 7.48 厘米,试求这批金属棒平均长度 μ 的置信度为 95% 的置信区间。

解 因为总体服从正态分布,且方差已知,置信度 $1-\alpha=0.95$,$\alpha=0.05$,查表知 $z_{0.975}=1.96$。所以 μ 的 95% 的置信区间为:

$$\bar{x}\pm 1.96\frac{\sigma}{\sqrt{n}}=7.48\pm 1.96\times\frac{0.06}{\sqrt{25}}=7.48\pm 0.024$$

也即有 95% 的把握估计金属棒平均长度在 7.456~7.504 厘米。

(二) 正态总体——方差未知

实际上,总体均值 μ 未知而总体方差 σ^2 已知的情况是不常有的,通常的情况是 μ 和 σ^2 都未知。

设总体 $X\sim N(\mu,\sigma^2)$,σ^2 未知。在这种情况下,可用样本标准差 S 来代替总体标准差 σ,根据 t 分布进行区间估计。为了构造总体均值 μ 的置信区间,令

$$t=\frac{\bar{X}-\mu}{S/\sqrt{n}}$$

则随机变量 t 服从自由度为 $n-1$ 的 t 分布,即 $t\sim t_{(n-1)}$。由于在 $S^2=\dfrac{\sum(X_i-\bar{X})^2}{n-1}$ 中,n 个偏差 $X_1-\bar{X},\cdots,X_n-\bar{X}$ 有一个约束条件 $\sum(X_i-\bar{X})=0$,即只有 $n-1$ 个偏差可以自由取值,剩下的一个偏差将由它们确定,因此自由度为 $n-1$。

给定置信度 $1-\alpha$,可以查 t 分布表得出自由度为 $n-1$ 的 t 分布的临界值 $t_{1-\frac{\alpha}{2},n-1}$,使

$$P(-t_{1-\frac{\alpha}{2},n-1}<\frac{\bar{X}-\mu}{S/\sqrt{n}}<t_{1-\frac{\alpha}{2},n-1})=1-\alpha$$

不等式变形后,可得

$$P(\bar{X}-t_{1-\frac{\alpha}{2},n-1}\frac{S}{\sqrt{n}}<\mu<\bar{X}+t_{1-\frac{\alpha}{2},n-1}\frac{S}{\sqrt{n}})=1-\alpha \tag{8-3}$$

即 μ 的置信度为 $1-\alpha$ 的置信区间为

$$(\bar{X}-t_{1-\frac{\alpha}{2},n-1}\frac{S}{\sqrt{n}},\bar{X}+t_{1-\frac{\alpha}{2},n-1}\frac{S}{\sqrt{n}})$$

例 8-4 某时装专卖店的管理人员想估计其顾客的平均年龄,随机抽取了 16 位顾客进行了调查,得到样本均值 $\bar{x}$ 为 32 岁,样本标准差 s 为 8 岁,假定顾客的年龄近似服从正态分布,试求该店全部顾客平均年龄置信度为 95% 的置信区间。

解 因为总体近似服从正态分布,σ^2 未知,所以总体均值 μ 的 95% 的置信区间为:

$$\bar{x}-t_{1-\frac{\alpha}{2},n-1}\frac{s}{\sqrt{n}}=32-2.131\,5\times\frac{8}{\sqrt{16}}=32-4.263=27.737$$

$$\bar{x}+t_{1-\frac{\alpha}{2},n-1}\frac{s}{\sqrt{n}}=32+2.131\,5\times\frac{8}{\sqrt{16}}=32+4.263=36.263$$

也即有95%的把握估计全部顾客平均年龄在27.737～36.263岁。

(三) 非正态总体

在大多数实际问题中,不能假定总体服从或近似服从正态分布。但是,根据中心极限定理,只要样本量n足够大,样本均值$\overline{X}$的抽样分布就近似服从正态分布。若σ^2已知(根据历史资料或经验得到的),则总体均值μ的置信度为$1-\alpha$的置信区间为:

$$(\overline{X} - z_{1-\frac{\alpha}{2}} \frac{\sigma}{\sqrt{n}}, \overline{X} + z_{1-\frac{\alpha}{2}} \frac{\sigma}{\sqrt{n}})$$

若σ^2未知,则用样本标准差S代替总体标准差σ,总体均值μ的置信度为$1-\alpha$的置信区间为:

$$(\overline{X} - z_{1-\frac{\alpha}{2}} \frac{S}{\sqrt{n}}, \overline{X} + z_{1-\frac{\alpha}{2}} \frac{S}{\sqrt{n}}) \tag{8-4}$$

例8-5 某厂负责人想估计6 000包某种材料的平均重量。随机抽取350包组成一个样本,样本的均值和标准差分别为32千克和7千克。试求总体均值μ的置信度为95%的置信区间。

解 我们不知道总体是否服从正态分布,方差σ^2也未知,且因抽样比$\frac{n}{N} = \frac{350}{6\,000} > 5\%$,校正系数不能忽略,故$\mu$的95%的置信区间为:

$$\overline{x} - z_{1-\frac{\alpha}{2}} \frac{s}{\sqrt{n}} \sqrt{1-\frac{n}{N}} = 32 - 1.96 \times \frac{7}{\sqrt{350}} \sqrt{1-\frac{350}{6\,000}} = 32 - 0.71 = 31.29$$

$$\overline{x} + z_{1-\frac{\alpha}{2}} \frac{s}{\sqrt{n}} \sqrt{1-\frac{n}{N}} = 32 + 1.96 \times \frac{7}{\sqrt{350}} \sqrt{1-\frac{350}{6\,000}} = 32 + 0.71 = 32.71$$

也即有95%的把握估计平均重量在31.29～32.71千克。

五、两个总体均值之差的置信区间估计

我们分三种情况来讨论两个总体均值之差的置信区间,并假定来自两个总体的两个样本相互独立,样本量分别为n_1和n_2。

(一) 两个正态总体——方差已知

设总体$X_1 \sim N(\mu_1, \sigma_1^2)$,总体$X_2 \sim N(\mu_2, \sigma_2^2)$,$\sigma_1^2$和$\sigma_2^2$都已知。由第七章可知,

$$\overline{X}_1 - \overline{X}_2 \sim N(\mu_1 - \mu_2, \frac{\sigma_1^2}{n_1} + \frac{\sigma_2^2}{n_2})$$

标准化变换

$$Z = \frac{(\overline{X}_1 - \overline{X}_2) - (\mu_1 - \mu_2)}{\sqrt{\frac{\sigma_1^2}{n_1} + \frac{\sigma_2^2}{n_2}}} \sim N(0, 1)$$

由此得到$\mu_1 - \mu_2$的置信度为$1-\alpha$的置信区间:

$$\left[(\overline{X}_1 - \overline{X}_2) - z_{1-\frac{\alpha}{2}} \sqrt{\frac{\sigma_1^2}{n_1} + \frac{\sigma_2^2}{n_2}}, (\overline{X}_1 - \overline{X}_2) + z_{1-\frac{\alpha}{2}} \sqrt{\frac{\sigma_1^2}{n_1} + \frac{\sigma_2^2}{n_2}} \right] \tag{8-5}$$

例8-6 为调查甲、乙两家银行的户均存款数,从两家银行各抽选一个由25个存户组成

的随机样本。两个样本均值分别为 4 500 元和 3 250 元,两个总体标准差分别为 920 元和 960 元。根据经验,知道两个总体均服从正态分布,试求 $\mu_1-\mu_2$ 的置信度为 90% 的置信区间。

解 两个总体均服从正态分布,总体方差都已知,故 $\mu_1-\mu_2$ 的 90% 的置信区间为:

$$(\bar{x}_1-\bar{x}_2)-z_{1-\frac{\alpha}{2}}\sqrt{\frac{\sigma_1^2}{n_1}+\frac{\sigma_2^2}{n_2}}=(4\,500-3\,250)-1.65\sqrt{\frac{920^2}{25}+\frac{960^2}{25}}=1\,250-439=811$$

$$(\bar{x}_1-\bar{x}_2)+z_{1-\frac{\alpha}{2}}\sqrt{\frac{\sigma_1^2}{n_1}+\frac{\sigma_2^2}{n_2}}=1\,250+439=1\,689$$

也即有 90% 的把握估计甲、乙两家银行户均存款额之差在 811~1 689 元。

(二) 两个正态总体——方差未知但相等

设总体 $X_1 \sim N(\mu_1,\sigma_1^2)$,总体 $X_2 \sim N(\mu_2,\sigma_2^2)$,$\sigma_1^2$ 和 σ_2^2 都未知,但 $\sigma_1^2=\sigma_2^2$。于是有:

$$Z=\frac{(\bar{X}_1-\bar{X}_2)-(\mu_1-\mu_2)}{\sigma\sqrt{\frac{1}{n_1}+\frac{1}{n_2}}} \sim N(0,1)$$

其中的 σ 未知,需要估计。由于 S_1^2、S_2^2 都是 σ^2 的无偏估计,集中了各自样本中有关 σ^2 的信息,故可以采用 σ^2 的联合无偏估计

$$S_p^2=\frac{(n_1-1)S_1^2+(n_2-1)S_2^2}{n_1+n_2-2}$$

用 S_p 代替 Z 中的 σ,得:

$$t=\frac{(\bar{X}_1-\bar{X}_2)-(\mu_1-\mu_2)}{S_p\sqrt{\frac{1}{n_1}+\frac{1}{n_2}}}$$

t 的分布已不是 $N(0,1)$,而是自由度为 n_1+n_2-2 的 t 分布。因此 $\mu_1-\mu_2$ 的置信度为 $1-\alpha$ 的置信区间:

$$\left[(\bar{X}_1-\bar{X}_2)-t_{1-\frac{\alpha}{2},n_1+n_2-2}S_p\sqrt{\frac{1}{n_1}+\frac{1}{n_2}},(\bar{X}_1-\bar{X}_2)+t_{1-\frac{\alpha}{2},n_1+n_2-2}S_p\sqrt{\frac{1}{n_1}+\frac{1}{n_2}}\right]$$

(8-6)

例 8-7 某厂有两台生产金属棒的机器。一个随机样本由机器甲生产的 11 根金属棒组成,另一个随机样本由机器乙生产的 21 根金属棒组成。两个样本的数据如下:$\bar{x}_1=8.06$ 厘米,$\bar{x}_2=7.74$ 厘米,$S_1=0.063$ 厘米,$S_2=0.059$ 厘米。假定两个总体均近似服从正态分布,且总体方差相等,试求 $\mu_1-\mu_2$ 的 95% 的置信区间。

解 $S_p^2=\dfrac{(n_1-1)S_1^2+(n_2-1)S_2^2}{n_1+n_2-2}=\dfrac{10\times0.063^2+20\times0.059^2}{30}=0.003\,6$

$S_p=0.06$

$$(\bar{x}_1-\bar{x}_2)-t_{1-\frac{\alpha}{2},n_1+n_2-2}S_p\sqrt{\frac{1}{n_1}+\frac{1}{n_2}}=(8.06-7.74)-2.042\,3\times0.06\times\sqrt{\frac{1}{11}+\frac{1}{21}}$$

$$=0.32-0.046=0.274$$

$$(\bar{x}_1 - \bar{x}_2) + t_{1-\frac{\alpha}{2}, n_1+n_2-2} S_p \sqrt{\frac{1}{n_1} + \frac{1}{n_2}} = 0.32 + 0.046 = 0.366$$

也即有95%的把握估计 $\mu_1 - \mu_2$ 在 0.274～0.366 厘米。

(三) 两个非正态总体

设总体 X_1 和 X_2 都是非正态总体。在实际问题中，它们的方差大多是未知的。当 n_1 和 n_2 都很大时，$(\bar{X}_1 - \bar{X}_2)$ 的抽样分布就近似正态分布，用 S_1^2 和 S_2^2 分别作为 σ_1^2 和 σ_2^2 的估计值，便可得到 $\mu_1 - \mu_2$ 的置信度为 $1-\alpha$ 的置信区间：

$$\left[(\bar{X}_1 - \bar{X}_2) - z_{1-\alpha/2}\sqrt{\frac{S_1^2}{n_1} + \frac{S_2^2}{n_2}}, (\bar{X}_1 - \bar{X}_2) + z_{1-\alpha/2}\sqrt{\frac{S_1^2}{n_1} + \frac{S_2^2}{n_2}} \right] \quad (8-7)$$

例8-8 某机构对两个大城市的居民每天乘公交车上下班的里程数进行了研究，从A城市中随机抽取了50位居民组成样本，样本均值为每天22.5千米，样本标准差为每天8.4千米；从B城市中随机抽取了40位居民组成样本，其样本均值为每天18.6千米，样本标准差是每天7.4千米，试求两个总体均值之差的95%的置信区间。

解 $\bar{x}_1 - \bar{x}_2 = 22.5 - 18.6 = 3.9$ 千米，$z_{0.975} = 1.96$，由式(8-7)可得两个总体均值之差的95%的置信区间为：$3.9 \pm 1.96\sqrt{\frac{8.4^2}{50} + \frac{7.4^2}{40}}$

即在 3.9 ± 3.2681 之间，也即在 0.6319 千米到 7.1681 千米之间。

六、单个总体比例的置信区间估计

当 nP 和 $n(1-P)$ 两者都至少等于5时，样本比例 p 近似服从均值为 P，方差为 $P(1-P)/n$ 的正态分布。于是：

$$P\left(z_{\frac{\alpha}{2}} < \frac{p-P}{\sqrt{\frac{P(1-P)}{n}}} < z_{1-\frac{\alpha}{2}}\right) \approx 1-\alpha$$

$\sqrt{\frac{P(1-P)}{n}}$ 中的 P 未知，用估计值 p 代替，得到：

$$P\left(z_{\frac{\alpha}{2}} < \frac{p-P}{\sqrt{\frac{p(1-p)}{n}}} < z_{1-\frac{\alpha}{2}}\right) \approx 1-\alpha$$

经不等式变换后，得到：

$$P\left(p - z_{1-\frac{\alpha}{2}}\sqrt{\frac{p(1-p)}{n}} < P < p + z_{1-\frac{\alpha}{2}}\sqrt{\frac{p(1-p)}{n}}\right) \approx 1-\alpha$$

故 P 的置信度为 $1-\alpha$ 的置信区间为：

$$\left[p - z_{1-\frac{\alpha}{2}}\sqrt{\frac{p(1-p)}{n}}, p + z_{1-\frac{\alpha}{2}}\sqrt{\frac{p(1-p)}{n}} \right] \quad (8-8)$$

例8-9 一所大学的保健医生想了解学生戴眼镜的比例，随机抽选100名学生，其中戴眼镜者有31名。试求全校学生戴眼镜比例的置信度为90%的置信区间。

解

$$p - z_{1-\frac{\alpha}{2}}\sqrt{\frac{p(1-p)}{n}} = 0.31 - 1.65 \times \sqrt{\frac{0.31 \times (1-0.31)}{100}} = 0.31 - 0.076 = 0.234$$

$$p + z_{1-\frac{\alpha}{2}}\sqrt{\frac{p(1-p)}{n}} = 0.31 + 0.076 = 0.386$$

也即有 90% 的把握估计全校学生戴眼镜的比例在 23.4%～38.6%。

七、两个总体比例之差的置信区间估计

设两个总体的比例分别为 P_1 和 P_2，从两总体中各自独立地抽取一个样本，样本量分别为 n_1 和 n_2。当 n_1P_1、$n_1(1-P_1)$ 和 n_2P_2、$n_2(1-P_2)$ 都不小于 5 时，两个样本比例之差 p_1-p_2 就近似服从均值 P_1-P_2，方差为：

$$\sigma_{p_1-p_2}^2 = \frac{P_1(1-P_1)}{n_1} + \frac{P_2(1-P_2)}{n_2}$$

的正态分布。因为 P_1 和 P_2 皆未知，所以 $\sigma_{p_1-p_2}^2$ 可用下式估计：

$$\sigma_{p_1-p_2}^2 = \frac{p_1(1-p_1)}{n_1} + \frac{p_2(1-p_2)}{n_2}$$

于是有：

$$P\left(-z_{1-\frac{\alpha}{2}} < \frac{(p_1-p_2)-(P_1-P_2)}{\sqrt{\frac{p_1(1-p_1)}{n_1}+\frac{p_2(1-p_2)}{n_2}}} < z_{1-\frac{\alpha}{2}}\right) \approx 1-\alpha$$

经不等式变换可得到 p_1-p_2 的置信度为 $1-\alpha$ 的置信区间为：

$$\left[(p_1-p_2) - z_{1-\frac{\alpha}{2}}\sqrt{\frac{p_1(1-p_1)}{n_1}+\frac{p_2(1-p_2)}{n_2}},\right.$$
$$\left.(p_1-p_2) + z_{1-\frac{\alpha}{2}}\sqrt{\frac{p_1(1-p_1)}{n_1}+\frac{p_2(1-p_2)}{n_2}}\right] \tag{8-9}$$

例 8-10 某广告公司进行一项空调用户特点的调查。从装有空调的家庭中随机抽选 300 户，其中年人均生活费收入超过 15 000 元的有 170 户；从未装空调的家庭中随机抽选 200 户，其中年人均生活费收入超过 15 000 元的有 46 户，试对已装和未装空调的两种家庭年人均生活费收入超过 15 000 元的比例之差构造置信度为 95% 的置信区间。

解 根据已知条件和式(8-9)，有：

$$(p_1-p_2) - z_{1-\frac{\alpha}{2}}\sqrt{\frac{p_1(1-p_1)}{n_1}+\frac{p_2(1-p_2)}{n_2}}$$

$$= \left(\frac{170}{300} - \frac{46}{200}\right) - 1.96\sqrt{\frac{\frac{170}{300} \times (1-\frac{170}{300})}{300} + \frac{\frac{46}{200} \times (1-\frac{46}{200})}{200}}$$

$$= 0.337 - 0.081 = 0.256$$

$$(p_1-p_2) + z_{\frac{\alpha}{2}}\sqrt{\frac{p_1(1-p_1)}{n_1}+\frac{p_2(1-p_2)}{n_2}} = 0.337 + 0.081 = 0.418$$

也即有95%的把握估计两种家庭年人均生活费收入超过 15 000 元的比例之差在 25.6%~41.8%。

八、单个正态分布总体方差的置信区间估计

设总体 $X \sim N(\mu,\sigma^2)$，参数 σ^2 未知。为了估计 σ^2，可根据样本方差 S_2 来确定其 $1-\alpha$ 的置信区间。

根据 χ^2 分布的定理，随机变量 $\chi^2 = \dfrac{(n-1)S^2}{\sigma^2}$ 服从自由度为 $n-1$ 的 χ^2 分布。对于给定的 α 值，可在 χ^2 分布表中查得 $\chi^2_{1-\frac{\alpha}{2}}$ 和 $\chi^2_{\frac{\alpha}{2}}$，使下式成立：

$$P(\chi^2_{\frac{\alpha}{2}} < \frac{(n-1)S^2}{\sigma^2} < \chi^2_{1-\frac{\alpha}{2}}) = 1-\alpha$$

变换后，为：

$$P(\frac{(n-1)S^2}{\chi^2_{1-\frac{\alpha}{2}}} < \sigma^2 < \frac{(n-1)S^2}{\chi^2_{\frac{\alpha}{2}}}) = 1-\alpha \tag{8-10}$$

如图 8-1 所示。

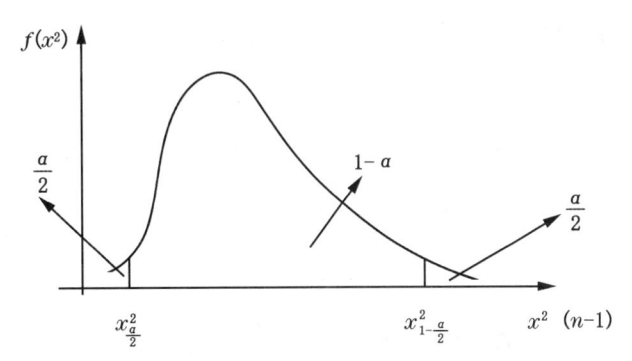

图 8-1 χ^2 分布用于总体方差的区间估计

因此，总体方差 σ^2 的置信度 $1-\alpha$ 的置信区间为 $\left[\dfrac{(n-1)S^2}{\chi^2_{1-\frac{\alpha}{2}}}, \dfrac{(n-1)S^2}{\chi^2_{\frac{\alpha}{2}}}\right]$，而总体标准差 σ 的置信度 $1-\alpha$ 的置信区间为 $\left[\sqrt{\dfrac{(n-1)}{\chi^2_{1-\frac{\alpha}{2}}}}S, \sqrt{\dfrac{(n-1)}{\chi^2_{\frac{\alpha}{2}}}}S\right]$。

例 8-11 假定 A 品牌 25 千克袋装大米的重量服从正态分布，现随机抽取 13 袋大米，测得其重量分别为 24.0、24.2、24.4、24.6、24.7、24.8、25.0、25.1、25.1、25.2、25.3、25.4、25.6 千克，试以 95% 的置信水平估计该品牌袋装大米重量的标准差。

解 因为 $\alpha = 0.05$，$n-1 = 12$，查 χ^2 分布表，得 $\chi^2_{1-\frac{\alpha}{2}} = 4.404$，$\chi^2_{\frac{\alpha}{2}} = 23.337$。所以，置信水平 $1-\alpha$ 的 σ^2 的置信区间为：

$$\frac{12}{23.337}S^2 < \sigma^2 < \frac{12}{4.404}S^2$$

由原始数据可计算得到 $S^2 = 0.23$，代入上式便有：

$$0.118 < \sigma^2 < 0.627$$

即以 95% 的置信水平估计该品牌袋装大米重量的标准差 σ 在 0.34~0.79 千克。

九、两个正态总体方差之比的置信区间估计

若有两个正态总体,方差分别是 σ_1^2 和 σ_2^2,现从这两个总体中独立地抽取容量分别为 n 和 m 的样本,构造统计量 $(S_1^2/\sigma_1^2)/(S_2^2/\sigma_2^2)$。可以证明这个统计量近似服从分子自由度为 $n-1$、分母自由度为 $m-1$ 的 F 分布。从 F 分布表中可查得 $F_{\frac{\alpha}{2}}$ 和 $F_{1-\frac{\alpha}{2}}$ 的值,于是得到 $(S_1^2/\sigma_1^2)/(S_2^2/\sigma_2^2)$ 的 $1-\alpha$ 的置信区间:

$$F_{\frac{\alpha}{2}} < \frac{S_1^2/\sigma_1^2}{S_2^2/\sigma_2^2} < F_{1-\frac{\alpha}{2}}$$

经不等式变换,σ_1^2/σ_2^2 的 $1-\alpha$ 的置信区间为:

$$\frac{S_1^2/S_2^2}{F_{1-\frac{\alpha}{2}}} < \frac{\sigma_1^2}{\sigma_2^2} < \frac{S_1^2/S_2^2}{F_{\frac{\alpha}{2}}} \tag{8-11}$$

例 8-12 在例 8-11 中,我们已知 A 品牌袋装大米样本重量的方差 $S^2=0.23$;若假定同样标有 25 千克的 B 品牌袋装大米的重量也服从正态分布,随机抽取 16 袋,测得其方差是 0.15,试给出两个总体方差之比的 90% 的置信区间。

解 设 A、B 袋装大米的重量分别为第一、第二个正态总体,则已知 $S_1^2=0.23$,$S_2^2=0.15$;查分子自由度为 12、分母自由度为 15 的 F 分布表,得:

$$F_{\frac{\alpha}{2},(12,15)}=F_{0.05,(12,15)}=2.48,\quad F_{1-\frac{\alpha}{2},(12,15)}=\frac{1}{F_{0.05,(15,12)}}=\frac{1}{2.62}$$

将数据代入式(8-11),得到两个总体方差之比的 90% 的置信区间为:

$$\frac{0.23/0.15}{2.48} < \frac{\sigma_1^2}{\sigma_2^2} < \frac{0.23/0.15}{1/2.62}$$

即两个总体方差之比的置信区间在 0.62~4.02。

十、单个泊松分布总体均值的置信区间估计

设总体 $X \sim P(\lambda)$,于是有

$$P(x=k)=\frac{\lambda^k}{k!}e^{-k}, k=0,1,2,\cdots$$

$$E(x)=\lambda \quad D(x)=\lambda$$

规定

$$X=\sum_{i=1}^{n} x_i \quad \bar{x}=\frac{X}{n}$$

根据数学期望与方差的性质,有

$$E(\bar{x})=\lambda \quad D(\bar{x})=\frac{\lambda}{n}$$

由大数定律得,在 $n \to +\infty$ 时,

$$\bar{x} \sim N(\lambda, \frac{\lambda}{n})$$

标准化得，

$$u = \frac{\bar{x} - \lambda}{\sqrt{\frac{\lambda}{n}}} \sim N(0,1)$$

考虑到 $\hat{\lambda} = \bar{x}$，做如下近似替换

$$u = \frac{\bar{x} - \lambda}{\sqrt{\frac{\bar{x}}{n}}} \sim N(0,1)$$

代入 $\bar{x} = \frac{X}{n}$，

$$u = \frac{\frac{X}{n} - \lambda}{\frac{\sqrt{X}}{n}} \sim N(0,1)$$

对于给定的置信度 $1-\alpha$，可以查标准正态分布双侧临界值表得出相应的临界值 $Z_{1-\frac{\alpha}{2}}$，使

$$P(-z_{1-\frac{\alpha}{2}} < \frac{\frac{X}{n} - \lambda}{\frac{\sqrt{X}}{n}} < z_{1-\frac{\alpha}{2}}) = 1-\alpha$$

利用不等式变形可得

$$P\left(\frac{X}{n} - z_{1-\frac{\alpha}{2}} \frac{\sqrt{X}}{n} < \lambda < \frac{X}{n} + z_{1-\frac{\alpha}{2}} \frac{\sqrt{X}}{n}\right) = 1-\alpha \qquad (8-12)$$

例 8-13 用计数器记录某放射性标本的脉冲数，已知每分钟脉冲数服从参数为 λ 的泊松分布，20 分钟的读数为 11 286，试求每分钟内总脉冲数的 95% 置信区间。

解 查标准正态分布表可知 $Z_{1-\frac{0.05}{2}} = 1.96$，由式(8-12)可得样本均值的 95% 的置信区间为：

$$\frac{11\,286}{20} - 1.96 \times \frac{\sqrt{11\,286}}{20} = 553.9$$

$$\frac{11\,286}{20} + 1.96 \times \frac{\sqrt{11\,286}}{20} = 574.7$$

这表明每分钟的脉冲数有 95% 的可能性将落在 553.9～574.7 区间内。

十一、样本量的确定

在前面的讨论中，我们都是指定了样本量（也称样本容量）进行抽样估计的。在实际的统计设计过程中，在选择的抽样方式调查或实验研究的基础上，首先要确定合适的样本量，以保证研究的结论具有一定科学性、真实性和可靠性。但样本量太大，会浪费人力、财力和时间；样本量太小，则又会降低估计的精确度，以致达不到预期的目的，造成结论不准确。因此，确定样本量首先必须满足抽样推断需要达到的预期可靠程度 $(1-\alpha)$ 和精确程度 (Δ) 的要求，然后

综合考虑以下几个因素,以找出一个最小的样本量:

(1) 总体特征:根据研究目的而变化,比如研究总体的均数和研究某部分占总体的概率以及总体的变异程度(σ),在样本量确定时会有所不同。

(2) 估计精度:设计实验时,实验精度是一个非常重要的因素,一般来说,实验精度要求越高,需要调查的样本量也就越多;反之,如果实验精度要求不高,那么需要调查的样本量就可以相对减少以减少成本。

(3) 应答率:在理想环境下,我们认为所有调查都会收到相应的数据,但是在实际工作中,如果遇到比较敏感的话题,比如收入问题,可能有部分被调查对象不愿意透露具体数据,此时就需要考虑调查的应答率。

(4) 不同的抽样方法和组织方式。

(5) 所能投入调查的人力、物力、财力和时间因素。

下面,我们讨论在给定置信度 $1-\alpha$ 的前提下,确保一定的估计精确度的样本量的计算方法。

(一) 估计总体均值 μ 时

人们通常是控制样本均值 $\overline{X}$ 的极限误差 $\Delta_{\overline{X}}$ 来估计总体均值 μ 的,即要求

$$P(|\overline{X}-\mu| \leqslant \Delta_{\overline{X}}) = 1-\alpha$$

假定 $\overline{X}$ 服从正态分布,当从无限总体抽样时,

$$\Delta_{\overline{X}} = z_{1-\frac{\alpha}{2}} \frac{\sigma}{\sqrt{n}}$$

易见,$\Delta_{\overline{X}}$ 实际是 μ 的置信度为 $1-\alpha$ 的置信区间长度的一半,常用 δ 表示,代表所允许的误差。从上面方程中解出 n,得:

$$n = \frac{z_{1-\frac{\alpha}{2}}^2 \sigma^2}{\Delta_{\overline{X}}^2} = \frac{z_{1-\frac{\alpha}{2}}^2 \sigma^2}{\delta^2} \tag{8-13}$$

可以看出,估计量 $\overline{X}$ 的精确度要求越高,即 $\Delta_{\overline{X}}$ 越小;或者置信度 $1-\alpha$ 越大,即相应的临界值也越大;或者总体的变异程度 σ(即总体的标准差)越大,都会使所需的样本量 n 增大。

当从有限总体不放回抽样时,应考虑有限总体的校正系数,此时

$$\Delta_{\overline{X}} = z_{1-\frac{\alpha}{2}} \frac{\sigma}{\sqrt{n}} \sqrt{\frac{N-n}{N-1}}$$

解得

$$n = \frac{n_0}{1+\frac{n_0-1}{N}} \approx \frac{n_0}{1+\frac{n_0}{N}} \tag{8-14}$$

式中:$n_0 = \dfrac{z_{1-\frac{\alpha}{2}}^2 \sigma^2}{\Delta_{\overline{X}}^2}$。

若 n_0/N 很小,则 n_0 可作为 n 的近似值。

(二) 估计总体比例 P 时

用样本比例 p 估计总体比例 P,也要求控制其极限误差 Δ_p,常用 δ 表示,代表允许的误

差),即:

$$P(|p-P|\leqslant \Delta_p)=1-\alpha$$

假定 p 服从正态分布,当从无限总体抽样时,$\Delta_p=z_{1-\frac{\alpha}{2}}\sqrt{\dfrac{P(1-P)}{n}}$,解出 n:

$$n=\frac{z_{1-\frac{\alpha}{2}}^2 P(1-P)}{\Delta_p^2}=\frac{z_{1-\frac{\alpha}{2}}^2 P(1-P)}{\delta^2} \qquad (8-15)$$

当从有限总体不放回抽样时,$\Delta_p=z_{1-\frac{\alpha}{2}}\sqrt{\dfrac{P(1-P)}{n}}\times\sqrt{\dfrac{N-n}{N-1}}$,解出 n:

$$n=\frac{n_0}{1+\dfrac{n_0-1}{N}}\approx\frac{n_0}{1+\dfrac{n_0}{N}} \qquad (8-16)$$

式中:$n_0=\dfrac{z_{1-\frac{\alpha}{2}}^2 P(1-P)}{\Delta_p^2}$。

若 n_0/N 很小,则 n_0 可作为 n 的近似值。

一般情况下,总体方差 σ^2(或总体比例 P)是未知的,为了确定样本量 n,必须先对其做出估计。常用的方法有:

(1) 分两步抽样,先抽一个样本量相对较小的样本,用来估计 σ^2(或 P),然后再进一步准确地计算出 n。

(2) 从以往同一总体或同类总体的研究中得出 σ^2(或 P)的估计值,或根据经验估计 σ^2(或 P)。若有几个估计值,可按谨慎性原则取最大的 σ^2 或 $P(1-P)$。对于比例的方差 $P(1-P)$,因其最大值为 0.25,故在没有精确的估计值时,可用 0.25 直接作为其估计值,即 P 取 0.5。

例 8-14 一家塑料公司想估计其产品的平均抗拉强度,要求以 95% 的置信度使估计值在真值附近 1 千克/平方厘米的范围内,问该公司应抽多大容量的样本? 经验表明 σ^2 的估计值可取 12.25。

解 $n=\dfrac{z_{1-\frac{\alpha}{2}}^2 \sigma^2}{\Delta_{\bar{x}}^2}=\dfrac{1.96^2\times 12.25}{1^2}=47.06$

也即该公司应抽取一个容量为 48 的样本做试验。

例 8-15 一家市场调查公司想估计某地区有曲面屏电视机的家庭所占的比例。要求估计误差不超过 0.05,置信度取 95%,问应抽取多大容量的样本? 公司调查人员认为实际的比例不可能低于 80%。

解 $P\geqslant 0.80$,所以

$$n=z_{1-\frac{\alpha}{2}}^2\frac{P(1-P)}{\Delta_p^2}=\frac{1.96^2\times 0.8\times 0.2}{0.05^2}=245.9$$

由于没有较好的 P 的估计值,因此根据有限信息 $P\geqslant 0.80$,只能采用一个足够大的样本 $n=246$。

(三) 估计总体方差 σ^2 时

用样本标准差估计总体方差时,有置信区间 $\left[\dfrac{(n-1)S^2}{\chi_{1-\frac{\alpha}{2}}^2},\dfrac{(n-1)S^2}{\chi_{\frac{\alpha}{2}}^2}\right]$

整理得，$\dfrac{\chi^2_{\frac{\alpha}{2}}}{n-1}\sigma^2 \leqslant S^2 \leqslant \dfrac{\chi^2_{1-\frac{\alpha}{2}}}{n-1}\sigma^2$

当确定置信度 $1-\alpha$ 与误差百分比 $\Delta_{\sigma^2}\%$ 时，可以根据样本量确定 $\dfrac{\chi^2_{1-\frac{\alpha}{2}}}{n-1}$ 与 $\dfrac{\chi^2_{\frac{\alpha}{2}}}{n-1}$，再根据误差百分比选择合适的样本量。

由于卡方分布具体取值与样本量有关，故以上计算需要通过软件完成。

第二节　假设检验的基本原理

一、假设检验的基本思想

假设检验是除参数估计之外的另一类重要的统计推断问题。它的基本思想可以用小概率原理来解释。所谓小概率原理，就是认为小概率事件在一次试验中是几乎不可能发生的。也就是说，如果对总体的某个假设是真实的，那么不利于或不能支持这一假设的小概率事件 A 在一次试验中是几乎不可能发生的；要是在一次试验中事件 A 竟然发生了，我们就有理由怀疑这一假设的真实性，拒绝这一假设。

现结合本章"统计引例"中的例子来说明假设检验的基本原理。

例 8-16　回到龙津茶叶公司茶叶装袋的例子。因为每袋茶叶的实际重量与 100 克这一标示重量差距太大，公司的利益就会受损。你作为工厂督察茶叶包装重量的经理人员，要根据抽查的样本来判断装袋的过程正常与否。与例 8-2 一样，仍假设装袋茶叶的重量服从正态分布，且 $\mu=100$ 克、$\sigma=15$ 克。你必须考虑如何根据每次抽样的结果来判断茶叶装袋的过程正常与否。现在，若随机抽取一个容量为 25 袋的样本，样本的均值为 98.5 克，你认为这与 100 克的差距是否较大？将决定是保持还是改变甚至关停装袋过程？

解　类似这种根据样本观测值来判断一个有关总体的假设是否成立的问题，就是假设检验问题。我们把任一关于总体分布的假设统称为统计假设，简称假设。在例 8-16 中，可以提出这样两个假设：一个称为原假设或零假设，记为 $H_0: \mu=100$ 克；另一个称为备择假设或对立假设，记为 $H_1: \mu \neq 100$ 克。这样，上述假设检验问题可以表示为：

$H_0: \mu=100; H_1: \mu \neq 100$

原假设 H_0 与备择假设 H_1 相互对立，而且两者只有一个正确。备择假设的含义是，一旦否定原假设 H_0，这个假设 H_1 备你选择。所谓假设检验问题，就是要判断原假设 H_0 是否正确，决定不拒绝还是拒绝原假设，若拒绝原假设，就接受备择假设。

从例 8-16 的情况来看，应该如何做出判断呢？假定样本测定的结果不是 98.5 克，而是 80 克甚至更低或者很高，我们从直观上就会感到原假设的真实性可疑而否定它。因为原假设 $H_0: \mu=100$ 时，在一次试验中出现与 100 克相距甚远的这种小概率事件几乎是不可能的，而现在竟然出现了，当然要拒绝原假设 H_0。现在的问题是样本的平均重量为 98.5 克，这固然与标示的 100 克有差异，但是根据这种差异却难以从直观上做出判断，无法决定是保持还是改变甚至关停装袋过程。因为样本具有随机性，98.5 克与 100 克这点差异很可能是样本的随机性造成的。在这种情况下，要对假设 H_0 做出不拒绝还是拒绝的抉择，就必须根据研究的问题和决策条件，对样本值与原假设的差异进行分析，若有充分理由认为这种差异并非完全是由偶然的随机因素造成的，也即认为差异是显著的，才能拒绝原假设，否则就不能拒绝原假设。

需要指出的是,假设检验并不是根据样本结果简单地或直接地判断原假设和备择假设哪一个更有可能正确。我们对这两个假设不能同等看待。如前所述,假设检验实质上是对原假设是否正确进行检验,因此,检验过程中要使原假设不会轻易被否定,否定原假设必须有充分的理由;同时,当原假设不被拒绝时,也只能认为否定它的根据还不充分,而不是认为它绝对正确,所以不拒绝原假设应更为准确地理解为尚无充分的证据拒绝它。

二、假设检验规则与两类错误

样本既然取自总体,样本均值就必然包含着与总体均值 μ 有关的信息。在例 8-15 中,若原假设 $H_0: \mu=100$ 为真,则 $|\bar{X}-100|$ 一般应较小;否则,$|\bar{X}-100|$ 应较大。因此,我们可以根据 $|\bar{X}-100|$ 的大小,也即差异是否显著来决定不拒绝还是拒绝原假设。$|\bar{X}-100|$ 越大,我们越倾向于拒绝原假设。那么,$|\bar{X}-100|$ 大到何种程度才能决定拒绝原假设呢?为此,就需要制定一个检验规则:

当 $|\bar{X}-100| \geqslant C$ 时,拒绝原假设 H_0;

当 $|\bar{X}-100| < C$ 时,不拒绝原假设 H_0。

其中 C 是一个待定的常数,称为临界值,不同的 C 值表示不同的检验。我们把拒绝原假设 H_0 的范围称为拒绝域,不拒绝原假设 H_0 的范围称为接受域。因此,确定一个检验规则,实质上也就是确定一个拒绝域。

怎样确定拒绝域呢?这涉及假设检验中的两类错误问题。

由于样本具有随机性,因此,根据样本做出判断就有可能犯两类错误:一类错误是原假设本来正确,但按检验规则却拒绝了原假设。这类错误称为弃真错误或第Ⅰ类错误,其发生的概率记为 α。另一类错误是原假设本来不正确,但按检验规则却接受了原假设。这类错误称为取伪错误或第Ⅱ类错误,其发生的概率记为 β。检验决策与两类错误的关系见表 8-1。

表 8-1 检验决策与两类错误的关系

H_0 状况		H_0 为真	H_0 非真
检验决策	拒绝 H_0	犯Ⅰ类错误(α)	正确
	不拒绝 H_0	正确	犯Ⅱ类错误(β)

我们希望犯这两类错误的概率都非常小。但是,在一定样本量下,减小 α 会引起 β 增大,减小 β 会引起 α 增大。鉴于这种情况,奈曼(Neyman)和皮尔森(Pearson)提出一个原则,即在控制犯第Ⅰ类错误的概率 α 的条件下,尽量使犯第Ⅱ类错误的概率 β 减小。这一原则的含义是,因为存在着抽样误差,原假设不致轻易被否定;若检验结果否定原假设,则说明否定的理由是充分的,同时,做出否定判断的可靠程度(即概率)$1-\alpha$ 也得到保证。

在推断统计中,这种只控制 α 而不考虑 β 的假设检验,称为显著性检验,α 称为显著性水平。最常用的 α 值为 0.01、0.05、0.10 等。一般情况下,根据研究的问题,如果犯"弃真"的错误损失大,为减少这类错误,α 取值小些;反之,α 取值大些。

在例 8-16 中,给定显著性水平 α,当原假设 $H_0: \mu=100$ 为真时,则临界值 C 应满足:

$$P(|\bar{x}-100| \geqslant C) = \alpha$$

由于袋装茶叶的重量 X 服从 $N(100,15^2)$ 正态分布。于是,容量 $n=25$ 的样本的平均重

量 $\overline{X}$ 服从 $N\left(100, \dfrac{15^2}{25}\right)$。令
$$Z = \dfrac{\overline{X}-100}{15/\sqrt{25}} = \dfrac{\overline{X}-100}{3}$$
于是
$$P\left(|Z| \geqslant \dfrac{C}{3}\right) = \alpha$$
由于 $Z \sim N(0,1)$,故
$$\dfrac{C}{3} = z_{1-\frac{\alpha}{2}},\ C = 3z_{1-\frac{\alpha}{2}}$$

统计量 $Z = \dfrac{\overline{X}-100}{3}$ 在假设检验中称为检验统计量。由于事件 $\{|\overline{X}-100| \geqslant C\}$ 与事件 $\{|Z| \geqslant z_{\frac{\alpha}{2}}\}$ 相等,所以有时把 $z_{1-\frac{\alpha}{2}}$ 称为临界值。此时,检验规则为:

当 $|Z| = \dfrac{\bar{x}-100}{3} \geqslant z_{1-\frac{\alpha}{2}}$ 时,拒绝原假设 H_0;

当 $|Z| = \dfrac{\bar{x}-100}{3} < z_{1-\frac{\alpha}{2}}$ 时,不拒绝原假设 H_0。

这个检验规则与前面的检验规则实质上是一致的。

取 $\alpha = 0.05$,查表得 $z_{0.975} = 1.96$。拒绝域面积为 0.05,见图 8-2。

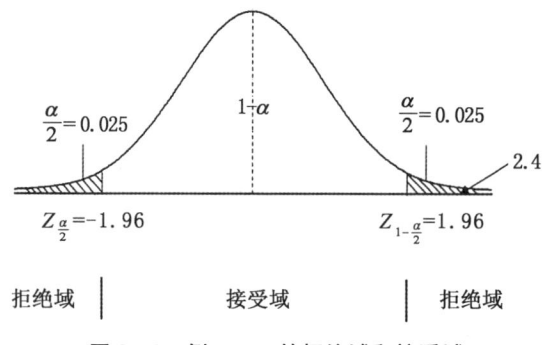

图 8-2 例 8-15 的拒绝域和接受域

因为 $Z = \dfrac{98.5-100}{3} = -0.5$,也即统计量 Z 值落在接受域,由此可以认为现在的平均重量与 100 克没有显著的差异,装袋的过程仍属正常,故无法拒绝原假设 H_0。

例 8-16 的假设检验完全符合小概率原理。因为当 $H_0: \mu = 100$ 克为真时,对于给定的 $\alpha = 0.05$,
$$P(|Z| > 1.96) = 0.05$$
表明"$|Z| > 1.96$"是一个小概率事件,在一次试验中这个事件本来不应发生而竟然发生了,这就有充分理由怀疑原假设 H_0,因而拒绝 H_0。

上面例 8-16 这种类型的假设检验称为双侧检验。此外,还有一种类型的假设检验称为单侧检验。单侧检验又有右侧检验和左侧检验两种,其假设的形式分别为:

(1) $H_0: \mu = \mu_0$;$H_1: \mu > \mu_0$
(2) $H_0: \mu = \mu_0$;$H_1: \mu < \mu_0$

它们相应的拒绝域分别为 $\{\bar{X}-\mu_0 \geqslant C\}$ 和 $\{\bar{X}-\mu_0 \leqslant C\}$，检验的方法与双侧检验类似。

三、P 值

随着统计软件的出现，人们逐渐在假设检验中采用 P 值的方法进行判断。P 值是一个概率值，又称为实测显著性水平（与给定的显著性水平 α 相对应，请注意区分）。它是根据样本观测值计算出来的拒绝原假设的概率。以 Z 统计量为例，若根据样本计算得到具体观测值 Z'，双侧检验时 P 值为 $P(Z \leqslant |Z'|) + P(Z \geqslant |Z'|)$；右侧检验时 P 值为 $P(Z \geqslant Z')$；左侧检验时 P 值为 $P(Z \leqslant Z')$。在例 8-16 中，实际计算观测值的 Z 值为 -0.5，因为是双侧检验，查标准正态分布表，

$$P \text{ 值} = P(Z \leqslant -0.5) + P(Z \geqslant 0.5) = 1 - P(-0.5 \leqslant Z \leqslant 0.5)$$
$$= 1 - (0.6915 + 0.6915 - 1) = 0.6170$$

可见，在原假设 $H_0: \mu = 100$ 为真时，随机抽取 25 袋样本，在标准差为 15 克的情况下得到平均重量为 98.5 克的概率为 61.70%，高于给定的显著性水平（$\alpha=0.05$），所以不应该拒绝原假设。假设检验时，用 P 值的优点是可根据计算的 P 值和实际能接受犯弃真错误的概率进行判断，其规则如下：

(1) 如果 P 值大于 α，不拒绝原假设。
(2) 如果 P 值小于或等于 α，拒绝原假设。在实际问题中，如果 P 值等于 α，即观测值等于临界值时，不要轻易做出判断，可以通过增加样本量等再进行判断。

四、取伪概率的计算

假设检验中，"弃真"概率 α 是根据研究的问题和决策的需要事先设定的，而"取伪"的概率 β 则要通过计算才能确定，而且只有当判断结论为不拒绝原假设时，才存在取伪的可能性。确定犯第 II 类错误的概率 β 比较困难，下面举例加以说明。

例 8-17 在例 8-16 中，若总体均值实际上不是 100 克，而是 95 克，根据抽样计算得到的样本均值仍为 98.5 克；总体方差、抽样单位数和显著性水平 $\alpha=0.05$ 均不变，检验原假设 $H_0: \mu = 100$。

因为根据例 8-16

$$Z = \frac{\bar{x} - 100}{15/\sqrt{25}} = \frac{98.5 - 100}{3} = -0.5 > -1.96$$

判断为不拒绝原假设，这就可能犯了取伪的错误。犯"取伪"错误的概率可由如下计算取得：

根据 $\alpha = 0.05$，与例 8-2 的结果一样，有：

$$|Z| = \frac{\bar{x} - 100}{3} = 1.96$$

所以此题的临界的 $\bar{x}$ 为 94.12（$=100-1.96 \times 3$）和 105.88（$=100+1.96 \times 3$），若样本均值处于此区间，便会犯"取伪"的错误。而当总体均值是 95 克时，有：

$$\frac{94.12 - 95}{3} = -0.29, \frac{105.88 - 95}{3} = 3.63$$

查标准正态分布表可知，标准正态曲线以下小于 $Z=-0.29$ 的概率是 0.3859，小于 $Z=3.63$ 的概率几乎为 1，即犯"取伪"错误的概率 $\beta = 1 - 0.3859 = 0.6141$。

从图 8-3 可以看出，与犯第 I 类错误受控于 α 的取值不同，犯第 II 类错误的概率有赖于

总体参数的假设值和实际值之间的差异。若原假设的值与总体参数的实际值越接近,犯"取伪"错误的可能性就越大,反之就小。因为较大的差异要比较小的差异容易发现,如果样本统计量和与之相应的总体参数值之间差异较大,犯第Ⅱ类错误的可能性就很小。比如,例 8-15 中真实的总体均值(未知)是 50 克,那么我们做出均值与 100 克之间无较大变化的可能性很小,即 β 值很小。另一方面,如果样本统计量和与之相应的总体参数值之间差异较小,犯第Ⅱ类错误的可能性就很大。因此,如果总体的均值实际上是 99 克,我们做出总体均值与 100 克之间无较大变化的可能性很大,即将会犯第Ⅱ类错误。

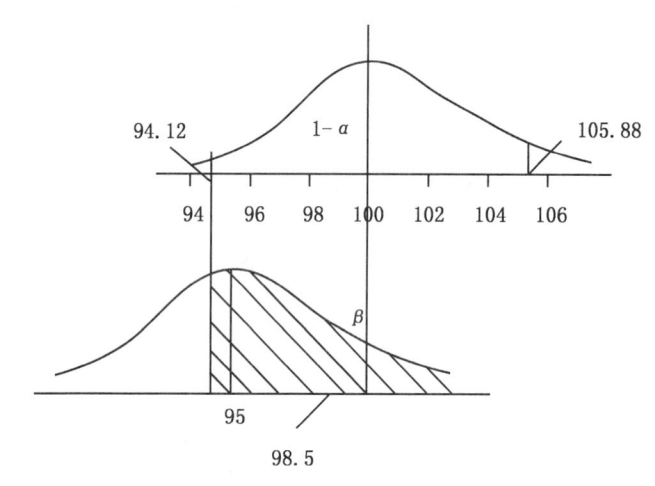

图 8-3 确定犯第Ⅱ类错误的概率 β

统计上把 $1-\beta$ 称为统计检验的势(也称检验效能),它是原假设实际上是错误的应该被拒绝的概率。在例 8-16 中,检验的势就是做出总体均值不是 100 克这个结论而实际上也的确不是 100 克的概率。$1-\beta$ 是被检验参数的一个函数,因为当总体参数变化时,其值也会发生变化,所以不能把犯第Ⅱ类错误的概率表示为一个数字。

五、假设检验的一般步骤

综上所述,假设检验的一般步骤为:
(1) 根据具体研究问题的要求,建立原假设 H_0 和备择假设 H_1。
(2) 选择一个合适的检验统计量,它应与原假设有关,能够知道当原假设 H_0 为真时统计量的抽样分布。抽样分布应不含未知参数。根据原假设和备择假设确定检验规则的形式。
(3) 给定显著性水平 α,当原假设 H_0 为真时,求出临界值。
(4) 由样本观测值计算检验统计量的数值,按检验规则,对原假设做出拒绝或接受的判断。

假设检验的一个重要原则是:提出的假设应该基于经验或者知识,而不应该基于观测数据,即在收集数据之前必须先提出假设。若你是在收集数据之后根据观测数据提出假设,就很容易错误地接受某一巧合的结论。例如,假定你在某大学收集到了一些数据,发现样本中有 20% 的本科生准备报考研究生,然后你提出的原假设是该大学全部的本科生中有 20% 的人准备报考研究生,并用收集到的数据进行检验。显然,你会不拒绝原假设的,因为原假设是在数据收集完了以后才提出的。若假设是在数据收集之后才根据观测数据提出来的,提出假设后,你必须去收集更多的数据,以检验这个假设的真伪。

六、假设检验与置信区间的关系

假设检验与置信区间有着密切的联系。我们可以由某参数的显著性水平为 α 的检验,得到该参数的置信度为 $1-\alpha$ 的置信区间;反之亦然。均值 μ 的显著性水平为 α 的双侧检验与置信度为 $1-\alpha$ 的置信区间之间有着这样的关系:若检验在 α 水平下不拒绝 H_0,则 μ 的 $1-\alpha$ 置信区间必包含 μ_0。反之,若检验在 α 水平下拒绝 H_0,则 μ 的 $1-\alpha$ 的置信区间必定不包含 μ_0。因此,我们可以用构造 μ 的 $1-\alpha$ 置信区间的方法来检验上述假设。如果构造出来的置信区间包含 μ_0,就不拒绝 H_0;如果不包含 μ_0,就拒绝 H_0。同样,给定显著性水平 α,可以从构造检验规则的过程中,得到 μ 的 $1-\alpha$ 置信区间。

在 8-16 与例 8-2 中,对"统计引例"茶叶装袋例子的区间估计为,若样本量 $n=25$,均值 $\bar{x}=98.5$ 克,则根据这个样本得到的 μ 的置信度为 95% 的置信区间为 $92.62 \leqslant \mu \leqslant 104.38$,即置信区间为 $(92.62,104.38)$。因为原假设 $\mu_0=100$,落在这个区间之内,所以无法拒绝 H_0。若抽取相同容量的样本,其均值低于 $100-5.88=94.12$ 克时,就应拒绝 $\mu_0=100$ 克的假设。这时,作为负责督察每袋茶叶包装重量的业务经理,你需要采取必要措施对茶叶的装袋过程做出调整。

本章小结

参数估计和假设检验是统计推断的两大内容。本章首先讨论了参数估计问题,讨论了如何确定合理的样本量。参数估计有点估计和区间估计两种。点估计值是由样本算出的一个数值,它不能表明估计的可靠程度;区间估计则能以一定的置信度清楚地断定被估计的未知参数在某一区间内。根据研究的问题和已知条件不同而用不同的方法。对总体均值、总体比例和总体方差的区间估计,所用公式可概括如下:

待估参数	已 知 条 件	置 信 区 间
总体均值 μ	正态总体,方差 σ^2 已知	$\bar{X} \pm Z_{1-\frac{\alpha}{2}} \dfrac{\sigma}{\sqrt{n}}$
	正态总体,方差 σ^2 未知	$\bar{X} \pm t_{1-\frac{\alpha}{2},n-1} \dfrac{S}{\sqrt{n}}$
	非正态总体,样本量 $n \geqslant 30$	$\bar{X} \pm Z_{1-\frac{\alpha}{2}} \dfrac{\sigma}{\sqrt{n}}$ (σ 未知时用 s 代替)
	有限总体,样本量 $n \geqslant 30$	$\bar{X} \pm Z_{1-\frac{\alpha}{2}} \dfrac{\sigma}{\sqrt{n}} \sqrt{\dfrac{N-n}{N-1}}$ (σ 未知时用 S 代替)
总体比例 p	无限总体,np 和 nq ($q=1-p$) 都大于 5	$p \pm Z_{1-\frac{\alpha}{2}} \sqrt{\dfrac{pq}{n}}$
	有限总体,np 和 nq 都大于 5	$p \pm Z_{1-\frac{\alpha}{2}} \sqrt{\dfrac{pq}{n} \dfrac{N-n}{N-1}}$
总体方差 σ^2	正态总体,方差 σ^2 未知	$\left[\dfrac{(n-1)S^2}{\chi^2_{1-\frac{\alpha}{2}}}, \dfrac{(n-1)S^2}{\chi^2_{\frac{\alpha}{2}}} \right]$
总体方差 σ_1^2/σ_2^2	正态总体	$\dfrac{s_1^2/s_2^2}{F_{1-\alpha/2}}, \dfrac{s_1^2/s_2^2}{F_{\alpha/2}}$

然后,本章讨论了假设检验问题。假设检验的基本思想可用小概率原理来解释。由于样本具有随机性,仅凭一次试验的结果否定原假设,可能发生"弃真"的错误(即Ⅰ类错误);反之,如果不拒绝原假设,则可能发生"取伪"的错误(即Ⅱ类错误)。发生Ⅰ类错误的概率记为 α,称为显著性水平。在假设检验中,根据显著性水平便可确定不拒绝还是否定原假设的界限。根据检验问题的不同,假设检验有双侧检验和单侧检验之分。同时,由于已知条件不同,构造的检验统计量也不同。

原假设与备择假设的建立是假设检验中十分重要的问题。建立假设的一个重要原则是:在收集数据之前必须先提出假设。在实际问题中,可从事实发生的逻辑顺序进行考虑。一般来说,在没有显著改变的状况下,对保持原状或现有标准的假设,通常可选为原假设;而对于与原状或现有标准不符合的假设,通常可选为备择假设。

思考与练习

8.1 什么是统计推断?统计推断的两类问题是什么?

8.2 为什么说点估计和区间估计是互为补充的两种估计?哪一种估计更为常用?

8.3 什么时候使用 t 分布对总体均值进行置信区间估计?

8.4 评价估计量好坏的准则通常有哪些?

8.5 第Ⅰ类错误和第Ⅱ类错误的区别是什么?

8.6 假设检验与置信区间有何关系?

8.7 p 值的含义是什么?

8.8 电话咨询服务部门在每次通话结束时都要记下通话的时间。从一个由 16 个记录组成的简单随机样本得出一次通话的平均时间为 1.6 分钟。试求总体平均值的置信度为 90% 的置信区间。已知总体服从标准差为 0.7 分钟的正态分布。

8.9 为了解某村 1 200 户农民的年收入状况,抽取一个由 80 户组成的简单随机样本,得出每户农民年平均收入为 3 210 元,标准差为 205 元。试求该村每户农民年平均收入置信度为 95% 的置信区间。

8.10 为了在正常条件下研究一种杂交作物的两种新处理方案,在同一地区随机选择八块地,在每块试验地上按两种方案种植作物。这八块地的单位面积产量分别是:

一号方案产量　　86　87　86　93　84　93　85　79
二号方案产量　　80　79　68　84　77　82　74　66

假设这两种方案的产量都服从正态分布,且方差相等,试求这两种方案平均产量之差的置信度为 95% 的置信区间。

8.11 为调查某市郊区 72 000 户农民家庭中拥有平板电脑的比例,随机抽取了其中的 400 户,结果有 92 户有平板电脑,试求总体比例的置信度为 95% 的置信区间。

8.12 一个随机样本由居民区甲 400 户家庭组成,其中有 18% 的家庭至少有一个学龄前儿童。另一个由居民区乙 600 户家庭组成的随机样本中,有 23% 的家庭至少有一个学龄前儿童。试求两个总体比例之差置信度为 95% 的置信区间。

8.13 某企业有 3 000 名职工,该企业想估计职工们上下班花在路途上的平均时间。以置信度为 99% 的置信区间进行估计,并使估计值处在真正平均值附近 1 分钟的误差范围之内。一个先前抽取的小样本给出的标准差为 4.3 分钟。试问应抽取多大的样本?

8.14 一个市场分析人员想知道：为了确定某小区内看过某种报纸广告的家庭占多大比例，需要从该区抽选多少家庭作样本。这个居民区共有 1 000 户，分析人员希望以 95% 的置信度对这个比例做出估计，并使估计值处在真正比例附近 0.05 范围之内。在一个先前抽取的样本中，有 25% 的家庭看过这种广告。试问应取多大的样本？

8.15 在某大学中随机抽取 16 名教师，了解到他们的月平均收入为 2 000 元，标准差为 800 元，试以 95% 的置信度，估计该大学教师的月平均收入及其标准差的置信区间。

第九章

定量数据的统计分析

统计引例

不同车间茶叶质量差异的检验

龙津茶叶公司的工厂共有三个不同的茶叶加工车间,分别由不同的车间主管进行管理。作为工厂的管理人员,你要负责对三个车间加工的茶叶质量进行对比和评估。在对茶叶质量进行检测时,茶叶中的微生物含量是一个很重要的检测标准。具体而言,茶叶中的有害微生物的存在会严重影响茶叶品质,并会对饮茶人的健康带来直接或潜在的危害。因此,不同车间的茶叶微生物含量反映了车间的卫生程度和车间主管的管理力度。为了检测三个车间的茶叶加工质量的差异,你可以在每个车间随机抽取一些茶叶,并对其进行微生物检测,然后根据平均微生物含量,计算出三个车间的茶叶加工质量。一个简单的评估三个车间质量差异的思路是哪个车间的平均微生物含量越低,就说明哪个车间的工作越好。如果你是茶叶质量评估工作的负责人,你会采用什么方法来开展这个分析工作呢?

第一节 单个样本均值的检验

考虑下面三种类型的假设检验:
(1) $H_0: \mu = \mu_0; H_1: \mu \neq \mu_0$;
(2) $H_0: \mu = \mu_0; H_1: \mu > \mu_0$;
(3) $H_0: \mu = \mu_0; H_1: \mu < \mu_0$。
下面分三种情况来讨论单个样本均值的检验。

一、正态样本均值的检验——总体方差已知

构造检验统计量

$$Z = \frac{\bar{X} - \mu_0}{\frac{\sigma}{\sqrt{n}}} \tag{9-1}$$

当 $\mu=\mu_0$ 时，统计量服从 $N(0,1)$。给定显著性水平 α，则

(1) $H_0: \mu=\mu_0; H_1: \mu \neq \mu_0$

检验规则为：

当 $|Z|=\dfrac{|\bar{x}-\mu_0|}{\dfrac{\sigma}{\sqrt{n}}} \geqslant z_{1-\frac{\alpha}{2}}$ 时，拒绝 H_0；

(2) $H_0: \mu=\mu_0; H_1: \mu > \mu_0$

检验规则为：

当 $Z=\dfrac{\bar{x}-\mu_0}{\dfrac{\sigma}{\sqrt{n}}} \geqslant z_{1-\alpha}$ 时，拒绝 H_0；

(3) $H_0: \mu=\mu_0; H_1: \mu < \mu_0$

检验规则为：

当 $Z=\dfrac{\bar{x}-\mu_0}{\dfrac{\sigma}{\sqrt{n}}} \leqslant -z_{1-\alpha}$ 时，拒绝 H_0。

以上三个假设检验的拒绝域如图 9-1，拒绝区域在密度函数图中的面积为 α。

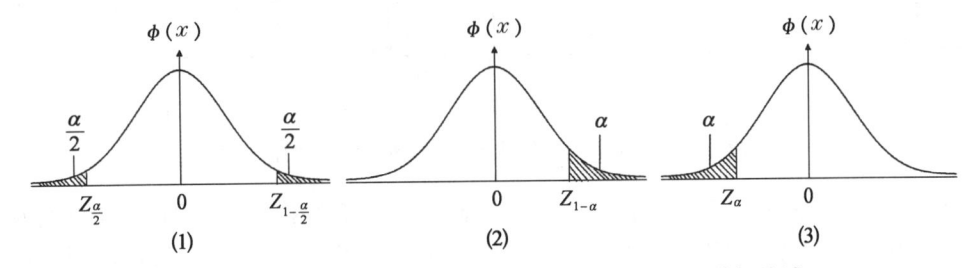

图 9-1　正态样本均值的假设检验（总体方差已知）的拒绝域

例 9-1 完成生产线上某件工作的平均时间不少于 15.5 分钟，标准差为 3 分钟。对随机抽选的 9 名职工讲授一种新方法，训练期结束后这 9 名职工分别完成此项工作的平均时间为 13.5 分钟。这个结果是否说明用新方法所需时间比用老方法所需时间短？设显著性 $\alpha=0.05$，并假定每人完成这件工作的时间服从标准差为 3 分钟的相同正态分布。

解 根据题意，要检验的假设为：

$H_0: \mu=15.5; H_1: \mu < 15.5$

由于总体服从正态分布，且总体方差已知，所以选取检验统计量

$$Z=\dfrac{\bar{X}-\mu_0}{\dfrac{\sigma}{\sqrt{n}}}$$

其观测值为：

$$z=\dfrac{13.5-15.5}{\dfrac{3}{\sqrt{9}}}=13.5-15.5=-2$$

查标准正态分布表得 $z_{0.95}=1.65$，由于 $z<-z_{0.95}$，所以拒绝原假设 H_0，也即说明用新方

法所需时间明显较短。

二、正态样本均值的检验——总体方差未知

由于 σ 未知,考虑使用样本标准差 S 代替它,此时取检验统计量

$$t = \frac{\overline{X} - \mu_0}{\frac{S}{\sqrt{n}}} \quad (9-2)$$

当 $\mu = \mu_0$ 时,这一 t 统计量服从自由度为 $n-1$ 的 t 分布。给定显著性水平 α,检验问题 (1)、(2)、(3) 的检验规则分别为:

(1) 当 $|t| \geqslant t_{1-\frac{\alpha}{2},(n-1)}$ 时拒绝 H_0;
(2) 当 $t \geqslant t_{1-\alpha,(n-1)}$ 时拒绝 H_0;
(3) 当 $t \leqslant -t_{1-\alpha,(n-1)}$ 时拒绝 H_0。

拒绝域面积为 α,见图 9-2。

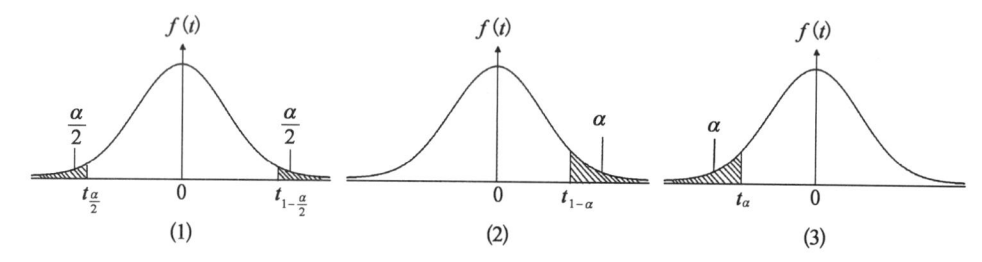

图 9-2 正态样本均值的假设检验(总体方差未知)的拒绝域

例 9-2 某汽车轮胎厂声称,该厂一等品轮胎的平均寿命在一定的重量和正常行驶条件下高于 25 000 千米的国家标准。对一个由 15 个轮胎组成的随机样本进行试验,得到的平均值和标准差分别为 27 000 千米和 5 000 千米。假定轮胎寿命近似服从正态分布,试问是否可以相信产品同厂家所说的情况相符?($\alpha = 0.05$)

解 由于存在抽样误差,需要对制造厂所说的情况进行显著性检验,即该厂的轮胎寿命必须显著地高于国家标准。这时,我们可把与国家标准没有显著差异作为原假设,而把高于标准作为备择假设。于是建立假设:

$H_0: \mu = 25\,000$;$H_1: \mu > 25\,000$

由于总体近似服从正态分布,总体方差未知,则可用样本标准差 S 代替它,所以选取检验统计量

$$t = \frac{\overline{X} - \mu_0}{\frac{S}{\sqrt{n}}}$$

其观测值为:

$$t = \frac{\overline{x} - \mu_0}{\frac{S}{\sqrt{n}}} = \frac{27\,000 - 25\,000}{\frac{5\,000}{\sqrt{15}}} = 1.55$$

查 t 分布表,得 $t_{0.05,(14)} = 1.761\,3$。由于 $t < t_{0.05,(14)}$,所以只能不拒绝 H_0,也即没有充分的理由相信该制造厂轮胎的平均寿命高于国家标准。

三、非正态样本均值的检验

虽然总体不服从正态分布,但当样本容量 n 很大(如 $n \geqslant 30$)时,由中心极限定理可知 $\bar{X}$ 的抽样分布近似为正态分布。如 σ 已知,可以把

$$Z = \frac{\bar{X} - \mu_0}{\frac{\sigma}{\sqrt{n}}}$$

作为检验统计量;当 $\mu = \mu_0$ 时,统计量近似服从 $N(0,1)$。如果 σ 未知,则可用样本标准差 S 代替它,即:

$$Z = \frac{\bar{X} - \mu_0}{\frac{S}{\sqrt{n}}} \tag{9-3}$$

当 $\mu = \mu_0$ 时,统计量仍近似服从 $N(0,1)$。检验方法与正态样本的检验相同。

第二节 两个独立样本均值之差的检验

考虑下面三种类型的假设检验:
(1) $H_0: \mu_1 - \mu_2 = D$;$H_1: \mu_1 - \mu_2 \neq D$;
(2) $H_0: \mu_1 - \mu_2 = D$;$H_1: \mu_1 - \mu_2 > D$;
(3) $H_0: \mu_1 - \mu_2 = D$;$H_1: \mu_1 - \mu_2 < D$。
当 $D = 0$ 时,以上三种类型的假设检验可分别简化为:
(1) $H_0: \mu_1 = \mu_2$;$H_1: \mu_1 \neq \mu_2$;
(2) $H_0: \mu_1 = \mu_2$;$H_1: \mu_1 > \mu_2$;
(3) $H_0: \mu_1 = \mu_2$;$H_1: \mu_1 < \mu_2$。
下面分三种情况来讨论。

一、两个正态样本的均值之差的检验——两个总体方差已知

我们知道,$\bar{X}_1 - \bar{X}_2 \sim N(\mu_1 - \mu_2, \frac{\sigma_1^2}{n_1} + \frac{\sigma_2^2}{n_2})$,经标准化后,为

$$Z = \frac{(\bar{X}_1 - \bar{X}_2) - (\mu_1 - \mu_2)}{\sqrt{\frac{\sigma_1^2}{n_1} + \frac{\sigma_2^2}{n_2}}} \sim N(0,1)$$

于是,构造检验统计量

$$Z = \frac{(\bar{X}_1 - \bar{X}_2) - D}{\sqrt{\frac{\sigma_1^2}{n_1} + \frac{\sigma_2^2}{n_2}}} \tag{9-4}$$

当原假设成立时,统计量服从 $N(0,1)$。给定显著性水平 α,检验问题(1)、(2)、(3)的检验规则分别为:

(1) 当 $|Z| \geqslant z_{1-\frac{\alpha}{2}}$ 时拒绝 H_0;

(2) 当 $Z \geqslant z_{1-\alpha}$ 时拒绝 H_0;

(3) 当 $Z \leqslant -z_{1-\alpha}$ 时拒绝 H_0。

例 9-3 有两种方法可用于制造某种产品。经验表明,这两种方法生产的产品的抗拉强度都近似服从正态分布。方法 1 和方法 2 给出的标准差分别为 3 千克和 4 千克。从方法 1 和方法 2 生产的产品中分别随机抽取 10 个和 14 个产品,所得样本均值分别为 20 千克和 17 千克。试问这两种方法生产的产品的平均抗拉强度是否不同。($\alpha=0.05$)

解 按题意,建立假设

$H_0: \mu_1 = \mu_2; H_1: \mu_1 \neq \mu_2$

由于两个总体都近似服从正态分布,且总体方差已知,所以选取检验统计量

$$Z = \frac{\overline{X}_1 - \overline{X}_2}{\sqrt{\frac{\sigma_1^2}{n_1} + \frac{\sigma_2^2}{n_2}}}$$

其观测值为:

$$z = \frac{\overline{X}_1 - \overline{X}_2}{\sqrt{\frac{\sigma_1^2}{n_1} + \frac{\sigma_2^2}{n_2}}} = \frac{20 - 17}{\sqrt{\frac{3^2}{10} + \frac{4^2}{14}}} = 2.1$$

查表得 $z_{0.025} = 1.96$,由于 $z > z_{0.025}$,所以拒绝原假设 H_0,也即认为这两种方法不能生产出抗拉强度相同的产品。

二、两个正态样本的均值之差的检验——两个总体方差未知

我们假设两个总体的方差相同,则这一方差可由

$$S_p = \sqrt{\frac{(n_1 - 1) S_1^2 + (n_2 - 1) S_2^2}{n_1 + n_2 - 2}} \tag{9-5}$$

估计,由此我们知道,检验统计量

$$t = \frac{\overline{X}_1 - \overline{X}_2 - D}{S_p \sqrt{\frac{1}{n_1} + \frac{1}{n_2}}} \sim t_{n_1 + n_2 - 2}$$

在原假设成立时服从自由度为 $n_1 + n_2 - 2$ 的 t 分布。给定显著性水平 α,检验问题(1)、(2)、(3)的检验规则分别为:

(1) 当 $|t| \geqslant t_{1-\frac{\alpha}{2}, n_1+n_2-2}$ 时拒绝 H_0;

(2) 当 $t \geqslant t_{1-\alpha, n_1+n_2-2}$ 时拒绝 H_0;

(3) 当 $t \leqslant -t_{1-\alpha, n_1+n_2-2}$ 时拒绝 H_0。

例 9-4 有甲、乙两台机床加工同样产品,从它们的产品中分别随机抽取 8 件和 6 件,测得产品直径(单位:毫米)数据为:

$\bar{x}_1 = 201, \bar{x}_2 = 198, s_1^2 = 0.17, s_2^2 = 0.14$

假定两个总体都服从正态分布，且方差相等。试问甲、乙两台机床加工的产品平均直径有无显著差异？（$\alpha = 0.05$）

解 按题意建立假设

$H_0: \mu_1 = \mu_2; H_1: \mu_1 \neq \mu_2$

由于两个总体都服从正态分布且方差相等，所以选取检验统计量

$$t = \frac{\bar{X}_1 - \bar{X}_2}{S_p \sqrt{\frac{1}{n_1} + \frac{1}{n_2}}}$$

其观测值为：

$$t = \frac{20.1 - 19.8}{\sqrt{\frac{7 \times 0.17 + 5 \times 0.14}{12}} \times \sqrt{\frac{1}{8} + \frac{1}{6}}} = 1.4$$

查 t 分布表，$t_{0.975,(12)} = 2.17$。由于 $t < t_{0.025,(12)}$，所以接受 H_0，也即甲、乙两台机床加工的产品平均直径无显著差异。

对于少数情况我们无法假设两个总体方差相同，此时我们可以对大样本量的数据使用下面的方法构造统计量进行估计。

三、两个非正态样本的均值之差的检验

当两个样本容量 n_1 和 n_2 都足够大时，根据中心极限定理可推得 $\bar{X}_1 - \bar{X}_2$ 的抽样分布近似为正态分布。因此检验统计量为：

$$Z = \frac{(\bar{X}_1 - \bar{X}_2) - D}{\sqrt{\frac{\sigma_1^2}{n_1} + \frac{\sigma_2^2}{n_2}}}$$

如果 σ_1^2 和 σ_2^2 未知，就用 S_1^2 和 S_2^2 分别代替，即：

$$Z = \frac{(\bar{X}_1 - \bar{X}_2) - D}{\sqrt{\frac{S_1^2}{n_1} + \frac{S_2^2}{n_2}}} \tag{9-6}$$

当原假设成立时，统计量近似服从 $N(0,1)$。检验方法与正态总体条件下的检验相同。

例 9-5 下面所列数据是来自某国的沿海地区和非沿海地区居民这两个总体的人口年龄的样本信息：

沿海地区	非沿海地区
$n_1 = 150$	$n_2 = 175$
$\bar{X}_1 = 39.3$（岁）	$\bar{X}_2 = 35.4$（岁）
$S_1 = 16.8$（岁）	$S_2 = 15.2$（岁）

试检验两个样本的均值是否不同，取显著性水平为 0.05。

解 根据题意，要检验的假设为：$H_0: \mu_1 - \mu_2 = 0, H_a: \mu_1 - \mu_2 \neq 0$。

由式（9-6）可得：

$$Z = \frac{\overline{X}_1 - \overline{X}_2}{\sqrt{\frac{S_1^2}{n_1} + \frac{S_2^2}{n_2}}} = \frac{39.3 - 35.4}{\sqrt{\frac{16.8^2}{150} + \frac{15.2^2}{175}}} = 2.18$$

因为统计值为 2.18>1.96,所以拒绝 H_0,即这两个总体的平均年龄存在差别。

第三节　两个配对样本均值之差的检验

对两个总体的均值进行比较时,有时样本数据是成对出现的。此时需要比较配对样本 x 与 y 的均值 μ_1 与 μ_2 之间的差异。

假定两个总体的方差相等,样本方差分别为 S_x^2 与 S_y^2,n 为其中一个总体的样本个数。若采用两独立样本 t 检验,假设为 $H_0: \mu_1 = \mu_2$;$H_1: \mu_1 \neq \mu_2$,构建的 t 统计量为:

$$t = \frac{\overline{x} - \overline{y}}{\sqrt{\frac{S_x^2 + S_y^2}{n}}}$$

此时对于显著性水平 α 拒绝域 W 为:

$$W = \{|t| > t_{1-\frac{\alpha}{2},(2n-2)}\}$$

该两独立样本 t 检验的结果可能存在较大误差,原因在于配对样本之间可能存在一些不可控的相关因素,但两独立样本 t 检验并没有考虑这些影响因素,而是将它们都纳入构建的统计量中,从而导致标准差增大,结果不显著。

此时进行两个配对样本均值之差的检验,可以采用配对 t 检验方法,构建成对数据的差 $d = x - y$,此时 d 的均值 $\mu = \mu_1 - \mu_2$,原先要比较 μ_1 与 μ_2 是否相等,此时假设转化为 $H_0: \mu = 0$,$H_1: \mu \neq 0$,构建的 t 统计量为:

$$t = \overline{d} / (\frac{s_d}{\sqrt{n}})$$

其中 $\overline{d} = \frac{1}{n}\sum_{i=1}^{n} d_i$,$s_d = \left[\frac{1}{n-1}\sum_{i=1}^{n}(d_i - \overline{d})^2\right]^{1/2}$。在给定显著性水平 α 下,该检验的拒绝域为:

$$W = \{|t| \geqslant t_{1-\frac{\alpha}{2},(n-1)}\}$$

以上就是两个配对样本均值之差的 t 检验,相比于两独立样本 t 检验,配对数据 t 检验采用了配对数据之差 d_i,从而消除了不同样本之间不可控的影响因素,使检验结果更加合理。

例 9-6　有两种新研发的作物品种,为了比较两个品种产量的优劣,现选取 10 块土质存在差异的试验田,并将每块试验田随机划分为面积相同的两部分,分别种植两个品种的作物。通过种植过程中对其他变量(施肥浇水、田间管理等)进行控制,最终得到各小块试验田的单位产量数据如下:

表 9-1　　　　　　　　　　不同作物品种在试验田的试验结果

试验田	1	2	3	4	5	6	7	8	9	10
品种甲的单位产量 x	23	35	29	42	39	29	37	34	35	28
品种乙的单位产量 y	30	39	35	40	38	34	36	33	41	31
差值 $d = x - y$	-7	-4	-6	2	1	-5	1	1	-6	-3

假定单位产量服从正态分布,试问:两个品种作物的平均单位产量是否存在显著差异。($\alpha=0.05$)

解 若采用两独立样本 t 检验,按题意,假定 $x \sim N(\mu_1, \sigma_1^2), y \sim N(\mu_2, \sigma_2^2)$,且 x 与 y 独立,两个总体方差相等,进而建立假设

$H_0: \mu_1 = \mu_2; \quad H_1: \mu_1 \neq \mu_2$

并构建 t 统计量。由给出的数据可算得

$\bar{x} = 33.1, \bar{y} = 35.7, S_x^2 = 33.2110, S_y^2 = 14.2333$

进而可算得两独立样本 t 检验统计量的值 $t_1 = \dfrac{33.1 - 35.7}{\sqrt{\dfrac{47.4444}{10}}} = -1.1937$,查表可知 $t_{0.975,(18)} = 2.10$,由于 $|t_1| < 2.10$,不拒绝原假设,即认为两个品种作物的单位产量平均值没有显著差异,此处检验的 p 值为 0.2467。

若采用两配对样本 t 检验,在正态假设下,$d = x - y \sim N(\mu, \sigma_d^2)$,其中 $\mu = \mu_1 - \mu_2$, $\sigma_d^2 = \sigma_1^2 + \sigma_1^2$,则假设变为

$H_0: \mu = 0; H_1: \mu \neq 0$

并构建 t 统计量。由给出的数据可算得

$n = 10, \bar{d} = -2.6, s_d = 3.5024$

进而可算得配对数据 t 检验统计量的值 $t_2 = \dfrac{-2.6}{3.5024/\sqrt{10}} = -2.3475$,查表可知 $t_{0.975,(9)} = 2.26$,由于 $|t_2| > 2.26$,故应拒绝原假设,即认为两个品种作物的单位产量平均值存在显著差异,此处检验的 p 值为 0.0435。

可见两种不同的检验方法得出了相反的结论,而由于配对数据 t 检验通过配对数据做差消除了试验单元(如土质)之间的差别,所以得出的结论更为可信。需要指出的是,如果题目假设 10 块试验田的土质完全相同,即参加比较的试验单元完全一样,则使用两独立样本 t 检验效果会更好一些,因为它可以提供更多自由度去估计误差。

第四节 多个独立样本均值的方差分析

前几节我们讨论了两个总体均值之差的估计和检验问题。在实际工作中,往往需要对多个总体进行比较研究,并分析它们之间差异的原因。这时,如果沿用两个总体比较的方法,不仅计算工作烦冗,而且由于不能同时利用全部的观察数据,推断的精确度也较低。如果采用方差分析来解决这类问题,就可取得较好的效果。方差分析也是一种假设检验,它是对全部样本观察值的差异进行分解,将某种因素下各组样本观察值之间可能存在的系统性误差与随机误差加以比较,据以推断各总体之间是否存在显著性差异,若存在显著性差异,也就说明该因素的影响是显著的。

例 9-7 某计算机公司的三个工厂 A、B 和 C 都生产打印机和传真机。为了检测这些工厂中有多少工人对综合质量管理有所了解,从每个工厂中随机抽取 6 名工人作为一个样本,并对每名被抽到的工人进行质量意识测试。这 18 名工人的测试得分见表 9-2。表中同时给出了每组样本的均值、方差和标准差。管理人员希望用这些得分数据来检验如下假设:这三个工厂的工人测试的平均得分是相同的。

表 9-2　　　　　　　　　　　　　工人得分分析表

受 测 对 象	工厂 A	工厂 B	工厂 C
1	85	71	59
2	75	75	64
3	82	73	62
4	76	74	69
5	71	69	75
6	85	82	67
样本均值	79	74	66
样本方差	34	20	32
样本标准差	5.83	4.47	5.66

由表 9-2 可见，18 名工人的得分存在差异。各组（工厂）内部有差异，各组的平均数也不同。由于这批工人的个体条件基本相同，观察数据又是随机抽样的结果，因此，可以认为各组内的差异是纯粹的随机性差异；而各组之间的差异除了随机性因素外，是否还存在三个工厂的工人质量意识不同这个因素影响的差异呢？如果由这种确定的因素影响的差异（可称为系统性误差）确实存在且与随机性误差相比是显著的，就可认为三个工厂工人的质量意识不同确实影响测试的成绩；反之，就不能认为工人的测试成绩与不同工厂的背景有关。

类似地，对用同一种原材料生产的产品质量，按所用原材料进货的批次（或产地）分组，比较各组产品质量是否有显著差异以检验原材料的批次（或产地）对产品质量的影响；对同一种产品的销售量按不同的广告创意分组，比较各组销售量是否有显著差异，检验广告创意对产品销售量的影响，等等。可见，方差分析就是根据样本观察值中系统误差与随机误差的比较分析，对总体之间的差异及影响差异的因素进行推断的统计方法。这种分析方法在实验科学和社会经济问题的研究中应用很广。

在方差分析中，按某一影响因素分组后的各组一般称为因素水平（简称水平或状态、亦称处理因素），若分为三组（如例 9-7），就有 3 个水平；若分为 k 组，就有 k 个水平。每一个水平的变量都视为独立总体，可记为 $X_1, X_2, \cdots, X_k$。例 9-7 中，各个工厂的全体工人对综合质量管理意识的成绩都是独立总体，也即有 3 个总体。而且假定它们都服从正态分布，均值和方差未知，但方差相同，即：

$$X_i \sim N(\mu_i, \sigma^2) \quad (i=1,2,\cdots,k)$$

各水平组的观察值就是从这些总体中随机抽样的样本观察值。方差分析是对各总体均值的比较研究。任何比较都是有条件的，因此，只有在上述假定的前提条件下进行方差分析，各总体均值才有可比性和实际意义。显然，农、医、药等实验科学和应用技术可以在人为控制的实验条件下进行观察，上述假定条件较易满足；而社会经济和管理问题的研究情况比较复杂，很难完全符合这些假定，一般只能大致符合。因此，进行方差分析的抽样和试验设计以及对分析结果的解释都要十分谨慎。

方差分析如果只是对一个影响因素的各水平组的差异进行比较分析（如例 9-7），称为单因素方差分析；如果是对两个和两个以上影响因素的水平组进行比较分析，就分别称为双因素方差分析和多因素方差分析。本节将首先介绍单因素方差分析，在下一节介绍双因素方差分析。

如上所述，单因素方差分析是一个影响因素不同水平组均值之差异的显著性检验。根据

方差分析的假定条件,可知从各水平组抽样所得到的 k 组随机样本的观察值也服从正态分布:

$$X_{ij} \sim N(\mu_i, \sigma^2) \quad (i=1,2,\cdots,k; j=1,2,\cdots,n_i)$$

设 n 为样本总容量;n_i 为各水平组样本容量。$n=n_1+n_2+\cdots+n_k$。根据样本数据,便可计算得到:

各水平组的平均数: $\overline{X}_i = \dfrac{1}{n_i} \sum\limits_{j=1}^{n_i} X_{ij}$

总平均数: $\overline{X} = \dfrac{1}{n} \sum\limits_{i=1}^{k} \sum\limits_{j=1}^{n_i} X_{ij} = \sum\limits_{i=1}^{k} \overline{X}_i \cdot n_i / n$

组内离差平方和: $SSE = \sum\limits_{i=1}^{k} \sum\limits_{j=1}^{n_i} (X_{ij} - \overline{X}_i)^2$

组间离差平方和: $SSB = \sum\limits_{i=1}^{k} \sum\limits_{j=1}^{n_i} (\overline{X}_i - \overline{X})^2 = \sum\limits_{i=1}^{k} n_i (\overline{X}_i - \overline{X})^2$

总离差平方和: $SST = \sum\limits_{i=1}^{k} \sum\limits_{j=1}^{n_i} (X_{ij} - \overline{X})^2$

$\overline{X}_i$ 和 $\overline{X}$ 分别是各水平总体均值 μ_i 和整个总体均值 μ 的无偏估计。组内离差平方和 SSE 反映各水平组内观察值的差异,由于是相同条件下的差异,故可视为纯粹的随机误差;组间离差平方和 SSB 反映各水平组之间的差异,其差异可能包含因素的不同水平引起的系统误差。总离差平方和反映所研究的某变量全部观察值的差异,它也是方差分析所要解释的问题。因为

$$X_{ij} - \overline{X} = (X_{ij} - \overline{X}_i) + (\overline{X}_i - \overline{X})$$

等式两边平方后加总,便有

$$\sum_{i=1}^{k} \sum_{j=1}^{n_i} (X_{ij}-\overline{X})^2 = \sum_{i=1}^{k} \sum_{j=1}^{n_i} (X_{ij}-\overline{X}_i)^2 + \sum_{i=1}^{k} \sum_{j=1}^{n_i} (\overline{X}_i-\overline{X})^2 + 2 \sum_{i=1}^{k} \sum_{j=1}^{n_i} (X_{ij}-\overline{X}_i)(\overline{X}_i-\overline{X})$$

其中 $\sum\limits_{i=1}^{k} \sum\limits_{j=1}^{n_i} (X_{ij}-\overline{X}_i)(\overline{X}_i-\overline{X}) = \sum\limits_{i=1}^{k} (\overline{X}_i-\overline{X}) \sum\limits_{j=1}^{n_i} (X_{ij}-\overline{X}_i) = 0$

所以就有

$$\sum_{i=1}^{k} \sum_{j=1}^{n_i} (X_{ij}-\overline{X})^2 = \sum_{i=1}^{k} \sum_{j=1}^{n_i} (X_{ij}-\overline{X}_i)^2 + \sum_{i=1}^{k} \sum_{j=1}^{n_i} (\overline{X}_i-\overline{X})^2$$

即
$$SST = SSE + SSB \tag{9-7}$$

可见,总离差平方和一定时,组内离差平方和与组间离差平方和此消彼长。若 SSB 大,SSE 就小,表明总离差平方和 SST 主要是因素的不同水平引起的;反之,若 SSB 并不明显大于 SSE,则表明因素的不同水平对 SST 没有显著影响。因此,可以通过 SSB 与 SSE 的比较对因素水平的影响是否显著进行检验。

检验的假设为

$H_0: \mu_1 = \mu_2 = \cdots \mu_k = \mu$;$H_1: \mu_1, \mu, \cdots, \mu_k$ 不全相等

若原假设 $\mu_1 = \mu_2 = \cdots = \mu_k = \mu$ 成立,则可认为所有的样本观察值 X_{ij} 都来自同一正态总体 $N(\mu, \sigma^2)$;又因为它们是相互独立的,因此可以证明各离差平方和除以总体的方差 σ^2 后都

服从 χ^2 分布,即:

$$\frac{SST}{\sigma^2} \sim \chi^2(n-1); \frac{SSB}{\sigma^2} \sim \chi^2(k-1); \frac{SSE}{\sigma^2} \sim \chi^2(n-k)$$

且 SSB 与 SSE 相互独立。$n-1, k-1, n-k$ 分别为 SST、SSB 和 SSE 的自由度,将各离差平方和除以各自的自由度即为平均的离差平方和,简称为均方,记为:

$$MST = SST/(n-1); MSB = SSB/(k-1); MSE = SSE/(n-k)$$

这里,SSB 的自由度为 $k-1$,是因为总平均数由各组平均数加权平均所得,当总平均数既定时,受 $\sum(\overline{X}_i - \overline{X}) = 0$ 的制约,必有一个组平均数被锁定,因而失去一个自由度;SSE 的自由度为 $n-k$,是因为每一组在组平均数 $\overline{X}_i$ 既定时,都失去一个自由度,k 组共失去 k 个自由度;SST 的自由度为 $n-1$,则是在总平均数既定时,全部样本的观察值受 $\sum(X_{ij} - \overline{X}) = 0$ 的制约的结果,而且它也是 SSB 和 SSE 的自由度之和,即 $n-1 = (k-1) + (n-k)$。

有了平均的离差平方和,根据 F 分布的特性,可构造检验统计量 F:

$$F = \left[\frac{SSB}{\sigma^2}/(k-1)\right] \div \left[\frac{SSE}{\sigma^2}/(n-k)\right] = \frac{SSB/(k-1)}{SSE/(n-k)} = \frac{MSB}{MSE} \qquad (9-8)$$

当 H_0 为真时,F 服从自由度为 $(k-1, n-k)$ 的 F 分布。不难看出,如果所研究因素的各个水平对总体的影响差不多,则组间均方 MSB 较小,因而 F 也较小。反之,如果各水平对总体影响有显著差异,则 MSB 较大,因而 F 也较大。这样,我们可以直接根据 F 值检验原假设 H_0。

对于给定的显著性水平 α,查 F 分布表,便得到自由度为 $(k-1, n-k)$ 的 F_α,满足 $P(F \geqslant F_{1-\alpha}) = \alpha$。若 $F \geqslant F_{1-\alpha}$,就拒绝 H_0,认为因素的不同水平对总体的差异有显著影响;若 $F < F_{1-\alpha}$,则不拒绝 H_0,认为因素的不同水平对总体的差异无显著影响。

现根据例 9-7 中 18 名工人的测试得分的资料,在 $\alpha = 0.05$ 的置信水平下,计算各离差平方和 F 值,对该公司管理人员认为这三个工厂的工人测试的平均得分是相同的假设进行检验。计算结果可列成如表 9-3 所示方差分析表。

表 9-3　　　　　　　　　　　方差分析表

方差来源	平方和	自由度	均方	F 值	P 值	临界值 F_α
组　间	$SSB = 516$	2	258	9	0.002 703	$F_{0.95}(2,15)$
组　内	$SSE = 430$	15	28.666 7			$= 3.68$
总　和	$SST = 946$	17				

因为 $F = 9 > 3.68$(临界值),所以拒绝原假设 $H_0: \mu_1 = \mu_2 = \mu_3$,就可认为三个工厂工人的质量意识不同确实影响测试的成绩。

附带指出,方差分析的各水平组的样本容量 n_i 可以相等(如例 9-7),也可不相等。

第五节　多个区组样本均值的方差分析

两因素方差分析,是要检验两个因素的变异对观察结果有无影响,它又可以分为不考虑交互作用的两因素方差分析和考虑交互作用的两因素方差分析两种。前者是只考虑两个因素各自变异对观察结果的影响,后者还要考虑两个因素不同水平的组合所产生的交互作用对观察结果的影响。两因素方差分析和单因素方差分析的原理相同,只是处理更为复杂。

一、不考虑交互作用的两因素方差分析

设两个因素 A、B 分别有 k 个水平和 h 个水平,若不考虑 A、B 间的交互作用,可以对每种水平的组合 (A_i, B_j) 只进行一次独立观察,所以不考虑交互作用的两因素方差分析又称为无重复观察的两因素方差分析。

例 9-8 某企业管理部门想研究生产设备与操作工艺方法的不同对生产量有无显著性影响,随机抽取了三台同类的机器 (A_1, A_2, A_3) 和四种操作工艺 (B_1, B_2, B_3, B_4),具体资料见表 9-4。

表 9-4　　　　　　　　　　三台机器设备和四种操作工艺的数据表

工艺日产量(件)机器	B_1	B_2	B_3	B_4	$\overline{X}_{i\cdot}$
A_1	15	17	15	18	16.25
A_2	19	15	18	15	16.75
A_3	16	19	18	17	17.5
$\overline{X}_{\cdot j}$	16.667	17	17	16.667	$\overline{X}=16.833$

表中:$\overline{X}_{i\cdot} = \dfrac{1}{h}\sum\limits_{j=1}^{h} X_{ij}, i=1,2,\cdots,k$,表示 A 因素第 i 个水平的平均值,此例中 $k=3$。

$\overline{X}_{\cdot j} = \dfrac{1}{k}\sum\limits_{i=1}^{k} X_{ij}, j=1,2,\cdots,h$,表示 B 因素第 j 个水平的平均值,此例中 $h=4$。

$\overline{X} = \dfrac{1}{k\cdot h}\sum\limits_{i=1}^{k}\sum\limits_{j=1}^{h} X_{ij} = \dfrac{1}{k}\sum\limits_{i=1}^{k}\overline{X}_{i\cdot} = \dfrac{1}{h}\sum\limits_{j=1}^{h}\overline{X}_{\cdot j}$,表示所有观测值的平均值。

检验因素 A 的 k 个水平间有无显著性差异,可设假设为:
$H_0(A): \mu_{1\cdot} = \mu_{2\cdot} = \cdots = \mu_{k\cdot}$, $H_1(A): \mu_{i\cdot}$ 不完全相等 $(i=1,2,\cdots,k)$

检验因素 B 的 h 个水平间有无显著性差异,可设假设为:
$H_0(B): \mu_{\cdot 1} = \mu_{\cdot 2} = \cdots = \mu_{\cdot h}$, $H_1(B): \mu_{\cdot j}$ 不完全相等 $(j=1,2,\cdots,h)$

可用

$$SST = \sum_{i=1}^{k}\sum_{j=1}^{h}(X_{ij}-\overline{X})^2$$

表示所有观察值 X_{ij} 与总平均值 $\overline{X}$ 的离差平方和。由于存在两个因素,总离差平方和中除各水平组内随机误差之外,同时有两种组间差异,所以,SST 可以分解成三个部分:

$$\begin{aligned}SST &= \sum_{i=1}^{k}\sum_{j=1}^{h}(X_{ij}-\overline{X})^2 \\ &= h\sum_{i=1}^{k}(\overline{X}_{i\cdot}-\overline{X})^2 + k\sum_{j=1}^{h}(\overline{X}_{\cdot j}-\overline{X})^2 + \sum_{i=1}^{k}\sum_{j=1}^{h}(X_{ij}-\overline{X}_{i\cdot}-\overline{X}_{\cdot j}+\overline{X})^2\end{aligned}$$

可记为:

$$SST = SS(A) + SS(B) + SSE \qquad (9-9)$$

式中：

$SS(A) = h\sum_{i=1}^{k}(\overline{X}_{i.} - \overline{X})^2$ 表示由因素 A 的不同水平引起的系统误差；

$SS(B) = k\sum_{j=1}^{h}(\overline{X}_{.j} - \overline{X})^2$ 表示由因素 B 的不同水平引起的系统误差；

$SSE = \sum_{i=1}^{k}\sum_{j=1}^{h}(X_{ij} - \overline{X}_{i.} - \overline{X}_{.j} + \overline{X})^2 = SST - SS(A) - SS(B)$ 表示在总离差平方和中扣除了因素 A 与因素 B 的系统性误差平方和后的剩余部分，反映了随机误差。

把各项离差平方和除以各自的自由度，可得到四个平均的离差平方和，简称为均方：

$$MST = SST/(kh-1)$$
$$MS(A) = SS(A)/(k-1)$$
$$MS(B) = SS(B)/(h-1)$$
$$MSE = SSE/((k-1)(h-1))$$

SST 的自由度为 $kh-1$，是在总平均数既定时，全部 $n=kh$ 个样本单位受 $\sum(X_{ij}-\overline{X})=0$ 制约的结果，失去了一个自由度；$SS(A)$ 的自由度为 $k-1$，是因为总平均数可由 A 因素各组平均数加权平均所得，当总平均数既定时，受 $\sum(\overline{X}_{i.}-\overline{X})=0$ 的制约，必有一个组平均数被锁定，因而只有 $k-1$ 个组平均数可以自由变动；$SS(B)$ 的自由度为 $h-1$，是因为总平均数也可由 B 因素各组平均数加权平均所得，当总平均数既定时，受 $\sum(\overline{X}_{.j}-\overline{X})=0$ 的制约，必有一个组平均数被锁定，因而也只有 $h-1$ 个组平均数可以自由变动；SSE 的自由度为 $(k-1)(h-1)$，则是因为在因素 A、B 的每一组在各自组平均数 $\overline{X}_{i.}$、$\overline{X}_{.j}$ 既定时都失去一个自由度，且有：

$$kh - 1 = (k-1) + (h-1) + (k-1)(h-1)$$

可以证明，当 $H_0(A)$ 为真时，统计量

$$F(A) = \frac{SS(A)/(k-1)}{SSE/(k-1)(h-1)} = \frac{MS(A)}{MSE}$$

服从分子、分母自由度分别为 $k-1$ 与 $(k-1)(h-1)$ 的 F 分布。对给定的显著性水平 α，查相应的 F 分布表，得 $F_{1-\alpha}(A)$，满足 $P(F \geqslant F_{1-\alpha}(A)) = \alpha$；当 $F(A) \geqslant F_{1-\alpha}(A)$ 时，拒绝原假设 $H_0(A)$。也可以证明，当 $H_0(B)$ 为真时，统计量

$$F(B) = \frac{SS(B)/(h-1)}{SSE/(k-1)(h-1)} = \frac{MS(B)}{MSE}$$

服从分子、分母自由度分别为 $h-1$ 与 $(k-1)(h-1)$ 的 F 分布。对给定的显著性水平 α 查相应的 F 分布表，得 $F_{1-\alpha}(B)$，满足 $P(F \geqslant F_{1-\alpha}(B)) = \alpha$；当 $F(B) \geqslant F_{1-\alpha}(B)$ 时，拒绝原假设 $H_0(B)$。

现根据例 9-8 的资料，计算各离差平方和和 F 值，在 $\alpha = 0.05$ 的置信水平下，对该企业不同的生产设备与操作工艺对生产量有无显著性影响进行检验。计算结果可列成如表 9-5 所示方差分析表。

表 9-5　　　　　　　　　　　　　例 9-8 方差分析表

方差来源	离差平方和	自由度	均　方	F 值
机器因素 A	$SS(A) = 3.1667$	2	$MS(A) = 1.58$	$F(A) = 0.392$
工艺因素 B	$SS(B) = 0.3327$	3	$MS(B) = 0.11$	$F(B) = 0.027$
误　差	$SSE = 24.167$	6	$MSE = 4.03$	
总　和	$SST = 27.6667$	11		

若要分析不同的机器设备和不同的工艺方法对生产量有无显著性影响,可设原假设为: $H_0(A):\mu_1.=\mu_2.=\mu_3.$ 和 $H_0(B):\mu._1=\mu._2=\mu._3=\mu._4$。

在 $\alpha=0.05$ 的水平下,查自由度为 (2,6) 的 F 分布表,得 $F_{0.95}(A)=5.14$,因为 $F(A)=0.392<F_{0.95}(A)$,所以不拒绝原假设 $H_0(A)$;查自由度为 (3,6) 的 F 分布表,得 $F_{0.95}(B)=4.76$,因为 $F(B)=0.027<F_{0.95}(B)$,所以不拒绝原假设 $H_0(B)$,即认为不同的机器设备和不同的工艺方法对生产量都没有显著性的影响。

二、考虑交互作用的两因素方差分析

在例 9-8 中,某台机器设备可能更适合用某种工艺方法进行操作,设备与工艺的不同组合的产量也不同,即两者之间的交互作用有可能对生产量产生影响,这就需要对每种水平的组合 (A_i, B_j) 进行若干次独立观察,以了解其是否存在显著性的影响,所以考虑交互作用的两因素方差分析又称为有重复观察的两因素方差分析。

假设对两个因素的各种水平 (A_i, B_j) 分别重复 m 次观测,其观测值记为 $X_{ijl}, i=1,2,\cdots,k$; $j=1,2,\cdots,h; l=1,2,\cdots,m$,并假定各次试验 X_{ijl} 相互独立,且分别服从 $N(\mu_{ij},\sigma^2)$。要检验因素 A 的影响是否显著,可建立假设:

$H_0(A)$:因素 A 各水平均值完全相等;

$H_1(A)$:因素 A 各水平均值不完全相等。

要检验因素 B 的影响是否显著,可设假设:

$H_0(B)$:因素 B 各水平均值完全相同;

$H_1(B)$:因素 B 各水平均值不完全相同。

要检验因素 A、B 的交互影响作用是否显著,可设假设:

$H_0(AB)$:A、B 之间不存在交互影响的作用;

$H_1(AB)$:A、B 之间存在交互影响的作用。

记 SST 为总的离差平方和,经推导有:

$$SST = \sum_{i=1}^{k}\sum_{j=1}^{h}\sum_{l=1}^{m}(X_{ijl}-\bar{X})^2 = SS(A)+SS(B)+SS(AB)+SSE \quad (9-10)$$

式中:

$SS(A) = hm\sum_{i=1}^{k}(\bar{X}_{i..}-\bar{X})^2$ 为因素 A 的离差平方和;

$SS(B) = km\sum_{j=1}^{h}(\bar{X}_{.j.}-\bar{X})^2$ 为因素 B 的离差平方和;

$SS(AB) = m\sum_{i=1}^{k}\sum_{j=1}^{h}(\bar{X}_{ij.}-\bar{X}_{i..}-\bar{X}_{.j.}+\bar{X})^2$ 为因素 A、B 交互影响的离差平方和;

$SSE = \sum_{i=1}^{k} \sum_{j=1}^{h} \sum_{l=1}^{m} (\bar{X}_{ijk} - \bar{X}_{ij.})^2$ 为随机误差的离差平方和；

$\bar{X} = \frac{1}{khm} \sum_{i=1}^{k} \sum_{j=1}^{h} \sum_{l=1}^{m} X_{ijl}$ 为总的平均值；

$\bar{X}_{ij.} = \frac{1}{m} \sum_{l=1}^{m} X_{ijl}$ 为因素 A、B 各水平搭配 m 次试验的组平均值；

$\bar{X}_{i..} = \frac{1}{hm} \sum_{j=1}^{h} \sum_{l=1}^{m} \bar{X}_{ijl}$ 为因素 A 第 i 个水平组的平均值；

$\bar{X}_{.j.} = \frac{1}{km} \sum_{i=1}^{k} \sum_{l=1}^{m} \bar{X}_{ij.}$ 为因素 B 第 j 个水平组的平均值。

各项离差平方和分别除以各自的自由度，可得到以下五个平均的离差平方和，简称为均方：

$$MST = SST/(khm-1)$$
$$MS(A) = SS(A)/(k-1)$$
$$MS(B) = SS(B)/(h-1)$$
$$MS(AB) = SS(AB)/(k-1)(h-1)$$
$$MSE = SSE/kh(m-1)$$

且有：

$$khm - 1 = (k-1) + (h-1) + (k-1)(h-1) + kh(m-1)$$

可以证明，在 H_0 为真时，统计量

$$F(A) = \frac{MS(A)}{MSE}$$

服从分子、分母自由度分别为 $k-1$ 和 $kh(m-1)$ 的 F 分布，对给定的显著性水平 α，查相应的 F 分布表，得到 $F_{1-\alpha}(A)$，满足 $P(F \geqslant F_{1-\alpha}(A)) = \alpha$。当 $F(A) \geqslant F_{1-\alpha}(A)$ 时，拒绝原假设 $H_0(A)$。统计量

$$F(B) = \frac{MS(B)}{MSE}$$

服从分子、分母自由度分别为 $k-1$ 和 $kh(m-1)$ 的 F 分布，对给定的显著性水平 α，查相应的 F 分布表，得到 $F_{1-\alpha}(B)$，满足 $P(F \geqslant F_{1-\alpha}(B)) = \alpha$。当 $F(B) \geqslant F_{1-\alpha}(B)$ 时，拒绝原假设 $H_0(B)$。统计量

$$F(AB) = \frac{MS(AB)}{MSE}$$

服从分子、分母自由度分别为 $(k-1)(h-1)$ 和 $kh(m-1)$ 的 F 分布，对给定的显著性水平 α，查相应的 F 分布表，得到 $F_{1-\alpha}(AB)$，满足 $P(F \geqslant F_{1-\alpha}(AB)) = \alpha$。当 $F(AB) \geqslant F_{1-\alpha}(AB)$ 时，拒绝原假设 $H_0(AB)$。

例 9-9 在例 9-8 中，若管理部门对三台机器设备和四种工艺的各种组合分别随机抽取 3 天日产量，资料见表 9-6。

表 9-6　　三台机器设备和四种工艺的各种组合分别随机抽取三天日产量的数据表

工艺日产量(件) 机器	B_1	B_2	B_3	B_4
A_1	15,15,17	17,17,17	15,17,16	18,20,22
A_2	19,19,16	15,15,15	18,17,16	15,16,17
A_k	16,18,21	19,22,22	18,18,18	17,17,17

在显著性水平 $\alpha=0.05$ 的条件下,检验下列原假设:

$H_0(A)$:不同的机器设备对日产量没有显著性影响;

$H_0(B)$:不同的工艺方法对日产量没有显著性影响;

$H_0(AB)$:机器设备与工艺方法的交互作用对日产量没有显著性影响。

解　经计算,可列成如表 9-7 所示的方差分析表。

表 9-7　　　　　　　　　　例 9-9 的方差分析表

方差来源	离差平方和	自由度	均　　方	F 值
因素 A	$SS(A)=27.17$	2	$MS(A)=13.585$	$F(A)=7.89$
因素 B	$SS(B)=2.75$	3	$MS(B)=0.971$	$F(B)=0.53$
交互作用	$SS(AB)=73.5$	6	$MS(AB)=12.25$	$F(AB)=7.11$
误　　差	$SSE=41.33$	24	$MSE=1.722$	
总　　和	$SST=144.75$	35		

$\alpha=0.05$,查 F 分布表,可得 $F_{0.95,(2,24)}(A)=3.40$, $F_{0.95,(3,24)}(B)=3.01$, $F_{0.95,(6,24)}(AB)=2.51$。因为 $F(A)=7.89>3.4$,拒绝 $H_0(A)$,认为不同的机器设备对日产量有显著影响。$F(B)=0.53<3.01$,不拒绝原假设 $H_0(B)$,认为不同的工艺方法对日产量没有显著影响。$F(AB)=7.11>2.51$ 拒绝 $H_0(AB)$,认为不同机器设备与工艺搭配的交互作用对日产量有显著的影响。值得注意的是,当 AB 交互作用有显著的影响时,对于 A 和 B 单独作用的解释时要慎重,一般不再直接解释。

第六节　多个样本均数间的两两比较

方差分析是对多个样本均数差异的检验,如果分析结果拒绝 H_0,那么可以认为多个样本均数间不完全相同,但问题是哪两个或哪几个水平之间有差异呢? 这就涉及均数间的两两比较问题。本节以单因素方差分析为例简单介绍下多个样本均数间的两两比较问题。

一、独立水平间的两两比较

如果我们认为同因素的多个水平之间相互独立且同分布于正态分布,那么我们可以通过类似于独立正态样本的假设检验的方法去比较两个不同水平间是否存在差异。这一方法称为最小显著差异法(least significant difference,LSD)。就指定的一对水平 A_i 和 A_j,由同分布正态性的假设条件可以推出

$$\bar{x}_{i\cdot} - \bar{x}_{j\cdot} \sim N\left(\mu_i - \mu_j, \left(\frac{1}{n_i} + \frac{1}{n_j}\right)\sigma^2\right)$$

而前面的讨论指出 $\frac{SSE}{\sigma^2} \sim \chi^2(n-k)$，且与 $\bar{x}_{i\cdot} - \bar{x}_{j\cdot}$ 独立，因此对于检验假设 $H_0: \mu_i = \mu_j$；$H_1: \mu_i \neq \mu_j$，我们可以构造统计量

$$t_{ij} = \frac{\bar{x}_{i\cdot} - \bar{x}_{j\cdot}}{\sqrt{\left(\frac{1}{n_i} + \frac{1}{n_j}\right)MSE}} \sim t(n-k)$$

服从自由度为 $n-k$ 的 t 分布。可以看到，上式给出的统计量分布与两个正态样本的 t 检验基本一致，区别在于这里对 σ^2 的估计使用了全部样本，而不仅仅是 A_i 和 A_j 两个水平下的观测值；因此，又称 LSD-t 检验。

在这一方法中，$|\bar{x}_{i\cdot} - \bar{x}_{j\cdot}|$ 的最小值称为最小显著差异 LSD，也即对于显著性水平 α，

$$LSD = t_{1-\frac{\alpha}{2}, n-k}\sqrt{\left(\frac{1}{n_i} + \frac{1}{n_j}\right)MSE}$$

最小显著差异法通常用于对少量重要的水平成对进行比较，这也意味着如果对所有数据进行比较的话需要比较 $K = k(k-1)/2$ 次并计算 K 个 LSD。由于每次检验都会产生Ⅰ类错误，即错误地拒绝原假设，所有比较之下产生Ⅰ类错误的概率为：

$$P(\text{Ⅰ类错误}) = 1 - (1-\alpha)^K$$

为了减小这一错误率，可以修正每一次比较的显著性水平 α'。Sidak 校正认为Ⅰ类错误率与显著性 α 相当，因此修正 $\alpha' = 1 - (1-\alpha)^{1/K}$，Bonferroni 校正认为Ⅰ类错误率的近似上界 $K\alpha'$ 与总显著性相当，因此令 $\alpha' = \alpha/K$。以上方法通过减少Ⅰ类错误概率，降低了检验的敏感性，使修正的 LSD-t 检验更加保守。

二、相关水平间的两两比较

在 LSD 方法中，我们认为各个水平间相互独立，但事实未必如此。Dunnett-t 检验假设对于一个固定水平 j，$\bar{x}_{i\cdot} - \bar{x}_{j\cdot}$ 间并不相互独立。由此认为 LSD 方法中的 $t_{ij}(i \neq j)$ 服从多元 t 分布并由此给出了临界值表以供参考。Dunnett-t' 检验的公式同 LSD-t 检验，区别是用于多个试验组与同一对照组均数的两两比较。

下面给出 Dunnett-t 检验的一个例子。

例 9-10 对例 9-7 中的三个工厂，我们具体比较工厂 B 与工厂 C 员工成绩相对于工厂 A 来说是否有差异。

由于三个工厂均随机抽取 6 个样本进行测试，对所有 i（试验组 B、C）和 j（对照组 A），$\sqrt{\left(\frac{1}{n_i} + \frac{1}{n_j}\right)\frac{SSE}{n-k}} = \sqrt{\frac{2 \times 430}{6 \times 15}} = \frac{\sqrt{86}}{3}$ 为定值。由此两个检验统计量为 $t_{BA} = -1.617$ 与 $t_{CA} = -4.205$。对比 Dunnett 给出的自由度为 15 的二元 t 分布双侧检验的临界值 2.44，不难发现 C 工厂的员工成绩相比工厂 A 来说有显著差异，而工厂 B 相比 A 的差异并不显著。

三、顺序水平的两两比较

在比较不同因素水平时，如果这些水平之间具有顺序关系，紧紧依靠 Dunnett-t' 检验又显

得不够了。由此我们考虑基于学生氏极差分布的 q 检验。

对于 k 个因素水平 $x_1, x_2, \cdots, x_k$ 所对应的顺序统计量 $x_{(1)} < x_{(2)} < \cdots < x_{(k)}$，统计量

$$q = \frac{x_{(k)} - x_{(1)}}{\sqrt{MSE}} \sim q(k, n-k)$$

服从自由度分别为水平个数 k 与 MSE 自由度 $n-k$ 的学生氏极差分布。

由此，假如对每个因素水平我们获得了 n_0 个样本，则检验统计量

$$q = \frac{\bar{x}_{(k)} - \bar{x}_{(1)}}{\sqrt{\dfrac{MSE}{n_0}}} \sim q(k, n-k) \tag{9-11}$$

服从上述极差分布。

基于此，Tukey 方法通过其单侧检验的临界值考虑真实显著差异

$$HSD = q_{\alpha,(k,n-k)} \sqrt{\frac{MSE}{n_0}}$$

并把它作为水平均数差异的临界值。注意到检验统计量 q 为恒正的随机变量，因此这里使用单侧检验的临界值代替双侧检验，然而我们使用 HSD 进行如下双侧检验 $H_0: \mu_i = \mu_j$，$H_1: \mu_i \neq \mu_j$。检验规则为：当 $|\bar{x}_{i.} - \bar{x}_{j.}| \geqslant HSD$ 时拒绝 H_0，认为两水平 ij 间具有显著差异。

然而 Tukey 方法的弊端十分明显，它使用了一个较大的水平差异作为所有水平差异比较的临界值，这会大大降低其敏感性，从而导致 II 类错误率的上升。由此，SNK-q 检验基于 Tukey 方法提出了一个保守度高于 LSD 方法而敏感性又超出 Tukey 方法的一种检验方式。

在 SNK 方法（全称 Student-Newman-Keuls 方法）中，对于顺序水平中每一对水平 i, j，考虑它们及它们之间的所有水平，类似式（9-11）建立检验统计量

$$q_{ij} = \frac{\bar{x}_{(i)} - \bar{x}_{(j)}}{\sqrt{\dfrac{MSE}{2}\left(\dfrac{1}{n_i} + \dfrac{1}{n_j}\right)}} \sim q(|i-j|+1, n-k)$$

其中，对于每个水平观测样本数不同的情况，可以计算 $\bar{x}_{(i)} - \bar{x}_{(j)}$ 的方差，用 n_i 和 n_j 的调和平均数代替 n_0。在比较 ij 两个水平时我们以 $q_{\alpha,(|i-j|+1,n-k)}$ 作为临界值检验统计量 q_{ij} 即可完成水平之间的检验。

第七节　离散程度的检验

前几节中，我们讨论了针对样本均值的假设检验方法，即对样本的集中趋势进行假设检验的方法。本节将对介绍针对样本的离散程度进行假设检验的方法，主要是针对样本方差的检验，将介绍单个正态样本方差和两个独立正态样本方差之比的两种假设检验方法。

一、单个正态样本方差的检验

考虑下面三种类型的假设检验：
(1) $H_0: \sigma^2 = \sigma_0^2$；$H_1: \sigma^2 \neq \sigma_0^2$；

(2) $H_0: \sigma^2 = \sigma_0^2; H_1: \sigma^2 > \sigma_0^2$;
(3) $H_0: \sigma^2 = \sigma_0^2; H_1: \sigma^2 < \sigma_0^2$。

计算正态分布总体方差的置信区间时,我们曾介绍了一个统计量

$$\chi^2 = \frac{(n-1)S^2}{\sigma^2}$$

现采用 χ^2 统计量作为方差的检验统计量。在原假设 H_0 成立的条件下,它服从自由度为 $n-1$ 的 χ^2 分布,即:

$$\chi^2 = \frac{(n-1)S^2}{\sigma_0^2} \qquad (9-12)$$

在一定显著性水平 α 下,查表可得出相应的临界值,检验问题(1)(2)(3)的检验规则分别为:
(1) 当 $\chi^2 \geqslant \chi^2_{1-\frac{\alpha}{2}, n-1}$ 或 $\chi^2 \leqslant \chi^2_{\frac{\alpha}{2}, (n-1)}$ 时拒绝 H_0;
(2) 当 $\chi^2 \geqslant \chi^2_{1-\alpha, n-1}$ 时拒绝 H_0;
(3) 当 $\chi^2 \leqslant \chi^2_{\alpha, n-1}$ 时拒绝 H_0。

例 9-11 一家超市从生产玻璃器皿的厂家订购了一批玻璃杯,要求其折射率的标准差不能超过 0.01。货到后,随机抽出一个容量为 20 个玻璃杯的样本进行检测,发现样本折射率的标准差为 0.015,试问在 $\alpha = 0.01$ 的条件下,该超市公司应该接受还是拒绝这批玻璃杯?

解 由题意可建立假设 $H_0: \sigma^2 = 0.01^2 = 0.0001; H_1: \sigma^2 > 0.0001$。

若要检验原假设是否成立,可选择 $\chi^2 = \dfrac{(n-1)S^2}{\sigma^2}$ 为检验统计量,本例的观测值为:

$$\chi^2 = \frac{(20-1) \times 0.015^2}{0.01^2} = 42.75$$

由显著性水平 $\alpha = 0.01$,查自由度为 $n-1 = 19$ 的 χ^2 分布,由于是单侧检验,其临界值为:$\chi^2_{0.01} = 36.191$。因为 $42.75 > 36.191$,所以拒绝原假设 H_0,即这批玻璃杯折射率的标准差显著地超过了标准,该超市应该拒绝接受这批玻璃杯。

二、两个独立正态样本方差之比的检验

考虑下面三种类型的假设检验:
(1) $H_0: \sigma_1^2 = \sigma_2^2, H_1: \sigma_1^2 \neq \sigma_2^2$;
(2) $H_0: \sigma_1^2 = \sigma_2^2, H_1: \sigma_1^2 > \sigma_2^2$;
(3) $H_0: \sigma_1^2 = \sigma_2^2, H_1: \sigma_1^2 < \sigma_2^2$。

其中,σ_1^2、σ_2^2 分别为两个正态总体的方差。若在这两个总体中分别随机抽取容量为 n_1、n_2 的样本,S_1^2、S_2^2 为这两个样本的方差,我们可采用 $F = (S_1^2/\sigma_1^2)/(S_2^2/\sigma_2^2)$ 作为这两个总体方差是否相同的检验统计量。显然,在原假设 H_0 成立的条件下,

$$F = S_1^2 / S_2^2 \qquad (9-13)$$

服从自由度分别为 n_1-1 和 n_2-1 的 F 分布。在一定显著性水平 α 下,查表可得出相应的临界值,检验问题(1)、(2)、(3)的检验规则分别为:
(1) 当 $F \geqslant F_{1-\frac{\alpha}{2}, (n_1-1, n_2-1)}$ 或 $F \leqslant 1/F_{1-\frac{\alpha}{2}, (n_2-1, n_1-1)}$ 时拒绝 H_0;
(2) 当 $F \geqslant F_{1-\alpha, (n_1-1, n_2-1)}$ 时拒绝 H_0;
(3) 当 $F \leqslant 1/F_{1-\alpha, (n_2-1, n_1-1)}$ 时拒绝 H_0。

例 9-12 在本章例 9-4 中,我们假定甲、乙两台机床加工产品的直径服从正态分布,且方差相等。但从样本 $(n_1=8, n_2=6)$ 测得的数据是 $s_1^2=0.17, s_2^2=0.14$,即两个样本方差存在着一定的差异,因而需检验这两个总体的方差是否真的相等($\alpha=0.1$)。

解 由题意可建立假设

$$H_0: \sigma_1^2 = \sigma_2^2, H_1: \sigma_1^2 \neq \sigma_2^2$$

要检验原假设是否成立,可选择 $F = S_1^2 / S_2^2$ 为检验统计量,本例的观测值为
$F = 0.17/0.14 = 1.214$

在显著性水平 $\alpha=0.1$ 的条件下,查自由度为 $n_1-1=7, n_2-1=5$ 的 F 分布,其临界值为
$F_{0.05}(7,5) = 4.88, 1/F_{0.05}(5,7) = 1/3.97 = 0.25$

因为 $4.88 > 1.214 > 0.25$,所以不拒绝原假设 H_0,即虽然这两个样本的方差存在着一定的差异,但这种差异并不显著。

本章小结

本章聚焦于定量数据的统计分析,针对几种常见的假设检验进行了具体的分析。

首先,针对样本均值的检验,本章分析了单个样本均值的检验、两独立样本均值之差的检验、两个配对样本均值之差的检验、多个独立样本均值之差的检验。所有检验问题都分为正态总体下的检验和非正态总体下的检验。

其次,介绍了方差分析。这也是一种假设检验。它是对全部样本观察值的差异进行分解,将某种因素下各组样本观察值之间可能存在的系统性误差与随机误差加以比较,据此推断各总体之间是否存在显著性差异,若存在显著性差异,也就说明该因素的影响是显著的。分别介绍了单因素方差分析和双因素方差分析,后者又可以分为不考虑交互作用和考虑交互作用两种分析方法。

再次,本章分析了多个样本均数间的两两比较问题。它通过将不同因素水平的样本均值进行分析比较来确定各个因素水平间的关系。就不同水平间关系的假设介绍了若干种两两比较检验的方法。从假设各水平独立,到互相关联的因素水平,再到水平间存在顺序关系,并以单因素分析为例介绍了常见的水平间比较的方法。

最后,介绍了两种样本方差的针对离散程度的检验方法,即单个正态样本方差的检验以及两个独立正态样本方差之比的检验。

思考与练习

9.1 什么是方差分析?

9.2 假定某产品重量服从正态分布,今从一批产品中随机抽选 18 个,测得重量的平均值为 820 克,标准差为 60 克。试以 0.01 的显著性水平检验原假设 $\mu=800$ 克。

9.3 一个容量 $n=81$ 的随机样本给出的平均值和标准差分别为 490 和 45。(1) 检验原假设 $\mu=500$,备择假设 $\mu \neq 500$,设 $\alpha=0.01$;(2) 检验原假设 $\mu=500$,备择假设 $\mu<500$,设 $\alpha=0.05$。

9.4 两台机床加工同一零件,分别取 9 个和 16 个零件,测得其平均长度分别为 62 毫米

和59毫米。假定零件长度服从正态分布,两个总体的标准差分别为5毫米和6毫米。根据这些数据能否得出 $\mu_1 > \mu_2$ 的结论?设 $\alpha = 0.05$。

9.5 有关人士想知道能否做出这样的结论:居民区甲中的家庭每周看电视的平均小时数比居民区乙中的家庭少。从 $n_1 = 80, n_2 = 60$ 的两个独立随机样本得出的数据如下:
$\bar{x}_1 = 19.5$(小时),$\bar{x}_2 = 23.7$(小时),$s_1 = 12$(小时),$s_2 = 16$(小时)。设 $\alpha = 0.05$。

9.6 某厂生产一种新型家用产品,厂家声称某市已有20%以上的家庭在使用这种产品。市场调查人员在该市抽选了一个由300个家庭组成的随机样本,发现有70个家庭使用了这种产品。这些数据是否为证实厂家的说法提供了充分证据?设 $\alpha = 0.05$。

9.7 某大学共有1 000名四年级大学生,其中男生600名,女生400名。某位教师认为男生已通过计算机二级水平考试的人数要高于女生。为证实自己的看法,他分别随机抽选了60名男生和40名女生,发现已通过这种考试的人数分别为35人和17人。这些数据是否足以说明这位老师的看法正确?设 $\alpha = 0.01$。

9.8 某显像管制造厂安装了新的显像管生产流水线,现从中随机抽取了20只产品进行测试,发现其使用寿命的标准差为2千小时。若原产品的使用寿命的标准差为2.5千小时,在 $\alpha = 0.05$ 的显著性水平下,能否认为显像管使用寿命的标准差已有显著改善?

9.9 为了在正常条件下研究一种杂交作物的两种新处理方案,在同一地区随机抽选八块地,在每块试验地上按两种方案种植作物。这八块地的单位面积产量分别是:

一号方案产量　　86　87　86　93　84　93　85　79
二号方案产量　　80　79　68　84　77　82　74　66

假设这两种方案的产量都服从正态分布,能否认为这两种方案产量的方差是相等的?($\alpha = 0.1$)

9.10 把一亩土地划分成15块面积相等的地块,分别种上三个不同品种的水稻,每个品种种五块地。收获后,得到的产量数据如下:

产量(千克)		地 块				
		1	2	3	4	5
品种	A	40	48	38	42	45
	B	26	34	30	28	32
	C	39	40	43	50	50

试检验不同品种水稻的产量有无显著差异?($\alpha = 0.05$)

9.11 进行一项单因素试验,该实验依据该因素分为4组,每组内有7个观察值,在下面的方差分析表中,计算出所有的缺失值:

方差来源	离差平方和	自由度	均 方	F值
组 间	SSB =	$k - 1 =$	$MSB = \dfrac{SSB}{k-1} = 80$	F =
组 内	SSE = 560	$n - k =$	$MSE = \dfrac{SSE}{n-k}$	
总 和	SST =	$n - 1 =$		

然后在 0.05 的显著性水平下,检验这 4 组的总体均值是否有显著的不同。

9.12 灯泡生产厂的生产经理想知道两种类型机器生产的灯泡平均寿命是否相同,假设总体方差相等。现从机器 A 和机器 B 分别独立抽取 11 个灯泡作为随机样本,根据样本数据得到的描述性统计结果如下(显著性水平为 0.05):

t 检验:双样本等方差假设

	机器 A	机器 B
平均值	814.636 3	721.909 0
方差	9 498.454 5	7 900.090 9
样本数	11	11
合并方差	8 699.272 7	
假设平均差	0	
自由度	20	
t 值	2.331 5	
$P(T\leqslant t)$ 单侧	0.015 0	
t 单侧临界值	1.724 7	
$P(T\leqslant t)$ 双侧	0.030 0	
t 双侧临界值	2.085 9	

(1) 试根据题意建立合适的原假设和备择假设,是否有证据表明两种机器生产的灯泡的平均寿命存在显著差异? 试说明判断的依据。

(2) 若显著性水平为 0.01,则(1)中的结论是否有变化? 试说明判断的依据。

(3) 在以上的检验中,还需要做出什么假设?

第十章

有序分类数据的统计分析

统计引例

某工厂男女职工技能差别

某工厂管理人员为考察装配线上的男职工和女职工的技能有无差别,随机抽取 9 名男职工和 5 名女职工进行技能测试,9 名男职工的分数为:1 500、1 600、670、800、1 100、800、1 320、1 150、600;5 名女职工分数为:1 400、1 200、780、1 350、890。

根据以上数据,问男职工与女职工的技能有没有显著差异?

第一节 非参数统计的概念和特点

一、非参数统计的概念

在前三章中所阐述的参数估计和假设检验都是以总体分布已知或对分布做出某种假定为前提的,是限定分布的估计或检验,亦可称为参数统计。但是,在许多实际问题中,我们往往不知道客观现象的总体分布或无法对总体分布做出某种假定,尤其是对定性变量和不能直接进行定量测定的一些经济管理问题,参数统计就受到很大的限制,这就需要用非参数统计方法来解决。

所谓非参数统计,就是对总体分布的具体形式不必做任何限制性假定和不以总体参数具体数值估计为目的的推断统计。这种统计主要用于对某种判断或假设进行检验,故亦称为非参数检验。它是随着统计方法在复杂的社会和经济管理领域中扩展应用而发展起来的现代推断统计的一个分支,有着极为广泛的应用。应用广泛的非参数统计方法有 χ^2 检验、符号检验、Wilcoxon 符号秩检验、Mann-Whitney U 检验、游程检验和等级相关检验等。

非参数统计方法往往依赖于数据的秩次与秩和。秩次为数据按照一定的次序进行排列之后的顺序,与数据的相对大小有关,如对三个数字 1、10、10 000 进行编秩,根据这三个数字的相对大小其秩次分别为 1、2、3。而"秩和"就是秩次之和,如本例中的秩和为 6。

二、非参数统计的特点

非参数统计与参数统计相比,具有以下几个特点:

1. 非参数统计方法既能适用于定性变量中的定类数据(如满意和不满意、好与坏、优良品和不良品)或定序数据(如对商品的爱好程度可分为非常满意、基本满意、不满意、非常不满意等不同的等级),也能适用于定距数据和定比数据这种定量变量。因此,非参数统计方法不但可以对现象进行定量的分析和研究,而且还能对现实生活中无法用数值大小加以精确测度的人的才能、爱好等进行分析研究。这样,就为统计方法对定性问题的研究开拓了广阔的前景。当然,如果参数统计的假定得到满足,并且样本资料可以用比较精确的定距数据或定比数据进行测度时,就应使用参数统计方法。这会使已搜集到的信息得到充分的利用。

2. 非参数统计方法是一种经济而有效的方法。它往往容易理解,计算简便,有时完全不必考虑数据的排列顺序。例如,若检验的目的是为了确定一种结果比另一种结果好,但又无法用参数检验时,则可使用非参数统计中的符号检验,此时完全不必考虑数据的排列顺序。同时,由于非参数统计使用定类数据和定序数据,使资料容易搜集,因而可用于预先调查,并能迅速给出答案。但是,当样本量增大时,一些非参数统计所需的计算也是烦琐的。

3. 非参数统计方法不需要像参数统计方法那样假定总体的分布是正态的,也不需要检验总体的参数,使得条件容易得到满足。因此,非参数统计方法能在广泛的基础上,得出更加带有普遍性的结论。

4. 在总体的分布已知时,非参数统计方法比参数检验方法的效率差,即若要达到相同的精确度,非参数统计方法抽取的样本量就要大些。

第二节 单个样本的符号检验

一、符号检验的概念

符号检验也称正负号检验,是比较简单的一种非参数统计方法,其基本思想是分析正负号出现的频率而忽略具体量的差异,以确定它们是否有显著差异的一种检验方法。

这种方法的特点在于:(1)对总体分布和方差等都不做限制性假设;(2)只考虑差数的正负方向而不计具体数值;(3)忽略数值差别,因而会失去在某些情况下可资利用的信息。

单样本资料假设检验的目的是推断某个随机样本所代表的总体参数是否与已知的总体参数相等。若样本来自非正态总体,或者总体的分布无法确定,需要比较的目的则变成样本所代表的总体中位数是否与已知的总体中位数相等。

二、符号检验的基本原理和步骤

符号检验的步骤为:

1. 确定待研究的样本,分别计算差异正与负的数目,无差异则记为 0,将它从样本中剔除,并相应地减少样本量 n,把正负号数目之和视为新的样本量。

2. 建立假设:
$H_0: P=0.5$; $H_1: P \neq 0.5$

3. 观察样本量,如果 $n \leqslant 25$,则作为二项分布处理;如果 $n > 25$,则作为正态分布近似处理。在第六章中,曾指出一般 $n \leqslant 30$ 作为小样本处理;$n > 30$,才用正态分布近似处理。但

$P=0.5$ 的二项分布呈对称型,所以,只要 $n>25$,即可按正态分布近似处理[①]。

4. 设定显著性水平 α,并查表确定临界值,进行比较和做出判断。

例 10-1 某消费者协会决定对一种采用新配方的饮料打分,随机抽取 60 名老配方饮料的消费者,采用蒙目检验的办法,即蒙住品尝人的眼睛,让他们给采用新配方饮料口感变化打分,规定分数从 -4 到 $+4$,-4 代表味道变化不可接受,$+4$ 代表味道变化极佳,其他分数分别代表适当的中间等级。表 10-1 列出了这一检验中部分品尝者的分数。

表 10-1　　　　　　　　　　对甲、乙两种牌号饮料的打分

品尝者(1)	得分(3)	与0差别的符号(4)
A	-1	$-$
B	$+3$	$+$
C	-2	$-$
D	0	0
E	-1	$-$
…	…	…

注:表中的最高分为 $+4$,最低分为 -4,从而正号表示新配方受欢迎;负号表示老配方受欢迎;0 表示得分相等,消费者对这两种饮料中的任何一种无偏爱。

汇总其得分结果:"$+$"号为 35 个,"$-$"号为 15 个,"0"号为 10 个,总计为 60。现在要问两种牌号的饮料是否同等受欢迎?

解 我们可以对饮料的得分(新配方与老配方相比)做出没有差异的原假设。如果原假设成立,那么正号和负号的个数就应大体相等。如果其中一种符号出现次数明显居多,就拒绝原假设。令 P 表示得到正号的概率,则这一假设可表述为:

$H_0: P=0.5;\quad H_1: P\neq 0.5$

如前所述,符号为"0"的个数应从样本中剔除,因此,用于检验的符号个数由 35 个"$+$"号和 15 个"$-$"号所构成。这一问题类似于:抛掷一枚硬币 50 次,出现 35 次正面,15 次反面,我们想检验"硬币是均匀的"这一假设。对于上述问题,从理论上说应该使用二项分布来处理。但是,由于此例的样本量大于 25,所以,可用正态分布近似处理。作为比例指标,则该抽样分布的均值和标准差分别为:

$\mu_p = P = 0.5$

$S_P = \sqrt{\dfrac{P(1-P)}{n}} = \sqrt{\dfrac{0.5\times 0.5}{50}} = 0.071$

设定显著性水平 $\alpha=0.05$。如果 $Z<-1.96$ 或 $Z>1.96$,则拒绝原假设。本例中观察到的"$+$"号的比率 $p=35/50=0.70$,于是有:

$Z = \dfrac{p-P}{S_p} = \dfrac{0.7-0.5}{0.071} = 2.82$

由于 $Z>1.96$,所以拒绝原假设 H_0,接受备择假设 H_1,也即新配方的饮料比老配方的饮料更受欢迎。

如果直接用 p 的置信区间计算,结果相同。本例中 p 的置信区间为:

[①] 亦有标准为 $n>20$,就按正态分布近似处理。总的说来,n 越大,正态分布近似效果越好,这是一个渐进的过程。

$P + 1.96 S_p = 0.50 + 1.96 \times 0.071 = 0.639$

$P - 1.96 S_p = 0.50 - 1.96 \times 0.071 = 0.361$

由于观察到的 p 值为 0.70，大于 0.639，即在 0.361～0.639 的范围之外，因此拒绝 H_0。图 10-1 说明了这一检验方法。

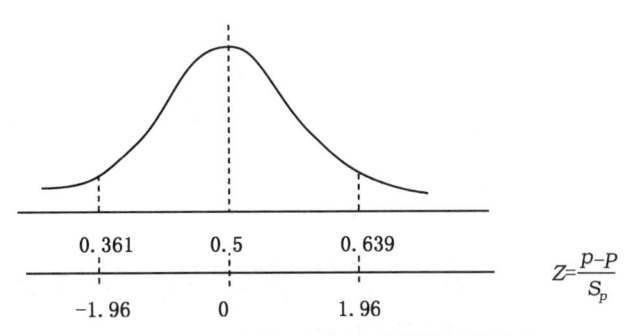

图 10-1　品尝饮料问题的比例的抽样分布

在符号检验中，需根据不同情况选择双侧检验（如本例）或单侧检验。另外，如果样本 $n < 25$，就不宜用正态分布逼近来处理，而应该用二项分布来处理。

例 10-2　随机抽取 12 个单位，放映一部描述吸烟有害健康的影片，并调查得到观看电影前后各单位职工认为吸烟有害的人数增加的百分比，表 10-2 列出了这些数据。为了反映影片的有效性，试用符号检验对各单位职工观看影片后这个百分比是否比观看影片前有显著提高进行检验。（$\alpha = 0.05$）

表 10-2　12 个单位职工观看电影后认为吸烟有害的人数比放映前增加的百分比

单位编号	1	2	3	4	5	6	7	8	9	10	11	12
(1) 放映前(%)	5	8	−1	4	10	−3	8	2	6	12	−6	1
(2) 与 0 差异	+	+	−	+	+	−	+	+	+	+	−	+

解　根据题意，可建立假设：

$H_0: P = 0.5$，即观看影片后各单位职工认为吸烟有害的人数的百分比没有显著变化；

$H_1: P > 0.5$，即观看影片后各单位职工认为吸烟有害的人数的百分比有了显著提高。

此例中，出现正号 9 个，负号 3 个。若影片的有效性不显著，可以认为出现正号和负号的概率各为 0.5。观看影片后，各单位职工认为吸烟有害的人数的百分比的增减可以看作是 $n = 12$ 的贝努里试验，各个单位中出现正号（表示有效）和负号（表示无效）的数目服从二项分布，即：

$$P(X = k) = C_{12}^k P^k (1-P)^{12-k}$$

若观看影片后，各单位职工认为吸烟有害的人数的百分比没有显著变化，那么 12 次试验出现正号及负号的概率应为：

$$P(X = k) = C_{12}^k 0.5^k (1 - 0.5)^{12-k}$$

其累计的概率 $\sum_{k=0}^{12} C_{12}^k 0.5^k (1-0.5)^{12-k}$，可从附表中累计的二项概率分布表中查得，如表 10-3 所示。

表 10-3　　　　　　　　　$P=0.5, n=12$ 的二项分布的累计概率

k	0	1	2	3	4	5	6
累计概率	0.000 2	0.003 2	0.019 3	0.073 0	0.193 8	0.387 2	0.612 8
k	7	8	9	10	11	12	
累计概率	0.805 2	0.927 0	0.980 7	0.996 8	0.999 8	1.000 0	

因为设 $\alpha=0.05$，此例为单侧检验。从表 10-2 可知，出现负号的次数为 3，则小于等于 3 的概率为 $P(X\leqslant 3)=0.0730$。由于 $0.0730>\alpha=0.05$，所以接受原假设，即可以认为观看影片后各单位职工认为吸烟有害的人数的百分比没有显著提高。

第三节　两个配对样本的 Wilcoxon 符号秩检验

上述的符号检验方法虽然简单明了，但它没有充分利用样本所提供的全部信息，未免显得粗略。而 Wilcoxon 符号秩检验却不但考虑到了正负号，还利用了其差别大小的信息。因此，它是一个更为有效的非参数统计方法。

Wilcoxon 符号秩检验的应用条件和检验内容与符号检验相同。其方法思想是若关联样本的两组数据没有显著差异，则不仅其差异的正、负符号应大致相等，而且将差异取绝对值，按大小顺序排列编成自然序号（即秩）后，它们的正号（+）的秩和（记为 T_+）与负号（-）的秩和（记为 T_-）也应该大致相等。其中较小者（或较大者）也应趋近于总秩和的平均数 ($\bar{T}=\dfrac{n(n+1)}{4}$)。若正秩和（$T_+$）与负秩和（$T_-$）相差太大，其中较小者（或较大者）偏离总秩和的平均（$\bar{T}$）较远，以致超过给定显著性水平 α 所确定的临界值，就可以认为这两组数据存在显著差异，即总体的分布不相同。

Wilcoxon 符号秩检验的步骤为：

1. 计算带有正负号的差数。

2. 将差数取绝对值按从小到大顺序排列并编上等级，即确定顺序号 1、2、3 等。对于相等的值，则取其位序的平均数为等级。

3. 给每个等级恢复差数原来的正负号，分别将正负号的等级相加，用 T_+ 和 T_- 表示。当 $n\leqslant 25$ 时，取 T_+、T_- 中较小的 T 值（因为 Wilcoxon 符号秩检验 T 值的临界值表只给出了较小的临界值）；当 $n>25$ 时，T 近似服从正态分布，其均值和标准差分别为 $\dfrac{n(n+1)}{4}$ 和 $\sqrt{\dfrac{n(n+1)(2n+1)}{24}}$，所以可取

$$Z=\frac{|T-n(n+1)/4|-0.5}{\sqrt{n(n+1)(2n+1)/24}} \tag{10-1}$$

为检验统计量。

当相同秩次较多时，则需要对分母进行校正，分母校正为

$$\sqrt{n(n+1)(2n+1)/24 - \sum_{j=1}^{g}(t_j^3 - t_j)/48}$$

其中，t_j 为具有第 j 个相同秩次的数值个数，g 为具有相同秩次的组的个数。

4. 确定带正号或负号差数值的总个数 n。
5. 设定显著性水平 α。
6. 当 $n \leq 25$ 时，从 Wilcoxon 符号秩检验 T 值的临界值表（见书后附表）查出 T_α 的临界值，当观察值 $T \leq$ 临界值 T_α 时，就拒绝 H_0；当 $T > T_\alpha$ 时，接受 H_0。当 $n > 25$ 时，按标准正态分布的 Z 检验规则进行检验。

例 10-3 某大学教师随机抽取 10 名同学的统计学期中和期末考试的成绩，期中考试的成绩分别为 75、87、72、65、93、85、59、73、64、71 分；期末考试成绩分别为 72、94、92、67、86、85、58、79、69、82 分。问这两次考试成绩有没有显著差别？

解 我们可以用 Wilcoxon 符号秩检验来解决这一问题。首先建立原假设，即假设两次考试成绩没有显著差异，并将上述数据列成表 10-4 的形式。在表 10-4 中，由于排为第 6 等级和第 7 等级的两项相同，因此将这两项按位序的平均数 $(6+7)/2=6.5$ 排列。如果相同的项多于两项，可类似地处理。如果某项配对观察值的差数为 0，如表 10-4 中第 6 位，该项就应剔除，样本量 n 相应减少。本例中的样本量 $n = 10 - 1 = 9$。

表 10-4　　　　　　　　　　　Wilcoxon 符号秩检验的计算过程

学生编号	期中考试成绩 X_1	期末考试成绩 X_2	成绩之差 $d = X_2 - X_1$	$\|d\|$ 等级	T_+	T_-
1	75	72	-3	3		3
2	87	94	$+7$	6.5	6.5	
3	72	92	$+20$	9	9	
4	65	67	$+2$	2	2	
5	93	86	-7	6.5		6.5
6	85	85	0			
7	59	58	-1	1		1
8	73	79	$+6$	5	5	
9	64	69	$+5$	4	4	
10	71	82	$+11$	8	8	
合　计	—	—	—	—	34.5	10.5

由表 10-4 可知，正的等级和 $T_+ = 34.5$，负的等级和 $T_- = 10.5$。从逻辑上讲，若 H_0 为真，即两次考试成绩没有差异时，T_+ 和 T_- 应该相等，而且

$$|T_+| + |T_-| = 1 + 2 + \cdots + n = n(n+1)/2$$

其均值 $\overline{T} = n(n+1)/4 = 9(9+1)/4 = 22.5$。

所以较小的 T 值总是小于 22.5，当接近于 22.5 时，应判断 H_0 为真。如果较小的 T 值离 22.5 较远以致超出临界值 T_α 时，就拒绝 H_0。其拒绝区域和接受区域如图 10-2 所示。

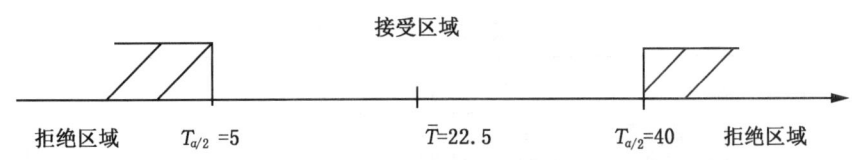

图 10-2　Wilcoxon 符号秩检验拒绝和接受区域图

Wilcoxon 符号秩检验 T 值的临界值 T_α 已编成表可以查阅（见书后附表11）。本例为双侧检验，$n=9$，并设定显著性水平 $\alpha=0.05$，查表得到临界值 $T_{0.05}=5$，而较小的 T 值（T_-）为10.5，$T>T_\alpha$，故接受原假设 H_0。因此，我们可以得出结论：在参加期中考试和期末考试的学生这一样本中，两次考试成绩没有显著差别。

第四节　两个独立样本的 Mann-Whitney U 检验

一、Mann-Whitney U 检验的基本原理和步骤

Mann-Whitney U 检验（也称曼-惠特尼 U 检验）方法的思路与 Wilcoxon 符号秩检验基本一致，这种方法通常称为秩和检验。不同之处在于，Wilcoxon 符号秩检验适用于两组关联样本的数据，而 Mann-Whitney U 检验适用于来自两个独立样本的数据。如果选自一个总体的样本数据与选自另一个总体的样本数据没有关系，或没有某种形式的匹配，则可称这两个样本是独立的。Mann-Whitney U 检验的原假设是两个独立样本的数据来自相同分布的总体，其特点是用顺序数据，而不是用正负号，因此它比符号检验对数据的运用更为充分。

Mann-Whitney U 检验的步骤为：

1. 从两个总体 A 和 B 中随机抽取容量为 n_A 和 n_B 的两个独立随机样本，将（n_A+n_B）个观察值按大小顺序排列，指定 1 为最小（或最大）观察值，指定 2 为第二个最小（或第二个最大）的观察值，依此类推。如果存在相同的观察值，则用它们位序的平均数。

2. 计算两个样本的等级和 T_A 和 T_B。

3. 根据 T_A 和 T_B 即可给出 Mann-Whitney U 检验的公式。计算得到的两个 U 值不相等，但是它们的和总是等于 n_An_B，即有 $U_A+U_B=n_An_B$。若 $n_A\leqslant 20$、$n_B\leqslant 20$ 时，则其检验统计量为：

$$U_A = n_An_B + n_A(n_A+1)/2 - T_A \tag{10-2}$$

$$U_B = n_An_B + n_B(n_B+1)/2 - T_B \tag{10-3}$$

在检验时，因为 Mann-Whitney U 检验的临界值表只给出了较小的临界值，所以用 U_A、U_B 中较小的 U 值作为检验统计量。

4. 选择其中较小 U 值与 U 的临界值比较，若 U 大于 U_α，接受原假设 H_0；若 U 小于 U_α 则拒绝原假设 H_0，接受备择假设 H_1。接受域与 Wilcoxon 秩号秩检验相同。U 检验也有小样本和大样本之分，在小样本时，U 的临界值均已编制成表（见书后附表12）。在大样本时，U 的分布趋近正态分布，因此可用正态分布逼近处理。

二、小样本 U 检验

回到引例，我们可以使用小样本 U 检验，对问题进行解答。

将上述男女职工的得分按大小顺序排列，如表 10-5 所示。

表 10-5　　　　　　　　男女职工技能测试分数

等级	分数	性别	等级	分数	性别
1	1 600	男	3	1 400	女
2	1 500	男	4	1 350	女

续表

等 级	分 数	性 别	等 级	分 数	性 别
5	1 320	男	10.5	800	男
6	1 200	女	10.5	800	男
7	1 150	男	12	780	女
8	1 100	男	13	670	男
9	890	女	14	600	男

用 n_A 表示男职工的样本量,用 n_B 表示女职工的样本量。$n_A=9, n_B=5$。

用 T_A 表示 n_A 样本中各项的等级和,则 T_A 是 1、2、5、7、8、10.5、10.5、13、14 名等级的和,$T_A=71$,类似地,$T_B=34$。现计算 U 值:

$U_A = n_A n_B + n_A(n_A+1)/2 - T_A = 9 \times 5 + (9 \times 10)/2 - 71 = 19$

$U_B = n_A n_B + n_B(n_B+1)/2 - T_B = 9 \times 5 + (5 \times 6)/2 - 34 = 26$

因 $U_A + U_B = n_A \cdot n_B$:$19 + 26 = 9 \times 5 = 45$,证明计算结果正确。

现在要检验的是男女职工技能有没有差异,所以建立假设:

H_0:男女职工技能没有差异;

H_1:男女职工技能有差异。

这是双侧检验。设定显著性水平 $\alpha=0.05, n_A=9, n_B=5$,查书后附表得 U 的临界值 $U\alpha/2=7$。我们从 U_A 和 U_B 中找出较小的 U 值与 $U\alpha/2$ 比较。$U_A=19>U\alpha/2=7$,故接受 H_0,也即断定男女职工的技能没有显著差异。

三、大样本的 U 检验

当两个样本量增大时,U 的分布趋近于正态分布。统计已证明,对大样本 ($n_A>20$,$n_B>20$) 的 Mann-Whitney U 检验,其抽样分布接近于正态分布,均值和标准差分别为:

$$\mu_U = \frac{n_A n_B}{2}, \sigma_U = \sqrt{\frac{n_A n_B(n_A+n_B+1)}{12}}$$

其检验统计量为:

$$Z = \frac{U-\mu_U}{\sigma_U} = \frac{U-(n_A n_B/2)}{\sqrt{n_A n_B(n_A+n_B+1)/12}} \tag{10-4}$$

在设定显著性水平 α 值的情况下:(1) 双侧检验时,若 $Z>Z_{1-\frac{\alpha}{2}}$ 或若 $Z \leqslant -Z_{1-\frac{\alpha}{2}}$,就拒绝原假设 H_0。(2) 右侧检验时,$Z>Z_{1-\alpha}$,就拒绝原假设 H_0;左侧检验时,若 $Z \leqslant -Z_{1-\alpha}$,就拒绝原假设 H_0。

例 10-4 某巧克力生产公司的质量检验人员,从公司生产的同一规格不同颜色的巧克力块中,分别随机抽取了 21 块黑色的和 26 块白色的巧克力,对每块巧克力进行了称重,并按重量最轻的巧克力给以秩号为 1、重量最重的巧克力给以秩号为 47 的顺序加以排序,得到黑色巧克力的秩和为 469.5,白色巧克力的秩和为 658.5。现在,该检验人员想用 Mann-Whitney U 检验法,判断这两种颜色巧克力的重量是否具有相同的分布,设定的显著性水平 $\alpha=0.05$。

解 根据题意,可建立假设:

H_0:黑色和白色巧克力的重量具有相同的分布;

H_1:黑色和白色巧克力的重量不具有相同的分布。

设 A 为黑色巧克力,B 为白色巧克力,则有 $n_A=21, n_B=26, T_A=469.5, T_B=658.5$,根据式(10-2)和式(10-3),可计算 U 值:

$U_A = n_A n_B + n_A(n_A+1)/2 - T_A = 21 \times 26 + (21 \times 22)/2 - 469.5 = 307.5$

$U_B = n_A n_B + n_B(n_B+1)/2 - T_B = 21 \times 26 + (26 \times 27)/2 - 658.5 = 238.5$

$U_A + U_B = n_A \cdot n_B$:$307.5 + 238.5 = 21 \times 26 = 546$,证明计算结果正确。

因为是大样本,所以根据式(10-4),可计算检验统计量 Z 值:

$$Z = \frac{U - \mu_U}{\sigma_U} = \frac{U - (n_A n_B/2)}{\sqrt{n_A n_B (n_A + n_B + 1)/12}} = \frac{307.5 - (21 \times 26/2)}{\sqrt{21 \times 26 \times (21 + 26 + 1)/12}}$$
$$= 0.7383$$

此例为双侧检验,$\alpha = 0.05$。查书后附表得 $Z_{1-0.05/2}$ 的临界值为 1.96,因 $0.7383 < Z_{1-0.05/2} = 1.96$,故接受原假设 H_0,也即无法否定黑色和白色巧克力的重量具有相同分布的假设。

此例中,计算检验统计量是用 U_A。同样,也可用 U_B 来计算,其结果为 $Z = -0.7383$。因 $-0.7383 > -Z_{0.05/2} = -1.96$,所以结论不变。

第五节 多个独立样本的 Kruskal-Wallis H 检验

一、Kruskal-Wallis H 检验的概念

Kruskal-Wallis H 检验是 Mann-Whitney U 检验的扩展,用于检验分布位置的差异,其比较的目的是推断多个样本的中位数分别所代表的总体中位数是否相等,是单因素方差分析对应的"非参数统计方法",又称为"单因素非参数方差分析"。

二、Kruskal-Wallis H 检验的基本原理和步骤

Kruskal-Wallis H 检验的步骤为:

1. 建立假设

H_0:各个组的总体分布相同;H_1:各个组的总体分布不完全相同。

2. 编秩:将各个组的数据混合,按从小到大顺序排列并编秩,相等的值则取平均秩次。

3. 求秩和:将各个组的秩次分别求和。

4. 计算统计量:

$$H = \frac{12}{N(N+1)} \sum \frac{R_i^2}{n_i} - 3(N+1)$$
$$\nu = k - 1$$

H 近似服从自由度为 ν 的 χ^2 分布。当相同秩次较多时,需要对 H 进行校正,公式为:$H_C = H/C$

$$C = 1 - \frac{\sum_{j=1}^{g}(t_j^3 - t_j)}{(N^3 - N)}$$

其中，R_i 为各组的秩和，n_i 为各组对应的观测数量，$N=\sum n_i$，k 为比较的组数，t_j 为具有第 j 个相同秩次的数值个数。

5. 计算 p 值并得出结论。

例 10-5 某公司工厂的各个车间试生产出的一批产品的重量(g)如表 10-6 所示，则各个车间试生产出的样品重量是否有显著性差异？设显著性水平为 $\alpha=0.05$。

表 10-6 　　　　　某公司工厂的各个车间试生产出的一批产品的重量(g)

样品编号	车间 A	车间 B	车间 C	车间 D
1	79	72	76	70
2	75	71	78	72
3	78	74	78	71
4	76	74	77	71
5	72	73	75	69

解 根据题意，可建立假设：

H_0：各个车间试生产的产品，重量分布是相同的；

H_1：各个车间试生产的产品，重量分布是不同的。

其中，车间 A 的秩和=72，车间 B 的秩和=41，车间 C 的秩和=79，车间 D 的秩和=18。则 Kruskal-Wallis H 检验的统计量为

$$H=\frac{12}{20(20+1)}\sum\frac{72^2+41^2+79^2+18^2}{5}-3\times(20+1)=13.73$$

查附表 6 χ^2 分布临界值表，$\chi^2_{0.025,(3)}=0.22$，$\chi^2_{0.975,(3)}=9.35$，因此，得出 $p<0.05$ 结论。故各车间试生产的产品重量分布不同。

第六节　多个区组样本的 Friedman M 检验

一、Friedman M 检验的概念

在涉及随机区组的资料时，若为计量资料且满足方差分析的条件时，可以采用方差分析进行统计推断。但是当资料无法满足方差分析的条件时，则需要采用 Friedman M 检验来进行统计推断。Friedman M 检验可以确定随机区组设计中不同处理组的中位数是否存在差异，其目的是推断各组样本分别代表的总体分布是否不同。

二、Friedman M 检验的基本原理和步骤

令 X_{ij} 为第 i 区组，第 j 个处理组的观测值，数据区组(共 b 行)与处理组(k 列)排列如下：

区组	处理 A	处理 B	…	处理 k
1	X_{11}	X_{12}	…	X_{1k}
2	X_{21}	X_{22}	…	X_{2k}
…	…	…	…	…
b	X_{b1}	X_{b2}	…	X_{bk}

Friedman M 检验的步骤为:

1. 建立假设

H_0:各个处理组的总体分布相同;H_1:各个处理组的总体分布不完全相同。

2. 编秩:将各个区组内的观测值从小到大编秩,相同的数值取平均秩次。

3. 求秩和:分别计算各个处理组的秩和 T_i。

4. 计算统计量:

$$\overline{T} = \frac{\sum T_i}{k}$$

$$M = \sum (T_i - \overline{T})^2$$

当区组数和(或)处理组数较多时,如:$b>15$ 和(或)$k>15$,可采用 χ^2 近似法进行计算:

$$\chi^2 = \frac{12M}{bk(k+1)C}$$

其中,$C = 1 - \dfrac{\sum_{j=1}^{g}(t_j^3 - t_j)}{b(k^3 - k)}$

5. 计算 p 值并得出结论。

例 10-6 某园艺公司试用一批新的花卉营养液(分为四个组),各个花卉品种的高度(cm)如表 10-7 所示,则各种花卉营养液对花卉的成长高度是否有显著影响?设显著性水平为 $\alpha=0.05$。

表 10-7   不同处理下品种的花卉的高度(cm)

品种	组 1	组 2	组 3	组 4
A	62	54	138	188
B	91	144	220	238
C	54	93	83	300
D	45	99	213	140
E	54	36	150	175
F	72	90	163	300
G	64	87	185	207

解 根据题意,可建立假设:

H_0:各种花卉营养液处理后,各品种花卉的高度的总体分布相同;

H_1:各种花卉营养液处理后,各品种花卉的高度的总体分布不同。

计算各个处理组的秩和 T_i,并计算 M 值。

其中,组 1 的秩和=9,组 2 的秩和=13,组 3 的秩和=21,组 4 的秩和=27。则 Friedman M 检验的统计量为:

$$\overline{T} = \frac{\sum T_i}{k} = \frac{9+13+21+27}{4} = 17.5$$

$$M = \sum (T_i - \overline{T})^2 = (9-17.5)^2 + (13-17.5)^2 + (21-17.5)^2 + (27-17.5)^2 = 195$$

查临界值表 $M_{0.05,(4,7)}=92, M=195>92$，拒绝原假设 H_0，接受备择假设 H_1，可以认为给各种花卉进行营养液处理后，各品种花卉的高度的总体分布不同。

第七节 非参数统计推断中多个样本间的两两比较

一、两两比较的概念

与单因素方差分析类似，用 Kruskal-Wallis H 检验推断多个总体的分布是否相等时，如果推断结论为拒绝原假设 H_0，接受备择假设 H_1，那么只能得出各总体分布不同或不全相同的结论，但不能得出到底是哪两个或哪几个的总体分布不同的结论。若要对每两个总体分布或特定的几组总体分布做出有无不同的推断，则需要进行两两比较，此时注意必须校正统计量的自由度或检验水准 α，最简单的方法是采用 Bonferroni 法来调整检验水准 α 进行推断。

二、两两比较的基本原理与步骤

1. 检验假设：

H_0：第 i 组与第 j 组所代表的总体分布相等。

H_1：第 i 组与第 j 组所代表的总体分布不等。

α 选取为 0.05。

2. 计算检验统计量并确定 P 值：

设 R_i 与 R_j 分别代表比较的第 i 组与第 j 组样本的秩和。其平均秩和分别为 $\bar{R}_i$ 和 $\bar{R}_j$。

(1) 精确法：当样本量较小时，应采用两独立样本秩和检验的方法，求得统计量的数值后，借助统计软件得到精确的 P 值。

(2) 正态分布近似法：当样本量较大时，可基于正态分布的原理进行检验，其检验统计量为：

$$Z_{ij}=\frac{\bar{R}_i-\bar{R}_j}{\sigma_{R_i-R_j}}=\frac{\bar{R}_i-\bar{R}_j}{\sqrt{\dfrac{N(N+1)}{12}\left(\dfrac{1}{n_i}+\dfrac{1}{n_j}\right)}}$$

其中，N 为 k 个分组的总样本量，而 n_i 与 n_j 分别为第 i 组和第 j 组的样本量，

$$\sigma_{R_i-R_j}=\sqrt{\frac{n_i n_j(n_i+n_j+1)}{12}}$$

当相同的秩次较多时（大于 25%），可采用如下公式进行校正：

$$Z_{ijc}=\frac{Z_{ij}}{\sqrt{C}}$$

其中，$C=1-\dfrac{\sum\limits_{j=1}^{g}(t_j^3-t_j)}{N^3-N}$，利用标准正态分布表，或者通过统计软件得到统计量数值对应的 P 值。

3. 做出统计推断结论:将两组比较所得到的 P 值与多元比较校正后的检验水准 α' 进行比较,若 $P < \alpha'$,则拒绝 H_0,反之,不拒绝 H_0。

4. 检验水准的调整,最简单的方法是采用 Bonferroni 法,具体见前面第九章第六节的介绍。

本章小结

非参数统计也称非参数检验,主要内容是对总体的某种判断或假设进行检验。与参数检验相比,非参数检验有其自身的特点。非参数检验方法很多,必须根据具体的研究任务和对象的特点,选择适当的检验方法。本章介绍了针对有序分类数据的各种常见非参数统计方法,学习和运用非参数检验,计算本身并不困难,重要的是要掌握其方法思想,能够融会贯通、举一反三。

思考与练习

10.1 什么是非参数统计?它同参数统计相比有什么特点?

10.2 符号检验和 Wilcoxon 符号秩检验适用于何种情况?这两种方法各有什么特点?

10.3 试述 Mann-Whitney U 检验的方法原理和特点。

10.4 某大学随机抽取 30 名学生对两门课程的讲课质量评定等级,级别从 0 至 10,以 10 为最高。资料整理如下:

课程甲	8	4	3	3	9	9	8	7	4	6	7	7	9	7
课程乙	3	8	4	6	6	4	10	7	7	6	8	7	5	9
课程甲	8	10	4	9	7	8	5	5	2	8	8	3	5	4	7	7
课程乙	5	4	5	8	2	9	5	9	6	9	9	4	8	5	2	9

有关人员根据调查结果,认为学生对两门课程讲课质量赞赏人数的比例相同。

要求:对数据配对进行双侧符号检验。当课程甲的分数高于课程乙时,用"+"号;反之,用"—"号。($\alpha = 0.05$)

10.5 某洗涤剂厂为了检验广告宣传的效果,将广告宣传前后不同时期 10 个城市的月销售量资料整理如下:

城市编号	1	2	3	4	5	6	7	8	9	10
做广告前销售量	22	16	15	32	18	10	15	25	17	19
做广告后销售量	30	19	13	28	17	10	17	28	16	14

要求:试用 Wilcoxon 符号秩检验的单侧检验,对广告宣传的效果做出判断。($\alpha = 0.05$)

10.6 某公司对下属甲、乙两个规模相同的百货商场分别采用集体承包和个人承包两种经营方式,从两商场各抽取了同一月的 11 天和 9 天的营业额资料进行比较分析,试图通过它们的平均营业额是否相同来评价两种经营方式的效果是否有差异。有关销售额资料整理如下：

甲商场日营业额	23	27	34	28	31	47	39	41	43	47	31
乙商场日营业额	40	42	23	31	32	33	42	35	31		

要求：根据研究目的和条件选择适当方法进行检验，对两种经营方式的效果是否相同做出判断。（$\alpha=0.10$）

第十一章

无序分类数据的统计分析

统计引例

鸿达公司关于改变管理组织结构的调查

鸿达是一家大型的制造业公司,正在考虑改变组织结构,采用自我管理的工作小组。为了了解公司员工对这种改革的想法,你作为工厂管理部门的经理,随机抽取了一个400名员工的样本,询问他们是否支持自我管理工作小组这种组织形式。这次调查有三个备选答案:支持、无所谓和反对,其结果用工作类型和对自我管理工作小组的态度进行了交叉分组,具体数据列于表11-1。

表11-1　　　　　　　　不同工作类型的员工对自我管理工作小组的态度

工作类型	对自我管理工作小组的态度			合计
	支持	无所谓	反对	
基层工人	110	48	72	230
基层管理人员	18	12	30	60
中层管理人员	33	12	25	70
上层管理人员	24	7	9	40
合计	185	79	136	400

根据以上数据,你将如何判断不同工作类型的员工对自我管理工作小组的态度是否存在差异?

第一节　χ^2 检验

一、什么是 χ^2 检验

χ^2 检验是利用随机样本对总体分布与某种特定分布符合程度的检验,也就是检验观察值与理论值之间的紧密程度。当我们研究 $k(k>2)$ 个事件时,可以测定 k 个观察值及其相应的

理论值之间的差异,为此而构造的统计量称为 χ^2 统计量。χ^2 是 1900 年由英国统计学家 Pearson 提出的,称为 Pearson 定理。该定理表明,当样本容量充分大时,样本分成 k 类,每类观察到的实际出现的频数用 f_o 表示,其理论频数为 f_e,则 χ^2 统计量为:

$$\chi^2 = \sum_{i=1}^{k} \frac{(f_{oi} - f_{ei})^2}{f_{ei}} \quad (11-1)$$

其自由度为 $k-1$。

χ^2 分布本来是一种特定形式的概率分布,在参数估计中用于方差的估计和假设检验。然而在非参数统计中,它具有更为广泛的用途。这是因为:(1) 有很多非参数的假设检验问题都可以转化为检验观察频数与其期望频数之间的紧密程度问题。这里的检验统计量并不依赖于总体的分布形式,而是作为检验总体分布是否为某种特定的概率分布的一种方法。(2) 使用这种方法所搜集的资料可以是定量数据,也可是定类数据。如车胎的质量可以用车胎运行千米数来测试(即定量数据),同时也可按预先的标准将车胎分为正品与次品(即定类数据)来测试。

χ^2 检验主要用于拟合优度检验和独立性检验。

二、拟合优度检验

拟合优度检验是利用样本信息对总体分布做出推断,检验总体是否服从某种理论分布(如二项分布、均匀分布或正态分布等)。其方法是把样本分成 k 个互斥的类型组,然后根据需检验的理论分布算出每一类的理论频数,与实际的观察频数进行比较。

拟合优度检验的具体步骤为:

1. 确定原假设与备择假设。原假设 H_0 表示总体服从某种设定的分布,备择假设 H_1 表示总体不服从此种设定的分布。同时,确定拒绝原假设的显著性水平 α。

2. 从要研究的总体中随机抽取一批观察值作为样本,并将观察值整理成频数分布表,形成 k 个互斥的类型组。

3. 如果只是检验总体是否服从某种设定的分布,而未指定总体的参数,需要根据观察值计算相应的统计量,作为未知参数的估计值。

4. 按照"原假设为真"这一假定,根据已知总体参数或其统计量以及其概率分布,导出一组与频数分布中各组相对应的期望频率(亦称为理论频率)。用样本容量分别去乘各组的期望频率,得到各组的期望频数 f_e,各组理论频数不得小于 5,如不足 5,可合并相邻的组。

5. 对观察频数与理论频数进行比较,如果它们之间的差异太大,就不能把它归之于随机波动,以致计算得到的检验统计量在确定的显著性水平下大于临界值,因而拒绝原假设。

6. 自由度 $(\nu) = k - 1 - m$。其中 k 为组数(如需合并,则为合并后的组数),m 为计算理论频数时所估计参数的个数,减 1 是因为有一个约束条件 $\sum (f_o - f_e) = 0$。

以下用几个例子来说明拟合优度检验的应用。

例 11-1 某消费者协会想确定市场上 5 种牌子的啤酒哪一种最受消费者欢迎。该协会随机抽取 1 000 名啤酒饮用者作为样本进行如下的试验:每个人得到 5 种牌子的啤酒各一瓶,但都未标明牌子;这 5 瓶啤酒按分别写着 A、B、C、D、E 字母的 5 张纸片随机确定的顺序送给每一个人。表 11-2 便是根据样本资料整理得到的各种牌子啤酒爱好者的频数分布。我们要从这些数据中做出判断,消费者对这几种牌子啤酒的爱好有差别还是没有差别?

表 11-2　　　　　　　　　　各种牌子啤酒爱好者的频数分布

最喜欢的牌子	人　　数
A	210
B	312
C	170
D	85
E	223
合　计	1 000

解　如果没有差别,那么,我们应该预期啤酒饮用者的人数将呈均匀分布,或者说每种牌子啤酒的爱好者各占20%,据此可以提出如下的假设:

H_0:不同牌子啤酒饮用者人数服从均匀分布;

H_1:不同牌子啤酒饮用者人数不服从均匀分布;

设定显著性水平 $\alpha=0.05$。

根据原假设,每种牌子啤酒爱好者人数的期望频数 f_e 为 1 000/5=200,现在可算出 χ^2 的数值如下:

$$\chi^2 = \sum_{i=1}^{k} \frac{(f_{oi}-f_{ei})^2}{f_{ei}} = \frac{(210-200)^2}{200} + \frac{(312-200)^2}{200} + \frac{(170-200)^2}{200}$$
$$+ \frac{(85-200)^2}{200} + \frac{(223-200)^2}{200}$$
$$= 136.4$$

自由度等于分类组数 k 减 1,即 5−1=4。根据 $\alpha=0.05$ 和自由度为 4,查 χ^2 分布表,得知 χ^2 临界值 $\chi^2_{0.95,(4)}=9.488$(χ^2 分布表见书后附表),这意味着如果原假设为真,那么观察到一个大于 9.488 的 χ^2 值的概率等于 0.05。也就是说,如果消费者对各种牌子啤酒的爱好没有差别,则观察频数与期望频数的总差别大于 9.488 的可能性只有 5%,属于小概率事件。因此,对于 $\chi^2_{0.05,(4)}=9.488$,决策规则如下:

(1) $\chi^2 > 9.488$,拒绝 H_0;

(2) 若 $\chi^2 \leqslant 9.488$,不拒绝 H_0。

由于 χ^2 值 136.4 大大超出临界值 $\chi^2_{0.95,(4)}=9.488$,所以拒绝原假设 H_0,不拒绝备择假设 H_1,即认为消费者对各种啤酒的爱好是有差别的。用拟合优度的术语表述,就这个样本数据而言,均匀分布肯定不是最佳的拟合。

例 11-2　某大型制造企业的质量检验部门抽验了 180 个班次的产品质量,发现每个班次所生产的废品数如表 11-3 所示。

表 11-3　　　　　　　某大型制造企业每个班次生产废品数的频数分布

废品数	0	1	2	3	4	≥5
班次数	36	66	24	21	18	15

试检验每个班次所生产的废品数是否服从泊松分布。($\alpha=0.05$)

解　由题意,可建立假设:

H_0:每个班次所生产的废品数服从泊松分布;

H_1：每个班次所生产的废品数不服从泊松分布。

泊松分布的参数 λ 可根据样本平均数估计，经计算，样本平均数 $\bar{x}=1.8$。在原假设成立的条件下，每个班次所生产废品数的期望频数 f_e 如表 11-4 所示。

表 11-4　　　　　　　　某大型制造企业每个班次生产废品数的理论次数

废品数	0	1	2	3	4	≥5
班次数 f_o	36	66	24	21	18	15
期望频率	0.165 3	0.297 5	0.267 8	0.160 7	0.072 3	0.036 4
期望频数 f_e	30	54	48	29	13	6

因此，可用 χ^2 进行拟合优度检验，

$$\chi^2 = \sum \frac{(f_o - f_e)^2}{f_e} = \frac{(36-30)^2}{30} + \frac{(66-54)^2}{54} + \frac{(24-48)^2}{48} + \frac{(21-29)^2}{29}$$
$$+ \frac{(18-13)^2}{13} + \frac{(15-6)^2}{6} = 33.496\ 6$$

因为参数 λ 是由样本平均数估计的，可查自由度为 $6-1-1=4$、$\alpha=0.05$ 的 χ^2 分布，得临界值 $\chi^2_{0.95,(4)} = 9.488 < 33.496\ 6$。所以，拒绝原假设 H_0，不拒绝备择假设 H_1，即认为每个班次所生产废品数不服从泊松分布。

例 11-3　某高科技公司非常重视新产品的开发工作，设有经理人员和各方面专家组成的 10 人委员会，负责审议和批准每项新产品的建议。每个成员要对一项待审批的建议做出肯定或否定的表示。总经理认为这一审批程序服从以 0.25 为成功比例的二项分布，即每个成员有 25% 的可能性对一项待审批的建议投赞成票，从历史积累的大量新产品开发案例中随机抽取了 100 例，其赞成票的频数分布如表 11-5 所示。

表 11-5　　　　　　　　　　　　100 例投票数据的频数分布表

赞成票数	0	1	2	3	4	5	6 及以上
案例数	6	24	32	21	14	2	1

那么，这一审批程序是否服从以 0.25 为成功比例的二项分布？（$\alpha=0.10$）

解　由题意，可建立假设：

H_0：这一审批程序服从以 0.25 为成功比例、$n=10$ 的二项分布；

H_1：这一审批程序不服从这种二项分布。

因题意已指明待假设的分布参数，无须用样本平均数据进行估计。

从二项分布表可查得当 $n=10$，$p=0.25$ 时，$X=0$、1、2、3、4、5 和 6 及以上的概率值，以此作为计算期望频数 f_e 的基础，计算过程见表 11-6。

表 11-6　　$n=10$，$p=0.25$，$X=0$、1、2、3、4、5 和 6 及以上的二项分布概率值和期望频数

X	观察频数 f_o	累计概率	单值概率	期望频数 f_e
0	6	0.056 3	0.056 3	5.63
1	24	0.244 0	0.187 7	18.77
2	32	0.525 6	0.281 6	28.16

续表

X	观察频数 f_o	累计概率	单值概率	期望频数 f_e
3	21	0.775 9	0.250 3	25.03
4	14	0.921 9	0.146 0	14.60
5	2 ⎫	0.980 3 ⎫	0.058 4 ⎫	5.84 ⎫
6 及以上	1 ⎭	1.000 0 ⎭	0.019 7 ⎭	1.97 ⎭

因最后一组的期望频数小于 5，所以需要把最后两组合并，合并后的期望频数为 $5.84+1.97=7.81$，有

$$\chi^2 = \sum \frac{(f_o-f_e)^2}{f_e} = \frac{(6-5.63)^2}{5.63} + \frac{(24-18.77)^2}{18.77} + \frac{(32-28.16)^2}{28.16}$$
$$+ \frac{(21-25.03)^2}{25.03} + \frac{(14-14.60)^2}{14.60} + \frac{(3-7.81)^2}{7.81} = 5.641\ 1$$

合并后的组数为 6 组，查自由度为 $6-1=5$、$\alpha=0.10$ 的 χ^2 分布，得临界值 $\chi^2_{0.9,(5)}=9.236>5.641\ 1$。所以，不拒绝原假设 H_0，即可以认为该公司新产品审批程序服从以 $n=10$，$p=0.25$ 为参数的二项分布。

在前面两章的讨论中，不少场合是以总体服从正态分布的假定为前提的。这种假设是否能够成立，也可用拟合优度的检验方法来检验。

例 11-4 某台装瓶机设计的装瓶重量为 250 克。质量检查人员随机从该机装填的成品中抽取 125 瓶，查得装瓶重量的频数分布如表 11-7 所示。

表 11-7　　　　　　　　　　　125 瓶装瓶重量的频数分布

重　　量	瓶　　数
242～244	4
244～246	10
246～248	15
248～250	32
250～252	43
252～254	15
254～256	6
合　计	125

若以 $\alpha=0.05$ 的显著性水平，质量检查人员想检验该机装瓶重量是否服从均值为 250 克的正态分布。

解　为解决这一问题，可建立如下假设：

H_0：样本数据来自正态分布总体；

H_1：样本数据并非来自正态分布总体。

本题未指出待检验总体的标准差，可根据样本标准差估计。经计算，样本标准差 $S=2.738\ 7$。在原假设成立的条件下，计算的期望频数 f_e 如表 11-8 所示。

表 11-8　　　　　　　　　　　　　装瓶重量的期望频数

重量 X	观察频数 f_o	标准化组限 $Z=\dfrac{X-\mu}{S}$	正态分布概率	期望频数 f_e
242～244	4 ⎫	-2.19 以下	0.014 3	1.77 ⎫
244～246	10 ⎭	-2.19～-1.46	0.057 8	7.23 ⎭
246～248	15	-1.46～-0.73	0.160 6	20.08
248～250	32	-0.73～0	0.267 3	33.42
250～252	43	0～0.73	0.267 3	33.42
252～254	15	0.73～1.46	0.160 6	20.08
254～256	6	1.46 以上	0.072 1	9.0
合　计	125	—	—	125

在计算期望频数时，为使其总和等于 125，对第一组和最后一组的频数的尾数进行了调整。表 11-8 中第一组的期望频数是 1.77，小于 5，需要与第二组合并，合并后的期望频数为 1.77+7.23=9.0，组数变为 6 组。因此有：

$$\chi^2 = \sum \frac{(f_o-f_e)^2}{f_e} = \frac{(14-9)^2}{9} + \frac{(15-20.08)^2}{20.08} + \frac{(32-33.42)^2}{33.42}$$
$$+ \frac{(43-33.42)^2}{33.42} + \frac{(15-20.08)^2}{20.08} + \frac{(6-9)^2}{9} = 9.154\,8$$

因合并后的组数为 6 组，自由度为 6-1-1=4，查 $\alpha=0.05$ 的 χ^2 分布，得临界值 $\chi^2_{0.95,(4)}=9.488>9.154\,8$。所以，不拒绝原假设 H_0，即可以认为该机装瓶重量服从均值为 250 克的正态分布。但若 $\alpha=0.10$，则临界值 $\chi^2_{0.9,(4)}=7.779<9.154\,8$。所以，提高显著性水平将拒绝原假设 H_0，不拒绝备择假设 H_1，即认为该机装瓶重量与均值为 250 克的正态分布是有所不同的。

三、独立性检验

χ^2 检验也常用于判断两个变量是否存在交互影响。如果两个变量不存在交互影响，就称为独立，所以这类检验也称为独立性检验。与拟合优度检验相比，独立性检验的特点在于其理论频数不是预先确定的，而需要从样本资料中获得。

独立性检验的具体步骤为：

1. 确定原假设与备择假设，独立性检验的原假设和备择假设如下：

H_0：这两个变量是独立的（即它们之间不存在联系）；

H_1：这两个变量是不独立的（即它们之间存在着某种联系）。

2. 从要研究的总体中，随机抽取一批观察值作为样本，并将观察值整理成 $r \times c$ 列联表，r 为一个变量的分类组数，c 为另一个变量的分类组数，然后列出实际观察频数 f_{oij}，简记为 O_{ij}。在第四章中已经介绍过两个变量的交叉分组表（即为列联表），其构成形式如表 11-9 所示。

表 11-9　　　　　　　　　　　　　　　　$r \times c$ 列联表的形式

Y＼X	列变量(c) 1	2	3	⋯	c	合计
行变量(r) 1	O_{11}	O_{12}	O_{13}	⋯	O_{1c}	$O_{1.}$
2	O_{21}	O_{22}	O_{23}	⋯	O_{2c}	$O_{2.}$
3	O_{31}	O_{32}	O_{33}	⋯	O_{3c}	$O_{3.}$ ⎬ Y 的边缘频数
⋮	⋮	⋮	⋮	⋮	⋮	⋮
r	O_{r1}	O_{r2}	O_{r3}	⋯	O_{rc}	$O_{r.}$
合计	$O_{.1}$	$O_{.2}$	$O_{.3}$	⋯	$O_{.c}$	n

X 的边缘频数

因为在独立性检验中有两个感兴趣的变量,每个变量又有两个或两个以上的水平,而抽取的只是一个样本。对两个变量的联合回答记入列联表中间部分的每个单元格中,这些单元格表示了两个变量的各种不同水平的交汇点,反映了实际观察的联合频数,最下面一行为 X 的实际观察边缘频数,最右一列为 Y 的实际观察边缘频数。

3. 计算期望的理论频数 f_{eij},简记为 E_{ij}。先求理论频率(作为概率的近似)。在第六章中证明了独立事件的乘法公式为:如果两事件独立,则它们的联合概率等于它们各自概率的乘积,即 $P(AB)=P(A)P(B)$。因此,某一行某一列的联合概率为:

$$P(第\ i, j\ 的概率) = \frac{n_i}{n} \frac{n_j}{n}$$

因为总频数为 n,所以理论频数

$$E_{ij} = n\left(\frac{n_i}{n} \frac{n_j}{n}\right) = \frac{n_i n_j}{n} \tag{11-2}$$

4. 根据式(11-1),独立性检验的统计量变化为:

$$\chi^2 = \sum_{i=1}^{r} \sum_{j=1}^{c} \frac{(O_{ij} - E_{ij})^2}{E_{ij}} \tag{11-3}$$

其自由度 $(\nu) = (r-1)(c-1)$。

5. 在确定的显著性水平下,若检验统计量大于临界值,拒绝原假设。

现举例说明独立性检验的过程。

例 11-5　在本章的统计引例中,为了了解公司员工中不同工作类型的员工对自我管理工作小组的态度,进行了调查,具体数据列于表 11-1。根据表 11-1 中的数据,试问在 0.1 的显著性水平下,你将如何判断员工的工作类型与对自我管理工作小组的态度之间是否存在显著的关系。

解　为解决这一问题,可建立如下假设:

H_0:员工的工作类型与对自我管理工作小组的态度之间不存在显著的不同,是独立的;

H_1:员工的工作类型与对自我管理工作小组的态度之间存在着显著的不同,是不独立的。

根据表 11-1 实际观察频数,可计算得到期望的频数,如表 11-10 所示。

表 11-10　不同工作类型的员工对自我管理工作小组态度的实际频数和期望频数列联表

工作类型	对自我管理工作小组的态度 支持	无所谓	反对	合计
基层工人	110(106.375)	48(45.425)	72(78.2)	230
基层管理人员	18(27.75)	12(11.85)	30(20.4)	60
中层管理人员	33(32.375)	12(13.825)	25(23.8)	70
上层管理人员	24(18.5)	7(7.9)	9(13.6)	40
合计	185	79	136	400

表中括号内的数字是根据式(11-2)计算得到的期望频数。例如，在独立的原假设成立的条件下，位于左上角单元格内、表示基层工人中对自我管理工作小组的表示支持态度的期望人数是两个相应的边缘频数的乘积，然后再除以总次数，即 $135.375 = 185 \times 230 \div 400$。这时，检验统计值为：

$$\chi^2 = \sum_{i=1}^{r} \sum_{j=1}^{c} \frac{(O_{ij} - E_{ij})^2}{E_{ij}}$$

$$= \frac{(110 - 106.375)^2}{106.375} + \frac{(18 - 27.75)^2}{27.75} + \cdots + \frac{(9 - 13.6)^2}{13.6} = 12.3133$$

本例的自由度为 $(r-1)(c-1) = (4-1)(3-1) = 6$，查 $\alpha = 0.1$ 的 χ^2 分布，得临界值 $\chi^2_{0.9,(6)} = 10.645$，显然统计值大于临界值，所以拒绝原假设 H_0，不拒绝备择假设 H_1，即认为员工的工作类型与对自我管理工作小组的态度之间存在着显著的不同，是不独立的。

当列联表为 2×2 时，χ^2 值的计算公式可以简化。现把列联表的数字用文字表示为表 11-11。

表 11-11　　　　　　　　　　　　　　2×2 列联表

行＼列	1	2	合计
1	a	b	a+b
2	c	d	c+d
合计	a+c	b+d	n

这时，χ^2 检验统计量的计算公式简化为：

$$\chi^2 = \frac{n(ad - bc)^2}{(a+c)(b+d)(a+b)(c+d)} \tag{11-4}$$

Pearson χ^2 要求 $n \geqslant 40$ 且所有理论频数 $E_{ij} \geqslant 5$。

当 $n \geqslant 40$，但有理论频数 $1 \leqslant E_{ij} < 5$ 时，需要对 χ^2 进行校正，即 Yates 校正公式：

$$\chi^2 = \frac{n(|ad - bc| - \frac{n}{2})^2}{(a+c)(b+d)(a+b)(c+d)}$$

或

$$\chi^2 = \sum_{i=1}^{r} \sum_{j=1}^{c} \frac{(|O_{ij} - E_{ij}| - 0.5)^2}{E_{ij}}$$

当 $n<40$，或理论频数 $E_{ij}<1$ 时，则需要使用 Fisher 确切概率法。

例 11-6 某公司要了解职工对现行奖励制度是否满意，共调查了 210 个职工，有关资料分别按男、女整理成表 11-12。

表 11-12 职工满意度列联表

满意程度性别	满意	不满意	合计
男职工	30	70	100
女职工	45	65	110
合计	75	135	210

要求分析男职工和女职工是否有显著差异。

解 为解决这一问题，可建立如下假设：

H_0：对奖励制度的看法，男职工和女职工之间没有差别；

H_1：对奖励制度的看法，男职工和女职工之间是有差别的。

如果男职工和女职工之间没有显著差别，则他们中表示满意的人数所占比例应该是一致的。由公式(11-4)，可计算 χ^2 检验的统计值：

$$\chi^2 = \frac{n(ad-bc)^2}{(a+c)(b+d)(a+b)(c+d)} = \frac{210(30\times 65 - 70\times 45)^2}{75\times 135\times 100\times 110} = 2.71$$

自由度为 $(r-1)(c-1)=(2-1)(2-1)=1$，在 $\alpha=0.05$ 的显著水平下，查 χ^2 分布表得到临界值 $\chi^2_{0.95,(1)}=3.841$，由于统计值小于临界值，故不拒绝原假设 H_0，也即对奖励制度的看法，男职工和女职工的态度没有明显差别。

第二节 单个样本比例的检验

一、单个样本比例检验的概念

考虑下面三种类型的假设检验：

(1) $H_0: P=P_0; H_1: P\neq P_0$；

(2) $H_0: P=P_0; H_1: P>P_0$；

(3) $H_0: P=P_0; H_1: P<P_0$。

当 nP 和 $n(1-P)$ 都大于 5 时，也可采用 χ^2 检验进行，参考表 11-11 以及对应的计算公式，则不妨假定 $a=nP, b=n(1-P), c=nP_0, d=n(1-P_0)$。则可计算得到 χ^2 检验统计量，并通过查表得出临界值，并进行检验。

二、单个样本比例检验的步骤

例 11-7 某公司负责人发现开出去的发票有大量笔误，而且断定这些发票中错误的发票占 20% 以上。随机抽取 400 张检查，发现错误的发票有 100 张，即占 25%。这是否可以证明负责人的判断正确？($\alpha=0.05$)

解 $n=400, P=25\%, P_0=20\%$，建立假设，$H_0: P=P_0; H_1: P>P_0, \alpha=0.05$

采用卡方检验，可以将以上数据表现为如下形式：

发票检查	错误	正确	合计
实际抽取	100(a)	300(b)	400
负责人判断	80(c)	320(d)	400
合计	180	620	800

则,$a = nP = 100, b = n(1-P) = 300, c = nP_0 = 80, d = n(1-P_0) = 320$。

$$\chi^2 = \sum_{i=1}^{k=2} \frac{(f_{oi} - f_{ei})^2}{f_{ei}} = \frac{(nP - nP_0)^2}{nP_0} + \frac{[n(1-P) - n(1-P_0)]^2}{n(1-P_0)}$$

$$= \frac{(100-80)^2}{80} + \frac{(300-320)^2}{320} = 6.25$$

自由度为 2−1=1,在 $\alpha = 0.05$ 的显著水平下,查 χ^2 分布表得到临界值 $\chi^2_{0.95,(1)} = 3.841 < 6.25$,拒绝原假设 H_0,可以认为公司负责人的判断正确,即该公司开出去的发票中错误的发票占 20% 以上。

第三节 两个配对样本比例差异的检验

一、两个配对样本比例差异检验的概念

列联表中也有配对的列联表,列联表也要求样本保持不变,如可以是部件加工前和加工后的比较,也可以是两种不同的评价方法的对比。

如厂家采用 A、B 两种方式,对一批样品的质量进行检验,分为合格(+)和不合格(−)两类,表格可以进一步写成:

表 11-13　　　　　　　　　　配对列联表示意

		B方法 +	B方法 −	合计
A方法	+	a	b	$a+b$
	−	c	d	$c+d$
合计		$a+c$	$b+d$	$a+b+c+d$

其中,a 和 d 表明两种检验方法的结果一致,而 b 和 c 则表明两种检验方法的结果不一致。为了比较两种检测方法有无差异,只需比较检测结果不一致的 b 和 c。如果 $b=c$,则说明两种方法检测结果相同,此时两种方法的期望频数为 $(b+c)/2$。检验的统计量为:

$$\chi^2 = \frac{\left(b - \frac{b+c}{2}\right)^2}{\frac{b+c}{2}} + \frac{\left(c - \frac{b+c}{2}\right)^2}{\frac{b+c}{2}} = \frac{(b-c)^2}{b+c}$$

通过上式进行的检验也称为 McNemar 检验,如果 $b+c < 40$,则需要对 χ^2 值进行校正:

$$\chi^2_{校正} = \frac{(|b-c|-1)^2}{b+c}$$

二、两个配对样本比例差异检验的步骤

例 11-8 某厂采用 A、B 两种方式,对一批样品的质量进行检验,分为合格(+)和不合格(-)两类

表 11-14 某厂采用 A、B 两种方式对同一批样品质检的统计数字

A 方法		B 方法 +	B 方法 -	合计
A 方法	+	25	2	27
	-	11	15	26
合计		36	17	53

检验步骤如下:

(1) 建立检验假设,确定检验水准:

H_0:两种方法的检测合格率相同;

H_1:两种方法的检测合格率不同。

$\alpha = 0.05$

(2) 计算检验统计量:

因为 $b+c < 40$,采用校正 χ^2 值。

$$\chi^2_{校正} = \frac{(|2-11|-1)^2}{2+11}, df = 1$$

(3) 确定 P 值,做出推断结论:

因为 $\chi^2 = 4.92 > \chi^2_{0.05,(1)} = 3.84, P = 0.027 < 0.05$。故拒绝原假设 H_0,不拒绝备择假设 H_1,即认为两种方法的检测合格率不同。

第四节 两个独立样本比例差异的检验

一、两个独立样本比例差异检验的概念

令 P_1 表示总体 1 的比例,P_2 表示总体 2 的比例,下面我们来讨论两总体比例差异的统计推断。为了对这个比例差异做出推断,我们选择两个独立的随机样本,这两个样本分别由总体 1 中的 n_1 个单位和总体 2 中的 n_2 个单位组成。则两个独立样本的比例差异的检验即是对 $P_1 = P_2$ 进行的假设检验。

考虑下面三种类型的假设检验:

(1) $H_0: P_1 = P_2; H_1: P_1 \neq P_2$;

(2) $H_0: P_1 = P_2; H_1: P_1 > P_2$;

(3) $H_0: P_1 = P_2; H_1: P_1 < P_2$。

采用 χ^2 检验,参考表 11-11 则不妨令且 $a = n_1 P_1$、$b = n_1(1-P_1)$ 和 $c = n_2 P_2$、$d = n_2(1-P_2)$,则计算检验统计量为:

$$\chi^2 = \frac{n(ad-bc)^2}{(a+c)(b+d)(a+b)(c+d)}, \text{自由度} \nu=1。$$

上式为 2×2 列联表的 χ^2 统计量,当表格变为 $r(=2)\times c$ 列联表时,则 χ^2 统计量为:

$$\chi^2 = n \cdot \left(\sum_{i=1}^{r} \sum_{j=1}^{c} \frac{O_{ij}^2 - 1}{n_i n_j} \right)$$

自由度 $\nu=(r-1)(c-1)$,这里,$r=2$.

二、两个独立样本比例差异检验的步骤

例 11-9 一个由 200 家甲型企业组成的随机样本表明,其中 12% 的企业广告费用占总销售额的 1% 以上。由同等数量的乙型企业组成的另一个独立随机样本表明,其中 15% 的企业广告费用占总销售额的 1% 以上,这是否能说明甲型企业比乙型企业中广告费用占总销售额 1% 以上的公司比例少? ($\alpha=0.05$)

建立假设检验: $H_0: P_1=P_2; H_1: P_1<P_2$

解 采用 χ^2 检验,不妨令 $a=200\times 0.12=24, b=176, c=200\times 0.15=30, d=170$。

$$\chi^2 = \frac{n(ad-bc)^2}{(a+c)(b+d)(a+b)(c+d)} = \frac{200(24\times 170-176\times 30)^2}{(24+30)(176+170)(24+176)(30+170)} = 0.39$$

自由度为 $(r-1)(c-1)=(2-1)(2-1)=1$,在 $\alpha=0.05$ 的显著水平下,查 χ^2 分布表得到临界值 $\chi^2_{0.95,(1)}=3.841$,不拒绝原假设 H_0,即不能认为甲型企业与乙型企业中广告费用占总销售额 1% 以上的公司比例不同。

第五节 多个独立样本比例差异的检验

一、多个独立样本比例差异检验的概念

对多个独立样本比例进行比较时,需要将 χ^2 检验扩充到任意 $r\times c$ 列联表资料 ($r,c\geqslant 2$),方法与 χ^2 检验类似,公式同第四节的 $2\times c$ 列联表或用通用 χ^2 统计量计算公式 (11-1)。由于有多个组的比较,如果比较结果差异有显著的意义,还可考虑进行两两比较,详见第八节的介绍。

二、多个独立样本比例差异检验的步骤

例 11-10 某公司的三个制造工厂临时工的出勤状况如表 11-15 所示,则各个工厂的出勤状况是否有显著性差异? 设显著性水平 α 为 0.05。

表 11-15　　　　某公司三个制造工厂临时工的出勤状况统计数字

工厂	全勤	优	良	中	合计
A	60	70	45	100	275
B	43	32	19	31	125
C	19	23	22	20	85
合计	122	125	86	151	484

(1) 建立检验假设，确定检验水准

H_0：工厂临时工出勤状况与工厂无关

H_1：工厂临时工的出勤状况与工厂有关

$\alpha = 0.05$

(2) 计算检验统计量 χ^2 与自由度 ν：

$$\chi^2 = \sum \frac{(O-E)^2}{E} = \frac{\left(60 - \frac{275 \times 122}{484}\right)^2}{\frac{275 \times 122}{484}} + \cdots + \frac{\left(20 - \frac{84 \times 151}{484}\right)^2}{\frac{84 \times 151}{484}} = 15.35$$

$\nu = (3-1) \times (4-1) = 6$

(3) 做出推断结论

通过查表，可知 $\chi^2_{0.95,(6)} = 12.59$，$\chi^2 > \chi^2_{0.95,(6)}$，$P = 0.015 < 0.05$，则拒绝原假设 H_0，不拒绝备择假设 H_1，认为工厂临时工的出勤状况与工厂有关。

第六节　分层卡方检验

一、分层卡方检验的概念

分层卡方检验，也称为 Cochran-Mantel-Haenszel 检验（简称 CMH 检验），通过对分层因素进行控制，从而考察控制了分层因素的列联表数据内的关联性，但它要求各层内的行列关联性相同。

计算的统计量如下：

$$\chi^2_{\text{CMH}} = \frac{\left[\left|\sum_{i=1}^{k}\left(O_i - \frac{R_{1i}C_{1i}}{N_i}\right)\right| - 0.5\right]^2}{\sum_{i=1}^{k} \frac{R_{1i}R_{2i}C_{1i}C_{2i}}{N_i^2(N_i-1)}}$$

其中，i 为层数，O_i，R_i，C_i 和 N_i 分别表示第 i 层内的观察频数，行合计数，列合计数以及该层的总合计数，减 0.5 为连续性校正。这个统计量服从自由度为 1 的 χ^2 分布。

二、分层卡方检验的步骤

例 11-11　两个车间生产两种不同的零部件，一批产品得到的合格率如表 11-16 所示。

表 11-16　　两个车间生产两种不同的零部件中同一批产品得到的不合格率

车　间	不合格数量	合格数量	总　　数	不合格率
车间 1	2 300	25 000	27 300	8.42%
车间 2	2 000	25 000	27 000	7.41%

如果不考虑将产品细分为产品 A 和产品 B，则车间 2 的不合格率更低一些。如果以产品 A 和产品 B 进行分层，则可以看到无论是哪一种产品，都是车间 1 的不合格率更低。

表 11-17　两个车间生产两种不同的零部件中同一批产品分开类型后得到的不合格率

	车间	不合格数量	合格数量	总　数	不合格率
产品 A	车间 1	2 000	20 000	22 000	9.09%
	车间 2	600	5 000	5 600	10.71%
产品 B	车间 1	300	5 000	5 300	5.66%
	车间 2	1 400	20 000	21 400	6.54%

两种检验的结论完全不同。

下面采用 CMH 检验分析在数据有分层的情况下，两个车间的不合格率的差异如何。

$$\chi^2_{CMH} = \frac{\left[\left|\left(2\,000 - \frac{22\,000 \times 2\,600}{27\,600}\right) + \left(300 - \frac{5\,300 \times 1\,700}{26\,700}\right)\right| - 0.5\right]^2}{\frac{22\,000 \times 5\,600 \times 2\,600 \times 25\,000}{27\,600^2 \times (27\,600 - 1)} + \frac{5\,300 \times 21\,400 \times 1\,700 \times 25\,000}{26\,700^2 \times (26\,700 - 1)}}$$

$= 18.878\,7$

自由度为 1 的 χ^2 分布计算出 p 值为 0.000 013 9<0.05，拒绝原假设 H_0，可以认为，总的来说，车间 1 的不合格率与车间 2 不同。

第七节　趋势卡方检验

一、趋势卡方检验的概念

判断不同的有序分类变量之间是否有线性变化的趋势，可以使用趋势卡方检验。常用的趋势卡方检验方法包括 Cochran-Armitage (CA) 趋势检验和 Mantel-Haenszel 卡方检验。

CA 趋势检验是用于分析一个二分类变量（应变量）与一个有序分类自变量（等级变量，等级数≥3）之间关联性的统计方法，用于回答有序分类变量各水平组的发生率是否随着水平数值或程度的增大（或减小）呈现上升或下降的趋势，因此又称趋势卡方检验，它是线性趋势检验中最常用的一种方法，可以用 2×k 列联表的形式表示，但值得注意的是这里的线性不是指比率的变化呈线性变化，而是指经过 Logit 变换后呈现出线性变化趋势。

以 2×3 列联表为例：

分　类	1	2	3	合　计
1	N_{11}	N_{12}	N_{13}	R_1
2	N_{21}	N_{22}	N_{23}	R_2
合　计	C_1	C_2	C_3	N

CA 趋势检验的统计量计算公式为：

$$T = \sum_{i=1}^{k} t_i (N_{1i} R_2 - N_{2i} R_1)$$

式中，N_{1i} 和 N_{2i} 是列联表中的观察频数，R_1 和 R_2 是行合计数，t_i 代表权重，$N_{1i}R_2 - N_{2i}R_1$

的差异可以看成是 N_{1i} 和 N_{2i} 加权调整后的差异。

T 的方差为：

$$Var(T) = \frac{R_1 R_2}{N}\left(\sum_{i=1}^{k} t_i^2 C_i(N-C_i) - 2\sum_{i=1}^{k-1}\sum_{j=i+1}^{k} t_i t_j C_i C_j\right)$$

当样本量较大时，则，

$$Z = \frac{T}{\sqrt{Var(T)}} \sim N(0,1)$$

当频率随着 k 可能有单调的变化趋势时，权重 t_i 的确定非常重要，且比较复杂，如：当 $k=3$ 时，如果前两个列变量有相似的频率，但第三个列变量有不同的频率，那么 t_i 可以赋值为 (1,1,0)。如果列变量的频率呈线性趋势，那么 t_i 可以赋值为 (0,1,2)。当频率随着列变量 k 单调变化时，即使变化趋势不是线性的，也要使用这些权重。

Mantel-Haenszel 卡方检验也称线性趋势检验(Test for Linear Trend)或定序检验(Linear by Linear Test)，它需要满足以下两个假设：

(1) 一个变量是有序分类变量；
(2) 另一个变量是有序分类变量(或二分类变量)。

Mantel-Haenszel 卡方检验若有统计显著性，只能说明存在线性关系，但不能给出这种线性相关的强度和方向。要判断线性相关的强度和方向，需要结合 Pearson 相关系数确定。Pearson 相关系数的概念将在第十二章中进行介绍。Mantel-Haenszel 卡方检验与 Pearson 相关系数存在如下关系：

$$\chi^2_{MH} = (n-1)r^2$$

其中 χ^2_{MH} 为 Mantel-Haenszel 卡方统计量，近似服从自由度为 1 的 χ^2 分布。n 为全部观测值的个数，r 为 Pearson 相关系数。

趋势卡方检验的具体计算比较复杂，一般直接通过统计分析软件完成。

二、趋势卡方检验的步骤

例 11-12 某酒店员工星级与投诉率的情况如下表 11-18 所示，是否可以认为随着员工星级的升高投诉率呈现下降的趋势？($\alpha = 0.05$)

表 11-18　　　　　　　　　某酒店不同星级的员工的投诉情况

投诉情况 \ 员工星级	一星	二星	三星	四星	合计
投诉	21	34	18	2	75
未投诉	238	396	534	127	1 295
n_i	259	430	552	129	1 370
投诉率	8.11%	7.91%	3.26%	1.55%	5.47%

(1) 建立检验假设，确定检验水准

H_0：员工星级与投诉率不存在线性趋势，$p_1 = p_2 = \cdots = p_k$

H_1：员工星级与投诉率存在线性趋势，$p_1 > p_2 > \cdots > p_k$

$\alpha = 0.05$

(2) 计算检验统计量：

由于样本量比较大，可采用正态近似法进行统计量计算，通过统计分析软件计算得到，$Z=-3.8561$。

同理，利用统计分析软件计算得到 Mantel-Haenszel 卡方统计量，$\chi^2_{MH}=14.8586$

(3) 做出推断结论

基于 CA 趋势检验，$Z=-3.8561$，p 值为 $0.0001<0.05$，拒绝原假设 H_0，不拒绝备择假设 H_1，即可以认为投诉率随着员工星级的升高而下降。

基于 Mantel-Haenszel 卡方检验，$\chi^2_{MH}=14.8586$，p 值为 $0.0001<0.05$，与 CA 趋势检验的结论相同。

第八节　多个独立样本比例间的两两比较

一、多个独立样本比例间两两比较的概念

进行多个独立样本比例的比较时，如果拒绝 H_0，可以认为样本所来自的总体比例之间的差异具有统计学意义，为了得到多个总体比例之间两两比较是否有差异的统计学结论，则需要进行多个比例的两两比较。

二、多个独立样本比例间两两比较的步骤

最简单的方法是采用 Bonferroni 法进行多个样本比例的两两比较，具体步骤如下：

(1) 先对需要比较的列联表进行分割，变成多个四格表；
(2) 对每个四格表进行卡方检验；
(3) 采用公式：$\alpha'=\alpha/$ 比较次数，调整检验水准。α 为事先确定的水准（通常取 $\alpha=0.05$）；
(4) 以调整的 α' 作为检验水准，得出有无统计学意义的结论。

通常存在以下两种情况：

(1) 多组之间两两比较，k 组样本间任意两组均进行比较，比较的次数为 $k(k-1)/2$，则对应的调整检验水准 α' 为：

$$\alpha' = \frac{\alpha}{\frac{k(k-1)}{2}}$$

(2) 实验组与同一个对照组的比较：在 k 组样本中，指定对照组与其余各组比较时，比较次数为 $k-1$，调整的检验水准 α' 为：

$$\alpha' = \alpha/(k-1)$$

本章小结

本章对无序分类数据的统计方法进行了介绍，该类方法往往依赖于列联表的整理和计算。相对于定量数据和有序分类数据的统计方法而言，这些方法的计算量较大，多借助统计软件进行计算。

思考与练习

11.1 什么是 χ^2 检验？χ^2 检验适用于何种情况？其方法特点是什么？应用 χ^2 统计量检验时要注意什么问题？

11.2 对某公司电话总机在每天下午开始工作的一分钟内接到的电话呼叫次数,记录了共计 100 天的数据并整理成如下频数分布,若预期这种特定时刻电话呼叫服从泊松分布：

电话呼叫次数	0	1	2	3	4	5	6 及以上
记录天数	5	7	30	40	7	5	6

要求：试用 χ^2 检验判断其"拟合优度"。($\alpha=0.05$)

11.3 某市场调研公司要确定消费者对五种品牌矿泉水喜好是否相同。他们随机抽取 100 个消费者进行调查,将所得资料整理如下,并认为消费者对五种品牌矿泉水的喜好没有显著区别。

矿泉水品牌	A	B	C	D	E
喜欢的人数	27	16	22	18	17

要求：试分别用 0.05 和 0.01 的显著性水平检验调研人员的上述判断。

11.4 某电视机厂对三个元件生产厂提供的电子元件的三种性能进行质量检验。该电视机厂想知道元件生产厂家同元件性能的质量差异是否有关系。抽查了 450 只元件次品,整理成为以下 3×3 列联表：

次品类型 元件厂	A	B	C	总计
甲	20	45	35	100
乙	40	90	70	200
丙	15	65	70	150
总计	75	200	175	450

根据抽查检验的数据,他们认为次品类型与厂家(即哪一个厂)生产是无关的。

要求：试以 0.01 的显著性水平进行检验,做出判断。

11.5 一家连锁快餐公司进行了一项调查,想了解消费者对在三种媒体(即报纸、电视和电台)上所发布的广告的认知是否有差异。此项调查的数据如下表所示：

媒体	杂志	电视	电台	合计
能记得广告的人数	20	15	5	40
不能记得广告的人数	70	75	115	260
合计	90	90	120	300

要求：试问在 0.05 的显著性水平下,人们能记得广告的比例在不同媒体之间是否存在着显著的不同？

第十二章

相关分析

统计引例

一家时装店的销售预测

泰雅是一家连锁时装店,在过去的15年中,通过不断增加连锁店来提高其市场占有率。最近,该连锁店放弃了原来选新址的方法,你作为一名项目负责人,必须制订一个按新的客观方法来选择新址、开设新连锁店的策略计划,这个计划必须能预测所有备选新连锁店的年销售额。你认为商店的规模大小与是否成功之间有着显著联系,那么,你应该如何去刻画两个变量之间的联系,以验证这一观点。

第一节 相关的概念和二元概率分布

在第八至十一章,我们重点介绍了总体均值、比例和方差的置信区间估计和假设检验。在本章中,我们要介绍相关分析方法。这种方法是分析两个或更多变量之间的相互关系,测定它们之间联系的紧密程度,以揭示其变化的具体形式和规律性,以便用一个或几个变量,去预测另一个我们感兴趣的变量。与后续章节讲解的回归分析结合,相关与回归分析方法在自然科学、工程技术和社会经济领域都得到广泛应用。特别是在计量经济的研究中,相关的统计方法已经成为构造各种经济模型,进行结构分析、政策评价、预测和控制的重要工具。

本节将介绍相关的概念和二元概率分布。

一、相关关系的概念

相关关系是指变量之间的不确定的依存关系。它和函数关系不同,函数关系是变量之间确定的依存关系,当给定一个自变量数值时便有一个相应的因变量数值,如圆面积 $S=\pi r^2$,给定 r 值便有一个确定的 S。类似地,在社会经济领域中,如成本总额=单位成本×产品产量等,也都属于这种函数关系。相关关系则不同,对应于一个变量的某个数值,另一个变量可能有几个甚至许多个数值,如人的身高和体重,一般来说,身高者体重也重。但是,具有同一身高的人,体重却有差异。在社会经济领域中,如企业增加固定资产投资就会增加产量,投资和生产之间存在着本质的、必然的联系。但是,追加一定的固定资产投资额能增加多少产量却是不确定的。这是因为影响产量的因素中,除了固定资产投资之外还有职工文化技术素质、企业经营管理水平、能源和原材料的供应、流动资金的周转等,这些因素都在不同方向和不同程度上影响产量变动。客观事实表明,在市场经济中,由于利益主体多元化和决策分散化,在"看不见的手"的支配下,社会和经济变量受随机因素的影响很大,它们之间的关系主要表现为相关关系。

相关关系包括因果关系。一事件发生引起另一事件发生,原因在前,结果在后,称之为因果关系。如居民收入提高,导致银行存款额上升,就是因果关系。此外,还有互为因果的关系,如职工工资增长和价格上涨,工资增长引起成本推动的价格上扬,工资增长是因,价格上涨是果;价格上涨后,为弥补实际工资下降而提高职工工资,价格上涨是因,提高工资是果。通过对变量相关关系的分析,揭示现象的因果关系,从而对社会经济现象变化的本质做出说明,无疑是统计研究十分重要的任务。但是,许多现象的联系并非是因果关系,如在经济稳定发展时期,居民储蓄额增长,同时社会商品零售额也上升,这两个变量的联系就不属于因果关系。实际上,它们都是经济发展、居民收入提高这一共同原因所带来的结果。两个变量受第三个变量影响而发生的共变关系,也属相关关系,对这种共变关系进行相关分析,有助于我们通过对一个变量的观察和测定来预测和控制另一变量的变化,这无论是宏观经济的调节或是对企业的经营决策,都是十分重要的。

相关分析就是对变量之间的相关关系的分析,其任务是对变量之间是否存在必然的联系、联系的形式、变动的方向做出符合实际的判断,并测定它们联系的密切程度,检验其有效性。至于社会经济变量之间的相关关系是不是因果关系,这要依据经济理论和丰富的实际经验,结合定性分析才能说明。

二、相关关系的种类

由于客观事物的联系和变化复杂多样,变量之间的相关关系也有多种形式。

1. 按研究变量的多少分类,有一元相关(也称单相关)和多元相关(也称复相关)。两个变量的相关关系称为一元相关,如居民的收入和储蓄额、单位产品成本和产量的相关关系等。三个和三个以上变量的相关关系称为多元相关,如某种商品的销售量、价格和居民收入之间的相关关系等。

2. 按变量之间依存关系的形式分类,有线性相关(也称直线相关)和非线性相关(一般以曲线相关为主)。当一个变量每增减1个单位,另一相关变量按一个大致固定的增(减)量变化时称为线性相关;反之,相关变量不按固定增(减)量变化时,则为非线性相关。例如,农产量同施肥量的关系,在一定范围内,增加施肥量就会增加农产量,两者是线性相关;但继续不断地增加施肥量,农产量的增长就会渐渐减少,在这一范围内两者是曲线相关。

3. 按变量变化的方向分,有正相关和负相关。相关的变量按同一方向变化,即一个变量由小到大或由大到小变化时,相关变量随之由小到大或者由大到小变化,为正相关;相关的变量按反方向变化,即一个变量由小到大变化,另一变量却由大到小变化,为负相关。例如,居民收入增加,储蓄额增加,居民收入减少,储蓄额也减少,就是正相关;而产品产量增加,单位产品成本降低,就属于负相关。

此外,相关关系还可按变量之间关系的密切程度区分。当变量之间的依存关系密切到近乎于函数关系时,称为完全相关;当变量之间不存在依存关系时,就称为不相关或零相关;大多数相关关系介于其间,称为不完全相关。

将两个相关变量的取值在平面坐标图上标示出来,在统计上称为散点图,它可以直观地显示出它们相关的形式,如图 12-1 所示。

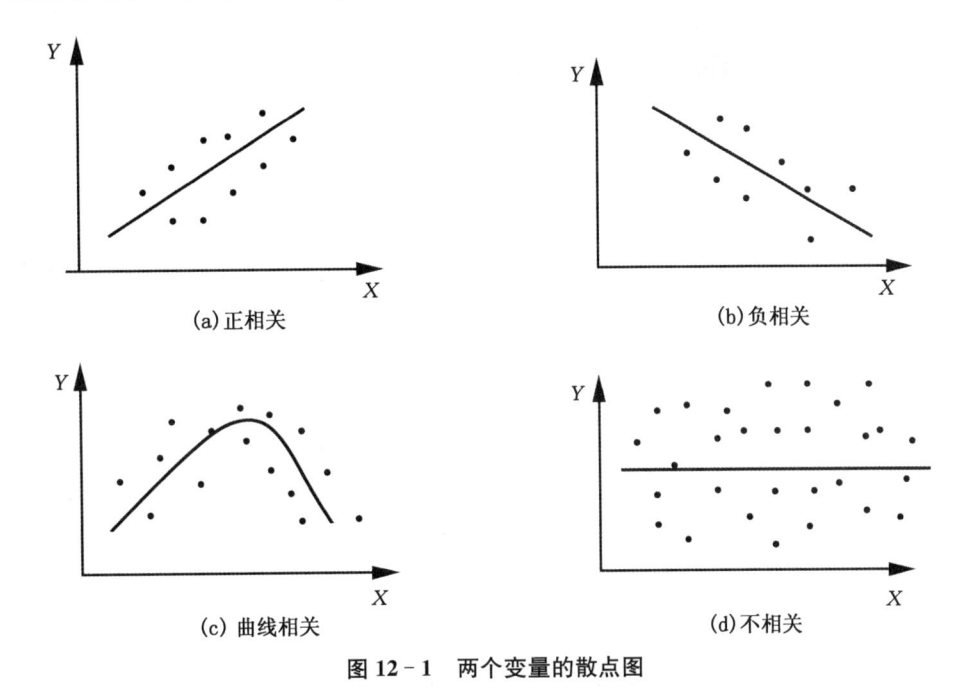

图 12-1 两个变量的散点图

三、相关关系的概率分布特征

相关关系是变量之间不确定的依存关系,这种不确定性是由随机变量的性质所决定的。因此,从推断统计来研究相关关系,首先必须弄清楚具有相关关系的变量的概率分布特征。

概率论基础告诉我们,两个或多个事件一起发生的概率称为联合概率。联合概率不同取值形成的分布即称为联合概率分布。两个随机变量的联合概率分布简称为二元分布。两个以上变量的联合概率分布简称为多元分布。现以二元分布为例说明联合概率分布的特征。

例 12-1 设某公司有 200 名职工。他们的本企业工龄和时工资等级的资料经过分组编成联合频数分布表(见表 12-1)。

表 12-1　　　　　　　　企业工龄与时工资等级的联合频数分布表

企业工龄(年) X	时工资等级(元) Y			总 计
	10	15	20	
1	20	0	0	20
2	40	10	0	50
3	24	24	12	60
4	16	26	8	50
5	0	0	20	20
总 计	100	60	40	200

这种两个变量的联合频数分布表也称相关表。左列为 X 变量,上面横行为 Y 变量,中间为频数(此例为人数),以 f_{ij} 表示联合频数,右列为 X 变量的边缘频数 $f_{i.}$,下面横行为 Y 变量

的边缘频数 $f._j$。从表中数字可以看出:

事件$(X=2,Y=10)$的频数为40;事件$(X=3,Y=15)$的频数为24;等等。

若将各事件的频数分别除以总频数200,就得到各事件的频率,若以频率作为概率的近似,则表12-1就成为二元联合概率分布表(见表12-2)。

表12-2　　　　　　　　　　　　　二元联合概率分布表

X	Y			P(X)
	10	15	20	
1	0.10	0	0	0.10
2	0.20	0.05	0	0.25
3	0.12	0.12	0.06	0.30
4	0.08	0.13	0.04	0.25
5	0	0	0.10	0.10
总计 P(Y)	0.50	0.30	0.20	1.00

因此,事件$(X=2,Y=10)$的概率$P(X_2Y_1)=0.20$;事件$(X=3,Y=15)$的概率$P(X_3Y_2)=0.12$;等等。

这些概率称为联合概率,通常表示为:

$$P(X=X_i,Y=Y_j)=P(X_iY_j) \quad i=1,2,\cdots,N, j=1,2,\cdots,M$$

若两事件$X=X_i,Y=Y_j$不能同时发生,则其联合概率为0;X,Y两变量所有取值的联合概率之和为1,即:

$$\sum_x \sum_y P(X_i,Y_j)=1$$

从表12-1和表12-2可以看出,对应于X的某一取值X_i,Y有几个取值,如$X=3$,Y有10、15、20,它们的联合概率分别为0.12、0.12、0.06,而且形成一个分布;反观X对于Y,如$Y=10$,X有1、2、3、4,它们的联合概率分别为0.10、0.20、0.12、0.08,而且也形成一个分布。这些分布都有它们的均值和方差。在社会经济问题的统计研究中,在样本足够大的条件下,通常可以假定这些分布是正态分布,并且它们的方差是相等的。二元分布的这一重要特征是我们进行简单线性相关分析的客观依据。二元分布可用图12-2来表示。

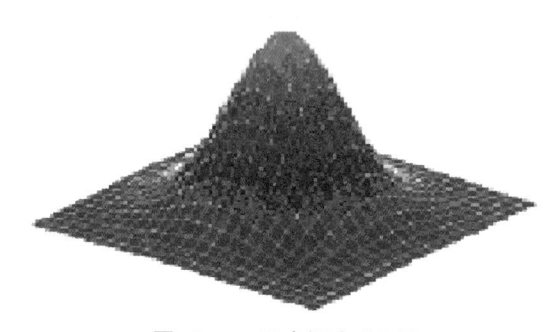

图12-2　正态概率曲面图

图12-2中曲面下的体积即为两相关变量的联合概率,其值等于1。

如同单个变量的概率分布有特征值即均值和方差等,二元分布也有其特征值,主要有:

(1) X 的数学期望:$E(X)=\sum X_i P(X_i)$ 　　　　　　　　　　　　　(12-1)

(2) Y 的数学期望:$E(Y)=\sum Y_j P(Y_j)$ 　　　　　　　　　　　　　(12-2)

(3) X 的方差:$\sigma_x^2=\sum [X_i-E(X)]^2 P(X_i)$ 　　　　　　　　　(12-3)

(4) Y 的方差：$\sigma_y^2 = \sum [Y_j - E(Y)]^2 P(Y_j)$ (12-4)

(5) X 与 Y 的协方差：$Cov(X,Y) = \sigma_{xy} = \sum\sum [X_i - E(X)][Y_j - E(Y)] P(X_i Y_j)$

(12-5)

协方差是用来度量两个具有联合概率分布 $P(X,Y)$ 的随机变量之间线性关系的指标，从公式可以看出，它是 X 与 Y 变量离差乘积的数学期望。当协方差 $\sigma_{xy} = 0$ 时，表明 X 与 Y 两个变量不存在线性关系。

将表 12-2 的资料代入以上公式，便可分别求得这些特征值：

$E(X) = 3, E(Y) = 13.5, E(XY) = 43.3$

$\sigma_x^2 = 1.3, \sigma_y^2 = 15.25$

$Cov(X,Y) = \sigma_{xy} = 2.8$

表明 X 与 Y 变量存在线性相关关系的程度。

二元分布的这些特征值是进行线性相关分析的基础。

第二节 定量数据的线性相关分析

线性相关是两个变量（定量数据）变化表现为直线形式的相关关系，也称简单线性相关，它们的概率分布即上节所述的二元分布。简单线性相关分析的主要内容是计算相关系数，并对样本相关系数进行显著性检验和区间估计。

一、相关系数

上一节已提到协方差 σ_{xy} 是对变量 X 与 Y 线性相关的测度，对于未分组的资料，总体协方差的计算公式为 $\sigma_{xy} = \dfrac{\sum [X - E(X)][Y - E(Y)]}{N}$，变量 X 与 Y 的样本协方差为：

$$S_{xy} = \frac{\sum (X - \bar{X})(Y - \bar{Y})}{n-1}$$

为了更直观地理解协方差的意义，可将变量 X 与 Y 的散点图按过 $\bar{X}$ 和 $\bar{Y}$ 的两条直线划分为 4 个象限，如图 12-3 所示。

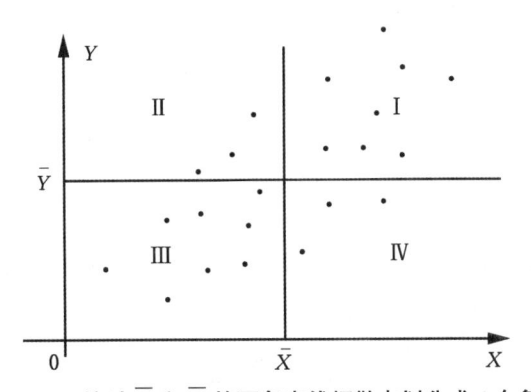

图 12-3 按过 $\bar{X}$ 和 $\bar{Y}$ 的两条直线把散点划分成 4 个象限

在第Ⅰ象限中，∵ $(X-\overline{X})>0, (Y-\overline{Y})>0$
∴ $(X-\overline{X})(Y-\overline{Y})>0$
在第Ⅱ象限中，∵ $(X-\overline{X})<0, (Y-\overline{Y})>0$
∴ $(X-\overline{X})(Y-\overline{Y})<0$
在第Ⅲ象限中，∵ $(X-\overline{X})<0, (Y-\overline{Y})<0$
∴ $(X-\overline{X})(Y-\overline{Y})>0$
在第Ⅳ象限中，∵ $(X-\overline{X})>0, (Y-\overline{Y})<0$
∴ $(X-\overline{X})(Y-\overline{Y})<0$

如果散点主要分布在第Ⅰ和第Ⅲ象限，则 $\sum(X-\overline{X})(Y-\overline{Y})>0$，可以拟合一条从左到右向上的直线，说明 X 与 Y 的依存关系为正相关[如图12-1(a)所示]；如果散点主要分布在第Ⅱ和第Ⅳ象限，则 $\sum(X-\overline{X})(Y-\overline{Y})<0$，可以拟合一条从左到右向下的直线，说明 X 与 Y 的依存关系为负相关[如图12-1(b)所示]；如果散点无规则地分布在各个象限中，则 X 与 Y 离差乘积因正负相互抵消，其和趋近于"0"，说明 X 与 Y 之间不存在线性相关[如图12-1(d)所示]。因此，变量 X 与 Y 离差乘积之和可以表明两变量间是否存在线性相关以及是正相关还是负相关。但是变量 X 与 Y 离差的乘积和还受资料项数 n 的影响，n 越大，两变量离差乘积和就越大；反之，两变量离差乘积和就越小。因此，还必须除以 $n-1$（受 $\overline{X}$、$\overline{Y}$ 的限制，扣除一个自由度），以消除数据多少的无关影响，这就是样本协方差。

用协方差来测定两变量的线性相关，不仅能直接显示相关的方向，而且可表明两变量的"共变性"。因为只要两变量中任何一个为常量时，其离差 $(X-\overline{X})$ 或 $(Y-\overline{Y})$ 必等于"0"，协方差也就等于"0"。但是，协方差是以绝对数表现的均值，其数值受到变量值大小的影响，而且有计量单位，不便于进行比较。因此，仍然是不完善的。

早在1890年，英国统计学家卡尔·皮尔森(Karl Pearson)便提出了一个测定两变量间线性相关的计算公式，通常称为积矩相关系数或动差相关系数，简称皮尔森相关系数（Pearson 相关系数）。计算公式为：

$$\rho = \frac{\sigma_{xy}}{\sigma_x \sigma_y} \tag{12-6}$$

式中：σ_{xy}——变量 X 与 Y 的协方差；
σ_x——变量 X 的标准差；
σ_y——变量 Y 的标准差；
ρ——总体的相关系数。

Pearson 相关系数是对协方差的改进。将相关系数的公式稍加变换，即：

$$\rho = \frac{\sigma_{xy}}{\sigma_x \sigma_y} = \frac{\sum \left(\frac{X-E(X)}{\sigma_x}\right)\left(\frac{Y-E(Y)}{\sigma_y}\right)}{N}$$

在实际工作中，通常是根据随机抽样所得到的 n 对 X 与 Y 的数据计算相关系数进行相关分析的。样本相关系数记为 r，其公式为：

$$r = \frac{S_{xy}}{S_x S_y} \tag{12-7}$$

式中：$S_{xy} = \dfrac{\sum(X-\bar{X})(Y-\bar{Y})}{n-1}$ 为变量 X 与 Y 的样本协方差；

S_x——变量 X 的样本标准差；

S_y——变量 Y 的样本标准差；

r——样本相关系数。

可以看出,相关系数是将协方差进行标准化处理的结果。这样,既保留了协方差的优点,又克服了它的不足。同协方差比较,相关系数具有下列两个优点：

(1) 它是一个系数,不受变量值水平和计量单位的影响,便于在不同资料之间对相关程度进行比较。

(2) 相关系数 r 的数值有一定的范围,即 $|r| \leqslant 1$。当 $|r|=1$ 时,表示变量 X 与 Y 为完全的线性相关,也即为确定的函数关系；当 $|r|=0$ 时,表示两变量不存在线性相关；当 $0 < |r| < 1$ 时,表示两变量存在不同程度的线性相关。由此,可以确定一个对相关程度评价的标准。通常认为：

$0 < |r| \leqslant 0.3$ 为微弱相关；

$0.3 < |r| \leqslant 0.5$ 为低度相关；

$0.5 < |r| \leqslant 0.8$ 为显著相关；

$0.8 < |r| < 1$ 为高度相关。

式(12-7)称为相关系数的定义公式,对于未分组的资料,实际工作中相关系数 r 可按如下的形式计算：

$$r = \frac{S_{xy}}{S_x S_y} = \frac{\dfrac{\sum(X-\bar{X})(Y-\bar{Y})}{n-1}}{\sqrt{\dfrac{\sum(X-\bar{X})^2}{n-1}}\sqrt{\dfrac{\sum(Y-\bar{Y})^2}{n-1}}} = \frac{\sum(X-\bar{X})(Y-\bar{Y})}{\sqrt{\sum(X-\bar{X})^2}\sqrt{\sum(Y-\bar{Y})^2}}$$

$$= \frac{\sum XY - n\bar{X}\bar{Y}}{\sqrt{\sum X^2 - n(\bar{X})^2}\sqrt{\sum Y^2 - n(\bar{Y})^2}} = \frac{\overline{XY} - \bar{X}\bar{Y}}{\sqrt{\overline{X^2} - \bar{X}^2}\sqrt{\overline{Y^2} - \bar{Y}^2}} \tag{12-8}$$

例 12-2 在本章开始部分的"统计引例"中,你认为商店的规模大小与其年销售额之间有着显著联系。为了了解一家商店用平方米表示的规模大小与其年销售额的关系,已抽取了一个含有 15 家商店的样本,这 15 家商店的数据汇总于表 12-3。

表 12-3 　　泰雅连锁时装店的 15 家分店的规模大小和年销售额的样本数据

商　店	规模大小(平方米)	年销售额(万元)
1	172	368
2	164	389
3	281	665
4	355	854
5	129	341
6	220	556
7	113	366

续表

商　店	规模大小(平方米)	年销售额(万元)
8	350	469
9	315	546
10	151	288
11	516	1 067
12	456	758
13	584	1 170
14	350	408
15	405	650

解 首先可绘制散点图，以大致判别 X 和 Y 之间是否存在着相关关系。图 12-4 就是根据以上数据绘制的散点图。

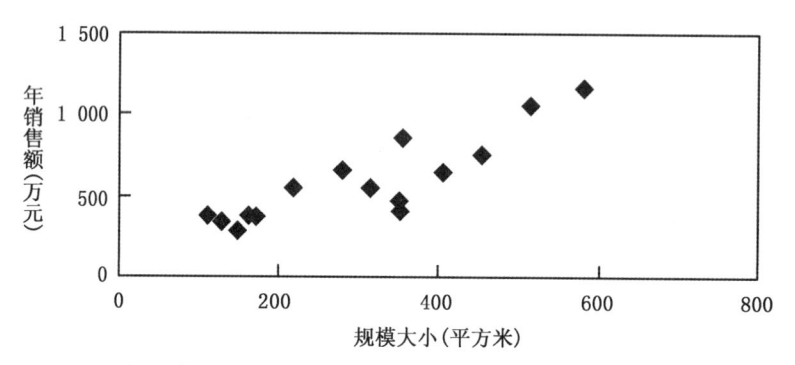

图 12-4 根据表 12-3 的数据绘制的商店规模大小与其年销售额的散点图

从图 12-4 中可以看出，商店的规模越大，其年销售额也越高，呈现出正的相关关系，但其相关的程度就需要计算相关系数来确定了。由表 12-3 中的数据，可计算得到：

$$\bar{X} = \frac{\sum X}{n} = \frac{4\ 561}{15} = 304.07$$

$$\bar{Y} = \frac{\sum Y}{n} = \frac{8\ 895}{15} = 593$$

$$\overline{XY} = \frac{\sum XY}{n} = \frac{3\ 189\ 972}{15} = 212\ 664.8$$

$$\overline{X^2} = \frac{\sum X^2}{n} = \frac{1\ 685\ 575}{15} = 112\ 371.67$$

$$\overline{Y^2} = \frac{\sum Y^2}{n} = \frac{6\ 289\ 597}{15} = 419\ 306.47$$

根据式(12-8)，有：

$$r = \frac{\overline{XY} - \bar{X} \cdot \bar{Y}}{\sqrt{\overline{X^2} - \bar{X}^2}\sqrt{\overline{Y^2} - \bar{Y}^2}} = \frac{212\ 664.8 - 304.07 \times 593}{\sqrt{112\ 371 - 304.07^2} \times \sqrt{419\ 306.47 - 593^2}} = 0.881\ 4$$

即商店的规模大小与其年销售额之间确实存在着高度的正相关关系。

对于已分组的资料,相关系数 r 仍可按(12-8)式计算,即:

$$r=\frac{S_{xy}}{S_x S_y}=\frac{\overline{XY}-\overline{X}\cdot\overline{Y}}{\sqrt{\overline{X^2}-\overline{X}^2}\sqrt{\overline{Y^2}-\overline{Y}^2}}$$

只是式中的均值都要用加权形式计算,即:

$\overline{XY}=\dfrac{\sum XYf}{\sum f}$,$f$ 为 X 与 Y 的联合频数;

$\overline{X^2}=\dfrac{\sum X^2 f}{\sum f}$,$f$ 为 X 的边缘频数;

$\overline{Y^2}=\dfrac{\sum Y^2 f}{\sum f}$,$f$ 为 Y 的边缘频数。

二、相关系数的显著性检验

从一个二元正态分布总体中随机抽取一个样本,当用样本相关系数去推断总体时,由于受到抽样误差的影响,不能不对它的可靠性表示怀疑,也就是说样本是否可能来自一个不存在线性相关的总体。因此,在对总体两变量相关做出结论之前,必须检验样本 r 值的显著性。

在小样本的情况下,可用费希尔(R. A. Fisher)的 t 检验法。

首先,提出假设:$H_0:\rho=0$;双侧检验的备择假设为 $H_1:\rho\neq 0$;单侧检验的备择假设为 $H_1:\rho>0$ 或 $H_1:\rho<0$;并以 $t=\dfrac{r-\mu_r}{S_r}$ 为检验统计量,其中 μ_r 和 S_r 表示 r 的均值和样本标准差。因为我们已假设 $\rho=0$,所以有 $\mu_r=0$,还可以证明线性相关系数的标准差 $S_r=\sqrt{(1-r^2)/(n-2)}$。因此,这个统计量又可表示为:

$$t=\frac{r}{\sqrt{(1-r^2)/(n-2)}}=\sqrt{\frac{r^2}{1-r^2}(n-2)} \tag{12-9}$$

式中:$n-2$ 为自由度。根据给定的显著性水平 α,查 t 分布表中 $t_{1-\frac{\alpha}{2},n-2}$ 的临界值[单侧检验查 t 表中 $t_{1-\alpha,n-2}$];如果计算的 t 值大于临界值的绝对值,就拒绝原假设,接受备择假设;反之,则接受原假设,拒绝备择假设。

例 12-3 对例 12-2 商店的规模大小与其年销售额的样本相关系数进行显著性检验,检验这两者之间是否确实存在相关关系,显著性水平 $\alpha=0.05$。

解 因为检验假设为 $H_0:\rho=0$;$H_1:\rho\neq 0$,已知:$r=0.8814$,$n=15$,根据式(12-9),有:

$$t=\sqrt{\frac{r^2}{1-r^2}(n-2)}=\sqrt{\frac{0.8814^2}{1-0.8814^2}\times(15-2)}=6.7276$$

由显著性水平 $\alpha=0.05$,查 t 表得 $t_{0.975,(13)}=2.16$。

t 值大于临界值,所以我们拒绝原假设,接受备择假设,认为样本相关系数 r 是显著的,不能否认总体两变量存在线性相关关系。

Pearson 相关系数仅限于简单线性相关关系的测定,$r=0$ 也只表明两个随机变量不存在线性相关,而不能说明两变量为独立变量,因为这种情况下两变量仍可能存在非线性相关。

简单线性相关系数除了用 Pearson 相关系数的公式计算之外,也可通过简单线性回归模型的判定系数求解。

第三节 有序分类数据的等级相关分析

一、等级相关分析的基本原理

在上一节中阐述了用线性相关系数测定两个变量(定量数据)之间关系密切程度的方法。但是,对许多难以用数字加以准确计量的现象,比如说事态轻重、才智高低、色泽深浅、艺术水平等,就不能用相关系数测定它们之间关系的密切程度,而要用等级相关的非参数方法来测定,即将变量按顺序等级排列,然后计算等级相关系数。由于等级相关不是根据观察值而是根据观察值的等级顺序来计算,因此计算是十分方便的。

设有容量为 n 的两个变量构成的随机样本。其中一个变量为 X,X_i 表示所取的第 i ($1 \leqslant i \leqslant n$) 个值,对 X 进行排序,得到元素排序集合 x,其中元素 $x_{(i)}$ 表示 X_i 在 X 中的排序,其等级为 $x_{(1)}$(X 的最小观察值),$x_{(2)}$,$\cdots$,$x_{(i)}$,$\cdots$,$x_{(n)}$(X 的最大观察值)。另一个变量为 Y,Y_i 表示所取的第 i($1 \leqslant i \leqslant n$) 个值,对 Y 进行排序(同时为升序或降序),得到元素排序集合 y,其中元素 $y_{(i)}$ 表示 Y_i 在 Y 中的排序,其等级为 $y_{(1)}$(Y 的最小观察值),$y_{(2)}$,$\cdots$,$y_{(i)}$,$\cdots$,$y_{(n)}$(Y 的最大观察值)。如两变量等级完全正相关,则对所有 i,应有 $x_{(i)} = y_{(i)}$;如两变量等级完全负相关,则应有 $x_{(1)} = y_{(n)}$,$x_{(2)} = y_{(n-1)}$,$\cdots$,$x_{(n)} = y_{(1)}$。等级相关系数就是把两变量等级的差值 $d_i = x_{(i)} - y_{(i)}$,对完全正相关或完全负相关的偏离程度的度量。除了完全正相关的情形外,有些 d_i 为负值,为消除 d_i 为负值的困难,计算中采用 d_i^2。等级相关系数 r_s 的计算公式为:

$$r_s = 1 - \frac{6 \sum d_i^2}{n(n^2 - 1)} \tag{12-10}$$

式中:d_i 为两变量每一对样本数据的等级之差,n 为样本容量。

这一公式是由查尔斯·爱德华·斯皮尔曼(Charles Edward Spearman)提出的,故也称为 Spearman 等级相关系数。

由公式可知,$x_{(i)}$ 和 $y_{(i)}$ 之间的差别越大,$\sum d_i^2$ 就越大。若所有差数都为 0,则 $\sum d_i^2$ 为 0,$r_s = 1$,因而两个等级可以认为完全正相关。若在 $x_{(i)}$ 和 $y_{(i)}$ 之间观察到可能有最大差数,即相关程度弱于完全相关时,r_s 将处于 +1 和 -1 之间。需要注意的是,这里的 r_s 所度量的是两等级之间的联系强度,而不是被分成等级的变量的数值。

二、等级相关系数的应用

利用 Spearman 等级相关系数,可以用于以下的假设检验:

1. H_0:$r_s = 0$,即 $x_{(i)}$ 和 $y_{(i)}$ 相互独立;
   H_1:$r_s \neq 0$,即 $x_{(i)}$ 和 $y_{(i)}$ 不独立。
2. H_0:$r_s = 0$,即 $x_{(i)}$ 和 $y_{(i)}$ 相互独立;
   H_1:$r_s > 0$,即 $x_{(i)}$ 和 $y_{(i)}$ 是正相关。
3. H_0:$r_s = 0$,即 $x_{(i)}$ 和 $y_{(i)}$ 相互独立;
   H_1:$r_s < 0$,即 $x_{(i)}$ 和 $y_{(i)}$ 是负相关。

其中,1 为双侧检验,2 和 3 为单侧检验。如果想知道能否做出"$x_{(i)}$ 的大值倾向于同 $y_{(i)}$ 的小值相配对"这一结论,可采取第 3 种假设;如果想知道能否做出"$x_{(i)}$ 的大值同 $y_{(i)}$ 的大值相配对"这一结论,可采取第 2 种假设;如果要检验任何一方对独立性的偏离,则可采取第 1 种假设。

等级相关系数 r_s 的显著性检验与样本容量 n 有关,如 $n \leq 30$,可查书后附表 13,该表给出了与不同显著性水平 α 值相应的 r_s 的临界值;如 $n > 30$,则可利用如下的统计量计算:

$$Z = r_s \sqrt{n-1} \qquad (12-11)$$

并将它同一定置信水平下标准正态分布的临界值相比较,以确定其显著性。

例 12-4 某大学学生会调查了该大学学生每周学习时间与得分的平均等级之间的关系,以确定大学生每周学习时间与得分的平均等级之间是否是正相关的,现抽查 10 名学生的资料,如表 12-4 所示。

表 12-4 10 名学生每周学习时间与得分的平均等级

变量		等级		$d_i =$	$d_i^2 =$
学习时数	平均成绩	学习时数 $x_{(i)}$	平均成绩 $y_{(i)}$	$x_{(i)} - y_{(i)}$	$(x_{(i)} - y_{(i)})^2$
24	3.6	6	7.5	-1.5	2.25
17	2.0	2.5	1	1.5	2.25
20	2.7	4	4	0	0
41	3.6	8	7.5	0.5	0.25
52	3.7	10	9	1.0	1
23	3.1	5	5	0	0
46	3.8	9	10	-1.0	1
17	2.5	2.5	3	-0.5	0.25
15	2.1	1	2	-1.0	1
29	3.3	7	6	1.0	1
合计					9.00

解 我们可建立如下的假设:
H_0:学习时间 x 与平均成绩等级 y 是独立的;
H_1:学习时间 x 与平均成绩等级 y 是正相关的。

取 $\alpha = 0.05$ 的显著性水平,样本容量 $n = 10$,查书后附表 13 得临界值 0.564。现计算其等级相关系数为:

$$r_s = 1 - \frac{6 \sum d_i^2}{n(n^2-1)} = 1 - \frac{6 \times 9}{10 \times (10^2 - 1)} = 0.946$$

由于 $r_s >$ 临界值 $= 0.564$,故拒绝原假设 H_0,接受备择假设 H_1,也即学生的学习时间与学生的平均成绩等级之间存在着正相关关系,而且相关程度比较高,为 94.6%。

第四节 无序分类数据的关联分析

上一节阐述了利用等级相关系数测定两个有序分类数据之间是否有相关的方法,但是现实生活中存在着大量的分类数据，它们之间是没有大小顺序关系的，比如不同的城市、同一年级的不同班。在实际应用中我们需要了解两个无序分类数据之间是否存在相关性。本节的内容就是介绍如何衡量两个无序分类数据之间的相关关系，即关联分析。

一、二值分类数据之间的关联分析

我们从最简单的情况开始讲起。设有两个变量 X 和 Y，它们分别只能有两种不同取值，我们观察到了 n 个样本 $(x_1, y_1), (x_2, y_2), \cdots, (x_n, y_n)$，并绘制 2×2 列联表（见表 12-5）。

表 12-5　　　　　　　　　　　　　2×2 列联表

	$y = 0$	$y = 1$	合　计
$x = 0$	a	b	$a + b$
$x = 1$	c	d	$c + d$
合　计	$a + c$	$b + d$	n

在 2×2 列联表中，A、B、C、D 表示观察到的频数。那么我们计算这两个二值分类数据（两点分布）之间的 Phi 系数(Phi coefficient)为：

$$\phi = (ad - bc) / \sqrt{(a+b)(c+d)(a+c)(b+d)}$$

ϕ 的取值范围是 $[-1, 1]$，对 ϕ 的解读如下：

1. 取值接近 0 表示两个变量之间没有明显的相关关系；
2. 取值接近 1 表示两个变量之间存在正相关关系，大部分样本位于 2×2 列联表的斜对角线上；
3. 取值接近 -1 表示两个变量之间存在负相关关系，大部分样本位于 2×2 列联表的主对角线上。

二、无序分类数据之间的关联分析

对于大于 2×2 的列联表，我们无法使用 Phi 系数来判断两个变量之间的相关关系，这时候我们就可以使用列联系数(Contingency Coefficient)或者 Cramér's V 值来判断两个变量之间是否具有相关关系。

列联系数的计算公式为：

$$C = \sqrt{\frac{\chi^2}{\chi^2 + n}}$$

其中，χ^2 是卡方值。列联系数 C 取值范围介于 0 到 C_{max} 之间，C_{max} 的值介于 0 和 1 之间，具体的取值取决于列联表的大小。对于大小为 $r \times c$ 的列联表

$$C_{max} = \sqrt[4]{\frac{r-1}{r} \times \frac{c-1}{c}}$$

当列联系数取值接近于 0 时，我们可以认为这两个变量之间不存在相关关系，而当列联系数取值接近于 C_{max} 时，我们认为这两个变量存在着比较强的相关关系。

Cramér's V 值的计算公式为：

$$V = \sqrt{\frac{\chi^2/n}{\min(r-1, c-1)}}$$

它的取值范围介于 0 到 1 之间,取值接近于 0 时,我们可以认为这两个变量之间不存在相关关系,而取值接近于 1 时,我们认为这两个变量之间存在着比较强的相关关系。

对于上述不同关联分析指标的显著性检验,可采用第十一章的独立性检验方法。

例 12-5 某公司研究某种商品的满意程度和性别之间的关系,以此来制定自己的营销策略。经过抽样调查得到了 300 名顾客的性别以及满意程度,如表 12-6 所示。

表 12-6　　　　　　　　　　300 名顾客对某种商品的满意程度

	满　意	一　般	不满意	总　计
男	24	75	6	105
女	36	144	15	195
总　计	70	219	21	300

经过计算,卡方值为 1.095,可以计算得到列联系数

$$C = \sqrt{\frac{\chi^2}{\chi^2 + n}} = \sqrt{\frac{1.095}{1.095 + 300}} = 0.060\ 3$$

Cramér's V 值为:

$$V = \sqrt{\frac{\chi^2/n}{\min(r-1, c-1)}} = \sqrt{\frac{1.095/300}{\min(2-1, 3-1)}} = 0.060\ 4$$

可以看到不管是列联系数还是 Cramér's V 值都是比较接近 0 的,我们可以认为该商品的满意程度和性别之间不存在明显的相关关系。

本章小结

本章介绍了随机变量之间的相关形式和相关程度,分别介绍了定量数据的线性相关、有序分类数据的等级相关和无序分类数据的关联相关,讨论了相关的假设并给出了怎样评价这些假设的方法。

在实际运用相关分析时,还应以定性分析为基础,把定量分析同定性分析紧密结合起来。因为对于客观事物是否存在联系,是必然的联系还是偶然的联系,特别是对因果关系的认定、自变量同因变量的区分都必须运用科学的理论、有关专业知识和实践经验进行定性分析才能做出正确的判断。

思考与练习

12.1　什么是相关关系?它有哪些种类?试根据二元概率分布的特点说明两变量线性相关的性质。

12.2　试剖析 Pearson 相关系数测定相关程度的根据和特点。

12.3 有10个同类工业企业,它们的年平均生产性固定资产和利税总额如下:

企业编号	生产性固定资产(万元)	利税总额(万元)
1	318	52
2	910	101
3	200	64
4	409	82
5	415	92
6	502	93
7	314	160
8	1 210	151
9	1 022	122
10	1 225	162

要求:(1) 判断生产性固定资产与利税总额是否存在相关关系,是何种相关关系。
(2) 测定并检验其相关系数。($\alpha=0.05$)

12.4 下列资料能否证实该企业的利润水平与它的研究费用之间存在线性相关关系?($\alpha=0.05$)

年份编号	研究费用(万元)	利润总额(万元)
1	9	100
2	10	150
3	10	200
4	11	180
5	9	250
6	11	280
7	11	290
8	12	310
9	13	320
10	12	300

12.5 随机抽取某地12个居民家庭为样本,调查得到有关人均收入与食品支出的资料如下:

编 号	家庭人均生活费收入(百元)	人均食品支出(百元)
1	8.2	7.5
2	9.3	8.5
3	10.5	9.2
4	13.0	10.5
5	14.4	12.0
6	15.0	12.0
7	16.0	13.0
8	18.0	14.5

续表

编 号	家庭人均生活费收入(百元)	人均食品支出(百元)
9	20.0	15.6
10	27.0	20.0
11	30.0	20.0
12	40.0	22.0

要求：(1) 分析判断人均生活费收入与人均食品支出之间是否存在相关关系？其相关程度如何？

(2) 检验其相关系数。($\alpha=0.05$)

第十三章

回归分析

统计引例

一家时装店的销售预测

在上一章中,我们提到了连锁时装店泰雅,你认为商店的规模大小与是否成功之间有着显著联系,并且准备把这个想法加入新址选择系统中。通过相关分析,你验证了这一观点。那么,你将建立一个怎样的统计模型,使你能根据备选商店的规模大小来预测其年销售额。

第一节 简单线性回归模型

一、回归的概念和回归分析的特点

"回归"(regression)一词源于19世纪英国生物学家葛尔登(Francis Galton,1822—1911)对人体遗传特征的实验研究。他根据实验数据,发现个子高的双亲其子女也较高,但平均地来看,却不比他们的双亲高;同样,个子矮的双亲其子女也较矮,平均来看,也不如他们的双亲矮。他把这种身材趋向于人的平均高度的现象称为"回归",并作为统计概念加以应用,由此逐步形成有独特理论和方法体系的回归分析。现今统计学的"回归"概念已不是原来生物学上的特殊规律性,而是指变量之间的依存关系。

回归分析和相关分析都是对客观事物间数量依存关系的分析,在理论基础和方法上具有一致性。只有存在相关关系的变量才能进行回归分析,相关程度越高,回归测定的结果越可靠。因此,相关系数也是判定回归效果的一个重要依据。另一方面,相关系数同回归模型中的参数可以相互换算,特别是多元相关和非线性相关的相关系数,必须利用回归模型才能求得。

但是,回归分析和相关分析也有区别。主要是:

1. 相关分析是研究变量之间的依存关系,这些变量相互对应,不分主与从或因与果。回归分析却是在控制或给定一个或几个变量条件下来观察对应的某一变量的变化,给定的变量称为自变量,不是随机变量,被观察的对应的变量称为因变量,是随机变量。因此,回归分析必须根据研究的目的和对象的性质确定哪个是自变量(也称为解释变量),哪个是因变量(也称为被解释变量)。

2. 相关分析主要是测定变量之间关系的密切程度和变量变化的方向。而回归分析却可以对具有相关关系的变量建立一个数学方程(也称回归模型)描述变量之间具体的变动关系,通过控制或给定自变量的数值来估计或预测因变量可能的数值。

相关分析和回归分析既有联系又有区别,实际统计研究中通常把它们结合在一起应用。

在回归分析中,根据实际资料建立的回归模型也有多种形式。按自变量的多少可分为一元回归模型和多元回归模型;按变量之间的具体变动形式可以分为线性回归模型和非线性回归模型。把这两种分类标志结合起来,就有一元线性回归模型和一元非线性回归模型、多元线性回归模型和多元非线性回归模型。其中,一元线性回归模型是最简单的也是最基本的一种回归模型,我们又称之为简单线性回归模型。

二、简单线性回归模型

(一) 简单线性回归模型的性质

简单线性回归模型反映一个自变量(X)与一个因变量(Y)之间的线性关系。总体简单线性回归模型的一般形式为:

$$Y_i = \alpha + \beta X_i + \varepsilon_i$$

在此模型中,X 是自变量,Y 是因变量。α 和 β 都为模型的参数,ε_i 表示对 X 出现的第 i 个观测值,Y 的随机误差是多少。

由模型可见,Y_i 是由 X_i 的线性函数($\alpha + \beta X_i$)和误差项 ε_i 两部分组成。其中($\alpha + \beta X_i$)是 Y 的数学期望,即对应于 X 某一取值时 Y 的平均值,可写成:

$$E(Y_i) = \alpha + \beta X_i$$

此式称为回归方程,在平面坐标系中表现为一条直线,它反映 X 对 Y 均值的线性影响,是 X 与 Y 两个变量变动的本质关系,因而也是回归分析中给定 X 值对 Y 进行预测和控制的基本依据。α 是总体回归模型的截距,表示当 X 为 0 时,Y 的平均取值;β 是总体回归模型的斜率,也称回归系数(广义的回归系数包括 α),表示 X 每变动一个单位 Y 的预期变动。β 的符号同相关系数 r 的符号是一致的。当 $\beta > 0$ 时,表示 X 每增加一个单位时 Y 平均的增加量,X 与 Y 同方向变动;当 $\beta < 0$ 时,表示 X 每增加一个单位时 Y 平均的减少量,X 与 Y 反方向变动;当 $\beta = 0$ 时,表示自变量 X 与因变量 Y 之间不存在线性关系,无论 X 取何值,Y 的均值总是等于 α。模型的另一部分是由 ε 所代表的由各种偶然因素、观察误差以及被忽略的其他影响因素所带来的随机误差,它是 Y_i 与 $E(Y_i)$ 的离差,即 $\varepsilon_i = Y_i - E(Y_i)$。

选择合适的数学模型要依据散点图上 X 和 Y 值的分布情况。散点图在判别某一关系的数学形式时是非常有用的,但在更为准确地确定一系列变量的模型时,需要更为精确的数学方法。以下讨论的重点就是要根据存在线性关系的两个变量,找出合适的数学模型。

(二) 简单线性回归方程的确定

在本章开始部分的"统计引例"中,提出的目标是要根据所有新店的规模来预测其年销售额。为了了解一家商店用平方米表示的规模大小与其年销售额的关系,已抽取了一个含有 15 家商店的样本,这 15 家商店的数据汇总于表 12 - 3。通过对由这批数据绘制的散点图(见图 12 - 4)的观察,发现在平方米(X)与年销售额(Y)之间存在着共同增加的关系。当用平方米度量的商店面积增加时,年销售额近似于一条直线般地也增加了。据此,你就可以假设直线是反映这种关系的一个有用的数学模型,回归分析中的问题就是要确定与这些数据拟合得最好的一个具体的线性回归模型。

表 12-3 中的数据只是根据全部商店的一个随机样本获得的,若这些数据符合相应的假设(见本节(四)),则样本 Y 的截距 a 和样本斜率 b 就能用于估计相应的总体参数 α 和 β。这样,就可用样本线性回归方程来表示线性回归模型,如式(13-1)所示:

$$\hat{Y}_i = a + bX_i \tag{13-1}$$

在式(13-1)中,需要正确地确定 a 和 b 两个参数,以便预测 Y 的取值。一旦确定了 a 和 b,直线就能被确定下来,并可把它画在散点图上。这样就能直观地看出原始数据是处于这条直线附近还是很分散的,以比较这个统计模型(一条直线)与所观测到的原始数据拟合得是否好。

简单线性回归分析的重点就是要找出一条与实际数据拟合得最好的直线。所谓拟合得最好可能有各种不同的定义,但最简单的定义方法就是要找出这样一条直线,它使得观测值(Y_i)与由这条回归直线得出的预测值($\hat{Y}_i$)之间的离差越小越好。由于这个离差有正有负,因而就要使这个离差的平方之和为最小。

$$离差的平方和 = \sum_{i=1}^{n}(Y_i - \hat{Y}_i)^2$$

因为 $\hat{Y}_i = a + bX_i$,即有 $\sum_{i=1}^{n}(Y_i - \hat{Y}_i)^2 = \sum_{i=1}^{n}[Y_i - (a+bX_i)]^2$,所以有两个未知的数 a 和 b,因而这个离差平方和是 Y 的样本截距 a 和样本斜率 b 的函数。最小平方法(也称最小二乘法)是一种确定 a 和 b 取何值时,能使离差平方和最小的数学方法。任何不是由最小平方法确定的 a 和 b 值,都会使 Y 的观测值与 Y 的预测值之间有一个较大的离差平方和。

为满足离差平方和最小这一要求,我们可以令 $Q = \sum_{i=1}^{n}[Y_i - (a+bX_i)]^2$,根据微分学中求极值的原理,分别对 a 和 b 求偏导数,并令其为零来求解 a 和 b:

$$\frac{\partial Q}{\partial a} = 2\sum(Y_i - a - bX_i)(-1) = 0$$

$$\frac{\partial Q}{\partial b} = 2\sum(Y_i - a - bX_i)(-X_i) = 0$$

经整理后便可得到两个标准方程式:

$$\begin{cases} \sum Y_i = na + b\sum X_i \\ \sum X_iY_i = a\sum X_i + b\sum X_i^2 \end{cases}$$

然后解标准方程,便可求得 a 和 b:

$$\begin{cases} a = \sum Y_i/n - b\dfrac{\sum X_i}{n} = \bar{Y} - b\bar{X} & (13-2) \\[2mm] b = \dfrac{n\sum X_iY_i - \sum X_i\sum Y_i}{n\sum X_i^2 - (\sum X_i)^2} = \dfrac{\overline{XY} - \bar{X}\cdot\bar{Y}}{\overline{X^2} - \bar{X}^2} & (13-3) \end{cases}$$

由计算样本相关系数的式(13-2)与式(13-3),可以得出样本相关系数与样本回归系数具有以下的关系:

$$b = r \frac{S_y}{S_x} \tag{13-4}$$

例 13-1 对例 12-2 中已抽取的 15 家商店的样本数据,我们绘制了如图 12-4 所示的散点图、计算得到了样本相关系数并对其进行了检验,结果表明商店的规模大小与其年销售额之间确实存在着显著的正相关关系。现在要建立一个样本的线性回归方程,以便用商店的规模大小来预测其年销售额。

解 在例 12-2 中我们计算得到

$\overline{X} = 304.07$, $\overline{Y} = 593$, $\overline{XY} = 212\,664.8$, $\overline{X^2} = 112\,371.67$

根据式(13-3),有:

$$b = \frac{212\,664.8 - 304.07 \times 593}{112\,371.67 - 304.07^2} = 1.624\,6$$

再由式(13-2),可得:

$$a = \overline{Y} - b\overline{X} = 593 - 1.624\,6 \times 304.07 = 99.01$$

这样,与这些样本数据拟合得最好的直线方程为:

$$\hat{Y}_i = 99.01 + 1.624\,6X_i$$

计算得到的 b 为 $+1.624\,6$,这意味着 X 每增加 1 个单位,估计 Y 可以平均增加 $1.624\,6$ 个单位;或者说,商店面积每增加 1 平方米,据此模型预测的年销售额估计平均可增加 $1.624\,6$ 万元。这样,这个斜率表示了估计年销售额受商店规模大小的影响部分。计算得到的 Y 的截距 a 为 $+99.01$ 万元,它表示当 X 等于 0 时,Y 的平均值。因商店的规模大小不可能为 0,所以 Y 的截距可看作除了商店规模大小以外其他因素所影响年销售额的部分。然而,需注意的是,例子中 Y 的截距超出了观测到的 X 变量的取值范围,因而对 a 值的解释要非常谨慎。

三、判定系数 r^2 和估计标准误 S_{YX}

(一) 判定系数 r^2

用最小平方法求得的回归直线 $\hat{Y}_i = a + bX_i$ 确定了 X 与 Y 的具体变动关系。但是,观测值是不是紧密分布在其两侧?其紧密程度如何?这关系到回归模型的应用价值。因此,对回归直线的拟合优度必须加以测定。判定系数 r^2 便是测定回归直线拟合优度的一个重要指标。为了计算判定系数 r^2,需要测定几个离差,图 13-1 说明了离差平方和的分解。

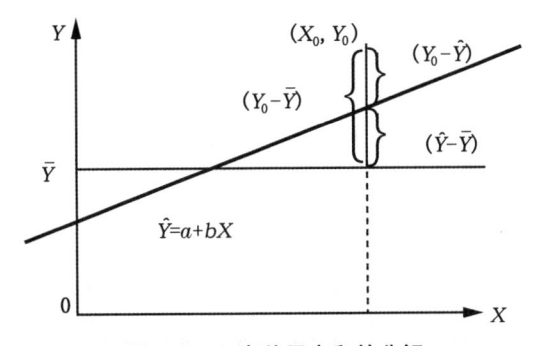

图 13-1 离差平方和的分解

设有 Y 的一观测值 Y_0,Y_0 到 $\overline{Y}$ 的离差即 $(Y_0 - \overline{Y})$ 被回归直线分解成两部分的离差 $(Y_0 - \hat{Y}_0)$ 和 $(\hat{Y}_0 - \overline{Y})$。这些离差都有正有负,因而就要用离差的平方来反映离差的大小。对所有的观测值 Y_i,可用它们的离差平方和表示:

$\sum(Y_i - \overline{Y})^2$ 为总的离差平方和,记为 SST;

$\sum(\hat{Y}_i - \overline{Y})^2$ 为回归的离差平方和,记为 SSR。

因为

$$\sum(\hat{Y}_i - \overline{Y})^2 = \sum(a + bX_i - a - b\overline{X})^2 = b^2 \sum(X_i - \overline{X})^2 \tag{13-5}$$

b 为回归系数,可见回归的离差平方和很大程度上取决于回归系数,所以也称之为被回归解释的离差平方和。$\sum(Y_i - \hat{Y}_i)^2$ 为剩余的离差平方和,也称未被回归解释的离差平方和,记为 SSE。

$$\begin{aligned}\sum(Y_i - \overline{Y})^2 &= \sum[(Y_i - \hat{Y}_i) + (\hat{Y}_i - \overline{Y})]^2 \\ &= \sum(Y_i - \hat{Y}_i)^2 + \sum(\hat{Y}_i - \overline{Y})^2 + 2\sum(Y_i - \hat{Y}_i)(\hat{Y}_i - \overline{Y}) \\ &= \sum(Y_i - \hat{Y}_i)^2 + \sum(\hat{Y}_i - \overline{Y})^2\end{aligned}$$

即有:

$$SST = SSE + SSR \tag{13-6}$$

这说明 Y_i 的观测值同 Y_i 的均值的总离差平方和包括两个部分:一部分是回归离差平方和,即 X 与 Y 依存关系影响的离差平方和;另一部分是各种不确定因素引起的随机误差。在总离差平方和一定时,回归离差平方和越大,剩余离差平方和就越小;反之,回归离差平方和越小,剩余离差平方和就越大。由此推论,如果 Y 的观测值都紧密分布在回归直线两侧,剩余离差平方和 $\sum(Y_i - \hat{Y}_i)^2$ 很小,说明 X 与 Y 的依存关系很强,总离差平方和 $\sum(Y_i - \overline{Y})^2$ 主要由回归离差平方和 $\sum(\hat{Y}_i - \overline{Y})^2$ 来解释。极端而言,如果 Y_i 都落在回归直线上,$\sum(Y_i - \hat{Y}_i)^2 = 0$,则 $\sum(\hat{Y}_i - \overline{Y})^2 = \sum(Y_i - \overline{Y})^2$,说明 X 与 Y 为确定的函数关系。这时,总离差平方和 $\sum(Y_i - \overline{Y})^2$ 就完全由回归离差平方和来解释了。

判定系数 r^2 便是以回归离差平方和占总离差平方和的比例来表示回归模型拟合优度的评价指标。其计算公式为:

$$r^2 = \frac{回归离差平方和}{总离差平方和} = \frac{\sum(\hat{Y}_i - \overline{Y})^2}{\sum(Y_i - \overline{Y})^2} = \frac{SSR}{SST} \tag{13-7}$$

或

$$r^2 = 1 - \frac{剩余离差平方和}{总离差平方和} = 1 - \frac{\sum(Y_i - \hat{Y}_i)^2}{\sum(Y_i - \overline{Y})^2} = 1 - \frac{SSE}{SST}$$

当两变量 X 与 Y 依存关系很密切乃至 Y 的变化完全由 X 引起时,X 与 Y 为确定的函数关系,$\sum(Y_i - \hat{Y}_i)^2 = 0$,$r^2 = 1$;当 X 与 Y 两变量不存在线性依存关系,即 Y 的变化与 X 无关,$\sum(\hat{Y}_i - \overline{Y})^2 = 0$,$r^2 = 0$。一般情况下,$r^2$ 的取值在 0 到 1 之间,越是接近 1,表明回归模型的拟

合优度就越好,已知 X 的值就越有助于对 Y 值的预测。

判定系数 r^2 按上面公式计算比较烦琐冗长,实际工作中,可采用以下简洁公式计算:

$$r^2 = \frac{a\sum Y + b\sum XY - n\overline{Y}^2}{\sum Y^2 - n\overline{Y}^2} = \frac{a\overline{Y} + b\overline{XY} - \overline{Y}^2}{\overline{Y^2} - \overline{Y}^2} \tag{13-8}$$

例 13-2 测定例 13-1 所确定的回归直线 $\hat{Y}_i = 99.01 + 1.6246X_i$ 的拟合优度。

解 在例 12-2 和例 13-1 中,我们计算得到:

$\overline{Y} = 593$, $\overline{XY} = 212\,664.8$, $\overline{Y^2} = 419\,306.47$, $a = 99.01$, $b = 1.6246$

根据式(13-8),有:

$$r^2 = \frac{99.01 \times 593 + 1.6246 \times 212\,664.8 - 593^2}{419\,306.47 - 593^2} = 0.7768$$

因而在年销售额的变动中,有 77.68% 可解释为用平方米测定的商店规模大小的变化引起的。r^2 表明这两个变量之间存在着很强的线性相关。运用此回归模型可以在预测年销售额时说明 77.68% 的变动是由商店的规模大小引起的。只有 22.32% 可解释为除了线性回归模型中规模大小之外的其他因素引起的。

从上述关于判定系数 r^2 意义的解释中可以看出,r^2 同相关系数 r 具有一致性。可以证明,简单线性回归的判定系数 r^2 的平方根就是简单线性相关的相关系数 r。

$$r = \pm\sqrt{\frac{\sum(\hat{Y}_i - \overline{Y})^2}{\sum(Y_i - \overline{Y})^2}} \quad \text{或} \quad r = \pm\sqrt{1 - \frac{\sum(Y_i - \hat{Y}_i)^2}{\sum(Y_i - \overline{Y})^2}} \tag{13-9}$$

积矩相关系数 r 的符号是由公式中的协方差部分直接计算确定的;判定系数 r^2 开平方后有正负两个根,符号的取舍应根据回归模型中的回归系数的符号来定。

上例计算得到判定系数 $r^2 = 0.7768$,据此,计算商店规模大小同年销售额的相关系数:

$r = \sqrt{0.7768} = 0.8814$

这同前面用积矩相关系数公式计算的结果相同。因为回归系数 b 是正值,所以,用 r^2 的正根。

(二) 估计标准误

如上所述,Y 观测值同 $\overline{Y}$ 的总离差平方和中,回归离差平方和与剩余离差平方和是此长彼消的关系。既然回归离差平方和可以从正面来测定线性模型的拟合优度,那么剩余离差平方和也就可以从反面判定线性模型的拟合优度。对于简单线性回归模型,统计上定义剩余离差平方和 $\sum(Y_i - \hat{Y}_i)^2$ 除以自由度 $n-2$ 所得商的平方根为估计标准误,记为 S_{YX}。其公式为:

$$S_{YX} = \sqrt{\frac{\sum_{i=1}^{n}(Y_i - \hat{Y}_i)^2}{n-2}} = \sqrt{\frac{SSE}{n-2}} \tag{13-10}$$

类似测量每个变量值与其均值之间的标准差,估计标准误 S_{YX} 是一个测量 Y 的观测值与 Y 的预测值之间离散程度的统计量。这一节一开始便指出,$\hat{Y}_i$ 是对应于 X_i 的 Y_i 的数学期望 $E(Y_i)$,Y_i 同 $\hat{Y}_i$ 的离差便是观测值同均值的离差。公式中自由度取 $n-2$,是因为在求回归模型的 a、b 两个参数时失去了两个自由度。在回归分析中,估计标准误越小,表明观测值越紧靠估计值,回归模型拟合越合适;反之,估计标准误越大,则说明观测值对估计值越分散,回归模型拟合得越差。

实际工作中,估计标准误通常采用下列简捷公式:

$$S_{YX} = \sqrt{\frac{\sum Y_i^2 - a\sum Y_i - b\sum X_i Y_i}{n-2}} = \sqrt{(\overline{Y^2} - a\overline{Y} - b\overline{XY}) \times \left(\frac{n}{n-2}\right)}$$

(13-11)

例13-2中的商店规模大小和年销售额回归方程的估计标准误也可利用已知的数据,代入式(13-11),求得:

$$S_{YX} = \sqrt{(419\,306.47 - 99.01 \times 593 - 1.624\,6 \times 212\,664.8) \times \left(\frac{15}{15-2}\right)}$$
$$= 131.99(万元)$$

估计标准误是对观测值与所拟合回归线的离差的一种测度,它与因变量 Y 的单位是一致的。对估计标准误的解释与标准差相似,就如标准差测量变量围绕其算术平均数的变动一样,估计标准误测量变量围绕其拟合的回归线的变动。

作为对回归模型拟合优度的判断和评价指标,估计标准误显然不如判定系数 r^2。r^2 是无量纲的系数,有确定的取值范围(即 0~1),便于对不同资料回归模型的拟合优度进行比较。而估计标准误则是有计量单位的,又没有确定的取值范围,不便于对不同资料回归模型的拟合优度进行比较。

但是,估计标准误在回归分析中仍然是一个重要的指标,因为它还是用自变量估计因变量时确定置信区间的尺度。

四、回归分析中的假设条件和残差分析

(一)回归分析中的假设条件

在回归分析中,对随机误差项 ε 有以下几项假定:

(1)线性(linearity),即回归模型满足 $Y = \alpha + \beta X + \varepsilon$ 的形式,其中 X 是自变量,Y 是因变量。

(2)独立性(independence),即要求对应于不同 X_i,ε_i 值相互独立,彼此不相关。因而,对应于不同 X_i 值的 Y_i 值,ε_i 彼此也不相关。当收集到的是一组时间数列,这个假设就非常重要。这种情况下,某一时间的误差通常与前一时间的误差具有相关性。

(3)正态性(normality),即随机变量 ε_i 是服从均值为 0($E(\varepsilon_i)=0$)的正态分布的。由于 Y 是 ε 的线性函数,因此要求对应于 X 的每个取值,Y 也是服从正态分布的随机变量。由于模型中的 α 和 β 都是常数,它们的数学期望就是 α 和 β,所以,对应于 X 的每个取值,Y 的数学期望 $E(Y_i)$ 就是 $\alpha + \beta X_i$。回归分析对背离正态性假设不是很敏感,只要围绕回归模型各个水平的 X 的误差与正态分布的差异不是太大,回归模型和回归系数的估计就不会受到很大的影响。

(4)等方差性(equal variance),即不论 X 的取值大小,要求围绕回归模型的所有 ε_i 的方差 $\sigma_{\varepsilon i}^2$ 是相等的,即 $\sigma_{\varepsilon i}^2 = \sigma^2$。由此可知,对所有 X_i 的值,Y_i 的方差也都等于 σ^2。用最小平方法确定回归系数时,等方差性假设就显得很重要了。假若一组数据不符合这个假设,需采用数据变换或加权最小平方方法等。正态性和等方差性假设可由图13-2直观地表示。

为了便于记忆,注意到这四个假设的首英文字母恰好构成了英文单词 line(线)。这些假

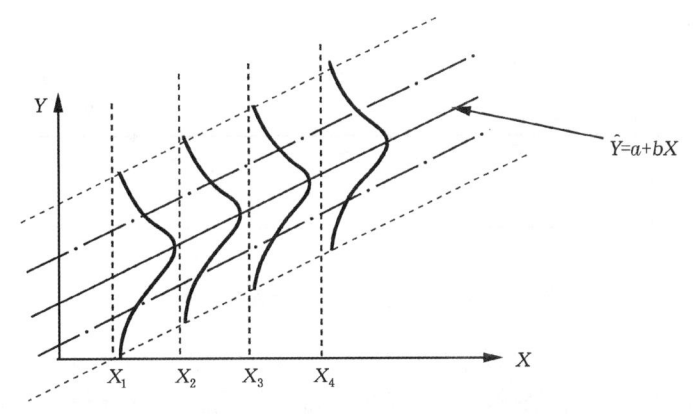

图 13-2 正态性和等方差性假设的图示

定是进行简单线性回归分析的理论前提。回归分析的主要目的是建立回归模型,借以给定 X 值来估计 Y 值。模型怎样确定？模型是否合适？估计的精确度如何？怎样进行判断和检验？解决这些问题都必须从回归模型的固有性质出发。所以,我们从理论上首先弄清楚回归模型的上述性质是十分必要的。

(二) 残差分析

随机误差项 $\varepsilon_i = Y_i - \hat{Y}_i$ 又称为残差,对残差进行分析,既能用来评价回归模型与实际数据的拟合优度,也能评价回归的假设能否成立。

1. 评价回归模型的拟合优度

除了判定系数和估计标准误,评价回归模型的拟合优度还可通过绘制残差图直观地进行评价。残差图是以残差为纵坐标、以相应自变量的 X 值为横坐标的散点图。假若建立的模型对数据是合适的,这些散点就不存在明显的变化规律。图 13-3 是例 13-1 中的商店规模大小和年销售额回归方程的残差对平方米的散点图。从图 13-3 中可观察到,散点的分布不存在明显的变化规律。但是,假若建立的模型是不合适的,则 X_i 值与残差 e_i 之间就会存在某种关系,以某些清晰的规律展示出来,如线性趋势、曲线等。图 13-4 是根据本章第三节的表 13-12 计算的残差图,我们能看到当 X_i 取值较小或较大时,残差总是正的,当 X_i 取值在中间附近时,残差就一定是负的。这种形态表明了 X_i 与 Y_i 之间的关系最好用曲线而不是用直线来反映。

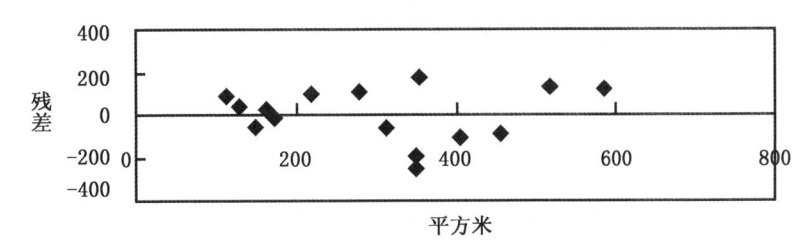

图 13-3 商店规模大小和年销售额回归方程的残差对平方米的散点图

若残差图中有极端值的存在,就应该检查一下此值是否有误。极端值是与其他值相比特别大(或特别小)的残差。在原始数据的散点图上,若出现远离所估计回归模型的散点时,该点即为极端值。一个极端值也许是在输入观测值时产生的登记性误差造成的。若是这样,只需要改正这个错误,重新计算回归模型就可以了。若认为极端值确实是存在的,我们就应该进一

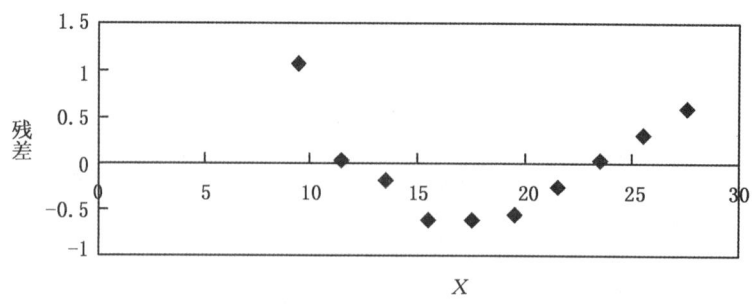

图 13-4 根据表 13-12 计算的残差图

步地调查,分析是什么原因造成了极端值的存在。也许这种极端值是由罕见的灾难引起的,而我们又确信引起极端值的这种情况不会再发生了,就可剔除这个极端值,用其余的数据重新计算回归模型。若我们认为引起极端值出现的因素应考虑在回归模型中,就得建立多元回归模型(见下一节)。若我们无法找到出现极端值的原因,则应把它看成随机误差。

2. 假设条件的评估

(1) 线性

线性的假设通过残差与 X_i 的残差图来评价。残差图上的散点落在一条水平带中间,随机分布于中心线附近,则表示该模型符合线性。如对图 13-3 中的残差分布而言,与不同的 X_i 值对应的残差分布在 −200 到 200 的水平带之间。这样,对这个模型你可以得出不同水平的 X_i 服从线性假设的结论。

(2) 等方差性

等方差性的假设也能通过残差与 X_i 的残差图来评价。对图 13-3 中的残差分布而言,与不同的 X_i 值对应的残差的离差不存在明显的不同。这样,对这个模型你可以得出没有明显地表明不同水平的 X_i 违背等方差性的假设的结论。

为了说明违背等方差性假设的情形,可看图 13-5 中假定的残差与 X 的散点分布类型。在此图中,散点如扇形般地展开,即显示出 X 增大时残差的变异也在增大,证明了在 X 的每个水平上,Y 缺少等方差性。

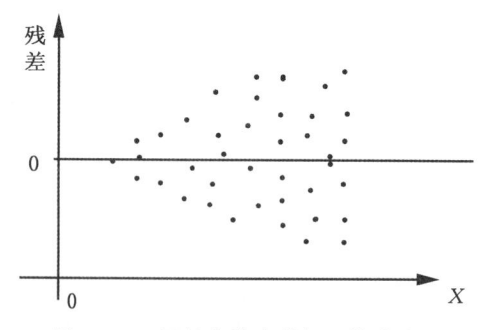

图 13-5 不符合等方差假设的残差图

(3) 正态性

回归误差的正态性假设可通过残差分析中计算残差的频数分布,并把其结果用第四章介绍的直方图加以反映和评估。根据本章统计引例店址选择的数据,可把残差列成如表 13-1 的频数分布,并把其结果用直方图展示出来。因为根据一个只有 15 个观测值的样本,是很难评估其正态性的。

表 13-1　　　　　　　　店址选择的数据的 15 个残差值的频数分布

残　　差	频　　数
−300～−200	1
−200～−100	2
−100～0	4
0～100	4
100～200	4
合　　计	15

(4) 独立性

误差的独立性假设可根据数据获得的先后顺序排列的残差散点图来评估。在一段时间内收集的数据,有时观测值中会存在着自相关的影响。此时,前后之间的残差就会有某种联系。若存在这种联系,就违背了独立性假设,这将很明显地在残差对收集数据的时间散点图上反映出来。自相关的影响可用杜宾—沃森统计量进行测度,将在第十四章中讨论这部分内容。

五、简单线性回归模型的显著性检验

从总体中随机抽取一个样本,根据样本的 n 对 X 与 Y 的资料导出的线性回归方程由于受到抽样误差的影响,它所确定的变量之间的线性关系是否显著,以及按照这个模型用给定的自变量 X 值估计因变量 Y 是否有效,必须通过显著性检验才可做出结论。简单线性回归方程的显著性检验包括回归系数 b 的检验和方程整体的 F 检验。

(一) 回归系数 b 的检验

回归系数 b 是决定变量 X 与 Y 依存关系形式的重要参数。如果 $b=0$,说明 X 与 Y 不存在线性关系。因此,检验总体回归系数 $\beta=0$ 的假设就等于检验总体 X 与 Y 的变量没有线性关系的假设。

b 的检验统计量为:

$$Z = \frac{b-\beta}{\sigma_b} = \frac{b}{\sigma_b} \quad (\beta=0) \tag{13-12}$$

Z 变量服从均值为 0、方差为 1 的标准正态分布。其中的 σ_b 是样本回归系数抽样分布 b 的标准差,是未知的,要用它的估计量 $\hat{\sigma}_b$ 代替。

$$\hat{\sigma}_b = \sqrt{\frac{S_{YX}^2}{\sum(X_j-\bar{X})^2}} = \sqrt{\frac{(\sum Y_j^2 - a\sum Y_j - b\sum X_j Y_j)/(n-2)}{\sum X_j^2 - n\bar{X}^2}}$$

$$= \frac{S_{YX}}{\sqrt{(\overline{X^2}-\bar{X}^2)} \times \sqrt{n}} \tag{13-13}$$

在大样本条件下按式(13-12)的 Z 统计量对 b 进行显著性检验,可查标准正态分布概率表确定临界值。如果是小样本,则需用 t 统计量,即:

$$t = \frac{b-\beta}{\hat{\sigma}_b} = \frac{b}{\hat{\sigma}_b} \quad (\beta=0)$$

t 统计量服从自由度为 $n-2$ 的 t 分布,可查 t 分布表确定临界值。

例 13-3 对例 13-1 中的商店规模大小与其年销售额回归方程的回归系数 b 进行显著性检验。

解 设 $H_0: \beta = 0; H_1: \beta \neq 0$;并设显著性水平 $\alpha = 0.05$,已知样本的回归系数 $b = 1.6246$, $\overline{X} = 304.07, \overline{X^2} = 112371.67$。$S_{YX} = 131.99$,根据公式(13-12)和(13-13),有:

$$\hat{\sigma}_b = \frac{S_{YX}}{\sqrt{(\overline{X^2} - \overline{X}^2)} \times \sqrt{n}} = \frac{131.99}{\sqrt{(112371.67 - 304.07^2)} \times \sqrt{15}} = 0.2415$$

$$t = \frac{b}{\hat{\sigma}_b} = \frac{1.6246}{0.2415} = 6.727$$

查 t 分布表,有 $t_{1-\frac{\alpha}{2},(n-2)} = t_{0.975,(13)} = 2.1604$,因而 t 值超过临界值,所以拒绝原假设,说明样本的回归系数是显著的。

检验变量之间是否存在线性关系的另一种方法是建立一个置信区间去估计 β,并判别原假设值($\beta = 0$)是否包含在这个区间。估计 β 的置信区间可通过式(13-14)取得:

$$b \pm t_{1-\frac{\alpha}{2},(n-2)} \hat{\sigma}_b \tag{13-14}$$

从以上的计算中可知:

$b = 1.6246, n = 15, \hat{\sigma}_b = 0.2415, t_{0.975,(13)} = 2.1604$,因而:

$b \pm t_{1-\frac{\alpha}{2},(n-2)} \hat{\sigma}_b = 1.6246 \pm (2.1604)(0.2415) = 1.6246 \pm 0.5217$

$1.1029 \leqslant \beta \leqslant 2.1463$

即以 95% 的置信水平估计总体的斜率在 +1.1029 和 +2.1463 之间。只要置信区间内包含 0,结论就是变量之间不存在显著的线性关系。因为以上置信区间不包含 0,可以得出年销售额与商店的面积大小之间存在着显著的线性关系。

(二) F 检验

回归方程的 F 检验是将上述的总离差平方和 $\sum(Y_i - \overline{Y})^2$ 进行分解的一种检验方法。我们知道,总离差平方和等于回归离差平方和与剩余离差平方和之和,即:

$$\sum(Y_i - \overline{Y})^2 = \sum(Y_i - \hat{Y}_i)^2 + \sum(\hat{Y}_i - \overline{Y})^2$$

各种离差平方和都同一个自由度相联系。总离差平方和的自由度为 $n-1$,因为在计算 $\sum(Y_i - \overline{Y})^2$ 时消失了一个自由度;回归离差平方和的自由度为 1,因为对简单线性回归方程来说,只有 1 个自变量同因变量对应;剩余离差平方和的自由度为 $n-2$。这三种离差平方和的自由度也存在如下的关系,即:

$$(n-1) = (n-2) + 1$$

将回归离差平方和与剩余离差平方和各自除以它们的自由度后加以比较,便得到检验统计量 F,即:

$$F = \frac{\sum(\hat{Y}_i - \overline{Y})^2 / 1}{\sum(Y_i - \hat{Y}_i)^2 / (n-2)} \tag{13-15}$$

对回归方程的 F 检验也可以用判定系数计算 F 统计量,因为:

$$r^2 = \frac{\sum(\hat{Y}_i - \overline{Y})^2}{\sum(Y_i - \overline{Y})^2}$$

把式(13-15)的分子分母均除以 $\sum(Y_i - \overline{Y})^2$，有：

$$F = \frac{\sum(\hat{Y}_i - \overline{Y})^2/1}{\sum(Y_i - \hat{Y}_i)^2/(n-2)} = \frac{\sum(\hat{Y}_i - \overline{Y})^2/\sum(Y_i - \overline{Y})^2}{\sum(Y_i - \hat{Y}_i)^2/\sum(Y_i - \overline{Y})^2}(n-2) = \frac{r^2}{1-r^2}(n-2)$$

(13-16)

可见，F 检验实质上是对回归模型整体的检验，检验的原假设为 $H_0: R^2 = 0$，备择假设为 $H_1: R^2 > 0$，其中 R^2 为总体的判定系数。在给定显著性水平 α 条件下，将计算的 F 值同查 F 表(自由度为 1 和 $n-2$)所得到的临界值进行比较，若 $F \geqslant F_{\alpha,(1,n-2)}$，就拒绝原假设；若 $F < F_{\alpha,(1,n-2)}$，则接受原假设。通常列成方差分析表计算(见表 13-2)。

表 13-2 简单线性回归方差分析表

	平方和	自由度	均　方	F 值
回归离差	$\sum(\hat{Y}_i - \overline{Y})^2$	1	$\sum(\hat{Y}_i - \overline{Y})^2/1$	
剩余离差	$\sum(Y_i - \hat{Y}_i)^2$	$n-2$	$\sum(Y_i - \hat{Y}_i)^2/n-2$	$F = \dfrac{\sum(\hat{Y}_i - \overline{Y})^2/1}{\sum(Y_i - \hat{Y}_i)^2/(n-2)}$
总离差	$\sum(Y_i - \overline{Y})^2$	$n-1$	$\sum(Y_i - \overline{Y})^2/n-1$	

仍以例 13-1 中的商店规模大小与其年销售额回归方程进行 F 检验(见表 13-3)。

表 13-3 商店规模大小与其年销售额回归方程方差分析表

	平方和	自由度	均　方	F 值
回归离差	788 396	1	788 396	45.26
剩余离差	226 466	13	17 420.46	
总离差	1 014 862	14		

查 $F_{0.95,(1,13)} = 4.67$，因为 $F = 45.26 > 4.67$，所以拒绝原假设，并得出如下结论：商店的面积大小与年销售额之间存在显著的关系。

如果用计算得到的判定系数 $r^2 = 0.776\,8$ 计算 F 值，结果相同：

$$F = \frac{r^2}{1-r^2}(n-2) = \frac{0.776\,8}{1-0.776\,8}(15-2) = 45.24$$

这同方差分析表计算的 F 值只有极其微小的计算误差。

我们对同一线性回归方程采用了 t 检验和 F 检验，结论是一致的。在方差分析表中，F 检验的 p 值(显著性 F 值)与回归系数 t 检验的 p 值也是相等的。同时可以发现(13-16)式的 F 检验统计量是式(12-9)的检验线性相关系数的 t 统计量的平方，临界值 $F_{1-\alpha,(n-2)}$ 也是 $t_{\frac{\alpha}{2},(n-2)}$ 的平方。所以，在简单线性回归分析中，t 检验和 F 检验两者取其一即可。但是，在多元回归分析中，它们是不等价的，t 检验只是检验回归方程中各个系数的显著性，而 F 检验则是检验整个回归模型的显著性。

六、应用回归方程进行估计

回归分析的一个重要内容是利用通过检验已经确定的回归方程,给定自变量 X 值去估计因变量 Y 值。例如,你作为一名泰雅时装连锁店的项目负责人,已经了解到商店的年销售额与其规模大小有着显著联系。现在,你想利用已确定的简单线性回归方程,估计当一家新门店的面积为 500 平方米时,其年销售额将达到什么水平。

$$\hat{Y}_i = 99.01 + 1.624\,6x_i = 99.01 + 1.624\,6 \times 500 = 911.31 (万元)$$

也即商店的面积为 500 平方米时,其年销售额约为 911.31 万元。

这只是点估计。为了确切地知道估计的精确程度和可靠性,就需要进行区间估计。

(一) Y 的平均值的区间估计

Y 的平均值的区间估计是指对给定 X 的一个值 X_0,Y_0 的平均值的置信区间。简单线性回归的置信区间为:

$$E(Y_0) = \hat{Y}_0 \pm t_{\frac{\alpha}{2},(n-2)} S_{YX} \sqrt{\frac{1}{n} + \frac{(X_0 - \overline{X})^2}{\sum (X_i - \overline{X})^2}} \qquad (13-17)$$

式中:X_0——自变量 X 的一个给定值;

$\hat{Y}_0$——Y_0 的点估计值;

$E(Y_0)$——对于给定 X_0 时的 Y_0 的平均值。

如同第八章介绍的总体平均数 μ 的区间估计需要计算抽样误差,这个抽样误差就是样本均值抽样分布的标准差。这里,利用 Y_0 的点估计 $\hat{Y}_0$ 去估计 Y_0 的均值时,也需要计算抽样误差,这个抽样误差就是 $\hat{Y}_0$ 抽样分布的标准差,即:

$$S_{YX} \sqrt{\frac{1}{n} + \frac{(X_0 - \overline{X})^2}{\sum (X_i - \overline{X})^2}}$$

因为根据简单线性回归模型的性质知道,$\hat{Y}_0$ 的抽样分布服从正态分布,即:

$$\hat{Y}_0 \sim N \left[E(\hat{Y}_0), \left(\frac{1}{n} + \frac{(X_0 - \overline{X})^2}{\sum (X_i - \overline{X})^2} \right) \sigma_{YX}^2 \right]$$

σ_{YX}^2 未知,用 S_{YX}^2 代替,对 $\hat{Y}_0$ 进行标准化处理,便得到 t 统计量:

$$t = \frac{\hat{Y}_0 - E(\hat{Y}_0)}{S_{YX} \sqrt{\frac{1}{n} + \frac{(X_0 - \overline{X})^2}{\sum (X_i - \overline{X})^2}}} \sim t(n-2)$$

于是,给定显著性水平 α 便有:

$$E(Y_0) = \hat{Y}_0 \pm t_{\frac{\alpha}{2},(n-2)} S_{YX} \sqrt{\frac{1}{n} + \frac{(X_0 - \overline{X})^2}{\sum (X_i - \overline{X})^2}}$$

式中:$\sum (X_i - \overline{X})^2 = n(\overline{X^2} - \overline{X}^2)$,根据例 12-2 的资料,已经计算得到 $\overline{X} = 304.07$;

$\overline{X^2}=112\,371.67$；$S_{YX}=131.99$；给定 X_0 的值为 500 平方米时，Y 的点估计值 $\hat{Y}_0=911.31$ 万元。设显著性水平 $\alpha=0.05$，查 t 表得到 $t_{0.975,(15-2)}=2.16$，Y 均值的置信区间为：

$$E(Y_0)=911.31\pm 2.16\times 131.99\sqrt{\frac{1}{15}+\frac{(500-304.07)^2}{15\times(112\,371.67-304.07^2)}}$$
$$=911.31\pm 125.956\,4$$

也即当商店的面积为 500 平方米时，有 95% 的把握估计所有这类门店的年平均销售额在 785.353 6～1 037.266 4 万元之间。

（二）Y 的特定值的区间估计

Y 的特定值的区间估计是指对给定 X 的一个值 X_0，Y_0 的一个特定值或个别值的置信区间。这种区间估计的抽样误差除了上述的 Y 均值估计的抽样误差之外，还需考虑 Y 的特定值（观测值）Y_0 与估计值 $\hat{Y}_0$ 的偏差，也即估计均方误 S_{YX}^2。也就是说，它由两部分组成：

$$S_{YX}^2+S_{YX}^2\left[\frac{1}{n}+\frac{(X_0-\overline{X})^2}{\sum(X_i-\overline{X})^2}\right]=S_{YX}^2\left[1+\frac{1}{n}+\frac{(X_0-\overline{X})^2}{\sum(X_i-\overline{X})^2}\right]$$

因此 Y 的特定值的区间估计的抽样误差为：

$$S_{YX}\sqrt{1+\frac{1}{n}+\frac{(X_0-\overline{X})^2}{\sum(X_i-\overline{X})^2}}$$

由此，我们得到 Y 的特定值的置信区间为：

$$Y_0=\hat{Y}_0\pm t_{\frac{\alpha}{2},(n-2)}S_{YX}\sqrt{1+\frac{1}{n}+\frac{(X_0-\overline{X})^2}{\sum(X_i-\overline{X})^2}} \qquad (13-18)$$

根据例 12-2 的资料，计算得到 $\overline{X}=304.07$；$\overline{X^2}=112\,371.67$；$S_{YX}=131.99$；给定 X_0 的值为 500 平方米时，Y 的点估计值 $\hat{Y}_0=911.31$ 万元。设显著性水平 $\alpha=0.05$，查 t 表得到 $t_{0.975,(15-2)}=2.16$，Y 的特定值的置信区间为：

$$E(Y_0)=911.31\pm 2.16\times 131.99\sqrt{1+\frac{1}{15}+\frac{(500-304.07)^2}{15\times(112\,371.67-304.07^2)}}$$
$$=911.31\pm 311.682\,7$$

也即当一家门店的面积为 500 平方米时，有 95% 的把握估计这家门店的年销售额在 599.627 3～1 222.992 7 万元之间。

从上述对因变量 Y 的两种区间估计的公式可以看出，在同样的条件下，给定的 X_0 值越接近平均值 $\overline{X}$，区间的宽度越窄，也即估计的精确度越高，当 $X_0=\overline{X}$ 时，$(X_0-\overline{X})^2=0$，Y_0 均值 $E(Y_0)$ 估计的抽样误差为 $S_{YX}\sqrt{\frac{1}{n}}$，Y_0 特定值估计的抽样误差为 $S_{YX}\sqrt{1+\frac{1}{n}}$，都达到最小。反之，随着给定的 X_0 值偏离 $\overline{X}$ 越远，它们的抽样误差也越大，置信区间越宽，而 Y 特定值的置信区间比 Y 均值的置信区间更宽，其变化成喇叭形（见图 13-6，图中实线为 Y 均值的置信区间，虚线为 Y 特定值的置信区间）。

由此可见，我们利用线性回归方程进行估计，通常应限于样本观察值范围之内。超越这一

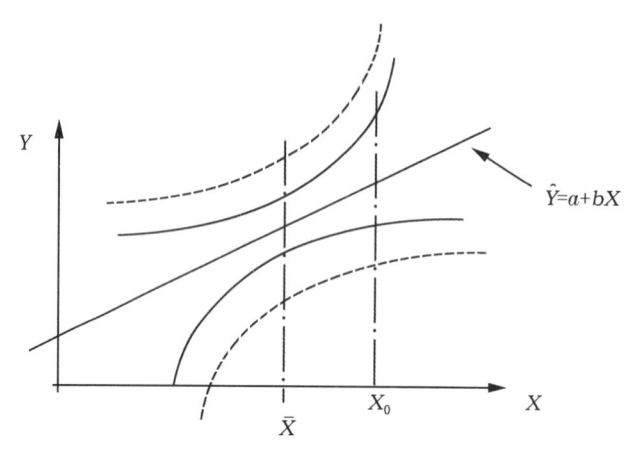

图 13-6　Y 均值的置信区间(实线)和 Y 特定值的置信区间(虚线)

范围的外推的估计(或称预测)必须十分谨慎。因为根据样本数据建立的简单线性回归方程只是对总体的近似的描述，超出样本之外的实际数据可能不是线性的而是非线性变化的。因而偏离 $\bar{X}$ 越远的估计(或预测)，其结果也就越不可靠。

第二节　多元线性回归模型

在以上简单线性回归的讨论中，重点放在了用模型中的一个自变量 X 来估计因变量 Y。实际上，由于客观事物的联系错综复杂，一个因变量的变化往往受到两个或多个自变量的影响。为了全面揭示这种复杂的依存关系，准确地测定它们的数量变动，提高预测和控制的精确度，就要考虑更多的自变量，建立多元线性回归模型，找出拟合得更好的模型。多元线性回归分析的原理和方法同简单线性回归分析基本相同，但有两个不同点：

(1) 我们不可能用散点图来表示变量之间的关系。事实上，若只有两个自变量，我们还可用 X_1、X_2 作为水平坐标，Y 作为纵坐标绘制出一张三维图，如图 13-7 所示。每个散点表示一组观测值。然后，就要确定一个平面，这个平面与散点之间的垂直距离的平方之和为最小。然而，要绘出这类散点图是非常困难的。若自变量的个数超过两个，就不可能绘出散点图。但数学家们可以认为每个观测点是多维空间中的一个点，多元线性回归分析的目的是找出一个所谓的超平面，使这个平面与散点拟合得最好。

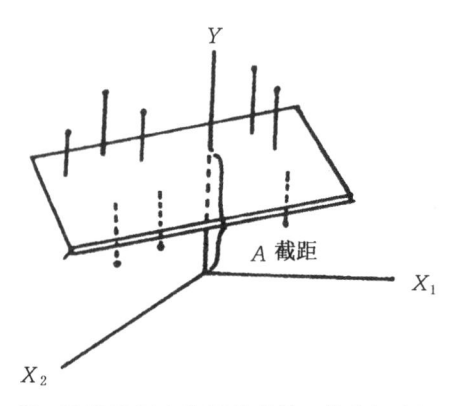

图 13-7　X_1、X_2 和 Y 三个变量构成的三维空间坐标系散点图

（2）多元线性回归的计算难度要远大于简单线性回归，且变量越多，计算越复杂。但我们现在已不用担心，因为可以用统计软件进行运算。

一、多元线性回归模型的确定

具有 k 个自变量的总体多元线性回归模型的一般形式为：

$$Y_i = \beta_0 + \beta_1 X_{1i} + \beta_2 X_{2i} + \beta_3 X_{3i} + \cdots + \beta_k X_{ki} + \varepsilon_i \tag{13-19}$$

式中：$\beta_0 = Y$ 的截距；

$\beta_1 = X_2, X_3, \cdots, X_k$ 固定不变时，Y 对 X_1 变动的斜率；

$\beta_2 = X_1, X_3, \cdots, X_k$ 固定不变时，Y 对 X_2 变动的斜率；

……

$\beta_k = X_1, X_2, \cdots, X_{k-1}$ 固定不变时，Y 对 X_k 变动的斜率；

$\varepsilon_i = Y$ 的第 i 个观测值的随机误差。

对于有两个自变量的总体二元线性回归模型，则有：

$$Y_i = \beta_0 + \beta_1 X_{1i} + \beta_2 X_{2i} + \varepsilon_i \tag{13-20}$$

为便于叙述，以下主要以二元线性回归模型为例来说明。

二元线性回归模型也由两部分组成：一部分是 Y 的线性函数 $(\beta_0 + \beta_1 X_1 + \beta_2 X_2)$，另一部分是 ε_i 所代表的随机误差。这里也必须对模型做出类似简单线性回归模型的那几项重要假定。同时，由于多元回归模型有两个和两个以上的自变量，因此还必须假定这些自变量相互之间不存在显著相关。因为我们已经假定 ε_i 是一个均值为零即 $E(\varepsilon_i) = 0$ 的服从正态分布的随机变量，因此，对于给定自变量 X_1 和 X_2 的值，Y 的数学期望是：

$$E(Y_i) = \beta_0 + \beta_1 X_{1i} + \beta_2 X_{2i} \tag{13-21}$$

此式称为总体的二元回归方程，描述因变量 Y 与自变量 X_1、X_2 的线性关系。在 X_1、X_2 和 Y 三个变量构成的三维空间坐标系中表现为一个与 X_1、X_2 对应，与 Y 轴相交的平面（见图 13-7）。其中，β_0 为常数项，是该平面对 Y 的截距。β_1、β_2 统称为偏回归系数，β_1 表示在 X_2 固定时 X_1 每变化一个单位引起的 Y 的平均变动；β_2 表示在 X_1 固定时 X_2 每变化一个单位引起的 Y 的平均变动。偏回归系数的符号与它们所联系的自变量 X_i 同因变量 Y 的相关系数 r_i 的符号是一致的。也即 $r_i > 0, \beta_i > 0$；$r_i < 0, \beta_i < 0$；若 $r_i = 0$，则 $\beta_i = 0$，表明 X_i 与 Y 不存在线性相关，不能用这个自变量来解释因变量的变动。

在实际的统计研究中，由于总体回归方程的 β_0、β_1、β_2 等参数是未知的，需要通过抽样，根据样本数据计算 b_0、b_1、b_2 等作为估计来代替，由此得到样本的（或称估计的）二元线性回归方程为：

$$\hat{Y}_i = b_0 + b_1 X_{1i} + b_2 X_{2i} \tag{13-22}$$

简单线性回归方程表明的是自变量 X 与因变量 Y 的平均变动关系，二元线性回归方程则是表明自变量 X_1、X_2 同时引起因变量 Y 平均变动的关系。二元或其他多元线性回归模型的基本性质同简单线性回归模型相同。因此，多元线性回归分析可以看作是简单线性回归分析的扩展。当我们掌握了自变量 X_1、X_2 和因变量 Y 的实际资料后，只要求得 β_0、β_1 和 β_2，便可确定二元线性回归方程。从图 13-7 可见，通过三维空间中的散点，可以画许多个平面。显然，

只有满足观测值 Y_i 与估计值 $\hat{Y}_i$ 的离差平方和即 $\sum(Y_i-\hat{Y}_i)^2$ 等于最小这一要求的平面才具有代表性。因此,可以用最小平方法来求解参数,把 $\hat{Y}_i=b_0+b_1X_{1i}+b_2X_{2i}$ 代入 $\sum(Y_i-\hat{Y}_i)^2$ 中,即 $\sum(Y_i-b_0-b_1X_{1i}-b_2X_{2i})^2$,对 b_0、b_1 和 b_2 分别求偏导数并令其为零,便可求得如下方程组:

$$\begin{cases} \sum Y_i = nb_0 + b_1\sum X_{1i} + b_2\sum X_{2i} \\ \sum X_{1i}Y_i = b_0\sum X_{1i} + b_1\sum X_{1i}^2 + b_2\sum X_{1i}X_{2i} \\ \sum X_{2i}Y_i = b_0\sum X_{2i} + b_1\sum X_{1i}X_{2i} + b_2\sum X_{2i}^2 \end{cases} \quad (13-23)$$

解此联立方程组便可得到 b_0、b_1 和 b_2。

例 13-4 回到本章的"统计引例"泰雅时装店新址选择一例中,你作为一名项目负责人,认为除了商店的规模大小以外,门店的促销费用多少也是影响年销售额的重要因素,促销费用是指门店内的折扣、赠送小礼品等产生的费用。所以,你在原来简单线性回归模型的基础上,引入年促销费用作为第二个自变量,以建立二元线性回归模型来预测新门店的年销售额。对例 12-2 中抽取的 15 家商店,进一步调查了年促销费用的金额,其结果列于表 13-4。

表 13-4 泰雅连锁时装店的 15 家分店的平方米、年销售额和年促销费用的样本数据

商店	年销售额(万元)Y	规模大小(平方米)X_1	年促销费用(万元)X_2
1	368	172	20
2	389	164	20
3	665	281	55
4	854	355	25
5	341	129	30
6	556	220	40
7	366	113	45
8	469	350	25
9	546	315	40
10	288	151	20
11	1 067	516	55
12	758	456	30
13	1 170	584	50
14	408	350	25
15	650	405	30

解 通过计算可得 $\sum Y=8\,895$,$\sum X_1=4\,561$,$\sum X_2=510$,$\sum X_1Y=3\,189\,972$,$\sum X_2Y=330\,955$,$\sum X_1^2=1\,685\,575$,$\sum X_2^2=19\,550$,$\sum Y^2=6\,289\,597$,$\sum X_1X_2=165\,335$,$n=15$。把这些数据代入式(13-23),得:

$8\,895=15b_0+4\,561b_1+510b_2$

$3\,187\,972=4\,561b_0+1\,685\,575b_1+165\,335b_2$

$330\,955=510b_0+165\,335b_1+19\,550b_2$

解联立方程组,得:

$$b_0 = -51.3127, \quad b_1 = 1.4053, \quad b_2 = 6.3823$$

以上的计算结果也能通过统计分析软件的回归分析功能直接获得。

于是,确定二元线性回归方程为:

$$\hat{Y}_i = -51.3127 + 1.4053X_{1i} + 6.3823X_{2i}$$

b_1 表示在促销费用固定时,商店的规模大小每增加 1 平方米,年销售额平均增加 1.4053 万元;b_2 表示在商店的规模大小固定时,促销费用每增加 1 万元,年销售额平均增加 6.3823 万元。这里 b_1 即商店规模大小的回归系数比原先的简单线性回归方程中的回归系数 $b=1.6246$ 小,是因为简单线性回归方程只列入了商店规模大小对年销售额的影响而忽略了促销费用这一很重要的因素,在商店规模大小的影响中渗入了促销费用的影响。这里的截距 $b_0 = -51.3127$ 万元,与原先的简单线性回归方程中的截距+99.01 万元有很大的不同,因为 $X_1=0$ 和 $X_2=0$ 都不在 X_1、X_2 的样本取值范围之内,因而对截距项的解释要非常谨慎。

二、多元线性回归模型的判定系数和估计标准误

同简单线性回归方程一样,对已确定的二元线性回归方程,可以用判定系数和估计标准误从正反两方面测定其拟合优度。

(一) 判定系数 r^2

在多元回归中,因为至少有两个解释变量,就要用多元判定系数来表示 Y 的变动中,有多少比例是由所选择的自变量的变化来解释的。对于有两个自变量的数据,多元判定系数 ($r^2_{Y.12}$) 等于回归平方和 (SSR) 除以总平方和 (SST),定义如式(13-24)所示。

$$r^2_{Y.12} = \frac{\text{回归平方和}}{\text{总平方和}} = \frac{\sum(\hat{Y}_i - \bar{Y})^2}{\sum(Y_i - \bar{Y})^2} = \frac{SSR}{SST} \tag{13-24}$$

将 $\hat{Y}_i = b_0 + b_1X_{1i} + b_2X_{2i}$ 代入,经过代数变换,便可得到下列简洁计算公式:

$$r^2_{Y.12} = \frac{a\sum Y_j + b_1\sum X_1Y_j + b_2\sum X_2Y_j - n(\bar{Y})^2}{\sum Y_j^2 - n(\bar{Y})^2} \tag{13-25}$$

将根据例 13-4 计算的有关数据代入上式,得到

$r^2_{Y.12} = 0.8514$

计算结果表明,在年销售额的变动中,有 85.14% 可由商店规模大小和促销费用多少这两个因素的变动来解释,只有 14.86% 的因素属于随机误差。

引进了第二个自变量之后,回归方程的判定系数 $r^2_{Y.12} = 85.14\%$,比原先简单线性回归方程的判定系数 $r^2 = 77.68\%$ 提高了 7.46 个百分点。但需注意,在一般情况下,增加自变量,即使这个自变量在统计上并不显著,回归方程中的剩余平方和 $\sum(Y_i - \hat{Y}_i)^2$ 也会变小,而回归平方和 $\sum(\hat{Y}_i - \bar{Y})^2$ 变大,使得判定系数的值增大。为了提高回归模型的可靠性,消除对因变量的变动并没有实际意义的影响,有必要对 r^2 值进行校正,计算校正的判定系数 r^2_{adj},其定义见公式(13-26):

$$r^2_{adj} = 1 - \left[(1 - r^2_{Y.12\cdots k})\frac{n-1}{n-k-1}\right] \tag{13-26}$$

上式中的 k 是回归模型中自变量的个数。

这样,根据上例的数据,因有 $r_{Y.12}^2 = 0.8514, n = 15, k = 2$,则:

$$r_{adj}^2 = 1 - \left[(1 - r_{Y.12}^2)\frac{15-1}{15-2-1}\right] = 1 - \left[(1 - 0.8514)\frac{14}{12}\right]$$
$$= 1 - 0.1734 = 0.8266$$

它表明因变量 Y(年销售额)的变动有 82.66% 完全可以由商店规模大小和促销费用两个自变量的变动来解释。

(二) 估计标准误

二元线性回归方程的估计标准误是在给定 X_1、X_2 时 Y 的观测值同估计值 $\hat{Y}_i$ 的平均离差,记作 $S_{y(x_1,x_2)}$,计算公式为:

$$S_{y(x_1,x_2)} = \sqrt{\frac{\sum(Y_i - \hat{Y}_i)^2}{n-3}} \tag{13-27}$$

这里,自由度为 $n-3$,因为二元回归模型有 3 个参数 b_0、b_1、b_2,求解该回归方程时失去 3 个自由度。

将 $\hat{Y}_i = b_0 + b_1 X_{1i} + b_2 X_{2i}$ 代入式(13-27),经过代数变换,便可得到下列简洁计算公式:

$$S_{y(x_1,x_2)} = \sqrt{\frac{\sum Y_j^2 - a\sum Y_j - b_1\sum X_1 Y_j - b_2\sum X_2 Y_j}{n-3}} \tag{13-28}$$

将例 13-4 计算的有关数据代入上式,得到:

$$S_{y(x_1,x_2)} = 112.1015$$

也即平均年销售额的估计标准误为 112.1015 万元。引进了第二个自变量促销费用之后,回归方程的估计标准误比原先简单线性回归方程的估计标准误 131.99 万元有了下降。

三、多元线性回归方程的显著性检验

从总体中随机抽取一个样本,根据样本资料导出的二元线性回归方程必须经过显著性检验,方可对总体做出结论,确证这个方程是否可靠和有应用价值。通常也是对总体的偏回归系数 β_1、β_2 做如下假设:

$H_0: \beta_1 = 0$, $H_1: \beta_1 \neq 0$;
$H_0: \beta_2 = 0$, $H_1: \beta_2 \neq 0$

检验的方法和步骤同简单线性回归模型,可以用 t 检验对各偏回归系数进行检验,用 F 检验对整个二元回归模型的显著性进行检验。

(一) t 检验

偏回归系数 b_1、b_2 的检验统计量分别为:

$$t = \frac{b_1 - \beta_1}{S_{b_1}} \quad \text{和} \quad t = \frac{b_2 - \beta_2}{S_{b_2}} \tag{13-29}$$

式中:S_{b_1} 和 S_{b_2} 分别为偏回归系数 b_1 和 b_2 的标准差的估计值。

$$S_{b_1} = S_{y(x_1,x_2)} \cdot \sqrt{\frac{\sum(X_2 - \overline{X}_2)^2}{\sum(X_1 - \overline{X}_1)^2(X_2 - \overline{X}_2)^2 - [\sum(X_1 - \overline{X}_1)(X_2 - \overline{X}_2)]^2}}$$

$$\tag{13-30}$$

$$S_{b2} = S_{y(x_1,x_2)} \cdot \sqrt{\frac{\sum(X_1-\overline{X}_1)^2}{\sum(X_1-\overline{X}_1)^2(X_2-\overline{X}_2)^2 - [\sum(X_1-\overline{X}_1)(X_2-\overline{X}_2)]^2}}$$
(13-31)

按给定的显著性水平 α 和自由度 $n-3$ 查 t 分布表,以 t 值同临界值比较,如 $|t|>t_{\alpha/2,(n-3)}$,就拒绝原假设,说明 b_1 或 b_2 是显著区别于 $\beta_1=0$ 或 $\beta_2=0$ 的假设的;反之,则不拒绝原假设,说明样本偏回归系数同总体偏回归系数 $\beta_1=\beta_2=0$ 的假设没有显著区别。通过偏回归系数的检验,逐一认定或剔除与之联系的自变量,使二元回归方程具有实际的应用价值。

对于例 13-4,设显著性水平 $\alpha=0.05$,将有关数据代入上面 t 统计量公式,可计算得到: b_1 的检验统计量 $t=6.2817$; b_2 的检验统计量 $t=2.4538$,查 t 表知 $t_{1-0.05/2,(15-3)}=2.1788$。因为 $6.2817>2.1788$,$2.4538>2.1788$,因此拒绝 $H_0:\beta_1=0$、$H_0:\beta_2=0$ 的假设,认为这两个回归系数在统计上都是显著的。需注意的是,若此例的显著性水平 $\alpha=0.01$,不是 0.05,则 $t_{1-0.01/2,(15-3)}=3.0545$。虽然 $6.2817>3.0545$,但是 $2.4538<3.0545$,故仍拒绝 $H_0:\beta_1=0$ 的假设,但无法拒绝 $H_0:\beta_2=0$ 的假设,所以第二个回归系数在统计上不是显著的。

(二) F 检验

由于多元回归模型具有两个以上的自变量,与之联系的偏回归系数也同样多。回归模型整体的显著性是不能由任何一个偏回归系数的显著性所能替代的。因此,必须采用 F 检验来判断回归模型整体的显著性。F 检验的假设与多元回归模型的参数有关。

$H_0: \beta_1=\beta_2=\cdots=\beta_i=0$;$H_1$:至少有一个偏回归系数 β_i 不等于零。统计量

$$F = \frac{\text{回归偏差}/k}{\text{剩余偏差}/(n-k-1)} = \frac{\sum(\hat{Y}-\overline{Y})^2/k}{\sum(Y_j-\hat{Y})^2/(n-k-1)}$$
(13-32)

式中:k 为自变量的个数。二元线性回归模型的 F 统计量为:

$$F = \frac{\sum(\hat{Y}-\overline{Y})^2/2}{\sum(Y_j-\hat{Y})^2/(n-3)}$$
(13-33)

进行 F 检验,可以列成方差分析表计算 F 值,其表达方式与前面简单线性回归方差分析表相同。

如果对二元线性回归模型已经计算了判定系数,也可按如下公式计算 F 统计量:

$$F = \frac{r^2/2}{(1-r^2)/(n-3)} = \frac{r^2(n-3)}{2(1-r^2)}$$
(13-34)

这实际上是对总体的原假设 $H_0:R^2=0$,备择假设 $H_1:R^2>0$ 的一种直接检验,其中 R^2 为总体回归模型的判定系数。如果 $F>F_{1-\alpha,(2,n-3)}$,就拒绝原假设,说明样本的判定系数同 $R^2=0$ 的假设差异是显著的。如果 $F<F_{1-\alpha,(2,n-3)}$,就不拒绝原假设,说明样本的 r^2 是不显著的,样本可能取自不存在线性关系的总体。

例 13-4 计算得到商店规模大小和促销费用同年销售额的二元线性回归的判定系数 $r^2=0.8514$,代入式(13-34),便有

$$F = \frac{r^2(n-3)}{2(1-r^2)} = \frac{0.8514 \times (15-3)}{2 \times (1-0.8514)} = 34.38$$

设显著性水平 $\alpha=0.05$,查得 $F_{1-0.05,(2,12)}=3.89$。$F=34.38 > F_{1-0.05,(2,12)}=3.89$,所以,拒绝原假设,表明样本的 r^2 是显著的,由此推论已建立的二元线性回归模型有效。

四、多元回归模型中的相关分析

多元回归模型中的两个或多个自变量,它们组合在一起同因变量发生一定的依存关系,引起因变量的变化。同时,各个自变量又是相对独立的,它们同因变量的依存关系的性质和密切程度也是不同的。例如,门店的年销售额的变化是由于商店规模大小和促销费用这两个因素共同变化引起的。但是,它也可能在商店规模大小不变时受到促销费用变化的影响,或者在促销费用不变时受到商店规模变化的影响。如果我们再引入门店的所属区域、营业时间等因素,这些因素也都可能在不同方向、不同程度上对年销售额产生影响。哪些因素是主要的、哪些是次要的?要解决这些问题,就需要对已建立的多元回归模型进行相关分析,包括复相关和偏相关分析。

(一) 复相关

所谓复相关,是指一个因变量同多个自变量之间的相关关系。所有自变量共同变动时,因变量随之而变动,其相关程度就可用复相关系数来测定。如果把模型中所有的自变量作为一个独立的数列,则复相关系数便是测定一个因变量与一个独立数列相关程度的量度。复相关系数的计算公式为:

$$r_{y12\cdots n} = \sqrt{r^2} = \sqrt{\frac{\sum(\hat{Y}-\bar{Y})^2}{\sum(Y_j-\bar{Y})^2}} \tag{13-35}$$

可见,复相关系数就是多元回归模型判定系数的平方根,符号 r 的下标 y 指因变量,其后的"$123\cdots n$"指自变量编号数。由于多元回归模型中各自变量对因变量作用的方向不一定相同,回归系数有的为正,有的为负。所以,复相关系数恒为正值。

例 13-4 中商店规模大小、促销费用和年销售额三个变量的复相关系数为:

$r_{y12} = \sqrt{r^2} = \sqrt{0.8514} = 0.9227$

计算结果表明,商店规模大小和促销费用作为一个整体影响因素同年销售额存在高度相关,其相关程度比简单线性回归模型中商店规模大小单个自变量同年销售额的相关系数 r 更高。

(二) 偏相关

偏相关是指多元回归模型中各个自变量在其他自变量固定不变时,单个自变量同因变量的相关关系,其相关程度用偏相关系数测定。计算偏相关系数需要以各变量两两之间的单相关系数为基础。现在,结合例 13-4 的资料说明偏相关系数的计算方法。

首先,计算商店规模大小(X_1)、促销费用(X_2)和年销售额(Y)三个变量的单相关系数。已知商店规模大小(X_1)与年销售额(Y)的单相关系数为 0.8814,记为 r_{y1}。促销费用(X_2)与年销售额(Y)的单相关系数,记为 r_{y2}。

$$r_{y2} = \frac{\overline{X_2 Y} - \overline{X_2}\,\overline{Y}}{\sqrt{\overline{X_2^2} - \overline{X_2}^2}\sqrt{\overline{Y^2} - \overline{Y}^2}} = \frac{22\,063.6667 - 34 \times 593}{\sqrt{1\,303.3333 - 34^2} \times \sqrt{419\,306.47 - 593^2}}$$
$$= 0.6023$$

商店规模大小(X_1)与促销费用(X_2)的单相关系数记为 r_{12}。

$$r_{12} = \frac{\overline{X_1 X_2} - \overline{X_1}\, \overline{X_2}}{\sqrt{\overline{X_1^2} - \overline{X_1}^2}\sqrt{\overline{X_2^2} - \overline{X_2}^2}} = \frac{11\,022.333\,3 - 304.07 \times 34}{\sqrt{112\,371 - 304.07^2} \times \sqrt{1\,303.333\,3 - 34^2}}$$
$$= 0.399\,3$$

这几个单相关系数可以列成如表 13-5 所示的相关系数矩阵表。

表 13-5　例 13-4 中商店规模大小、促销费用和年销售额三个变量的相关系数矩阵表

	Y	X_1	X_2
Y	1		
X_1	0.881 4	1	
X_2	0.602 3	0.399 3	1

表的对角线是每个变量自身的相关，相关系数必然为 1。利用相关系数表的数据，可以分别计算两个自变量 X_1 和 X_2 对因变量 Y 的偏相关系数。

假定年促销费用固定不变，商店规模大小（X_1）同年销售额（Y）的偏相关系数记作 $r_{y1(2)}$，计算公式为：

$$r_{y1(2)} = \frac{r_{y1} - r_{y2}\, r_{12}}{\sqrt{1-(r_{y2})^2}\sqrt{1-(r_{12})^2}} \tag{13-36}$$

代入上列相关系数矩阵表的数据，得：

$$r_{y1(2)} = \frac{0.881\,4 - 0.602\,3 \times 0.399\,3}{\sqrt{1-0.602\,3^2} \times \sqrt{1-0.399\,3^2}} = 0.875\,7$$

也即在年促销费用固定不变时，商店规模大小同年销售额的偏相关系数为 0.875 7。

假定商店规模大小固定不变，年促销费用（X_2）同工作时间（Y）的偏相关系数记作 $r_{y2(1)}$，计算公式为：

$$r_{y2(1)} = \frac{r_{y2} - r_{y1} r_{12}}{\sqrt{1-(r_{y1})^2}\sqrt{1-(r_{12})^2}} \tag{13-37}$$

代入上列数据计算，得：

$$r_{y2(1)} = \frac{0.602\,3 - 0.881\,4 \times 0.399\,3}{\sqrt{1-0.881\,4^2} \times \sqrt{1-0.399\,3^2}} = 0.578\,1$$

也即在商店规模大小固定不变时，年促销费用同年销售额的偏相关系数为 0.578 1。

从计算结果可见，偏相关系数与简单线性相关系数的正负符号相同，数值不同。偏相关系数是某一个自变量对因变量的净影响，故而有净相关系数之称。一般来说，当我们研究的客观事物本质上属于多因素影响的变量时，用多元回归、复相关和偏相关分析，比一元回归和单相关分析更为真实和精确。

五、应用多元回归方程进行估计

应用已确定的多元回归方程，在符合或大致符合模型赖以确定的各种假定的情况下，通过给定自变量的值对因变量做出点估计和区间估计。例如，你作为一名泰雅时装连锁店的项目负责人，已经了解到商店的年销售额与其规模大小和年促销费用都有着显著联系。现在，你想利用已确定的二元线性回归方程，估计当一家新门店的面积为 500 平方米、年促销费用为 48

万元时,其年销售额将达到什么水平。

$$\hat{Y}_i = -48.736\ 7 + 1.425\ 5X_{1i} + 6.186\ 8X_{2i}$$
$$= -48.736\ 7 + 1.425\ 5 \times 500 + 6.186\ 8 \times 48 = 960.979\ 7(万元)$$

也即当一家新门店的面积为 500 平方米、年促销费用为 48 万元时,其年销售额大致是 961 万元,这是点估计。区间估计也可分为因变量的均值的置信区间和特定值的置信区间两种。

(一) Y 的平均值的区间估计

Y 均值的置信区间为:

$$E(Y_0) = \hat{Y}_0 \pm t_{1-\frac{\alpha}{2},(n-3)} S_{Y(X_1,X_2)} \sqrt{C_0} \tag{13-38}$$

式中: $S_{Y(X_1,X_2)}\sqrt{C_0}$ 是 $\hat{Y}$ 的抽样分布的标准差,即区间估计的抽样误差。其中,

$$C_0 = \frac{1}{n} + \frac{(X_{10}-\overline{X_1})^2 \sum(X_2-\overline{X_2})^2}{D} + \frac{(X_{20}-\overline{X_2})^2 \sum(X_1-\overline{X_1})^2}{D}$$
$$-2 \cdot \frac{(X_{10}-\overline{X_1})(X_{20}-\overline{X_2})\sum(X_1-\overline{X_1})(X_2-\overline{X_2})}{D}$$

X_{10}、X_{20} 为给定的 X_1 和 X_2 的数值。

$$D = \sum(X_1-\overline{X_1})^2 \cdot \sum(X_2-\overline{X_2})^2 - \left[\sum(X_1-\overline{X_1})(X_1-\overline{X_2})\right]$$

C_0 计算比较烦琐,但是可以应用统计分析软件直接得到结果。

现根据例 13-4、表 13-4 的资料。若给定门店的面积(X_{10})为 500 平方米、年促销费用(X_{20})为 48 万元时,求其平均年销售额的置信区间(设显著性水平 $\alpha=0.05$)。

$$\sum(X_1-\overline{X_1})^2 = \sum X_1^2 - (\sum X_1)^2/n = 1\ 685\ 575 - 4\ 561^2/15$$
$$= 298\ 726.933\ 3$$
$$\sum(X_2-\overline{X_2})^2 = \sum X_2^2 - (\sum X_2)^2/n = 19\ 550 - 510^2/15 = 2\ 210$$
$$\sum(X_1-\overline{X_1})(X_2-\overline{X_2}) = \sum X_1X_2 - n \cdot \overline{X_1} \cdot \overline{X_2}$$
$$= 165\ 335 - 4\ 561 \times 510/15 = 10\ 261$$

以上数据代入 D 公式,得到 $D = 660\ 176\ 261.7$。

$(X_{10}-\overline{X_1})^2 = (500-4\ 561/15)^2 = 38\ 389.871\ 1$

$(X_{20}-\overline{X_2})^2 = (48-510/15)^2 = 196$

$(X_{10}-\overline{X_1})(X_{20}-\overline{X_2}) = 2\ 743.066\ 7$

代入 C_0 公式,得 $C_0 = 0.198\ 6$。

且已知 $S_{Y(X_1,X_2)} = 112.101\ 5$,$\hat{Y}_0 = 960.979\ 7$,$t_{\frac{0.05}{2}} = 2.178\ 8$,于是

$$E(Y_0) = 960.979\ 7 \pm 2.178\ 8 \times 112.101\ 5 \times \sqrt{0.198\ 6} = 960.979\ 7 \pm 108.847\ 5$$

也即门店的面积为 500 平方米、年促销费用为 48 万元时,有 95% 的把握估计其平均年销售额在 852.132 2 ~ 1 069.827 2 万元。

(二) Y 的特定值的区间估计

利用二元回归方程对 Y 的特定值进行区间估计,类似一元回归方程中的 Y 的特定值的估计,其抽样误差除了上述 Y 均值估计的抽样误差之外,还需考虑 Y 的特定值(观察值)与估计

值 $\hat{Y}$ 的偏差,也即 $S_{Y(X_1,X_2)}$。Y 的特定值的置信区间为:

$$Y_0 = \hat{Y}_0 \pm t_{1-\frac{\alpha}{2},(n-3)} S_{Y(X_1,X_2)} \sqrt{1+C_0} \tag{13-39}$$

在本例中有

$$Y_0 = 960.9797 \pm 2.1788 \times 112.1015 \times \sqrt{1+0.1986} = 960.9797 \pm 267.4028$$

也即当一家门店的面积为 500 平方米、年促销费用为 48 万元时,有 95% 的把握估计这家门店的年销售额在 693.5769~1 228.3825 万元之间。

六、建立多元回归模型应注意的几个问题和步骤

(一) 建立多元回归模型应注意的几个问题

1. 变量的选择

比较二元线性回归方程和前面简单线性回归方程区间估计的结果,可以看出无论是 Y 均值的估计或者 Y 的特定值的估计,它们的置信区间都小,也即估计的精确度更高。这是更全面考虑了影响因变量的因素,从而减少了估计标准误,提高了拟合优度 r^2 的必然结果。这也说明,当实际问题确实有两个或两个以上因素影响其变动时,就应尽力获得这些因素的资料,构造多元回归模型。其方法步骤通常有两种:一种是向前逐步回归,也即在一元回归模型基础上逐步引入第二个、第三个自变量等,逐次构造二元、三元等回归模型;第二种方法是根据对实际资料的分析,先确定一个多元回归模型,然后逐步删减自变量,构造较少自变量的回归模型,对这些模型加以比较,选择判定系数最大、估计标准误最小者为最佳模型,或者是计算出所有自变量形成的子集,找出最佳子集。第二种方法的缺点是计算量大一些,但优点是较为完整。因为现在计算可用统计分析软件进行处理,所以第二种方法更为实用。

2. 多元共线性

在多元回归分析中,对自变量之间是否存在相关关系也应加以测定。如果各自变量之间存在完全相关或高度相关的情况,这在统计上称作多元共线性。在这种情况下,各自变量对因变量的影响就无法区分,X_1 对 Y 和 X_2 对 Y 的净影响就不能可靠地估计出来,即使整个模型的判定系数 r^2 很高,F 检验结果也是显著的,但偏回归系数 b_1 和 b_2 也可能都不显著。因此,如果多元回归模型中确实有多元共线性的自变量,那就应加以剔除或另选自变量,或重新构造回归模型。对多元共线性的测定,可用方差膨胀因子(VIF)。

$$VIF = \frac{1}{1-r_j^2} \tag{13-40}$$

式中:r_j^2 是自变量 X_j 对所有其余的 X 变量的多元判定系数。

若只有两个自变量,r_1^2 是 X_1 和 X_2 之间的判定系数,则它与 X_2 和 X_1 之间的判定系数 r_2^2 是完全相等的。但是,若有三个解释变量,r_1^2 是 X_1 对 X_2 和 X_3 的判定系数,r_2^2 就是 X_2 对 X_1 和 X_3 的判定系数,r_3^2 就是 X_3 对 X_1 和 X_2 的判定系数。

若一系列自变量之间是不相关的,则 VIF_j 等于 1。若这些解释变量之间存在着高度的相关,则 VIF_j 可大到超过 10。一般的标准是 VIF_j 的最大值超过 5,则可认为此自变量与其他自变量之间存在着较高的相关,需要对回归模型进行修正。

一个多元回归模型若存在一个或几个大的 VIF 值,在使用时就要非常小心。只有当自变量的取值与观测到的数据取值范围一致时,这种模型才能用来预测因变量的值。而当自变量

的取值超出观测到的样本取值范围时,这种模型就不能用以外推预测。因为自变量含有交互的影响,无法准确地估计各个自变量的本身影响大小,应该避免对估计的系数进行解释。对这种问题的一种解决办法是剔除VIF值最大的那个自变量。剔除以后的模型(也就是把具有最大VIF值的自变量剔除后的模型),通常可以解决共线性的问题。若已判定在模型中所有的自变量都是必需的从而无法剔除时,则可采用一些其他的可有效处理共线性问题方法,这些方法超出了本教材讨论的范围,感兴趣的读者可参考相关教材。

在例13-4中,因为只有两个自变量,且这两个自变量 X_1 和 X_2 的单相关系数为 0.3993,判定系数为 0.1594,这两个自变量的 VIF 为 $=\dfrac{1}{1-0.1594}=1.1896<5$,所以可以认为已确定的二元回归方程不存在严重的多元共线性。

3. 多元线性回归模型的残差分析

在上一节中,残差分析可用于评价简单线性回归模型与实际数据的拟合优度。为了检验含有多个自变量的多元线性回归模型,就需要对每个自变量与因变量的简单线性回归方程的残差图分别进行分析。如在泰雅时装店新址选择一例中,引入年促销费用作为第二个自变量后,除了对图13-3的商店规模大小和年销售额回归方程的残差与平方米的散点图进行分析外,还需要对图13-8的年促销费用和年销售额回归方程的残差与年促销费用的散点图进行分析。从这两份残差图中可看到散点都几乎不存在什么规律。这样,就可以认为用此多元线性回归模型来预测销售量是合适的。

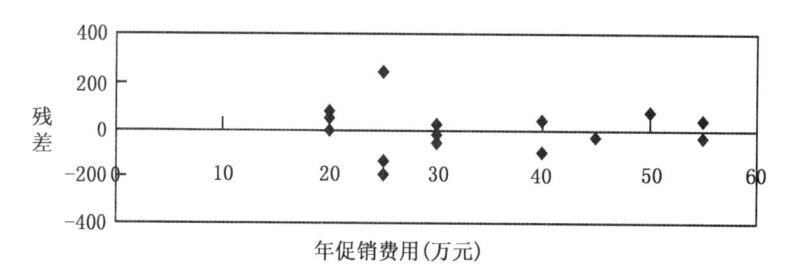

图13-8 年促销费用和年销售额回归方程的残差与年促销费用的散点图

(二)建立回归模型的具体步骤

(1)考虑一批可能入选模型的自变量。

(2)拟合一个含有全部考虑过的自变量的回归模型,以便判别每个自变量的显著性。

(3)计算每个自变量的方差膨胀因子(VIF),以便判别每个自变量的VIF是否大于5。

(4)有可能发生以下三种结果:

a. 没有一个自变量的 VIF>5,若产生这种情况,进入第5步。

b. 有一个自变量的 VIF>5,若产生这种情况,剔除这个自变量,进入第5步。

c. 不止一个自变量的 VIF>5,若产生这种情况,剔除VIF值最大的那个自变量,然后回到第2步。

(5)对余下的自变量,找出所有自变量形成的子集,进行最佳子集的回归分析,以获得给定自变量的最佳模型。具体可计算 C_p 统计量来选择最佳子集。C_p 统计量的计算公式如下:

$$C_p = \frac{(1-r_k^2)(n-T)}{1-r_T^2} - [n-2(k+1)] \qquad (13-41)$$

式中：k——在一个回归模型中含有的自变量个数；

T——在整个回归模型中需要估计的参数的总数（包括截距）；

r_k^2——具有 k 个自变量的回归模型的多元判定系数；

r_T^2——含有所有 T 个估计参数的整个回归模型的多元判定系数。

(6) 列出所有 $C_p \leqslant (k+1)$ 的模型。当一个含有 k 个自变量的回归模型与真实的模型之间只存在随机误差时，C_p 的平均值为 $k+1$，即等于参数的个数。这样，在所有的备选模型中进行选择时，就是要找出 C_p 值不大于 $(k+1)$ 的模型。

(7) 在第 6 步列出的所有模型中，若出现几个备选模型的 C_p 统计量不大于 $(k+1)$ 的情况，就需要用其他的标准做深入的评估来选择一个最佳模型，如最为简约的、解释性强的或不违背模型假设的。

(8) 对模型做一个包括残差分析在内的完整分析。

(9) 根据残差分析的结果，增加二次项或进行变量变换（见下一节），然后分析数据。

(10) 用选定的模型进行预测。

需要指出的是，建立的模型要非常简便，其目标是要建立一个含有对感兴趣的因变量能进行合理解释、最少的自变量的回归模型。含有自变量越少的回归模型自然更容易解释，特别是这种模型存在共线性影响问题的可能性更小。另外，当有很多自变量需要考虑时，选择合适的模型存在着许多复杂性，而这种复杂性在只有两个解释变量的模型中是不存在的。要对所有可能的回归模型进行评价，首先在计算上是很繁杂的；其次，尽管可以对模型进行量化比较，但并不存在一个唯一的最佳模型，而可能是几个模型都是合适的。

以下将根据一个实例来说明含有若干个自变量的回归模型的建立过程。

例 13-5 一家电视台想预测该台美工的待工时间。考虑了 4 个自变量：总出勤人数、外出工作时间、职责不明时间和总工时数。抽取了过去 26 周的数据，这些数据列于表 13-6。试用这些自变量建立一个回归模型去预测美工的待工时间。

表 13-6 根据总出勤人数、外出工作时间、职责不明时间和总工时数预测待工时间

周次	待工时间 (小时)Y	总出勤人数 (人)X_1	外出工作时间 (小时)X_2	职责不明时间 (小时)X_3	总工时数 (小时)X_4
1	245	338	414	323	2 001
2	177	333	598	340	2 030
3	271	358	656	340	2 226
4	211	372	631	352	2 154
5	196	339	528	380	2 078
6	135	289	409	339	2 080
7	195	334	382	331	2 073
8	118	293	399	311	1 758
9	116	325	343	328	1 624
10	147	311	338	353	1 889
11	154	304	353	518	1 988
12	146	312	289	440	2 049
13	115	283	388	276	1 796
14	161	307	402	207	1 720
15	274	322	151	287	2 056

续表

周 次	待工时间 (小时)Y	总出勤人数 (人)X_1	外出工作时间 (小时)X_2	职责不明时间 (小时)X_3	总工时数 (小时)X_4
16	245	335	228	290	1 890
17	201	350	271	355	2 187
18	183	339	440	300	2 032
19	237	327	475	284	1 856
20	175	328	347	337	2 068
21	152	319	449	279	1 813
22	188	325	336	244	1 808
23	188	322	267	253	1 834
24	197	317	235	272	1 973
25	261	315	164	223	1 839
26	232	331	270	272	1 935

解 首先,拟合一个含有全部四个自变量的回归模型,结果如表 13-7 所示。

表 13-7　　　　　表 13-6 待工时间与四个自变量的线性回归分析结果

(1) 回归分析

复相关系数	0.789 352 16
决定系数	0.623 076 833
调整决定系数	0.551 281 944
标准误差	31.835 007 43
观测值	26

(2) 方差分析

	自由度	离均差平方和	均方	F 值	P 值
回归分析	4	35 181.79	8 795.448	8.678 568	0.000 268
残差	21	21 282.82	1 013.468		
总计	25	56 464.62			

(3) 回归系数的显著性检验

	回归系数	标准误差	t 统计量	P 值	Lower95%	Upper95%
常数项	−330.831 844 7	110.895 4	−2.983 28	0.007 087	−561.451	−100.212
总出勤人数	1.245 629 161	0.412 06	3.022 933	0.006 473	0.388 704	2.102 554
外出工作时间	−0.118 417 979	0.054 324	−2.179 83	0.040 795	−0.231 39	−0.005 44
职责不明时间	−0.297 058 588	0.117 931	−2.518 91	0.019 945	−0.542 31	−0.051 81
总工时数	0.130 534 912	0.059 323	2.200 412	0.039 107	0.007 166	0.253 904

从表 13-7 中可以看出,在 $\alpha=0.05$ 的显著性水平下,四个自变量的 P 值都小于 0.05,因而都是显著的。

其次,根据式(13-39),计算每个自变量的方差膨胀因子 VIF。其中第一个自变量 X_1 的方差膨胀因子 $VIF_1 = \dfrac{1}{1-r_1^2}$,$r_1^2$ 是 X_1 对 X_2、X_3 和 X_4 的判定系数,可以计算得到 $r_1^2 = 0.414\ 3$,

因而 $VIF_1 = \dfrac{1}{1-r_1^2} = 1.71$。相应地可计算得到 r_2^2、r_3^2 和 r_4^2 分别为 0.189 41、0.314 7 和 0.499 8，所以 X_2、X_3 和 X_4 的 VIF 分别为 1.23、1.46 和 2.00。显然，这四个变异膨胀因子都小于 5，因而自变量之间不存在显著的多元共线性。

然后，找出所有自变量形成的子集，用式(13-41)计算 C_p 统计量，并根据 C_p 统计量来选择最佳子集。如对含有总出勤员工数 X_1 和外出工作时间 X_2 的两个自变量的回归模型，因有：

$$n=26, \quad k=2, \quad T=4+1=5, \quad r_k^2=0.490, \quad r_T^2=0.623$$

即有：

$$C_p = \dfrac{(1-0.49)(26-5)}{1-0.623} - [26-2(2+1)] = 8.41$$

现把所有自变量形成的子集所得到的 C_p 统计量列于表 13-8。

表 13-8　　　　　　　　　　　　最佳子集回归分析的结果

变量数	r_k^2	C_p	变　量
1	0.366	14.43	X_1
1	0.009	33.20	X_2
1	0.060	30.36	X_3
1	0.171	24.18	X_4
2	0.490	8.41	X_1、X_2
2	0.450	10.64	X_1、X_3
2	0.375	14.81	X_1、X_4
2	0.061	32.31	X_2、X_3
2	0.224	23.23	X_2、X_4
2	0.429	11.81	X_3、X_4
3	0.536	7.85	X_1、X_2、X_3
3	0.509	9.35	X_1、X_2、X_4
3	0.538	7.73	X_1、X_3、X_4
3	0.459	12.14	X_2、X_3、X_4
4	0.623	5	X_1、X_2、X_3、X_4

从表 13-8 中可看出只有包含全部 4 个自变量的模型，其 C_p 值等于或低于 $k+1$，因而就应选择这个模型。

最后根据表 13-7 的输出结果，显著性 F 远小于 0.05，所以建立的包含全部 4 个自变量的回归模型：

$$\hat{Y} = -330.831\,8 + 1.245\,6X_1 - 0.118\,4X_2 - 0.297\,1X_3 + 0.130\,5X_4$$

整体也是非常显著的。对此模型进行残差分析，其结果表明回归模型与实际数据的拟合优度较好，回归的假设也能成立。所以，可以用此模型进行预测。

第三节　非线性回归模型

在实际问题中，有时因变量和自变量之间的依存关系并非是线性形式而是某种曲线，这时就需要拟合适当类型的曲线模型,在统计上称之为非线性回归或曲线回归。非线性回归按自变量的个数也可分为简单非线性回归和多元非线性回归;曲线的形式也因实际资料不同而有多种,如双曲线、指数曲线、二次曲线等。拟合何种曲线为宜,有的可以根据理论分析或过去积累的经验事先确定,有的则必须根据实际资料的散点图或残差图来确定。统计上通常采用变量代换法把非线性形式转换为线性形式来处理,即用化曲为直的方法将曲线转换为直线,按线性模型求解参数,而后再变换为曲线模型。例如:

1. 对双曲线模型

$$Y_i = \alpha + \frac{\beta}{X_i} + \varepsilon_i \tag{13-42}$$

可进行倒数代换,即令 $X' = \frac{1}{X}$,用样本回归系数(a、b)来估计总体的参数(α、β),则双曲线模型的回归方程可转换为:

$$\hat{Y}_i = a + \frac{b}{X_i} = a + bX'_I \tag{13-43}$$

2. 对指数曲线模型

$$Y_i = \alpha \beta^{X_i} \varepsilon_i \tag{13-44}$$

可用样本回归系数(a、b)来估计总体的参数(α、β),并进行对数代换,即令 $\hat{Y}' = \lg \hat{Y}$,$A = \lg a$,$B = \lg b$,则指数曲线模型的回归方程可转换为:

$$\hat{Y}_i = A + BX_i \tag{13-45}$$

3. 对二次曲线回归模型

$$Y_i = \beta_0 + \beta_1 X_{1i} + \beta_2 X_{1i}^2 + \varepsilon_i \tag{13-46}$$

可用样本回归系数(b_0、b_1和b_2)来估计总体的参数(β_0、β_1和β_2),并用X_2代换X_1^2,则二次模型的回归方程可转换为:

$$\hat{Y}_i = b_0 + b_1 X_{1i} + b_2 X'_{2i} \tag{13-47}$$

式中:b_0表示 Y 的截距,b_1表示 X 对 Y 线性的影响,b_2表示 X 对 Y 二次曲线的影响。

4. 对多元非线性模型

Kob-Doglas 生产函数 $\quad \hat{Y} = AL^\alpha K^\beta$

令 $\hat{Y}' = \lg \hat{Y}$,$a_0 = \lg A$,$X_1 = \lg L$,$X_2 = \lg K$,则有:

$$\hat{Y}' = a_0 + \alpha X_1 + \beta X_2 \tag{13-48}$$

以下分别举例说明一些基本的非线性模型的线性化处理方法。

例 13-6 某商店各个时期的商品流通费率和商品零售额资料见表 13-9。

表 13-9   某商店的商品流通费率和商品零售额资料

商品零售额(万元)	9.5	11.5	13.5	15.5	17.5	19.5	21.5	23.5	25.5	27.5
商品流通费率(%)	6.0	4.6	4.0	3.2	2.8	2.5	2.4	2.3	2.2	2.1

散点图(见图13-9)显示出商品零售额和流通费率的变动关系为一条递减的双曲线。经济理论和实际经验都可说明,流通费率决定于商品零售额,体现着经营的规模效益,因此,可以拟合一个以商品销售额为自变量(X)、流通费率为因变量(Y)的双曲线回归模型,其估计的回归方程为:

$$\hat{Y}_i = a + \frac{b}{X_i}$$

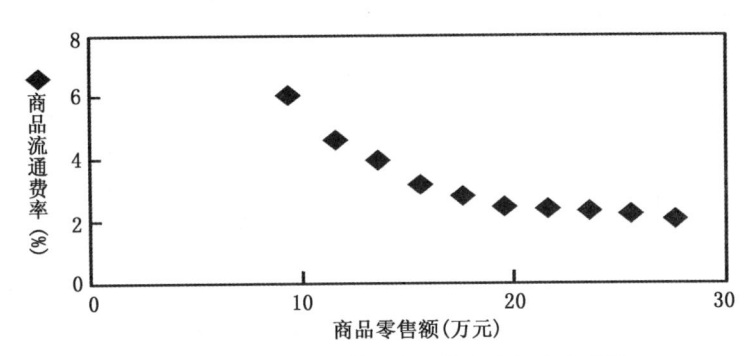

图 13-9 商品零售额和流通费率的变动关系图

为了求得模型中两个参数的估计值 a 和 b,令 $1/X = X'$,使上述方程转换为线性方程

$$\hat{Y}_i = a + bX'_i$$

转换过程见表 13-10。然后,用最小二乘法解出 a 和 b。

表 13-10　　　　　　　　　　表 13-9 数据倒数转换

商品流通费率(%)Y	商品零售额(万元)X	$1/X = X'$
6	9.5	0.105 263
4.6	11.5	0.086 957
4	13.5	0.074 074
3.2	15.5	0.064 516
2.8	17.5	0.057 143
2.5	19.5	0.051 282
2.4	21.5	0.046 512
2.3	23.5	0.042 553
2.2	25.5	0.039 216
2.1	27.5	0.036 364

$$\hat{Y}_i = a + bX'_i = -0.187\,9 + 56.268\,3X' = -0.187\,9 + 56.268\,3\frac{1}{X}$$

据此可以对给定的或预计的商品零售额估计相应的流通费率。例如,商品零售额为 28 万元时,流通费率为:

$$\hat{Y}_i = -0.187\,9 + 56.268\,3 \times \frac{1}{28} = 1.82\%$$

例 13-7　最常见的非线性关系就是两个变量 X 与 Y 之间存在着二次曲线关系,即随着 X 的变化,Y 成比例地增加(或下降)。为了说明二次回归模型,现假设有一家大型连锁超市的市场部门想研究某种洗衣粉的价格弹性系数(价格对销售的影响)。抽选了一个 15 家门店的样本,这些门店的交通与其他各方面的情况都相似,在每 5 家门店对这种品牌 1 千克包装的洗衣粉随机安排了不同的三种价格水平(7.9 元、9.9 元和 11.9 元),并把一个星期内每家门店销售的袋数和价格列于表 13-11。

表 13-11　　　　　　　　　　15 家门店内某洗衣粉的销售量和价格

销售量(袋数)	价格(元)	销售量(袋数)	价格(元)
142	7.9	115	9.9
151	7.9	126	9.9
163	7.9	77	11.9
168	7.9	86	11.9
176	7.9	95	11.9
91	9.9	100	11.9
100	9.9	106	11.9
107	9.9		

为了有助于选择一个反映价格和销售量之间关系的合适模型,列出了如图 13-10 所示的散点图。图 13-10 表明当价格上升时,销售量下降,当价格进一步上升时,销量下降的程度变小、趋于平缓。9.9 元的销售量要比 7.9 元的销售量减少很多,但 11.9 元的销售量比 9.9 元的销售量减少就不多了。因而,这显示出根据价格选择一个二次模型要比选择一个线性模型来预测销售量更为合适。

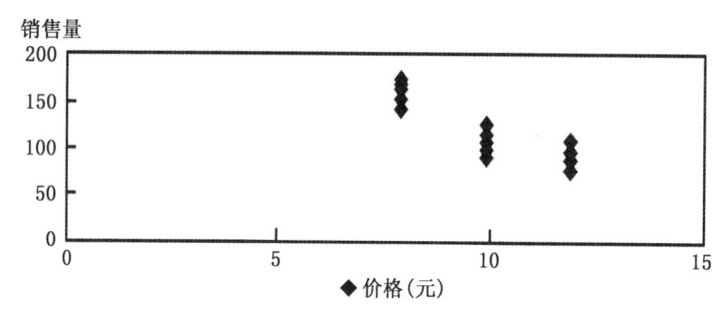

图 13-10　价格和销售量的散点图

此例中 b_0、b_1 和 b_2 的值,可以由表 13-12 中获得。

表 13-12　　　　　　　　　回归分析软件输出的表 13-11 数据的结果

(1) 回归分析

复相关系数	0.928 581
决定系数	0.862 263
调整决定系数	0.839 307
标准误差	12.869 86
观测值	15

续表

(2) 方差分析

	自由度	离均差平方和	均方	F 值	P 值
回归分析	2	12 442.8	6 221.4	37.561 28	6.83E−06
残差	12	1 987.6	165.633 3		
总计	14	14 430.4			

(3) 回归系数的显著性检验

	回归系数	标准误差	t 统计量	P 值
常数项	729.866 5	169.257 5	4.312 166	0.001 01
价格(元)X_1	−108.87	34.952 4	−3.114 81	0.008 941
X_2	4.65	1.762 278	2.638 63	0.021 628

所以：
$b_0 = 729.866\ 5$, $b_1 = -108.87$, $b_2 = 4.65$

因而，二次回归方程式为：
$$\hat{Y}_i = 729.866\ 5 - 108.87 X_{1i} + 4.65\ X_{1i}^2$$

从二次回归方程式中可发现，对这些数据而言，Y 的截距 b_0（其计算值为 729.866 5）没有直接的意义，它只是一个基础或开始的起点。为了解释 b_1 和 b_2 的含义，从数据中可观察到，当价格提高时销售量会下降；当然也可以看到，当价格提高时，销量的下降会逐渐趋慢或减少。这可以通过价格为 7.9 元、9.9 元或 11.9 元时，预测的平均销售数量来加以证明。用此二次回归方程式：

若 $X_{1i} = 7.9$ 元，$\hat{Y}_i = 729.866\ 5 - 108.87 \times 7.9 + 4.65 \times 7.9^2 = 160$

若 $X_{1i} = 9.9$ 元，$\hat{Y}_i = 729.866\ 5 - 108.87 \times 9.9 + 4.65 \times 9.9^2 = 107.8$

若 $X_{1i} = 11.9$ 元，$\hat{Y}_i = 729.866\ 5 - 108.87 \times 11.9 + 4.65 \times 11.9^2 = 92.8$

这样，一家门店的洗衣粉价格为 7.9 元时，可以预测其销量会比洗衣粉价格为 9.9 元的多出 52.2 袋。但是，一家门店的洗衣粉价格为 9.9 元时，可以预测只比洗衣粉价格为 11.9 元的门店多出 15 袋。

对数据拟合了二次模型后，还可以检验销售量 Y 与价格 X 之间的关系是否是显著的。与多元回归相似，此时的原假设和备择假设如下：

H_0：$\beta_1 = \beta_2 = 0$（即 Y 与 X_1 之间不存在关系）；

H_1：β_1、β_2 不全为 0（总体而言，Y 与 X_1 之间存在着关系）。

从表 13-11 的结果中，可检验这个原假设：

$$F = \frac{6\ 211.4}{165.63} = 37.56$$

若选择的显著性水平为 0.05，根据附表 7 可知，自由度为 2 和 12 的 F 分布的临界值为 3.89。因为 $F = 37.56 > 3.89$，或因为 p 值 $= 0.000\ 006\ 83 < 0.05$，应该拒绝原假设 H_0，得出洗衣粉的销量与价格之间确实存在显著关系的结论。

对非线性回归模型，无论是一元或者多元的，其自变量与因变量之间的相关强度不能用前述的积矩相关系数公式计算,而应用判定系数的平方根,通常称为相关指数,以 r 表示,而且只取正根。相关指数的计算公式为:

$$R = \sqrt{\frac{\sum(\hat{Y}_i - \overline{Y})^2}{\sum(Y_i - \overline{Y})^2}} \tag{13-49}$$

本章小结

本章介绍了简单线性回归模型和多元回归模型的建立,导出了模型的显著性检验和用回归模型进行预测,以及非线性回归模型的相关问题,如曲线回归模型等。

作为一个最基础的回归模型,线性回归模型在实际生活中得到了广泛的应用。在实际应用中我们应该学会灵活使用线性回归模型,能够灵活地选择回归模型中的自变量,并且能够清楚知道什么时候应该采用线性回归模型,什么情况下线性回归模型会失效。

思考与练习

13.1 什么是"回归"?试述相关分析和回归分析的联系和区别。

13.2 试述一元线性回归模型 $\hat{Y}_i = a + bx$ 的性质和参数 a、b 的意义。回归系数 b 和相关系数 r 有何联系和区别?

13.3 什么是判定系数(r^2)?它同相关系数有何联系和区别?

13.4 什么是估计标准误?它和判定系数有何联系和区别?

13.5 什么是多元线性回归模型?什么是偏回归系数?在回归分析中,多元线性回归模型同一元线性回归模型比较有什么优点?

13.6 试解释复相关系数、偏相关系数以及它们同简单线性相关系数的区别。

13.7 构造和应用线性回归模型进行估计和预测要注意些什么?

13.8 兹有某种商品的下列资料:

价格(元)	7	12	6	9	10	8	12	6	11	9	12	10
销售量(千件)	57	72	51	57	60	55	70	55	70	53	76	56

要求:(1)判断该种商品销售量与单价之间回归函数的类型,并确定该回归方程。

(2)对该回归方程做出拟合优度评价并进行检验。($\alpha = 0.05$)

(3)计算估计标准误,并以95%置信度估计价格为5元时销售量均值和特定值的置信区间。

13.9 某造纸厂间接生产费用与直接劳动时间和机器运转时间为线性相关。有关资料如下:

月 份	间接费用 Y (万元)	直接劳动时间 X_1 (千小时)	机器运转时间 X_2 (千小时)
1	29	45	16
2	24	42	14

续表

月　份	间接费用 Y （万元）	直接劳动时间 X_1 （千小时）	机器运转时间 X_2 （千小时）
3	27	44	15
4	25	45	13
5	26	43	13
6	28	46	14
7	30	44	16
8	28	45	16
9	28	44	15
10	27	43	15

要求：(1) 确定间接费用对直接劳动时间和机器运转时间的二元线性回归方程。

(2) 对该方程进行 F 检验。（$\alpha=0.05$）

(3) 对该方程拟合优度进行评价。

(4) 计算估计标准误，并以 90% 置信度估计劳动时间为 50 千小时、机器运转时间为 18 千小时间接费用特定值的置信区间。

(5) 计算复相关系数和 X_1、X_2 的偏相关系数以及 X_1、X_2 对 Y 的简单线性相关系数，并加以比较说明。

13.10　兹有下列数据：

$n=7$，　$\sum X=1\,890$，　$\sum Y=31.1$，

$\sum X^2=535\,500$，　$\sum Y^2=174.15$，　$\sum XY=9\,318$

要求：确定 Y 对 X 的线性回归方程。

13.11　某地区有 10 家百货商店，它们的销售额和流通费率资料如下：

商店编号	销售额 X（百万元）	流通费率 Y(%)
1	0.7	6.4
2	1.5	4.5
3	2.1	2.7
4	2.9	2.1
5	3.4	1.8
6	4.3	1.5
7	5.5	1.4
8	6.4	1.3
9	6.9	1.3
10	7.8	1.2

要求：(1) 试用散点图观察销售额与流通费率的相关形式。

(2) 拟合双曲线回归方程。

(3) 检验该方程的显著性，并预计 $X_0=9$ 百万元时的流通费率。

13.12 假设你想建立一个模型,以根据住宅的使用面积和已使用的年限来预测其估价。以下列出了一个15套住宅的样本数据,试建立一个模型用住宅的使用面积(单位:平方米)和已使用的年限(单位:年)来预测其估价(单位:万元)。

住宅	估价(万元)	使用面积(平方米)	年限(年)	住宅	估价(万元)	使用面积(平方米)	年限(年)
1	84.4	200	3.42	9	78.5	159	1.75
2	77.4	171	11.50	10	79.2	150	2.75
3	75.7	145	8.33	11	86.7	190	0.00
4	85.9	176	0.00	12	79.3	139	0.00
5	79.1	193	7.42	13	74.5	154	12.58
6	70.4	120	32.00	14	83.8	189	2.75
7	75.8	155	16.00	15	76.8	159	7.17
8	85.9	193	2.00				

要求:(1) 由以上数据输出如下结果:

(1) 回归分析

复相关系数 R	0.909 12
决定系数 R^2	0.826 499
调整决定系数 R^2_{adj}	0.797 583
标准误差	2.168 166
样本数	15

(2) 方差分析

	自由度	离均差平方和	均方	F 值	P 值
回归分析	2	268.724 7	134.362 3	28.582 01	2.73E−05
残差	12	56.411 3	4.700 942		
总计	14	325.136			

(3) 回归系数的显著性检查

	回归系数	标准误差	t 统计量	P 值
常数项	63.775 12	5.407 173	11.794 54	5.86E−08
使用面积(平方米)	0.107 252	0.030 143	3.558 069	0.003 938
年限(年)	−0.284 25	0.083 598	−3.400 24	0.005 267

(2) a. 列出多元线性回归方程。

b. 解释此方程中斜率的含义。

c. 若某套住宅的使用面积为175平方米,已使用了10年,试预测其平均的估价。

d. 对以上结果进行残差分析,以判断此模型拟合得是否合适。

e. 在0.05的显著性水平下,试判断住宅的估价和两个解释变量(使用面积和已使用年限)之间是否存在显著的关系。

f. 找出(e)中的 p 值,并解释其的含义。

g. 解释此题中判定系数的含义。

h. 在0.05的显著性水平下,试判断每个解释变量是否对回归模型都有贡献。

i. 有人宣称住宅的已使用年限与其估价无关，根据以上的结果，你是否同意这种说法，并解释之。

13.13 苏安达快递服务公司的人事经理为了制定对雇员实行按工作时间计酬的分配方案，随机抽取 10 名雇员一个月的业务记录，计算了他们平均每天工作时间与投递行驶距离、业务次数的资料，列成下表。

雇员编号	工作时间(小时)Y	行驶距离(千米)X_1	业务次数 X_2
1	9.3	100	4
2	4.8	50	3
3	8.9	100	4
4	6.5	100	2
5	4.2	50	2
6	6.2	80	2
7	7.4	75	3
8	6	65	4
9	7.6	90	3
10	6.1	90	3
合 计	67	800	29

要求：

(1) 以行驶距离为自变量，工作时间为因变量，进行包括残差分析在内的完整的简单线性回归分析。

(2) 引入业务次数为第二个自变量，进行完整的二元线性回归分析，并对这两个模型进行简单评述。

第十四章

时间序列分析

统计引例

宏观经济数据的预测

若你是一家大型投资公司的管理人员,为了更好地掌握我国宏观经济运行的规律,需要根据我国的国内生产总值、居民储蓄存款额等一些重要的宏观经济数据,找到一种较好的预测方法对其未来的发展变化进行预测。

第一节　时间序列的种类和编制方法

时间序列亦称动态序列,是统计数据按时间先后顺序排列而形成的一种序列。时间序列可以反映现象发展变化的过程和特点,是研究现象发展变化的趋势和规律以及对未来状态进行科学预测的重要依据。时间序列的应用始于19世纪80年代西方经济学家和统计学家对资本主义经济周期波动的研究和商情预测。这种分析的方法技术不断丰富和发展,逐步形成统计学中一个有广泛应用价值的分支系列。时间序列分析有传统时间序列分析和现代时间序列分析两种。传统时间序列分析的特点是将经济过程分解为若干基本构成因素,并对这些构成因素分别加以测定。现代时间序列分析是20世纪40年代开始发展起来的,它把时间序列看成各种复杂因素交互影响的随机过程,运用大量数据构造综合模型,借助统计分析软件进行复杂的计算,主要用于趋势分析和预测。

一、时间序列的种类

在社会经济统计中,时间序列可以从不同角度分类,从计算动态指标和选择分析方法来研究,时间序列可做以下两种分类:

1. 按时间序列中的数据(即各期指标的数值)形式不同,时间序列可分为绝对数时间序列、相对数时间序列和平均数时间序列。其中,绝对数时间序列即总量指标时间序列,又可分为时期总量指标序列(简称时期序列)和时点总量指标序列(简称时点序列)。例如,表14-1中的我国某20年国内生产总值的数据就是时期序列,表14-2中的我国某14年城乡居民储蓄存款年末余额就是时点序列,表14-3中的我国某20年男性人口占总人口的比重就是相对数时间序列,表14-4就是平均数时间序列。

表 14-1　　　　　　　　　　　　我国某 20 年的国内生产总值

年　份	国内生产总值（亿元）	年　份	国内生产总值（亿元）
1	21 781.5	11	109 655.2
2	26 923.5	12	120 332.7
3	35 333.9	13	135 822.8
4	48 197.9	14	159 878.3
5	60 793.7	15	184 937.4
6	71 176.6	16	216 314.4
7	78 973.0	17	265 810.3
8	84 402.3	18	314 045.4
9	89 677.1	19	340 902.8
10	99 214.6	20	401 202

注：本表按当年价格计算。
资料来源：www.stats.gov.cn。

表 14-2　　　　　　　　　我国某 14 年的城乡居民储蓄存款年末余额

年　份	储蓄存款余额（亿元）	年　份	储蓄存款余额（亿元）
1	46 279.8	8	119 555.4
2	53 407.5	9	141 051
3	59 621.8	10	161 587.3
4	64 332.4	11	172 534.2
5	73 762.4	12	217 885.4
6	86 910.6	13	260 771.7
7	103 617.3	14	303 302.5

注：本表按当年价格计算。
资料来源：www.stats.gov.cn。

表 14-3　　　　　　　　　我国某 20 年男性人口占总人口的比重

年　份	男性人口占总人口的比重（%）	年　份	男性人口占总人口的比重（%）
1	51.05	11	51.47
2	51.02	12	51.50
3	51.10	13	51.52
4	51.03	14	51.53
5	50.82	15	51.52
6	51.07	16	51.50
7	51.25	17	51.47
8	51.43	18	51.44
9	51.63	19	51.27
10	51.46	20	51.26

资料来源：www.stats.gov.cn。

表 14-4　　　　　　　　　某公司 9 年的职工年平均工资

年　份	1	2	3	4	5	6	7	8	9
平均工资(万元)	2.9	3.3	3.8	4.5	4.8	5.0	5.5	5.9	6.6

这四种形式的时间序列,除时期序列前后各期数值可以相加,表明更长时期的累计总量之外,其他三种序列前后数值相加都是无意义的。将时间序列按指标形式区分,是因为不同形式的指标在计算某些动态分析指标时要采用不同的方法。

2. 按观察数据的性质与形态不同,时间序列可分为纯随机型时间序列和确定型时间序列。

纯随机型时间序列的各期数值的差异纯粹是由许多偶然的不可控的随机因素共同作用的结果,其变动没有规则。如用随机理论来考察,时间参数可视为离散型随机过程,观察数据则被视为随机过程产生的样本分布,而与此相应的分析方法可称为随机型时间序列分析法。

确定型时间序列是指由某种或某些可确定的因素影响变动的时间序列,其数值变动有一定的规则,表现为长期趋势形态、季节变动形态和循环波动形态等。

长期趋势形态是指各期数值逐期增加或逐期减少,呈现一定的发展变化趋势的时间序列。如果逐期增加(减少)量大致相同,称为线性趋势;如果逐期增加(减少)量是变化的,则称为非线性趋势。前者,如我国工业生产在正常年份的产量,便呈线性增长的趋势;后者,如某种新产品投放市场后销售量的序列,便呈非线性的变化趋势。季节变动形态是指按月或按季统计的各期数值,随一年内季节变化而周期性波动的时间序列。如冷饮食品的生产和销售量,春夏季上升秋冬季下降,如此周而复始地变动。循环波动形态则是以若干年为周期的波动变化。对时间序列的这种区分只是就一个序列的纯粹形态和基本特征来说的。实际生活中,时间序列往往并不只是某一种形态,而是受多种因素影响的具有多种特征的序列,确定性时间序列往往也包含着随机因素的扰动。与确定型时间序列相应的分析方法称为确定型时间序列分析法。

二、编制时间序列的方法

时间序列由两个要素组成:一是时间,另一个是与各时期对应的指标数值。编制时间序列,必须根据具体的研究任务确定资料的时间单位,并注意前后各期指标的可比性。

关于时间单位的选择,如果是要对社会经济现象在一个较长时期发展过程和趋势进行宏观分析,通常采用年度资料即可;如果要同时分析季节性变化,或因年度资料太少,不足以观察现象变化过程的特点,就要采用季度和月度资料。对微观过程的分析,除年度、季节和月度资料以外,为了具体了解技术经济活动的特点,还要采用按日登记的资料,甚至以小时和分为时间单位的资料。社会经济统计中的时点指标,如期初(末)职工人数、期初(末)库存量等,都是以"日"为最小时间单位。

编制时间序列的目的是要观察序列各期数值的变化和前后进行比较分析。因此,保证各期指标数值的可比性,是编制时间序列的基本原则。具体地说,要注意以下问题:

1. 时间跨度或间隔应相等。在时期序列中,由于各个指标数值的大小与时期长短直接有关,因此,如果各期指标时间跨度不一,就很难直接比较。在时点序列中,间隔相等也便于直接比较。

2. 总体范围应该一致。总体范围变化,指标数值必然不同。必须对资料进行适当调整,使总体范围一致,再作动态比较。

3. 计算方法、度量单位应该一致。例如,研究某企业劳动生产率增长变动,如果各期指标计算方法不一致,有的按生产工人计算,有的按全部职工计算;或者有的按实物量计算,有的按价值量计算,前后各期就没有可比性。

4. 指标含义和经济内容应该一致。例如,研究某地工业生产发展情况,用产值指标进行前后比较,如果有时用总产值,有时用增加值,这种比较就没有意义。

第二节 时间序列的传统分析指标

我们知道,对分布序列可以用均值、方差等指标概括反映其数量特征和分布规律,对时间序列同样也要用一些传统分析指标来概括说明其整体的特征,以便进行历史比较和不同地区、不同部门之间的比较。所谓传统分析指标又可称为简单分析指标,是以简单的算术方法对时间序列的发展变化进行简单描述、以算术平均数和几何平均数为基础的一系列分析指标,常用的时间序列传统分析指标有水平指标和速度指标两类。

一、水平指标

时间序列中各期指标的数值,称为发展水平。第一期的指标值习惯上称为最初水平,可用 a_0 或 a_1 表示[①],最后一期指标值称为最末水平,可用 a_n 表示。在动态分析中,将所研究的那一期的发展水平称为报告期水平,用作比较时期的发展水平称为基期水平。常用的时间序列传统分析水平指标有序时平均数、增长量和平均增长量等。

(一) 序时平均数

序时平均数亦称动态平均数或平均发展水平,它的数学意义与一般平均数相同,只是适用条件不同。序时平均数是对时间序列中各期发展水平的平均,表明现象在一段时期的一般水平。

构成时间序列的指标形式不同,序时平均数的计算方法也不尽相同。

1. 绝对数时间序列的序时平均数

绝对数时间序列又有时期序列和时点序列之分。时期序列的序时平均数可采用算术平均方法。计算公式为:

$$\bar{a} = \sum_{i=1}^{n} a_i / n \qquad (14-1)$$

式中:$\bar{a}$——序时平均数;

a_i——第 i 期发展水平;

n——序列项数。

加权公式为:

$$\bar{a} = \sum af / \sum f \qquad (14-2)$$

式中:f 为时间序列中时间的长度。

例 14-1 兹有某公司 12 年自行车销售量的时序资料(见表 14-5),试计算这 12 年销售量的平均数。

[①] 根据 a_0 或 a_1,以下的公式需做相应调整。

表 14-5　　　　　　　　　　某公司 12 年自行车销售量

时间编号(t)	1	2	3	4	5	6	7	8	9	10	11	12
销售量(百辆)	50	52	53	53	55	56	58	59	60	61	61	62

解　由式(14-1),可得 12 年销售量的平均数为:

$$\bar{a} = \sum_{i=1}^{n} a_i / n = (50 + 52 + \cdots + 62) \div 12 = 680 \div 12 = 56.7(百辆)$$

即这 12 年该公司自行车销售量的平均数为 56.7 百辆。

对时点序列计算序时平均数,如果是间隔相等且完整的连续的资料(在社会经济统计中通常是按日连续登记的资料),也可按上述时期序列序时平均公式计算。

例 14-2　某公司某年 12 月份的银行存款余额如表 14-6 所示,试计算该公司 12 月份的日平均存款余额。

表 14-6　　　　　　　某公司某年 12 月份的银行存款余额

日　期	1~5	6~18	19~23	24~31
存款余额(万元)	110	125	138	120

解　由式(14-2),可得:

$$\bar{a} = \sum af / \sum f = \frac{110 \times 5 + 125 \times 13 + 138 \times 5 + 120 \times 8}{31} = 123.387(万元)$$

即该公司 12 月份的日平均存款余额为 123.387 万元。

时点序列如果是间隔相等的不连续的时点资料,则需要先计算各相邻两期发展水平的平均数,而后再对这些平均数用简单算术平均法求序时平均数。计算公式为:

$$\bar{a} = \frac{\dfrac{a_1 + a_2}{2} + \dfrac{a_2 + a_3}{2} + \cdots + \dfrac{a_{n-1} + a_n}{2}}{n-1}$$

$$= \frac{\dfrac{1}{2}a_1 + a_2 + \cdots + a_{n-1} + \dfrac{1}{2}a_n}{n-1} \tag{14-3}$$

例 14-3　某经济开发区某年上半年各月初居民人数资料见表 14-7,试计算该开发区上半年各月平均人数。

表 14-7　　　　　　某经济开发区某年上半年各月初居民人数

时间(月/日)	1/1	2/1	3/1	4/1	5/1	6/1	7/1
人数(百人)	1 360	1 396	1 418	1 594	1 672	1 800	1 912

解　由式(14-3),可得上半年各月平均人数为:

$$\bar{a} = \frac{\dfrac{1}{2}a_1 + a_2 + \cdots + a_{n-1} + \dfrac{1}{2}a_n}{n-1}$$

$$= \frac{\dfrac{1}{2} \times 1\,360 + 1\,396 + 1\,418 + 1\,594 + 1\,672 + 1\,800 + \dfrac{1}{2} \times 1\,912}{7-1}$$

$$= 1\,586(百人)$$

如果时点序列是间隔不相等的不连续资料,则要用时间间隔为权数的加权算术平均法计算序时平均数。计算公式为:

$$\bar{a}=\frac{\dfrac{a_1+a_2}{2}f_1+\dfrac{a_2+a_3}{2}f_2+\cdots+\dfrac{a_{n-1}+a_n}{2}f_{n-1}}{\sum_{i=1}^{n-1}f_I} \quad (14-4)$$

例 14-4 某工厂某年库存钢材登记资料如表 14-8 所示,试计算该厂这一年各月钢材平均库存量。

表 14-8　　　　　　　　　　　　某工厂某年钢材库存量

日期(月/日)	1/1	3/1	7/1	10/1	12/31
钢材库存量(吨)	1 396	1 418	1 596	1 672	1 800

解 由公式(14-4),可得该厂这一年各月钢材平均库存量为:

$$\bar{a}=\frac{\dfrac{1\,396+1\,418}{2}\times 2+\dfrac{1\,418+1\,596}{2}\times 4+\dfrac{1\,596+1\,672}{2}\times 3+\dfrac{1\,672+1\,800}{2}\times 3}{12}$$

$$=1\,579.3(吨)$$

2. 相对数时间序列和平均数时间序列的序时平均数

计算相对数时间序列和平均数时间序列的序时平均数,必须根据时间序列指标的分子和分母资料,分别计算分子项和分母项的序时平均数,然后将这两个序时平均数相比。计算公式为:

$$\bar{c}=\bar{a}/\bar{b} \quad (14-5)$$

式中:$\bar{c}$——相对数或平均数时间序列的序时平均数;
$\bar{a}$——分子序列的序时平均数;
$\bar{b}$——分母序列的序时平均数。

例 14-5 某公司第一季度各月流动资金周转次数如表 14-9 所示,试计算该公司第一季度月平均流动资金周转次数。

表 14-9　　　　　　　　某公司第一季度各月流动资金周转次数

时　间	1月	2月	3月	4月
商品销售收入(万元)a	1 500	1 200	1 800	—
月初流动资金占用额(万元)b	400	600	600	200
流动资金周转次数(次)c	3	2	4.5	—

解 产品销售收入是时期序列,而各月初流动资金占用额是时点序列。计算分子项和分母项的序时平均数时,必须根据资料的特点选择适当的平均方法。由式(14-5),可得该公司第一季度各月平均流动资金周转次数为:

$$\bar{c}=\bar{a}/\bar{b}=\frac{(1\,500+1\,200+1\,800)/3}{\left(\dfrac{1}{2}\times 400+600+600+\dfrac{1}{2}\times 200\right)/(4-1)}=3(次)$$

流动资金周转次数是强度相对数。平均指标,如劳动生产率、单位产品成本等时间序列的序时平均数,也需按这种方法计算。

(二) 增长量和平均增长量

1. 增长量

增长量是总量指标报告期水平与基期水平之差,表明该指标在一定时期内增加或减少的绝对数量。按对比选择的基期不同,增长量可分为逐期增长量和累计增长量两种。逐期增长量是各期水平与上一期水平之差,表明一段时期内逐期增减变动的绝对数量;累计增长量亦称定基增长量,是各期水平与某一固定基期水平之差,表明在较长一段时期内累计增减的绝对数量。以符号表示:

逐期增长量:$a_1 - a_0, a_2 - a_1, \cdots, a_n - a_{n-1}$

累计增长量:$a_1 - a_0, a_2 - a_0, \cdots, a_n - a_0$

可以看出,累计增长量等于各期逐期增长量之和,相邻两期累计增长量之差等于相应的逐期增长量。

例 14-6 根据例 14-1 某公司 12 年自行车销售量的时序资料,试计算该期间内的逐期增长量和累计增长量。

解 由表 14-5 可得到该期间内的逐期增长量和累计增长量,见表 14-10。

表 14-10　　某公司 12 年自行车销售量的逐期增长量和累计增长量

时间编号(t)	1	2	3	4	5	6	7	8	9	10	11	12
销售量(百辆)	50	52	53	53	55	56	58	59	60	61	61	62
逐期增长量(百辆)	—	2	1	0	2	1	2	1	1	1	0	1
累计增长量(百辆)	—	2	3	3	5	6	8	9	10	11	11	12

此外,对于受季节因素影响较明显的社会经济指标,为了表明它们增长变化的绝对数量,还可计算同比增长量。它是报告期某月(或某季)水平与上年同月(或同季)水平之差。

2. 平均增长量

平均增长量是逐期增长量的平均数,表明总量指标在一段时期内平均每期增减的绝对数量。计算公式为:

$$\text{平均增长量} \overline{\Delta} = \text{逐期增长量之和} \div \text{逐期增长量个数}$$
$$= \text{累计增长量} \div (\text{观察值个数} - 1)$$

即

$$\overline{\Delta} = \frac{a_n - a_0}{n}$$

或

$$\overline{\Delta} = \frac{a_n - a_1}{n-1} \tag{14-6}①$$

---

① 这是根据 a_0 或 a_1 为最初水平所作的调整,下同。

例 14-7　根据例 14-1 某公司 12 年自行车销售量的时序资料,试计算该期间内的平均每年的增长量。

解　由式(14-6),可得到该期间内平均每年的增长量为:

$$\overline{\Delta} = \frac{a_n - a_1}{n-1} = \frac{62-50}{11} = 1.09(百辆)$$

按照式(14-6)计算的平均增长量称为水平法平均增长量。它可以保证以基期水平 a_0 为基础,每期按平均增长量增长,n 期之后计算的理论水平同 n 期的实际水平完全相等。水平法平均增长量只同期末水平和期初水平有关,而同中间各期水平无关。因此,用这一方法计算的平均增长量推算各期水平,同实际水平可能有很大差别。

二、速度指标

常用的速度指标有发展速度和增长速度、平均发展速度和平均增长速度等。

(一) 发展速度和增长速度

发展速度是序列中报告期水平与基期水平之比,表明现象发展变化的程度。根据对比的基期不同,发展速度分为定基发展速度与环比发展速度。定基发展速度是各期水平与某一固定基期水平之比,表明现象在一段时期内总的发展程度,故亦称总速度。环比发展速度是各期水平与上一期水平之比,表明现象逐期发展的程度。用符号表示:

定基发展速度:$\frac{a_1}{a_0}, \frac{a_2}{a_0}, \cdots, \frac{a_n}{a_0}$

环比发展速度:$\frac{a_1}{a_0}, \frac{a_2}{a_1}, \cdots, \frac{a_n}{a_{n-1}}$

不难看出,定基发展速度等于各环比发展速度的连乘积。相邻两定基发展速度之商等于相应的环比发展速度。

增长速度亦称增长率,是增长量与基期水平之比。由于增长量有累计增长量和逐期增长量之分,故增长速度也有定基增长速度和环比增长速度两种。增长速度等于发展速度减 1。当报告期水平低于基期水平时,发展速度小于 100%,增长速度为负值,表明现象降低的程度,亦称降低率。

例 14-8　根据例 14-1 某公司 12 年自行车销售量的时序资料,试计算该期间内的定基发展速度、环比发展速度、定基增长速度和环比增长速度。

解　由表 14-5 可得到该期间内的速度指标值,见表 14-11。

表 14-11　某公司 12 年自行车销售量的定基发展速度、环比发展速度、定基增长速度和环比增长速度(%)

时间编号	1	2	3	4	5	6	7	8	9	10	11	12
销售量(百辆)	50	52	53	53	55	56	58	59	60	61	61	62
定基发展速度	—	104	106	106	110	112	116	118	120	122	122	124
环比发展速度	—	104	101.23	100	103.77	101.82	103.57	101.72	101.69	101.67	100	101.64
定基增长速度	—	4	6	6	10	12	16	18	20	22	22	24
环比增长速度	—	4	1.23	0	3.77	1.82	3.57	1.72	1.69	1.67	0	1.64

增长速度是相对数,它抽象了现象数量对比的绝对差异,同样增长1%,它所代表的绝对量由于对比的基数不同可能相差悬殊。因此,运用增长速度进行动态分析,通常要与绝对增长量结合起来,计算增长1%的绝对值。计算公式为:

$$增长1\%的绝对值 = \frac{逐期增长量}{环比增长速度 \times 100} = \frac{逐期增长量}{\frac{逐期增长量}{上期水平} \times 100} = \frac{上期水平}{100}$$

(14-7)

此外,对于受季节因素影响较明显的社会经济指标,为了消除季节因素影响表明它们增长变化的程度,还可计算同比发展速度和同比增长率。同比发展速度是报告期某月(或某季)水平与上年同月(或同季)水平之比。同比增长率是同比增长量与上年同月(或同季)水平之比,或用同比发展速度减1计算。

(二)平均发展速度和平均增长速度

平均发展速度是环比发展速度的平均数,表明现象在一个较长时期中逐期平均发展变化的程度。平均增长速度表明现象在一个较长时期中逐期平均增长变化的程度,它可以直接由平均发展速度减1计算。

平均发展速度和平均增长速度都是相对数指标,但兼有平均指标的性质,表明现象在一个长时期中各个阶段发展变化的一般情况,用于社会经济现象不同历史时期发展变化程度的比较,或不同地区、不同国家发展状况的比较。此外,还可利用平均发展速度推算未来发展水平。

在社会经济统计中,计算平均发展速度通常采用水平法和方程法两种方法。

1. 水平法

水平法亦称几何平均法。设 $\overline{X}$ 为平均发展速度,X_i 为第 i 期的环比发展速度,其计算公式为:

$$\overline{X} = \sqrt[n]{\frac{a_1}{a_0} \cdot \frac{a_2}{a_1} \cdot \cdots \cdot \frac{a_n}{a_{n-1}}} = \sqrt[n]{X_1 \cdot X_2 \cdot \cdots \cdot X_n} = \sqrt[n]{\prod X_i}$$

环比发展速度的连乘积为定基发展速度。因此,平均发展速度也可直接由定基发展速度计算,也即:

$$\overline{X} = \sqrt[n]{\frac{a_1}{a_0} \cdot \frac{a_2}{a_1} \cdot \cdots \cdot \frac{a_n}{a_{n-1}}} = \sqrt[n]{\frac{a_n}{a_0}}$$

(14-8)

例14-9 根据例14-1某公司12年自行车销售量的时序资料,试计算该期间内平均每年的增长速度。

解 在这段时期内平均每年发展速度为:

$$\overline{X} = \sqrt[11]{\frac{62}{50}} = 101.97\%$$

也即自行车销售量平均每年增长1.97%。

用水平法计算平均发展速度的出发点是要求在期初水平(a_0)的基础上,按某一平均发展速度发展所达到的期末水平(a_n),与同期按各年环比发展速度发展实际达到的期末水平一致,也即:

$$a_0 \overline{X}^n = a_n$$

由此可见,用水平法计算平均发展速度,侧重于考察中长期计划期末发展水平。这种方法适宜于诸如钢产量、粮食产量、国内生产总值等水平指标平均发展速度的计算。水平法可以直接用期末水平与期初水平资料计算,其优点是简便易算。但它忽略了中间各期水平,当中间各期水平波动很大、各环比发展速度差异很大时,水平法计算的平均发展速度就不能确切反映实际的发展过程。

2. 方程法

方程法亦称累计法。它用解高次方程的正根计算平均发展速度。这种方法的出发点是,要求在期初水平(a_0)的基础上,按某一平均发展速度发展达到的各期水平之总和,与同期按环比发展速度发展的各期实际水平总和一致,也即:

$$a_0\bar{x}+a_0\bar{x}^2+a_0\bar{x}^3+\cdots+a_0\bar{x}^n=a_1+a_2+a_3+\cdots+a_n=\sum a_i$$

或

$$\bar{x}+\bar{x}^2+\bar{x}^3+\cdots+\bar{x}^n=\sum a_i/a_0$$

由此可见,用方程法计算平均发展速度,侧重于考察中长期计划各期水平的总和,也即计划期间的累计总量。这种方法适宜于诸如基本建设投资总额、居民住宅建设总面积等可以表示国民财产存量的经济指标计算平均发展速度。用水平法和方程法计算平均发展速度,适用的条件不同,数理依据也不同,因而用同一批数据计算得到的结果不同。

按方程法计算平均发展速度需要求解高次方程,计算过程不胜其烦。在实际工作中,过去常采用已编制成的"平均发展速度查对表",可根据年限和各年发展水平总和为基期的百分比($\sum a_i/a_0$)直接查表求得平均发展速度,现在可用统计分析软件计算得到。

第三节 时间序列的构成与测定

一、时间序列的构成与分解

社会经济现象的发展变化是多种因素影响的综合结果。由于各种因素的作用方向和影响强弱不同,使具体的时间序列呈现出不同的变动形态。统计分析的任务就是要正确地确定时间序列性质,对构成时间序列的各种因素加以分解和测定,以便对未来的状况做出判断和预测。构成时间序列的各种因素,按它们的性质和作用,可以归纳为长期趋势、季节变动、循环变动和不规则变动四种。

1. 长期趋势

长期趋势(T)是由各个时期普遍和长期起作用的基本因素影响的变动,它表现为持续向上或向下的变动趋势,是对未来状况进行判断和预测的主要依据。例如,一般情况下,由于人口增长、资源开发、科技进步等因素影响,社会生产的总量呈增长变动的趋势;又如,随着农业劳动生产率的提高和工业化的发展,现代社会城镇人口占总人口比重呈现不断上升的趋势;等等。

2. 季节变动

季节变动(S)是指时间序列受自然季节变换和社会习俗等因素影响而发生的有规律的周期性波动。例如,铁路、航空等客运量一般在春运和旅游旺季呈现高峰等。季节变动的周期通常在一个年度之内。

3. 循环变动

循环变动(C)是指社会经济发展中的一种近乎规律性的盛衰交替变动。其成因比较复杂,周期在一年以上,长短不一。变动的强度和幅度也不同,并且经常与经济周期相关联。在一些年度中,调整后的数值会比根据趋势线预测的数值高(或者说这些数值在周期的波峰附近);在另一些年度中,调整后的数值会比根据趋势线预测的数值低(或者说这些数值在周期的波谷附近)。

4. 不规则变动

不规则变动(I)亦称剩余变动或随机变动,它是时间序列中除了上述三种变动之外剩余的一种变动,是各种偶然的(或突发性的)因素(如自然灾害、战争以及无法预料和具体解释的随机性因素)影响的结果。不规则变动与时间无关。根据中心极限定理,通常认为不规则变动近似服从正态分布,其数学期望 $EI(t)=0$,方差 $DI(t)=\sigma^2$。

时间序列的上述四种变动按一定的方式组合,成为一种模式,称为时间序列传统模式或经典模式。按对四种变动因素相互关系的不同假设,可分为加法模式和乘法模式。

若假设四种变动因素是相互独立的,时间序列便是各因素相加的和,表现为:

$$Y=T+S+C+I$$

式中:Y 为绝对数指标的原时间序列;长期趋势 T 也是绝对数指标,与 Y 同单位,S、C、I 为季节变动、循环变动和不规则变动对长期趋势所产生的偏差,或是正值,或是负值。季节性影响不管处在循环变动的哪个阶段,这种模式都是相同的。

若假设四种变动因素是相互交错影响的关系,时间序列便是各因素的乘积,表现为:

$$Y=T\times S\times C\times I$$

式中:Y、T 均为绝对数指标,S、C、I 则是比率,或称为指数,是在100%上下波动、对原序列指标增加或减少的百分比。

这两种模式只是形式上不同。因为对乘法模式取对数,就成为加法模式,即

$$\lg Y=\lg T+\lg S+\lg C+\lg I$$

这表明四种变动因素也是可加的。实际应用中,无论哪种模式,当采用年度数据时,季节影响因素就被掩盖了。事实上,有些现象的时间序列并非四种变动俱在,或是只有 T、S 和 I,或是只有 T、C 和 I 等。在社会经济统计中,主要采用乘法模式。

对时间序列的分解方法也因组合模式不同而分为两种。加法模式用减法分解,例如:

$$T=Y-(S+C+I)$$
$$C+I=Y-(T+S)$$

乘法模式用除法分解,例如:

$$T=Y/(S\cdot C\cdot I)$$
$$S\cdot I=Y/(T\cdot C)$$

二、长期趋势的测定

长期趋势的测定方法很多,大致上可分为修匀法和数学模型两种。现结合表 14-1 中我

国国内生产总值的数据说明两种方法的应用。

(一)长期趋势的修匀方法

1. 随手法

随手法是拟合趋势线的最简单的一种经验判断法。它是依据观察和经验,在时间序列的实际资料曲线图上直接画出趋势直线或趋势曲线,使趋势线穿插于实际曲线之中。随手法简便易行,可以大致判断时间序列的趋势特征。但它有一定的随意性,对同一时间序列可能画出多条趋势线。

2. 时距扩大法和序时平均法

时距扩大法是把时间序列中各期指标数值按较长的时距加以归并,形成一个新的简化了的时间序列,以消除原序列中的季节变动和各种偶然因素的影响,显现出长期趋势。时距扩大法适用于时期序列而不适用于时点序列。序时平均法则可适用这两种时间序列。它是将全部序列资料分成若干段,计算各段的序时平均数,形成新的简化了的时间序列。

例 14-10 试用五年时距对表 14-1 中我国某 20 年国内生产总值进行时距扩大法和序时平均法修匀。

解 表 14-12 和表 14-13 分别为时距扩大法和序时平均法。

表 14-12　　　　　　　　我国某 20 年国内生产总值五年时距扩大法修匀

年份	国内生产总值(亿元)	五年总计	年份	国内生产总值(亿元)	五年总计
1	21 781.5		11	109 655.2	
2	26 923.5		12	120 332.7	
3	35 333.9	193 030.5	13	135 822.8	710 626.3
4	48 197.9		14	159 878.3	
5	60 793.7		15	184 937.4	
6	71 176.6		16	216 314.4	
7	78 973.0		17	265 810.3	
8	84 402.3	423 443.6	18	314 045.4	1 538 275
9	89 677.1		19	340 902.8	
10	99 214.6		20	401 202.0	

表 14-13　　　　　　　　我国某 20 年国内生产总值五年序时平均法修匀

时间	国内生产总值(亿元)	五年平均	时间	国内生产总值(亿元)	五年平均
1	21 781.5		11	109 655.2	
2	26 923.5		12	120 332.7	
3	35 333.9	38 606.1	13	135 822.8	142 125.3
4	48 197.9		14	159 878.3	
5	60 793.7		15	184 937.4	
6	71 176.6		16	216 314.4	
7	78 973.0		17	265 810.3	
8	84 402.3	84 688.7	18	314 045.4	307 655
9	89 677.1		19	340 902.8	
10	99 214.6		20	401 202.0	

这两种方法也比较简便易行。但由于时距的选择和对原序列分段不同，也就可能产生不同的结果。

3. 移动平均法

移动平均法是对原序列按一定的时间跨度逐项移动，计算一系列的序时平均数，形成一个新的时间序列，以消除短期的、偶然的因素引起的变动（即不规则变动），显现出长期趋势。现结合我国国内生产总值的数据说明移动平均法的应用，见表 14-14。仍采用五年的时间跨度为移动平均时期，即每五年计算一个序时平均数，逐项下移，共有 16 个序时平均数，形成一个新的时间序列。

表 14-14　　　　　　我国某 20 年国内生产总值五年移动平均修匀

年　份	国内生产总值（亿元）	五年移动平均	年　份	国内生产总值（亿元）	五年移动平均
1	21 781.5		11	109 655.2	110 940.4
2	26 923.5		12	120 332.7	124 980.7
3	35 333.9	38 606.1	13	135 822.8	142 125.3
4	48 197.9	48 485.1	14	159 878.3	163 457.1
5	60 793.7	58 895.0	15	184 937.4	192 552.6
6	71 176.6	68 708.7	16	216 314.4	228 197.2
7	78 973.0	77 004.5	17	265 810.3	264 402.1
8	84 402.3	84 688.7	18	314 045.4	307 655
9	89 677.1	92 384.4	19	340 902.8	
10	99 214.6	100 656.3	20	401 202	

根据表 14-14 的数据做出图 14-1，图中的黑色系列 1 为原序列，灰色系列 2 为五年移动平均后形成的新序列。由图 14-1 可见，由于只是五期移动，移动平均的趋势线比原序列较略好地显现出长期趋势。

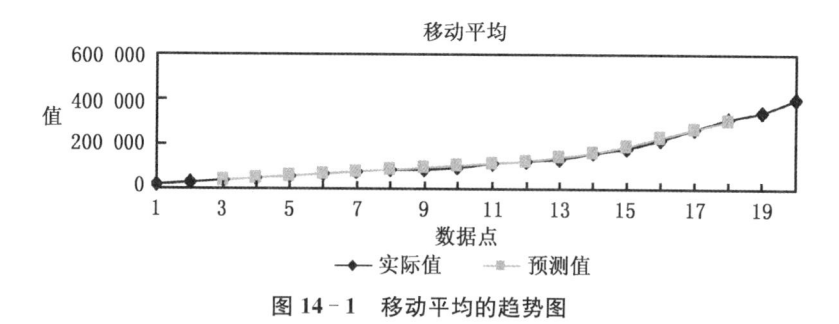

图 14-1　移动平均的趋势图

移动平均后的新序列项数比原序列项数少。其项数可按下式计算：

$$新序列项数 = 原序列项数 - 移动平均时期项数 + 1$$

如本例，新序列项数 = 20 - 5 + 1 = 16。显然，移动平均的时间跨度愈大，新序列的项数就愈少。

采用移动平均法确定长期趋势线,其优点是较充分地利用原序列的各项数据,使简化了的新序列既能明显地显示长期趋势,又比较贴近原序列而保持其真实性。但在使用时,要注意以下几点:

(1) 若是对长期趋势进行修匀,当移动平均时期为奇数项,所得移动平均数要对正中间项原值,一次即得长期趋势值。如本例采用五年为移动平均时期。第一个移动平均数对正原序列的第3项,第二个移动平均数对正原序列的第4项,等等。当移动平均时期为偶数项,即4项平均、6项平均等,所得移动平均数则应对着原序列移动平均期的两项中间,因此,必须对这些移动平均数相邻两项再次移动平均,使新序列各项下移半期,对正原序列各项。若是用移动平均法对长期趋势进行预测,则无论是奇数项还是偶数项,所得移动平均数都应对着原序列中最近的时间。例如,图14-2是上证指数的日K线图,图中的各项移动平均数都对着最近的时间。

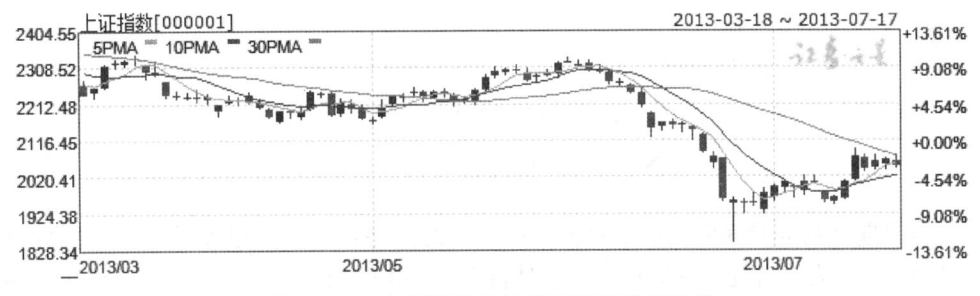

图 14-2 上证指数日K线图的移动平均线

(2) 必须根据时间序列的特点选择移动平均的时间跨度。如果时间序列有周期性变化,为了消除周期性变化的影响,所选取的时期长度应该是序列中估计的周期平均长度的整数值或者倍数。如为分月资料时,应取12项移动平均;如为分季度资料,则应取4项移动平均。这样才能消除季节变动,显现出长期趋势。而图14-1为年度资料,采取5项移动平均,与我国的五年计划期的长度相吻合。图14-2是上证指数日K线图,每周有5个交易日,所以一般用5及5的整数倍为移动的时间跨度。

(3) 不同时间跨度的移动平均线要结合运用。时间跨度越长,虽然修匀的效果越好,可以看出较长时期内发展变化的趋势,但与实际的数据差异趋大,不利于对近期趋势的把握。图14-2中,就是有几条不同时间跨度的移动平均线组成了一个均线系统。

(二) 长期趋势的数学模型

社会经济现象发展变化的长期趋势,除表现为斜率不同的持续上升或持续下降的直线之外,还表现为多种曲线,需要用曲线方程来拟合。常用的有指数曲线方程 $\hat{Y}=ab^t$、二次曲线方程 $\hat{Y}=b_0+b_1t+b_2t^2$、修正指数曲线方程 $\hat{Y}=k+ab^t$、龚伯兹曲线方程 $\hat{Y}=ka^{b^t}$、皮尔曲线方程 $\hat{Y}=\dfrac{k}{1+ae^{f(t)}}$ 等。如果把时间序列中的时间要素(t)用另一个同序列指标相关的变量代替,上述的描述时间序列长期趋势的方程就是第十三章介绍的各种回归方程。方程的求解过程是完全相同的。在本章中,我们仍将以这些知识为基础,对时间序列进行分析判断,用最小平方法构造一个数学方程式(通常称为趋势方程)来描述长期趋势。它的优点是不仅可以运用趋势方程严格地计算各期指标的理论值,比较贴近地拟合原时间序列,而且可以进行外推的预测。在用回归分析方法对时间序列进行分析时,还要注意时间序列的一些特点:

(1) 第十三章介绍过回归方程,自变量和因变量可以是因果关系或其他可解释的某种关系,而时间序列趋势方程中时间变量同序列指标的关系却不能用原因和结果来解释,或做出其他具体的明确解释。应用时,需以时间序列中的时间为自变量 X(因为是时间,也可记为 t),以时间序列中各期指标的数值为因变量 Y,采用第十三章中相应的公式。例如,对简单线性回归方程式 $\hat{Y}_i = a + bX_i$,求其两个参数 a、b,可用式(13-2)和式(13-12):

$$\begin{cases} a = \sum Y_i / n - b \dfrac{\sum X_i}{n} = \overline{Y} - b\overline{X} \\ b = \dfrac{n \sum X_i Y_i - \sum X_i \sum Y_i}{n \sum X_i^2 - (\sum X_i)^2} = \dfrac{\overline{XY} - \overline{X}\,\overline{Y}}{\overline{X^2} - \overline{X}^2} \end{cases}$$

上式也可表示为:

$$a = \sum Y_i / n - b \dfrac{\sum t_i}{n} = \overline{Y} - b\bar{t} \tag{14-9}$$

$$b = \dfrac{n \sum t_i Y_i - \sum t_i \sum Y_i}{n \sum t_i^2 - (\sum t_i)^2} = \dfrac{\overline{tY} - \bar{t}\,\overline{Y}}{\overline{t^2} - \bar{t}^2} \tag{14-10}$$

(2) 当时期序列的时间跨度一致且没有间断或时点序列的间隔相等时,为了简化计算,可用序号 $1,2,\cdots,n$ 表示自变量的时间[①]。如对表 14-2 我国城乡居民储蓄存款余额的数据,可表示为表 14-15。

表 14-15　　　　　　　　　表 14-2 数据自变量的简化表示

年 份	序号 t	储蓄存款余额(亿元)	年 份	序号 t	储蓄存款余额(亿元)
1	1	46 279.8	8	8	119 555.4
2	2	53 407.5	9	9	141 051
3	3	59 621.8	10	10	161 587.3
4	4	64 332.4	11	11	172 534.2
5	5	73 762.4	12	12	217 885.4
6	6	86 910.6	13	13	260 771.7
7	7	103 617.3	14	14	303 302.5

若时间序列的项数是奇数项,可把时间变量进一步简化为中间一项取 0,两旁分别依次取 ± 1、± 2、± 3 等形式。若时间序列的项数是偶数项,也可把时间变量进一步简化为中间两项分别取 ± 1,两旁分别依次取 ± 3、± 5 等形式。这时,$\sum t = 0$,式(14-9)和式(14-10)就简化为:

$$\begin{cases} a = \sum Y_i / n = \overline{Y} \\ b = \dfrac{n \sum t_i Y_i}{n \sum t_i^2} = \dfrac{\overline{tY}}{\overline{t^2}} \end{cases}$$

---

① 亦可用序号 $0,1,\cdots,n-1$ 表示自变量的时间。

(3) 选择合适趋势模型，一般可按第十三章所介绍的步骤进行。但时间序列对简单线性、二次曲线的判断可采用差分法。时间序列中 Y 的逐期增长量 $Y_t - Y_{t-1}$ 可称为一阶差分，对逐期增长量再求逐期增长量可称为二阶差分。若 Y 的逐期增长量比较接近，可选择直线模型；若 Y 的逐期增长量的逐期增长量比较接近，可选择二次曲线模型。此外，若 Y 的环比发展速度（或环比增长速度）比较接近，可选择指数曲线模型。

这里，结合以下的一些例子，说明趋势方程的构造方法。

例 14-11 试根据例 14-1 某公司 12 年自行车销售量的时序资料，构造趋势方程。

解 根据表 14-5 的某公司 12 年自行车销售量的数据，可计算得到逐期增长量（一阶差分），如表 14-16 所示。

表 14-16　　　　　　　　某公司 12 年自行车销售量

时间编号(t)	1	2	3	4	5	6	7	8	9	10	11	12
销售量(百辆)Y	50	52	53	53	55	56	58	59	60	61	61	62
一阶差分	—	2	1	0	2	1	2	1	1	1	0	1

可以看出，一阶差分比较接近，可选择直线模型。由式(14-9)和式(14-10)，

$$\begin{cases} a = \sum Y_i / n - b \dfrac{\sum t_i}{n} = \bar{Y} - b\bar{t} \\ b = \dfrac{n \sum t_i Y_i - \sum t_i \sum Y_i}{n \sum t_i^2 - (\sum t_i)^2} = \dfrac{\overline{tY} - \bar{t} \cdot \bar{Y}}{\overline{t^2} - \bar{t}^2} \end{cases}$$

可计算得到 $a = 43.4394, b = 1.1119$。所以拟合的直线方程为：
$$\hat{Y} = 49.4394 + 1.1119t$$

例 14-12 某洗衣机厂最近 9 年生产某种自动洗衣机，各年的销售量见表 14-17。要求构造趋势方程。

表 14-17　　　　　某洗衣机厂最近 9 年某种自动洗衣机的销售量

年　份	1	2	3	4	5	6	7	8	9
销售量(百台)	10.0	18.0	25.0	30.5	35.0	38.0	40.0	39.5	38.0

解 根据以上数据，可计算得到其一阶差分和二阶差分，如表 14-18 所示。

表 14-18　　　　　表 14-17 洗衣机销售量的一阶差分和二阶差分

年　份	1	2	3	4	5	6	7	8	9
销售量(百台)	10.0	18.0	25.0	30.5	35.0	38.0	40.0	39.5	38.0
一阶差分	—	8.0	7.0	5.5	4.5	3.0	2.0	−0.5	−1.5
二阶差分	—	—	−1.0	−1.5	−1.0	−1.5	−1.0	−2.5	−1.0

计算结果表明，该序列的一阶差分变动范围较大，不适合拟合直线模型，而二阶差分在 −1.0～−2.5，比较接近，故可确定拟合二次曲线模型，即：

$$\hat{Y} = b_0 + b_1 t + b_2 t^2$$

根据第十三章来求解以上二次曲线模型的参数,可用最小平方法得到如下方程组:

$$\begin{cases} \sum Y = nb_0 + b_1 \sum t + b_2 \sum t^2 \\ \sum tY = b_0 \sum t + b_1 \sum t^2 + b_2 \sum t^3 \\ \sum t^2 Y = b_0 \sum t^2 + b_1 \sum t^3 + b_2 \sum t^4 \end{cases}$$

求解参数时,因为序列共有9项,为计算简便可以中项即第5年为原点重新编排序号(见表14-19),使 $\sum t = 0$,则上列规范方程可简化为:

$$\begin{cases} \sum Y = nb_0 + b_2 \sum t^2 \\ \sum tY = b_1 \sum t^2 \\ \sum t^2 Y = b_0 \sum t^2 + b_2 \sum t^4 \end{cases}$$

据此列出计算表并求各项总和(见表14-19)。

表14-19　　　　　　　　　　洗衣机销售量的计算表

年　份	序号 t	销售量 Y	t^2	t^4	tY	t^2Y
1	−4	10	16	256	−40	160
2	−3	18	9	81	−54	162
3	−2	25	4	16	−50	100
4	−1	30.5	1	1	−30.5	30.5
5	0	35	0	0	0	0
6	1	38	1	1	38	38
7	2	40	4	16	80	160
8	3	39.5	9	81	118.5	355.5
9	4	38	16	256	152	608
合　计	0	274.0	60	708	214.0	1 613.5

将有关数据代入方程组,解联立方程得到 $b_0 = 35.047\,5, b_1 = 3.566\,7, b_2 = -0.690\,5$。于是,该时间序列的长期趋势方程确定为:

$\hat{Y} = 35.047\,5 + 3.566\,7t + 0.690\,5t^2$

例14-13　对表14-2我国城乡居民储蓄存款余额的数据,构造合适的趋势方程。

解　根据表14-2的数据,以序号 $1, 2, \cdots, n$ 表示时间自变量,可计算得到其一阶差分和二阶差分的变动范围都很大,而其环比发展速度比较接近(见表14-20),所以可选择指数曲线模型。

表14-20　　　我国城乡居民储蓄存款余额数据的一阶差分、二阶差分和环比发展速度

序号 t	储蓄存款余额(亿元)Y	一阶差分	二阶差分	环比发展速度(%)
1	46 279.8	—	—	—
2	53 407.5	7 127.67	—	1.154 013

续表

序号 t	储蓄存款余额(亿元)Y	一阶差分	二阶差分	环比发展速度(%)
3	59 621.8	6 214.33	−913.34	1.116 356
4	64 332.4	4 710.6	−1 503.73	1.079 008
5	73 762.4	9 430	4 719.4	1.146 582
6	86 910.6	13 148.2	3 718.2	1.178 251
7	103 617.3	16 706.7	3 558.5	1.192 229
8	119 555.4	15 938.1	−768.6	1.153 817
9	141 051.0	21 495.6	5 557.5	1.179 796
10	161 587.3	20 536.3	−959.3	1.145 595
11	172 534.2	10 946.89	−9 589.41	1.067 746
12	217 885.4	45 351.16	34 404.27	1.262 853
13	260 771.7	42 886.31	−2 464.85	1.19 683
14	303 302.5	42 530.84	−355.47	1.163 096

为了把指数曲线模型 $\hat{Y}=ab^t$ 变换为线性模型,可对等式两边取常用对数,即

$$\hat{Y}'=A+Bt$$

式中:$Y'=\lg Y,A=\lg a,B=\lg b$,具体数据见表 14-21。

表 14-21　　　　对表 14-2 中我国城乡居民储蓄存款余额数据取常用对数

序号 t	Y	$\lg Y$	序号 t	Y	$\lg Y$
1	46 279.8	4.665 391	8	119 555.4	5.077 569
2	53 407.5	4.727 602	9	141 051	5.149 376
3	59 621.8	4.775 405	10	161 587.3	5.208 407
4	64 332.4	4.808 430	11	172 534.2	5.236 875
5	73 762.4	4.867 835	12	217 885.4	5.338 228
6	86 910.6	4.939 073	13	260 771.7	5.41 626
7	103 617.3	5.015 432	14	303 302.5	5.481 876

根据最小平方法很快能计算得到 $A=4.578\,3,B=0.062\,96$,即有:
$\hat{Y}'=A+Bt=4.578\,3+0.062\,96t$
所以,建立的长期趋势模型为:
$\hat{Y}'=ab^t=37\,870.409\,2\times 1.156\,006^t$

三、季节变动的测定

按照乘法模式测定季节变动的方法是计算各月(或各季)的季节指数(亦称季节比率)。常用的季节变动测定方法有按月(或按季)平均法和长期趋势剔除法。前者包含长期趋势的影

响,后者是纯粹的季节变动,不包含长期趋势的影响。

(一) 按月(或按季)平均法

按月(或按季)平均法是测定季节变动最简单的方法。其步骤是:(1) 先将各年同月(或季)数据按年排列;(2) 计算各年同月(或季)的平均数及总平均数;(3) 将各月(或季)的平均数分别除以总平均数,即得到各月(或季)的季节指数,计算过程可见例 14-14。

例 14-14 根据表 14-22 某旅游景区最近五年的游客人数资料,用按季平均法计算游客人数的季节指数。

表 14-22   某旅游景区最近五年的游客人数资料   (单位:百人)

季度\年份	1	2	3	4
一	95	185	341	89
二	101	172	367	100
三	82	160	353	125
四	71	141	407	81
五	106	152	292	160

解 根据以上资料,用按季平均法计算得到季节指数,如表 14-23 所示。

表 14-23   由表 14-22 资料用按季平均法计算得到季节指数

季度\年份	1	2	3	4	同年合计
一	95	185	341	89	710
二	101	172	367	100	740
三	82	160	353	125	720
四	71	141	407	81	700
五	106	152	292	160	710
五年同季合计	455	810	1 760	555	3 580
同季平均数	91	162	352	111	179
季节指数(%)	50.84	90.50	196.65	62.01	100

表 14-23 中,各年 1 季度的同季平均数为 91 百人,20 个季度的总平均数为 179 百人,1 季度的季节指数=91/179=50.84%,依此类推,可计算得到其余几个季度的季节指数。

从以上的计算过程中可以看出,若时间序列中不存在季节变动的影响,则季节指数应为 100%;若时间序列中存在季节变动的影响,则季节指数就会在 100% 上下波动;越是远离 100%,季节变动的影响就越大。例 14-14 中,该地的游客人数存在着明显的季节变动的影响,第 3 季度是该景区的旅游旺季。

(二) 长期趋势剔除法

按月(或季)平均法只限于时间序列中不存在明显的长期趋势时使用,若时间序列中存在着明显的长期趋势,则前后期水平会有较大的差异,用按月(或季)平均法计算得到的季节指数就会受到长期趋势的影响,不能精确反映季节变动。这时,就要用长期趋势剔除法来计算季节指数。

例 14-15 根据我国连续某三年广义货币供应量(货币和准货币 M_2)的月度时序资料(见表 14-24),试计算季节指数,以便分析广义货币供应量是否存在月度变动的影响。

表 14-24　　　　　　　　　我国连续某三年货币和准货币的月度时序资料　　　　　　（单位：亿元）

月份＼年份	1	2	3	4	5	6	7	8	9	10	11	12
1	1 596	1 609	1 641	1 646	1 660	1 696	1 709	1 733	1 770	1 773	1 797	1 850
2	1 905	1 901	1 945	1 961	1 995	2 049	2 062	2 106	2 136	2 145	2 164	2 212
3	2 251	2 270	2 317	2 336	2 348	2 384	2 381	2 397	2 438	2 437	2 471	2 532

资料来源：www.stats.gov.cn。

解　根据以上资料，先用按月平均法计算得到季节指数（见表 14-25）。

表 14-25　　　　　　由表 14-24 资料用按月平均法计算得到的季节指数

月份＼年份	1	2	3	4	5	6	7	8	9	10	11	12	同年合计
1	1 596	1 609	1 641	1 646	1 660	1 696	1 709	1 733	1 770	1 773	1 797	1 850	20 480
2	1 905	1 901	1 945	1 961	1 995	2 049	2 062	2 106	2 136	2 145	2 164	2 212	24 581
3	2 251	2 270	2 317	2 336	2 348	2 384	2 381	2 397	2 438	2 437	2 471	2 532	28 562
三年同月合计	5 752	5 780	5 903	5 943	6 003	6 129	6 152	6 236	6 344	6 355	6 432	6 594	73 623
同月平均数	1 917.33	1 926.67	1 967.67	1 981	2 001	2 043	2 050.67	2 078.67	2 114.66	2 118.33	2 144	2 198	2 045.08
季节指数(%)	93.75	94.20	96.20	96.86	97.84	99.88	100.37	101.62	103.40	103.57	104.83	107.48	100

表 14-25 中，各月的季节指数呈逐月上升的趋势，看起来存在着一定的季节变动的影响。但仔细分析，可以发现这些数据存在着明显的长期趋势，所以可采用长期趋势剔除法。

剔除长期趋势的具体方法有多种，以下介绍用乘法模式分解，先剔除长期趋势，后同期平均的方法。

对原序列按时间先后用 1,2,…,36 排序，计算其一阶差分（见表 14-26）。可以发现，一阶差分比较接近，可选择直线模型。经计算此直线模型为：

$$\hat{Y} = 1\,533.204\,8 + 27.669\,1t$$

然后计算每个趋势值 $\hat{Y}$，$\hat{Y}$ 即为长期趋势 T。再根据乘法模式 $Y = TS \cdot CI$ 分解。因为此例只有三年，无法测定循环变动，即有 $Y/T = SI$。这些计算过程都列于表 14-26。

表 14-26　　　　　　　　由表 14-24 资料计算得到的长期趋势

时间序号 t	Y	一阶差分	预测的趋势值 $\hat{Y} = T$	$Y/T = S \cdot I$
1	1 596	—	1 560.873 9	1.022 5
2	1 609	13	1 588.543 0	1.012 9
3	1 641	32	1 616.212 1	1.015 3
4	1 646	5	1 643.881 2	1.001 3
5	1 660	14	1 671.550 3	0.993 1
6	1 696	36	1 699.219 4	0.998 1
7	1 709	13	1 726.888 5	0.989 6
8	1 733	24	1 754.557 7	0.987 7
9	1 770	37	1 782.226 8	0.993 1
10	1 773	3	1 809.895 9	0.979 6

续表

时间序号 t	Y	一阶差分	预测的趋势值 $\hat{Y}=T$	$Y/T=S\cdot I$
11	1 797	24	1 837.565 0	0.977 9
12	1 850	53	1 865.234 1	0.991 8
13	1 905	55	1 892.903 2	1.006 4
14	1 901	—4	1 920.572 3	0.989 8
15	1 945	44	1 948.241 4	0.998 3
16	1 961	16	1 975.910 6	0.992 5
17	1 995	34	2 003.579 7	0.995 7
18	2 049	54	2 031.248 8	1.008 7
19	2 062	13	2 058.917 9	1.001 5
20	2 106	44	2 086.587 0	1.009 3
21	2 136	30	2 114.256 1	1.010 3
22	2 145	9	2 141.925 2	1.001 4
23	2 164	19	2 169.594 3	0.997 4
24	2 212	48	2 197.263 4	1.006 7
25	2 251	39	2 224.932 6	1.011 7
26	2 270	19	2 252.601 7	1.007 7
27	2 317	47	2 280.270 8	1.016 1
28	2 336	19	2 307.939 9	1.012 6
29	2 348	12	2 335.609 0	1.005 3
30	2 384	36	2 363.278 1	1.008 8
31	2 381	—3	2 390.947 2	0.995 8
32	2 397	16	2 418.616 3	0.991 1
33	2 438	41	2 446.285 5	0.996 6
34	2 437	—1	2 473.954 6	0.985 1
35	2 471	34	2 501.623 9	0.987 8
36	2 532	61	2 529.292 8	1.001 1

剔除长期趋势后，再把系数 $Y/T=S\cdot I$ 排列成表 14-27，用如下的同期平均法剔除不规则变动的影响，计算季节指数 S。

表 14-27　　　　　　　　由表 14-26 资料用同期平均法计算季节指数

月份＼年份	1	2	3	4	5	6	7	8	9	10	11	12
1	1.022 5	1.012 9	1.015 3	1.001 3	0.993 1	0.998 1	0.989 6	0.987 7	0.993 1	0.979 6	0.977 9	0.991 8
2	1.006 4	0.989 8	0.998 3	0.992 5	0.995 7	1.008 7	1.001 5	1.009 3	1.010 3	1.001 4	0.997 4	1.006 7
3	1.011 7	1.007 7	1.016 1	1.012 6	1.005 3	1.008 8	0.995 8	0.991 1	0.996 6	0.985 1	0.987 8	1.001 1
三年同月合计	3.040 6	3.010 4	3.029 7	3.006 4	2.994 1	3.015 6	2.986 9	2.988 1	3	2.966 1	2.963 1	2.999 6
同月平均数(%)（季节指数 S）	1.013 5	1.003 5	1.009 9	1.002 1	0.997 9	1.005 2	0.995 6	0.996 0	1	0.988 7	0.987 7	0.999 9

剔除长期趋势后，计算得到 12 个月的季节指数都在 100% 附近波动，所以我国广义货币供应量不存在月度变动的影响。

四、循环变动与不规则变动的测定

测定循环变动与不规则变动的最常用的方法是剩余法。它是从时间序列中逐次或一次消去长期趋势与季节变动,其剩余结果便是循环变动与不规则变动,后者也称剩余变动,类似残差的含义。

例 14 - 16 根据表 14 - 2 我国城乡居民储蓄存款余额的数据,测定其循环变动与不规则变动。

解 例 14 - 13 构造了这批数据的长期趋势方程,所以建立的长期趋势模型为 $\hat{Y}=ab^t=37\,870.409\,2\times1.156\,006^t$,现计算出各期的趋势值 $\hat{Y}=T$,然后根据乘法模式 $Y=T\cdot C\cdot I$ 计算出循环变动与不规则变动 $Y/T=C\cdot I$,再用三项移动平均以消除不规则变动的影响,其结果便是循环变动 C,用 $C\cdot I$ 除以三项移动平均,即 $C\cdot I/C$,得到 I,这些计算结果都列于表 14 - 28。

表 14 - 28　　　　测定表 14 - 2 数据的循环变动与不规则变动的计算表

序号 t	Y	$\hat{Y}=T$	$Y/T=C\cdot I$	三项移动平均 C	$I=C\cdot I/C$
1	46 279.8	43 789.32	1.056 874	—	
2	53 407.5	50 619.96	1.055 067	1.043 611	1.010 978
3	59 621.8	58 516.34	1.018 891	1.008 331	1.010 474
4	64 332.4	67 644.75	0.951 033	0.971 070	0.979 367
5	73 762.4	78 197.42	0.943 284	0.951 918	0.990 930
6	86 910.6	90 396.56	0.961 437	0.965 428	0.995 866
7	103 617.3	104 499.10	0.991 562	0.980 893	1.010 876
8	119 555.4	120 801.90	0.989 681	0.997 096	0.992 564
9	141 051.0	139 648.40	1.010 044	1.000 222	1.009 820
10	161 587.3	161 435.40	1.000 941	0.978 499	1.022 935
11	172 534.2	186 621.60	0.924 513	0.978 470	0.944 856
12	217 885.4	215 737.60	1.009 955	0.993 360	1.016 706
13	260 771.7	249 396.40	1.045 611	1.035 860	1.009 414
14	303 302.5	288 306.70	1.052 013		

以上的计算结果表明,根据 14 年间我国城乡居民储蓄存款余额的数据,其循环变动与不规则变动的影响都较小。

第四节　时间序列的预测方法

时间序列分析的一个重要任务是根据现象发展变化的规律进行外推预测。在现代社会,处处都用到预测。比如,政府的有关部门为了要制定政策就必须对失业、通货膨胀、工业生产、来自个人和企业所得税的收入进行预测。一家大型零售公司的营销经理必须要对产品需求、销售收入、消费者喜好、存货等进行预测,从而对现在和将来业务方式做出及时的决策。

时间序列预测方法同回归预测方法不同,它是依据事物量的渐变过程的连续性,把时间序列的各期水平视为时间的函数,或者视为过去各期水平合乎规律变化的结果。因此,它对资料的要求比较单一,只需变量本身的历史数据,在实际工作中有广泛的适用性。常见的时间序列预测方法有利用传统分析指标(如平均增长量和平均增长速度等)进行简单的外推预测,还有以下要介绍的移动平均法和指数平滑法、趋势外推法、自回归模型预测法等。至于利用现代时间序列分析进行建模和预测的方法(如自回归移动平均模型)等超出了本书的范围,对这些内容感兴趣的读者,可查阅有关书籍。

一、移动平均法和指数平滑法

(一) 移动平均法

移动平均法不仅能对时间序列进行修匀,还能对变动比较平稳的时间序列进行预测,即取最近 n 项数值的平均数作为下期的预测值:

$$\hat{Y}_t = \frac{Y_{t-1} + Y_{t-2} + \cdots + Y_{t-n}}{n} \tag{14-11}$$

或

$$\hat{Y}_{t+1} = \frac{Y_t + Y_{t-1} + Y_{t-2} + \cdots + Y_{t-n+1}}{n} \tag{14-12}$$

例 14-17 兹有某公司 1～4 月销售额的资料(见表 14-29),试用移动平均法求 5 月份销售额的预测值。

表 14-29　　　　　　　　　某公司 1～4 月份的销售额

月　份	1	2	3	4
销售额(万元)	12	10	13	13

解 5 月销售额的预测值:

$$\hat{Y}_5 = \frac{Y_{t-1} + Y_{t-2} + \cdots + Y_{t-n}}{n} = \frac{13 + 13 + 10 + 12}{4} = 12(万元)$$

依此类推,可以预测 6 月等销售额。这种方法是对 n 期资料的简单平均。如果考虑到各期数据对预测值的影响不同,近期的影响大,远期的影响小,则可采用加权移动平均法,对各期数值赋予不同的权重,即:

$$\hat{Y}_t = \frac{Y_{t-1}f_1 + Y_{t-2}f_2 + \cdots + Y_{t-n}f_n}{\sum f_i} \tag{14-13}$$

或

$$\hat{Y}_{t+1} = \frac{Y_t f_1 + Y_{t-1}f_2 + Y_{t-2}f_3 + \cdots + Y_{t-n+1}f_n}{\sum f_i} \tag{14-14}$$

$$(f_1 > f_2 > f_3 > \cdots > f_n)$$

如在例 14-17 中可给 4 月的权数为 4,3 月的权数为 3,2 月的权数为 2,1 月的权数为 1,则 5 月销售额的预测值为:

$$\hat{Y}_t = \frac{Y_{t-1}f_1 + Y_{t-2}f_2 + \cdots + Y_{t-n}f_n}{\sum f_i} = \frac{13 \times 4 + 13 \times 3 + 10 \times 2 + 12 \times 1}{10}$$

$$= 12.3(万元)$$

移动平均法只能预测最近一期数值,逐期移动、逐期预测。它要求保存大量的历史资料,而且权数的选择具有较大的随意性。因此,预测的准确性较差。

(二) 指数平滑法

指数平滑法是由移动平均法演变而来的。与移动平均法相同的是,指数平滑法也可用来修匀数据,平滑以后可以对数据中的长期变动提供更为清晰的趋势。此外,指数平滑法可以用于存在某种长期趋势影响的时间序列的近期预测。

由式(14-11)和式(14-12)已知移动平均的预测值为:

$$\hat{Y}_t = \frac{Y_{t-1} + Y_{t-2} + \cdots + Y_{t-n}}{n}$$

$$\hat{Y}_{t+1} = \frac{Y_t + Y_{t-1} + Y_{t-2} + \cdots + Y_{t-n+1}}{n}$$

$$= \frac{Y_t + (Y_{t-1} + \cdots + Y_{t-n+1} + Y_{t-n}) - Y_{t-n}}{n}$$

将 $\hat{Y}_t$ 代入 $\hat{Y}_{t+1}$ 中括号部分,便有:

$$\hat{Y}_{t+1} = Y_t/n + \hat{Y}_t - \frac{Y_{t-n}}{n} \tag{14-15}$$

对于平稳型序列,或者缺乏远期历史资料,不具备 Y_{t-n} 期数值,Y_{t-n} 就可用 Y_t 代替。

$$\hat{Y}_{t+1} = Y_t/n + \hat{Y}_t - \frac{\hat{Y}_t}{n}$$

用 α 代替上式中的 $1/n$,于是式(14-15)的移动平均法公式就转化为指数平滑法的一般形式:

$$\hat{Y}_{t+1} = \alpha Y_t + (1-\alpha)\hat{Y}_t \tag{14-16}$$

与移动平均法不同的是,指数平滑法的计算公式有以下特点:

第一,它只需要本期实际值和本期预测值便可预测下期数值。因此,不需要保存大量历史数据。

第二,当 $n=1$ 时,$1/n=1$,$1-1/n=0$;当 n 很大时,$1/n \to 0$;$1-(1/n) \to 1$,故 α 必定在 $0 \sim 1$ 之间。可见指数平滑实质上是以 α 为权数的本期实际值与本期预测值的加权平均。

第三,对 $\hat{Y}_{t+1} = \alpha Y_t + (1-\alpha)\hat{Y}_t$ 做如下变换:

$$\hat{Y}_{t+1} = \alpha Y_t + \hat{Y}_t - \alpha \hat{Y}_t = \hat{Y}_t + \alpha(Y_t - \hat{Y}_t)$$

式中:$Y_t - \hat{Y}_t$ 是本期实际值与预测值的离差。可见,指数平滑也可以用本期的预测误差修正本期预测值求得下期预测值。修正值不仅取决于误差本身,还取决于 α。α 称为平滑系数,它表示由于本质性因素引起的误差所占比例,而其余则为偶然的、随机因素引起的误差。因此,可以通过 α 的取值来控制下期预测值的误差,$1-\alpha$ 也被称为阻尼系数。

第四,对 $\hat{Y}_{t+1} = \alpha Y_t + (1-\alpha)\hat{Y}_t$ 加以递推,即有:

$$\hat{Y}_{t+1} = \alpha Y_t + (1-\alpha)\hat{Y}_t$$
$$= \alpha Y_t + (1-\alpha)[\alpha Y_{t-1} + (1-\alpha)\hat{Y}_{t-1}]$$

$$= \alpha(1-\alpha)^0 Y_t + \alpha(1-\alpha)Y_{t-1} + \alpha(1-\alpha)^2 Y_{t-2} + \cdots + \alpha(1-\alpha)^n Y_{t-n} + \alpha^0(1-\alpha)^{n+1} \hat{Y}_{t-n}$$
(14-17)

由于 $0<\alpha<1$，当 n 很大时，$(1-\alpha)^{n+1}$ 接近于零，$(1-\alpha)^{n+1}\hat{Y}_{t-n}$ 也接近于零，在应用公式(14-17)时，往往可用 Y_{t-n} 替代 $\hat{Y}_{t-n}$。这样，下期预测值便可视为时间序列各期数值的加权平均，且随着幂的增加，$(1-\alpha)^n$ 按指数形式递减，表明时间序列各项数值愈往过去推移，对预测值的影响就愈小。

应用指数平滑法预测的一个关键是平滑系数 α 的取值。一般时间序列愈平稳，α 取值愈小；时间序列波动愈大，如呈阶梯式或按某种比率上升或下降，α 取值愈大，使预测值能够敏感地跟踪实际值的变化。

实际工作中，可以选择不同的 α 值进行几种方案的试算，对不同的 α 值下的预测误差进行比较，取误差最小的 α 值建立模型。

例 14-18 某公司近几年产品销售收入如表 14-30 所示，以指数平滑法（$\alpha=0.5$），预测下年的销售收入。

表 14-30 某公司近几年产品销售收入

年份序号	1	2	3	4	5	6
销售收入(万元)	200	297	220	235	277	270

解 根据指数平滑的递推公式，有：

$$\hat{Y}_7 = \alpha Y_6 + \alpha(1-\alpha)Y_5 + \alpha(1-\alpha)^2 Y_4 + \alpha(1-\alpha)^3 Y_3 + \alpha(1-\alpha)^4 Y_2$$
$$+ \alpha(1-\alpha)^5 Y_1 + (1-\alpha)^6 \hat{Y}_1$$
$$= 0.5 \times 270 + 0.5 \times 0.5 \times 277 + 0.5 \times 0.5^2 \times 235 + 0.5 \times 0.5^3 \times 220$$
$$+ 0.5 \times 0.5^4 \times 297 + 0.5 \times 0.5^5 \times 200 + 0.5^6 \times 200$$
$$= 262.906(万元)$$

移动平均法和指数平滑法是金融交易中很多元要技术分析指标（如 MACD、KDJ 等）的基础。

二、趋势外推法

趋势外推法亦称长期趋势预测法，它是根据本章第三节介绍的构造时间序列长期趋势方程，进行外推预测。例如，在例 14-11 中，已经得到了某公司 12 年自行车销售量的趋势方程：
$$\hat{Y} = 49.4394 + 1.1119t$$

若要预测该公司第 13 年的自行车销售量，只需用 $t=13$ 代入上式，就可得到预测值的点估计为 63.89 百辆。

在例 14-12 中，已经得到了某洗衣机厂最近九年某种自动洗衣机销售量的趋势方程：
$$\hat{Y} = 35.0475 + 3.5667t + 0.6905t^2$$

若要预测该厂这种自动洗衣机第 10 年的销售量，只需用 $t=5$ 代入上式，就可得到预测值的点估计为 70.14 百台。需要注意的是，时间序号的表示虽有不同的方法，因而回归模型中的参数也会不同，但预测值是相同的。

例 14-13 已得到我国城乡居民储蓄存款余额的趋势方程：
$$\hat{Y} = ab^t = 37870.4092 \times 1.156006^t$$

若要预测未来1年年末我国城乡居民储蓄存款余额,只需用 $t=15$ 代入上式,就可得到预测值的点估计为333 197.18亿元。

三、时间序列的自相关性和自回归预测法

(一) 时间序列的自相关性

时间是一个连续不断的过程,时间序列的指标随时间变化而变化,后期水平往往是在前期水平基础上发展变化而来的,前后各期水平之间存在着某种依存关系。这种依存关系称为时间序列的自相关关系,对这种自相关关系程度的测定称为自相关系数。计算和分析自相关系数对我们识别时间序列的形态、建立和检验时间序列的自回归模型、通过前期数值计算后期数值或预测未来等都有着重要意义。

在第十二章中,式(12-8)给出了样本相关系数的一般形式:

$$r = \frac{S_{xy}}{S_x S_y} = \frac{\sum (X-\bar{X})(Y-\bar{Y})}{\sqrt{\sum (X-\bar{X})^2}\sqrt{\sum (Y-\bar{Y})^2}}$$

$$= \frac{\sum XY - n\bar{X}\bar{Y}}{\sqrt{\sum X^2 - n(\bar{X})^2}\sqrt{\sum Y^2 - n(\bar{Y})^2}} = \frac{\overline{XY} - \bar{X}\bar{Y}}{\sqrt{\overline{X^2} - \bar{X}^2}\sqrt{\overline{Y^2} - \bar{Y}^2}}$$

现在,设 $y_1, y_2, \cdots, y_t, \cdots, y_n$ 为一个时间序列 Y 的 n 个观察值。把前后相邻两期的观察值一一配对,便有 $(n-1)$ 对数据,即 $(y_1, y_2), (y_2, y_3), \cdots, (y_t, y_{t+1}), \cdots, (y_{n-1}, y_n)$。把前期观察值作为自变量,把后期观察值作为因变量,相邻两期的相关系数用 r_1 表示。计算公式为:

$$r_1 = \frac{\sum_{t=1}^{n-1}(y_t - \bar{y}_t)(y_{t+1} - \bar{y}_{t+1})}{\sqrt{\sum_{t=1}^{n-1}(y_t - \bar{y}_t)^2}\sqrt{\sum_{t=1}^{n-1}(y_{t+1} - \bar{y}_{t+1})^2}} = \frac{\overline{y_t y_{t+1}} - \bar{y}_t \bar{y}_{t+1}}{S_t S_{t+1}} \quad (14-18)$$

式中: $\bar{y}_t$ 为 y_1 到 y_{n-1} 共 $n-1$ 个观察值的均值, $\bar{y}_{t+1}$ 为 y_2 到 y_n 共 $n-1$ 个观察值的均值。

r_1 是对前后相邻观察值相关关系的测定,称为时间延迟为1的自相关系数。我们还可以把时间序列中每间隔一期的数据一一成对,组成 $(n-2)$ 对数据,即 $(y_1, y_3), (y_2, y_4), \cdots, (y_t, y_{t+2}), \cdots, (y_{n-2}, y_n)$。它们的相关系数用 r_2 表示。计算公式为:

$$r_2 = \frac{\sum_{t=1}^{n-2}(y_t - \bar{y}_t)(y_{t+2} - \bar{y}_{t+2})}{\sqrt{\sum_{t=1}^{n-2}(y_t - \bar{y}_t)^2}\sqrt{\sum_{t=1}^{n-2}(y_{t+2} - \bar{y}_{t+2})^2}} \quad (14-19)$$

式中: $\bar{y}_t$ 为 y_1 到 y_{n-2} 共 $n-2$ 个观察值的均值, $\bar{y}_{t+2}$ 为 y_3 到 y_n 共 $n-2$ 个观察值的均值。

r_2 是对时间序列中 t 时期观察值和 $t+2$ 时期观察值相关程度的测定,称为时间延迟为2的自相关系数。类似地,可以计算时间延迟为 k 的自相关系数。

$$r_k = \frac{\sum_{t=1}^{n-k}(y_t - \bar{y}_t)(y_{t+k} - \bar{y}_{t+k})}{\sqrt{\sum_{t=1}^{n-k}(y_t - \bar{y}_t)^2}\sqrt{\sum_{t=1}^{n-k}(y_{t+k} - \bar{y}_{t+k})^2}} \quad (14-20)$$

式中：$\bar{y}_t$ 为 y_1 到 y_{n-k} 共 $n-k$ 个观察值的均值，$\bar{y}_{t+k}$ 为 y_{k+1} 到 y_n 共 $n-k$ 个观察值的均值。

自相关系数同两个变量的线性相关系数一样，取值为 $-1 \sim 1$，也即 $|r_k| \leqslant 1$。

例 14－19 根据例 14－15 我国连续三年广义货币供应量（货币和准货币 M_2）的月度时序资料（见表 14－24），计算自相关系数 r_1、r_2、r_3、r_4。

解 先把表 14－24 的数据整理成表 14－31 中的第 1、2 栏，第 3、4、5 栏分别是 Y_t 前 1、2、3 期的数据。

表 14－31　　　　　　　　　　根据表 14－24 数据的计算栏

(1) 时间序号 t	(2) Y_t	(3) Y_{t-1}	(4) Y_{t-2}	(5) Y_{t-3}
1	1 596	—	—	—
2	1 609	1 596	—	—
3	1 641	1 609	1 596	—
4	1 646	1 641	1 609	1 596
5	1 660	1 646	1 641	1 609
6	1 696	1 660	1 646	1 641
7	1 709	1 696	1 660	1 646
8	1 733	1 709	1 696	1 660
9	1 770	1 733	1 709	1 696
10	1 773	1 770	1 733	1 709
11	1 797	1 773	1 770	1 733
12	1 850	1 797	1 773	1 770
13	1 905	1 850	1 797	1 773
14	1 901	1 905	1 850	1 797
15	1 945	1 901	1 905	1 850
16	1 961	1 945	1 901	1 905
17	1 995	1 961	1 945	1 901
18	2 049	1 995	1 961	1 945
19	2 062	2 049	1 995	1 961
20	2 106	2 062	2 049	1 995
21	2 136	2 106	2 062	2 049
22	2 145	2 136	2 106	2 062
23	2 164	2 145	2 136	2 106
24	2 212	2 164	2 145	2 136
25	2 251	2 212	2 164	2 145
26	2 270	2 251	2 212	2 164
27	2 317	2 270	2 251	2 212
28	2 336	2 317	2 270	2 251
29	2 348	2 336	2 317	2 270
30	2 384	2 348	2 336	2 317
31	2 381	2 384	2 348	2 336
32	2 397	2 381	2 384	2 348
33	2 438	2 397	2 381	2 384
34	2 437	2 438	2 397	2 381
35	2 471	2 437	2 438	2 397
36	2 532	2 471	2 437	2 438

根据式(14-20)及表14-31第2、3、4、5栏的数据,可计算得到自相关系数 r_1、r_2、r_3、r_4 分别为 0.998 0、0.996 9、0.996 7、0.994 4。

利用时间序列自相关系数,我们可以对时间序列性质和特征做出判别。判别的准则是:

(1) 如果一个时间序列所有的自相关系数 $r_1, r_2, \cdots, r_k$ 都近似地等于零,表明该时间序列属于随机性时间序列。

(2) 如果一个时间序列的第一个自相关系数 r_1 比较大,r_2、r_3 渐次减小,从 r_4 开始趋近于零,表明该时间序列不存在明显的趋势变动或周期性变动,呈平稳性变动。

(3) 如果一个时间序列的自相关系数 r_1 最大,r_2、r_3 等多个自相关系数逐渐递减但不为零,表明该时间序列着某种趋势。如例 14-19 中的自相关系数就反映了序列中存在着明显的上升趋势。

(4) 如果一个时间序列的自相关系数出现周期性的变化,每间隔若干个便有一个高峰,表明该时间序列是季节性时间序列。

(二) 自相关系数的显著性检验

在第十三章介绍回归模型的性质时,我们曾指出模型中的误差项 ε 有几个基本的假定:ε 是服从于数学期望为零、方差相同且 $\sigma_\varepsilon^2 = \sigma^2$ 的正态分布的随机变量,对应于不同自变量的取值,ε 彼此独立。这些假定是构造有实际意义的回归模型的理论前提。对于用时间序列资料构造的回归模型,由于前后各期数值可能存在某种程度的自相关,回归模型的误差项也就可能不符合上述的理论假定。这样,用最小平方法估计的回归方程的参数就不具有最小方差的性质,t 检验和 F 检验也就无效;用这样的回归方程进行估计和预测也不准确。因此,在建立时间序列的回归模型之前,首先要通过因变量的自相关系数的显著性检验。

自相关系数检验的假设为:

$H_0: \rho = 0$;$H_1: \rho \neq 0$

数理统计已经证明,从一个自相关系数为零的时间序列总体中随机抽样,得到的样本自相关系数的抽样分布服从于均值为零、方差为 $1/n$ 的正态分布。据此,我们便可在一定的显著性水平下构造一个置信度为 $(1-\alpha)$ 的自相关系数的置信区间:

$$0 \pm Z_{\frac{\alpha}{2}} \frac{1}{\sqrt{n}} \quad (14-21)$$

如果时滞为 $1, 2, \cdots, k$ 的自相关系数大部分都落在置信区间内,便可接受原假设,认为该时间序列回归模型的误差项符合独立性的要求。如果这些自相关系数大部分都落在置信区间之外,则必须在回归模型的自变量中加入前期的因变量,建立自回归模型。

在例 14-19 中,我们计算得到自相关系数 r_1、r_2、r_3、r_4 分别为 0.998 0、0.996 9、0.996 7、0.994 4,并且 $n=36$。若 α 取 0.05,$Z_{\alpha/2}=1.96$,根据式(14-21),有:

$$0 \pm Z_{\frac{\alpha}{2}} \frac{1}{\sqrt{n}} = 0 \pm 1.96 \frac{1}{\sqrt{36}} = 0 \pm 0.326\ 7$$

显然,我国广义货币供应量存在着非常显著的自相关关系,所以要用自回归预测法。

(三) 自回归模型预测法

当时间序列存在一定程度的自相关,就可以建立时间序列的自回归模型,通过前期数值计算后期数值或预测未来,这就是自回归模型预测方法。

自回归模型也有线性和非线性之分。例如,当用 Y_{t-1} 预测 Y_t 和用 Y_{t-1}、Y_{t-2} 预测 Y_t 时,线性自回归模型分别为：

$$\hat{Y}_t = b_0 + b_1 Y_{t-1} \quad (14-22)$$

$$\hat{Y}_t = b_0 + b_1 Y_{t-1} + b_2 Y_{t-2} \quad (14-23)$$

称为一阶线性自回归模型和二阶线性自回归模型。一般 n 阶线性自回归模型为：

$$\hat{Y}_t = b_0 + b_1 Y_{t-1} + b_2 Y_{t-2} + \cdots + b_n Y_{t-n} \quad (14-24)$$

当时间序列相继数值是二次方的函数时，就要拟合二次曲线的自回归模型：

$$\hat{Y}_t = b_0 + b_1 Y_{t-1} + b_2 Y_{t-1}^2 \quad (14-25)$$

$b_0, b_1, b_2, \cdots, b_n$ 均为参数，用最小平方法求解参数，可以确定预测模型。

例 14-20 根据例 14-15 我国连续三年广义货币供应量（货币和准货币 M_2）的资料，确定自回归模型，并据此模型对我国下一年度 1 月份的广义货币供应量进行预测。

解 根据表 14-31 第 2、3 栏的数据，可得到表 14-32 的结果。

表 14-32　　　　　　　表 14-31 数据的一元线性自回归分析结果

(1) 回归分析

复相关系数	0.998 039
决定系数	0.996 083
调整决定系数	0.995 964
标准误差	18.173 95
观测值	35

(2) 方差分析

	自由度	离均差平方和	均方	F 值	P 值
回归分析	1	2 771 443	2 771 443	8 390.88	2.66E−41
残差	33	10 899.65	330.292 3		
总计	34	2 782 343			

(3) 回归系数的显著性检验

	回归系数	标准误差	t 统计量	P 值
截距	17.324 52	22.487 57	0.770 405	0.446 541
$X1(Y_{t-1})$	1.004 637	0.010 967	91.601 75	2.66E−41

即建立的一元线性自回归方程为：

$$\hat{Y}_t = 17.324\,5 + 1.004\,6 Y_{t-1}$$

显然，按照第十三章的判断方法，此方程的 t 检验和 F 检验都是非常显著的。但是，这个自回归方程用于预测是否有效，还必须通过回归模型的自相关显著性检验才能确定。

在实际工作中，常用的回归模型的自相关显著性检验方法是采用杜宾—沃森检验（Durbin-Watson test）。检验统计量为：

$$d = \frac{\sum_{t=2}^{n}(e_t - e_{t-1})^2}{\sum_{t=1}^{n} e_t^2} \quad (14-26)$$

其中，e_t、e_{t-1} 分别为样本第 t 期、$t-1$ 期的误差项。根据给定的显著性水平 α、样本容量 n 和自回归阶数 k，查 D-W 统计量临界值表（见书后附表8）便可做出判断。检验规则可参考下列 D-W 检验临界区域图（见图 14-3）。

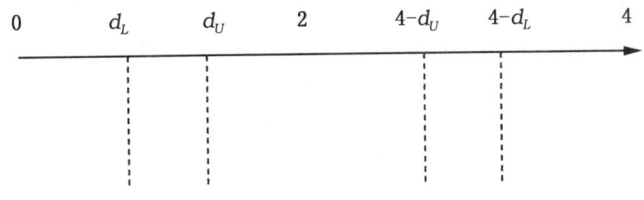

图 14-3 D-W 检验临界区域图

图 14-3 表示，若

$d < d_L$，误差项 ε 存在正自相关；

$d > 4 - d_L$，误差项 ε 存在负自相关；

$d_U < d < 4 - d_U$，误差项 ε 无自相关；

$d_L < d < d_U$ 或 $4 - d_U < d < 4 - d_L$，不能确定 ε 是否存在自相关。

当 d 值落在"不能确定"范围时，应增加样本容量或重新抽取样本进行检验。

在例 14-20 中，我们建立了一元线性自回归模型：

$$\hat{Y}_t = 17.3245 + 1.0046 Y_{t-1}$$

现用 D-W 统计量来检验此模型是否已经消除了自相关的影响。在表 14-31 数据的基础上，可以计算表 14-33 的数据。

表 14-33　　根据表 14-31 数据的计算栏

时间序号 t	Y_t	Y_{t-1}	$\hat{Y}_t$	$e_t = Y_t - \hat{Y}_t$	e_t^2	e_{t-1}	$e_t - e_{t-1}$	$(e_t - e_{t-1})^2$
1	1 596	—	—	—	—	—	—	—
2	1 609	1 596	1 620.725	−11.725	137.475 9	—	—	—
3	1 641	1 609	1 633.785	7.214 708	52.052 01	−11.725	18.939 72	358.713
4	1 646	1 641	1 665.934	−19.933 7	397.351 3	7.214 708	−27.148 4	737.034 6
5	1 660	1 646	1 670.957	−10.956 9	120.052 7	−19.933 7	8.976 816	80.583 22
6	1 696	1 660	1 685.022	10.978 23	120.521 5	−10.956 9	21.935 08	481.147 9
7	1 709	1 696	1 721.189	−12.188 7	148.564 5	10.978 23	−23.166 9	536.706 6
8	1 733	1 709	1 734.249	−1.248 98	1.559 955	−12.188 7	10.939 72	119.677 5
9	1 770	1 733	1 758.36	11.639 73	135.483 4	−1.248 98	12.888 71	166.119
10	1 773	1 770	1 795.532	−22.531 8	507.683 5	11.639 73	−34.171 6	1 167.696
11	1 797	1 773	1 798.546	−1.545 74	2.389 321	−22.531 8	20.986 09	440.415 9
12	1 850	1 797	1 822.657	27.342 97	747.638 1	−1.545 74	28.888 71	834.557 8
13	1 905	1 850	1 875.903	29.097 22	846.648	27.342 97	1.754 244	3 077.374
14	1 901	1 905	1 931.158	−30.157 8	909.493 7	29.097 22	−59.255	3 511.159
15	1 945	1 901	1 927.139	17.860 73	319.005 8	−30.157 8	48.018 55	2 305.781
16	1 961	1 945	1 971.343	−10.343 3	106.983 6	17.860 73	−28.204	795.466 9
17	1 995	1 961	1 987.417	7.582 521	57.494 62	−10.343 3	17.925 81	321.334 7
18	2 049	1 995	2 021.575	27.424 87	752.123 3	7.582 521	19.842 35	393.718 7
19	2 062	2 049	2 075.826	−13.825 5	191.145 2	27.424 87	−41.250 4	1 701.595

续表

时间序号 t	Y_t	Y_{t-1}	$\hat{Y}_t$	$e_t=Y_t-\hat{Y}_t$	e_t^2	e_{t-1}	e_t-e_{t-1}	$(e_t-e_{t-1})^2$
20	2 106	2 062	2 088.886	17.114 19	292.895 6	−13.825 5	30.939 72	957.266 3
21	2 136	2 106	2 133.09	2.910 17	8.469 092	17.114 19	−14.204	201.754 3
22	2 145	2 136	2 163.229	−18.228 9	332.294 1	2.910 17	−21.139 1	446.861 8
23	2 164	2 145	2 172.271	−8.270 67	68.403 96	−18.228 9	9.958 268	99.167 1
24	2 212	2 164	2 191.359	20.641 23	426.060 4	−8.270 67	28.911 9	835.897 9
25	2 251	2 212	2 239.581	11.418 66	130.385 8	20.641 23	−9.222 57	85.055 82
26	2 270	2 251	2 278.762	−8.762 18	76.775 79	11.418 66	−20.180 8	407.266 3
27	2 317	2 270	2 297.85	19.149 72	366.711 8	−8.762 18	27.911 9	779.074 1
28	2 336	2 317	2 345.068	−9.068 21	82.232 52	19.149 72	−28.217 9	796.251 8
29	2 348	2 336	2 364.156	−16.156 3	261.026 5	−9.068 21	−7.088 1	50.241 18
30	2 384	2 348	2 376.212	7.788 041	60.653 59	−16.156 3	23.944 36	573.332 2
31	2 381	2 384	2 412.379	−31.378 9	984.634 5	7.788 041	−39.166 9	1 534.048
32	2 397	2 381	2 409.365	−12.365	152.892 6	−31.378 9	19.013 91	361.528 8
33	2 438	2 397	2 425.439	12.560 83	157.774 5	−12.365	24.925 81	621.296
34	2 437	2 438	2 466.629	−29.629 3	877.894 2	12.560 83	−42.190 1	1 780.006
35	2 471	2 437	2 465.625	5.375 358	28.894 47	−29.629 3	35.004 64	1 225.325
36	2 532	2 471	2 499.782	32.217 7	1 037.98	5.375 358	26.842 35	720.511 5
合计					10 899.65			25 429.67

根据式(14-26)及表 14-33 中的合计数,检验统计量:

$$d=\frac{\sum_{t=2}^{n}(e_t-e_{t-1})^2}{\sum_{t=1}^{n}e_t^2}=\frac{25\ 439.67}{10\ 899.65}=2.33$$

若取 $\alpha=0.05$,再根据 $n=36$,$k=1$(自变量的个数),查 $D-W$ 临界值表,得知 $d_L=1.41$,$d_U=1.52$。显然 $2.33<4-1.52=2.48$,所以自回归模型

$$\hat{Y}_t=17.324\ 5+1.004\ 6Y_{t-1}$$

基本剔除了自相关的影响,用于预测是有效的。现要预测我国下一年度 1 月份的广义货币供应量,只需用第三年 12 月份的实际货币供应量 2 532 亿元代入以上的自回归模型,即可预测我国下一年度 1 月份的广义货币供应量为 2 560.97 亿元。

本章小结

本章介绍了时间序列的编制、对时间序列进行分析的一系列方法,以及利用时间序列构造预测模型进行预测的几种方法。用时间序列进行预测时,要注意其假设是过去对现象发生作用的因素在未来继续存在,没有发生很大的变化,原有的变动规律仍将延续;还要注意其与利用截面数据构造模型进行预测的不同之处。运用得当,时间序列分析方法将是进行预测的优秀工具。

现代时间序列分析已经发展形成了许多更高级复杂的预测模型,必须借助统计分析软件进行计算。

思考与练习

14.1 什么是时间序列？它在社会经济统计中有何重要作用？

14.2 从指标变量的性质和序列形态来分，时间序列有哪几种？用什么方法来识别？

14.3 怎样编制时间序列？编制时间序列必须注意什么？

14.4 有哪些常用的动态分析指标？它们各有什么意义？

14.5 时间序列构成的经典模式有哪两种？它们各有什么特点？

14.6 怎样测定长期趋势和季节变动？怎样测定循环变动和不规则变动？

14.7 时间序列预测方法的主要特点是什么？常用的基本预测方法有哪几种？各有什么特点？

14.8 兹有某企业1~7月份的资料如下：

月 份	1	2	3	4	5	6	7
销售产值(万元)	84	102	90	92	91	94	—
期初职工人数(人)	100	98	100	103	105	105	110
其中工人数(人)	68	60	68	72	75	75	80

要求：(1) 计算上半年月平均销售产值和平均职工人数；

(2) 计算上半年月平均全员劳动生产率、上半年的全员劳动生产率和上半年职工构成指标；

(3) 根据有关动态指标，对该企业第一、二季度变化做出分析评价。

14.9 某地最近四年鲜蛋季度销售量资料如下：

单位：万吨

	一季度	二季度	三季度	四季度
第一年	13.1	13.9	7.9	8.6
第二年	10.8	11.5	9.7	11.0
第三年	14.6	17.5	16.0	18.2
第四年	18.4	20.0	16.9	18.0

要求：(1) 用移动平均法修匀序列；

(2) 拟合线性模型，测定序列的长期趋势；

(3) 用按月平均法和趋势剔除法测定序列的季节变动，并加以比较，说明差异情况及原因；

(4) 根据(2)(3)的计算结果预测第五年各季销售量。

14.10 某地百货商场连续16个月的销售额资料如下：

时间 t	1	2	3	4	5	6	7	8	9	10	11	12	13	14	15	16
销售额(万元)	97	95	95	92	95	95	98	97	99	95	95	96	97	98	94	95

要求：选择 $\alpha=0.1$，建立单项指数平滑预测模型，预测下一月的销售额。

14.11 某地连续9年羊毛衫销售量资料如下：

年份	1	2	3	4	5	6	7	8	9
销售量(万件)	165	270	450	740	1 220	2 010	3 120	5 460	9 000

要求：(1) 确定该时间序列的曲线特征，拟合适当的趋势模型；
(2) 预测第十年的销售量。

14.12 某地连续16年工业总产值资料如下：

时间 t	1	2	3	4	5	6	7	8	9	10	11	12	13	14	15	16
工业总产值(亿元)	71	79	89	97	109	108	118	123	129	132	134	146	158	163	172	181

要求：(1) 用自相关分析判断该时间序列的性质；
(2) 拟合一阶自回归模型，并对模型加以检验（$\alpha=0.05$）；
(3) 试用自回归模型预测下一年的产值。

14.13 增加家庭的订阅量是增加报纸总的发行量的一个重要部分。某晚报营销部门被要求对报纸发行这个部分进行监测，并要求对家庭订阅量进行预测。为了达到这个目标，收集了过去两年家庭报纸订阅量的数据，见下表：

月份	报纸订阅量(份)	月份	报纸订阅量(份)
1	75 327	13	90 507
2	77 116	14	91 927
3	79 341	15	93 878
4	80 893	16	94 784
5	82 326	17	96 109
6	82 879	18	97 189
7	84 006	19	97 899
8	85 119	20	99 208
9	86 182	21	100 537
10	87 418	22	102 028
11	88 063	23	103 977
12	89 444	24	106 375

要求：(1) 分析这些数据并构造一个预测未来家庭订阅量的统计模型，要求说明模型的假设和缺点；
(2) 预测未来两个月的家庭报纸订阅量；
(3) 你能用构建的模型预测一年后的家庭报纸订阅量吗？请解释。

14.14 兹有我国连续四年的工业总产值的月度资料，见下表：

月份编号	工业总产值(亿元)	月份编号	工业总产值(亿元)
1	477.9	3	507.3
2	397.2	4	512.2

续表

月份编号	工业总产值(亿元)	月份编号	工业总产值(亿元)
5	527	27	695.7
6	545	28	712
7	494.7	29	723.1
8	502.5	30	743.2
9	536.5	31	678
10	533.5	32	676
11	553.6	33	703
12	543.9	34	685.3
13	518.6	35	703.3
14	460.9	36	722.4
15	568.7	37	681.9
16	570.5	38	567.6
17	590	39	737.7
18	604.8	40	739.6
19	564.9	41	759.6
20	575.9	42	794.8
21	613.9	43	719
22	614	44	734.8
23	646.7	45	776.2
24	655.3	46	782.5
25	645.7	47	816.5
26	562.4	48	847.4

要求：对以上数据进行三项移动平均和长期趋势分析。

第十五章

统计指数

统计引例

居民消费价格指数的计算和运用

居民消费价格指数(CPI)是反映物价变动的最常用的指数。若你是一家大型投资公司的管理人员,为了更好地掌握宏观经济变动的规律,需要了解居民消费价格指数是如何编制的,并用居民消费价格指数对宏观经济数据进行处理。为此,你需要掌握有关统计指数的基础知识。

第一节 指数的概念和种类

指数一词有两种不同的含义:一种是数学中的指数(exponent),如指数曲线、指数平滑等;另一种就是本章要介绍的统计指数(index)。统计指数(以下简称指数)是社会经济统计中历史最悠久、应用最广泛、同社会经济生活关系最密切的一个组成部分。它产生于 18 世纪欧洲资本主义迅速发展时期。当时由于美洲新大陆开发的大批金银贵金属源源不断输入,使欧洲物价骤然上涨,引起社会的普遍关注。经济学家为了测定物价的变动,开始尝试编制物价指数。此后 200 多年,指数的应用和理论不断发展,逐步扩展到工业生产、进出口贸易、铁路运输、工资、成本、生活费用、证券等各个方面。其中有些指数,如零售商品价格指数、居民消费价格指数,同人们的日常生活息息相关;有些指数,如生产资料价格指数、股票价格指数等,则直接影响人们的投资活动,成为社会经济的晴雨表。至今,指数不仅是分析社会经济和景气度预测的重要工具,而且还被应用于经济效益、生活质量、综合国力、社会发展水平的综合评价研究。

一、指数的概念和作用

统计指数的含义有广义和狭义两种。广义的指数是指一切说明社会经济现象数量变动或差异程度的相对数,如动态相对数、比较相对数、计划完成程度等都可称为指数。狭义的指数是一种特殊的相对数,也即专指说明不能直接相加的复杂社会经济现象综合变动程度的相对数。例如,零售物价指数,是说明全部零售商品价格总变动的相对数;工业产品产量指数,是说明一定范围内全部工业产品实物量总变动的相对数;等等。统计中的指数,主要是指这种狭义的指数。

从指数的概念可知,指数是对现象量的变动的综合测定,具有综合的性质。从数量上进行综合,无非是把各个别的量加总为一个总量,或者是对这些个别的量进行平均,以平均数为代表,表示总体的水平。但是,不同质的量是不可加总的;即使求平均数,也必须以同质的量为基础。统计指数,作为一种测定方法,其核心就是要解决如何对不同质的量进行综合的问题。

指数主要有以下三个方面的作用:
(1) 反映复杂的社会经济现象总体的综合变动程度;
(2) 分析社会经济现象总变动中各个因素的影响;
(3) 对多指标复杂社会经济现象进行综合测评。

二、指数的种类

可以从不同的角度对指数进行分类。基本分类有以下三种:

1. 按指数反映的对象不同,分为个体指数和总指数

个体指数是表示个别现象变动的相对数,如某种产品的产量指数、某种商品的价格指数等。

总指数是表示总体范围某种现象变动的相对数,如工业产品产量指数、上证综合指数等。

此外,介于个体指数与总指数之间的指数称为组指数或类指数,表示总体中某一组或某一类现象变动的相对数,如居民消费价格指数中的食品类指数、上证综合指数中的工业类指数。总指数和组指数都属于狭义的指数,编制方法相同,只是计算范围不同而已。

2. 按指数反映的现象性质不同,分为数量指标指数和质量指标指数

数量指标指数是表示数量指标(其形式为绝对数)变动程度的相对数,如产品产量指数、商品销售量指数等。

质量指标指数是表示质量指标(其形式为相对数和平均数)变动程度的相对数,如价格指数、成本指数等。

3. 按指数采用的基期不同,分为定基指数和环比指数

在指数中,如果各个指数采用某一固定时期为基期,这种指数称为定基指数;如果各个指数都以上一期为基期,则称为环比指数。定基指数和环比指数也就是社会经济变量的定基发展速度和环比发展速度,通常可结合应用,以反映现象发展变化的特点和趋势。

第二节 综合指数

统计研究的对象是总体。因此,从研究对象的范围来看,编制指数主要是指总指数。总指数的编制方法有综合指数和平均数指数两种。本节介绍综合指数编制方法。

综合指数是将不可同度量的诸经济变量通过另一个有关的称为同度量因素的变量转换成可以相加的总量指标,然后以总量指标对比所得到的相对数来说明复杂现象量的综合变动。其主要特点是先综合后对比。现以例 15-1 来说明编制综合指数的基本原理和方法。

例 15-1 假设某商店销售三种商品,基期和报告期的价格资料如表 15-1 所示。

表 15-1　　　　　　　　基期和报告期三种商品的销售量和价格资料

商品	计量单位	基期销售量 q_0	报告期销售量 q_1	基期价格 p_0(元)	报告期价格 p_1(元)
甲	千克	50	62.5	20	22
乙	套	75	90	10	9
丙	件	100	115	5	5

根据以上数据要计算反映三种商品销售量和价格总变动的总指数。

解 显然,某种商品的个体销售量指数或个体价格指数的计算比较简单,就是其发展速度,即:

$$I_q = q_1/q_0 \tag{15-1}$$

$$I_p = p_1/p_0 \tag{15-2}$$

式中:q 表示销售量、产量等数量指标,p 表示价格、成本等质量指标,0 表示基期,1 表示报告期,I_q 表示个体销售量指数,I_p 表示个体价格指数。

如甲商品的个体销售量指数和个体价格指数分别为:

$I_q = 62.5 \div 50 = 125\%$

$I_p = 22 \div 20 = 110\%$

为了概括说明三种商品销售量和价格总变动的情况,就要计算销售量总指数和价格总指数。由于这三种商品使用价值不同,计量单位也不同,因此不能直接相加取得两个时期的销售总量和价格。历史上,早期的价格总指数曾用式(15-3)的简单平均方法计算。

$$\overline{I}_p = \frac{\sum p_1}{\sum p_0} \tag{15-3}$$

式中:$\overline{I}$ 表示总指数。这类指数由于不考虑各种商品的重要性,难以反映价格的真实变动及其影响而被淘汰了。以后逐渐出现了加权计算的总指数。影响较大并延续至今的加权的综合价格指数公式,有以下几种:

1. 德国统计学家拉斯贝尔(Etienre Laspeyres,1834—1913)于 1864 年提出以基期物量为权数的综合价格指数公式:

$$\overline{I}_p = \sum p_1 q_0 / \sum p_0 q_0 \tag{15-4}$$

相应的物量指数公式为:

$$\overline{I}_q = \sum q_1 p_0 / \sum q_0 p_0 \tag{15-5}$$

这种指数公式被后人称为拉氏公式。

拉氏的综合指数以基期物量 q_0 或基期价格 p_0 为权数,使原来不能直接相加的销售总量和销售价格转化为两个可以直接相加的销售总额,因而在式(15-4)中的权数 q_0 和式(15-5)中的权数 p_0 又被称为同度量因素。相应地,在式(15-4)中的 p 和式(15-5)中的 q 被称为指数化量因素。

拉氏的价格指数的出发点是要剔除物量变动影响,反映纯粹的价格变动,以说明人们维持基期的消费水平在报告期因价格变动而要多支出(或少支出)的费用。但是,却不能反映报告期实际消费结构在价格变动情况下的结果,与报告期实际有些不符。

用拉氏公式计算例 15-1 的价格总指数和销售量总指数的结果如下:

$$\overline{I}_p = \sum p_1 q_0 / \sum p_0 q_0 = (22 \times 50 + 9 \times 75 + 5 \times 100) \div (20 \times 50 + 10 \times 75 + 5 \times 100)$$
$$= 2\,275 \div 2\,250 = 101.11\%$$

$$\overline{I}_q = \sum q_1 p_0 / \sum q_0 p_0 = (62.5 \times 20 + 90 \times 10 + 115 \times 5) \div (50 \times 20 + 75 \times 10 + 100 \times 5)$$
$$= 2\,725 \div 2\,250 = 121.11\%$$

即总的来讲,该商店销售价格报告期比基期涨了 1.11%,销售量提高了 21.11%。

综合指数的分子减分母也有意义,如上例中价格总指数的分子减分母等于 25,表示由于价格的变动,使销售额增加了 25 元。销售量总指数的分子减分母等于 475,表示由于销售量的提高,使销售额增加了 475 元。

2. 1874 年,德国年轻的统计学家派许(Hermann Paasche,1851—1925)又提出了以报告期物量为权数的综合价格指数公式

$$\overline{I}_p = \sum p_1 q_1 / \sum p_0 q_1 \tag{15-6}$$

相应的物量指数公式为:

$$\overline{I}_q = \sum q_1 p_1 / \sum q_0 p_1 \tag{15-7}$$

后人称这种公式为派氏公式。

派氏的价格指数是按报告期销售量计算的,其优点是更具有现实经济意义,其缺点是不仅反映价格的变动,而且还包含销售量变动,具有双重因素的影响。

用派氏公式计算例 15-1 的价格总指数和销售量总指数的结果如下:

$$\overline{I}_p = \sum p_1 q_1 / \sum p_0 q_1 = (22 \times 62.5 + 9 \times 90 + 5 \times 115) \div (20 \times 62.5 + 10 \times 90 + 5 \times 115)$$
$$= 2\,760 \div 2\,725 = 101.28\%$$

$$\overline{I}_q = \sum q_1 p_1 / \sum q_0 p_1 = (62.5 \times 22 + 90 \times 9 + 115 \times 5) \div (50 \times 22 + 75 \times 9 + 100 \times 5)$$
$$= 2\,760 \div 2\,275 = 121.32\%$$

即总的来讲,该商店销售价格报告期比基期涨了 1.28%,销售量提高了 21.32%。

因为在以上的公式中都存在着假定的总额 $\sum p_0 q_1$ 或 $\sum q_0 p_1$,对拉氏公式和派氏公式的取舍,历史上学者们见仁见智,褒贬不一。并且认为这两种公式在量的测定上都存在偏大和偏小的问题,也即当拉氏权数偏大时,派氏权数便偏小,或当拉氏权数偏小时,派氏权数便偏大。

因为 $\sum p_0 q_1$ 比 $\sum q_0 p_1$ 更为贴近人们的思维方式,所以在实际编制指数时,物量指数主要采用拉氏公式,价格指数主要采用派氏公式。

3. 1887 年英国经济学家马歇尔(Alfred Marshall,1842—1924)提出了以基期与报告期的实物平均量为权数的综合物价指数,其计算公式为:

$$\overline{I}_p = \sum p_1(q_0 + q_1)/2 \div \sum p_0(q_0 + q_1)/2 \tag{15-8}$$

此公式又为英国统计学家艾奇沃斯(Francis Ysidro Edgeworth,1854—1926)所推广,故被称为马歇尔-艾奇沃斯公式。不难看出,按此公式计算的价格指数在拉氏和派氏指数之间。虽然从数量测定上似乎不偏不倚,但却失去了拉氏和派氏公式的经济意义,现在基本上已不再使用。

4. 1911年美国统计学家费暄(Irving Fisher,1867—1947)提出了交叉计算(crossing)的公式,即拉氏与派氏公式的几何平均公式:

$$\bar{I}_p = \sqrt{\frac{\sum p_1 q_0}{\sum p_0 q_0} \frac{\sum p_1 q_1}{\sum p_0 q_1}} \tag{15-9}$$

费暄系统地总结了各种指数公式的特点,提出了对指数优劣的三种测验方法(时间互换测验、因子互换测验和循环测验)。费暄对各种指数进行了检验,绝大多数指数公式不符合这三种检验,唯有他的公式通过检验,故自称他的公式为"理想公式"。"理想公式"同"马-艾公式"一样,虽然"不偏不倚",但同样缺乏明确的经济意义,而且所用资料更多,计算比较困难。现在使用费暄公式已比较少见。

5. 除了上述以实际资料为权数的价格指数公式外,还有一种固定权数公式,即以某一年份的物量构成,延续多年用于编制价格指数;或以某一年份的价格作为固定的同度量因素,延续多年用于编制物量指数。其计算公式为:

$$\text{综合价格指数 } \bar{I}_p = \sum p_1 q_n / \sum p_0 q_n \tag{15-10}$$

$$\text{综合物量指数 } \bar{I}_q = \sum q_1 p_n / \sum q_0 p_n \tag{15-11}$$

我国的工业产品产量指数曾长期采用这种形式。例如,20世纪80年代各年的产量指数都以1980年的产品价格为固定的同度量因素。其优点是可以事先编制不变价格详细目录,查目录编制指数,操作方便,也便于前后动态比较。缺点是编制不变价格目录工作浩繁,而且固定的价格不能确切反映日新月异的新产品出现的影响,特别是当市场价格变动很大时,固定价格背离实际,据此计算的动态指数就不能真实反映工业生产的增长。

上述各种加权方法的综合指数公式都有其特点和一定的适用条件,以"马-艾"指数公式为例,虽然用于动态指数计算,经济意义不明确,但当用于不同地区的价格综合比较时,却不失为一种公允的方法。社会经济现象极其复杂,任何一种指数形式都不可能一应万全地满足需要。因此,当我们强调按编制指数的经济意义选择指数的权数或同度量因素时,还要注意根据具体的研究对象和条件选择指数公式。

第三节　平均数指数

运用综合指数公式求总指数,无论选择哪一种同度量因素,当把不可同度量的变量转化为可相加的价值总量指标时,在指数公式中,或是分子,或是分母,都存在一种假定,即 $\sum p_0 q_1$ 或 $\sum q_0 p_1$。如果研究的范围很大,包括产品种类很多时,要取得两个时期相互对应的产量(q)和价格(p)资料是不胜其烦的。这就为实际应用带来了困难。因此,编制总指数往往采用另一种形式:平均数指数。

早期的平均数指数是对个体指数 I 的简单平均,如价格指数的公式:

$$\bar{I}_p = \sum I_p / n \tag{15-12}$$

这种方法把不同商品的价格同等对待,缺乏实际意义。现在的平均数指数是对个体指数

I 的加权平均,它可以根据抽样调查资料利用代表商品的物量或价格的个体指数计算。按指数化因素指标的性质和平均方法不同,平均数指数分为加权算术平均数指数和加权调和平均数指数两种。

一、加权算术平均数指数

加权算术平均数指数是对个体指数采用加权算术平均方法计算的总指数。通常用于计算物量指数,也可用于计算价格指数,计算公式为：

$$\text{物量总指数 } \overline{I}_q = \frac{\sum I_q w}{\sum w} \tag{15-13}$$

$$\text{价格总指数 } \overline{I}_p = \frac{\sum I_p w}{\sum w} \tag{15-14}$$

式中：I_q——个体物量指数,等于 q_1/q_0；

I_p——个体价格指数,等于 p_1/p_0；

w——权数。

式(15-13)和式(15-14)中的权数可取不同的因素,实际中最常使用的权数是基期的销售额 $p_0 q_0$。

例 15-2 根据例 15-1 某商店的数据资料,计算加权算术平均数指数来反映三种商品销售量和价格的总变动。

解 把表 15-1 的数据整理成表 15-2 的形式。

表 15-2　　　　　　三种商品的销售量、价格和基期销售额资料

商品	计量单位	销售量 q_0	销售量 q_1	价格(元) p_0	价格(元) p_1	销售量个体指数(%) $I_q=q_1/q_0$	价格个体指数(%) $I_p=p_1/p_0$	基期销售额 $w=p_0 q_0$
甲	千克	50	62.5	20	22	125	110	1 000
乙	套	75	90	10	9	120	90	750
丙	件	100	115	5	5	115	100	500
合计	—	—	—	—	—	—	—	2 250

根据式(15-11),三种商品销售量的加权算术平均数指数为：

$$\overline{I}_q = \frac{\sum I_q w}{\sum w} = \frac{1.25 \times 1\,000 + 1.2 \times 750 + 1.15 \times 500}{1\,000 + 750 + 500} = \frac{2\,725}{2\,250} = 121.11\%$$

计算结果表明,三种商品销售量报告期比基期平均增长 21.11%,与前面按拉氏综合物量指数公式计算结果相同。从计算公式也不难看出,在资料完全相同的情况下,以基期价值总量指标为权数的加权算术平均数指数同拉氏的综合物量指数是一致的,即：

$$\overline{I}_q = \frac{\sum I_q w}{\sum w} = \frac{\sum \frac{q_1}{q_0} p_0 q_0}{\sum p_0 q_0} = \frac{\sum q_1 p_0}{\sum q_0 p_0}$$

根据式(15-12)，三种商品价格的加权算术平均数指数为：

$$\bar{I}_p = \frac{\sum I_p w}{\sum w} = \frac{1.1 \times 1\,000 + 0.9 \times 750 + 1 \times 500}{2\,250} = \frac{2\,275}{2\,250} = 101.11\%$$

计算结果表明，三种商品价格报告期比基期平均增长1.11%，与前面按拉氏综合价格指数公式计算结果相同。从计算公式也不难看出，在资料完全相同的情况下，以基期价值总量指标为权数的加权算术平均数指数同拉氏的综合价格指数是一致的，即：

$$\bar{I}_p = \frac{\sum I_p w}{\sum w} = \frac{\sum \dfrac{p_1}{p_0} p_0 q_0}{\sum p_0 q_0} = \frac{\sum p_1 q_0}{\sum p_0 q_0}$$

需要注意的是，实际工作中用两种方法计算的指数是不一致的。因为综合指数通常采用全面资料，而加权平均数指数则是采用抽样资料。此外，如果上列公式中权数不是用基期的价值总量资料，而是用其他资料，结果也会不同。

二、加权调和平均数指数

加权调和平均数指数是对个体指数用加权调和平均方法计算的总指数。通常用于计算价格指数，也可用于计算物量指数。计算公式为：

$$物量总指数\ \bar{I}_q = \frac{\sum w}{\sum \dfrac{w}{I_q}} \tag{15-15}$$

$$价格总指数\ \bar{I}_p = \frac{\sum w}{\sum \dfrac{w}{I_p}} \tag{15-16}$$

式中：I_q——个体物量指数，等于q_1/q_0；

I_p——个体价格指数，等于p_1/p_0；

w——权数。

式(15-15)和式(15-16)中的权数可取不同的因素，实际中最常使用的权数是报告期的总额$p_1 q_1$。

例15-3 根据例15-1某商店的数据资料，计算加权调和平均数指数来反映三种商品销售量和价格的总变动。

解 把表15-1的数据整理成表15-3的形式。

表15-3　　　　　　　三种商品的销售量、价格和报告期销售额资料

商品	计量单位	销售量 q_0	销售量 q_1	价格(元) p_0	价格(元) p_1	销售量个体指数(%) $I_q=q_1/q_0$	价格个体指数(%) $I_p=p_1/p_0$	报告期销售额 $w=p_1 q_1$
甲	千克	50	62.5	20	22	125	110	1 375
乙	套	75	90	10	9	120	90	810
丙	件	100	115	5	5	115	100	575
合计	—					—	—	2 760

根据式(15-13),三种商品销售量的加权调和平均数指数为:

$$\bar{I}_q = \frac{\sum w}{\sum \frac{w}{I_q}} = \frac{1\,375+810+575}{\frac{1\,375}{1.25}+\frac{810}{1.2}+\frac{575}{1.15}} = \frac{2\,760}{2\,275} = 121.32\%$$

计算结果表明,三种商品销售量报告期比基期平均增长21.32%,与前面按派氏综合物量指数公式计算结果相同。从计算公式中也不难看出,在资料完全相同的情况下,以报告期价值总量指标为权数的加权调和平均数指数同派氏的综合物量指数是一致的,即:

$$\bar{I}_q = \frac{\sum w}{\sum \frac{w}{I_q}} = \frac{\sum p_1 q_1}{\sum \frac{p_1 q_1}{\frac{q_1}{q_0}}} = \frac{\sum p_1 q_1}{\sum p_1 q_0}$$

根据式(15-14),三种商品价格的加权调和平均数指数为:

$$\bar{I}_p = \frac{\sum w}{\sum \frac{w}{I_p}} = \frac{2\,760}{\frac{1\,375}{1.1}+\frac{810}{0.9}+\frac{575}{1}} = \frac{2\,761}{2\,725} = 101.28\%$$

计算结果表明,三种商品的价格报告期比基期平均增长1.28%,与前面按派氏综合价格指数公式计算结果相同。从计算公式中也可看出,在资料相同情况下,以报告期价值总量指数为权数的加权调和平均数指数同派氏的综合价格指数公式是一致的,即:

$$\bar{I}_p = \frac{\sum w}{\sum \frac{w}{I_p}} = \frac{\sum p_1 q_1}{\sum \frac{p_1 q_1}{\frac{p_1}{p_0}}} = \frac{\sum p_1 q_1}{\sum p_0 q_1}$$

同样需要注意的是,实际工作中用两种方法计算的指数也是不一致的。因为综合指数通常采用全面资料,而加权调和平均数指数则是采用抽样资料。此外,如果上列公式中权数不是用报告期的价值总量资料,而是用其他资料,结果也会不同。

在上节中,已经指出用综合指数实际编制总指数时,物量指数主要采用拉氏公式,价格指数主要采用派氏公式。所以,加权算术平均数主要用于编制物量总指数,加权调和平均数主要用于编制价格总指数。

实际工作中,无论是加权算术平均数指数或者是加权调和平均数指数,都会采用经济发展比较稳定的某一时期的价值总量结构作为固定的权数,如同综合指数中采用固定权数一样,一经确定便沿用5年乃至10年不变。如西方国家的工业生产指数便是采用固定权数的平均数指数。固定权数为比重形式,即以 $p_n q_n / \sum p_n q_n$ 作为 w,计算公式为:

$$\bar{I}_q = \sum I_q w \qquad (15-17)$$

采用固定权数的加权平均数指数,不仅可以避免每次编制指数时权数资料来源的困难,而且也便于前后不同时期比较。

此外,平均数指数还有加权几何平均数形式。

平均数指数和综合指数都是编制总指数的方法,其经济内容是一致的。它们的区别,除了计算方法不同(综合指数是先综合后对比,平均数指数是先对比后综合)、资料来源不同(综合指数通常采用全面资料,平均数指数则是采用抽样资料)之外,综合指数的分子分母之差具有一定的经济内容,即说明由于价格变动或物量变动而带来价值总量指标的增减量;而平均数指数的分子分母之差却不具有价值总量指标增减的经济内容。特别是采用固定权数的平均数指数,只具有相对数的意义。因此,即使平均数指数有许多优点,也不能完全取代综合指数的应用。

第四节 两种常见的经济指数

指数在社会经济统计中应用很广泛。这一节介绍最常见的两种经济指数——居民消费价格指数和股票价格指数,进一步说明指数的编制方法及其在社会经济问题研究中的应用。

一、居民消费价格指数

居民消费价格是指居民支付购买消费品和获得服务项目的价格,它同人民生活息息相关,在整个国民经济价格体系中占有重要地位。居民消费价格指数就是反映这种消费品和服务项目价格变动趋势和程度的相对数,可用于分析居民实际收入水平和生活水平的变化,也是国民经济核算和宏观经济分析与决策的重要指标。

(一) 居民消费价格指数的编制方法

居民消费价格指数按研究的范围不同,有市县级、省(区)级居民消费价格指数和全国范围的居民消费价格指数,以反映不同地区的居民消费价格的变动情况。同时,由于我国城乡居民在消费水平和消费结构上仍存在较大的差别,因此还分别编制农村居民消费价格指数和城市居民消费价格指数,以反映城乡不同经济条件下居民消费价格的变动情况。

由于消费品和服务项目繁多,而且价格处于经常变动中,难以取得全面资料按综合指数公式计算,实际工作中,只能用抽样方法,选择代表规格品,对这些代表规格品的个体指数加以平均逐次计算类指数和总指数。因此,编制居民消费价格指数必须解决商品和服务项目分类、代表规格品选择、价格采集和权数确定等问题。

1. 消费品、服务项目的分类和代表规格品的选择

居民消费价格指数包括居民用于日常生活的全部商品和服务项目。按国家统计局《居民消费价格指数商品及服务项目目录》规定共分 8 个大类,即食品、烟酒及用品、衣着、家庭设备用品及维修服务、医疗保健及个人用品、交通和通讯、娱乐教育文化用品及服务、居住等。每个大类包括若干个中类,中类之下又有基本分类;根据全国城乡九万余户居民家庭消费支出调查资料中消费额较大的项目和习惯确定,共设 351 个基本分类。

代表规格品是按照消费量较大、价格变动趋势和变动程度有较强代表性的规格品的要求选择的,并且都规定了最低数量标准,各地可根据当地实际情况适当增加。

2. 价格的调查与计算

对代表规格品价格的调查,首先是将各种类型的商店、农贸市场、服务网点分别以人均销售额、成交额和经营规模为标志,从高到低排序;其次,分别将销售额、成交额和经营规模累计起来,然后依据所需调查点的数量进行等距抽样选定价格调查点,实行定人、定点、定时的直接调查。一般性商品每月调查 2~3 次价格,对于与居民生活密切相关、价格变动比较频繁的商品,至少每 5 天调查一次。报告期内各调查点及各次调查采集到的价格,用简单算术平均法计

算各种代表规格品的平均价格。例如,某市某月大米(基本分类)中的特粳散装大米这种规格品平均价格的计算见表 15-4。

表 15-4　　　　　　　　　　　特粳散装大米(规格品)价格采集表

大　米	单　位	规格等级	第一次调查	第二次调查	第三次调查	
调查点 1	千克	特粳散装	2.60	2.60	2.60	
调查点 2	千克	特粳散装	2.13	2.20	2.20	
调查点 3	千克	特粳散装	2.20	2.20	2.20	
平均价格	元					2.33

将报告期平均价格除以基期平均价格便是代表规格的单项指数(即个体指数)。如已知该地上月特粳散装大米每千克为 2.22 元,这种规格大米的单项指数为(2.33÷2.22)×100％＝105.1％。

3. 指数计算方法和权数

居民消费价格指数计算的程序是先基本分类指数,再中类、大类,最终由各大类指数加权平均为城市(或农村)居民消费价格总指数。基本分类指数是用简单几何平均法对若干种代表规格品的个体指数进行平均;中类和大类指数及总指数则是用加权算术平均法逐层计算。

居民消费价格指数的权数,是居民家庭用于各种商品和服务的支出额占所有消费品和服务支出总额的比重,反映调查商品和服务项目的价格变动在总指数形成中的影响程度,其资料来自城镇和农村居民住户的抽样调查。权数一经确定,一年内固定不变。

现举例说明居民消费价格指数计算的步骤,见表 15-5 和表 15-6。

表 15-5　　　　　　　　　　　居民消费价格食品类指数计算表

类别及品名	规格等级	计量单位	权数	指数	指数×权数
食品大类指数			1 000	106.3	
1. 粮食中类			60	101.8	6.10
大米基本分类			600	102.5	61.50
	特粳散装大米	千克		105.1	
	乐惠牌,10 千克袋装	千克		100.0	
	新大米,自销品牌 10 千克袋装	千克		102.3	
面粉基本分类			50	103.1	5.16
	富强粉	千克		106.3	
	精制粉	千克		100.0	
粮食制品基本分类			322	100.8	32.46
其他			28	95.5	2.67
2. 淀粉及薯类中类			7	99.4	0.70
3. 干豆类及豆制品中类			20	99.2	1.98
4. 油脂中类			25	113.4	2.84
5. 肉禽及其制品中类			178	105.2	18.73
6. 蛋中类			20	103.2	2.06

续表

类别及品名	规格等级	计量单位	权数	指数	指数×权数
7. 水产品中类			160	115.5	18.48
8. 菜中类			80	122.1	9.77
9. 调味品中类			15	102.4	1.54
10. 糖中类			10	98.4	0.98
11. 茶及饮料中类			35	100.1	3.50
12. 干鲜瓜果中类			80	100.1	3.50
13. 糕点饼干面包中类			40	100.0	4.00
14. 奶及奶制品中类			50	99.7	4.99
15. 在外用餐食品中类			190	100.6	19.11
16. 其他食品及食品加工服务中类			30	100.0	3.00

表 15-5 列出了食品大类包括的 16 个中类。其中,粮食中类包括大米、面粉、粮食制品和其他 4 个基本分类;大米和面粉的两个基本分类中又分别包括 3 种和 2 种代表规格。

首先,由各代表规格品的单项指数计算基本分类指数。例如,大米这一基本分类指数为:

$$\overline{I}_{\text{大米}} = \sqrt[3]{1.051 \times 1.00 \times 1.023} \times 100\% = 102.5\%$$

其次,根据基本分类指数计算中类指数。例如粮食中类指数为:

$$\overline{I}_{\text{粮食}} = \sum Iw \ (w \text{ 为相对权数})$$
$$= (1.025 \times 600 + 1.031 \times 50 + 1.008 \times 322 + 0.955 \times 28)/1\,000 \times 100\%$$
$$= 101.8\% \ ①$$

再次,各中类指数乘以相应的权数,便得到大类指数。例如,食品大类指数便是该大类所含 16 个中类指数与相应权数乘积之和为 106.3%。

最后,将 8 个大类指数分别乘以相应的权数,便得到总指数。该市某月居民消费价格环比总指数为 102.8%(见表 15-6)。

表 15-6　　　　　　　　居民消费价格总指数计算表

类别及品名	规格等级	计量单位	权数	指数	指数×权数
居民消费价格指数			1 000	102.8	
一、食品类			390	106.3	41.6
二、烟酒及用品类			30	100.7	3.02
三、衣着类			70	103.8	7.27
四、家庭设备用品及维修服务类			80	100.9	8.07
五、医疗保健和个人用品类			90	99.8	8.98
六、交通和通讯类			75	99.4	7.46
七、娱乐教育文化用品及服务类			152	101.2	15.38
八、居住类			113	98.5	11.13

---

① 价格指数计算中为避免各项权数数值太小,故权数总和定为 1 000。

(二) 居民消费价格指数的应用

居民消费价格指数包含着丰富的社会经济内容,除直接测定不同范围商品和服务价格变动程度和变动趋势外,还可派生出其他一些指数,是研究社会经济问题、制定有关政策的重要依据。现列举几个重要方面来概述。

1. 测定通货膨胀

通货膨胀是货币发行过多,超过商品流通正常需要,引起物价上涨、货币贬值的一种经济现象。它干扰正常的经济秩序,加剧经济周期波动,扩大财政赤字规模,增加居民负担,特别是对低收入居民生活影响更大,给社会带来不稳定因素。因此,各国政府都把抑制和克服通货膨胀作为一种政策目标。对通货膨胀程度的测定是计算通货膨胀率。计算通货膨胀率方法很多,最常见的是用价格指数的增长率表示。计算公式为:

$$通货膨胀率(\%) = \frac{报告期居民消费价格指数}{基期居民消费价格指数} \times 100\% - 100\%$$

计算结果若为正值,表明存在通货膨胀;若为负值,则表明出现通货紧缩,即价格下跌,币值提高。

2. 测定货币购买力和职工实际工资(或居民实际收入)的变动

(1) 货币购买力指数

所谓货币购买力,是指单位货币所能购买到的消费品和服务。货币购买力的变动直接由价格的变动所决定,而且呈反方向变动,即价格上涨,货币购买力下降;价格下降,货币购买力提高。因此,货币购买力指数可以由价格指数的倒数表示。计算公式为:

$$货币购买力指数 = \frac{1}{居民消费价格指数}$$

(2) 职工实际工资指数

职工领得的货币工资能够买到多少消费品和服务,直接受价格变动的影响。为了更确切地反映职工实际生活水平的变动,可以用价格指数来推算职工货币工资实际能够购买到的消费品和服务数量的变动,也即计算职工实际工资指数。计算公式为:

$$职工实际工资指数 = \frac{职工平均工资指数}{居民消费价格指数}$$
$$= 职工平均工资指数 \times 货币购买力指数$$

3. 平缩经济时间序列

平缩经济时间序列是为了消除经济时间序列中的价格变动的影响,方法是把时间序列中的数据除以相应的价格指数。

在第十四章中,给出的我国国内生产总值这类宏观经济数据都是按当年价格计算的,因为存在着价格变动的影响,进行动态分析时,就需要按可比价格计算。

例 15-4 对我国连续 15 年间国内生产总值用居民消费价格指数进行平缩处理。

解 平缩处理的过程如表 15-7 所示。

表 15-7　　　　　　　　　　连续 15 年间我国的国内生产总值

年　份	按当年价格计算的 国内生产总值(亿元)	居民消费价格指数 (%)	平缩后的国内生产总值 (亿元)
1	71 176.6	108.3	65 721.7
2	78 973.0	102.8	76 821.98
3	84 402.3	99.2	85 082.96
4	89 677.1	98.6	90 950.41
5	99 214.6	100.4	98 819.32
6	109 655.2	100.7	108 892.90
7	120 332.7	99.2	121 303.10
8	135 822.8	101.3	134 079.80
9	159 878.3	103.9	153 877.10
10	184 937.4	101.8	1 816 673.870
11	216 314.4	101.5	2 131 176.355
12	265 810.3	104.8	2 536 357.824
13	314 045.4	105.9	2 965 490.085
14	340 902.8	99.3	3 433 059.416
15	401 202.0	103.3	3 883 852.856

二、股票价格指数

股票作为一种特殊的金融商品,也有价格。广义的股票价格包括票面价格、发行价格、账面价格、清算价格、内在价格、市场价格等。狭义的股票价格,即通常所说的市场价格,也称股票行市。它完全随股市供求行情变化而涨落。股票价格指数(简称股价指数)是根据股票某时点平均市场价格计算的动态相对数,用以反映某一股市股票价格总的变动趋势。股价指数的单位习惯上用"点"表示,即以基期为100(或1 000),每上升或下降1个单位称为1点。股价指数计算的方法很多,但一般以发行量为权数进行加权综合。其计算公式为:

$$I = \sum p_{1i}q_{1i} / \sum p_{0i}q_{1i}$$

式中:p_{1i} 和 p_{0i}——分别为报告期和基期第 i 种股票的平均价格;

q_{1i}——第 i 种股票的报告期发行量(也有采用基期的)。

股价指数是反映证券市场行情变化的重要指标,不仅是广大证券投资者进行投资决策分析的依据,而且也被视为一个地区或国家宏观经济态势的"晴雨表"。世界各地的股票市场都有自己的股票价格指数。在一个国家里,同一股市往往有不同的股票价格。下面介绍几种常见的股票价格指数。

(一) 道-琼斯股价平均数

道-琼斯股价平均数(Dow Jones's Average Index)由美国的道-琼斯公司计算并发布。自1884年第一次开始发布,迄今已有一个多世纪。它是久负盛名、影响最广泛的一种股票价格指数。

道-琼斯股价平均数以在纽约交易所挂牌上市交易的一些著名大公司的股票为编制对象。

最初采用简单算术平均方法计算,将采样股票价格总额除以公司数,反映的是每一公司的平均股票价格总额。为了反映每一单位平均股票价格,应将采样股票价格总和除以总股数,但考虑到增资和折股等各种非市场因素对股票总股数的影响,因此,后来采用除数修正法,即将各种采样股票价格总和除以一个修正后的除数来计算道-琼斯股价平均数。除数修正公式为:

$$修正后的新除数 = \frac{非市场因素影响后的各种采样股票理论价格之和}{非市场因素影响前各种采样股票收盘价之和} \times 原先除数$$

$$道\text{-}琼斯股价平均数 = 采样股票价格总和 \div 修正后的新除数$$

人们通常引用的道-琼斯股价指数实际是一族平均数,包括:

(1) 道-琼斯工业股价平均数

它由美国 30 家著名工商业公司股票组成采样股。主要用以反映整个工商业股票的价格水平。在许多场合,也被用作道-琼斯股价平均数的代表。

(2) 交通运输业股价平均数

它以美国 20 家著名的交通运输公司的股票为采样,其中有 8 家铁路公司、8 家航空公司和 4 家公路货运公司。

(3) 公用事业股价平均数

它以美国 15 家最大公用事业公司的股票为采样股,反映公用事业类股票的价格水平。

(4) 股价综合平均数

它以上述三种股价平均数所涉及的共 65 家公司的股票为采样股综合得到的股价平均数,反映整个股票市场价格的变化趋势。

(二) 标准·普尔股价指数

标准·普尔公司是美国最大的证券研究机构,于 1923 年起开始编制标准·普尔股价指数(Standard & Poor's Index),1957 年起至今,标准·普尔股价指数的采样股一直保持 500 种之多,其中工业股票 400 种、公用事业股票 40 种、金融业股票 40 种、运输业股票 20 种。

标准·普尔股价指数以 1941—1943 年为基期,以股票发行量为权数对所有采样股票价格加权计算而成,其权数根据发行量变化调整。由于它包括了股票市价总值约占纽约证券交易所上市股票的 75%,因此,代表性强,能较全面地反映股票市场价格的变动,在国际金融市场上影响也较大。

(三) 香港恒生指数

1969 年 11 月 24 日,香港恒生银行编制并首次公开发表香港恒生指数(Heng Seng Index,HSI)。它是香港证券市场上最具代表性的股票价格指数。

香港恒生指数共选择了 33 种具有代表性的股票(成分股)为指数计算对象。其中,金融业 4 种,公用事业 6 种,地产业 9 种,其他行业 14 种。

香港恒生指数是以 1964 年 7 月 31 日为基期,基日指数定为 100。计算公式为:

$$即时指数 = 现时成分股的总市值 \div 上日收市时成分股的总市值 \times 上日收市指数$$

成分股的市值是按股价乘以发行股数计算的。因此,香港恒生指数也是以股票发行量为权数的加权综合指数。

(四) 上海证券交易所股价指数

上海证券交易所股价指数主要有上证综合指数等。上证综合指数是以 1990 年 12 月 19 日为基日(该日为上证所正式营业之日),基日定为 100,以所有在上海证券交易所上市的股票为编制范围,采用以股票发行量为权数的综合股价指数。计算公式为:

$$上证综合指数 = 报告期市价总值 \div 基日市价总值 \times 100$$

式中：市价总值是股票市价乘发行股数；基日市价总值也称为除数。

当市价总值出现非交易因素（增股、配股、汇率等）变动时，原除数需修正，以维持指数的连续可比。修正公式为：

$$修正后的除数 = 修正后的市价总值 \div 修正前的市价总值 \times 原除数$$

（五）深圳证券交易所股价指数

深圳证券交易所股价指数有深证综合指数和深证成分股指数等。

1. 深证综合指数

深证综合指数，是以在深圳证券交易所上市的所有股票为对象编制的指数，1991年4月3日为指数的基日，1991年4月4日公布。深证综合指数是以股票发行量为权数，纳入指数计算范围的股票称为指数股。指数计算基本公式为：

$$指数 = 现时指数股总市值 \div 基日指数股总市值 \times 100$$

若遇股市结构有所变动，其修正是用"连锁"方法计算得到的指数溯源于原有基期，以维持指数的连续性。每日连锁方法的计算公式为：

$$今日即时指数 = 上日收市指数 \times 今日即时指数股总市值 \div 经调整的上日指数股收市总市值$$

2. 深证成分股指数

深证成分股指数，是以1994年7月20日为基日，基日指数定为1 000，于1995年1月23日开始发布。深证成分股指数采用流通量为权数，计算公式同深证综合指数。深证成分股指数最早是从上市公司中挑选出40家具有代表性的成分股计算，2015年5月20日起样本股数量扩大到500家。成分股选择的一般原则是：(1) 有一定上市交易日期；(2) 有一定上市规模；(3) 交易活跃。此外，结合考虑公司股份的市盈率，公司的行业代表性，地区、板块代表性，公司的财务状况、管理素质等。

本章小结

广义而言，凡是反映现象的数量差异和变动程度的相对数，都可称为指数。狭义的或严格意义的指数，是指测定复杂的、不可同度量的现象综合变动的相对数。指数在统计中除用于测定诸如价格、产量等综合变动外，还可应用于其他方面的综合评价研究。

编制总指数的方法有综合指数和平均数指数两种形式。综合指数的关键是确定同度量因素；平均数指数的关键是确定权数。要视资料的情况，选择合适的形式。

居民消费价格指数和股价指数等是几种最常见的重要的经济指数。从编制方法中，可以看到编制指数在资料采集、公式选择、权数和基期的确定等方面需要处理一系列技术性问题；从指数的应用中可以看到指数在社会经济问题研究中的重要意义。

思考与练习

15.1 什么是指数？在社会经济统计中，指数有哪些作用？

15.2 什么是个体指数？什么是总指数？

15.3 什么是综合指数？编制综合指数怎样确定同度量因素？对拉氏、派氏公式"马—

艾"公式和费暄公式怎样评价？

15.4 什么是平均数指数？它有哪两种平均方法？平均数指数和综合指数有何区别？各适用于何种情况？

15.5 从我国现行的居民消费价格指数的编制方法来看需要解决哪些技术性问题？

15.6 某企业经营三种商品，其基期和报告期的有关资料如下：

商品名称	计量单位	销售量 基期	销售量 报告期	价格(元) 基期	价格(元) 报告期
甲	件	100	125	1 500	1 500
乙	吨	50	60	3 000	1 150
丙	米	300	270	980	1 200

要求：用拉氏、派氏公式分别计算销售量综合指数和价格综合指数。

15.7 某地某类零售商品中，甲、乙、丙、丁四种代表商品的个体价格指数分别为110%、105%、103%、119%，它们的固定权数分别为11%、29%、35%、25%。

要求：计算这类商品的零售物价类指数。

15.8 某公司报告期生产的四种产品产量、单位产品成本及个体成本指数资料如下：

产品名称	计量单位	产量	单位产品成本(元)	个体成本指数(%)
A	台	300	6 500	107
B	台	1 500	800	96
C	件	2 400	700	112
D	件	400	250	86

要求：根据上表资料的特点，选择合适的方法计算四种产品成本的总指数。

15.9 某厂产量资料如下：

产品名称	上年实际产值(万元)	本年实际产值(万元)	本年产量比上年增长(%)
甲	200	240	25
乙	450	485	10
丙	350	480	40

要求：根据上表资料计算产量的加权算术平均数指数。

附录一 部分思考与练习参考答案

第五章

5.9 （1）$(1+10\%)/(1+5\%)=104.76\%$；（2）$(1-5\%)/(1-2\%)=96.94\%$；$1-96.94\%=3.06\%$

5.10 （1）甲：44.80万元/14.0百辆=320元/辆；乙：34.30万元/9.8百辆=350(元/辆)；

丙：228.00万元/76.0百辆=300元/辆；丁：12.16万元/3.2百辆=380(元/辆)

（2）(44.80万元+34.30万元+228.00万元+12.16万元)/(14.0百辆+9.8百辆+76.0百辆+3.2百辆)=309.96(元/辆)

5.11 $(25\times60\%+75\times20\%+125\times10\%+175\times8\%+225\times2\%)=61$，平均注册资本金为61万元，同按未分组的原始数据计算的平均数可能不相同，因为这里是根据组距计算加权算术平均数，以各组的组中值为该组的代表性数值，但原始数据可能该组数据的平均值不等于组中值

5.12

月份	单价（元）	甲地区 销售额（元）	甲地区 销售量（个）	乙地区 销售额（元）	乙地区 销售量（个）	丙地区 销售额（元）	丙地区 销售量（个）	合计 销售额（元）	合计 销售量（个）
1	1.5	15 000	10 000	30 000	20 000	45 000	30 000	90 000	60 000
2	1.2	24 000	20 000	12 000	10 000	36 000	30 000	72 000	60 000
3	1.1	11 000	10 000	22 000	20 000	33 000	30 000	66 000	60 000
合计	—	50 000	40 000	64 000	50 000	114 000	90 000	228 000	180 000

（1）计算各地区各月销售量，第一季度销售额/第一季度销售量=第一季度平均价格 甲：1.25元；乙：1.28元；丙：1.27元

（2）各月销售总额/各月销售总量=各月平均价格，一月份1.50元；二月份1.20元；三月份1.10元

（3）一季度总销售额/一季度总销售量=一季度总平均价格，1.27元

5.13 平均年利率9.29%

$\sqrt[10]{(107\times108^3\times110^4\times111^2)}=109.29$

5.14 $\bar{X}=(175\times40+225\times100+275\times170+325\times220+375\times190+425\times150+475\times130+525\times120)/1\,120=363.84(元)$；$M_0=300+(220-170)/(220-170+220-190)\times50=331.25(元)$；$M_e=350+(1\,120/2-40-100-170-220)/190\times50=357.89(元)$

5.15

A 的全距=184-76=108 次，184-76；B 的全距=113-55=58(次)

A 的样本标准差为 $S_A=\sqrt{\dfrac{\sum(x-\bar{x})^2}{n-1}}=43.7013$ 次；B 的样本标准差为 $S_B=$

$$\sqrt{\frac{\sum(x-\bar{x})^2}{n-1}}=23.700\,2\,次$$

A 的变异系数为 $V_S=\frac{S}{\bar{x}}\times100\%=33.461\,9\%$；$B$ 的标准差系数为 $V_S=\frac{S}{\bar{x}}\times100\%=27.622\,6\%$

可见 B 接线员接呼次数比 A 均衡，其日平均接呼次数的代表性比 A 强。

5.16 $\mu=\frac{\sum xf}{\sum f},\sigma=\sqrt{\frac{\sum(x-\mu)^2 f}{\sum f}},V_\sigma=\frac{\sigma}{\bar{X}}\times100\%,\alpha=\frac{m_3}{\sigma^3}$,

$m^3=\frac{\sum(x-\mu)^3}{N},\beta=\frac{m_4}{\sigma^4},m^4=\frac{\sum(x-\mu)^4}{N}$

去年：$\mu=23.4$ 元，$\sigma=13.169\,7$ 元；$V_\sigma=56.280\,6\%$，$\alpha=1.562\,5$，$\beta=4.946\,0$

5 年前：$\mu=14.02$ 元，$\sigma=7.102\,1$ 元，$V_\sigma=50.656\,9\%$，$\alpha=1.349\,0$，$\beta=7.744\,3$

由上述指标可以看到去年的人均书报杂志消费额的均值和标准差均高于 5 年前，由此可知去年人均书报杂志消费额高于 5 年前，但去年的离散程度比 5 年前大；去年和 5 年前的标准差系数分别为 56.280 6% 和 50.656 9%，这说明在考虑了均数不同的差异后，去年的离散程度仍然比 5 年前大；去年的偏度系数 α 等于 1.562>0，峰度系数 β 等于 4.946 0>3，表明去年这 1 000 户职工的人均书报杂志消费是正偏态的，并且为尖顶曲线；5 年前的偏度系数 α 等于 1.349 0>0，峰度系数 β 等于 7.744 3>3，表明 5 年前这 1 000 户职工的人均书报杂志消费也是正偏态的，并且也为尖顶曲线。

5.17 (1) X 级：$\bar{X}=575,Me=575,S=6.403\,1,V_S=1.113\,6\%$

Y 级：$\bar{X}=575.4,Me=575,S=2.076\,6,V_S=0.360\,8\%$

(2) 由上述指标可以看到 X 级的轮胎内径标准差高于 Y 级，由此可知 X 级的轮胎内径的离散程度比较大；因此，Y 级轮胎的质量可能更好。

(3) Y 级：$\bar{X}=577.4,Me=575,S=6.107\,4,V_S=1.05\,8\%$

Y 级的均值、标准差均发生改变，中位数未发生改变，对比更改后的指标，X 级的轮胎内径标准差略高于 Y 级，差异很小，由此可知 X 级的轮胎内径的离散程度相对较大；因此，Y 级轮胎的质量可能略微好一些。

第六章

6.6 (1) $A\bar{B}\bar{C}$；(2) $A\cup B\cup C$；(3) $\overline{AB}\bar{C}$；(4) $AB\bar{C}\cup A\bar{B}C\cup \bar{A}BC$；(5) $AB\bar{C}\cup A\bar{B}C\cup \bar{A}BC\cup \bar{A}\bar{B}C$

6.7 (1) AC：同时购买甲种股票和丙种股票的人；

(2) $A\cup B$：买了甲种股票或乙种股票的人；

(3) $\bar{A}$：没有买甲种股票的人；

(4) $B\bar{C}$：买了乙种股票同时没有买丙种股票的人；

(5) $A\cup B\cup D$：买了甲乙丁三种股票的人

6.8 设读甲杂志为事件 A，读乙杂志为事件 B

$P(A)=20\%$ $P(B)=16\%$ $P(A\cap B)=8\%$ $P(A\cup B)=P(A)+P(B)-P(A\cap B)=28\%$

6.9 设"打电话到无人家庭"为事件 A，"打电话到有人家庭"为事件 B，"拒绝接受调查"

为事件 C

(1) $P(A)=100/500=0.2$；

(2) $P(CB)=120/500=0.24$；

(3) $P(\overline{C}B)=280/500=0.56$

6.10 一级射手被选中的概率为 $4/20$；

二级射手被选中的概率为 $8/20$；

三级射手被选中的概率为 $7/20$；

四级选手被选中的概率为 $1/20$

P(任选一位射手能通过选拔进入比赛)$=0.9\times 4/20+0.7\times 8/20+0.5\times 7/20+0.2\times 1/20=0.645$

6.11 在整个工厂生产的产品中

甲机床产品的次品率为 $25\%\times 5\%=1.25\%$

乙机床为 $35\%\times 4\%=1.4\%$

丙机床为 $40\%\times 2\%=0.8\%$

那么这个工厂的次品率为 $1.25\%+1.4\%+0.8\%=3.45\%$

该次品是甲车间生产的概率为：$\dfrac{1.25\%}{3.45\%}=\dfrac{25}{69}$

该次品是甲车间生产的概率为：$\dfrac{1.4\%}{3.45\%}=\dfrac{28}{69}$

该次品是甲车间生产的概率为：$\dfrac{0.8\%}{3.45\%}=\dfrac{16}{69}$

6.12 设 $A=$产品获准出厂　$\overline{A}=$产品未获准出厂

$B=$产品是合格品；$\overline{B}=$产品不是合格品

根据题设条件知

$P(B)=0.96, P(\overline{B})=0.04$

$P(A|B)=0.98, P(A|\overline{B})=0.05$

利用贝叶斯公式得所求概率为

$P(B|A)=\dfrac{P(B)P(A|B)}{P(B)P(A|B)+P(\overline{B})P(A|\overline{B})}=\dfrac{0.96\times 0.98}{0.96\times 0.98+0.04\times 0.05}=0.9979$

$P(\overline{B}|\overline{A})=\dfrac{P(\overline{B})P(\overline{A}|\overline{B})}{P(\overline{B})P(\overline{A}|\overline{B})+P(B)P(\overline{A}|B)}=\dfrac{0.04\times 0.95}{0.04\times 0.95+0.96\times 0.02}=0.6643$

6.13 (1) 0.175；(2) 0.675；(3) 0.175；(4) 0.325

6.14 (1)(3)(5)是；(2)(4)不是

6.15 (1)

X	0	1	2
P	0.2	0.6	0.2

(2) 1

6.16 答对题目数符合二项分布

$X\sim B(15,0.25)$

(1) $P(5\leqslant X\leqslant 10)=\sum C_n^x p^x q^{n-x}=0.3134$；

(2) $P(X\geqslant 9)=\sum C_n^x p^x q^{n-x}=0.0042$；

(3) $E(x) = np = 3.75$

6.17 次品数符合二项分布

(1) $P(X \geqslant 5) = 1 - P(X < 5) = 1 - \{P(X=0) + \cdots + P(X=4)\} = 0.3712$;

(2) $200 \times 2\% = 4$

6.18 (1) $P(X \geqslant 8) = 1 - P(X < 8) = 0.1334$; (2) $P(X \leqslant 2) = 0.1247$; (3) $P(3 \leqslant X \leqslant 11) = 0.8698$

6.19 将正态分布转换为标准正态分布,查表可得结果

(1) $Z_1 = \dfrac{300 - 600}{100} = -3$

查标准正态分布表,得,$P(X \leqslant -3) = 0.0135$;

(2) 同理,$Z_2 = \dfrac{850 - 600}{100} = 2.5$ 查标准正态分布表,得 $P(X \geqslant 2.5) = 0.00621$;

(3) $Z_3 = \dfrac{450 - 600}{100} = -1.5$ $Z_4 = \dfrac{700 - 600}{100} = 1$

$P(-1.5 \leqslant X \leqslant 1) = 0.77449$

6.20 $P\left(X \geqslant \dfrac{130 - \mu}{3.5}\right) = 1.83\%$ 查标准正态分布表,解得 $\mu = 137.3$(千克)

6.21 $\mu = np = 8$ $\sigma^2 = np(1-p) = 4.8$

(1) $P(X=4) = C_{20}^{4} 0.4^4 0.6^{16} = 0.03499$;

(2)(3)问将正态分布转换为标准正态分布

(2) $Z_1 = \dfrac{3-8}{\sqrt{4.8}}$ $Z_2 = \dfrac{11-8}{\sqrt{4.8}}$ $P(Z_1 \leqslant Z \leqslant Z_2) = P(-2.28 \leqslant X \leqslant 1.37) = 0.903$

(3) 同理;0.9186

6.22 0.9793;同上,用二项分布的正态近似计算

6.23 $f(x) = \begin{cases} \dfrac{1}{2} & 2 \leqslant x \leqslant 4 \\ 0 & 其他 \end{cases}$ $F(x) = \begin{cases} 0 & x < 2 \\ \dfrac{x-2}{2} & 2 \leqslant x \leqslant 4 \\ 1 & x > 4 \end{cases}$

(1) $P(-1 < x < 3) = \displaystyle\int_2^3 \dfrac{1}{2} \mathrm{d}x = \dfrac{1}{2}$

(2) $P((X-3)^2 < 0.25)$ 解不等式 $(X-3)^2 < 0.25$ 得:$2.5 < X < 3.5$

$P(2.5 < x < 3.5) = \displaystyle\int_{2.5}^{3.5} \dfrac{1}{2} \mathrm{d}x = \dfrac{1}{2}$

(3) 同理,$P(2 < x < 3.2) = \displaystyle\int_2^{3.2} \dfrac{1}{2} \mathrm{d}x = 0.6$

第八章

8.8 $n = 16, \bar{x} = 1.6$(分钟),$\sigma = 0.7$(分钟),$1 - \alpha = 90\%$,$Z_{1-\frac{\alpha}{2}} = 1.645$,

置信区间:$\left(\overline{X} - Z_{1-\frac{\alpha}{2}} \dfrac{\sigma}{\sqrt{n}}, \overline{X} + Z_{1-\frac{\alpha}{2}} \dfrac{\sigma}{\sqrt{n}}\right)$

$= (1.6 - 1.645 \times 0.7/\sqrt{16}, 1.6 + 1.645 \times 0.7/\sqrt{16}) = (1.31, 1.89)$

8.9　$n=80, \bar{x}=3210, s=205, 1-\alpha=95\%, Z_{1-\frac{\alpha}{2}}=1.96,$

置信区间：　$\left(\bar{X}-Z_{1-\frac{\alpha}{2}}\frac{\sigma}{\sqrt{n}}, \bar{X}+Z_{1-\frac{\alpha}{2}}\frac{\sigma}{\sqrt{n}}\right)$

$=(3210-1.96\times205/\sqrt{80}, 3210+1.96\times205/\sqrt{80})=(3165.1, 3254.9)$

8.10　$n_1=n_2=8, \bar{x}_1=86.625, s_1=4.627, \bar{x}_2=76.25, s_2=6.475, 1-\alpha=95\%, t_{1-\alpha/2,(14)}=2.1448$

$s_p^2=\frac{(n_1-1)s_1^2+(n_2-1)s_2^2}{n_1+n_2-2}=\frac{7\times4.627^2+7\times6.475^2}{14}=31.6674$

置信区间：

$\left[(\bar{X}_1-\bar{X}_2)-t_{1-\frac{\alpha}{2},(n_1+n_2-2)}S_p\sqrt{\frac{1}{n_1}+\frac{1}{n_2}}, (\bar{X}_1-\bar{X}_2)+t_{1-\frac{\alpha}{2},(n_1+n_2-2)}S_p\sqrt{\frac{1}{n_1}+\frac{1}{n_2}}\right]$

$=(10.375-2.1448*5.6274*\sqrt{1/4}, 10.375+2.1448*5.6274*\sqrt{1/4})=(4.34, 16.41)$

8.11　$p=92/400=0.23\quad N=72000, n-400, 1-\alpha=95\%\quad Z_{1-\frac{\alpha}{2}}=1.96$

置信区间：　$\left(p-Z_{1-\frac{\alpha}{2}}\frac{\sqrt{p(1-p)}}{\sqrt{n}}, p+Z_{1-\frac{\alpha}{2}}\frac{\sqrt{p(1-p)}}{\sqrt{n}}\right)$

$=(0.23-1.96\times\sqrt{0.23(1-0.23)}/\sqrt{400}, 0.23+$
$1.96\times\sqrt{0.23(1-0.23)}/\sqrt{400})=(18.88\%, 27.12\%)$

8.12　置信区间：

$P_1-P_2=(p_1-p_2)\pm Z_{1-\frac{\alpha}{2}}\sqrt{\left(\frac{p_1q_1}{n_1}+\frac{p_2q_2}{n_2}\right)}$

$=(18\%-23\%)\pm1.96\times\sqrt{0.18\times0.82/400+0.23\times0.77/600}$

$=(-10.05\%, 0.05\%)$

8.13　$\Delta_{\bar{X}}=1, N=3000, 1-\alpha=99\%, Z_{1-\frac{\alpha}{2}}=Z_{1-0.01/2}=2.58, s=4.3,$

$n_0=\frac{z_{1-\alpha/2}^2 s^2}{\Delta_{\bar{x}}^2}=\frac{2.58^2\times4.3^2}{1^2}=123.08$

考虑到企业的职工为有限总体，不放回抽样，因此可以考虑有限总体的校正系数，进一步计算得到校正的样本量为：

$n=\frac{n_0}{1+\frac{n_0-1}{N}}=\frac{123.08}{1+\frac{123.08-1}{3000}}=118.27\approx119$

8.14　$\Delta_p=0.05, Z_{1-\alpha/2}=Z_{1-0.05/2}=1.96, p=0.25, N=1000, 1-\alpha=95\%,$

$n_0=\frac{z_{1-\frac{\alpha}{2}}^2 P(1-P)}{\Delta_p^2}=\frac{1.96^2\times0.25\times0.75}{0.05^2}=288.12$

考虑居民区内的家庭户数为有限总体，不放回抽样，因此可以考虑有限总体的校正系数，进一步计算得到校正的样本量为：

$n=\frac{n_0}{1+\frac{n_0-1}{N}}=\frac{288.12}{1+\frac{288.12-1}{1000}}=223.85\approx224$

8.15　$(1573.7, 2426.3),$

$n=16, \bar{X}=2000, s=800, P=95\%, Z_{1-\frac{\alpha}{2}}=1.96$

月平均收入的置信区间：$\bar{X} \pm 1.96 \times s/\sqrt{n} = (2\,000 - 1.96 \times 800/\sqrt{16}, 2\,000 + 1.96 \times 800/\sqrt{16})$
$= (1\,608, 2\,392)$

标准差的置信区间：$\left[\sqrt{\frac{(n-1)}{\chi^2_{1-\frac{\alpha}{2}}}}S, \sqrt{\frac{(n-1)}{\chi^2_{\frac{\alpha}{2}}}}S\right] = [590.97, 1\,238.17]$

第九章

9.2 $n = 18, \bar{x} = 820, s = 60, t = 1.414, P > 0.01$，不拒绝原假设 H_0。

9.3 （1） $t = (490 - 500)/(45/\sqrt{81}) = -2, P > 0.01$，不拒绝 H_0；

（2） $t = (490 - 500)/(45/\sqrt{81}) = -2, P < 0.05$，拒绝 H_0。

9.4 $Z = \dfrac{\bar{x}_1 - \bar{x}_2}{\sqrt{\dfrac{\sigma_1^2}{n_1} + \dfrac{\sigma_2^2}{n_2}}} = \dfrac{62 - 59}{\sqrt{\dfrac{5^2}{9} + \dfrac{6^2}{16}}} = 1.34$，不拒绝 H_0，不能得出 $\mu1 > \mu2$ 的结论。

9.5 $\bar{x}_1 = 19.5$ 小时，$\bar{x}_2 = 23.7$ 小时，$s_1 = 12$ 小时，$s_2 = 16$ 小时。设 $\alpha = 0.05$。
独立样本 $t = 1.78$，拒绝 H_0，单侧 $P < 0.05$，可得出这样的结论。

9.6 $z = 1.23$，不拒绝 H_0，没有为证实厂家的说法提供充分证据。

9.7 $p_1 = 35/60 = 0.583\,3; p_2 = 17/40 = 0.425;$

$z = [(p_1 - p_2) - d]/\sqrt{\left(\dfrac{p_1 q_1}{n_1}\right) + \left(\dfrac{p_2 q_2}{n_2}\right)}$

$= [(0.583\,3 - 0.425) - 0]/\sqrt{\left(\dfrac{0.583\,3 \times (1 - 0.583\,3)}{60}\right) + \left(\dfrac{0.425 \times (1 - 0.425)}{40}\right)}$

$= 1.570$

不拒绝 H_0，不能表明该教师的看法正确。

9.8 H_0：显像管使用寿命的标准差无显著改善

H_1：显像管使用寿命的标准差有显著改善

$\chi^2 = (n-1)S^2/\sigma^2 = 19 \times \dfrac{2^2}{2.5^2} = 12.16 > \chi^2_{0.95,(19)} = 10.117$，不拒绝 H_0 可认为显像管使用寿命的标准差尚无显著改善。

9.9 H_0：两种方案产量的方差相等

H_1：两种方案产量的方差不完全相等

$F = 0.51$ $0.26 < F < 3.97$，不拒绝 H_0

F-检验 双样本方差分析

	变量1	变量2
平均值	86.625	76.25
方　差	21.410 71	41.928 57
样本数	8	8
自由度	7	7
F	0.510 647	
$P(F<=f)$ 单尾	0.197 55	
F 单尾临界	0.359 075	

9.10　H_0：不同的水稻产量是相同的

H_1：不同的水稻产量不完全相同

独立样本方差分析，$F=17.07$，$P=0.00031$，拒绝H_0，不同的水稻产量不全相同。

9.11　H_0：4组的总体均值是相同的

H_1：4组的总体均值不完全相同

$SSB=240$，$SST=800$，$k-1=3$，$n-k=24$，$n-1=27$，$MSE=23.33$，$F=3.43$，$F(v_{组间},v_{组内})=F(3,24)=3.01$，$F>F(3,24)$，$P<0.05$，这4组的总体均值有显著的不同。

9.12

(1) H_0：机器A和机器B生产的灯泡平均寿命相同。

H_1：机器A和机器B生产的灯泡平均寿命不相同。

t Stat$>t$ 双侧临界，$P<0.05$，按 $\alpha=0.05$ 检验水准，拒绝H_0，可以认为机器A和机器B生产的灯泡平均寿命的差别有统计学意义，可以认为该灯泡生产厂的两种类型机器生产的灯泡平均寿命不相同。

(2) $t_{0.01/2}=2.584$，$P>0.01$，按 $\alpha=0.01$ 检验水准，拒绝H_0，可以认为机器A和机器B生产的灯泡平均寿命的差别无统计学意义，可以认为该灯泡生产厂的两种类型机器生产的灯泡平均寿命相同。

(3) 正态性检验

第十章

10.4　双侧符号检验，$n>25$，正态近似处理。10个"+"，16个"-"，4个"0"。P为得到正号的概率。

H_0：课程甲的分数与课程乙相同($P=0.5$)。

H_1：课程甲的分数与课程乙不相同($P\neq 0.5$)，$\alpha=0.05$。

$p=10/26=0.3846$，$P=0.5$，$S_p=\sqrt{\dfrac{0.5\times(1-0.5)}{26}}=0.0981$，$Z=\dfrac{p-P}{S_p}=-1.1764>-1.96$，$P>0.05$，不拒绝$H_0$，尚不能认为课程甲的分数与课程乙不相同。

10.5　Wilcoxon符号秩和检验，$n\leq 25$，查表法。

H_0：广告宣传后月销售量提高了(差值的总体中位数大于0)。

H_1：广告宣传前后月销售量相同(差值的总体中位数小于等于0)。$\alpha=0.05$。$T+=17.5$，$T-=26.5$，$n=9$，查T界值表单侧$\alpha=0.05$的临界值为8，$17.5>8$，$P>0.05$，不拒绝H_0，上不能认为扩大了月销售量。

10.6　小样本U检验。$n_甲=11$，$n_乙=9$，$T_甲=113.5$，$T_乙=96.5$。

$U_甲=n_甲 n_乙+n_甲(n_甲+1)/2-T_甲=11\times 9+(11\times 12)/2-115.5=49.5$，$U_乙=n_甲 n_乙+n_乙(n_乙+1)/2-T_乙=11\times 9+(9\times 10)/2-90.5=53.5$。

H_0：两种经营方式效果相同。

H_1：两种经营方式效果不相同。双侧检验，$\alpha=0.10$，$n1=11$，$n2=9$，

查界值表得U界值为27，$49.5>27$，不拒绝$H0$，尚不能认为两种经营方式效果不相同。

第十一章

11.2　H_0：这种特定时刻电话呼叫服从泊松分布。

H_1：这种特定时刻电话呼叫不服从泊松分布。

$\alpha = 0.05$。

泊松分布的参数 λ 根据样本平均数估计，$\bar{x} = 2.76$。

在原假设成立的条件下，每天下午开始工作的一分钟内接到的电话呼叫次数的期望频数 F_e 为：

电话呼叫次数	0	1	2	3	4	5	≥6
记录天数 f_o	5	7	30	40	7	5	6
期望频率	0.063 3	0.174 7	0.241 1	0.221 8	0.153 0	0.084 5	0.061 7
期望频数 f_e	6	17	24	22	15	8	6

$$\chi^2 = \sum \frac{(f_o - f_e)^2}{f_e} = \frac{(5-6)^2}{6} + \frac{(7-17)^2}{17} + \frac{(30-24)^2}{24} + \frac{(40-22)^2}{22}$$
$$+ \frac{(7-15)^2}{15} + \frac{(5-8)^2}{8} + \frac{(6-6)^2}{6}$$
$$= 28.231\ 1$$

查自由度为 $7-1-1=5$，$\alpha = 0.05$ 的 χ^2 分布，得临界值为 11.071，28.231 1 > 11.071，$P < 0.05$，拒绝 H_0，这种特定时刻电话呼叫不服从泊松分布。

11.3 H_0：消费者对五种牌号矿泉水的喜好没有显著区别。

H_1：消费者对五种牌号矿泉水的喜好有显著区别。

$\alpha = 0.05, 0.01$。

$\chi^2 = 4.1$。自由度为 $5-1=4$，$\alpha = 0.05$ 的临界值为 9.488，4.1 < 9.488，不拒绝 H_0。

$\alpha = 0.01$ 的临界值为 13.377，4.1 < 13.377，不拒绝 H_0。

尚且不能认为消费者对五种牌号矿泉水的喜好有显著区别。0.05 和 0.01 的显著性水平下，调研人员的上述判断可以认为是正确的。

11.4 H_0：次品类型与厂家无关（二者独立）。

H_1：次品类型与厂家有关（二者不独立）。$\chi^2 = 9.560\ 2$。自由度为 4，

$\alpha = 0.01$ 的临界值为 13.277，9.562 5 < 13.277，不拒绝 H_0，

尚不能认为次品类型与厂家有关，可以认为他们的判断是正确的。

11.5 H_0：人们能记得广告的比例在不同媒体之间相同。

H_1：人们能记得广告的比例在不同媒体之间不全相同。

$\chi^2 = 15.745$，自由度为 2，界值 5.991，15.745 > 5.991，$P < 0.05$，

在 0.05 的显著性水平下，拒绝 H_0，可以认为人们能记得广告的比例在不同媒体之间不全相同。

第十二章

12.3 （1）存在线性相关关系；

（2）$r = 0.65$

$$r = \frac{\overline{XY} - \bar{X} \cdot \bar{Y}}{\sqrt{\overline{X^2} - \bar{X}^2} \sqrt{\overline{Y^2} - \bar{Y}^2}} = \frac{79\ 573.4 - 70\ 404.75}{\sqrt{566\ 853.9 - 425\ 756.3} \times \sqrt{13\ 036.7 - 11\ 642.3}} = 0.65$$

$$t = \sqrt{\frac{r^2}{1-r^2}(n-2)} = \sqrt{\frac{0.65^2}{1-0.65^2}(10-2)} = 2.42$$

$t=2.42, t_{0.025,(8)}=2.306$,拒绝 H_0,不能否认两变量存在线性相关。

12.4　$r=0.75, t=3.22, t_{1-0.025,(8)}=2.306$ 研究费用和利润水平存在显著相关。

12.5　$r=0.97, t=12.6, t_{1-0.025,(10)}=2.228, P<0.05$,总体相关系数不为 0,因此,人均生活费收入和人均食品支出存在高度相关关系。

$Y_C=4.656+0.492X$

拟合优度 $r^2=0.94$,表明该回归模型的拟合效果较好。

第十三章

13.8　$Y_C=30.44+3.27X, r^2=0.73, S_{XY}=4.65$(千件)

$\hat{Y}_0=46.83\pm12.35$,也即有 95% 的把握估计当价格为 5 元时销售量特定值在 34.48~59.18(千件)之间。

$E(Y_0)=46.83\pm6.77$,即平均值在 40.06~53.60(千件)之间。

13.9　(1) $Y_C=-13.821+0.564X_1+1.0995X_2$

(2) $F=9.46, F_{0.05,(2,7)}=4.74$,模型有效。

(3) $r^2=0.73, S_{XY}=1.07$(千元)

(4) $S_{XY}=1.07$(千元)

$Y_0=34.1542\pm4.1406$,也即有 90% 的把握估计当劳动时间为 50(千时)、机器运转为 18(千时)时,间接费用在 30.0136~38.2948(元)之间。

13.10　$b=\dfrac{\overline{XY}-\overline{X}\cdot\overline{Y}}{\overline{X^2}-\overline{X}^2}=0.0365$　　$a=\overline{Y}-b\overline{X}=-5.412$　　$Y_C=-5.412+0.0365X$

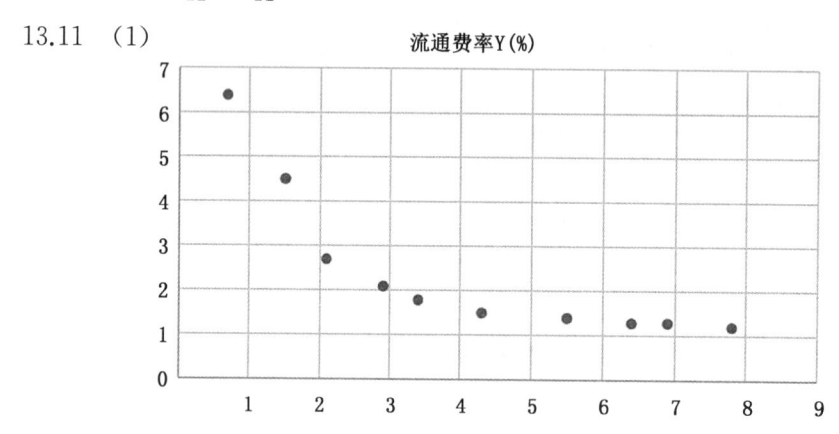

13.11　(1)

(2) $Y_C=0.71+4.23\dfrac{1}{X}$

(3) $r^2=0.96, F=192, F_{0.05,(1,8)}=5.32$。双曲线回归模型有效。

当 $X=900$(万元)时, $Y_0=1.18$(%)。

13.12　A. $y=63.78+0.11x_1-0.28x_2$

B. 0.11 表示在年限固定时,使用面积每增加 1 平方米,估价平均增加 0.11 万元;-0.28 表示在使用面积固定时,年限每增加 1 年,估价平均减少 0.28 万元。

C. $y=63.78+0.11\times175-0.28\times10=80.23$(万元)

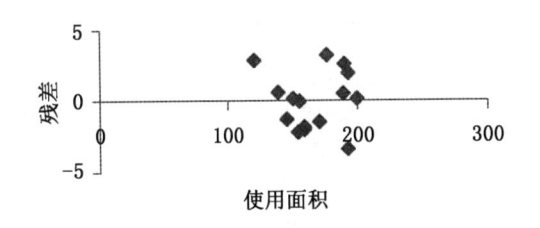

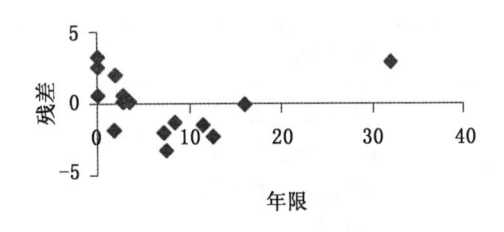

D. 如残差散点图所示，散点不存在明显的变化规律，说明模型拟合合适。

E. 由(1)中表可看出，在 $\alpha=0.05$ 的显著水平下，两个解释变量的 P 值都小于 0.05，因而都是显著的。

F. 使用面积的 P 值=0.003 9，当原假设为真时，比所得到的样本观察结果更极端的结果出现的概率为 0.003 9。

年限的 P 值=0.005 3，当原假设为真时，比所得到的样本观察结果更极端的结果出现的概率为 0.005 3。

G. 多元判定系数表示在估价的变动中，有 82.65% 可由使用面积和年限多少这两个因素的变动来解释，17.35% 的因素属于随机误差。

H. 由(1)中表可看出，在 $\alpha=0.05$ 的显著性水平下，$F=28.58>F_{1-0.05,(2,12)}=3.89$，所以，拒绝原假设，表明样本的 r^2 是显著的，由此推论已建立的二元线性回归模型有效。

I. 不同意，根据以上结果，在使用面积固定时，年限每增加 1 年，估价平均减少 0.28 万元，所以不能说住宅的已使用年限与其估价无关。

13.13 （1）

回归分析	
复相关系数 R	0.814 906
决定系数 R^2	0.664 071
调整决定系数 R^2_{adj}	0.62 208
标准误差	1.001 792
样本量	10

方差分析

	自由度	离均差平方和	均方	F
回归分析	1	15.871 3	15.871 3	15.814 58
残差	8	8.028 696	1.003 587	
总计	9	23.9		

	回归系数	标准误差	t 统计量	P 值
常数项	1.273 913	1.400 745	0.909 454	0.389 687
工作时间	0.067 826	0.017 056	3.976 755	0.004 08

(2)

回归分析	
复相关系数 R	0.918 66
决定系数 R^2	0.843 937
调整决定系数 R^2_{adj}	0.799 347
标准误差	0.729 962
样本量	10

方差分析

	自由度	离均差平方和	均 方	F
回归分析	2	20.170 09	10.085 04	18.926 81
残 差	7	3.729 91	0.532 844	
总 计	9	23.9		

	回归系数	标准误差	t 统计量	P 值
常数项	−0.635 82	1.222 216	−0.520 22	0.618 956
工作时间	0.058 973	0.012 813	4.602 74	0.002 476
行驶距离	0.872 657	0.307 235	2.840 356	0.025 032

第一个模型为 $y=1.274+0.068x$

第二个模型为 $y=0.059x_1+0.873x_2-0.636$

两个模型中，在 $\alpha=0.05$ 的显著性水平下，解释变量的 P 值都小于 0.05，因而都是显著的。

就工作时间的残差散点图而言，二元线性回归模型比简单线性回归模型拟合更加合适。

就判定系数而言，表示在工作时间的变动中，有 66.41% 可由行驶距离变动来解释，有 84.39% 可由两因素来解释。

两个模型在 $\alpha=0.05$ 的显著性水平下，根据 F 检验，拒绝原假设，表明样本的 $r2$ 是显著的，由此推论已建立的线性回归模型有效。

第十四章

14.8 （1）上半年月平均销售产值：$\bar{a}=\dfrac{84+102+90+92+91+94}{6}=92.17$（万元）；

平均职工人数：$\bar{b}=\dfrac{\dfrac{100}{2}+98+100+103+105+105+\dfrac{110}{2}}{6}=102.67$（人）

（2）上半年月平均全员劳动生产率：$\bar{c}=\dfrac{\bar{a}}{\bar{b}}=8\,977.3$（元／人）；

上半年的全员劳动生产率：$d=\dfrac{84+102+90+92+91+94}{\bar{b}}=53\,861.89$（元／人）

上半年职工构成：$p = \dfrac{\dfrac{68}{2}+60+68+72+75+75+\dfrac{80}{2}}{\dfrac{100}{2}+98+100+103+105+105+\dfrac{110}{2}} = 68.83\%$

（3）平均增长量：

第一季度的平均增长量：$\overline{\Delta_1} = \dfrac{a_n - a_1}{n-1} = \dfrac{90-84}{2} = 3(万元)$

第二季度的平均增长量：$\overline{\Delta_2} = \dfrac{a_n - a_1}{n-1} = \dfrac{94-92}{2} = 1(万元)$

对比第一、二季度的平均增长量，发现第二季度的平均增长量要小于第一季度的平均增长量，由此可知，第一季度的销售产值增长比第二季度的销售产值增长明显。

14.9　（1）

年　份	季　度	鲜蛋销售量	四项移动平均
2000	一	13.1	
	二	13.9	
	三	7.9	10.587 5
	四	8.6	10.000 0
2001	一	10.8	9.925 0
	二	11.5	10.450 0
	三	9.7	11.225 0
	四	11.0	12.450 0
2002	一	14.6	13.987 5
	二	17.5	15.675 0
	三	16.0	17.050 0
	四	18.2	17.837 5
2003	一	18.4	18.262 5
	二	20.0	18.350 0
	三	16.9	
	四	18.0	

(2) $\hat{Y} = 8.69 + 0.64t$

(3) $100.66\%, 111.28\%, 89.34\%, 98.72\%$

(4) $21.03, 22.95, 18.16, 19.75$

14.10　若取 $\alpha = 0.1, \hat{Y}_{17} = 0.1X_{16} + 0.9\hat{Y}_{16} = 96(万元)$

14.11　(1) $\hat{Y} = 99.083 \times (1.644)^t$，(2) 14 289

14.12　$r_1 = 0.991\ 7$

$\hat{Y} = 7.87 + 0.995\ 8Y_{t-1}$

$S_{XY} = 4.068$

14.13

月　份	序　号	报纸订阅量	一阶差分	二阶差分	环比发展速度(%)
1	1	75 327			
2	2	77 116	1 789		1.023 749 784
3	3	79 341	2 225	436	1.028 852 638
4	4	80 893	1 552	−673	1.019 561 135
5	5	82 326	1 433	−119	1.017 714 759
6	6	82 879	553	−880	1.006 717 197
7	7	84 006	1 127	574	1.013 598 137
8	8	85 119	1 113	−14	1.013 249 054
9	9	86 182	1 063	−50	1.012 488 399
10	10	87 418	1 236	173	1.014 341 742
11	11	88 063	645	−591	1.007 378 343
12	12	89 444	1 381	736	1.015 681 955
13	13	90 507	1 063	−318	1.011 884 531
14	14	91 927	1 420	357	1.015 689 394
15	15	93 878	1 951	531	1.021 223 362
16	16	94 784	906	−1 045	1.009 650 823
17	17	96 109	1 325	419	1.013 979 153
18	18	97 189	1 080	−245	1.011 237 241
19	19	97 899	710	−370	1.007 305 353
20	20	99 208	1 309	599	1.013 370 923
21	21	100 537	1 329	20	1.013 396 097
22	22	102 028	1 491	162	1.014 830 361
23	23	103 977	1 949	458	1.019 102 599
24	24	106 375	2 398	449	1.023 062 793

根据表 14-13 的数据,以序号 1,2,…,24 表示时间自变量,可计算得到其一阶差分和二阶差分的变动范围都很大,而其环比发展速度比较接近,所以可选择指数曲线模型。

设 $\hat{Y}' = A + Bt$　式中:$Y' = \log_{10}^{y}, A = \log_{10}^{a}, B = \log_{10}^{b}$

	自由度	离均差平方和	均　方	F 值
回归分析	1	0.040 712	0.040 712	3 777.79
残　　差	22	0.000 237	0.000 010	
总　　计	23	0.040 949	0.001 780 4	

	回归系数	标准误差	t 统计量	P 值
常数项	4.880 422	0.001 383	3 528.31	0.000
t	0.005 95	0.000 096	61.46	0.000

$\hat{Y}' = 4.880\ 4 + 0.005\ 95t$

所以,建立的长期趋势模型为:

$\hat{Y}' = abt = 75\,927 \times 1.013t$

模型假设：① 最小二乘法；② 时间分布与因变量的关系符合指数分布

缺点：改预测模型计算较为复杂，不易解释

(2) $t=25$ 时，$\hat{Y}' = 75\,927 \times 1.013^{25} = 104\,865$

$t=26$ 时，$\hat{Y}' = 75\,927 \times 1.013^{26} = 106\,228$

根据已构建的预测模型，未来两个月的报纸销售量分别约为 104 865 份和 106 228 份

(3) 言之成理即可。

i) 不能确定。

根据数据的初步分析，24 个月家庭报纸订阅量具有长期趋势，因此可以预测未来的发展情况。但因为时间序列模型构建的前提是被预测的时间区间没有突发事件（如金融危机、印刷价格激增等等）影响事件的发展，因此不能确定该模型是否可以预测未来一年的报纸订阅量。

ii) 可以预测，根据趋势外推法，将 $t=36$ 带入预测模型可预测一年后的家庭报纸订阅量。

14.14

月份编号	时间序号	工业总产值（亿元）	一阶差分	二阶差分	环比发展速度（%）	三项移动平均 C
1	1	477.9	/	/	/	/
2	2	397.2	−80.7	/	0.831 136 221	460.8
3	3	507.3	110.1	190.8	1.277 190 332	472.2
4	4	512.2	4.9	−105.2	1.009 658 979	515.5
5	5	527	14.8	9.9	1.028 894 963	528.1
6	6	545	18	3.2	1.034 155 598	522.2
7	7	494.7	−50.3	−68.3	0.907 706 422	514.1
8	8	502.5	7.8	58.1	1.015 767 132	511.2
9	9	536.5	34	26.2	1.067 661 692	524.2
10	10	533.5	−3	−37	0.994 408 201	541.2
11	11	553.6	20.1	23.1	1.037 675 726	543.7
12	12	543.9	−9.7	−29.8	0.982 478 324	538.7
13	13	518.6	−25.3	−15.6	0.953 484 096	507.8
14	14	460.9	−57.7	−32.4	0.888 738 912	516.1
15	15	568.7	107.8	165.5	1.233 890 215	533.4
16	16	570.5	1.8	−106	1.003 165 113	576.4
17	17	590	19.5	17.7	1.034 180 543	588.4
18	18	604.8	14.8	−4.7	1.025 084 746	586.6
19	19	564.9	−39.9	−54.7	0.934 027 778	581.9
20	20	575.9	11	50.9	1.019 472 473	584.9
21	21	613.9	38	27	1.065 983 678	601.3
22	22	614	0.1	−37.9	1.000 162 893	624.9
23	23	646.7	32.7	32.6	1.053 257 329	638.7
24	24	655.3	8.6	−24.1	1.013 298 284	649.2
25	25	645.7	−9.6	−18.2	0.985 350 221	621.1

续表

月份编号	时间序号	工业总产值（亿元）	一阶差分	二阶差分	环比发展速度（%）	三项移动平均 C
26	26	562.4	−83.3	−73.7	0.870 992 721	634.6
27	27	695.7	133.3	216.6	1.237 019 915	656.7
28	28	712	16.3	−117	1.023 429 639	710.3
29	29	723.1	11.1	−5.2	1.015 589 888	726.1
30	30	743.2	20.1	9	1.027 796 985	714.8
31	31	678	−65.2	−85.3	0.912 271 259	699.1
32	32	676	−2	63.2	0.997 050 147	685.7
33	33	703	27	29	1.039 940 828	688.1
34	34	685.3	−17.7	−44.7	0.974 822 191	697.2
35	35	703.3	18	35.7	1.026 265 869	703.7
36	36	722.4	19.1	1.1	1.027 157 685	702.5
37	37	681.9	−40.5	−59.6	0.943 936 877	657.3
38	38	567.6	−114.3	−73.8	0.832 380 114	662.4
39	39	737.7	170.1	284.4	1.299 682 875	681.6
40	40	739.6	1.9	−168.2	1.002 575 573	745.6
41	41	759.6	20	18.1	1.027 041 644	764.7
42	42	794.8	35.2	15.2	1.046 340 179	757.8
43	43	719	−75.8	−111	0.904 630 096	749.5
44	44	734.8	15.8	91.6	1.021 974 965	743.3
45	45	776.2	41.4	25.6	1.056 341 862	764.5
46	46	782.5	6.3	−35.1	1.008 116 465	791.7
47	47	816.5	34	27.7	1.043 450 479	815.5
48	48	847.4	30.9	−3.1	1.037 844 458	/

以序号 $1,2,\cdots,24$ 表示时间自变量。对数据初步分析得到其一阶差分和二阶差分的变动范围都很大,而其环比发展速度比较接近,所以可选择指数曲线模型。

设 $\hat{Y}'=A+Bt$ 式中：$Y'=\log_{10}^{y}, A=\log_{10}^{a}, B=\log_{10}^{b}$

	自由度	离均差平方和	均方	F 值
回归分析	1	0.220 521	0.220 521	232.47
残　　差	46	0.043 635	0.000 948	
总　　计	47	23.9		

	回归系数	标准误差	t 统计量	P 值
常数项	2.674 442	0.009 031	296.12	0.000
t	0.004 892	0.000 320	15.25	0.000

$A=2.674\ 442, B=0.004\ 892\ 7$

$a=10^{2.674\ 42}=472.543\ 72; b=10^{0.004\ 892\ 7}=1.011\ 329\ 6$

$\hat{Y}'=ab^{t}=472.5\times1.011^{t}$

月份年份	1	2	3	4	5	6	7	8	9	10	11	12	同年合计
1	477.9	397.2	507.3	512.2	527.0	545.0	494.7	502.5	536.5	533.5	553.6	543.9	6 131.3
2	518.6	460.9	568.7	570.5	590.0	604.8	564.9	575.9	613.9	614.0	646.7	655.3	6 984.2
3	645.7	562.4	695.7	712.0	723.1	743.2	678.0	676.0	703.0	685.3	703.3	722.4	8 250.1
4	681.9	567.6	737.7	739.6	759.6	794.8	719.0	734.8	776.2	782.5	816.5	847.4	8 957.6
四年同月合计	2 324.1	1 988.1	2 509.4	2 534.3	2 599.7	2 687.8	2 456.6	2 489.2	2 629.6	2 615.3	2 720.1	2 769.0	2 526.9
同月平均数	774.7	662.7	836.5	844.8	866.6	895.9	818.9	829.7	876.5	871.8	906.7	923.0	842.3
季节指数(%)	0.9	0.8	1.0	1.0	1.0	1.1	1.0	1.0	1.0	1.0	1.1	1.1	1.0

根据上述分析可得，各月的季节指数没有出现明显的趋势，不存在一定的季节变动的影响。

时间序号	Y 工业总产值(亿元)	T 预测的趋势值	$Y/T = C \cdot I$	三项移动平均 C	$I = C \cdot I/C$
1	477.9	477.697 5	1.000 423 908		
2	397.2	482.952 2	0.822 441 641	0.954 0	0.8
3	507.3	488.264 6	1.038 985 829	0.966 3	1.0
4	512.2	493.635 6	1.037 607 498	1.044 2	1.1
5	527	499.065 6	1.055 973 403	1.057 9	1.1
6	545	504.555 3	1.080 159 102	1.035 3	1.1
7	494.7	510.105 4	0.969 799 575	1.008 1	1.0
8	502.5	515.716 6	0.974 372 359	0.991 1	1.0
9	536.5	521.389 4	1.028 981 41	1.005 1	1.0
10	533.5	527.124 7	1.012 094 482	1.026 6	1.0
11	553.6	532.923 1	1.038 799 031	1.020 1	1.1
12	543.9	538.785 2	1.009 493 208	1.000 1	1.0
13	518.6	544.711 9	0.952 062 916	0.932 8	0.9
14	460.9	550.703 7	0.836 929 187	0.936 3	0.8
15	568.7	556.761 4	1.021 442 938	0.957 3	1.0
16	570.5	562.885 8	1.013 527 078	1.023 9	1.0
17	590	569.077 6	1.036 765 46	1.033 8	1.1
18	604.8	575.337 4	1.051 209 256	1.019 7	1.1
19	564.9	581.666 1	0.971 175 731	1.000 6	1.0
20	575.9	588.064 5	0.979 314 344	0.994 4	1.0
21	613.9	594.533 1	1.032 574 974	1.011 1	1.0
22	614	601.073	1.021 506 539	1.039 4	1.1
23	646.7	607.684 8	1.064 203 021	1.050 8	1.1
24	655.3	614.369 4	1.066 622 133	1.056 8	1.1
25	645.7	621.127 4	1.039 561 288	1.000 6	1.0
26	562.4	627.959 8	0.895 598 731	1.010 3	0.9
27	695.7	634.867 4	1.095 819 379	1.033 6	1.1
28	712	641.851	1.109 291 72	1.106 5	1.2
29	723.1	648.911 3	1.114 327 952	1.118 8	1.2
30	743.2	656.049 3	1.132 841 693	1.089 8	1.2

续表

时间序号	Y 工业总产值（亿元）	T 预测的趋势值	$Y/T = C \cdot I$	三项移动平均 C	$I = C \cdot I / C$
31	678	663.265 9	1.022 214 469	1.054 4	1.1
32	676	670.561 8	1.008 109 916	1.022 4	1.0
33	703	677.937 9	1.036 968 135	1.015 0	1.1
34	685.3	685.395 3	0.999 860 956	1.017 3	1.0
35	703.3	692.934 6	1.014 958 699	1.015 3	1.0
36	722.4	700.556 9	1.031 179 623	1.003 0	1.0
37	681.9	708.263	0.962 777 951	0.928 9	0.9
38	567.6	716.053 9	0.792 677 758	0.924 8	0.7
39	737.7	723.930 5	1.019 020 472	0.940 7	1.0
40	739.6	731.893 7	1.010 529 261	1.018 7	1.0
41	759.6	739.944 6	1.026 563 34	1.033 2	1.1
42	794.8	748.084	1.062 447 533	1.013 2	1.1
43	719	756.312 9	0.950 664 731	0.991 4	0.9
44	734.8	764.632 3	0.960 984 777	0.971 9	0.9
45	776.2	773.043 3	1.004 083 471	0.988 8	1.0
46	782.5	781.546 8	1.001 219 633	1.012 9	1.0
47	816.5	790.143 8	1.033 356 207	1.031 8	1.1
48	847.4	798.835 4	1.060 794 251	/	/

以上的计算结果表明，根据 4 年我国工业总产值（亿元）数据，其循环变动与不规则变动的影响都较小。

第十五章

15.6 销售量综合指数（拉氏）＝（125×1 500＋60×3 000＋270×980）/（100×1 500＋50×3 000＋300×980）＝632 100/594 000＝106.41%

价格综合指数（派氏）＝（1 500×125＋1 150×60＋1 200×270）/（1 500×125＋60×3 000＋980×270）＝580 500/632 100＝91.84%

15.7 1.10×0.11＋1.05×0.29＋1.03×0.35＋1.19×0.25＝108.35%

15.8 总成本：300×6 500＋1 500×800＋2 400×700＋400×250＝4 930 000 权数：A 产品：300×6 500/4 930 000＝40%　B 产品：1 500×800/4 930 000＝24%　C 产品：2 400×700/49 300＝34%　D 产品：400×250/4 930 000＝2%

总指数＝1.07×0.4＋0.96×0.24＋1.12×0.34＋0.86×0.02＝105.64%

15.9 （200×1.25＋450×1.10＋350×1.40）/（200＋450＋350）＝123.5%

附录二 公式证明

第六章

1. 二项分布的分布列证明：设一个 n 重贝努里试验的结果为：

$$\omega=(\omega_1,\omega_2,\cdots,\omega_n)$$

其中的 $\omega_i(1\leqslant i\leqslant n)$ 为成功或失败，如果 $\omega_i(1\leqslant i\leqslant n)$ 中有 k 个成功，则必有 $n-k$ 个失败，于是由试验的独立性知

$$p(\omega)=p(\omega_1)\cdots p(\omega_n)=p^k q^{n-k}$$

k 个成功发生在哪 k 次试验中，共有 C_n^k 种可能，由概率的性质知

$$p(X=k)=C_n^k p^k q^{n-k}, k=1,2,\cdots,n$$

2. 二项分布的均值和方差证明：

$$\mu=E(X)=\sum_{k=0}^n k\cdot P(X=k)=\sum_{k=0}^n k\cdot C_n^k p^k q^{n-k}=np\sum_{k=1}^n C_{n-1}^{k-1} p^{k-1} q^{n-k}$$

$$\xrightarrow{\diamondsuit j=k-1} np\sum_{j=0}^{n-1} C_{n-1}^j p^j q^{(n-1)-j}=np(p+q)^{n-1}=np$$

$$E(X^2)=E(X^2-X)+E(X)=\sum_{k=0}^n (k^2-k)C_n^k p^k q^{n-k}+np=n(n-1)p^2\sum_{k=2}^n C_{n-2}^{k-2} p^{k-2} q^{n-k}+np$$

$$\xrightarrow{\diamondsuit j=k-2} n(n-1)p^2\sum_{j=0}^{n-2} C_{n-2}^j p^j q^{(n-2)-j}+np$$

$$n(n-1)p^2(p+q)^{n-2}+np=n(n-1)p^2+np=n^2p^2+npq$$

$$\sigma^2=V(X)=E(X^2)-[E(X)]^2=n^2p^2+npq-n^2p^2=npq$$

3. 超几何分布的分布列证明：从 N 件产品中任取 n 件，共有 C_N^n 种取法，每种取法是等可能的，因此这是一个古典概型问题。事件 $\{X=k\}$ 可以看成是"M 件不合格品中有 k 件被抽中"且"$N-M$ 件合格品中有 $n-k$ 件被抽中"。M 件不合格中取出 k 件有 C_M^k 种取法，$N-M$ 件合格品中取出 $n-k$ 件有 C_{N-M}^{n-k} 种取法。因而事件 $\{X=k\}$ 含有 $C_M^k C_{N-M}^{n-k}$ 个基本事件。所以

$$P(X=k)=\frac{C_M^k C_{N-M}^{n-k}}{C_N^n} \quad k=0,1,\cdots,\min(n,M)$$

4. 泊松分布的均值和方差证明：

$$\mu=E(X)=\sum_{k=0}^\infty k\cdot\frac{\lambda^k}{k!}e^{-\lambda}=\lambda e^{-\lambda}\sum_{k=1}^\infty \frac{\lambda^{k-1}}{(k-1)!}=\lambda e^{-\lambda}\cdot e^\lambda=\lambda$$

$$E(X^2)=E(X^2-X)+E(X)=\sum_{k=0}^\infty (k^2-k)\frac{\lambda^k}{k!}e^{-\lambda}+\lambda$$

$$\lambda^2 e^{-\lambda} \sum_{k=2}^{\infty} \frac{\lambda^{k-2}}{(k-2)!} + \lambda = \lambda^2 e^{-\lambda} e^{\lambda} + \lambda = \lambda^2 + \lambda$$

$$E(X^2) = \sum_{k=0}^{\infty} (k^2) \frac{\lambda^k}{k!} e^{-\lambda} = \lambda e^{-\lambda} \sum_{k=1}^{\infty} \frac{k\lambda^{k-1}}{k-1!} = \lambda e^{-\lambda} \sum_{k=1}^{\infty} \frac{(k-1+1)\lambda^{k-1}}{k-1!}$$

$$= \lambda e^{-\lambda} \Big(\sum_{k=1}^{\infty} \frac{(k-1)\lambda^{k-1}}{k-1!} + \sum_{k=1}^{\infty} \frac{\lambda^{k-1}}{k-1!} \Big)$$

$$= \lambda e^{-\lambda} \Big(\lambda \sum_{k=1}^{\infty} \frac{\lambda^{k-2}}{k-2!} + \sum_{k=1}^{\infty} \frac{\lambda^{k-1}}{k-1!} \Big)$$

$$= \lambda e^{-\lambda} (\lambda e^{\lambda} + e^{\lambda}) = \lambda(\lambda+1)$$

$$\sigma^2 = V(X) = E(X^2) - [E(X)]^2 = \lambda^2 + \lambda - \lambda^2 = \lambda$$

5. 均匀分布的均值和方差证明：

$$\mu = E(X) = \int_{-\infty}^{\infty} x f(x) \mathrm{d}x = \int_a^b \frac{x}{b-a} \mathrm{d}x = \frac{1}{b-a} \cdot \frac{b^2-a^2}{2} = \frac{a+b}{2}$$

$$E(X^2) = \int_a^b \frac{x^2}{b-a} \mathrm{d}x = \frac{1}{b-a} \cdot \frac{b^3-a^3}{3} = \frac{a^2+ab+b^2}{3}$$

$$\sigma^2 = V(X) = E(X^2) - [E(X)]^2 = \frac{a^2+ab+b^2}{3} - \Big(\frac{a+b}{2}\Big)^2 = \frac{(a-b)^2}{12}$$

第七章

1. 样本均值的均值和方差证明：只对无限总体情形做出证明。

$$E(\overline{X}) = E\Big(\frac{1}{n} \sum_{i=1}^{n} X_i\Big) = \frac{1}{n} \sum_{i=1}^{n} E(X_i) = \frac{1}{n} \sum_{i=1}^{n} \mu = \mu$$

$$V(\overline{X}) = V\Big(\frac{1}{n} \sum_{i=1}^{n} X_i\Big) = \frac{1}{n^2} V\Big(\sum_{i=1}^{n} X_i\Big) = \frac{1}{n^2} \sum_{i=1}^{n} V(X_i) = \frac{1}{n^2} \sum_{i=1}^{n} \sigma^2 = \frac{\sigma^2}{n}$$

2. 从两个正态总体独立抽取的两个样本均值之差的分布证明：因为

$$X_i \sim N(\mu_i, \sigma_i^2), i=1,2$$

所以

$$\overline{X}_i \sim N\Big(\mu_i, \frac{\sigma_i^2}{n_i}\Big), i=1,2$$

由于两个样本相互独立，所以 $\overline{X}_1$ 和 $\overline{X}_2$ 相互独立，于是 $\overline{X}_1 - \overline{X}_2$ 服从正态分布。
因为

$$E(\overline{X}_1 - \overline{X}_2) = E(\overline{X}_1) - E(\overline{X}_2) = \mu_1 - \mu_2$$

$$V(\overline{X}_1 - \overline{X}_2) = V(\overline{X}_1) + V(\overline{X}_2) = \frac{\sigma_1^2}{n_1} + \frac{\sigma_2^2}{n_2}$$

所以

$$\overline{X}_1 - \overline{X}_2 \sim N\Big(\mu_1 - \mu_2, \frac{\sigma_1^2}{n_1} + \frac{\sigma_2^2}{n_2}\Big)$$

3. $E(S^2)=\sigma^2$ 的证明：

$$E\left[\frac{1}{n-1}\sum_{i=1}^{n}(X_i-\overline{X})^2\right]=\frac{1}{n-1}\sum_{i=1}^{n}E(X_i-\overline{X})^2$$

$$=\frac{1}{n-1}\sum_{i=1}^{n}E[(X_i-\mu)-(\overline{X}-\mu)]^2$$

$$=\frac{1}{n-1}\left[\sum_{i=1}^{n}E(X_i-\mu)^2-nE(\overline{X}-\mu)^2\right]$$

$$=\frac{1}{n-1}\left(n\sigma^2-n\cdot\frac{\sigma^2}{n}\right)$$

$$=\sigma^2$$

4. $\overline{X}$ 是 μ 的一致估计证明：对无限总体情形，因为 $\overline{X}$ 是 μ 的无偏估计，$\lim_{m\to\infty}V(\overline{X})=\lim_{m\to\infty}\frac{\sigma^2}{m}=0$，所以 $\overline{X}$ 是 μ 的一致估计；对从容量为 N 的有限总体不放回抽样的情形，因为当 $n=N$ 时，$\overline{X}=\mu$，所以 $\overline{X}$ 是 μ 的一致估计。

第十三章

1. 相关系数 r 与回归系数 b 的关系

$$r=\frac{\sum(X-\overline{X})(Y-\overline{Y})}{\sqrt{\sum(X-\overline{X})^2}\cdot\sqrt{\sum(Y-\overline{Y})^2}}$$

$$=\frac{\sum(X-\overline{X})(Y-\overline{Y})\cdot\sqrt{\sum(X-\overline{X})^2}}{\sqrt{\sum(X-\overline{X})^2}\cdot\sqrt{\sum(Y-\overline{Y})^2}\cdot\sqrt{\sum(X-\overline{X})^2}}$$

$$=\frac{\sum(X-\overline{X})(Y-\overline{Y})\cdot\sqrt{\sum(X-\overline{X})^2}}{\sum(X-\overline{X})^2\cdot\sqrt{\sum(Y-\overline{Y})^2}}$$

$$=b\cdot\frac{\sqrt{\sum(X-\overline{X})^2}}{\sqrt{\sum(Y-\overline{Y})^2}}$$

或 $=b\cdot\dfrac{\sigma_x}{\sigma_y}$

2. 总偏差＝剩余偏差＋回归偏差

$$\sum(Y-\overline{Y})^2=\sum(Y-\hat{Y})^2+\sum(\hat{Y}-\overline{Y})^2$$

证明：

$$\sum(Y-\overline{Y})^2=\sum[(Y-\hat{Y})+(\hat{Y}-\overline{Y})]^2$$

$$=\sum(Y-\hat{Y})^2+2\sum(Y-\hat{Y})(\hat{Y}-\overline{Y})+\sum(\hat{Y}-\overline{Y})^2$$

∵ 其中： $2\sum(Y-\hat{Y})(\hat{Y}-\overline{Y})$ （∵ $(\hat{Y}-\overline{Y})=b(X-\overline{X})$）

$$=2\sum(Y-\hat{Y})\cdot b(X-\bar{X})$$
$$=2b\left[\sum X(Y-\hat{Y})-\bar{X}\sum(Y-\hat{Y})\right] \quad (\because \sum(Y-\hat{Y})=0 \text{ 且 } \sum X(Y-\hat{Y})=0)$$
$$=0$$

$$\therefore \sum(Y-\bar{Y})^2 = \sum(Y-\hat{Y})^2 + \sum(\hat{Y}-\bar{Y})^2 \text{（证毕）}$$

3. 计算估计标准误的简捷公式

证明：

$$S_{XY}=\sqrt{\frac{\sum(Y-\hat{Y})^2}{n-2}}$$

其中： $\sum(Y-\hat{Y})^2 = \sum[Y-(a+bX)]^2$

$$=\sum Y^2 - 2a\sum Y - 2b\sum XY + na^2 + 2ab\sum X + b^2\sum X^2$$

$\because$ 最小二乘法有： $\sum Y = na + b\sum X$，即 $na = \sum Y - b\sum X$

$\sum XY = a\sum X + b\sum X^2$ 即 $b\sum X^2 = \sum XY - a\sum X$

$$\therefore \sum(Y-\hat{Y})^2 = \sum[Y-(a+bX)]^2 = \sum Y^2 - a\sum Y - b\sum XY$$

$$\therefore S_{XY}=\sqrt{\frac{\sum Y^2 - a\sum Y - b\sum XY}{n-2}}$$

4. 判定系数 r^2 的简捷公式

证明：

$$r^2 = 1 - \frac{\sum(Y-\hat{Y})^2}{\sum(Y-\bar{Y})^2} = 1 - \frac{\sum(Y-\hat{Y})^2}{\sum Y^2 - n\bar{Y}^2}$$

其中： $\sum(Y-\hat{Y})^2 = \sum Y^2 - a\sum Y - b\sum XY$

$$\therefore r^2 = 1 - \frac{\sum Y^2 - a\sum Y - b\sum XY}{\sum Y^2 - n\bar{Y}^2}$$

$$= \frac{\sum Y^2 - n\bar{Y}^2 - \sum Y^2 + a\sum Y + b\sum XY}{\sum Y^2 - n\bar{Y}^2} = \frac{a\sum Y + b\sum XY - n\bar{Y}^2}{\sum Y^2 - n\bar{Y}^2}$$

5.

$$r = \sqrt{r^2} = \sqrt{\frac{\sum(\hat{Y}-\bar{Y})^2}{\sum(Y-\bar{Y})^2}}$$

证明：

$$\sqrt{\frac{\sum(\hat{Y}-\bar{Y})^2}{\sum(Y-\bar{Y})^2}} = \sqrt{\frac{b^2\cdot\sum(X-\bar{X})^2}{\sum(Y-\bar{Y})^2}} \quad (\because (\hat{Y}-\bar{Y})=b(X-\bar{X}))$$

$$= \sqrt{\frac{\left[\dfrac{\sum(X-\bar{X})(Y-\bar{Y})}{\sum(X-\bar{X})^2}\right]^2 \cdot \sum(X-\bar{X})^2}{\sum(Y-\bar{Y})^2}} \quad \left[\because b = \frac{\sum(X-\bar{X})(Y-\bar{Y})}{\sum(X-\bar{X})^2}\right]$$

$$= \sqrt{\frac{\left[\sum(X-\bar{X})(Y-\bar{Y})\right]^2}{\sum(X-\bar{X})^2 \sum(Y-\bar{Y})^2}} = \frac{\sum(X-\bar{X})(Y-\bar{Y})}{\sqrt{\sum(X-\bar{X})^2} \cdot \sqrt{\sum(Y-\bar{Y})^2}} = r \quad （证毕）$$

附录三 模拟试卷与参考答案

模拟试卷(一)

一、单项选择题(每小题1分,共15分)

1. 在回归分析中,F 检验主要是用来检验( )。
   A. 相关系数的显著性   B. 回归系数的显著性
   C. 线性回归方程的显著性   D. 估计标准误差的显著性

2. 先对总体各单位按某一主要标志加以分类,再按随机原则从各类中抽取一定的单位进行调查,这种抽样调查形式称为( )。
   A. 简单随机抽样   B. 等距抽样   C. 整群抽样   D. 类型抽样

3. 抽样调查所必须遵循的原则是( )。
   A. 准确性原则   B. 随机性原则   C. 可靠性原则   D. 灵活性原则

4. 其他条件不变时,置信度越高,则置信区间( )。
   A. 越小   B. 越大   C. 不变   D. 无法判断

5. 在假设检验中,显著性水平 α 是( )。
   A. 原假设为真时被拒绝的概率   B. 原假设为真时被接受的概率
   C. 原假设为伪时被拒绝的概率   D. 原假设为伪时被接受的概率

6. 用最小二乘法拟和直线回归方程时,其基本思想是使( )。
   A. $\sum(y-\bar{y})$ 最小   B. $\sum(y-\bar{y})^2$ 最小
   C. $\sum(y-\hat{y})$ 最小   D. $\sum(y-\hat{y})^2$ 最小

7. 说明回归直线拟合程度的统计量主要是( )。
   A. 相关系数   B. 回归系数   C. 判定系数   D. 变异系数

8. 已知两个同类型企业职工平均工资的标准差分别是 50 元和 60 元,则两个企业职工平均工资的代表性是( )。
   A. 甲大于乙   B. 乙大于甲   C. 一样的   D. 无法判断

9. 在离散程度测定指标中,最容易受极端值影响的是( )。
   A. 极差   B. 平均差   C. 标准差   D. 四分位差

10. 某百货公司今年同去年相比,各种商品的价格综合指数为 105%,这说明( )。
    A. 商品价格平均上涨了 5%   B. 商品销售量平均上涨了 5%
    C. 价格提高使销售量上涨了 5%   D. 价格提高使销售额上涨了 5%

11. 下列相对数中,一般用复名数表示单位的是( )。
    A. 计划完成相对数   B. 比较相对数
    C. 比例相对数   D. 强度相对数

12. 以 12 个月为一个周期的变动,称为( )。
    A. 循环变动   B. 季节变动   C. 趋势变动   D. 不规则变动

13. 抽样误差在抽样调查中是( )。

A. 不可避免的,但可加以控制 B. 不可避免的,也不能计算出来

C. 通过改进调查方法可以避免 D. 在调查之后才能计算出来

14. 计算产品产量与产品单位成本之间的简单相关系数为-0.85,$P=0.023$,这说明两者之间存在着( )。

A. 正相关 B. 高度相关 C. 低度相关 D. 极弱相关

15. 序时平均数又可称为( )。

A. 平均发展水平 B. 平均发展速度 C. 平均增长速度 D. 平均增长量

二、多选题(每小题1分,共5分)

1. 同度量因素的作用主要有( )。

A. 平衡作用 B. 权数作用

C. 稳定作用 D. 比较作用

E. 同度量作用

2. 下列属于时点数的有( )。

A. 人口总数 B. 产品产值

C. 人口出生总数 D. 税后利润

E. 物资库存量

3. 从两个总体 A 和 B 中随机抽取容量为 n_A 和 n_B 的两个随机样本,且 n_A 和 n_B 不相等,则下列非参数检验方法中不可能采用的是( )。

A. 符号检验 B. 游程检验

C. Wilcoxon 带符号的等级检验 D. 曼-惠特尼 U 检验

E. 等级相关检验

4. 在下列指标中,受极端数据影响比较小的有( )。

A. 均值 B. 极差

C. 中位数 D. 标准差

E. 众数

5. 原始数据的主要来源有( )。

A. 从政府机构和各种行业组织所公布的数据中获取

B. 从公司和企业所公布的数据中获取

C. 从观察研究中获取

D. 设计一次试验以获取必要的数据

E. 进行一次调查

三、问答题(在以下的3个小题中任选2题,每小题5分,共10分。若选了3题,只对前2题打分)

1. 五数概括是指哪五数?

2. 为估计总体均值,抽取了一个容量为10的样本,试从无偏性和有效性这两个方面来比较统计量 X_1 和 $\overline{X}$ 的优劣。

3. 列出拉氏综合指数公式,指出其特点是什么?

四、计算题(每小题10分,共70分,要求计算的,须列出计算公式,结果保留四位小数)

1. 下表给出了投资两家银行股票的年回报率:

年 份	A(%)	B(%)
1	15.8	−4.8
2	3.2	7.2
3	11.5	30.2
4	40.1	29.5
5	51.6	54.5

    a. 计算这五年投资 A 银行股票年回报率的几何平均数。
    b. 计算这五年投资 B 银行股票年回报率的几何平均数。
    c. 你能从这两家银行股票的年投资回报率的几何平均数中得出什么结论？

2. 某消费者团体想了解某大城市每一家庭 11 月份平均电费账单情况。根据其他类似城市的调查结果，标准差为 25 元。该团体想要以 95％的置信水平确保电费账单在真值±5 元范围。
    a. 计算合适的样本容量。
    b. 如果置信水平为 90％，计算合适的样本容量。
    c. 你能从以上两个计算结果中得出何种结论？

3. 在一个正态总体中随机抽取一个样本，以下列出了此样本的观测值：
1,5,17,9,23,17,4,3,8,8,7,8,6,0,−1
试检验总体均值与 7 没有显著差异的原假设。
    a. 试根据题意建立合适的原假设和备择假设。
    b. 计算出相应的统计量，试问在 0.05 的显著性水平下，检验结果如何？
$t_{1-\frac{0.05}{2},(15)}=2.131, t_{1-0.05,(15)}=1.753, t_{1-\frac{0.05}{2},(14)}=2.145, t_{1-0.05,(14)}=1.761$

4. 某地区甲产品连续三年各季收购量统计资料如下：（单位：万吨）

年 份	一 季	二 季	三 季	四 季
第一年	14	6	10	18
第二年	16	8	12	22
第三年	19	15	15	25

根据上表数据，用按季平均法求各季的季节指数。

5. 若要评价两种职工培训课程的效果，了解某个职工的能力与他曾受过何种培训是否存在显著的关系，下表列出了随机调查的 220 名职工的结果：

培训课程	培训课程效果的评价		
	平均数以上	平均数	平均数以下
1	40	40	30
2	20	70	20

    a. 试根据题意建立合适的原假设和备择假设。
    b. 计算出相应的统计量，试问在 0.05 的显著性水平下，某个职工的能力与他曾受过何种培训是否存在显著的关系？
$\chi^2_{1-0.05,(2)}=5.991, \chi^2_{1-0.05,(3)}=7.815, \chi^2_{1-0.05,(4)}=9.488$

6. 某企业资料如下表所示：

产品名称	总产值 基期	总产值 报告期	报告期出厂价格比基期增长(%)
甲	145	168	12
乙	220	276	15
丙	350	378	5

要求用加权调和平均方法计算出厂价格总指数。

7. 一家大型消费品公司想测定不同的广告媒体在促销产品时的有效性，特别考察了两种广告媒体：广播、电视广告，报纸广告。在试验的一个月内，选择了人口数相近的 22 个城市组成一个样本进行研究，给每个城市指定一个广播、电视广告和报纸广告的支出费用。其产品的销售额和试验的这个月支付给媒体的费用数据资料如下：

城市	销售额(万元)	广播、电视广告(万元)	报纸广告(万元)	城市	销售额(万元)	广播、电视广告(万元)	报纸广告(万元)
1	973	0	40	12	1 577	45	45
2	1 119	0	40	13	1 044	50	0
3	875	25	25	14	914	50	0
4	625	25	25	15	1 329	55	25
5	910	30	30	16	1 330	55	25
6	971	30	30	17	1 405	60	30
7	931	35	35	18	1 436	60	30
8	1 177	35	35	19	1 521	65	35
9	882	40	25	20	1 741	65	35
10	982	40	25	21	1 866	70	40
11	1 628	45	45	22	1 717	70	40

由以上数据，计算输出的结果如下：($\alpha=0.05$)

回归分析	
复相关系数 R	0.899 27
决定系数 R^2	0.808 69
调整决定系数 R^2_{adj}	0.788 55
标准误差	158.904
样本数	22

方差分析

	自由度	离均差平方和	均方	F	P
回归分析	2	2 028 033	1 014 016	40.158 23	1.501 2E−07
残　差	19	479 759.9	25 250.52		
总　计	21	250 779 3			

	回归系数	标准误差	t	P
常数项	156.43	126.757 9	1.234 089	0.232 217
广播、电视广告(万元)	13.080 7	1.759 374	7.434 851	4.89E−07
报纸广告(万元)	16.795 3	2.963 378	5.667 613	1.83E−05

a. 列出回归方程,解释回归方程中 b_0 和 b_1 的含义。

b. 用 $\alpha=0.05$ 对回归方程进行显著性检验。

c. 若在某个城市支出的广播、电视广告费为 20 万元、报纸广告费为 30 万元时,试预测其产品平均销售额的点估计值。

模拟试卷(二)

一、单选题(每小题 1 分,共 15 分)

1. 统计数据按其运算功能可分为四个等级,运算功能由高到低的顺序是( )。
   A. 定类、定序、定距和定比
   B. 定序、定类、定距和定比
   C. 定比、定距、定类和定序
   D. 定比、定距、定序和定类

2. 某企业 5 月份计划要求销售收入比上月增长 8%,实际增长 12%,其计划完成相对数为( )。
   A. 103.70%   B. 50%   C. 150%   D. 3.7%

3. 投资银行某笔投资的年利率是按复利计算的,若将过去 3 年的年利率定为 4%、5% 和 6%,则这 3 年的平均年利率为( )。
   A. 5%   B. 略低于 5%   C. 略高于 5%   D. 105%

4. 在方差分析中,( )反映的是样本数据与其组平均值的差异。
   A. 总体离差平方和   B. 组间误差   C. 抽样误差   D. 组内误差

5. 下面属于按定量数列分组的有( )。
   A. 职工按政治面貌分组
   B. 职工按工龄分组
   C. 职工按性别分组
   D. 职工按文化程度分组

6. 具有上限或下限之一的组距是:(甲)开口组;(乙)闭口组。如果数据分布比较均匀,则运用:(丙)等组距;(丁)不等组距。其答案为( )。
   A. 甲、丙   B. 乙、丙   C. 甲、丁   D. 乙、丁

7. 下列指标中,计量单位与变量值不相同的是( )。
   A. 全距   B. 平均差   C. 标准差   D. 方差

8. 根据抽样调查的结果,得到乘电车的乘客从住处到工作地的电车停靠站数的分布如下:

停靠站数	1	2	3	4	5	6	7 以上	合计
乘客人数	40	100	200	250	400	610	500	2 000

试确定这个分配数列的众数为( )。
A. 610   B. 6   C. 7   D. 500

9. 参数估计通常有如下两种方法:( )。
   A. 点估计和区间估计	B. 无偏估计与有偏估计
   C. 有效估计和一致估计	D. 有效估计和充分估计
10. 成数与成数方差的关系是( )。
   A. 成数的数值越接近 0,成数的方差越大
   B. 成数的数值越接近 0.3,成数的方差越大
   C. 成数的数值越接近 1,成数的方差越大
   D. 成数的数值越接近 0.5,成数的方差越大
11. 假设检验的基本思想可以用( )来解释。
   A. 中心极限定理	B. 置信区间的性质
   C. 小概率事件的原理	D. 正态分布的性质
12. 在一定样本容量下增加犯弃真错误的概率,则犯取伪错误的概率( )。
   A. 不受影响	B. 增加	C. 减少	D. 为零
13. 相关系数 r 与回归系数 b 的关系如下( )。
   A. 回归系数 b 大,则相关系数 r 一定也大
   B. 回归系数 b 与相关系数 r 的正负符号相同
   C. 回归系数 b 大,则相关系数 r 一定就小
   D. 相关系数 r 与回归系数 b 无任何联系
14. 把近 20 年来某国的人均国内生产总值指标按年份顺序排列起来,形成的时间序列是( )。
   A. 时期总量的时间序列	B. 时点总量的时间序列
   C. 相对数的时间序列	D. 平均数的时间序列
15. 与参数统计相比,以下哪个不是非参数统计的特点( )。
   A. 不要求进行随机抽样	B. 不以估计总体参数为目的
   C. 能用于定性变量	D. 检验的功效较差

二、多选题(每小题 1 分,共 5 分)

1. 数据整理的常用方法有( )。
   A. 排序	B. 分组
   C. 计算算术平均数	D. 计算标准差
   E. 计算几何平均数
2. 由两个时期序列(a,b)相应项对比所形成的相对数时间序列(c)计算序时平均数$(\bar{c})$的公式为( )。

   A. $\bar{c}=\dfrac{\bar{a}}{\bar{b}}$	B. $\bar{c}=\dfrac{\sum cb}{\sum b}$	C. $\bar{c}=\dfrac{\sum a}{\sum b}$	D. $\bar{c}=\dfrac{\sum a}{\sum \dfrac{1}{c}a}$

   E. $\bar{c}=\dfrac{\sum b}{\sum bc}$

3. 下列属于正相关关系的是( )。
   A. 产量与单位成本	B. 身高与体重

C. 日用消费品的价格与需求量　　　D. 广告费支出与销售收入

E. 居民收入水平与生活费支出水平

4. 当偏度系数小于零时,则变量分布为(　　　)。

A. 右偏　　　　　　　　　　　　B. 左偏

C. 负偏　　　　　　　　　　　　D. 正偏

E. 对称

5. 设样本 $X_1, X_2, \cdots, X_n$ 取自正态总体 $N(\mu, \sigma^2)$,其中 μ 和 σ^2 均未知。下列样本函数中,是统计量的有(　　　)。

A. $\frac{1}{2}X_1 + \frac{1}{3}X_2 + \frac{1}{6}X_3$　　　　B. $\frac{1}{n}\sum_{i=1}^{n}(X_i - \mu)^2$

C. $\bar{X}$　　　　　　　　　　　　　D. X_1

E. $\sum_{i=1}^{3}\frac{X_i^2}{\sigma^2}$

三、问答题(在以下的 3 个小题中任选 2 题,每小题 5 分,共 10 分。若选了 3 题,只对前 2 题打分)

1. 试比较抽样调查与重点调查的异同。

2. 常用的平均指标有哪几种?

3. 试举例说明什么是统计量的无偏性?

四、计算题(每小题 10 分,共 70 分,要求计算的,须列出计算公式,结果保留四位小数)

1. 有 A 和 B 两类投资基金,A 类基金的最近 3 年的年投资回报率的算术平均数和标准差分别是 27.00% 和 17.66%,14 家 B 类基金最近 3 年的年投资回报率的数据如下:

B 类投资基金	X_i(%)	B 类投资基金	X_i(%)
1	31.50	8	20.72
2	12.46	9	13.80
3	9.77	10	21.49
4	22.47	11	11.35
5	18.47	12	17.48
6	15.47	13	18.61
7	38.16	14	18.37

a. 计算 B 类投资基金最近 3 年的年投资回报率的算术平均数和标准差。

b. 比较这两类投资基金的收益和风险。

c. 你倾向于投资哪类基金? 请解释原因。

2. 某地区对 500 户居民进行了抽样调查,调查结果表明人均月收入为 900 元,标准差为 300 元,另外有 10% 的家庭人均月收入不到 500 元,试分别计算该地区所有家庭人均月收入 95% 的置信区间和人均月收入不到 500 元的家庭户所占比例的 95% 的置信区间。

3. 灯泡生产厂的生产经理想知道两种类型机器生产的灯泡平均寿命是否相同,假设总体方差相等。现从机器 A 和机器 B 分别独立抽取 11 个灯泡作为随机样本,根据抽样的数据,计算得到的描述性统计结果如下:(显著性水平为 0.05)

t-检验:双样本等方差假设

	机器 A	机器 B
平均值	814.636 3	721.909 0
方差	9 498.454 5	7 900.090 9
样本数	11	11
合并方差	8 699.272 7	
假设平均差	0	
自由度	20	
t 统计量	2.331 5	
$P(T\leq t)$ 单尾	0.015 0	
t 单尾临界	1.724 7	
$P(T\leq t)$ 双尾	0.030 0	
t 双尾临界	2.085 9	

a. 试根据题意建立合适的原假设和备择假设,是否有证据表明两种机器生产的灯泡的平均寿命存在显著差异? 试说明判断的依据。

b. 若显著性水平为 0.01,则 a 中的结论是否有变化? 试说明判断的依据。

c. 在以上的检验中,还需要做出什么假设?

4. 为了解投资者怎样利用互联网进行了一项调查。在该项调查中,进行网上交易的 300 人是按交易者年龄和对市场后市的看法进行交叉分组,以了解网上投资者的年龄和他们对后市的看法是否存在显著的关系。调查结果如下表:

年 龄	对市场后市的看法			
	跌	平	涨	合计
35 以下	10	30	60	100
35 及以上	10	80	110	200
合 计	20	110	170	300

a. 试根据题意建立合适的原假设和备择假设。

b. 计算相应的统计量,试问在 0.05 的显著性水平下,网上投资者的年龄和他们对后市的看法是否存在显著的关系?

$\chi^2_{1-0.05,(2)}=5.991, \chi^2_{1-0.05,(3)}=7.815, \chi^2_{1-0.05,(4)}=9.488$

5. 以下是我国连续六年的外汇储备额:

年份序号	1	2	3	4	5	6
外汇储备额(亿美元)	1 656	2 522	2 864	4 233	6 099	8 188

a. 计算这段时间内我国外汇储备额的年平均增长额。

b. 计算这段时间内我国外汇储备额的年平均增长率。

6. 某商店三种产品的销售情况资料如下：

商 品	单 位	销售量		价格(元)	
		基 期	报告期	基 期	报告期
A	双	40	50	40	50
B	件	20	25	50	55
C	只	60	80	8	10

a. 要求用拉斯贝尔公式分别计算销售量总指数和价格总指数。
b. 要求用派许公式分别计算销售量总指数和价格总指数。

7. 你需要根据下表中的数据，用 X 来预测 Y 数：

编 号	X	Y	编 号	X	Y
1	52	32	11	161	43
2	64	34	12	184	49
3	73	36	13	202	57
4	85	37	14	218	56
5	95	37	15	243	70
6	103	39	16	254	61
7	116	38	17	267	58
8	121	41	18	275	63
9	143	44	19	287	65
10	157	47	20	298	87

由以上数据，计算得到的结果如下：($\alpha=0.05$)

回归分析	
复相关系数 R	0.935 988
决定系数 R^2	0.876 074
调整决定系数 R^2_{adj}	0.869 189
标准误差	5.238 713
样本数	20

方差分析

	自由度	离均差平方和	均 方	F 值	P 值
回归分析	1	3 492.206	3 492.206	127.247 9	1.36E−09
残 差	18	493.994	27.444 11		
总 计	19	3 986.2			

	回归系数	标准误差	t 统计量	P 值
常数项	21.258 68	2.780 136	7.646 632	4.64E−07
X	0.167 4	0.014 8 4	11.280 42	1.36E−09

a. 列出回归方程,解释回归方程中 b_0 和 b_1 的含义。
b. 用 $\alpha=0.05$ 对回归方程进行显著性检验。
c. 若 X 为 150,试对 Y 计算一个 95% 的特定值预测区间。
$\bar{x}=169.9, t_{1-\frac{0.05}{2},(18)}=2.101, t_{1-\frac{0.05}{2},(19)}=2.093$

模拟试卷(三)

一、单选题(10 分)

1. 数理统计学的奠基人是( )。
   A. 威廉·配第　　B. 阿痕瓦尔　　C. 凯特勒　　D. 恩格尔
2. 若上海市对大学生情况进行普查,则每所大学是( )。
   A. 调查对象　　B. 调查单位　　C. 调查项目　　D. 以上全错
3. 要了解我国农民收入的具体情况,最适合的调查方式是( )。
   A. 普查　　B. 典型调查　　C. 重点调查　　D. 抽样调查
4. 现有一数列:3,9,27,81,243,729,2 187,反映其平均水平最好用( )。
   A. 算术平均数　　B. 调和平均数　　C. 几何平均数　　D. 众数
5. 劳动生产率计划提高 2%,实际上提高了 6%。试确定劳动生产率计划超额完成程度( )。
   A. 103.9%　　B. 3%　　C. 4%　　D. 3.9%
6. 在总体服从正态分布但总体方差未知情况下,$H_0: \bar{X} \geq \bar{X}_0$,则 H_0 的否定域为( )。
   A. $|t| \geq t_{\alpha/2}$　　B. $|t| \leq t_{\alpha/2}$　　C. $t < -t_\alpha$　　D. $t > t_\alpha$
7. 个别样本的抽样误差与抽样平均误差在计算上( )。
   A. 前者可以计算,后者无法计算　　B. 前者无法计算,后者可以计算
   C. 两者均可计算　　D. 两者均无法计算
8. 若要检验两组相关样本是否有差别,则可采用( )。
   A. 独立性检验　　B. 成对比较检验
   C. 曼-惠特尼 U 检验　　D. 游程检验
9. 编制时间序列的基本原则,就是要保证各期指标的( )。
   A. 科学性　　B. 总体性　　C. 无偏性　　D. 可比性
10. 某商店商品销售额报告期和基期相同,报告期商品价格比基期提高了 10%,那么报告期商品销售量比基期( )。
    A. 提高了 10%　　B. 减少了 9%　　C. 增长了 5%　　D. 上升了 11%

二、多选题(10 分)

1. "统计"一词的三种含义是( )。
   A. 统计数据　　B. 统计学
   C. 统计指标　　D. 统计工作
   E. 统计图表
2. 调查方案应包括以下哪些主要内容( )。
   A. 确定调查目的　　B. 确定调查对象和调查单位
   C. 拟订调查提纲　　D. 确定调查时间

E. 编制调查的组织计划
3. 下列指标中属于强度相对指标的有（   ）。
 A. 人均粮食产量   B. 人均钢铁产量
 C. 人均国民收入   D. 工人劳动生产率
 E. 职工月平均工资
4. 受极端值影响比较大的平均数有（   ）。
 A. 算术平均数   B. 调和平均数
 C. 几何平均数   D. 众数
 E. 中位数
5. 一个好的点估计量，应具有（   ）。
 A. 无偏性   B. 有效性
 C. 一致性   D. 充分性
 E. 未知的总体参数

三、问答题（共15分）

1. 相对指标的种类有哪些？（5分）
2. 试述统计分组的意义和作用。（5分）
3. 什么时候使用 t 分布对总体均值进行置信区间估计？（5分）

四、计算题（共65分）

1. 某企业某产品连续六年的成本资料如下：

年 份	第一年	第二年	第三年	第四年	第五年	第六年
成本水平(元)	64	65	62	61	59	58

试计算：(1) 成本逐年降低量；(2) 成本平均递减率。（5分）

2. 某大型超市的经理某一天内在该市的6个结账台分别观察顾客人数，观察结果如下表所示。试问这些数据是否提供了充足的证据表明某些结账台胜过另一些结账台？采用 $\alpha=0.05$。（10分）（$\chi^2_{1-0.05,5}=11.071$）

结账台号	1	2	3	4	5	6
频 数	84	110	146	152	61	47

3. 进行一项单因素试验，该实验依据该因素分为4组，每组内有7个观察值，在下面的方差分析表中，计算出所有的缺失值：

方差来源	离差平方和	自由度	均 方	F 值
组 间	$SSB=?$	$k-1=?$	$MSB=\dfrac{SSB}{k-1}=80$	$F=?$
组 内	$SSE=560$	$n-k=?$	$MSE=\dfrac{SSE}{n-k}=?$	
总 和	$SST=?$	$n-1=?$		

然后在0.05的显著性水平下，检验这4组的总体均值是否有显著的不同。（10分）

$F_{1-0.05,(2,24)} = 3.40$;　$F_{1-0.05,(3,24)} = 3.01$;　$F_{1-0.05,(1,24)} = 4.26$;　$F_{1-0.05,(1,25)} = 4.24$

4. 某电视机厂声称其产品质量超过规定标准 12 000 小时,随机抽取 100 件产品后测得均值为 12 450 小时,已知 $\sigma = 300$ 小时。如果 $\alpha = 0.05$,根据计算出的结果,能否说该厂产品质量已显著地高于规定标准？(10 分)

5. 某企业集团公司某年第三季度职工人数及产值资料如下：

指　标	单　位	7月	8月	9月	10月
销售产值	万元	4 000	4 200	4 500	—
月初人数	人	464	466	468	460

要求：(1) 编制第三季度各月劳动生产率的时间序列；
(2) 计算第三季度的月平均劳动生产率；
(3) 计算第三季度的劳动生产率。(10 分)

6. 某商店三种产品的销售情况资料如下：

商　品	单　位	价格(元) 基　期	价格(元) 报告期	销售量 基　期	销售量 报告期
A	双	25	20	400	500
B	件	140	160	50	55
C	只	1	1.1	80	100

要求：从相对数和绝对数两方面简要分析销售量和价格变动对销售额变动的影响。(10 分)

7. 已知有两个变量：亩产量(y)和施肥量(x)。假定两变量间存在线性关系,并已知：
$n = 10$,　$\bar{x} = 27$,　$\bar{y} = 380$,　$\sigma_{xy} = 985.5$,　$\sigma_x^2 = 101.2$
$\sigma_y^2 = 129\ 95$　$\sum(y - \hat{y})^2 = 338\ 97$,　$t_{1-\frac{0.10}{2},(8)} = 1.86$

试求：
(1) 建立 $\hat{y} = a + bx$ 线性方程,求 a 和 b,并说明其含义。
(2) 求判定系数 r^2,并说明其含义。
(3) 求估计标准误 S_{xy}。(10 分)

模拟试卷参考答案

模拟试卷一

一、单选题(15 分)
1. C　2. D　3. B　4. B　5. A　6. D　7. C　8. D　9. A　10. A　11. D　12. B　13. A　14. B　15. A

二、多选题(5 分)
1. BE　2. AE　3. ACE　4. CE　5. CDE

三、问答题(每小题 5 分,共 10 分)
1. 五数概括是指最小值 x_{min}、最大值 x_{max}、第一四分位数 M_1、中位数 Me 和第三四分位数 M_3。

2. X_1 是无偏估计量，$\bar{X}$ 也是无偏估计量，但 $\bar{X}$ 的方差(标准差)比 X_1 的小，所以 $\bar{X}$ 比 X_1 更有效。

3. 拉氏的价格指数综合指数公式是：

$$\bar{I}_p = \sum p_1 q_0 / \sum p_0 q_0$$

相应的物量指数公式是：

$$\bar{I}_q = \sum q_1 p_0 / \sum q_0 p_0$$

拉氏综合指数的出发点是要剔除同度量因素变动影响，反映纯粹的指数化因素的变动。但是，同度量因素是用基期的，与报告期实际有些不符。

四、计算题(共 70 分)

1. a. $\bar{x}_G = \sqrt[n]{x_1 \cdot x_2 \cdots x_n} = \sqrt[5]{1.158 \times 1.032 \times 1.115 \times 1.401 \times 1.516} = 123.1289\%$
这五年投资 A 银行股票年回报率的几何平均数为 23.1289%。

b. $\bar{x}_G = \sqrt[n]{x_1 \cdot x_2 \cdots x_n} = \sqrt[5]{0.952 \times 1.072 \times 1.302 \times 1.295 \times 1.545} = 121.5985\%$
这五年投资 B 银行股票年回报率的几何平均数为 21.5985%。

c. 投资 A 银行股票年回报率比投资 B 银行股票年回报率要高。

2. a. $n = \dfrac{z_{1-\frac{\alpha}{2}}^2 \sigma^2}{\Delta_{\bar{x}}^2} = \dfrac{1.96^2 \times 25^2}{5^2} = 97$

b. $n = \dfrac{z_{1-\frac{\alpha}{2}}^2 \sigma^2}{\Delta_{\bar{x}}^2} = \dfrac{1.65^2 \times 25^2}{5^2} = 69$ (取 1.64 为 68)

c. 其他条件不变，置信水平越高，要求抽取的样本容量越多。

3. a. $H_0: \mu = 7; H_1: \mu \neq 7; \alpha = 0.05$

b. $t = \dfrac{\bar{X} - \mu_0}{\dfrac{S}{\sqrt{n}}} = 0.383$ ($\bar{X} = 7.6667$ 和 $S = 6.7375$)

因为 $0.383 < t_{双尾临界} = 2.145$，差异无统计学意义，所以在 $\alpha = 0.05$ 的水准上不拒绝原假设，没有理由认为该样本总体均值不等于 7。

4.

年　份	一　季	二　季	三　季	四　季	合　计
第一年	14	6	10	18	48
第二年	16	8	12	22	58
第三年	19	15	15	25	74
合　计	49	29	37	65	180
同季平均数	16.3333	9.6667	12.3333	21.6667	15
季节指数	1.088889	0.644444	0.822222	1.444444	

5. a. H_0：某个职工的能力与他曾受过何种培训是独立的；
H_1：某个职工的能力与他曾受过何种培训是不独立的，存在着显著的关系。

$\alpha = 0.05$

b. $x^2 = \sum_{i=1}^{r} \sum_{j=1}^{c} \frac{(O_{ij} - E_{ij})^2}{E_{ij}} = \frac{(40-30)^2}{30} + \frac{(20-30)^2}{30} + \cdots + \frac{(20-25)^2}{25} = 16.8485$

因为 16.848 5 大于 $\chi^2_{0.05,(2)} = 5.991$,所以在 $\alpha = 0.05$ 的水平上拒绝原假设,接受 H_1,即认为某个员工的能力与他曾受过何种培训是不独立的,存在显著关系。

6. 列计算表如下:

产品名称	总产值 $p_0 q_0$	总产值 $p_1 q_1$	I_p %	$\dfrac{p_1 q_1}{I_p}$
甲	145	168	112	150
乙	220	276	115	240
丙	350	378	105	360
合计	715	822	—	750

$$\frac{\sum p_1 q_1}{\sum \dfrac{p_1 q_1}{I_p}} = \frac{822}{750} = 109.6\%$$

7. a. 列出回归方程,解释回归方程中 b_0 和 b_1 的含义。

$\hat{Y}_i = 156.43 + 13.0807 X_1 + 16.7963 X_2$

b_0 的含义:在没有广播、电视广告费和报纸广告费的情况下,根据回归方程预测的销售额为 156.43 万元。

b_1 的含义:在控制了报纸广告费的前提下,广播、电视广告费每增加或减少 1 万元,引起销售额平均变动 13.080 万元。

b. 用 $\alpha = 0.05$ 对回归方程的回归系数进行显著性检验。$H_0: \beta_1 = 0$;$H_1: \beta_1 \neq 0$;$H_0: \beta_2 = 0$;$H_1: \beta_2 \neq 0$。

两个 P 值都小于 $\alpha = 0.05$,因此拒绝 H_0,认为这两个回归系数在统计上都是显著的。

用 $\alpha = 0.05$ 对回归方程的整体进行显著性检验。

$H_0: R^2 = 0$;$H_1: R^2 > 0$

Sign. F 值小于 $\alpha = 0.05$,因此拒绝 H_0,认为这个回归模型整体是显著的。

c. 若在某个城市支出的广播、电视广告费为 20 万元、报纸广告费为 30 万元时,预测其产品平均销售额的点估计值为 921.933 万元。

模拟试卷二

一、单选题(15 分)

1. D 2. A 3. B 4. D 5. B 6. A 7. D 8. B 9. A 10. D 11. C 12. C 13. B 14. C 15. A

二、多选题(5 分)

1. AB 2. ABCD 3. BCDE 4. BC 5. ACD

三、问答题(每小题 5 分,共 10 分)

1. 抽样调查与重点调查的相同点在于都是专门组织的非全面调查;不同点在于抽样调查

主要是选取一个对总体具有代表性的样本,抽取的样本可以提供用于估计整个总体特征的信息。而重点调查是对总体中的重点单位进行的调查,以了解总体的基本情况。

2. 四种常用的平均数是:算术平均数、几何平均数、中位数和众数。

3. 未知参数 θ 的估计量 $\hat{\theta}$ 是一个随机变量。如果 $E(\hat{\theta})=\theta$,则称估计量 $\hat{\theta}$ 是被估参数 θ 的一个无偏估计,否则就称为有偏估计。例如,样本均值具有高度的无偏性,所以样本均值 $\bar{X}$ 是总体均值 μ 的无偏估计,即 $E(\bar{X})=\mu$;样本比例 p 是总体比例 P 的无偏估计,即 $E(p)=P$。

四、计算题(共 70 分)

1. a. 算术平均数和标准差分别是:

$$\mu = \frac{\sum x}{n} = 19.294\ 3$$

标准差 $\sigma = \sqrt{\dfrac{\sum (x-\mu)^2}{n}} = 7.428\ 1$

b. A 类的变异系数 $V_\sigma = (17.66/27)\ 100\% = 65.41\%$
B 类的变异系数 $V_\sigma = (7.428\ 1/19.294\ 3)\ 100\% = 38.498\ 9\%$
A 类的收益较高,而变异系数也较高。这意味着 A 类的风险要比 B 类的高。

c. 解释原因。

例:我会选择 B 类基金,因为尽管 A 类基金的收益高于 B 类基金 8% 左右,但是 A 类基金变动的风险是 B 类基金的两倍,因此为求稳我会选择 B 类。

2. 该地区所有家庭人均月收入 95% 的置信区间:

$$\left(\bar{X} - z_{1-\frac{\alpha}{2}} \frac{S}{\sqrt{n}}, \bar{X} + z_{1-\frac{\alpha}{2}} \frac{S}{\sqrt{n}}\right)$$

$$\left(900 - 1.96\sqrt{\frac{300^2}{500}}, 900 + 1.96\sqrt{\frac{300^2}{500}}\right) \quad (873.703\ 8, 926.296\ 6)$$

人均月收入不到 500 元的家庭户所占比例的 95% 的置信区间。

$$\left(p - z_{1-\frac{\alpha}{2}}\sqrt{\frac{p(1-p)}{n}}, p + z_{1-\frac{\alpha}{2}}\sqrt{\frac{p(1-p)}{n}}\right)$$

$$\left(10\% - 1.96\sqrt{\frac{0.1 \times 0.9}{500}}, 10\% + 1.96\sqrt{\frac{0.1 \times 0.9}{500}}\right)$$

3. a. H_0:这两种机器生产的灯泡的平均寿命的总体均值是相同的;
H_1:这两种机器生产的灯泡的平均寿命的总体均值是不相同的;
因为 $t = 2.331\ 5$ 大于 $t_{双尾临界} = 2.085\ 9$(或 $P(T \leqslant t)_{双尾} = 0.03$ 小于 0.05)
所以拒绝原假设,接受备设假设,表明两种机器生产的灯泡的平均寿命存在显著差异。

b. 若显著性水平为 0.01,则因为 $P(T \leqslant t)$ 双尾 $= 0.03$ 大于 0.01,所以 a 中的结论有变化接受原假设,拒绝备设假设,表明两种机器生产的灯泡的平均寿命不存在非常显著的差异。

c. 在以上的检验中,还需要做出数据来自正态分布的假设。

4. a. 试根据题意建立合适的原假设和备择假设。
H_0:网上投资者的年龄和他们对后市的看法是独立的;
H_1:网上投资者的年龄和他们对后市的看法是不独立的。

b. $\chi^2 = \sum_{i=1}^{r} \sum_{j=1}^{c} \frac{(O_{ij} - E_{ij})^2}{E_{ij}}$

$= \frac{(10 - 6.667)^2}{6.667} + \frac{(10 - 13.3333)^2}{13.3333} + \cdots + \frac{(110 - 113.33)^2}{113.33}$

$= 4.612$

因为 4.612 小于 $\chi^2_{1-0.05,(2)} = 5.991$，所以不拒绝原假设 H_0，拒绝 H_1。

5. a. 年平均增长额 $= \bar{\Delta} = \frac{a_n - a_0}{n} = (8\,188 - 1\,656)/5 = 1\,306.4$

b. 年平均增长率。

$\bar{X}_G - 1 = \sqrt[n]{a_n / a_0} - 1 = \sqrt[5]{8\,188 / 1\,656} - 1 = 1.376\,650 - 1 = 37.665\,0\%$

6. 计算表如下：

某商店三种产品的销售情况资料如下：

商品	销售量 基期 q_0	销售量 报告期 q_1	价格(元) 基期 p_0	价格(元) 报告期 p_1	销售额 p_0q_0	销售额 p_1q_1	假定期 p_0q_1	假定期 p_1q_0
A	40	50	40	50	1 600	2 500	2 000	2 000
B	20	25	50	55	1 000	1 375	1 250	1 100
C	60	80	8	10	480	800	640	600
合计					3 080	4 675	3 890	3 700

a. 按拉氏公式计算三种商品销售量的总指数：

$\frac{\sum p_0 q_1}{\sum p_0 q_0} = \frac{3\,890}{3\,080} = 126.30\%$

按拉氏公式计算三种商品销售价格的总指数：

$\frac{\sum p_1 q_0}{\sum p_0 q_0} = \frac{3\,700}{3\,080} = 120.13\%$

b. 按派氏公式计算三种商品销售量的总指数：

$\frac{\sum p_1 q_1}{\sum p_1 q_0} = \frac{4\,675}{3\,700} = 126.35\%$

按派氏公式计算三种商品销售价格的总指数：

$\frac{\sum p_1 q_1}{\sum p_0 q_1} = \frac{4\,675}{3\,890} = 120.18\%$

7. a. 解释回归方程中 b_0 和 b_1 的含义。

b_0 的含义为回归直线在 Y 轴截距的总体参数的一个估计值

b_1 的含义为回归直线斜率的总体参数的一个估计值，表示 X_1 每变动一个单位，所引起 Y 的平均变动量。

$\hat{Y}_i = 21.258\,7 + 0.167\,4 x_i$

b. 用 $\alpha = 0.05$ 对回归方程进行显著性检验。

$H_0: \beta_1 = 0; H_1: \beta_1 \neq 0$ （或 $H_0: R^2 = 0; H_1: R^2 > 0$）

P 值小于 $\alpha = 0.05$，因此拒绝 H_0，认为这个回归系数在统计上是显著的，或回归模型整体是显著的。

c. 若 X 为 150，试对 Y 计算一个 95%的特定值预测区间。

点估计

$$\hat{Y}_i = 21.2587 + 0.1674 \times 150 = 46.3687$$

特定值预测区间

$$Y_0 = \hat{Y}_0 \pm t_{1-\frac{\alpha}{2}, n-2} S_{YX} \sqrt{1 + \frac{1}{n} + \frac{(X_0 - \bar{X})^2}{\sum(X_i - \bar{X})^2}}$$

$$= 46.3687 \pm 2.101 \times 5.2387 \times \sqrt{1 + 1/20 + \frac{(150 - 169.9)^2}{3492.206/(0.1674)^2}}$$

$$= 46.3687 \pm 12.8050$$

模拟试卷三

一、单选题(10 分)

1. C 2. D 3. D 4. C 5. D 6. C 7. B 8. B 9. D 10. B

二、多选题(每小题 2 分,共 10 分)

1. ABD 2. ABCDE 3. ABC 4. ABC 5. ABCD

三、问答题(每小题 5 分,共 15 分)

1. 相对数可以分为计划完成相对数、结构相对数、比较相对数、强度相对数与动态相对数五种。

2. 统计分组后，要使组内的差异尽可能小，而组和组之间则有明显差异，从而使大量无序的、混沌的数据变为有序的、层次分明的、显示总体数量特征的数据资料。在社会经济统计研究中，分组有划分现象的类型、研究总体的结构和研究现象之间的依存关系等重要作用。

3. 小样本、总体方差未知、总体服从正态分布。

四、计算题(共 65 分)

1. (1)

成本逐年降低量 $= (64 - 58)/5 = 1.2$(元)

(2) 成本平均递减率 $= \sqrt[5]{\dfrac{64}{58}} - 1 = -1.95\%$

2. H_0：不同结账台的顾客人数没有明显的不同，即认为不同结账台的顾客人数服从均匀分布；

H_1：不同结账台的顾客人数具有明显的不同，即认为不同结账台的顾客人数不服从均匀分布。

在原假设成立的条件下，可用 χ^2 进行拟合优度检验，每个结账台顾客人数的理论频数为：

$(84 + 110 + 146 + 152 + 61 + 47)/6 = 100$

因为

$$\chi^2 = \sum \frac{(f_0 - f_e)^2}{f_e}$$

$$= \frac{(84-100)^2}{100} + \frac{(110-100)^2}{100} + \frac{(146-100)^2}{100} + \frac{(152-100)^2}{100}$$
$$+ \frac{(61-100)^2}{100} + \frac{(47-100)^2}{100}$$
$$= 95.06$$

而自由度为 $6-1$、$\alpha=0.05$ 的 X^2 分布的临界值 $X^2(5)=11.071 < 95.06$，所以拒绝原假设，即认为不同结账台的顾客人数具有明显的不同，不服从均匀分布。

3. 计算出的缺失值如下：

方差来源	离差平方和	自由度	均 方	F 值
组 间	SSB=240	k-1=3	$MSB=\frac{SSB}{k-1}=80$	F=3.43
组 内	SSE=560	n-k=24	$MSE=\frac{SSE}{n-k}=23.33$	
总 和	SST=800	n-1=27		

由题意，可建立假设：

H_0：这 4 组的总体均值是相同的；

H_1：这 4 组的总体均值不完全相同。

∴ $F=3.43 > F_{1-0.05,(3,24)}=3.01$，拒绝原假设，可认为 4 组的总体均数不完全相同。

4. $H_0: \mu=12\,000$ $H_1: \mu>12\,000$。

$$Z = \frac{12\,450 - 12\,000}{\frac{300}{\sqrt{100}}} = 15 > 1.65$$

所以，拒绝原假设，接受备择假设，即认为该厂的产品质量已显著地高于规定标准。

5. (1) 各月劳动生产率的时间序列见下表：

指 标	单 位	7月	8月	9月	第三季度
销售产值	万元	4 000.00	4 200.00	4 500.00	12 700.00
月平均人数	人	4 640.00	4 660.00	4 660.00	4 653.33
月劳动生产率	元/人	8 602.15	8 993.58	9 698.28	27 292.26

(2) 计算第三季度的月平均劳动生产率：

$$\bar{a} = \frac{a_1+a_2+a_3+\cdots+a_n}{n} = \frac{4\,000+4\,200+4\,500}{3} = \frac{12\,700}{3}$$

$$\bar{b} = \frac{\frac{b_1}{2}+b_2+b_3+\cdots+\frac{b_n}{2}}{n-1} = \frac{\frac{4\,640}{2}+4\,660+4\,680+\frac{4\,600}{2}}{3} = \frac{13\,960}{3}$$

$$\bar{c} = \frac{\bar{a}}{\bar{b}} = \frac{12\,700}{13\,960} = 0.909\,7(\text{万元}/\text{人})$$

(3) 第三季度的劳动生产率为：$\dfrac{12\,700\,万元}{4\,653.33\,人}=2.729\,2(万元/人)$

6. 价格总指数

$$\overline{K}_p = \dfrac{\sum p_1 q_1}{\sum p_0 q_1} = \dfrac{18\,910}{20\,300} = 93.15\%$$

销售量总指数：

$$\overline{K}_q = \dfrac{\sum p_0 q_1}{\sum p_0 q_0} = \dfrac{20\,300}{17\,080} = 118.85\%$$

$93.15\% \times 118.85\% = 110.71\%$

$-1\,390 + 3\,220 = 1830$

7. (1) $\sigma = \dfrac{\sigma_{xy}}{\sigma_x^2} = \dfrac{985.5}{101.2} = 9.74$

$a = \bar{y} - b\bar{x} = 380 - 9.74 \times 27 = 117.07$

$y = 117.07 + 9.74x$

a 的含义：当施肥量为 0 时，亩产量为 117.07；

b 的含义：当施肥量变化一个单位时，亩产量变化 9.74。

(2) $r = \dfrac{\sigma_{xy}}{\sigma_x \sigma_y} = \dfrac{985.5}{\sqrt{101.2}\sqrt{12\,995}} = 0.86$

$r^2 = 0.86^2 = 0.739\,6$

含义：在线性回归中，回归平方和与总离差平方和之比值，其数值等于相关系数的平方。说明自变量对因变量的影响程度，反映因变量 y 取值的变异中，回归所能解释的比例。

(3) $S_{xy} = \sqrt{\dfrac{\sum (y - \hat{y})^2}{n-2}} = \sqrt{\dfrac{33\,897}{8}} = \sqrt{4\,237.13} = 65.09$

附录四 统计用表

1. 随机数字表

03 47 43 73 86	36 96 47 36 61	46 98 63 71 62	33 26 16 80 45	60 11 14 10 95
97 74 24 67 62	42 81 14 57 20	42 53 32 37 32	27 07 36 07 51	24 51 79 89 73
16 76 62 27 66	56 50 26 71 07	32 90 79 78 53	13 55 38 58 59	88 97 54 14 10
12 56 85 99 26	96 96 68 27 31	05 03 72 93 15	57 12 10 14 21	88 26 49 81 76
55 59 56 35 64	38 54 82 46 22	31 62 43 09 90	06 18 44 32 53	23 83 01 30 30
16 22 77 94 39	49 54 43 54 82	17 37 93 23 78	87 35 20 96 43	84 26 34 91 64
84 42 17 53 31	57 24 55 06 88	77 04 74 47 67	21 76 33 50 25	83 92 12 06 76
63 01 63 78 59	16 95 55 67 19	98 10 50 71 75	12 86 73 58 07	44 39 52 38 79
33 21 12 34 29	78 64 56 07 82	52 42 07 44 38	15 51 00 18 42	99 66 02 79 54
57 60 86 32 44	09 47 27 96 54	49 17 46 09 62	90 52 84 77 27	08 02 73 43 28
18 18 07 92 46	44 17 16 58 09	79 83 86 19 62	06 76 50 03 10	55 23 64 05 05
26 62 38 97 75	84 16 07 44 99	83 11 46 32 24	20 14 85 88 45	10 93 72 88 71
23 42 40 64 74	82 97 77 77 81	07 45 32 14 08	32 98 94 07 72	93 85 79 10 75
52 36 28 19 95	50 92 26 11 97	00 56 76 31 38	80 22 02 53 53	86 60 42 04 53
37 85 94 35 12	83 39 50 08 30	42 34 07 96 88	54 22 06 87 98	35 85 29 48 39
70 29 17 12 13	40 33 20 38 26	13 89 51 03 74	17 76 37 13 04	07 74 21 19 30
56 62 18 37 35	96 83 50 87 75	97 12 20 93 47	70 33 24 03 54	97 77 46 44 80
99 49 57 22 77	88 42 95 45 72	16 64 36 16 00	04 43 18 66 79	94 77 24 11 90
16 08 15 04 72	33 27 14 34 09	45 59 34 68 49	12 72 07 34 45	99 27 72 95 14
31 16 93 32 43	50 27 89 87 19	20 15 37 00 49	52 85 66 60 44	38 68 88 11 80
68 34 30 13 70	55 74 30 77 40	44 22 78 84 26	04 33 46 09 52	68 07 97 06 57
74 57 25 65 76	59 29 97 68 60	71 91 38 67 54	13 58 18 24 76	15 54 55 95 52
27 42 37 86 53	48 55 90 65 72	96 57 69 36 10	96 46 92 42 45	97 60 49 04 91
00 39 68 29 61	66 37 32 20 30	77 84 57 03 29	10 45 65 04 26	11 04 96 67 24
29 94 98 94 24	68 49 69 10 82	53 75 91 93 30	34 25 20 57 27	40 48 73 51 92

2. 正态分布双侧临界值表

$$\alpha = 1 - \frac{1}{\sqrt{2\pi}} \int_{-z_{\frac{\alpha}{2}}}^{z_{\frac{\alpha}{2}}} e^{-\frac{z^2}{2}} dz$$

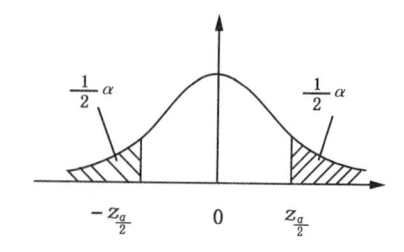

α	0	1	2	3	4	5	6	7	8	9	α
0.0	∞	2.575829	2.326348	2.170090	2.053749	1.959964	1.880794	1.811911	1.750686	1.695398	0.0
0.1	1.644854	1.598193	1.554774	1.514102	1.475791	1.439531	1.405072	1.372204	1.340755	1.310579	0.1
0.2	1.281552	1.253565	1.226528	1.200359	1.174987	1.150349	1.126391	1.103063	1.080319	1.058122	0.2
0.3	1.036433	1.015222	0.994458	0.974114	0.954165	0.934589	0.915365	0.896473	0.877896	0.859617	0.3
0.4	0.841621	0.823894	0.806421	0.789192	0.772193	0.755415	0.738847	0.722479	0.706303	0.690309	0.4
0.5	0.674490	0.658838	0.643345	0.628006	0.612813	0.597760	0.582841	0.568051	0.553385	0.538836	0.5
0.6	0.524401	0.510073	0.495850	0.481727	0.467699	0.453762	0.439913	0.426148	0.12413	0.398855	0.6
0.7	0.385320	0.371856	0.358459	0.345125	0.331853	0.318639	0.305481	0.292375	0.279319	0.266311	0.7
0.8	0.253347	0.240426	0.227545	0.214702	0.201893	0.189113	0.176374	0.163658	0.150969	0.138304	0.8
0.9	0.125661	0.113039	0.100434	0.087845	0.075270	0.062707	0.050154	0.037608	0.025069	0.012533	0.9

α	0.001	0.0001	0.00001	0.000001	0.0000001	0.00000001	α
u_α	3.29053	3.89059	4.41717	4.89164	5.32672	5.73073	u_α

注：考虑到表格数值呈现的方便，这里的 $z_{\frac{\alpha}{2}}$ 表示上侧 $\frac{\alpha}{2}$ 分位点。后述的 t 分布临界值表、χ^2 分布临界值表以及 F 分布临界值表均与此相同处理。

3. 标准正态分布表

$$F(z) = \frac{1}{\sqrt{2\pi}} \int_{-\infty}^{z} e^{-\frac{z^2}{2}} dz$$

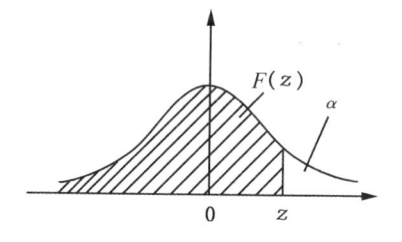

z	0.00	0.01	0.02	0.03	0.04	0.05	0.06	0.07	0.08	0.09	z
0.0	0.5000	0.5040	0.5080	0.5129	0.5160	0.5199	0.5239	0.5279	0.5319	0.5359	0.0
0.1	0.5398	0.5438	0.5478	0.5517	0.5557	0.5596	0.5636	0.5675	0.5714	0.5753	0.1
0.2	0.5793	0.5832	0.5871	0.5910	0.5948	0.5987	0.6026	0.6064	0.6103	0.6141	0.2
0.3	0.6179	0.6217	0.6255	0.6293	0.6331	0.6368	0.6406	0.6443	0.6480	0.6517	0.3
0.4	0.6554	0.6591	0.6628	0.6664	0.6700	0.6736	0.6772	0.6808	0.6844	0.6879	0.4
0.5	0.6915	0.6950	0.6985	0.7019	0.7054	0.7088	0.7223	0.7157	0.7190	0.7224	0.5
0.6	0.7257	0.7291	0.7324	0.7357	0.7389	0.7422	0.7454	0.7486	0.7517	0.7549	0.6
0.7	0.7580	0.7611	0.7642	0.7673	0.7703	0.7734	0.7764	0.7794	0.7823	0.7852	0.7
0.8	0.7881	0.7910	0.7939	0.7967	0.7995	0.8023	0.8051	0.8078	0.8106	0.8133	0.8
0.9	0.8159	0.9186	0.8212	0.8238	0.8264	0.8289	0.8315	0.8340	0.8365	0.8339	0.9

续表

z	0.00	0.01	0.02	0.03	0.04	0.05	0.06	0.07	0.08	0.09	z
1.0	0.8413	0.8438	0.8461	0.8485	0.8508	0.8531	0.8554	0.8577	0.8599	0.8621	1.0
1.1	0.8643	0.8665	0.8686	0.8708	0.8729	0.8749	0.8770	0.8790	0.8810	0.8830	1.1
1.2	0.8849	0.8869	0.8888	0.8907	0.8925	0.8944	0.8962	0.8980	0.8997	0.90147	1.2
1.3	0.90320	0.90490	0.90658	0.90824	0.90988	0.91149	0.91309	0.91466	0.91621	0.91774	1.3
1.4	0.91924	0.92073	0.92220	0.92364	0.92507	0.92647	0.92785	0.92922	0.93056	0.93189	1.4
1.5	0.93319	0.93448	0.93574	0.93699	0.93822	0.93943	0.94062	0.94179	0.94295	0.94408	1.5
1.6	0.94520	0.94630	0.94738	0.94845	0.94950	0.95053	0.95154	0.95254	0.95352	0.95449	1.6
1.7	0.95543	0.95637	0.95728	0.95818	0.95907	0.95994	0.96080	0.96164	0.96246	0.96327	1.7
1.8	0.96407	0.9685	0.96562	0.96638	0.96712	0.96784	0.96856	0.96926	0.96995	0.97062	1.8
1.9	0.97128	0.97193	0.97257	0.97320	0.97381	0.97441	0.97500	0.97558	0.97615	0.97670	1.9
2.0	0.97725	0.97778	0.97831	0.97882	0.97932	0.97982	0.98030	0.98077	0.98124	0.98169	2.0
2.1	0.98214	0.98257	0.98300	0.98341	0.98382	0.98422	0.98461	0.98500	0.98537	0.98574	2.1
2.2	0.98610	0.98645	0.98679	0.98713	0.98745	0.98778	0.98809	0.98840	0.98870	0.98899	2.2
2.3	0.98928	0.98956	0.98983	$0.9^2 0097$	$0.9^2 0358$	$0.9^2 0613$	$0.9^2 0863$	$0.9^2 1106$	$0.9^2 1344$	$0.9^2 1576$	2.3
2.4	$0.9^2 1802$	$0.9^2 2024$	$0.9^2 2240$	$0.9^2 2451$	$0.9^2 2656$	$0.9^2 2857$	$0.9^2 3053$	$0.9^2 3244$	$0.9^2 3431$	$0.9^2 3613$	2.4
2.5	$0.9^2 3790$	$0.9^2 3963$	$0.9^2 4132$	$0.9^2 4297$	$0.9^2 4457$	$0.9^2 4614$	$0.9^2 4766$	$0.9^2 4915$	$0.9^2 5060$	$0.9^2 5201$	2.5
2.6	$0.9^2 5339$	$0.9^2 5473$	$0.9^2 5604$	$0.9^2 5731$	$0.9^2 5855$	$0.9^2 5975$	$0.9^2 6093$	$0.9^2 6207$	$0.9^2 6319$	$0.9^2 6427$	2.6
2.7	$0.9^2 6533$	$0.9^2 6636$	$0.9^2 6736$	$0.9^2 6833$	$0.9^2 6928$	$0.9^2 7020$	$0.9^2 7110$	$0.9^2 7197$	$0.9^2 7282$	$0.9^2 7365$	2.7
2.8	$0.9^2 7445$	$0.9^2 7523$	$0.9^2 7599$	$0.9^2 7673$	$0.9^2 7744$	$0.9^2 7814$	$0.9^2 7882$	$0.9^2 7948$	$0.9^2 8012$	$0.9^2 8074$	2.8
2.9	$0.9^2 8134$	$0.9^2 8193$	$0.9^2 8250$	$0.9^2 8305$	$0.9^2 8359$	$0.9^2 8411$	$0.9^2 8462$	$0.9^2 8511$	$0.9^2 8559$	$0.9^2 8605$	2.9
3.0	$0.9^2 8650$	$0.9^2 8694$	$0.9^2 8736$	$0.9^2 8777$	$0.9^2 8817$	$0.9^2 8856$	$0.9^2 8893$	$0.9^2 8930$	$0.9^2 8965$	$0.9^2 8999$	3.0
3.1	$0.9^3 0324$	$0.9^3 0646$	$0.9^3 0957$	$0.9^3 1260$	$0.9^3 1553$	$0.9^3 1836$	$0.9^3 2112$	$0.9^3 2378$	$0.9^3 2636$	$0.9^3 2886$	3.1
3.2	$0.9^3 3129$	$0.9^3 3363$	$0.9^3 3590$	$0.9^3 3810$	$0.9^3 4024$	$0.9^3 4230$	$0.9^3 4429$	$0.9^3 4623$	$0.9^3 4810$	$0.9^3 4991$	3.2
3.3	$0.9^3 5166$	$0.9^3 5335$	$0.9^3 5499$	$0.9^3 5658$	$0.9^3 5811$	$0.9^3 5959$	$0.9^3 6103$	$0.9^3 6242$	$0.9^3 6376$	$0.9^3 6505$	3.3
3.4	$0.9^3 6631$	$0.9^3 6752$	$0.9^3 6869$	$0.9^3 6982$	$0.9^3 7091$	$0.9^3 7197$	$0.9^3 7299$	$0.9^3 7398$	$0.9^3 7493$	$0.9^3 7585$	3.4
3.5	$0.9^3 7674$	$0.9^3 7759$	$0.9^3 7842$	$0.9^3 7922$	$0.9^3 7999$	$0.9^3 8074$	$0.9^3 8146$	$0.9^3 8215$	$0.9^3 8282$	$0.9^3 8347$	3.5
3.6	$0.9^3 8409$	$0.9^3 8469$	$0.9^3 8527$	$0.9^3 8583$	$0.9^3 8637$	$0.9^3 8689$	$0.9^3 8739$	$0.9^3 8787$	$0.9^3 8834$	$0.9^3 8879$	3.6
3.7	$0.9^3 8922$	$0.9^3 8964$	$0.9^4 0039$	$0.9^4 0426$	$0.9^4 0799$	$0.9^4 1158$	$0.9^4 1504$	$0.9^4 1838$	$0.9^4 2159$	$0.9^4 2468$	3.7
3.8	$0.9^4 2765$	$0.9^4 3052$	$0.9^4 3327$	$0.9^4 3593$	$0.9^4 3848$	$0.9^4 4094$	$0.9^4 4331$	$0.9^4 4558$	$0.9^4 4777$	$0.9^4 4988$	3.8
3.9	$0.9^4 5190$	$0.9^4 5385$	$0.9^4 5573$	$0.9^4 5753$	$0.9^4 5926$	$0.9^4 6092$	$0.9^4 6253$	$0.9^4 6406$	$0.9^4 6554$	$0.9^4 6696$	3.9
4.0	$0.9^4 6833$	$0.9^4 6964$	$0.9^4 7090$	$0.9^4 7211$	$0.9^4 7327$	$0.9^4 7439$	$0.9^4 7546$	$0.9^4 7649$	$0.9^4 7748$	$0.9^4 7843$	4.0
4.1	$0.9^4 7934$	$0.9^4 8022$	$0.9^4 8106$	$0.9^4 8186$	$0.9^4 8263$	$0.9^4 8338$	$0.9^4 8409$	$0.9^4 8477$	$0.9^4 8542$	$0.9^4 8605$	4.1
4.2	$0.9^4 8665$	$0.9^4 8723$	$0.9^4 8778$	$0.9^4 8832$	$0.9^4 8882$	$0.9^4 8931$	$0.9^4 8978$	$0.9^5 0226$	$0.9^5 0655$	$0.9^5 1066$	4.2
4.3	$0.9^5 1460$	$0.9^5 1837$	$0.9^5 2199$	$0.9^5 2545$	$0.9^5 2876$	$0.9^5 3193$	$0.9^5 3497$	$0.9^5 3788$	$0.9^5 4066$	$0.9^5 4332$	4.3
4.4	$0.9^5 4587$	$0.9^5 4831$	$0.9^5 5065$	$0.9^5 5288$	$0.9^5 5502$	$0.9^5 5706$	$0.9^5 5902$	$0.9^5 6089$	$0.9^5 6268$	$0.9^5 6439$	4.4
4.5	$0.9^5 6602$	$0.9^5 6759$	$0.9^5 6908$	$0.9^5 7051$	$0.9^5 7187$	$0.9^5 7318$	$0.9^5 7442$	$0.9^5 7561$	$0.9^5 7675$	$0.9^5 7784$	4.5
4.6	$0.9^5 7888$	$0.9^5 7987$	$0.9^5 8081$	$0.9^5 8172$	$0.9^5 8258$	$0.9^5 8340$	$0.9^5 8419$	$0.9^5 8494$	$0.9^5 8566$	$0.9^5 8634$	4.6
4.7	$0.9^5 8699$	$0.9^5 8761$	$0.9^5 8821$	$0.9^5 8877$	$0.9^5 8931$	$0.9^5 8983$	$0.9^5 0320$	$0.9^6 0789$	$0.9^6 1235$	$0.9^6 1661$	4.7
4.8	$0.9^6 2067$	$0.9^6 2453$	$0.9^6 2822$	$0.9^6 3173$	$0.9^6 3508$	$0.9^6 3827$	$0.9^6 4131$	$0.9^6 4420$	$0.9^6 4696$	$0.9^6 4958$	4.8
4.9	$0.9^6 5208$	$0.9^6 5446$	$0.9^6 5673$	$0.9^6 5889$	$0.9^6 6094$	$0.9^6 6289$	$0.9^6 6475$	$0.9^6 6652$	$0.9^6 6821$	$0.9^6 6981$	4.9

4. t 分布单侧临界值表

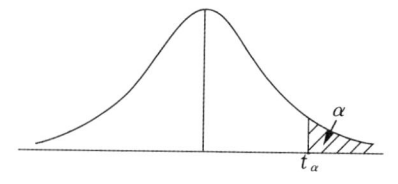

n \ α	0.25	0.10	0.05	0.025	0.01	0.005
1	1.0000	3.0777	6.3138	12.7062	31.8207	63.6574
2	0.8165	1.8856	2.9200	4.3027	6.9646	9.9248
3	0.7649	1.6377	2.3534	3.1824	4.5407	5.8409
4	0.7407	1.5332	2.1318	2.7764	3.7469	4.6041
5	0.7267	1.4759	2.0150	2.5706	3.3649	4.0322
6	0.7176	1.4398	1.9432	2.4469	3.1427	3.7074
7	0.7111	1.4149	1.8946	2.3646	2.9980	3.4995
8	0.7064	1.3968	1.8595	2.3060	2.8965	3.3554
9	0.7027	1.3830	1.8331	2.2622	2.8214	3.2498
10	0.6998	1.3722	1.8125	2.2281	2.7638	3.1693
11	0.6974	1.3634	1.7959	2.2010	2.7181	3.1058
12	0.6955	1.3562	1.7823	2.1788	2.6810	3.0545
13	0.6938	1.3502	1.7709	2.1604	2.6503	3.0123
14	0.6924	1.3450	1.7613	2.1448	2.6245	2.9768
15	0.6912	1.3406	1.7531	2.1315	2.6025	2.9467
16	0.6901	1.3368	1.7459	2.1199	2.5835	2.9208
17	0.6892	1.3334	1.7396	2.1098	2.5669	2.8982
18	0.6884	1.3304	1.7341	2.1009	2.5524	2.8784
19	0.6876	1.3277	1.7291	2.0930	2.5395	2.8609
20	0.6870	1.3253	1.7247	2.0860	2.5280	2.8453
21	0.6864	1.3232	1.7207	2.0796	2.5177	2.8314
22	0.6858	1.3212	1.7171	2.0739	2.5083	2.8188
23	0.6853	1.3195	1.7139	2.0687	2.4999	2.8073
24	0.6848	1.3178	1.7109	2.0639	2.4922	2.7969
25	0.6844	1.3163	1.7081	2.0595	2.4851	2.7874
26	0.6840	1.3150	1.7056	2.0555	2.4786	2.7787
27	0.6837	1.3137	1.7033	2.0518	2.4727	2.7707
28	0.6834	1.3125	1.7011	2.0484	2.4671	2.7633
29	0.6830	1.3114	1.6991	2.0452	2.4620	2.7564
30	0.6828	1.3104	1.6973	2.0423	2.4573	0.7500
31	0.6825	1.3095	1.6955	2.0395	2.4528	2.7440
32	0.6822	1.3086	1.6939	2.0369	2.4487	2.7385
33	0.6820	1.3077	1.6924	2.0345	2.4448	2.7333
34	0.6818	1.3070	1.6909	2.0322	2.4411	2.7284
35	0.6816	1.3062	1.6896	2.0301	2.4377	2.7238
36	0.6814	1.3055	1.6883	2.0281	2.4345	2.7195
37	0.6812	1.3049	1.6871	2.0262	2.4314	2.7154
38	0.6810	1.3042	1.6860	2.0244	2.4286	2.7116
39	0.6808	1.3036	1.6849	2.0227	2.4258	2.7079
40	0.6807	1.3031	1.6839	2.0211	2.4233	2.7045
41	0.6805	1.3025	1.6829	2.0195	2.4208	2.7012
42	0.6804	1.3020	1.6820	2.0181	2.4185	2.6981
43	0.6802	1.3016	1.6811	2.0167	4.4163	2.6951
44	0.6801	1.3011	1.6802	2.0154	2.4141	2.6923
45	0.6800	1.3006	1.6794	2.0141	2.4121	0.6896

5. t 分布双侧临界值表

表中的数字表示 t 分布中,与双侧合在一起面积相应的 t 值。

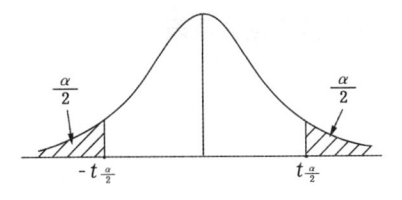

n （自由度 df）	双侧合在一起的面积 α			
	0.10	0.05	0.02	0.01
1	6.314	12.706	31.821	63.657
2	2.920	4.403	6.965	9.925
3	2.353	3.182	4.541	5.841
4	2.132	2.776	3.747	4.604
5	2.015	2.571	3.365	4.032
6	1.943	2.447	3.143	3.707
7	1.895	2.365	2.998	3.499
8	1.860	2.306	2.986	3.355
9	1.833	2.262	2.821	3.250
10	1.812	2.228	2.764	3.169
11	1.796	2.201	2.718	3.106
12	1.782	2.179	2.681	3.055
13	1.771	2.160	2.650	3.012
14	1.761	2.145	2.624	2.977
15	1.753	2.131	2.602	2.947
16	1.746	2.120	2.583	2.921
17	1.740	2.110	2.567	2.898
18	1.734	2.101	2.552	2.878
19	1.729	2.093	2.539	2.861
20	1.725	2.086	2.528	2.845
21	1.721	2.080	2.518	2.831
22	1.717	2.074	2.508	2.819
23	1.714	2.069	2.500	2.807
24	1.711	2.064	2.942	2.797
25	1.708	2.060	2.485	2.787
26	1.760	2.056	2.479	2.779
27	1.703	2.052	2.473	2.771
28	1.701	2.048	2.467	2.763
29	1.699	2.045	2.462	2.756
30	1.697	2.042	2.457	2.750
40	1.684	2.021	2.423	2.704
60	1.671	2.000	2.390	2.660

6. χ^2分布临界值表

$P\{\chi^2_{(n)} > \chi^2_{\alpha,(n)}\} = \alpha$

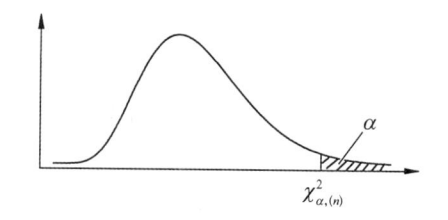

α_n	0.995	0.99	0.975	0.95	0.90	0.75
1	—	—	0.001	0.100	0.016	0.102
2	0.010	0.020	0.051	0.103	0.211	0.575
3	0.072	0.115	0.216	0.352	0.584	1.213
4	0.207	0.297	0.484	0.711	1.064	1.923
5	0.412	0.554	0.831	1.145	1.610	2.675
6	0.676	0.872	1.237	1.635	2.204	3.455
7	0.989	1.239	1.690	2.167	2.833	4.255
8	1.344	1.646	2.180	2.733	3.490	5.071
9	1.735	2.088	2.700	3.325	4.168	5.899
10	2.156	2.558	3.247	3.940	4.865	6.737
11	2.603	3.053	3.816	4.575	5.578	7.584
12	3.074	3.571	4.404	5.226	6.304	8.438
13	3.565	4.107	5.009	5.892	7.042	9.299
14	4.075	4.660	5.629	6.571	7.790	10.165
15	4.601	5.229	6.262	7.261	8.547	11.037
16	5.142	5.812	6.908	7.962	9.312	11.912
17	5.697	6.408	7.564	8.672	10.085	12.792
18	6.265	7.015	8.231	9.390	10.865	13.675
19	6.844	7.633	8.907	10.117	11.651	14.562
20	7.434	8.260	9.591	10.851	12.443	15.452
21	8.034	8.897	10.283	11.591	13.240	16.344
22	8.643	9.542	10.982	12.338	14.042	17.240
23	9.260	10.196	11.689	13.091	14.848	18.137
24	9.886	10.856	12.401	13.848	15.659	19.037
25	10.520	11.524	13.120	14.611	16.473	19.939
26	11.160	12.198	23.844	15.379	17.292	20.843
27	11.808	12.879	14.573	16.151	18.114	21.749
28	12.461	13.565	15.308	16.928	18.939	22.657
29	13.121	14.257	16.047	17.708	19.768	23.567
30	13.787	14.954	16.791	18.493	20.599	24.478
31	14.458	15.655	17.539	19.281	21.434	25.390
32	15.134	16.362	18.291	20.072	22.271	26.304
33	15.815	17.074	19.047	20.867	23.110	27.219
34	16.501	17.789	19.806	21.664	23.952	28.136
35	17.192	18.509	20.569	22.465	24.797	29.054

续表

α_n	0.25	0.10	0.05	0.025	0.01	0.005
1	1.323	2.706	3.841	5.024	6.635	7.879
2	2.773	4.605	5.991	7.378	9.210	10.597
3	4.108	6.251	7.815	9.348	11.354	12.838
4	5.385	7.779	9.488	11.143	13.277	14.860
5	6.626	9.236	11.071	12.833	15.086	16.750
6	7.841	10.645	12.592	14.449	16.812	18.548
7	9.037	12.017	14.067	16.013	18.475	20.278
8	10.219	13.362	15.507	17.535	20.090	21.955
9	11.389	14.684	16.911	19.023	24.666	23.589
10	12.549	15.987	18.307	20.483	23.209	25.188
11	13.701	17.275	19.675	21.920	24.725	26.757
12	14.845	18.549	21.026	23.337	26.217	28.299
13	15.94	19.812	22.362	24.736	27.688	29.819
14	17.117	21.064	23.685	26.119	29.141	31.819
15	18.245	22.307	24.996	27.488	30.578	32.801
16	19.369	23.542	26.296	28.845	32.000	34.267
17	20.489	24.769	27.587	30.191	33.409	35.718
18	21.606	25.989	28.869	31.526	34.805	37.156
19	22.718	27.204	30.144	32.852	36.191	38.582
20	23.838	28.412	31.410	34.170	37.566	39.997
21	24.935	29.615	32.671	36.479	38.932	41.401
22	26.039	30.813	33.924	36.781	40.289	42.796
23	27.041	32.007	35.172	38.076	41.638	44.181
24	28.241	33.196	36.415	39.364	42.980	45.559
25	29.339	34.382	37.652	40.646	44.314	46.928
26	30.435	35.563	38.885	41.923	45.642	48.290
27	31.528	36.741	40.113	43.194	46.963	49.640
28	32.620	37.916	41.337	44.461	48.278	50.993
29	33.711	39.087	42.557	45.722	49.588	52.336
30	34.800	40.256	43.773	46.979	50.892	53.672
31	35.887	41.422	44.985	48.232	52.101	55.003
32	36.973	42.585	46.194	49.480	53.486	56.328
33	38.058	43.745	47.400	50.725	54.776	57.648
34	39.141	44.903	48.602	51.966	56.061	58.964
35	40.223	46.059	49.802	53.203	57.342	60.275

7. F 分布上侧临界值表

$P(F > F_{\alpha,(n,m)}) = \alpha$

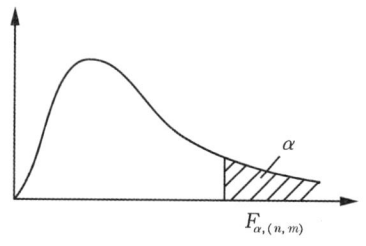

$\alpha = 0.05$

m\n	1	2	3	4	5	6	7	8	9	10	12	15	20	24	30	40	60	120	∞
1	161	200	216	225	230	234	237	239	241	242	244	246	248	249	250	251	252	253	254
2	18.5	19.0	19.2	19.2	19.3	19.3	19.4	19.4	19.4	19.4	19.4	19.4	19.4	19.5	19.5	19.5	19.5	19.5	19.5
3	10.1	9.55	9.28	9.12	9.01	8.94	8.89	8.85	8.81	8.79	8.74	8.70	8.66	8.64	8.62	8.59	8.87	8.55	8.53
4	7.71	6.94	6.59	6.39	6.26	6.16	6.09	6.04	6.00	5.96	5.91	5.68	5.80	5.77	5.75	5.72	5.69	5.66	5.63
5	6.61	5.79	5.41	5.19	5.05	4.95	4.88	4.82	4.77	4.74	4.68	4.62	4.56	4.53	4.50	4.46	4.43	4.40	4.37
6	5.99	5.14	4.76	4.53	4.39	4.28	4.21	4.15	4.10	4.06	4.00	3.94	3.87	3.84	3.81	3.77	3.74	3.70	3.67
7	5.59	4.74	4.35	4.12	3.97	3.87	3.79	3.73	3.68	3.64	3.57	3.51	3.44	3.41	3.38	3.34	3.30	3.27	3.23
8	5.32	4.46	4.07	3.84	3.69	3.58	3.50	3.44	3.39	3.35	3.28	3.22	3.15	3.12	3.08	3.04	3.01	2.97	2.93
9	5.12	4.26	3.86	3.63	3.48	3.37	3.29	3.23	3.18	3.14	3.07	3.01	2.94	2.90	2.86	2.83	2.79	2.75	2.71
10	4.96	4.10	3.71	3.48	3.33	3.22	3.14	3.07	3.02	2.98	2.91	2.85	2.77	2.74	2.74	2.66	2.62	2.58	2.54
11	4.84	3.98	3.59	3.36	3.20	3.09	3.01	2.95	2.90	2.85	2.79	2.72	2.65	2.61	2.57	2.53	2.49	2.45	2.40
12	4.75	3.89	3.49	3.26	3.11	3.00	2.91	2.85	2.80	2.75	2.69	2.62	2.54	2.51	2.47	2.43	2.38	2.34	2.30
13	4.67	3.81	3.41	3.18	3.03	2.92	2.83	2.77	2.71	2.67	2.60	2.53	2.46	2.42	2.38	2.34	2.30	2.25	2.21
14	4.60	3.74	3.34	3.11	2.96	2.85	2.76	2.70	2.65	2.60	2.53	2.46	2.39	2.35	2.31	2.27	2.22	2.18	2.13
15	4.54	3.68	3.39	3.06	2.90	2.79	2.71	2.64	2.59	2.54	2.48	2.40	2.33	2.29	2.25	2.20	2.16	2.11	2.17
16	4.49	3.63	3.24	3.01	2.85	2.74	2.66	2.59	5.54	2.49	2.42	2.35	2.28	2.24	2.19	2.15	2.11	2.06	2.01
17	4.45	3.59	3.20	2.96	2.81	2.70	2.61	2.55	2.49	2.45	2.38	2.31	2.23	2.19	2.15	2.10	2.06	2.01	1.96
18	4.41	3.55	3.16	2.93	2.77	2.66	2.58	2.51	2.46	2.41	2.34	2.27	2.19	2.15	2.11	2.06	2.02	1.97	1.92
19	4.38	3.52	3.13	2.90	2.74	2.63	2.54	2.48	2.82	2.38	2.31	2.23	2.16	2.11	2.07	2.03	1.98	1.93	1.88
20	4.35	3.49	3.10	2.87	2.71	2.60	2.51	2.45	2.39	2.35	2.28	2.20	2.12	2.08	2.04	1.99	1.95	1.90	1.48
21	4.32	3.47	3.07	2.84	2.68	2.57	2.49	2.42	2.37	2.32	2.25	2.18	2.10	2.05	2.01	1.96	1.92	1.87	1.81
22	4.30	3.44	3.05	2.82	2.66	2.55	2.46	2.40	2.34	2.30	2.23	2.15	2.07	2.03	1.98	1.94	1.89	1.84	1.78
23	4.28	3.42	3.03	2.80	2.64	2.53	2.44	2.37	2.32	2.27	2.20	2.13	2.05	2.01	1.96	1.91	1.86	1.87	1.76
24	4.26	3.40	3.01	2.78	2.62	2.51	2.42	2.36	2.30	2.25	2.18	2.11	2.03	1.98	1.94	1.89	1.84	1.79	1.73
25	4.24	3.39	2.99	2.76	2.60	2.49	2.40	2.34	2.28	2.24	2.16	2.09	2.01	1.96	1.92	1.87	1.82	1.77	1.71
30	4.17	3.32	2.92	2.69	2.53	2.42	2.33	2.27	2.21	2.16	2.09	2.01	1.93	1.89	1.84	1.79	1.74	1.68	1.62
40	4.08	3.23	2.84	2.61	2.45	2.34	2.25	2.18	2.12	2.08	2.00	1.92	1.84	1.79	1.74	1.69	1.64	1.58	1.51
60	4.00	1.35	2.76	2.53	2.37	2.25	2.17	2.10	2.04	1.99	1.92	1.84	1.75	1.70	1.65	1.59	1.53	1.47	1.39
120	3.92	3.07	2.68	2.45	2.29	2.18	2.09	2.02	1.96	1.91	1.83	1.75	1.66	1.61	1.55	1.50	1.43	1.35	1.25
∞	3.84	3.00	2.60	2.37	2.21	2.10	2.01	1.94	1.88	1.83	1.75	1.67	1.57	1.52	1.46	1.39	1.32	1.22	1.00

$\alpha = 0.01$

续表

m\n	1	2	3	4	5	6	7	8	9	10	12	15	20	24	30	40	60	120	∞
1	4052	5000	5403	5625	5764	5859	5928	5982	6023	6056	6106	6157	6109	6235	6261	6287	6313	6339	6366
2	98.5	99.0	92.2	92.2	99.3	99.3	99.4	99.4	99.4	99.4	99.4	99.4	99.4	99.5	99.5	99.5	99.5	99.5	99.5
3	34.1	30.8	29.5	28.7	28.2	27.9	27.7	27.5	27.3	27.2	27.1	26.9	26.7	26.6	26.5	26.4	26.3	26.2	26.1
4	21.2	18.0	16.7	16.0	15.5	15.2	15.0	14.8	14.7	14.5	14.4	14.2	14.0	13.9	13.8	13.7	13.7	13.6	13.5
5	16.3	13.3	12.1	11.4	11.0	10.7	10.5	10.3	10.2	10.1	9.89	9.72	9.55	9.47	9.38	9.29	9.27	9.11	9.02
6	13.7	10.9	9.78	9.15	8.75	8.47	8.26	8.10	7.98	7.87	7.72	7.56	7.40	7.31	7.23	7.14	7.60	6.97	6.88
7	12.2	9.55	8.45	7.85	7.46	7.19	6.99	6.84	6.72	6.62	6.47	6.31	6.16	6.07	5.99	5.91	5.82	5.74	5.65
8	11.3	8.65	7.59	7.01	6.63	6.37	6.18	6.03	5.91	5.81	5.67	5.52	5.36	5.28	5.20	5.12	5.03	4.95	4.86
9	10.6	8.02	6.99	6.42	6.06	5.80	5.61	5.47	5.35	5.26	5.11	4.96	4.81	4.73	4.65	4.57	4.48	4.40	4.31
10	10.0	7.56	6.55	5.99	5.64	5.39	5.20	5.06	4.94	4.85	4.71	4.56	4.41	4.33	4.25	4.17	3.08	4.00	3.91
11	9.65	7.21	6.22	5.67	5.32	5.07	4.89	4.74	4.63	4.54	4.44	4.25	4.10	4.02	3.94	3.86	3.78	3.69	3.60
12	9.33	6.93	5.95	5.41	5.06	4.82	4.64	4.50	4.39	4.30	4.16	4.01	3.86	3.78	3.70	3.62	3.54	3.45	3.36
13	9.07	6.70	5.74	5.21	4.86	4.62	4.44	4.30	4.19	4.10	3.96	3.82	3.66	3.59	3.51	3.43	3.34	3.25	3.17
14	8.86	6.51	5.56	5.40	4.70	4.46	4.28	4.14	4.03	3.94	3.80	3.66	3.51	3.43	3.35	3.27	3.18	3.09	3.00
15	8.68	6.36	5.42	4.89	4.56	4.32	4.14	4.00	3.89	3.80	3.67	3.52	3.37	3.29	3.21	3.13	3.05	2.69	2.87
16	8.53	6.23	5.29	4.77	4.44	4.20	4.03	3.89	3.78	3.69	3.55	3.41	3.26	3.18	3.10	3.02	2.93	2.84	2.75
17	8.40	6.11	5.19	4.67	4.34	4.10	3.93	3.79	3.68	3.59	3.46	3.31	3.16	3.08	3.00	2.92	2.83	2.75	2.65
18	8.29	6.01	5.09	4.58	4.25	4.01	3.84	3.71	3.60	3.51	3.37	3.23	3.08	3.00	2.92	2.84	2.75	2.66	2.57
19	8.19	5.93	5.01	4.50	4.17	3.94	3.77	3.63	3.52	3.43	3.30	3.15	3.00	2.92	2.84	2.76	2.67	2.58	2.49
20	8.10	5.85	4.94	4.43	4.10	3.87	3.30	3.56	3.46	3.37	3.23	3.09	2.94	2.86	2.78	2.69	2.61	2.52	2.42
21	8.02	5.78	4.87	4.37	4.04	3.81	3.64	3.51	3.40	3.31	3.17	3.03	2.88	2.80	2.72	2.64	2.55	2.46	2.36
22	7.95	5.72	4.82	4.31	3.99	3.76	3.59	3.45	3.35	3.26	3.12	2.98	2.83	2.75	2.67	2.58	2.50	2.40	2.31
23	7.88	5.6	4.76	4.26	3.94	3.71	3.54	3.41	3.30	3.21	3.07	2.93	2.78	2.70	2.62	2.54	2.45	2.35	2.26
24	7.82	5.61	4.72	4.22	3.90	3.67	3.50	3.36	3.26	3.17	3.03	2.89	2.74	2.66	2.58	2.49	2.40	2.31	2.21
25	7.77	5.57	4.68	4.18	3.86	3.63	3.46	3.32	3.22	3.13	2.99	2.85	2.70	2.62	2.53	2.45	2.36	2.27	2.17
30	7.56	6.39	4.51	4.02	3.70	3.47	3.30	3.17	3.07	2.98	2.84	2.70	2.55	2.47	2.39	2.30	2.21	2.11	2.01
40	7.31	5.18	4.31	3.83	3.51	3.29	3.12	2.99	2.89	2.80	2.66	2.52	2.37	229	2.20	2.11	2.02	1.92	1.80
60	7.08	4.98	4.13	3.65	3.34	3.12	2.95	2.82	2.72	2.63	2.50	2.35	2.20	2.12	2.03	1.94	1.84	1.73	1.60
120	6.85	4.79	.95	3.48	3.17	2.96	2.79	2.66	2.56	2.47	2.34	2.19	2.03	1.95	1.86	1.76	1.66	1.53	1.33
∞	6.63	4.61	3.78	3.32	3.02	2.80	2.64	2.51	2.741	2.32	2.18	2.04	1.88	1.79	1.70	1.59	1.47	1.32	1.00

8. D-W 检验上下临界值表

5%的上下界

n	$k=1$ dL	$k=1$ dU	$k=2$ dL	$k=2$ dU	$k=3$ dL	$k=3$ dU	$k=4$ dL	$k=4$ dU	$k=5$ dL	$k=5$ dU
15	1.08	1.36	0.95	1.54	0.82	1.75	0.69	1.97	0.56	2.21
16	1.10	1.37	0.98	1.54	0.86	1.73	0.74	1.93	0.62	2.15
17	1.13	1.38	1.02	1.54	0.90	1.71	0.78	1.90	0.67	2.10
18	1.16	1.39	1.05	1.53	0.93	1.69	0.82	1.87	0.71	2.06
19	1.18	1.40	1.08	1.53	0.97	1.68	0.86	1.85	0.75	2.02
20	1.20	1.41	1.10	1.54	1.00	1.68	0.90	1.83	0.79	1.99
21	1.22	1.42	1.13	1.54	1.03	1.67	0.93	1.81	0.83	1.96
22	1.24	1.43	1.15	1.54	1.05	1.66	0.96	1.80	0.86	1.94
23	1.26	1.44	1.17	1.54	1.08	1.66	0.99	1.79	0.90	1.92
24	1.27	1.45	1.19	1.55	1.10	1.66	1.01	1.78	0.93	1.90
25	1.29	1.45	1.21	1.55	1.12	1.66	1.04	1.77	0.95	1.89
26	1.30	1.46	1.22	1.55	1.14	1.65	1.06	1.76	0.98	1.88
27	1.32	1.47	1.24	1.56	1.16	1.65	1.08	1.76	1.01	1.86
28	1.33	1.48	1.26	1.56	1.18	1.65	1.10	1.75	1.03	1.85
29	1.34	1.48	1.27	1.56	1.20	1.65	1.12	1.74	1.05	1.81
30	1.35	1.49	1.28	1.57	1.21	1.65	1.14	1.74	1.07	1.83
31	1.36	1.50	1.30	1.57	1.23	1.65	1.16	1.74	1.09	1.83
32	1.37	1.50	1.31	1.57	1.24	1.65	1.18	1.73	1.11	1.82
33	1.38	1.51	1.32	1.58	1.26	1.65	1.19	1.73	1.13	1.81
34	1.39	1.51	1.33	1.58	1.27	1.65	1.21	1.73	1.15	1.81
35	1.40	1.52	1.34	1.58	1.28	1.65	1.22	1.73	1.16	1.80
36	1.41	1.52	1.35	1.59	1.29	1.65	1.24	1.73	1.18	1.80
37	1.42	1.53	1.36	1.59	1.31	1.66	1.25	1.72	1.19	1.80
38	1.43	1.54	1.37	1.59	1.32	1.66	1.26	1.72	1.21	1.79
39	1.43	1.54	1.38	1.60	1.33	1.66	1.27	1.72	1.22	1.79
40	1.44	1.54	1.39	1.60	1.34	1.66	1.29	1.72	1.23	1.79
45	1.48	1.57	1.43	1.62	1.38	1.67	1.34	1.72	1.29	1.78
50	1.50	1.59	1.46	1.63	1.42	1.67	1.38	1.72	1.34	1.77
55	1.53	1.60	1.49	1.64	1.45	1.68	1.41	1.72	1.38	1.77
60	1.55	1.62	1.51	1.65	1.48	1.69	1.44	1.73	1.41	1.77
65	1.57	1.63	1.54	1.66	1.50	1.70	1.47	1.73	1.44	1.77
70	1.58	1.64	1.55	1.67	1.52	1.70	1.49	1.74	1.46	1.77
75	1.60	1.65	1.57	1.68	1.54	1.71	1.51	1.74	1.49	1.77
80	1.61	1.66	1.59	1.69	1.56	1.72	1.53	1.74	1.51	1.77
85	1.62	1.67	1.60	1.70	1.57	1.72	1.55	1.75	1.52	1.77
90	1.63	1.68	1.61	1.70	1.59	1.73	1.57	1.75	1.54	1.78
95	1.64	1.69	1.62	1.71	1.60	1.73	1.58	1.75	1.56	1.78
100	1.65	1.69	1.63	1.72	1.61	1.74	1.59	1.76	1.57	1.78

1%的上下界 续表

n	k=1 dL	k=1 dU	k=2 dL	k=2 dU	k=3 dL	k=3 dU	k=4 dL	k=4 dU	k=5 dL	k=5 dU
15	0.81	1.07	0.70	1.25	0.59	1.46	0.49	1.70	0.39	1.90
16	0.84	1.09	0.74	1.25	0.63	1.44	0.53	1.66	0.44	1.90
17	0.87	1.10	0.77	1.25	0.67	1.43	0.57	1.63	0.48	1.85
18	0.90	1.12	0.80	1.26	0.71	1.42	0.61	1.60	0.52	1.80
19	0.93	1.13	0.83	1.27	0.74	1.41	0.65	1.58	0.56	1.74
20	0.95	1.15	0.86	1.27	0.77	1.41	0.68	1.57	0.60	1.74
21	0.97	1.16	0.89	1.27	0.80	1.41	0.72	1.55	0.63	1.71
22	1.00	1.17	0.91	1.28	0.83	1.40	0.75	1.54	0.66	1.69
23	1.02	1.19	0.94	1.29	0.86	1.40	0.77	1.53	0.70	1.67
24	1.04	1.20	0.96	1.30	0.88	1.41	0.80	1.53	0.72	1.66
25	1.05	1.21	0.98	1.30	0.90	1.41	0.83	1.52	0.75	1.65
26	1.07	1.22	1.00	1.31	0.93	1.41	0.85	1.52	0.78	1.64
27	1.09	1.23	1.02	1.32	0.95	1.41	0.88	1.51	0.81	1.63
28	1.10	1.24	1.04	1.32	0.97	1.41	0.90	1.51	0.83	1.62
29	1.12	1.25	1.05	1.33	0.99	1.42	0.92	1.51	0.85	1.61
30	1.13	1.26	1.07	1.34	1.01	1.42	0.94	1.51	0.88	1.61
31	1.15	1.27	1.08	1.34	1.02	1.42	0.96	1.51	0.90	1.60
32	1.16	1.28	1.10	1.35	1.04	1.43	0.98	1.51	0.92	1.60
33	1.17	1.29	1.11	1.36	1.05	1.43	1.00	1.51	0.94	1.59
34	1.18	1.30	1.13	1.36	1.07	1.43	1.01	1.51	0.95	1.59
35	1.19	1.31	1.14	1.37	1.08	1.44	1.03	1.51	0.97	1.59
36	1.21	1.32	1.15	1.38	1.10	1.14	1.04	1.51	0.99	1.59
37	1.22	1.32	1.16	1.38	1.11	1.45	1.06	1.51	1.00	1.59
38	1.23	1.33	1.18	1.39	1.12	1.45	1.07	1.52	1.02	1.58
39	1.24	1.34	1.19	1.39	1.14	1.45	1.09	1.52	1.03	1.58
40	1.25	1.34	1.20	1.40	1.15	1.46	1.10	1.52	1.05	1.58
45	1.29	1.38	1.24	1.42	1.20	1.48	1.16	1.53	1.11	1.58
50	1.32	1.40	1.28	1.45	1.24	1.49	1.20	1.54	1.16	1.59
55	1.36	1.43	1.32	1.47	1.28	1.51	1.25	1.55	1.21	1.59
60	1.38	1.45	1.35	1.48	1.32	1.52	1.28	1.56	1.25	1.60
65	1.41	1.47	1.38	1.50	1.35	1.53	1.31	1.57	1.39	1.61
70	1.43	1.49	1.40	1.52	1.37	1.55	1.34	1.58	1.31	1.61
75	1.45	1.50	1.42	1.53	1.39	1.56	1.37	1.59	1.34	1.62
80	1.47	1.52	1.44	1.54	1.42	1.57	1.39	1.60	1.36	1.62
85	1.48	1.53	1.46	1.55	1.43	1.58	1.41	1.60	1.39	1.63
90	1.50	1.54	1.47	1.56	1.45	1.59	1.43	1.61	1.41	1.64
95	1.51	1.55	1.49	1.57	1.47	1.60	1.45	1.62	1.42	1.64
100	1.52	1.56	1.50	1.58	1.48	1.60	1.46	1.63	1.44	1.65

9. 二项分布表

$$P(X \leqslant x) = \sum_{x=0}^{n} C_n^x P^x (1-P)^{n-x}$$

n	x	0.05	0.10	0.15	0.20	0.25	0.30	0.35	0.40	0.45	0.50
3	0	0.8574	0.7290	0.6141	0.5120	0.4219	0.3430	0.2746	0.2160	0.1664	0.1250
	1	0.9928	0.9720	0.9393	0.8960	0.8438	0.7840	0.7183	0.6480	0.5748	0.5000
	2	0.9999	0.9990	0.9966	0.9920	0.9844	0.9730	0.9571	0.9360	0.9089	0.8750
	3	1.0000	1.0000	1.0000	1.0000	1.0000	1.0000	1.0000	1.0000	1.0000	1.0000
4	0	0.8145	0.6561	0.5220	0.4096	0.3164	0.2401	0.1785	0.1296	0.0915	0.0625
	1	0.9860	0.9477	0.8905	0.8192	0.7383	0.6517	0.5630	0.4752	0.3910	0.3125
	2	0.9995	0.9963	0.9880	0.9728	0.9492	0.9163	0.8735	0.8208	0.7585	0.6875
	3	1.0000	0.9999	0.9995	0.9984	0.9961	0.9919	0.9850	0.9744	0.9590	0.9345
	4	1.0000	1.0000	1.0000	1.0000	1.0000	1.0000	1.0000	1.0000	1.0000	1.0000
5	0	0.7738	0.5905	0.4437	0.3277	0.2373	0.1681	0.1160	0.0778	0.0503	0.0313
	1	0.9974	0.9185	0.8352	0.7373	0.6328	0.5282	0.4284	0.3370	0.2562	0.1875
	2	0.9988	0.9914	0.9734	0.9421	0.8965	0.58369	0.7648	0.6826	0.5931	0.5000
	3	1.0000	0.9995	0.9978	0.9933	0.9844	0.9692	0.9460	0.9130	0.8688	0.8125
	4	1.0000	1.0000	0.9999	0.9997	0.9990	0.9976	0.9947	0.9898	0.9815	0.9688
	5	1.0000	1.0000	1.0000	1.0000	1.0000	1.0000	1.0000	1.0000	1.0000	1.0000
6	0	0.7351	0.5314	0.3771	0.2621	0.1780	0.1176	0.0754	0.0467	0.0277	0.0156
	1	0.9672	0.8857	0.7765	0.6554	0.5339	0.4202	0.3191	0.2333	0.1636	0.1094
	2	0.9978	0.9842	0.9527	0.9011	0.8306	0.7443	0.6471	0.5443	0.4415	0.3438
	3	0.9999	0.9987	0.9941	0.9830	0.9624	0.9295	0.8826	0.8204	0.7447	0.6563
	4	1.0000	0.9999	0.9996	0.9984	0.9954	0.8991	0.9777	0.9590	0.9308	0.8906
	5	1.0000	1.0000	1.0000	0.9999	0.9998	0.9993	0.9982	0.9959	0.9917	0.9844
	6	1.0000	1.0000	1.0000	1.0000	1.0000	1.0000	1.0000	1.0000	1.0000	1.0000
7	0	0.6983	0.4783	0.3206	0.2097	0.1335	0.0824	0.0490	0.0280	0.0152	0.0078
	1	0.9556	0.8503	0.7166	0.5767	0.4449	0.3294	0.2338	0.1586	0.1024	0.0625
	2	0.9962	0.9743	0.9262	0.8500	0.7564	0.6471	0.5323	0.4199	0.3164	0.2266
	3	0.9998	0.9973	0.9879	0.9667	0.9294	0.8740	0.8002	0.7102	0.6083	0.5000
	4	1.0000	0.9998	0.9988	0.9953	0.9871	0.9712	0.9444	0.9037	0.8471	0.7734
	5	1.0000	1.0000	0.9999	0.9996	0.9987	0.9962	0.9910	0.9812	0.9643	0.9375
	6	1.0000	1.0000	1.0000	1.0000	0.9999	0.9998	0.9994	0.9984	0.9963	0.9922
	7	1.0000	1.0000	1.0000	1.0000	1.0000	1.0000	1.0000	1.0000	1.0000	1.0000
8	0	0.6634	0.4305	0.2725	0.1678	0.1001	0.0576	0.0319	0.0168	0.0084	0.0039
	1	0.9428	0.8131	0.6572	0.5033	0.3671	0.2553	0.1691	0.1064	0.0632	0.0352
	2	0.9942	0.9619	0.8948	0.7969	0.6785	0.5518	0.4278	0.3154	0.2201	0.1445
	3	0.9996	0.9950	0.9786	0.9437	0.8862	0.8059	0.7064	0.5941	0.4470	0.3633
	4	1.0000	0.9996	0.9971	0.9896	0.9727	0.9420	0.8939	0.8263	0.7396	0.6367
	5	1.0000	1.0000	0.9998	0.9988	0.9958	0.9887	0.9747	0.9502	0.9115	0.8555
	6	1.0000	1.0000	1.0000	0.9999	0.9996	0.9987	0.9964	0.9915	0.9819	0.9648
	7	1.0000	1.0000	1.0000	1.0000	1.0000	0.9999	0.9998	0.9993	0.9983	0.9961
	8	1.0000	1.0000	1.0000	1.0000	1.0000	1.0000	1.0000	1.0000	1.0000	1.0000

续表

		\multicolumn{10}{c}{P}
n	x	0.05	0.10	0.15	0.20	0.25	0.30	0.35	0.40	0.45	0.50
9	0	0.6302	0.3874	0.2316	0.1342	0.0751	0.0404	0.0207	0.0101	0.0046	0.0020
	1	0.9288	0.7748	0.5995	0.4362	0.3003	0.1960	0.1211	0.0705	0.0385	0.0195
	2	0.9916	0.9470	0.8591	0.7382	0.6007	0.4628	0.3373	0.2318	0.1495	0.0898
	3	0.9994	0.9917	0.9661	0.9144	0.8343	0.7292	0.6089	0.4826	0.3614	0.2539
	4	1.0000	0.9991	0.9944	0.9804	0.9511	0.9012	0.8283	0.7334	0.6214	0.5000
	5	1.0000	0.9999	0.9994	0.9969	0.9900	0.9747	0.9464	0.9006	0.8342	0.7461
	6	1.0000	1.0000	1.0000	0.9997	0.9987	0.9957	0.9888	0.9750	0.9502	0.9102
	7	1.0000	1.0000	1.0000	1.0000	0.9999	0.9996	0.9989	0.9962	0.9909	0.9805
	8	1.0000	1.0000	1.0000	1.0000	1.0000	1.0000	0.9999	0.9997	0.9992	0.9980
	9	1.0000	1.0000	1.0000	1.0000	1.0000	1.0000	1.0000	1.0000	1.0000	1.0000
10	0	0.5987	0.3487	0.1969	0.1074	0.0563	0.0282	0.0135	0.0060	0.0025	0.0010
	1	0.9139	0.7361	0.5443	0.3758	0.2440	0.1493	0.0860	0.0464	0.0233	0.0107
	2	0.9885	0.9298	0.8202	0.6778	0.5256	0.3828	0.2616	0.1673	0.0996	0.0547
	3	0.9990	0.9872	0.9500	0.8791	0.7759	0.6496	0.5138	0.3823	0.2660	0.1719
	4	0.9999	0.9984	0.9901	0.9672	0.9219	0.8497	0.7515	0.6331	0.5044	0.3770
	5	1.0000	0.9999	0.9986	0.9936	0.9803	0.9527	0.9051	0.8338	0.7384	0.6230
	6	1.0000	1.0000	0.9999	0.9991	0.9965	0.9894	0.9740	0.9452	0.8980	0.8281
	7	1.0000	1.0000	1.0000	0.9999	0.9996	0.9984	0.9952	0.9877	0.9726	0.9453
	8	1.0000	1.0000	1.0000	1.0000	1.0000	0.9999	0.9995	0.9983	0.9955	0.9893
	9	1.0000	1.0000	1.0000	1.0000	1.0000	1.0000	1.0000	0.9999	0.9997	0.9990
	10	1.0000	1.0000	1.0000	1.0000	1.0000	1.0000	1.0000	1.0000	1.0000	1.0000
11	0	0.5688	0.3138	0.1673	0.0859	0.0422	0.0198	0.0088	0.0036	0.0014	0.0005
	1	0.8981	0.6974	0.4922	0.3221	0.1971	0.1130	0.0606	0.0302	0.0139	0.0059
	2	0.9848	0.9104	0.7788	0.6174	0.4552	0.3127	0.2001	0.1189	0.0652	0.0327
	3	0.9984	0.9815	0.9306	0.8389	0.7133	0.5696	0.4256	0.2963	0.1911	0.1133
	4	0.9999	0.9972	0.9841	0.9496	0.8854	0.7897	0.6683	0.5328	0.3971	0.2744
	5	1.0000	0.9997	0.9973	0.9883	0.9657	0.9218	0.8513	0.7535	0.6331	0.5000
	6	1.0000	1.0000	0.9997	0.9980	0.9924	0.9784	0.9499	0.9006	0.8262	0.7256
	7	1.0000	1.0000	1.0000	0.9998	0.9988	0.9957	0.9878	0.9707	0.9390	0.8867
	8	1.0000	1.0000	1.0000	1.0000	0.9999	0.9994	0.9980	0.9941	0.9852	0.9673
	9	1.0000	1.0000	1.0000	1.0000	1.0000	1.0000	0.9998	0.9993	0.9978	0.9941
	10	1.0000	1.0000	1.0000	1.0000	1.0000	1.0000	1.0000	1.0000	0.9998	0.9995
	11	1.0000	1.0000	1.0000	1.0000	1.0000	1.0000	1.0000	1.0000	1.0000	1.0000
12	0	0.5404	0.2824	0.1422	0.0687	0.0317	0.0138	0.0057	0.0022	0.0008	0.0002
	1	0.8816	0.6590	0.4435	0.2749	0.1584	0.0850	0.0424	0.0196	0.0083	0.0032
	2	0.9804	0.8891	0.7358	0.5583	0.3907	0.2528	0.1513	0.0834	0.0421	0.0193
	3	0.9978	0.9744	0.9078	0.7946	0.6488	0.4925	0.3467	0.2253	0.1345	0.0730
	4	0.9998	0.9957	0.9761	0.9274	0.8424	0.7237	0.5833	0.4382	0.3044	0.1938
	5	1.0000	0.9995	0.9954	0.9806	0.9456	0.8822	0.7873	0.6652	0.5269	0.3873
	6	1.0000	0.9999	0.9993	0.9961	0.9857	0.9614	0.9154	0.8418	0.7393	0.6128
	7	1.0000	1.0000	0.9999	0.9994	0.9972	0.9905	0.9745	0.9427	0.8883	0.8062
	8	1.0000	1.0000	1.0000	0.9999	0.9998	0.9983	0.9944	0.9847	0.9644	0.9270
	9	1.0000	1.0000	1.0000	1.0000	1.0000	0.9998	0.9992	0.9972	0.9921	0.9807
	10	1.0000	1.0000	1.0000	1.0000	1.0000	1.0000	0.9999	0.9997	0.9989	0.9968
	11	1.0000	1.0000	1.0000	1.0000	1.0000	1.0000	1.0000	1.0000	0.9999	0.9998
	12	1.0000	1.0000	1.0000	1.0000	1.0000	1.0000	1.0000	1.0000	1.0000	1.0000

10. 泊松分布表

$$P(X \leqslant x) = \sum_{k=0}^{x} \frac{\lambda^k}{k!} e^{-\lambda}$$

x	\multicolumn{10}{c}{λ}
	0.1	0.2	0.3	0.4	0.5	0.6	0.7	0.8	0.9	1.0
0	0.9048	0.8187	0.7408	0.6703	0.6065	0.5488	0.4966	0.4493	0.4066	0.3679
1	0.9953	0.9825	0.9631	0.9384	0.9098	0.8781	0.8442	0.8088	0.7725	0.7358
2	0.9998	0.9989	0.9964	0.9921	0.9856	0.9769	0.9659	0.9526	0.9371	0.9197
3	1.0000	0.9999	0.9997	0.9992	0.9982	0.9966	0.9942	0.9909	0.9865	0.9810
4		1.0000	1.0000	0.9999	0.9998	0.9996	0.9992	0.9986	0.9977	0.9963
5				1.0000	1.0000	1.0000	0.9999	0.9998	0.9997	0.9994
6							1.0000	1.0000	1.0000	0.9999

x	\multicolumn{10}{c}{λ}
	1.1	1.2	1.3	1.4	1.5	1.6	1.7	1.8	1.9	2.0
0	0.3329	0.3012	0.2725	0.2466	0.2231	0.2019	0.1827	0.1653	0.1496	0.1353
1	0.6990	0.6626	0.6268	0.5918	0.5578	0.5249	0.4932	0.4628	0.4337	0.4060
2	0.9004	0.8795	0.8571	0.8335	0.8088	0.7834	0.7572	0.7306	0.7037	0.6767
3	0.9743	0.9662	0.9569	0.9463	0.9344	0.9212	0.9068	0.8913	0.8747	0.8571
4	0.9946	0.9923	0.9893	0.9857	0.9814	0.9763	0.9704	0.9636	0.9559	0.9473
5	0.9990	0.9985	0.9978	0.9968	0.9955	0.9940	0.9920	0.9896	0.9868	9.9834
6	0.9999	0.9997	0.9996	0.9994	0.9991	0.9987	0.9981	0.9974	0.9966	0.9955
7	1.0000	1.0000	0.9999	0.9999	0.9998	0.9997	0.9996	0.9994	0.9992	0.9989
8			1.0000	1.0000	1.0000	1.0000	0.9999	0.9999	0.9998	0.9998

x	\multicolumn{10}{c}{λ}
	2.1	2.2	2.3	2.4	2.5	2.6	2.7	2.8	2.9	3.0
0	0.1225	0.1108	0.1003	0.0907	0.0821	0.0743	0.0672	0.0608	0.550	0.0498
1	0.3796	0.3546	0.3309	0.3084	0.2873	0.2674	0.2487	0.2311	0.2146	0.1991
2	0.6496	0.6227	0.5960	0.5694	0.5438	0.5184	0.4936	0.4695	0.4460	0.4232
3	0.8386	0.8194	0.7993	0.7787	0.7576	0.7360	0.7141	0.6919	0.6696	0.6472
4	0.9379	0.9275	0.9162	0.9041	0.8912	0.8774	0.8629	0.8477	0.8313	0.8153
5	0.9796	0.9751	0.9700	0.9643	0.9580	0.9510	0.9433	0.9349	0.9258	0.9161
6	0.9941	0.9925	0.9906	0.9884	0.9858	0.9828	0.9794	0.9756	0.9713	0.9665
7	0.9985	0.9980	0.9974	0.9967	0.9958	0.9947	0.9934	0.9919	0.9901	0.9881
8	0.9997	0.9995	0.9994	0.9991	0.9989	0.9985	0.9981	0.9976	0.9969	0.9962
9	0.9999	0.9999	0.9999	0.9998	0.9997	0.9996	0.9995	0.9993	0.9991	0.9989
10	1.0000	1.0000	1.0000	1.0000	0.9999	0.9999	0.9999	0.9998	0.9998	0.9997
11					1.0000	1.0000	1.0000	1.0000	0.9999	0.9999

续表

x	λ									
	3.1	3.2	3.3	3.4	3.5	3.6	3.7	3.8	3.9	4.0
0	0.0450	0.0408	0.0369	0.0334	0.0302	0.0273	0.0247	0.0224	0.0202	0.0183
1	0.1847	0.1712	0.1586	0.1468	0.1359	0.1257	0.1162	0.1074	0.0992	0.0916
2	0.4012	0.3799	0.3594	0.3397	0.3208	0.3027	0.2854	0.2689	0.2531	0.2381
3	0.6248	0.6025	0.5803	0.5584	0.5366	0.5152	0.4942	0.4735	0.4532	0.4335
4	0.7982	0.7806	0.7626	0.7442	0.7254	0.7064	0.6872	0.6678	0.6484	0.6288
5	0.9057	0.8946	0.8829	0.8705	0.8576	0.8441	0.8301	0.8156	0.8006	0.7851
6	0.9612	0.9554	0.9490	0.9421	0.9347	0.9267	0.9182	0.9091	0.8995	0.8893

x	λ									
	3.1	3.2	3.3	3.4	3.5	3.6	3.7	3.8	3.9	4.0
7	0.9858	0.9832	0.9802	0.9769	0.9733	0.9692	0.9648	0.9599	0.9546	0.9489
8	0.9953	0.9943	0.9931	0.9917	0.9901	0.9883	0.9863	0.9840	0.9815	0.9786
9	0.9986	0.9982	0.9978	0.9973	0.9967	0.9960	0.9952	0.9942	0.9931	0.9919
10	0.9996	0.9995	0.9994	0.9992	0.9990	0.9987	0.9984	0.9981	0.9977	0.9972
11	0.9999	0.9999	0.9998	0.9998	0.9997	0.9996	0.9995	0.9994	0.9993	0.9991
12	1.0000	1.0000	1.0000	0.9999	0.9999	0.9999	0.9999	0.9998	0.9998	0.9997
13				1.0000	1.0000	1.0000	1.0000	1.0000	0.9999	0.9999

x	λ									
	4.1	4.2	4.3	4.4	4.5	4.6	4.7	4.8	4.9	5.0
0	0.0166	0.0150	0.0.36	0.0.12	0.0111	0.0101	0.0091	0.0082	0.0074	0.0067
1	0.0845	0.0780	0.0719	0.0663	0.0611	0.0563	0.0518	0.0477	0.0439	0.0404
2	0.2238	0.2102	0.1974	0.1851	0.1736	0.1626	0.1523	0.1425	0.1333	0.1247
3	0.4142	0.3954	0.3772	0.3594	0.3423	0.3257	0.3097	0.2942	0.2793	0.2650
4	0.6093	0.5898	0.5704	0.5512	0.5321	0.5132	0.4946	0.4763	0.4582	0.4405
5	0.7693	0.7531	0.7367	0.7199	0.7029	0.6858	0.6684	0.6510	0.6335	0.6160
6	0.8786	0.8675	0.8558	0.8436	0.8311	0.8180	0.8046	0.7908	0.7767	0.7622
7	0.9427	0.9361	0.9290	0.9214	0.9134	0.9049	0.8960	0.8867	0.8769	0.8666
8	0.9755	0.9721	0.9683	0.9642	0.9597	0.9549	0.9497	0.9442	0.9382	0.9319
9	0.9905	0.9889	0.9871	0.9851	0.9829	0.9805	0.9778	0.9749	0.9717	0.9682
10	0.9966	0.9959	0.9952	0.9943	0.9933	0.9922	0.9910	0.9896	0.9880	0.9863
11	0.9989	0.9986	0.9983	0.9980	0.9976	0.9971	0.9966	0.9960	0.9953	0.9945
12	0.9997	0.9996	0.9995	0.9993	0.9992	0.9990	0.9988	0.9986	0.9983	0.9980
13	0.9999	0.9999	0.9998	0.9998	0.9997	0.9997	0.9996	0.9995	0.9994	0.9993
14	1.0000	1.0000	1.0000	0.9999	0.9999	0.9999	0.9999	0.9999	0.9998	0.9998
15				1.0000	1.0000	1.0000	1.0000	1.0000	0.9999	0.9999

11. Wilcoxon 符号秩检验 T 值的临界值表

Wilcoxon 带有正负号的等级统计量，T 的临界值。这里 T 是最大整数即 $P_r(T \leq t/N') \leq \alpha$ 累积的单尾概率。

n	双侧 单侧	0.015 0.075	0.10 0.050	0.05 0.025	0.04 0.020	0.03 0.015	0.02 0.010	0.01 0.005
4		0						
5		1	0					
6		2	2	0	0			
7		4	3	2	1	0	0	
8		7	5	3	3	2	1	0
9		9	8	5	5	4	3	1
10		12	10	8	7	6	5	3
11		16	13	10	9	8	7	5
12		19	17	13	12	11	9	7
13		24	21	17	16	14	12	9
14		28	25	21	19	18	15	12
15		33	30	25	23	21	19	15
16		39	35	29	28	26	23	19
17		45	41	34	33	30	27	23
18		51	47	40	38	35	32	27
19		58	53	46	43	41	37	32
20		65	60	52	50	47	43	37
21		73	67	58	56	53	49	42
22		81	75	65	63	59	55	48
23		89	83	73	70	66	62	54
24		98	91	81	78	74	69	61
25		108	100	89	86	82	76	68
26		118	110	98	94	90	84	75
27		128	119	107	103	99	92	83
28		138	130	116	112	108	101	91
29		150	140	126	122	117	110	100
30		161	151	137	132	127	120	109
31		173	163	147	143	137	130	118
32		186	175	159	154	148	140	128
33		199	187	170	165	159	151	138
34		212	200	182	177	171	162	148
35		226	213	195	189	182	173	159
40		302	286	264	257	249	238	220
50		487	466	434	425	413	397	373
60		718	690	648	636	620	600	567
70		995	960	907	891	872	846	805
80		1318	1276	1211	1192	1168	1136	1086
90		1688	1638	1560	1537	1509	1471	1410
100		2105	2045	1955	1928	1894	1850	1779

12. Mann-Whitney U 检验的临界值表

第一个表中的数值是单侧检验在 0.025 处或双侧检验在 0.05 处,U 的临界值;第二个表中的数值是单侧检验在 0.05 处或双侧检验 0.10 处,U 的临界值。

n_2 \ n_1	1	2	3	4	5	6	7	8	9	10	11	12	13	14	15	16	17	18	19	20
1																				
2									0	0	0	1	1	1	1	1	2	2	2	2
3					0	1	1	2	2	3	3	4	4	5	5	6	6	7	7	8
4				0	1	2	3	4	4	5	6	7	8	9	10	11	11	12	13	13
5			0	1	2	3	5	6	7	8	9	11	12	13	14	15	17	18	19	20
6			1	2	3	5	6	8	10	11	13	14	16	17	19	21	22	24	25	27
7			1	3	5	6	8	10	12	14	16	18	20	22	24	26	28	30	32	34
8		0	2	4	6	8	10	13	15	17	19	22	24	26	29	31	34	36	38	41
9		0	2	4	7	10	12	15	17	20	23	26	28	31	34	37	39	42	45	48
10		0	3	5	8	11	14	17	20	23	26	29	33	36	39	42	45	48	52	55
11		0	3	6	9	13	16	19	23	26	30	33	37	40	44	47	51	55	58	62
12		1	4	7	11	14	18	22	26	29	33	37	41	45	49	53	57	61	65	69
13		1	4	8	12	16	20	24	28	33	37	41	45	50	54	59	63	67	72	76
14		1	5	9	13	17	22	26	31	36	40	45	50	55	59	64	67	74	78	83
15		1	5	10	14	19	24	29	34	39	44	49	54	59	64	70	75	80	85	90
16		1	6	11	15	21	26	31	37	42	47	53	59	64	70	75	81	86	93	98
17		2	6	11	17	22	28	34	39	45	51	57	63	67	75	81	87	93	99	105
18		2	7	12	18	24	30	36	42	43	55	61	67	74	80	86	93	99	106	112
19		2	7	13	19	25	32	38	45	52	58	63	72	78	85	92	99	106	113	119
20		2	8	13	20	27	34	41	48	55	62	69	76	83	90	98	105	112	119	127

n_2 \ n_1	1	2	3	4	5	6	7	8	9	10	11	12	13	14	15	16	17	18	19	20
1																			0	0
2						0	0	1	1	1	1	2	2	2	3	3	3	4	4	4
3			0	0	1	2	2	3	3	4	5	5	6	7	7	8	9	9	10	11
4			0	1	2	3	4	5	6	7	8	9	10	11	12	14	15	16	17	18
5		0	1	2	4	5	6	8	9	11	12	13	15	16	18	19	20	22	23	25
6		0	2	3	5	7	8	10	12	14	16	17	19	21	23	25	26	28	30	32
7		0	2	4	6	8	11	13	15	17	19	21	24	26	28	30	33	35	37	39
8		1	3	5	8	10	13	15	18	20	23	26	28	31	33	36	39	41	44	47
9		1	3	6	9	12	15	18	21	24	27	30	33	36	39	42	45	48	51	54
10		1	4	7	11	14	17	20	24	27	31	34	37	41	44	48	51	55	58	62
11		1	5	8	12	16	19	23	27	31	34	38	42	46	50	54	57	61	65	69
12		2	5	9	13	17	21	26	30	34	38	42	47	51	55	60	64	68	72	77
13		2	6	10	15	19	24	28	33	37	42	47	51	56	61	65	70	75	80	84
14		2	7	11	16	21	26	31	36	41	46	51	56	61	66	71	77	82	87	92
15		3	7	12	18	23	28	33	39	44	50	55	61	66	72	77	83	88	94	100
16		3	8	14	19	25	30	36	42	48	54	60	65	71	77	83	89	95	101	107
17		3	9	15	20	26	33	39	45	51	57	64	70	77	83	89	96	102	109	115
18		4	9	16	22	28	35	41	48	55	61	68	75	82	88	95	102	109	116	123
19	0	4	10	17	23	30	37	44	51	58	65	72	80	87	94	101	109	116	123	130
20	0	4	11	18	25	32	39	47	54	62	69	77	84	92	100	107	115	123	130	138

13. Spearman 秩相关系数检验的临界值表

临界值 $P(r_s \geq C_\alpha) = \alpha$

n	$\alpha=0.05$	$\alpha=0.025$	$\alpha=0.01$	$\alpha=0.005$
5	0.900	—	—	—
6	0.829	0.886	0.943	—
7	0.714	0.786	0.893	—
8	0.643	0.738	0.833	0.881
9	0.600	0.683	0.783	0.833
10	0.564	0.648	0.745	0.794
11	0.523	0.623	0.736	0.818
12	0.497	0.591	0.703	0.780
13	0.475	0.566	0.673	0.745
14	0.457	0.545	0.646	0.716
15	0.441	0.525	0.623	0.689
16	0.425	0.507	0.601	0.666
17	0.412	0.490	0.582	0.645
18	0.399	0.476	0.564	0.625
19	0.388	0.462	0.549	0.608
20	0.377	0.450	0.534	0.591
21	0.368	0.438	0.521	0.576
22	0.359	0.428	0.508	0.562
23	0.351	0.418	0.496	0.549
24	0.343	0.409	0.485	0.537
25	0.336	0.400	0.475	0.526
26	0.329	0.392	0.465	0.515
27	0.323	0.385	0.456	0.505
28	0.317	0.377	0.448	0.496
29	0.311	0.370	0.440	0.487
30	0.305	0.364	0.432	0.478

14. 游程检验中 r 检验的临界值表

表 14a 和 14b 的表格是对不同的 n_1 和 n_2 给出的各种不同的 r 的临界值。对于单样本游程检验，小于等于表 14a 中或大于等于表 14b 中之值的任何 r 值，在 0.05 水平上是显著的。

表 14a

n_2 \ n_1	2	3	4	5	6	7	8	9	10	11	12	13	14	15	16	17	18	19	20
2											2	2	2	2	2	2	2	2	2
3					2	2	2	2	2	2	2	2	2	3	3	3	3	3	3
4				2	2	2	3	3	3	3	3	3	3	3	4	4	4	4	4
5			2	2	3	3	3	3	3	4	4	4	4	4	4	4	5	5	5
6		2	2	3	3	3	3	4	4	4	4	5	5	5	5	5	5	6	6
7		2	2	3	3	3	4	4	5	5	5	5	5	6	6	6	6	6	6
8		2	3	3	3	4	4	5	5	5	6	6	6	6	6	7	7	7	7
9		2	3	3	4	4	5	5	5	6	6	6	7	7	7	7	8	8	8
10		2	3	3	4	5	5	5	6	6	7	7	7	7	8	8	8	8	9
11		2	3	4	4	5	5	6	6	7	7	7	8	8	8	9	9	9	9
12	2	2	3	4	4	5	6	6	7	7	7	8	8	8	9	9	9	10	10
13	2	2	3	4	5	5	6	6	7	7	8	8	9	9	9	10	10	10	10
14	2	2	3	4	5	5	6	7	7	8	8	9	9	9	10	10	10	11	11
15	2	3	3	4	5	6	6	7	7	8	8	9	9	10	10	11	11	11	12
16	2	3	4	4	5	6	6	7	8	8	9	9	10	10	11	11	11	12	12
17	2	3	4	4	5	6	7	7	8	9	9	10	10	11	11	11	12	12	13
18	2	3	4	5	5	6	7	8	8	9	9	10	10	11	11	12	12	13	13
19	2	3	4	5	6	6	7	8	8	9	10	10	11	11	12	12	13	13	13
20	2	3	4	5	6	6	7	8	9	10	10	11	12	12	13	13	13	13	14

表 14b

n_2 \ n_1	2	3	4	5	6	7	8	9	10	11	12	13	14	15	16	17	18	19	20
2																			
3																			
4				9	9														
5			9	9	10	10	11	11											
6			9	10	11	12	12	13	13	13									
7				11	12	13	13	14	14	14	15	15	15						
8				11	12	13	14	14	15	15	16	16	16	16	17	17	17	17	17
9					13	14	14	15	16	16	16	17	17	18	18	18	18	18	18
10					13	14	15	16	16	17	17	18	18	18	19	19	19	20	20
11					13	14	15	16	17	17	18	19	19	19	20	20	20	21	21
12					13	14	16	16	17	18	19	19	20	20	21	21	21	22	22
13						15	16	17	18	19	19	20	20	21	21	22	22	23	23
14						15	16	17	18	19	20	20	21	22	22	23	23	23	24
15						15	16	18	18	19	20	21	22	22	23	23	24	24	25
16							17	18	19	20	21	21	22	23	23	24	25	25	25
17							17	18	19	20	21	22	23	23	24	25	25	26	26
18							17	18	19	20	21	22	23	24	25	25	26	26	27
19							17	18	20	21	22	23	23	24	25	26	26	27	27
20							17	18	20	21	22	23	24	25	25	26	27	27	28

15. 简单相关系数 r 检验的临界值表

$n\backslash\alpha_{双侧}$	0.1	0.05	0.02	0.01	0.001
1	0.98769	0.99692	0.999507	0.999877	0.9999988
2	0.90000	0.95000	0.98000	0.990000	0.99900
3	0.8054	0.8783	0.93433	0.95873	0.99116
4	0.7293	0.8114	0.8822	0.91720	0.97406
5	0.6694	0.7545	0.8329	0.8745	0.95074
6	0.6215	0.7067	0.7887	0.8343	0.92493
7	0.5822	0.6664	0.7498	0.7977	0.8982
8	0.5494	0.6319	0.7155	0.7646	0.8721
9	0.5214	0.6029	0.6851	0.7348	0.8471
10	0.4973	0.5760	0.6581	0.7079	0.8233
11	0.4762	0.5529	0.6339	0.6835	0.8010
12	0.4575	0.5324	0.6120	0.6614	0.7800
13	0.4409	0.5139	0.5923	0.6411	0.7603
14	0.4259	0.4973	0.5742	0.6226	0.7420
15	0.4124	0.4821	0.5577	0.6055	0.7246
16	0.4000	0.4683	0.5425	0.5897	0.7084
17	0.3887	0.4555	0.5285	0.5741	0.6932
18	0.3783	0.4438	0.5155	0.5614	0.6787
19	0.3687	0.4329	0.5034	0.5487	0.6652
20	0.3598	0.4227	0.4921	0.5368	0.6524
25	0.3233	0.3809	0.4451	0.4869	0.5974
30	0.2960	0.3494	0.4093	0.4487	0.5541
35	0.2746	0.3246	0.3810	0.4182	0.5189
40	0.2573	0.3044	0.3578	0.3932	0.4896
45	0.2428	0.2875	0.3384	0.3721	0.4648
50	0.2306	0.2732	0.3218	0.3541	0.4433
60	0.2108	0.2500	0.2948	0.3248	0.4078
70	0.1954	0.2319	0.2737	0.3017	0.3799
80	0.1829	0.2172	0.2565	0.2830	0.3568
90	0.1726	0.2050	0.2422	0.2673	0.3375
100	0.1638	0.1946	0.2310	0.2540	0.3211

参考文献

1. 柴根象、钱伟民编著.统计学教程[M].上海:同济大学出版社,2004.
2. 陈梦根主编.金融统计学[M].北京:中国统计出版社,2021.
3. 陈希孺编著.概率论与数理统计[M].合肥:中国科学技术大学出版社,2017.
4. [美]道格拉斯·唐宁、杰弗里·克拉克著,施祖辉、孙允午译.商业统计[M].上海:上海人民出版社,2004.
5. [美] David M. Levine, David F. Stephan, Timothy C. Krehbiel, Mark L. Berenson. Statistics for Managers: Using Microsoft Excel(Fifth Edition)[M]. New Jersey: Prentice Hall. 2007.
6. [美]丹尼斯·J.斯威尼、托马斯·A.威廉斯、戴维·R.安德森著,孙允午、陆康强译.商务统计(第四版)[M].北京:清华大学出版社,2008.
7. [美]戴维·R.安德森、丹尼斯·J.斯威尼、托马斯·A.威廉斯、杰弗里·D.卡姆、詹姆斯·J.科克伦著,雷平译.商务与经济统计(精要版)(第七版)[M].北京:机械工业出版社,2016.
8. [美]戴维·列文、戴维·斯蒂芬、蒂姆斯·克瑞贝尔、马克·贝瑞森著,孙允午、陆康强译.经理人Excel统计学(第三版)[M].北京:清华大学出版社,2006.
9. 丁元林、王彤编著.卫生统计学(第二版)[M].北京:科学出版社,2017.
10. 冯冰、何瑞祥主编.统计学原理(第二版)[M].北京:北京大学出版社,2022.
11. 傅德印主编.统计学:基于商务数据的分析方法[M].北京:中国统计出版社,2020.
12. 高惠璇编著.应用多元统计分析[M].北京:北京大学出版社,2021.
13. [美] Robert V. Hogg, Joseph W. McKean, Allen T. Craig 著,王忠玉、卜长江译.数理统计学导论(第七版)[M].北京:机械工业出版社,2015.
14. 胡健颖、冯泰编著.实用统计学(第三版)[M].北京:北京大学出版社,2005.
15. 黄崑、陈翀、骆方编著.Excel统计分析基础教程[M].北京:清华大学出版社,2011.
16. 何晓群、刘文卿编著.应用回归分析(第五版)[M].北京:中国人民大学出版社,2019.
17. 洪永淼著.概率论与统计学(第二版)[M].北京:中国统计出版社,2021.
18. 贾怀勤主编.数据、模型与决策(第三版)[M].北京:对外经济贸易大学出版社,2012.
19. 贾俊平编著.统计学基础(第六版)[M].北京:中国人民大学出版社,2021.
20. 贾俊平等编著.统计学(第八版)[M].北京:中国人民大学出版社,2021.
21. [加]杰拉德·凯勒著.统计学:在经济和管理中的应用(第十版)[M].北京:中国人民大学出版社,2019.
22. 刘汉良主编.统计学教程(第三版)[M].上海:上海财经大学出版社,2005.
23. [美] Mario F. Triola 著.初级统计学(第十版)[M].北京:清华大学出版社,2008.
24. 茆诗松、周纪芗、张日权编著.概率论与数理统计(第四版)[M].北京:中国统计出版社,2020.
25. 苏均和主编.概率论与数理统计(第三版)[M].上海:上海财经大学出版社,2009.
26. 孙允午主编.统计学——数据的搜集、整理和分析(第三版)[M].上海:上海财经大学出版社,2013.
27. 王德发、刘小峰主编.统计学——数据处理与分析(第二版)[M].上海:上海财经大学出版社,2017.
28. 王殿坤主编.概率论和数理统计[M].北京:科学出版社,2021.
29. [美] William G.Cochran 著,张尧庭、吴辉译.抽样技术[M].北京:中国统计出版社,1985.
30. 王黎明编著.回归分析[M].上海:上海财经大学出版社,2019.
31. 王学民编著.应用多元统计分析(第六版)[M].上海:上海财经大学出版社,2021.

32. 王燕编著.应用时间序列分析(第六版)[M].北京:中国人民大学出版社,2022.
33. 吴喜之、赵博娟编著.非参数统计(第五版)[M].北京:中国统计出版社,2019.
34. 吴喜之、吕晓玲编著.统计学:从数据到结论(第五版)[M].北京:中国统计出版社,2021.
35. 徐国祥主编.统计预测和决策(第五版)[M].上海:上海财经大学出版社,2016.
36. 徐国祥、刘汉良、孙允午、朱建中编著.统计学[M].上海:上海财经大学出版社,2001.
37. 夏南新著.统计学(第二版)[M].北京:高等教育出版社,2021.
38. 解顺强编著.统计与概率基础(第二版)[M].北京:北京大学出版社,2022.
39. 颜素容、崔红新主编.概率统计基础[M].北京:中国统计出版社,2019.
40. 于浩、柏建岭主编.医学统计学(第四版)[M].北京:中国统计出版社,2021.
41. [美]詹姆斯·R.埃文斯著,潘文卿、丁海山译.商业统计学精要[M].北京:中国人民大学出版社,2004.
42. 赵耐青、陈峰主编.卫生统计学[M].北京:高等教育出版社,2008.
43. 张志杰编著.R软件入门与基础[M].上海:复旦大学出版社,2015.
44. 曾自卫、吴霞主编.统计学原理[M].上海:上海财经大学出版社,2020.
45. 盛骤、谢式千、潘承毅编.概率论与数理统计(第五版)[M].北京:高等教育出版社,2020.

高等院校经济学管理学精品规划教材

统计学习题集

（第四版）

张志杰　孙允午　主编

上海财经大学出版社

前言

本习题集是为2022年9月上海财经大学出版社出版的《统计学——统计设计和数据搜集、整理与分析》第四版配套的教学辅导书。统计学是一门方法论科学，但统计学所研究的量是具体的量，如何根据数据的特征在众多的统计方法中选择恰当的方法是有一定难度的。一方面，学生在学习和掌握统计学这门课程的过程中会遇到各种困难，另一方面新版本的统计学教材对原来的教材作了不小的改变，特别是从应用统计学的角度对各章节内容和方法体系进行了重新梳理，以更好地服务于如何用好统计学的目的，因此原来的习题集已无法适应新的教材。为了帮助学生更好地学习新教材，系统、正确地理解统计学的基本思想、基本理论和基本方法，解除学习过程中的困惑，我们特地按照新版教材的章节设置编写了本习题集。

本习题集分为习题和参考答案两个部分。第一部分的习题共有单项选择题、多项选择题、计算题和思考题四种类型；第二部分中含有单项选择题、多项选择题的参考答案和计算题的计算方法、计算过程和参考答案。

彭欣伟、孔令才、李寒盈对各章节的编写付出了大量的精力，在此我们对他们的辛勤付出表示由衷地感谢，全书由张志杰、孙允午总纂。由于笔者水平有限，不足之处敬请批评指正。如您在使用过程中发现错误或者有意见或建议，请与我们联系(statabc@gmail.com)，我们将尽全力不断提高本习题集的质量，衷心感谢您的付出。

编　者

2022年9月

目 录

第一部分 习 题 ········· 1

- 第一章 绪论 ········· 3
- 第二章 统计设计 ········· 5
- 第三章 数据的搜集与整理 ········· 7
- 第四章 数据的图表展示 ········· 9
- 第五章 数据的描述性分析 ········· 11
- 第六章 随机变量与概率分布 ········· 21
- 第七章 统计量与抽样分布 ········· 24
- 第八章 参数估计和假设检验 ········· 28
- 第九章 定量数据的统计分析 ········· 36
- 第十章 有序分类数据的统计分析 ········· 41
- 第十一章 无序分类数据的统计分析 ········· 45
- 第十二章 相关分析 ········· 51
- 第十三章 回归分析 ········· 55
- 第十四章 时间序列分析 ········· 66
- 第十五章 统计指数 ········· 75

第二部分 参考答案 ········· 81

- 第一章 绪论 ········· 83
- 第二章 统计设计 ········· 83
- 第三章 数据的搜集与整理 ········· 83
- 第四章 数据的图表展示 ········· 83
- 第五章 数据的描述性分析 ········· 84
- 第六章 随机变量与概率分布 ········· 89
- 第七章 统计量与抽样分布 ········· 91

第八章　参数估计和假设检验 ··· 94

第九章　定量数据的统计分析 ··· 99

第十章　有序分类数据的统计分析 ·· 103

第十一章　无序分类数据的统计分析 ·· 108

第十二章　相关分析 ·· 114

第十三章　回归分析 ·· 115

第十四章　时间序列分析 ·· 126

第十五章　统计指数 ·· 135

第一部分

习　题

第一章

绪 论

一、单项选择题

1. 下列可做乘除运算的是（　　）。
   A. 定比数据　　　　B. 定类数据　　　　C. 定距数据　　　　D. 定序数据
2. 下列只能进行计数运算的是（　　）。
   A. 定类测定　　　　B. 序列测定　　　　C. 定距测定　　　　D. 定比测定
3. 统计学是一门研究客观事物数量方面和数量关系的（　　）。
   A. 社会科学　　　　B. 自然科学　　　　C. 方法论科学　　　D. 实质性科学
4. "统计"一词的基本含义是（　　）。
   A. 统计调查、统计整理、统计分析　　　　B. 统计设计、统计分组、统计计算
   C. 统计方法、统计分析、统计计算　　　　D. 统计学、统计工作、统计数据
5. 要了解某市工业企业生产设备情况，则统计总体是（　　）。
   A. 该市全部工业企业　　　　　　　　　B. 该市每一个工业企业
   C. 该市工业企业的某一台设备　　　　　D. 该市工业企业的全部生产设备
6. 从客观对象量化分析的难易程度来看，定比测定与定序测定相比，（　　）。
   A. 是更为容易的　　　　　　　　　　　B. 是更为困难的
   C. 是差不多的　　　　　　　　　　　　D. 是无法比较的
7. 统计测定必须遵循的两个重要原则是（　　）。
   A. 实用与科学　　　　　　　　　　　　B. 科学与合理
   C. 互补与无穷　　　　　　　　　　　　D. 互斥与穷尽
8. 根据分析方法的不同，统计学的两大基本内容是（　　）。
   A. 统计资料的收集和分析　　　　　　　B. 理论统计和运用统计
   C. 统计预测和决策　　　　　　　　　　D. 描述统计和推断统计
9. 天气温度属于（　　）。
   A. 定类数据　　　　B. 定序数据　　　　C. 定距数据　　　　D. 定比数据
10. 对某地区工业企业职工进行调查，调查对象是（　　）。
    A. 各工业企业　　　　　　　　　　　　B. 该地区工业企业的全体职工
    C. 该地区全部工业企业　　　　　　　　D. 每位职工

二、多项选择题

1. "统计"一词的三种含义是（　　）。
   A. 统计工作　　　　　　　　B. 统计表
   C. 统计图　　　　　　　　　D. 统计数据
   E. 统计学

2. 数据分类应遵循（　　）。
   A. 互斥原则　　　　　　　　B. 同等原则
   C. 排异原则　　　　　　　　D. 穷尽原则
   E. 包容原则

3. 下列属于连续型变量的是（　　）。
   A. 设备数　　　　　　　　　B. 年龄
   C. 增加值　　　　　　　　　D. 总收入
   E. 商店数

4. 数据可分为（　　）。
   A. 定比数据　　　　　　　　B. 定类数据
   C. 定距数据　　　　　　　　D. 定序数据
   E. 定量数据

5. 可做排序运算的数据有（　　）。
   A. 定比数据　　　　　　　　B. 定类数据
   C. 定距数据　　　　　　　　D. 定序数据
   E. 定类数据

6. 按时间特点，数据可分为（　　）。
   A. 原始数据　　　　　　　　B. 次级数据
   C. 截面数据　　　　　　　　D. 时间序列数据
   E. 比率数据

7. 描述统计与推断统计的关系是（　　）。
   A. 描述统计是推断统计的发展　　　B. 推断统计是描述统计的发展
   C. 描述统计是推断统计的前提　　　D. 推断统计是描述统计的前提
   E. 描述统计与推断统计是统计学的两大基本内容

三、思考题

1. 何谓描述统计？
2. 何谓推断统计？
3. 何谓截面数据？
4. 什么是统计数据的层次？各层次数据之间的关系如何？
5. 统计工作的基本步骤有哪些？

第二章

统计设计

一、单项选择题

1. 对总体中全部单位按某一有关变量加以分类,再按随机原则从各类中抽取一定的单位进行调查,这种抽样调查形式称为( )。
   A. 分层抽样　　　　B. 整群抽样　　　　C. 等距抽样　　　　D. 简单随机抽样
2. 若要了解我国苹果生产的基本情况,则采用( )方式比较适合。
   A. 普查　　　　　　B. 重点调查　　　　C. 统计报表制度　　D. 抽样调查
3. 若要了解某地区居民收入水平,则采用( )方式比较适合。
   A. 普查　　　　　　B. 重点调查　　　　C. 统计报表制度　　D. 抽样调查
4. 若所要调查的各个单位没有很明显的差异,则不适合采用( )方式。
   A. 普查　　　　　　B. 重点调查　　　　C. 统计报表制度　　D. 抽样调查
5. 若要对某种产品作破坏性的测试,最适合的调查方式是( )。
   A. 普查　　　　　　B. 重点调查　　　　C. 典型调查　　　　D. 抽样调查
6. 抽样调查的主要目的是( )。
   A. 随机抽取样本单位　　　　　　　　　B. 对调查单位做深入研究
   C. 计算和控制抽样误差　　　　　　　　D. 用样本指标来推算或估计总体指标
7. 下列调查中,最适合采用重点调查的是( )。
   A. 了解全国钢铁生产的基本情况　　　　B. 了解全国人口总数
   C. 了解上海市居民家庭的收支情况　　　D. 了解某校学生的学习情况
8. 统计报表大多数属于( )。
   A. 一次性全面调查　　　　　　　　　　B. 经常性全面调查
   C. 经常性非全面调查　　　　　　　　　D. 一次性非全面调查
9. 普查是为了某种特定的目的而( )。
   A. 专门组织的一次性全面调查　　　　　B. 专门组织的经常性全面调查
   C. 非专门组织的一次性全面调查　　　　D. 非专门组织的经常性全面调查
10. 实际工作中,最常用的分层抽样是( )。
    A. 定额分配　　　　　　　　　　　　　B. 等额分配
    C. 等比例分配　　　　　　　　　　　　D. 最优分配

11. 受人们主观认识影响较大的调查是(　　)。
    A. 抽样调查　　　　B. 重点调查　　　　C. 典型调查　　　　D. 统计报表制度

二、多项选择题

1. 搜集数据的组织方式有(　　)。
   A. 普查　　　　　　　　　　　　B. 抽样调查
   C. 重点调查　　　　　　　　　　D. 统计报表制度
   E. 系统抽样
2. 随机抽样的组织方式有(　　)。
   A. 简单随机抽样　　　　　　　　B. 系统抽样
   C. 分层抽样　　　　　　　　　　D. 整群抽样
   E. 等比例抽样
3. 非随机抽样的组织方式有(　　)。
   A. 定额抽样　　　　　　　　　　B. 典型调查
   C. 方便抽样　　　　　　　　　　D. 系统抽样
   E. 分层抽样
4. 普查一般属于(　　)。
   A. 全面调查　　　　　　　　　　B. 非全面调查
   C. 经常性调查　　　　　　　　　D. 一次性调查
   E. 专门组织的调查
5. 样本单位的抽取方法有(　　)。
   A. 放回抽样　　　　　　　　　　B. 不放回抽样
   C. 纯随机抽样　　　　　　　　　D. 等距抽样
   E. 分层抽样和整群抽样

三、思考题

1. 何谓普查、抽样调查、重点调查？它们各自有哪些特点？
2. 简单随机抽样、等距抽样、分层抽样、整群抽样的特点及适用范围有何不同？
3. 进行数据调查时应注意哪些问题？
4. 抽样有哪些优点？
5. 统计调查过程中会产生哪些类型的误差？
6. 统计调查有哪些组织方式？

第三章

数据的搜集与整理

一、单项选择题

1. 分组后应使（　　）。
   A. 组内同质，组间差异　　　　　　B. 组内差异，组间差异
   C. 组内同质，组间同质　　　　　　D. 组内差异，组间同质
2. 有 n 个类别的变量进行哑变量编码需要（　　）个状态。
   A. $n-2$　　　　B. $n-1$　　　　C. n　　　　D. $n+1$
3. 对数变换适用于（　　）分布的数据。
   A. 正态分布　　B. 二项分布　　C. 对数正态分布　　D. 泊松分布
4. 平方根变换适用于（　　）分布的数据。
   A. 正态分布　　B. 二项分布　　C. 对数正态分布　　D. 泊松分布
5. 反正弦变换适用于（　　）分布的数据。
   A. 正态分布　　B. 二项分布　　C. 对数正态分布　　D. 泊松分布
6. λ 为（　　）的 Box-Cox 变换等价于倒数变换。
   A. -1　　　　B. 0　　　　C. 0.5　　　　D. 2

二、多项选择题

1. 获取数据的来源有（　　）。
   A. 进行一次调查　　　　　　　　　B. 从观察研究中获取
   C. 设计一次试验　　　　　　　　　D. 从政府机构公布的数据中获取
   E. 从企事业单位公布的数据中获取
2. 调查方案应包括的主要内容有（　　）。
   A. 确定调查目的　　　　　　　　　B. 确定调查对象和调查单位
   C. 拟订调查内容　　　　　　　　　D. 确定调查时间
   E. 编制调查的组织计划
3. 分组的作用有（　　）。
   A. 划分现象类型　　　　　　　　　B. 研究现象间的依存关系
   C. 反映现象的发展趋势　　　　　　D. 反映总体的构成

E. 反映现象的相对水平
4. 多数据集整理的作用有（　　）。
   A. 补充统计变量
   B. 合并多个数据源
   C. 反映数据的质量
   D. 反映缺失值的分布
   E. 反映总体的分布
5. 处理缺失值的方法有（　　）。
   A. 直接删除法
   B. 均值填补
   C. 中位数填补
   D. 随机插值
   E. 拉格朗日插值

三、思考题

1. 分组具有哪些作用？
2. 异常值如何检验？
3. 异常值如何处理？
4. 离散型变量的编码方式有哪些？

第四章

数据的图表展示

一、单项选择题

1. 某企业职工的工资分为四组：(1) 2 000 元以下；(2) 2 000～3 000 元；(3) 3 000～5 000 元；(4) 5 000 元以上，则 5 000 元以上的这组组中值应近似为(   )。
   A. 7 500 元　　　　　B. 5 000 元　　　　　C. 6 000 元　　　　　D. 7 000 元

2. 对于不等距数列，在制作直方图时，应计算出(   )。
   A. 频数分布　　　　B. 频数密度　　　　C. 各组次数　　　　D. 各组组距

3. 五数中不包括(   )。
   A. 最小值　　　　　B. 第一四分位数　　C. 中位数　　　　　D. 平均数

4. 如果数据的最小值到中位数的距离等于中位数到最大值的距离，那么我们可以认为这组数据是(   )。
   A. 完全对称的　　　　　　　　　　　B. 右偏态分布
   C. 左偏态分布　　　　　　　　　　　D. 无法判断

5. 在绘制统计图表的过程中，下列说法错误的是(   )。
   A. 搜集数据需要细致认真，确保数据不出错。
   B. 统计图表需要注明制作时间和图例。
   C. 统计图表的制作需要有美感，并且不会给读者以误导。
   D. 在选取统计图绘制时，只需要考虑数据类型即可。

二、多项选择题

1. 常用的统计图有(   )。
   A. 条形图　　　　　　　　　　　　　B. 直方图
   C. 折线图　　　　　　　　　　　　　D. 曲线图
   E. 茎叶图

2. 以下适用于定性数据的统计图有(   )。
   A. 直方图　　　　　　　　　　　　　B. 条形图
   C. 饼图　　　　　　　　　　　　　　D. 茎叶图
   E. 箱式图

3. 以下适用于定量数据的统计图有( )。
   A. 直方图　　　　　　　　　　B. 折线图
   C. 曲线图　　　　　　　　　　D. 茎叶图
   E. 箱式图
4. 五数包括( )。
   A. 最大值和最小值　　　　　　B. 第一四分位数和第三四分位数
   C. 第二四分位数　　　　　　　D. 众数
   E. 方差
5. 下列说法正确的有( )。
   A. 在右偏态分布中,从最大值到中位数的距离大于中位数到最小值的距离
   B. 在右偏态分布中,从最大值到中位数的距离小于中位数到最小值的距离
   C. 在右偏态分布中,从上四分位数到最大值的距离小于从最小值到下四分位数的距离
   D. 在右偏态分布中,从上四分位数到最大值的距离大于从最小值到下四分位数的距离

三、思考题

1. 统计表的种类有哪些?
2. 统计图有哪几种?
3. 何谓五数?如何用五数概括的方法来确定数据分布的形态?

第五章

数据的描述性分析

一、单项选择题

1. 如果所有标志值的频数都减少为原来的 1/5,而标志值仍然不变,那么算术平均数( )。
   A. 不变
   B. 扩大到原来的 5 倍
   C. 减少为原来的 1/5
   D. 不能预测其变化

2. 在下列两两组合的平均指标中,两个平均数完全不受极端数值影响的是( )。
   A. 算术平均数和中位数
   B. 几何平均数和众数
   C. 算术平均数和众数
   D. 众数和中位数

3. 总量指标按反映总体的时间状态不同,可分为( )。
   A. 时期指标和时点指标
   B. 总体标志总量和总体单位总数
   C. 数量指标和质量指标
   D. 实物量指标、价值量指标和劳动量指标

4. 标志值较小的一组其权数较大时,则算术平均数( )。
   A. 接近标志值较大的一组
   B. 接近标志值较小的一组
   C. 不受权数影响
   D. 仅受标志值影响

5. 若甲单位的平均数比乙单位的平均数小,但甲单位的标准差比乙单位的标准差大,则( )。
   A. 甲单位的平均数代表性比较大
   B. 甲单位的平均数代表性比较小
   C. 两单位的平均数一样大
   D. 无法判断

6. 某企业 5 月份计划销售收入比上月增长 8%,实际增长 12%,其超计划完成程度为( )。
   A. 103.70%
   B. 50%
   C. 150%
   D. 3.7%

7. 某企业 7 月份计划要求成本降低 3%,实际降低 5%,则计划完成程度为( )。
   A. 97.94%
   B. 166.67%
   C. 101.94%
   D. 1.94%

8. 现有一数列:3,9,27,81,243,729,2 187,反映其平均水平最好用( )。
   A. 算术平均数
   B. 调和平均数
   C. 几何平均数
   D. 众数

9. 计算平均比率最好用( )。
   A. 算术平均数
   B. 调和平均数
   C. 几何平均数
   D. 中位数

10. 若两数列的标准差相等而平均数不等,则( )。
    A. 平均数小代表性大　　　　　　　　B. 平均数大代表性大
    C. 代表性也相等　　　　　　　　　　D. 无法判断
11. 人口数与出生人数相比,( )。
    A. 前者是时期指标,而后者是时点指标　B. 前者是时点指标,而后者是时期指标
    C. 两者都是时点指标　　　　　　　　D. 两者都是时期指标
12. 动态相对指标是指( )。
    A. 同一现象在不同时间不同空间上的对比　B. 同一现象在同时间不同空间上的对比
    C. 不同现象在不同时间同空间上的对比　　D. 同一现象在不同时间同空间上的对比
13. 若两组数列的计量单位不同,在比较两数列的离散程度大小时,应采用( )。
    A. 全距　　　　　B. 平均差　　　　　C. 标准差　　　　　D. 标准差系数
14. 若 $n=20, \sum x=200, \sum x^2=2\,080$,则标准差为( )。
    A. 2　　　　　　　B. 4　　　　　　　C. 1.5　　　　　　D. 3
15. 某高新技术开发区现有人口 11 万,有 8 家医院(其病床数合计为 700 床),则该开发区每万人的病床数为 63.636。这个指标属于( )。
    A. 平均指标　　　B. 相对指标　　　C. 总量指标　　　D. 发展水平指标
16. 下列相对数中,可能用复名数表示的有( )。
    A. 计划完成相对数　B. 结构相对数　　C. 强度相对数　　D. 动态相对数
17. 若某一变量数列中,有变量值为零,则不适宜计算的平均指标有( )。
    A. 算术平均数　　B. 调和平均数　　C. 中位数　　　　D. 众数
18. 下列指标中,属于相对数的是( )。
    A. 某企业的工人劳动生产率　　　　B. 某种商品的平均价格
    C. 某地区按人口平均的粮食产量　　D. 某公司的人均工资
19. 5,6,7 三个数的几何平均数( )。
    A. 大于 6　　　　B. 小于 6　　　　C. 等于 6　　　　D. 等于 5

二、多项选择题

1. 下列属于时期指标的有( )。
   A. 职工人数　　　　　　　　　　　　B. 大学生毕业人数
   C. 储蓄存款余额　　　　　　　　　　D. 折旧额
   E. 出生人数
2. 下列统计指标中,属于时点指标的有( )。
   A. 商品库存数　　　　　　　　　　　B. 人口数
   C. 固定资产折旧额　　　　　　　　　D. 银行存款余额
   E. 死亡人数
3. 当 α 系数大于零时,变量分布为( )。
   A. 右偏　　　　　　　　　　　　　　B. 左偏
   C. 负偏　　　　　　　　　　　　　　D. 正偏
   E. 对称
4. 须计算离散系数来比较两数列的离散程度大小的情况有( )。

A. 平均数大的标准差亦大,平均数小的标准差亦小
B. 平均数大的标准差小,平均数小的标准差大
C. 两平均数相等
D. 两数列的计量单位不同
E. 两标准差相等

5. 分子分母有可能互换的相对指标有( )。
   A. 计划完成相对指标   B. 结构相对数
   C. 比较相对数   D. 动态相对数
   E. 强度相对数

6. 受极端值影响比较大的平均数有( )。
   A. 算术平均数   B. 调和平均数
   C. 几何平均数   D. 众数
   E. 中位数

7. 标志变异指标能反映( )。
   A. 变量的一般水平   B. 总体分布的集中趋势
   C. 总体分布的离散程度   D. 变量分布的离散程度
   E. 现象的总规模、总水平

8. 几何平均数适合( )。
   A. 等差数列   B. 等比数列
   C. 标志总量等于各标志值之和   D. 标志总量等于各标志值之积
   E. 具有极大极小值的数列

9. 下列指标中属于强度相对指标的有( )。
   A. 人均粮食产量   B. 人均钢铁产量
   C. 人均国民收入   D. 工人劳动生产率
   E. 职工月平均工资

10. 下列公式中正确的有( )。
    A. $\sum(x-\bar{x}) = $ 最小值   B. $\sum(x-\bar{x}) = 0$
    C. $\sum(x-\bar{x})^2 = $ 最小值   D. $\sum(x-\bar{x})^2 = 0$
    E. $\sum(x-\bar{x}) = 1$

11. 时点指标的特点有( )。
    A. 可以连续计数   B. 数值大小与时期长短有关
    C. 具有可加性   D. 不具有可加性
    E. 数值大小与间隔长短无关

12. 下列应采用加权算术平均数的情况有( )。
    A. 已知生产同种产品的四个企业的计划完成程度和计划产量,求平均计划完成程度
    B. 已知生产同种产品的四个企业的计划完成程度和实际产量,求平均计划完成程度
    C. 已知某种产品在不同集贸市场上的销售单价和销售额,求平均价格
    D. 已知某种产品在不同集贸市场上的销售单价和销售量,求平均价格
    E. 已知各车间劳动生产率和职工人数,求企业总劳动生产率

13. 运用相对指标时应注意可比性原则,即应在( )方面保持一致。
    A. 指标含义 B. 包括的范围
    C. 计算方法 D. 计量单位
    E. 时间跨度

14. 加权算术平均数的大小( )。
    A. 受各组频数大小的影响
    B. 受各组标志值大小的影响
    C. 受各组单位数占总体单位总数比重的影响
    D. 与各组标志值大小无关
    E. 受各组变量值占总体标志总量比重的影响

15. 当数据呈右偏态分布时,( )。
    A. 从 x_{max} 到中位数的距离大于中位数到 x_{min} 的距离
    B. 从 M_3 到 x_{max} 的距离大于 x_{min} 到 M_1 的距离
    C. 从 x_{min} 到中位数的距离大于中位数到 x_{max} 的距离
    D. 从 x_{min} 到 M_1 的距离大于 M_3 到 x_{max} 的距离
    E. 从 x_{min} 到 M_1 的距离等于 M_3 到 x_{max} 的距离

16. 下列指标中不可能出现负值的有( )。
    A. 众数 B. 全距
    C. 标准差 D. 平均差
    E. 几何平均数

三、计算题

1. 某公司下属三个企业的有关资料如下:

企 业	计划额(万元)	实际额(万元)	计划完成程度(%)
甲	280		104
乙	360	432	
丙		420	120
合 计			

要求:根据上述资料填空。

2. 某厂一车间有 50 个工人,其日产量资料如下:

按日产量分组(件)x	工人数 f
7	5
8	8
9	20
10	10
11	7
合 计	50

要求：计算平均日产量。

3. 某企业工资资料如下：

工资水平(元)	职工比重(%)
2 000 以下	6
2 000～3 000	15
3 000～5 000	40
5 000～10 000	25
10 000 以上	14
合　计	100

要求：计算该企业的职工平均工资。

4. 某酒店到三个农贸市场买草鱼，每千克的单价分别为：9 元、9.4 元、10 元，若各买 3 千克、4 千克、5 千克，则平均价格为多少？若分别购买 100 元、150 元、200 元则平均价格又为多少？

5. 设某公司下属三个企业的产量计划完成程度资料如下：

(1)

企　业	计划完成程度(%) x	计划产值(万元) f
甲	95	210
乙	100	340
丙	115	400
合　计	—	950

要求：计算三个企业的平均计划完成程度。

(2)

企　业	计划完成程度(%) x	实际产值(万元) m
甲	95	199.5
乙	100	340.0
丙	115	460.0
合　计	—	999.5

要求：计算三个企业的平均计划完成程度。

6. 某公司下属三个企业的销售资料如下：

(1)

企　业	销售利润率(%)	销售额(万元)
甲	10	1 500
乙	12	2 000
丙	13	3 000

要求：计算三个企业的平均利润率。

(2)

企　业	销售利润率(%)	利润额(万元)
甲	10	150
乙	12	240
丙	13	390

要求：计算三个企业的平均利润率。

7. 某企业某种产品需经过 4 个车间的流水作业才能完成，如果第一车间的产品合格率为 90%，第二车间的产品合格率为 97%，第三车间的产品合格率为 95%，第四车间的产品合格率为 98%，求平均合格率。

8. 某种产品的生产需经过 10 道工序的流水作业，有 2 道工序的合格率都为 90%，有 3 道工序的合格率为 92%，有 4 道工序的合格率为 94%，有 1 道工序的合格率为 98%，试计算平均合格率。

9. 某地区农民的年收入额资料如下：

按人均年收入额分组(元)	户　数
6 000 以下	30
6 000～7 000	150
7 000～8 000	400
8 000～9 000	950
9 000～10 000	500
10 000～11 000	200
11 000～12 000	100
12 000 以上	500
合　计	2 380

要求：计算众数和中位数。

10. 某企业 6 月份奖金如下：

月奖金(元)	职工人数(人)
100～150	6
150～200	10
200～250	12
250～300	35
300～350	15
350～400	8
合　计	86

要求：计算算术平均数、众数、中位数，并比较位置，说明月奖金的分布形态。

11. 有两个生产小组，都有 5 个工人，某天的日产量件数如下：

甲组：8　10　11　13　15
乙组：10　12　14　15　16

要求：计算各组的算术平均数、全距、平均差、标准差和标准差系数，并说明哪个组的平均数更具有代表性。

12. 某班的数学成绩如下：

成　绩(分)	学生人数
60 以下	2
60～70	8
70～80	25
80～90	10
90 以上	5
合　计	50

要求：计算算术平均数、平均差、标准差。

13. 设甲、乙两单位职工的奖金资料如下：

甲　单　位		乙　单　位	
月工资(元)	职工人数	月工资(元)	职工人数(人)
600 以下	2	600 以下	1
600～700	4	600～700	2
700～800	10	700～800	4
800～900	7	800～900	12
900～1 000	6	900～1 000	6
1 000～1 100	4	1 000～1 100	5
合　计	33	合　计	30

要求：比较哪个单位的职工奖金差异程度小。

14. 某企业甲、乙两工人当日产品的质量检查数据如下：

单位(mm)	零件数(件)	
	甲工人	乙工人
9.6 以下	1	1
9.6～9.8	2	2
9.8～10.0	3	2
10.0～10.2	3	3
10.2～10.4	1	2
合　计	10	10

要求：比较甲、乙两工人谁生产的零件质量较稳定。

15. 某乡两种稻种资料如下：

甲 稻 种		乙 稻 种	
播种面积(亩)	亩产量(斤)	播种面积(亩)	亩产量(斤)
20	800	15	820
25	850	22	870
35	900	26	960
38	1 020	30	1 000

要求：比较哪种稻种的稳定性比较好。

16. 某地区有下列资料：

人均月收入(元)	户数(人)
4 000 以下	50
4 000～5 000	100
5 000～6 000	450
6 000～7 000	200
7 000～8 000	100
8 000～9 000	60
9 000 以上	40
合　计	1 000

要求：(1) 计算算术平均数、众数、中位数。

(2) 计算偏度系数并予以解释。

17. 设某企业职工的月奖金额资料如下：

月奖金额(元)	组中值	职工人数	$x-\bar{x}$	$(x-\bar{x})^3 f$
60 以下	50	2	−72	−746 496
60～80	70	15	−53	−2 109 120
80～100	90	30	−32	−983 040
100～120	110	90	−12	−155 520
120～140	130	40	8	20 480
140～160	150	25	28	548 800
160～180	170	20	48	2 211 840
180～200	190	8	68	2 515 456
200 以上	210	5	88	3 407 360
合　计	—	235	—	4 709 760

要求：计算三阶中心矩偏度系数和峰度系数。

18. 设有 10 个学生的考试成绩如下：

学生编号	高等数学	大学语文	政治经济学	哲 学	经济学
1	80	65	79	84	80
2	95	90	89	90	86
3	90	86	85	90	83
4	78	70	84	82	80
5	65	72	80	84	81
6	72	70	78	82	80
7	60	64	75	80	78
8	91	76	80	86	87
9	97	88	88	85	92
10	84	80	82	83	86

要求：比较第2个学生与第9个学生的标准总分。

19. 某地区有一半家庭的月人均收入低于600元，一半高于600元，众数为700元，试估计算术平均数的近似值并说明分布态势。

20. 某公司下属4个企业的有关销售资料如下：

企 业	实际额(万元)	计划额(万元)	计划完成(%)
甲		5 000	98
乙	6 600		110
丙	7 020	6 500	
丁		8 000	93
合 计			

要求：(1) 填上空栏数字。
(2) 若甲、丁企业能完成计划，则公司的实际销售额将增加多少？
(3) 若每个企业的计划完成指标都达到乙企业的水平，则实际销售额可增加多少？超额完成计划多少？

21. 对某班50名学生进行语文测验，全班平均成绩为78分，男生平均成绩为75分，女生平均成绩为80分，则男女学生的人数各为多少？

22. 某企业生产同种产品的三个车间的废品率分别为8%、5%、3%，其产品比重甲车间为30%，乙车间为50%。试问该企业平均废品率为多少？

23. 生产同种产品的甲、乙两企业总的劳动生产率为1 050件/人，甲厂劳动生产率为1 200件/人，乙厂产量占45%，则乙厂的劳动生产率为多少？

24. 某笔投资的年利率资料如下：

年 利 率	年 数
2	1
4	3
5	6
7	4
8	2

要求：(1) 若年利率按复利计，计算该笔投资的平均年利率。
(2) 若年利率按单利计，即利息不转为本金，计算该笔投资的平均年利率。

25. 某公司下属三个企业生产同种产品，单价为 80 元，甲企业有工人 200 人，乙企业有工人 300 人，丙企业工人数为 350 人，有关资料如下：

企　业	人均产量(件)	单位产品成本(元/件)
甲	900	50
乙	1 200	58
丙	1 250	54

要求：(1) 计算该公司的人均产量和单位产品成本。
(2) 若各企业的人均产量都与丙企业相同，计算公司可增加多少产量和产值。
(3) 若各企业的单位产品成本都达到甲企业的水平，计算公司可节约多少资金。

四、思考题

1. 在社会经济中，平均指标有何作用？常用的平均指标有哪几种？试述它们的特点。
2. 试述强度相对指标与平均指标的异同点。
3. 试述频数与权数的关系。
4. 有了平均指标，为何还要计算离散指标？
5. 常用的离散指标有哪几种？试述它们各自的特点。
6. 标准差主要可应用在哪些方面？
7. 何谓异众比率？
8. 何谓四分位差？
9. 样本标准差与总体标准差有何区别？
10. 如何根据偏度系数对数据的形态进行测定？
11. 如何根据峰度系数对数据的形态进行测定？

第六章

随机变量与概率分布

一、单项选择题

1. 古典概率的特点应为( )。
   A. 基本事件是无限的,并且是等可能的
   B. 基本事件是有限的,并且是等可能的
   C. 基本事件是无限的,但可以具有不同的可能性
   D. 基本事件是有限的,但可以具有不同的可能性

2. 随机试验所有可能出现的结果,称为( )。
   A. 样本　　　　　　B. 样本空间　　　　　C. 基本事件　　　　　D. 全部事件

3. 以等可能性为基础的概率是( )。
   A. 古典概率　　　　B. 统计概率　　　　　C. 试验概率　　　　　D. 主观概率

4. 任一随机事件出现的概率( )。
   A. 大于0　　　　　　B. 小于0　　　　　　　C. 不小于1　　　　　　D. 在0与1之间

5. 若 $P(A)=0.3, P(B)=0.5, P(A|B)=0.4$,则 $P(A \cap B)=($)。
   A. 0.12　　　　　　B. 0.012　　　　　　　C. 0.15　　　　　　　D. 0.20

6. 二项分布的方差为( )。
   A. $n(1-n)p$　　　　B. $np(1-p)$　　　　　C. np　　　　　　　　D. $n(1-p)$

7. 处于正态分布概率密度函数与横轴之间并且大于均值部分的面积为( )。
   A. 大于0.5　　　　　B. -0.5　　　　　　　C. 1　　　　　　　　　D. 0.5

8. 若 A 与 B 是任意的两个事件,且 $P(AB)=P(A) \cdot P(B)$,则可称事件 A 与 B ( )。
   A. 等价　　　　　　　　　　　　　　　　　B. 互不相容
   C. 相互独立　　　　　　　　　　　　　　　D. 既互不相容,又相互独立

9. 下列分布中,均值与方差相等的是( )。
   A. 二点分布　　　　　　　　　　　　　　　B. 二项分布
   C. 超几何分布　　　　　　　　　　　　　　D. 泊松分布

10. 若两个相互独立的随机变量 X 和 Y 的标准差分别为 6 与 8,则 $(X+Y)$ 的标准差为( )。
    A. 7　　　　　　　　B. 10　　　　　　　　C. 14　　　　　　　　D. 无法计算

二、多项选择题

1. 常见的离散型分布有（　　）。
   A. 二点分布 B. 二项分布
   C. 均匀分布 D. 泊松分布
   E. 超几何分布

2. 常见的连续型分布有（　　）。
   A. 二项分布 B. 均匀分布
   C. 泊松分布 D. 超几何分布
   E. 正态分布

3. 下列分布中，从正态分布派生出来的是（　　）。
   A. 二项分布 B. 均匀分布
   C. χ^2 分布 D. F 分布
   E. t 分布

4. 概率密度曲线（　　）。
   A. 位于 X 轴的上方 B. 位于 X 轴的下方
   C. 与 X 轴之间的面积为 0 D. 与 X 轴之间的面积为 1
   E. 与 X 轴之间的面积为无穷大

5. 下列概率论定理中，两个最为重要的，也是统计推断的数理基础的是（　　）。
   A. 加法定理 B. 乘法定理
   C. 大数定律 D. 中心极限定理
   E. 贝叶斯定理

三、计算题

1. 在对 100 家公司的最新调查中，发现 40% 的公司在大力研究广告效果，50% 的公司在进行短期销售预测，而 30% 的公司同时从事这两项研究。假设从这 100 家公司中任选一家，定义事件 A 为该公司在研究广告效果，事件 B 为该公司在进行短期销售预测，试求：$P(A)$、$P(B)$、$P(AB)$、$P(A+B)$、$P(A|B)$、$P(B|A)$。

2. 一人乘公共汽车或地铁上班的概率分别是 0.4 和 0.6，当他乘公共汽车时，有 30% 的日子迟到；当他乘地铁时，有 10% 的日子迟到。问：此人上班迟到的概率是多少？若此人在某一天迟到，其乘地铁的概率是多少？

3. 一家公司在某本地区钻探石油，被钻探的油井将被证明产油或者无油。根据地质资料，在该地区钻探的油井中仅有 30% 是产油井。该公司的财力仅够负担 10 口油井的钻探，问：
   (1) 10 口井皆产油的概率；
   (2) 10 口井皆无油的概率；
   (3) 假设要使该公司的投资有利可图，至少需要有 2 口油井产油，该公司盈利的机会有多大？

4. 一个市场调查公司受雇调查人们在哪里购买家电，随机选取 100 位顾客，其中 30 位声称他们只去专业商场，60 位说他们只去超级市场，10 位说他们既去专业商场又去超级市场，问：

(1) 去超级市场的顾客中也去专业商场的比例是多少？
(2) 一个人去专业商场而不去超级市场的概率是多少？

5. 在一批 10 个产品中有 4 个次品，如果一个接一个地随机抽取两个，下面的每个随机事件的概率是多少？
   (1) 抽取的一个是次品，一个是合格品；
   (2) 抽取的两个都是次品；
   (3) 至少有一个次品被选取；
   (4) 抽取两个合格品。

6. 一个咨询公司提出三条建议供三个不同的客户考虑，假设三条建议被接受的机会分别为 1/2、1/3 和 1/4，下述事件的概率是多少？
   (1) 有且只有一条建议被接受；
   (2) 没有建议被接受；
   (3) 三条建议全被接受。

7. 在对某饭店的商务活动进行研究时发现，在星期一晚上 10 点到 11 点之间到来的顾客人数平均为 5 人，使用泊松分布回答如下问题：
   (1) 星期一晚上 10 点到 11 点之间只有 1 位或 2 位顾客到来的概率是多少？
   (2) 正好有 5 位顾客到来的概率是多少？
   (3) 超过 8 位顾客到来的概率是多少？

8. 某保险公司根据过去发生交通事故的记录估计出 1 位投保的学生在一年内遭遇交通事故概率是 0.03，如果随机抽取 100 位学生投保人，计算在过去的一年里，有 4 位或少于 4 位学生遭遇交通事故的概率。（注意：该问题可以用二项分布求解，但是非常复杂；而当 n 很大而且 p 较小时，泊松分布提供了一种近似计算方法。）

9. 某公司员工的月工资服从均值为 1 000 元、标准差为 100 元的正态分布。试计算某员工得到如下周工资的概率：
   (1) 介于 950 元和 1 300 元之间；
   (2) 超过 1 125 元；
   (3) 低于 800 元。

10. 装配某种特殊机器所需要花费的时间服从均值为 80 分钟、标准差为 10 分钟的正态分布，问：
    (1) 在一个小时或更少的时间内装配完一台机器的概率是多少？
    (2) 在超过 60 分钟但少于 70 分钟的时间内装配完一台机器的概率是多少？

四、思考题

1. 什么是概率？
2. 事件互不相容与相互独立这两个概念有何不同？
3. 频率分布与概率分布有何区别和联系？
4. 超几何分布与二项分布有何区别和联系？
5. 试述正态分布的性质与特点。
6. 试述 χ^2（卡方）分布、t 分布和 F 分布的性质。它们之间有何联系？
7. 试述大数定律和中心极限定理的基本思想。

第七章

统计量与抽样分布

一、单项选择题

1. 设 $X_1, X_2, \cdots, X_n$ 是从某总体 X 中抽取的一个样本,总体均值 μ 和方差 σ^2 均未知,则下列属于统计量的是( )。

   A. $\dfrac{1}{n}\sum\limits_{i=1}^{n} X_i$
   B. $\dfrac{1}{n-1}\sum\limits_{i=1}^{n}(X_i-\mu)^2$
   C. $\sum\limits_{i=1}^{n}(X_i-\mu)^2$
   D. $\sum\limits_{i=1}^{n}\dfrac{(X_i-\mu)^2}{\sigma^2}$

2. 假设某总体服从泊松分布,自该总体中抽取容量为 500 的样本,则样本均值的抽样分布( )。

   A. 服从泊松分布
   B. 近似服从正态分布
   C. 服从 χ^2 分布
   D. 抽样分布无法得到

3. 设某总体服从正态分布,则其样本方差的抽样分布为( )。

   A. 未知
   B. 正态分布
   C. F 分布
   D. χ^2 分布

4. 某袋装食品的重量标准为 (500±5) 克,为检验该产品的重量是否达标,现从某日生产的产品中随机抽查 20 袋,测得平均每袋的重量为 497 克,下列说法错误的是( )。

   A. 抽样误差为 3
   B. 样本容量为 20
   C. 497 为估计值
   D. 样本平均每袋的重量是统计量

5. 抽样分布是指( )。

   A. 总体中各观测值的分布
   B. 一个样本各观测值的分布
   C. 样本数量的分布
   D. 样本统计量的分布

6. 下列关于统计量的表述中,错误的是( )。

   A. 统计量是样本的函数
   B. 估计同一总体参数可以用多个不同统计量
   C. 统计量不能含有任何总体参数
   D. 统计量不能含有总体未知的参数

7. 从均值为 200、标准差为 50 的正态总体中,抽取 $n=100$ 的简单随机样本,下列关于 $\bar{X}$ 和 S^2 的抽样分布正确的是( )。

A. $\bar{X} \sim N(200, 5)$ B. $\bar{X} \sim N(200, 50)$

C. $\dfrac{99}{2\,500} S^2 \sim \chi^2_{(99)}$ D. $\dfrac{1}{25} S^2 \sim \chi^2_{(100)}$

8. 从均值为 μ，方差为 σ^2（有限）的任意一个总体中抽取样本容量为 n 的样本，下列说法正确的是（　　）。

   A. 当 n 充分大时，样本均值 $\bar{X}$ 近似服从正态分布

   B. 只有当 $n < 30$ 时，样本均值 $\bar{X}$ 近似服从正态分布

   C. 样本均值 $\bar{X}$ 的分布与 n 无关

   D. 无论 n 多大，样本均值 $\bar{X}$ 的分布都为非正态分布

9. 按有放回的抽样方式从总体随机抽取样本量为 n 的样本。假设总体标准差 $\sigma = 2$，如果样本量 $n = 16$ 增加到 $n = 64$，则样本均值的标准差（　　）。

   A. 减少 4 倍　　　B. 增加 4 倍　　　C. 减少一半　　　D. 增加一半

10. 某企业生产一批袋装食品，共 2 000 袋，按简单随机不放回抽样方式，抽取 100 袋检查其净重量是否合格，结果发现不合格率为 5%，不合格率的抽样平均误差是（　　）。

    A. 2.18%　　　B. 2.12%　　　C. 0.5%　　　D. 0.48%

二、多项选择题

1. 影响抽样误差的主要因素有（　　）。

   A. 样本均值　　　　　　　　　B. 样本容量

   C. 抽样方法　　　　　　　　　D. 抽样的组织形式

   E. 估计的可能性和准确度的要求

2. 以下说法正确的是（　　）。

   A. 样本均数的变异程度大于个体观测值的变异程度

   B. 同一资料的样本均数比个体观测值更接近正态分布

   C. 样本均数和样本比例的抽样分布都遵循中心极限定理

   D. 认为样本比例的抽样分布近似服从正态分布的一般条件为 $n\pi > 5$ 或 $n(1-\pi) > 5$

   E. 样本均值的分布与样本容量无关

3. 关于两样本均值/样本比例之差的抽样分布，以下说法正确的是（　　）。

   A. 在正态分布总体条件下，样本均值之差服从正态分布

   B. 在无限总体条件下，样本均值之差服从正态分布

   C. 在有限总体条件下，样本均值之差分布的方差需要进行校正

   D. 样本比例之差的方差的估计可以直接通过总体比例和样本容量计算得到

   E. 在有限总体条件下，样本均值之差分布的方差校正系数不可省略

4. 计算抽样平均误差时，若缺少总体方差和总体均数，可采用的方法是（　　）。

   A. 用样本方差来代替总体方差，用样本均数代替总体均数

   B. 用过去的全面调查资料代替

   C. 用过去的抽样调查资料代替

   D. 用估计资料代替

   E. 用样本资料代替

5. 简单随机样本具有同一性和独立性，那么，得到的样本同时具有同一性和独立性的

是( )。
  A. 无限总体的简单随机抽样　　　　B. 有限总体的不放回抽样
  C. 有限总体的有放回抽样　　　　　 D. 无限总体的有放回抽样
  E. 无限总体的不放回抽样
6. 统计推断的具体内容很广泛,归纳起来,主要是( )问题。
  A. 抽样分布　　　　　　　　　　　B. 参数估计
  C. 方差分析　　　　　　　　　　　D. 非参数统计
  E. 假设检验

三、计算题

1. 为估计鱼塘里鱼的总数,设计方案如下:从鱼塘中打捞出一网鱼,记有 n 条,涂上不会被水冲刷掉的红漆后放回,一天后再从鱼塘中打捞一网,发现共有 m 条鱼,其中涂有红漆的鱼有 k 条。请问该问题的总体和样本分别是什么,并估计鱼塘里鱼的总数。
2. 某厂共有员工 900 人,已知该厂员工平均工资为 4 000 元/月,标准差为 500 元。随机抽取 100 人组成一个简单随机样本,回答以下问题:
   (1) 计算该样本的抽样平均误差。
   (2) 计算该样本中平均工资不低于 3 900 元/月的概率有多大?
3. 从某一总体获得 k 个样本,第 i 个样本的样本容量为 n_i,样本均值为 $\bar{x}_i$,样本标准差为 s_i,记 $n = \sum_{i=1}^{k} n_i$,将这 k 个样本合并成一个容量为 n 的样本,求此样本的均值和方差。
4. 某工厂生产的材料标准重量为 50 kg/包,现对即将出售的 6 000 包材料进行抽样,检查生产质量。随机抽取 50 包材料,假定生产过程的标准差为 4 kg/包,请问:
   (1) 样本均值的抽样平均误差是多少?
   (2) 样本均值高于 51 kg/包的概率是多少?
   (3) 将抽样的样本容量增加到 100 包,此时样本均值高于 51 kg/包的概率是多少?
5. 对学校 A 和 B 的高三学生进行体检,已知学校 A 的高三男生的平均身高为 175.4 cm,标准差为 6.3 cm,现打算对学校 B 的高三男生的身高进行调查,假定两个学校的高三男生身高的标准差相同(可以认为 $\sigma = 6.3$ cm),为严格控制抽样误差,问样本量为多大,可以保证发生"身高抽样误差 $|\bar{X} - \mu| > 0.5$ cm"的概率小于 5%?
6. 某两个公司 A 和 B 的工龄服从正态分布,A 公司的总体平均工龄为 14 年,标准差为 3 年,B 公司的平均工龄为 15 年,标准差为 4 年,分别从 A 和 B 独立地抽取一个样本容量为 30 和 35 的简单随机样本,请问 B 公司样本的平均工龄高于 A 公司的概率是多大?
7. 某市随机调查了 50 岁以上中老年妇女 776 人,其中患有骨质疏松症者 322 人,患病率为 41.5%,试估计该样本比例的抽样误差。
8. 某保险公司的经理发现,60% 的 55 岁以上投保人都购买了终身大病保险,现抽取一个 55 岁以上投保人的样本,为保证样本比例的抽样误差不高于 3%,请问至少抽取多大的样本?
9. 根据经验,专业 A 和 B 的学生的高等数学成绩的优秀率为 11% 和 14%,从该两个专业的学生中各自独立地抽取一个简单随机样本,样本容量分别为 200 和 220,试问两个样本的优秀率相差不超过 2% 的概率是多少?
10. 从两个小区分别随机抽取 20 个住户,其月用电量的标准差为 24 度和 27 度,假定两个小区用户月用电量的方差为 484 和 625,则样本标准差出现上述差别的概率有多大?

四、思考题

1. 什么是统计量?
2. 样本均数的抽样误差的定义是什么?
3. 总体分布的形态和样本含量对样本均数的抽样分布会产生怎样的影响?
4. 思考标准误和标准差的联系和区别。

第八章

参数估计和假设检验

一、单项选择题

1. 某咨询机构要进行一项民意测验,在 25 000 人口的城镇甲和 250 000 人口的城镇乙,采用简单随机抽样方式各抽取 150 人,在其他条件相等的情况下,下列陈述正确的是( )。
   A. 在城镇甲的民意测验精度比在城镇乙的精度高得多
   B. 在城镇乙的民意测验精度比在城镇甲的精度高得多
   C. 在城镇甲、乙进行的民意测验在精度上没有较大差异
   D. 无法比较

2. 在用样本指标推断总体指标时,把握程度越高则( )。
   A. 误差范围越小　　　　　　　　B. 误差范围越大
   C. 抽样平均误差越小　　　　　　D. 抽样平均误差越大

3. 在一所规模较大的综合大学中,全体注册学生的年龄分布未知,但在一个 400 名学生的简单随机样本中,发现 200 人年龄超过 20 岁,下面答案中正确的是( )。
   A. 恰好全体注册学生的 50% 超过 20 岁
   B. 全体注册学生中约 50% 超过 20 岁,但可能偏离少许百分点
   C. 全体注册学生中约 50% 超过 20 岁,但可能偏离 10 或 20 个百分点
   D. 无法判断

4. 抽样平均误差反映样本指标与总体指标之间的( )。
   A. 实际误差　　　　　　　　　　B. 实际误差的绝对值
   C. 平均误差程度　　　　　　　　D. 可能误差范围

5. 极限误差与抽样误差数值之间的关系为( )。
   A. 前者一定大于后者　　　　　　B. 前者一定小于后者
   C. 前者既可大于又可小于后者　　D. 前者一定等于后者

6. 比例与比例方差的关系是( )。
   A. 成数的数值越接近 0,成数方差越大
   B. 成数的数值越接近 0.3,成数方差越大
   C. 成数的数值越接近 1,成数方差越大
   D. 成数的数值越接近 0.5,成数方差越大

7. 用简单随机重复抽样方法选取样本单位,如果要使抽样平均误差降低50%,则样本容量需要扩大到原来的( )。
   A. 2倍　　　　　B. 3倍　　　　　C. 4倍　　　　　D. 5倍

8. 影响抽样误差大小的因素有多个,总体的 N 很大时,影响最大的是( )。
   A. 抽样的方法　　　　　　　　　B. 抽样的组织方式
   C. 抽样单位数　　　　　　　　　D. 抽样比

9. 设 $\hat{Q}_1$,$\hat{Q}_2$ 为两个无偏估计量,若 $\hat{Q}_1$ 的方差( ) $\hat{Q}_2$ 的方差,则称 $\hat{Q}_1$ 是较 $\hat{Q}_2$ 有效的估计量。
   A. 大于　　　　B. 大于或等于　　　C. 小于　　　　D. 小于或等于

10. 如果一个统计量能把含在样本中有关总体的信息完全提取出来,那么这种统计量称为( )。
    A. 充分统计量　　B. 无偏估计量　　C. 有效统计量　　D. 一致估计量

11. 根据某城市电话网400次通话调查得知每次通话持续时间为5分钟,标准差为2分钟,请以95%的把握程度估计该城市每次通话的平均持续时间为( )。
    A. 4.5～5.5 分钟　　　　　　　B. 4.836～5.164 分钟
    C. 4.804～5.196 分钟　　　　　D. 0～11 分钟

12. 如果是左侧检验,P 值是当原假设成立时,样本可能的结果( )实际观测结果的概率。
    A. 不高于　　　B. 不低于　　　C. 等于　　　D. 不等于

13. 如果是右侧检验,计算出的 P 值为 0.050 1,若 $\alpha=0.05$,则( )。
    A. 接受 $H_0: u=u_0$　　　　　　　B. 接受 $H_1: u>u_0$
    C. 接受 $H_1: u<u_0$　　　　　　　D. 推断理由不充分

14. 某厂声称其产品质量比规定标准 1 300 小时更好,随机抽取 100 件产品后,测得均值为 1 345 小时,已知 $\sigma=300$ 小时,计算得到 $P(\bar{x} \geqslant 1 345)=0.067$,则在 $H_0: u=1 300$,$H_1: u>1 300$ 情况下,有( )成立。
    A. 若 $\alpha=0.05$,则接受 H_0　　　　B. 若 $\alpha=0.05$,则接受 H_1
    C. 若 $\alpha=0.1$,则接受 H_0　　　　D. 若 $\alpha=0.1$,则拒绝 H_1

15. 若总体方差 σ^2 未知,则下列不能作为统计量的是( )。
    A. $\bar{X}$　　　B. $\bar{X} \pm 2\sigma/\sqrt{n}$　　　C. $\bar{X} \pm 2S/\sqrt{n}$　　　D. 样本中位数

16. 设 X_1、X_2 取自正态总体 $N(\mu,1)$ 的一个容量为 2 的样本。下列估计量中,( )是 μ 的方差最小的无偏估计量。
    A. $\hat{\mu}_1 = \frac{2}{3}X_1 + \frac{1}{3}X_2$　　　　　B. $\hat{\mu}_2 = \frac{3}{4}X_1 + \frac{1}{4}X_2$
    C. $\hat{\mu}_3 = \frac{1}{2}\mu + \frac{1}{2}X_2$　　　　　D. $\hat{\mu}_4 = \frac{1}{2}X_1 + \frac{1}{2}X_2$

17. 当总体 X 服从正态分布 $N(\mu,\sigma^2)$ 时,根据( )知道,样本均值也服从正态分布。
    A. 中心极限定理　　　　　　　B. 正态分布的性质
    C. 抽样分布　　　　　　　　　D. 统计推断

18. 假设检验的基本思想可以用( )来解释。
    A. 中心极限定理　　　　　　　B. 置信区间
    C. 小概率事件　　　　　　　　D. 正态分布的性质

19. 以下可作为 σ 的点估计量的是(　　)。
    A. S　　　　B. $\bar{X}$　　　　C. X　　　　D. μ

20. 某地区水稻的一般生产水平为亩产 250 千克,其标准差为 25 千克。现经品种改良,从 25 个试验小区抽样,结果为水稻平均亩产比原来提高 20 千克。对检验假设 $H_0：\mu=250$,$H_1：\mu>250$ 的问题,取临界域 $C=\{(X_1,X_2,\cdots,X_{25})：\bar{X}>C_0\}$,则 C_0 为(　　),使检验的显著性水平为 0.05。(假定水稻亩产服从正态分布)
    A. 259.8　　　B. 279.8　　　C. 278.25　　　D. 258.25

21. 当总体服从正态分布,但总体方差未知的情况下,$H_0：\mu=\mu_0$,$H_1：\mu<\mu_0$,则 H_0 的拒绝域为(　　)。
    A. $|t|\leqslant t_\alpha(n-1)$　　　　B. $t\leqslant -t_\alpha(n-1)$
    C. $t>-t_\alpha(n-1)$　　　　D. $t\leqslant -t_{\frac{\alpha}{2}}(n-1)$

22. 在假设检验中,原假设 H_0,备择假设 H_1,则称(　　)为犯第二类错误。
    A. H_0 为真,接受 H_1　　　　B. H_0 为真,拒绝 H_1
    C. H_0 不真,接受 H_0　　　　D. H_0 不真,拒绝 H_0

23. 若用 90% 的置信水平对总体均值进行大样本双侧区间估计,则 Z 值为(　　)。
    A. 0.45　　　B. 0.90　　　C. 1.96　　　D. 1.645

24. 在假设检验中,若抽样单位数不变,显著性水平从 0.01 提高到 0.1,则犯第二类错误的概率(　　)。
    A. 也将提高　　B. 不变　　C. 将会下降　　D. 无法判断

25. 在假设检验中,β 表示(　　)。
    A. $P\{接受 H_0 \mid H_0 为真\}$　　　　B. $P\{拒绝 H_0 \mid H_0 为真\}$
    C. $P\{接受 H_1 \mid H_1 为真\}$　　　　D. $P\{接受 H_0 \mid H_1 为真\}$

二、多项选择题

1. 假设研究设定的显著性水平为 5%,则下面判断正确的有(　　)。
    A. 若观察到的显著性水平为 43%,则原假设是可信的
    B. 若观察到的显著性水平为 4%,则此结果为统计显著
    C. 一个高度显著的结果不可能是由于偶然的缘故
    D. 若观察到的显著性水平为 1%,则原假设看上去是不可信的
    E. 若观察到的显著性水平为 1%,那么 100 次中仅有 1 次的机会原假设为真

2. 假设检验涉及两类错误,第Ⅰ类错误发生的概率记作 α,第Ⅱ类错误发生的概率记作 β,下面陈述正确的是(　　)。
    A. 第Ⅰ类错误也称为弃真错误,第Ⅱ类错误称作取伪错误
    B. 第Ⅰ类错误称作取伪错误,第Ⅱ类错误称作弃真错误
    C. 在一定样本容量下,减少 α 会引起 β 增大
    D. Neyman - Pearson 原则是在控制 α 的条件下,尽可能使 β 小
    E. 在一定样本容量下,减少 β 不会引起 α 增大

3. 一盒中装有大量的红、蓝两色的弹子,但比例未知,现随机摸出 100 粒弹子,发现 53 颗是红的,盒子中红弹子的百分比估计为 53%,标准差为 5%,下列陈述正确的是(　　)。
    A. 53% 是盒中红弹子比例的点估计

B. 5%度量了抽样误差的可能大小

C. 盒子中红弹子的百分数偏离53%的可能性在5%左右

D. 盒子中红弹子百分数的近似95%置信区间为从43%到63%

E. 样本中红弹子百分数的近似95%置信区间为从43%到63%

4. 抽取一个1 000人的简单随机样本，以估计一个大的人口总体中戴隐形眼镜人的比例，发现样本中有543人是戴隐形眼镜的，下列陈述正确的是(　　)。

   A. 54.3%是总体戴隐形眼镜人数比例的点估计，其估计标准差为1.6%

   B. 54.3%±3.2%是总体比例的95%置信区间

   C. 54.3%±3.2%是样本比例的95%置信区间

   D. 总体中戴眼镜人数的比例，约2/3的机会落在54.3%±1.6%的置信区间中

   E. 45.7%是总体不戴隐形眼镜人数比例的点估计，其标准差也是1.6%

5. 下面有关P值的叙述不正确的有(　　)。

   A. 在$H_0: u=u_0, H_1: u<u_0$情况下，P值是当H_0为真时，样本可能结果不低于实际观测结果的概率

   B. 在$H_0: u=u_0, H_1: u<u_0$情况下，P值是当H_0为真时，样本可能结果不高于实际观测结果的概率

   C. 在$H_0: u=u_0, H_1: u>u_0$情况下，P值是当H_0为真时，样本可能结果不低于实际观测结果的概率

   D. 在$H_0: u=u_0, H_1: u>u_0$情况下，P值是当H_0为真时，样本可能结果不高于实际观测结果的概率

   E. 若$P<\alpha$，接受H_0，若$P>\alpha$，接受H_1

6. 某调查人员从不同总体A和B中随机抽样，其原假设称两总体的平均数相等，即$H_0: u_A=u_B$，现考虑取自A的样本平均数与取自B的样本平均数之差，计算出两样本Z检验的Z值为1.75，并且$p(z>1.75) \approx 0.04$。故下面结论不正确的是(　　)。

   A. 若$H_1: u_A>u_B, \alpha=0.05$，则该差统计显著

   B. 若$H_1: u_A \neq u_B, \alpha=0.05$，则该差统计显著

   C. 若$H_1: u_A<u_B, \alpha=0.05$，则该差统计显著

   D. 无论是左侧检验，还是右侧检验，因为$\alpha=0.05>p$，所以接受H_0

   E. 若$H_1: u_A \neq u_B$，则计算出的P值应为0.08

7. 下面陈述正确的是(　　)。

   A. 若$p=1.1\%$，结论是统计显著，但不是高度显著

   B. 一个检验的P值是H_0为真的概率

   C. 在$\alpha=0.05$时，若一个统计结果是显著的，则犯弃真错误的机会大于5%

   D. 在其他情况都相等时，$p=98\%$是比$p=2\%$对原假设更加有力的支持

   E. $p>\alpha$，则接受H_0

8. 设X_1, X_2取自正态总体$N(\mu, 1)$的一个容量为2的样本。下列估计量中，(　　)是μ的无偏估计量。

   A. $\hat{\mu}_1 = \frac{2}{3}X_1 + \frac{1}{3}X_2$　　　　　　　　　　B. $\hat{\mu}_2 = \frac{3}{4}X_1 + \frac{1}{4}X_2$

   C. $\hat{\mu}_3 = \frac{1}{2}\mu + \frac{1}{2}X_2$　　　　　　　　　　D. $\hat{\mu}_4 = \frac{1}{2}X_1 + \frac{1}{2}X_2$

E. $\hat{\mu}_5 = \dfrac{3}{4}X_1 + \dfrac{1}{3}X_2$

9. 下列关于假设检验的陈述正确的是(　　)。
   A. 假设检验实质上是对原假设进行检验
   B. 假设检验实质上是对备择假设进行检验
   C. 当拒绝原假设时,只能认为肯定它的根据尚不充分,而不是认为它绝对错误
   D. 假设检验并不是根据样本结果简单地或直接地判断原假设和备择假设哪一个更有可能正确
   E. 当接受原假设时,只能认为否定它的根据尚不充分,而不是认为它绝对正确

10. 设样本 $X_1, X_2, \cdots, X_n$ 取自总体 X 的一个样本,如果总体的 μ 和 σ^2 都存在,则下列陈述不正确的是(　　)。
    A. X_1 和 $\bar{X}$ 都是 μ 的无偏估计
    B. $\bar{X}$ 是 μ 的无偏估计,X_1 是 μ 的有偏估计
    C. $\bar{X}$ 比 X_1 有效
    D. X_1 比 $\bar{X}$ 有效
    E. 对于正态总体,$\bar{X}$ 是 μ 的一致最小方差无偏估计

11. 在假设检验中,显著性水平 α 表示(　　)。
    A. $P\{接受 H_0 \mid H_0 为假\}$　　　　B. $P\{拒绝 H_0 \mid H_0 为真\}$
    C. $P\{拒绝 H_1 \mid H_1 为真\}$　　　　D. 取伪概率
    E. 弃真概率

12. 设样本 $X_1, X_2, \cdots, X_n$ 取自正态总体 $N(\mu, \sigma^2)$,其中 μ 未知,σ^2 为已知。下列样本函数中,是统计量的有(　　)。
    A. $\dfrac{1}{2}X_1 + \dfrac{1}{3}X_2 + \dfrac{1}{6}X_3$　　　　B. $\dfrac{1}{n}\sum_{i=1}^{n}(X_i - \mu)^2$
    C. $\bar{X}$　　　　D. X_1
    E. $\sum_{i=1}^{3}\dfrac{X_i^2}{\sigma^2}$

13. 总体 X 服从正态分布 $N(\mu, \sigma^2)$,其中 σ^2 已知,则下列关于总体均值 μ 区间估计的陈述不正确的是(　　)。
    A. 当 $1-\alpha$ 减小时,估计的精确度提高
    B. 当 $1-\alpha$ 减小时,估计的精确度降低
    C. 当 α 减小时,估计的精确度降低
    D. 当 α 减小时,估计的精确度提高
    E. 无论 $1-\alpha$ 如何变化,估计的精确度不变

14. 选择一个合适的检验统计量是假设检验必不可少的一个步骤,其中"合适"实质上是指(　　)。
    A. 选择的检验统计量应与原假设有关
    B. 选择的检验统计量应与备择假设有关
    C. 在原假设为真时,所选的检验统计量的抽样分布已知
    D. 在备择假设为真时,所选的检验统计量的抽样分布已知

E. 所选的检验统计量的抽样分布已知,不含未知参数

三、计算题

1. 在一次统计研究中,抽取了一个容量为 62 的样本,计算得到样本均值为 126,样本标准差为 16.07,试问总体均值的 95% 的置信区间为多少?

2. 某高校有 3 000 名走读学生,该校后勤部门想估计这些学生每天来回的平均时间。以置信度为 95% 的置信区间估计,并使估计值处在真值附近 1 分钟的误差范围之内,一个先前抽样的小样本给出的标准差为 4.8 分钟,试问应抽取多大样本?

3. 最新一次人口普查表明某市 65 岁以上的老年人口比重为 15.7%,为了检验该数据是否真实,普查机构又随机抽选了 400 名居民,发现其中有 62 人年龄在 65 岁以上,问: 随机调查的结果是否支持该市老年人口比重为 15.7%?($\alpha = 0.05$)

4. 某调查公司欲了解某居民区内看过某电视广告的家庭所占比重,需要从该区抽选多个家庭做样本。该小区居民共有 1 050 户,分析人员希望以 95% 的置信度对这个比例做出估计,并使估计值处在真正比例附近 0.05 范围内,在一个以前抽取的样本中,有 28% 的家庭看过该广告,试问应抽取多大的样本?

5. 设 $x_1, x_2, \cdots, x_{25}$ 取自正态总体 $N(\mu, 9)$,其中 μ 为总体未知参数,$\bar{x}$ 为样本均值,如对检验问题 $H_0: \mu = \mu_0, H_1: \mu \neq \mu_0$,取检验拒绝域: $c = \{(x_1, x_2, \cdots, x_{25}): |\bar{x} - \mu_0| \geq c\}$,试确定常数 c,使检验的显著性水平为 0.05。

6. 对两所高校学生跨校选课情况进行调查,调查发现甲校调查 60 人,18 人跨校选课,乙校调查 40 人,14 人跨校选课,能否根据以上数据认为乙校跨校选课的人数比例高于甲校? ($\alpha = 0.05$)

7. 有甲、乙两台精密机床,加工同样的产品,从这两台机床加工的产品中随机地抽取若干产品,测得产品直径为(单位: mm):

   甲: 20.5 19.8 19.7 20.4 20.1 20.0 19.6 19.9
   乙: 19.7 20.8 20.5 19.8 19.4 20.6 19.2

   试比较甲、乙两台机床加工的精度有无显著差异? ($\alpha = 0.05$)

8. 某电视机厂声称其产品质量超过规定标准 1 200 小时,随机抽取 100 件产品后测得均值为 1 245 小时,已知 $\sigma = 300$ 小时,试求样本均值 $\bar{x} \geq 1245$ 的可能性有多大? 如果 $\alpha = 0.05$,根据计算出的结果,能否说该厂的产品质量已显著地高于规定标准? 如果 $\alpha = 0.1$,结论又怎样?

9. 为降低贷款风险,某银行有个内部规定,要求平均每项贷款数额不能超过 120 万元。随着经济发展,贷款规模有增大的趋势,银行主管想了解在同样项目条件下,贷款的平均规模是否明显超过 120 万元。一个 $n = 144$ 的随机样本被抽出,测得 $\bar{x} = 128.1$ 万元,$s = 45$ 万元,试用 $\alpha = 0.01$ 的显著性水平,采用 p 值进行假设检验。

10. 某公司想从国外引进一种自动加工装置,这种装置的工作温度 x 服从正态分布 $N(\mu, 5^2)$,厂方说它的平均工作温度是 80 度。从该装置试运转中随机测试 16 次,得到平均温度是 83 度,样本结果与厂方所说的是否有显著差异? 厂方说法是否可以接受? 采用 p 值假设检验。($\alpha = 0.05$)

11. 某灭蚊新产品在广告中声称其灭蚊药性的持续时间比旧产品平均增加 3 小时。根据资料,用旧灭蚊产品时药性的平均持续时间为 10.8 小时,标准差为 1.8 小时,为了检验新产品在广告

中的"声称"是否正确,收集到一组使用新灭蚊产品的药性持续时间(以小时为单位)为:

$$16.7 \quad 12 \quad 14.1 \quad 11 \quad 17.2 \quad 15 \quad 13.4$$

试问这组数据能否说明新灭蚊产品灭蚊效果有了新的提高?($\alpha=0.1$,假设新旧灭蚊产品的药性持续时间服从正态分布)

12. 为比较两位银行职员为新顾客办理个人结算账目的平均时间长度,分别给两位职员随机安排了 10 位顾客,并记录下每位顾客办理账单所需的时间(单位:分钟),相应的样本均值和方差为:$\bar{x}_1=25.2, s_1^2=16.64, \bar{x}_2=22.5, s_2^2=14.92$。假定每位职员办理的时间服从正态分布,且方差相等,试求两位职员办理账单的服务时间之差的 95% 的置信区间。

13. 为防止出厂产品缺斤少两,该厂质检人员从当天产品中随机抽取 12 包过称,称得重量(以 g 为单位)分别为:9.9,10.1,10.3,10.4,10.5,10.2,9.7,9.8,10.1,10.0,9.8,10.3。假定重量服从正态分布,试以此数据对该产品的平均重量求置信水平为 95% 的置信区间。

14. 对方差 σ^2 已知的正态总体,问需要抽取容量 n 为多大的样本容量,才能使总体均值 μ 的置信水平为 $(1-\alpha)\%$ 的置信区间的长度不大于 L?

15. 某商品包装袋上表明每包净重 120 克,现市场管理部门对这类产品进行抽查,共抽取 16 包,称得实际平均每袋的重量为 117 克,标准差为 8 克。试用 0.05 的显著水平,检验该产品的重量是否显著低于 120 克的标准。

16. 某厂负责人欲估计 6 000 根某零件的长度,随机抽取 350 根,测验得其平均长度为 21.4 mm,样本标准差为 0.15 mm,试求总体均值 μ 的置信度为 95% 的置信区间。

17. 某高校在一项关于旷课原因的研究中,从总体中随机抽选出 200 人组成样本,在对其进行问卷调查时,有 60 人说他们旷课是由于任课教师讲课枯燥。试对由于这种原因而旷课的学生的真正比例构造 95% 的置信区间。

18. 一家市场调查公司欲估计某城市有电脑家庭所占的比例,该公司希望对 p 的估计误差不超过 0.05,要求置信度为 95%,则应取多大容量的样本?

19. 为调查甲、乙证券公司投资者的投资存款数,分别从两家证券公司抽选由 25 名投资者组成的随机样本,两个样本均值分别为 45 000 元和 32 500 元。根据以往经验知道两个总体均服从正态分布,标准差分别为 920 元和 960 元,试求 $\mu_1-\mu_2$ 的置信度为 95% 的置信区间。

20. 随机抽取某种炮弹 9 发试验,测得炮口速度的方差的无偏估计 $s^2=11$(米/秒)^2。设炮口速度服从 $N(\mu,\sigma^2)$,分别求出这种炮弹的炮口速度的标准差和方差 σ^2 的置信水平为 90% 的置信区间。

21. 为检测某机床的精确度,对其所生产的产品随机抽取 10 件,测量其直径,根据测得数据,计算样本的标准差为 2 mm,试求 σ 的 95% 的置信区间,构造该区间需做什么假定?

22. 随机抽取某大学 16 名在校大学生,了解到他们每月的生活费平均为 800 元,标准差 S 为 300 元(S^2 是总体方差 σ^2 的无偏估计),假定该大学学生的每月生活费近似服从正态分布,试以 95% 的置信度估计该大学学生的月平均生活费及其标准差的置信区间。

23. 某品牌化妆品开发人员欲估计其顾客的平均年龄,随机抽取了 16 位顾客进行调查,得到样本均值为 30 岁,样本标准差为 8 岁,假定顾客的年龄近似服从正态分布,试求该品牌化妆品全部顾客平均年龄置信度为 95% 的置信区间。

24. 设总体服从正态分布 $N(\mu,9)$,$\bar{X}$ 为容量为 n 的样本均值,若已知 $P(|\bar{X}-\mu|<1)\geqslant 0.90$,试求 n 至少应为多少?

四、思考题

1. 统计推断为什么要研究抽样分布？
2. 试举例说明什么是无偏性？什么是有效性？
3. 为何需要确定合适的样本容量？
4. 试述假设检验的基本思想和一般步骤。
5. 什么是假设检验中的两类错误？试举例说明这两类错误的关系。

第九章

定量数据的统计分析

一、单项选择题

1. 两个样本均数不一致，t 检验时 $P>0.05$，则（　　）。
   A. 可以认为两个总体均数相等
   B. 可以认为总体均数不同
   C. 没有足够证据可以推断总体均数不同
   D. 可以认为两个样本来自同一总体

2. 两独立样本均数的比较，$P<0.001$，拒绝 H_0 时可推论为（　　）。
   A. $\bar{X}_1$ 和 $\bar{X}_2$ 间差异有统计学意义
   B. $\bar{X}_1$ 和 $\bar{X}_2$ 间差异无统计学意义
   C. μ_1 和 μ_2 间差异有统计学意义
   D. μ_1 和 μ_2 间差异无统计学意义

3. 两样本均数比较，经 t 检验差别有统计学意义时，P 值越小，越有理由认为（　　）。
   A. 样本均数与总体均数差别大
   B. 两总体均数差别大
   C. 两样本均数不同
   D. 两总体均数不同

4. 在比较两个独立样本资料的总体均数时，进行 t 检验的前提条件时（　　）。
   A. 两总体均数不等
   B. 两总体均数相等
   C. 两总体方差不等
   D. 两总体方差相等

5. 某地成年男子红细胞数普查结果为：均数为 480 万/mm³，标准差为 41.0 万/mm³，那么标准差反映的是（　　）。
   A. 抽样误差
   B. 总体均数不同
   C. 随机误差
   D. 个体差异

6. 对于同一来自配对设计的定量资料，定量变量的两独立样本均数 t 检验与配对样本均数 t 检验相比，一般情况下为（　　）。
   A. 配对样本均数 t 检验的检验效能高一些
   B. 两独立样本均数 t 检验的检验效能高一些
   C. 两者效能相等
   D. 大样本时两者效能一致

7. 配对 t 检验中，实验前数据减去实验后数据和实验后数据减去实验前数据，两次 t 检验（　　）。
   A. t 值符号相反，结论相反
   B. t 值符号相同，结论相同
   C. t 值符号相反，但结论相同
   D. t 值符号相同，但结论相反

8. 两独立样本均数 t 检验的原假设 H_0 是( )。
   A. $\mu_1 = \mu_2$ B. $\mu_1 \neq \mu_2$ C. $X_1 = X_2$ D. $X_1 \neq X_2$

9. 方差分析的基本思想是( )。
   A. 组间均方大于组内均方
   B. 总离均差平方和及自由度按设计可以分解成几种不同的来源
   C. 组间方差显著大于组内方差时,该因素对所考察指标的影响显著
   D. 组间方差显著小于组内方差时,该因素对所考察指标的影响显著

10. 对同一计量资料,当处理组数为两组时,方差分析结果与 t 检验的结果是( )。
    A. 方差分析的结果更可靠
    B. t 检验的结果更可靠
    C. 完全等价且 $\sqrt{t} = F$
    D. 完全等价且 $t^2 = F$

11. 完全随机设计资料方差分析的总变异分解为( )。
    A. $MS_{总} = MS_{组间} + MS_{组内}$
    B. $SS_{组间} > SS_{组内}$
    C. $MS_{组间} < MS_{组内}$
    D. $SS_{总} = SS_{组间} + SS_{组内}$

12. 方差分析后,如果 $P < 0.05$,则结论应为( )。
    A. 各样本均数全相等
    B. 各总体均数全相等
    C. 各样本均数不全相等
    D. 至少有两个总体均数不等

13. 某研究者在 4 种不同温度下分别独立地重复 10、11、12 和 13 次试验,共测得某定量指标的数据 46 个,问该资料方差分析的误差自由度为( )。
    A. 40 B. 41 C. 42 D. 43

14. 某研究者测量了 20 名尘肺患者、25 名尘肺可疑患者和 30 名健康人的用力肺活量,求得其均数分别为 1.13 L、2.12 L 和 3.25 L,能否据此认为这三组人群的用力肺活量存在不同?( )。
    A. 能,因为三个样本均数不同
    B. 不能,需要对 3 个样本均数做两两比较 t 检验才能确定
    C. 不能,需要做完全随机设计资料的方差分析和多个样本均数间的多重比较
    D. 不能,需要做随机区组设计资料的方差分析和多个样本均数间的多重比较

15. 对 k 个处理组,b 个随机区组资料的方差分析,其误差的自由度为( )。
    A. $kb - k - b + 1$
    B. $kb - k - b + 2$
    C. $kb - k - b - 1$
    D. $kb - k - b - 2$

二、多项选择题

1. 两大样本均数比较,方差不齐时,下列说法正确的是( )。
   A. 可用秩和检验
   B. 可用 t' 检验
   C. 可用 t 检验
   D. 可变量变换后再作决定
   E. 可对原始数据编秩后进行 t 检验

2. 方差分析具体又可以分为( )。
   A. 单指数方差分析
   B. 多指数方差分析
   C. 综合指数方差分析
   D. 单因素方差分析
   E. 多因素方差分析

3. 在大样本的情况下,检验 $H_0: \mu = \mu_0, H_1: \mu > \mu_0$,则( )成立时,可接受原假设。

A. 实测显著性水平 P 值 $<$ 显著性水平 α B. P 值 $> \alpha$
C. $Z < Z_{1-\alpha}$ D. $Z > Z_{1-\alpha}$
E. $Z > Z_{1-\alpha/2}$

三、计算题

1. 根据过去若干年的资料，某厂生产钢丝的折断力服从均值为 290，标准差为 12 的正态分布，并且生产一直比较稳定。现有一批钢丝，从该批次的产品中随机抽取 9 根检查折断力，测得的数据如下：

$$289, 268, 285, 284, 286, 287, 296, 298, 292$$

问：能否认为该批次的钢丝的折断力和该厂平均折断力 290 相等？（$\alpha = 0.1$）

2. 为了解学生的心理健康问题，随机抽取了管理学院的在校生 200 名，用 SCL-90 量表进行了测定，计算学生的心理健康平均得分为 142.8，标准差为 36.4，现已知全国一般人群（常模）的得分是 130.0，问该管理学院的在校生的心理健康得分是否与全国水平不同？（$\alpha = 0.1$）

3. 某厂生产的发动机使用一升柴油的运转时间服从正态分布。按设计要求，平均每升柴油使发动机运转的时间应在 30 分钟以上。现测试装配好的 6 台发动机使用一升柴油的运转时间分别为 28，27，31，29，30，27 分钟。根据测试结果，能否认为这种发动机每升柴油的平均运转时间符合设计要求？（$\alpha = 0.05$）

4. 甲、乙两台机床生产同一型号的滚珠，从甲机床生产的滚珠中抽取 8 个，从乙机床生产的滚珠中抽取 9 个，测得直径数据如下（单位：mm）：
   甲：15.0，14.5，15.2，15.5，14.8，15.1，15.2，14.8
   乙：15.2，15.0，14.8，15.2，15.0，15.0，14.8，15.1，14.8
   设滚珠直径服从正态分布且总体方差相等，问：在显著性水平 $\alpha = 0.05$ 下，能否认为两台机床生产的产品的直径相同？

5. 用两种不同的方法冶炼的某种金属材料，分别取样测定其杂质的含量，数据如下（单位为万分率）
   原来的方法：26.9，25.7，22.3，26.8，27.2，24.5，22.8，23.0，24.2，26.4，30.5，29.5，25.1
   新方法：22.6，22.5，20.6，23.5，24.3，21.9，20.6，23.2，23.4
   假设这两种方法冶炼时杂质含量均服从正态分布，且方差相同，问：这两种方法冶炼时杂志的平均含量有没有显著差异？（$\alpha = 0.05$）

6. 某地抽查了 18~45 岁健康成人的血红蛋白含量，其中，男性 360 人，均数为 134.5 g/L，标准差为 7.1 g/L；女性 255 人，均数为 117.6 g/L，标准差为 10.2 g/L，问该人群男、女性的血红蛋白含量有无差别？

7. 有甲、乙两台精密机床，加工同样的产品，从这两台机床加工的产品中随机地抽取若干产品，测得产品直径为（单位：mm）：
   甲：20.5 19.8 19.7 20.4 20.1 20.0 19.6 19.9
   乙：19.7 20.8 20.5 19.8 19.4 20.6 19.2
   试比较甲、乙两台机床加工的精度有无显著差异？（$\alpha = 0.05$）

8. 有关人士想知道能否做出这样的结论：居民区甲中的家庭每月上网的平均小时数比居民区乙中的家庭少。从 $n_1 = 21, n_2 = 16$ 的两个独立随机样本得出的数据为：$\bar{x}_1 = 16.5$ 小时，

$\bar{x}_2=19.5$ 小时,$s_1=3.7$ 小时,$s_2=4.5$ 小时。假设两个居民区家庭每月上网小时数服从正态分布。($\alpha=0.10$)

9. 有甲、乙两台灌装机灌装瓶装可乐,从它们灌装好的瓶中随机抽取 8 瓶和 6 瓶,分别测得 $\bar{x}_1=200$ ml,$\bar{x}_2=199$ ml,$s_1^2=1.7$ ml^2,$s_2^2=1.4$ ml^2。假定两个总体服从正态分布,且方差相等,试问:甲、乙两台灌装机灌装的平均容量有无显著差异?($\alpha=0.05$)

10. 为研究某药物的降血压作用,对参与治疗的 10 位高血压患者的治疗前后,测量舒张压(mmHg),结果如下表。问:治疗前后,患者的舒张压有无差异?

编号	1	2	3	4	5	6	7	8	9	10
治疗前	117	127	141	107	110	114	115	138	127	122
治疗后	123	108	120	107	100	98	102	152	104	107

11. 某研究者欲比较三种抗癌药物对小鼠肉瘤的抑瘤效果,现将 15 只染有初始相同体重肉瘤的小鼠按体重大小分配成 5 个区组,每个区组内 3 只小鼠随机分别接受三种抗癌药物,以肉瘤的重量为指标,实验结果如下表。该研究者经随机区组设计的方差分析得到三种抗癌药物间的 $F=11.88$,$P<0.01$;不同体重间的 $F=5.95$,$P<0.05$。认为抗癌药物及小鼠体重两个因素均可影响抑瘤效果,但是抗癌药物的抑瘤效果要比小白鼠体重好。

体重组别	不同药物 A	B	C	$\bar{X}_j$
1	0.82	0.65	0.51	0.66
2	0.73	0.54	0.23	0.50
3	0.43	0.34	0.28	0.35
4	0.41	0.21	0.31	0.31
5	0.68	0.43	0.24	0.45
$\bar{X}_i$	0.61	0.43	0.31	0.45

(1) 该研究所用的分析方法是否正确,为什么?
(2) 该研究者的结果解释是否正确,表现在哪些方面?

12. 抽查某地区三所中学的初一女学生身高,测得数据如下表(单位:cm),试问在显著性水平为 0.05 下,能否认为这三所中学的初一女生的平均身高相同?

中学	身高(cm)						
1	128.1	134.1	131.1	138.9	140.8	127.4	129.6
2	150.3	147.9	136.8	126.3	150.1	155.8	145.3
3	140.6	143.1	139.5	144.5	143.7	148.5	146.4

13. 为研究煤矿粉尘作业环境对尘肺病的影响,将 24 只大鼠随机分到甲、乙、丙三组,每组 8 只,分别在地面办公室、煤炭仓库和矿井下染尘,12 周后测量大鼠全肺湿重(g),数据见下表:

甲组	4.2	3.3	3.7	4.3	4.1	3.3	3.5	4.1
乙组	4.5	4.4	3.5	4.2	4.6	4.2	4.4	4.1
丙组	5.6	3.6	4.5	5.1	4.9	4.7	4.8	4.4

（1）试问三组大鼠的全肺湿重总体均数是否全相等？

（2）若不全相等，哪些组别之间的差异是具有统计意义的？

四、思考题

1. 简述使用 t 检验需满足的条件？
2. "样本均数是否有差异"的说法是正确的吗？请说明理由。
3. 方差分析的基本思想和应用条件是什么？
4. 为什么在拒绝了 H_0、接受 H_1 之后，对多个样本均数的两两比较要用多重比较的方法？
5. 为什么样本量较大时，方差分析对正态性的要求可以忽略？

第十章

有序分类数据的统计分析

一、单项选择题

1. 下列检验中,不属于非参数统计方法的是( )。
   A. 总体是否服从正态分布　　　　　　B. 总体的方差是否为某一个值
   C. 两组随机变量之间是否相互独立　　D. 样本的取得是否具有随机性

2. 若要检验两个独立样本是否取自中位数相等的总体,则可采用( )。
   A. 独立性检验　　　　　　　　　　B. 配对比较检验
   C. 曼-惠特尼 U 检验　　　　　　　D. t 检验

3. 下列情况中,最适用非参数统计方法的是( )。
   A. 反映两个大学入学新生的成绩差别
   B. 反映两个大学毕业生英语六级考试合格率的差别
   C. 反映两个大学四年级学生对就业前景看法的差别
   D. 反映两个大学在校学生平均月支出的差别

4. 等级相关系数与简单线性相关系数的相同之处在于( )。
   A. 适用的条件　　B. 计算公式　　C. 取值范围　　D. 不存在

5. 两组有序分类资料的比较宜用( )。
   A. t 检验　　B. 秩和检验　　C. F 检验　　D. 四格表 χ^2 检验

6. 符号检验与 Wilcoxon 符号秩检验相比,( )。
   A. 方法简单,且更为有效　　　　B. 方法简单,但有效性较差
   C. 方法复杂,且有效性较差　　　D. 方法复杂,但更为有效

7. 若有 40 对成对数据,其中 10 对没有差别,则成对比较检验时,检验所用的样本容量为( )。
   A. 40　　B. 10　　C. 39　　D. 30

8. 曼—惠特尼 U 检验( )。
   A. 适用于两个相关样本
   B. 适用于两个独立样本
   C. 适用于两个相关样本,也可以是两个独立样本
   D. 既不适用于两个相关样本,也不适用于两个独立样本

9. 有序分类资料两样本比较的秩和检验中,如相同的秩次过多,应计算校正 Z_c 值,校正结果使( )。
   A. Z 值增加,P 值减小　　　　　　B. Z 值增加,P 值增加
   C. Z 值减小,P 值增加　　　　　　D. Z 值减小,P 值减小
10. 符号检验时,若样本 $n<30$,就要用( )。
    A. 正态分布处理　　　　　　　　　B. 二点分布处理
    C. 二项分布处理　　　　　　　　　D. 泊松分布处理
11. 进行曼—惠特尼 U 检验时,一般选择( )作为检验统计量。
    A. 较小的 U 值　　B. 较大的 U 值　　C. 平均的 U 值　　D. 任意的 U 值
12. 四组学生的成绩(优、良、中、及格、不及格)的比较,宜采用的分析方法为( )。
    A. 方差分析　　　B. 秩和检验　　　C. t 检验　　　D. F 检验

二、多项选择题

1. 下列属于配对比较检验的是( )。
   A. 符号检验　　　　　　　　　　　B. F 检验
   C. Wilcoxon 符号秩检验　　　　　　D. 曼—惠特尼 U 检验
   E. 等级相关检验
2. 相比参数检验,非参数检验( )。
   A. 无须知道总体参数　　　　　　　B. 需要估计总体参数
   C. 无须设定总体为何种分布　　　　D. 数据必须是定比或定距级
   E. 数据可以是定比或定距级,也可以是定类或定序级
3. 从两个总体 A 和 B 中随机抽取容量为 n_A 和 n_B 的两个独立随机样本,进行曼—惠特尼 U 检验,其公式为( )。
   A. $U_A = n_A n_B + \dfrac{n_A(n_A+1)}{2} - T_A$　　B. $U_B = n_A n_B + \dfrac{n_B(n_B+1)}{2} - T_B$
   C. $U_A + U_B = n_A n_B$　　　　　　　　D. $U_A = n_A n_B - \dfrac{n_A(n_A+1)}{2} + T_A$
   E. $U_B = n_A n_B - \dfrac{n_B(n_B+1)}{2} + T_B$
4. 从两个总体 A 和 B 中随机抽取容量为 n_A 和 n_B 的两个随机样本,且 n_A 和 n_B 不相等,则下列非参数检验方法中,不可能采用的是( )。
   A. 符号检验　　　　　　　　　　　B. 两独立样本 t 检验
   C. Wilcoxon 符号秩检验　　　　　　D. 曼—惠特尼 U 检验
   E. 等级相关检验
5. 下列可以作为符号检验原假设的有( )。
   A. 两个总体之间没有显著差异　　　B. 两个总体之间具有显著差异
   C. $P=0.5$　　　　　　　　　　　　D. $P=1$
   E. $P=0$

三、计算题

1. 以下资料表示在 8 对条件相同的地块上分别播以种子 A 和种子 B 的收获量:

	1	2	3	4	5	6	7	8
种子 A	209	200	177	169	163	167	187	198
种子 B	151	168	147	164	166	163	176	188

要求：取 $\alpha=0.05$，用 Wilcoxon 带符号的等级检验法，分析这两种种子有无显著差异。

2. 有 A 和 B 两种万能胶，现欲比较其黏合强度，在 10 种不同的材料上加以试验，结果如下（假设数字大表示强度大）：

材料	1	2	3	4	5	6	7	8	9	10
A	10	9	20	40	14	30	26	30	30	42
B	12	10	23	45	12	31	20	65	32	39

要求：说明哪一种万能胶比较有效。（$\alpha=0.05$）

3. 一农业试验站测试小猪的公或母对饲养增重是否有影响，在一栏中饲养了 8 头小公猪，一栏中饲养了 8 头小母猪，用同样的条件饲养，一段时间以后其增重如下：

小母猪：9.31　9.57　10.21　8.86　8.52　10.53　9.21
小公猪：9.14　9.98　8.46　8.92　10.14　10.17　11.04　9.43

因一头小母猪在饲养过程中死去，所以只有 7 个观察值。试用适当的方法进行一单侧检验。（$\alpha=0.05$）

4. 检查某食品加工厂两台填料机的产量以比较其填料水平。下列测试值表示从每台机器的产量中所选择的 5 个填料容器内的流体容量：

机器 A	30.5	30.2	30.0	31.2	30.7
机器 B	30.9	31.0	31.5	31.4	31.2

要求：分析这些数据是否提供了足够的证据表明两台机器的填料水平总体之间存在着差别。（采用曼-惠特尼 U 检验，$\alpha=0.10$）

5. 下表数据表示 2000 年位居全国之首的 10 家刊登广告的单位通过电视联播和穿插在电视节目之间播放所花费的广告费总额（单位：千元）：

刊登广告的单位（代号）	电视联播	穿插播放
A	44	49
B	46	36
C	40	26
D	38	20
E	36	11
F	15	16
G	15	18
H	27	16
I	24	17
J	18	13

要求：以尽可能近似于5%的显著性水平并运用符号检验确定这些数据是否表明这10家刊登广告的单位偏爱上述两种电视广告手段中的某一种。

6. 仍采用上题数据。试用 $\alpha=0.05$ 的 Wilcoxon 符号秩检验确定数据是否表明刊登广告的单位偏爱两种电视广告手段中的某一种。你的结论与你在习题5中运用符号检验所得出的结论是否相同？若两种结论不同，请说明这种差别的原因。

7. 某药治疗两种不同病情的老年慢性支气管炎病人的疗效如下表，问该药对两种病情的疗效是否相同？

疗　效	单纯型	单纯型合并肺气肿
无　效	13	11
有　效	30	23
显　效	18	6
痊　愈	65	42
合　计	126	82

8. 比较三个班级学生的每周阅读时间（单位：小时），对三个班级的学生进行独立的简单随机抽样，结果如下表。试比较这三个班级学生的阅读时间是否有差异？

一班	二班	三班
5.3	7.1	11.4
7.9	6.6	0.5
8.7	6.5	1.6
4.3	14.8	2.3
6.6	17.3	3.1
6.4	3.4	1.4
	13.4	4.4
	7.6	5.1

四、思考题

1. 试述非参数统计的特点。
2. 配对比较检验有哪些方法？这些方法各有什么特点？
3. 曼-惠特尼 U 检验的适用条件和特点是什么？
4. 当多组有序分类资料得到拒绝 H_0，接受 H_1 的结论时，需要进行样本之间的两两比较，可以采取的方法有哪些？使用中要注意什么？

第十一章

无序分类数据的统计分析

一、单项选择题

1. 进行拟合优度检验,应采用( )。
   A. 正态分布　　　B. χ^2 分布　　　C. t 分布　　　D. F 分布
2. 要检验总体是否服从正态分布,可采用的统计检验方法是( )。
   A. F 检验　　　B. t 检验　　　C. χ^2 检验　　　D. U 检验
3. 当列联表为 4 行 5 列时,其自由度为( )。
   A. 20　　　B. 12　　　C. 9　　　D. 不存在
4. 用 χ^2 分布进行拟合优度检验时,要求各组的理论频数( )。
   A. 可取任意值　　　B. 大于 0　　　C. 不小于 10　　　D. 不小于 5
5. 独立性检验与拟合优度检验相比,其特点是:( )。
   A. 检验用的分布不同　　　B. 检验用的理论频数导出方法不同
   C. 检验用的自由度不同　　　D. 检验结果的判断方向不同
6. 多个样本比例比较的 χ^2 检验,若 $P<\alpha$,说明( )。
   A. 各样本比例均不相等　　　B. 各总体比例均不相等
   C. 各样本比例不全相等　　　D. 各总体比例不全相等
7. 非参数检验方法中,需用列联表的是( )。
   A. 拟合优度检验　　　B. 独立性检验
   C. 配对比较检验　　　D. 曼-惠特尼 U 检验
8. 欲比较两种复习资料对成绩的影响,比较使用两种资料前后的考试成绩,资料见下表,应进行( )。

复习资料	成绩变化 ≥0	成绩变化 <0
A	16	4
B	4	8

A. $\chi^2 = \dfrac{(b-c)^2}{b+c}$　　　　B. $\chi^2 = \dfrac{(|b-c|-1)^2}{b+c}$

C. $\chi^2 = \sum \dfrac{(A-T)^2}{T}$ D. $t = \dfrac{\overline{X}_1 - \overline{X}_2}{S_{\overline{X}_1 - \overline{X}_2}}$

9. 四格表中,如果有一个实际数为 0,则(   )。
    A. 根本不能检验
    B. 不能作 χ^2 检验
    C. 能够作 χ^2 检验
    D. 根据实际数尚不能决定是否可以作 χ^2 检验
10. $R \times C$ 表必须用公式 $T_{ij} = n_i n_j / N$ 求理论数的格子个数为(   )。
    A. $C(R-1)$ B. $R \times C$ C. $R(C-1)$ D. $(R-1)(C-1)$
11. 对两个无序分类变量的频数表资料作关联性分析,可用(   )。
    A. 秩相关   B. 列联系数   C. 等级相关   D. 线性相关
12. 当四格表周边合计不变时,如果某个格的实际频数有变化,则其理论频数(   )。
    A. 增大   B. 减小
    C. 不变   D. 随该格实际频数的增减而增减

二、多项选择题

1. 在非参数统计中,χ^2 分布主要用于(   )。
    A. 拟合优度检验   B. 独立性检验
    C. 配对比较检验   D. 曼-惠特尼 U 检验
    E. 游程检验
2. 独立性检验的步骤有(   )。
    A. 确定原假设和备择假设   B. 排序
    C. 计算秩和   D. 编制列联表
    E. 计算理论频数
3. 以下说法正确的是(   )。
    A. 两独立样本四格表资料的 χ^2 检验要求 $n \geqslant 40$ 且理论频数 $T \geqslant 5$
    B. 3 个样本率比较的 χ^2 检验中,$H_0: \pi_1 = \pi_2 = \pi_3$,$H_1: \pi_1, \pi_2, \pi_3$ 互不相同
    C. 配对设计的四格表资料也可以用 Pearson χ^2 检验,只是检验效能较低
    D. χ^2 分布是一种连续型随机变量的概率分布,因此 Pearson χ^2 检验也可以用于均数的比较
    E. 对于 χ^2 检验,自由度由类别个数确定,而不是样本容量
4. 关于四格表,以下说法正确的是(   )。
    A. χ^2 检验的自由度等于格子数 -1
    B. χ^2 检验的自由度一定等于 1
    C. 成组设计的四格表资料用 χ^2 检验基本公式算得的 χ^2 和专用公式算得的 χ^2 相等
    D. 样本量大于 40,理论频数小于 5 时,无需对 χ^2 值进行校正
    E. 配对四格表可以用 Fisher 确切概率法进行检验
5. 关于 χ^2 检验的自由度,以下说法错误的是(   )。
    A. 拟合优度检验时,$v = n - 2$
    B. 对一个 3×4 表进行检验时,$v = 11$

C. 对四格表检验时，$v=4$
D. 频数分布表的自由度据频数表的组数而定
E. 若 $\chi^2_{0.05,v} > \chi^2_{0.05,\eta}$，则 $v > \eta$

三、计算题

1. 某消费者保护团体对洗衣机的可靠性进行了一次调查。调查者使用 100 台机器作为样本，记录了在机器出现大的故障以前所经过的月份。根据经过的月份（按等级划分），下表给出了故障的实际分布以及故障的分布服从正态分布时的期望频数：

出现故障之前的月份(分等级)	机器出现故障之前的实际月份	机器出现故障之前的期望月份
小于 17	6	9
18~20	24	17
21~23	28	27
24~26	18	25
27~29	14	15
30 及更多	10	7
	总计 100	总计 100

要求：检验故障的实际分布与正态分布是否有明显差别。（$\alpha=0.05$）

2. 将 100 份样品一分为二，分别用含血培养基和无血培养基接种培养，观察弯曲细菌检出情况，结果如下表：

无血培养基	含血培养基 阳性	含血培养基 阴性	合计
阳 性	52	17	69
阴 性	8	23	31
合 计	60	40	100

试问：两种培养基接种培养弯曲菌的阳性率是否相等？两种培养基结果间是否有关联性？（$\alpha=0.05$）

3. 某公司对 500 户居民进行一次抽样调查，看一看居民对两种商标的偏好是否与社会经济阶层有关，并得到如下结果：

商 标	社会经济阶层 A	社会经济阶层 B	社会经济阶层 C	总 计
1	125	110	90	325
2	75	60	40	175
总 计	200	170	130	500

要求：检验在 5% 的显著性水平上，两者是否有明显的关系。

4. 下面的资料给出了三个年龄组的 100 名工人的生产水平(按高、中、低分类):

年龄组	工人的生产水平			总 计
	高	中	低	
18~30	12	15	13	40
31~45	11	13	11	35
45~65	8	10	7	25
总 计	31	38	31	100

要求:检验生产水平与年龄是否有明显的关系。

5. 某大型超级市场的经理某一天内在该市的 6 个结账台分别观察顾客人数,观察结果如下表所示:

结账台号	1	2	3	4	5	6
频 数	84	110	146	152	61	47

要求:分析这些数据是否提供了充足的证据表明某些结账台胜过另一些结账台。($\alpha=0.05$)

6. 某汽车旅馆经理在两年期间对其旅馆每天晚上的空闲房间进行登记。发现 0,1,2,…间空房的相对频数及其近似概率如下表所示:

空房间数	0	1	2	3	≥4
频 数	0.10	0.25	0.35	0.20	0.10

自从这位经理记录了上述数据之后,在其汽车旅馆附近又建成了一家新的汽车旅馆。在与这家新旅馆竞争的前 100 天内,该经理登记了每天的空闲房间数,其数据如下表所示:

空房间数	0	1	2	3	≥4
天 数	8	16	35	25	16

要求:分析这些数据是否提供了充足的证据表明自从新旅馆开业以来该经理的旅馆空房间数模型发生了变化。(以 5%的显著性水平进行检验)

7. 某纽扣制造厂商希望估计出三台机器所生产的有缺陷的纽扣比重是否随着机器的不同而异。从三台机器分别选择 400 颗纽扣的样本并对每个样本计算有缺陷的纽扣数目,其结果如下表所示:

机器编号	1	2	3
有缺陷的纽扣数目	16	24	11

要求:分析这些数据是否提供了充足的证据表明有缺陷的纽扣比重随着机器的不同而变化。试分别以 $\alpha=0.05$ 和 $\alpha=0.10$ 进行检验。

8. 某香皂厂考虑包装的颜色可能对销售有影响,曾做一试验,采用了 4 种不同颜色的包装(红、白、蓝、绿),在某商店的销售范围内抽选了 200 个家庭主妇,每人送 4 块不同颜色的香皂,告诉她们系采用不同的配方(其实配方是相同的)。试用一个月后,让每个主妇自己挑选 4 种颜色中的一种,其挑选结果如下:挑选红色的 50 人,挑选白色的 75 人,挑选蓝色的 30 人,挑选绿色的 45 人。试说明顾客对颜色的喜爱是否有显著差别。($\alpha=0.05$)

9. 棉织厂质量检验部门抽验了 60 匹布,每匹布上的疵点数如下:

疵点数	0	1	2	3	4	$\geqslant 5$
布匹数	12	22	8	7	6	5

要求:检验布匹上的疵点是否服从泊松分布。($\alpha=0.05$)

10. 从一个大城市的中学里随机选出一部分男学生,问他们毕业后的打算,他们的回答是:

	找工作	上大学	未定
一年级	50	50	250
二年级	50	100	200
三年级	80	150	70

要求:用适当的检验说明各年级学生的打算是否有显著差别。($\alpha=0.05$)

11. 对拟议合并的某公司股东们的意见进行调查,以便确定所得到的意见是否独立于所掌握的股份数。访问了 200 个股东,其结果如下表所示:

所掌握的股份数	意 见		
	赞 成	反 对	未 定
1 000 份以下	38	16	6
1 000～5 000 份	30	22	8
5 000 份以上	32	42	6

要求:分析这些数据是否提供了充分的证据表明股东们对合并的意见取决于他们所掌握的股份数。($\alpha=0.05$)

12. 假定对上题数据按照股东的性别再进行分类,其结果如下表所示:

性别	意 见		
	赞 成	反 对	未 定
男	45	45	10
女	55	35	10

要求:分析这些数据是否提供了充分的证据表明股东对拟议合并的反应取决于股东的性别。($\alpha=0.05$)

13. 某药品制造商进行一项研究以确定某种新药(血清)对关节炎的疗效。该研究对两组病人进行比较,每组各包含 200 名关节炎患者。一组用这种血清注射,而另一组则注射安慰

剂(即注射液不含这种血清,没有任何药效)。一段时间以后,逐一调查每个患者的病情是否有所好转,其观察结果如下表所示:

	注射血清	注射安慰剂
已改善	117	74
未改善	83	126

要求:分析这些数据是否提供了充足的证据表明这种血清对于改善关节炎患者的病情有效。($\alpha=0.05$)

14. 在经济衰退时期,往往提出许多建议以刺激经济发生转机。对100名企业总经理、100名经济学家和100名政府官员进行调查,以便征求每个人对转变经济衰退趋势最好办法的意见,他们的回答如下表所示:

意 见	企业总经理	经济学家	政府官员
增加政府经费	10	15	39
削减私人所得税	37	37	33
降低利率	24	34	15
为企业提供税收刺激	29	14	13
合 计	100	100	100

要求:分析这些数据是否提供了充足的证据表明经济衰退时期刺激经济发生转机的最好办法的意见在企业总经理、经济学家和政府官员之间存在分歧。($\alpha=0.05$)

四、思考题

1. 非参数统计中,χ^2检验适用于何种情况?
2. 行列表资料 χ^2 检验的注意事项是什么?
3. 两个独立样本的四格表资料在哪种情况下需要校正?为什么?
4. 请简述 $R \times C$ 表的分类及其检验方法的选择。
5. 配对四格表和普通四格表有何区别?分析方法有何异同?

第十二章

相关分析

一、单项选择题

1. 两个变量之间的协方差(　　)。
   A. 必定大小零　　　　　　　　　　B. 必定小于零
   C. 必定在正、负 1 之间　　　　　　D. 以上全错
2. 欲以图形显示两变量 x 与 y 的关系,最好创建(　　)。
   A. 直方图　　　B. 圆形图　　　C. 柱形图　　　D. 散点图
3. 两变量的线性相关系数为 0,证明两变量(　　)。
   A. 完全相关　　B. 无关系　　　C. 不完全相关　　D. 不存在线性关系
4. 身高 y 与体重 x 之间的关系是(　　)。
   A. 函数关系　　B. 无关系　　　C. 相关关系　　D. 严格的依存关系
5. 兄弟两人的身高之间的关系是(　　)。
   A. 函数关系　　B. 因果关系　　C. 互为因果关系　　D. 共变关系
6. 在相关分析中,对两个变量的要求是(　　)。
   A. 都是随机变量
   B. 都不是随机变量
   C. 一个是随机变量,一个是确定性变量
   D. 都是确定性变量
7. 下列关系中属于正相关关系的是(　　)。
   A. 身高与体重　　　　　　　　　　B. 产量与单位成本
   C. 学习成绩与娱乐时间　　　　　　D. 商品零售额与流通费率
8. 已知变量 x 与 y 之间的关系如下图所示,则其相关系数可能为(　　)。
   A. 0.10
   B. 0.90
   C. -0.90
   D. -0.10
9. 下列属于负相关关系的是(　　)。

A. 身高和体重　　　　　　　　　B. 家庭收入与消费支出
C. 产量与单位成本　　　　　　　D. 广告费用与销售收入

10. 两变量的线性相关系数为 -1，说明（　　）。
　　A. 完全正相关　　　　　　　　B. 不完全相关
　　C. 不存在线性相关关系　　　　D. 完全负相关

11. 若因变量随自变量的变动而发生大致均匀的变动，说明两变量之间的关系是（　　）。
　　A. 正相关　　　　　　　　　　B. 负相关
　　C. 直线相关　　　　　　　　　D. 曲线相关

12. 两变量的相关系数为 0.8，说明（　　）。
　　A. 两变量不相关　　　　　　　B. 两变量负相关
　　C. 两变量不完全相关　　　　　D. 两变量完全正相关

二、多项选择题

1. 对相关系数 r 进行显著性检验，$H_0: \rho = 0$，结果拒绝了原假设，说明（　　）。
　　A. 两变量不相关
　　B. 两变量一定相关
　　C. 不能否认两变量存在线性相关
　　D. 两变量也可能存在曲线相关关系
　　E. 无正确选项

2. 下列关系中存在负相关关系的是（　　）。
　　A. 身高与体重　　　　　　　　B. 产量与单位成本
　　C. 正常商品的价格与需求量　　D. 施肥量与亩产量
　　E. 无正确选项

3. 下列属于正相关关系的是（　　）。
　　A. 施肥量与亩产量　　　　　　B. 身高与体重
　　C. 正常商品的价格与需求量　　D. 广告费支出与销售收入
　　E. 居民收入水平与生活费支出水平

4. 相关关系按变量的多少可分为（　　）。
　　A. 一重相关　　　　　　　　　B. 多重相关
　　C. 线性相关　　　　　　　　　D. 曲线相关
　　E. 正相关

5. 下列表述中正确的有（　　）。
　　A. 两个随机变量之间相关系数为 0，这两个随机变量相互独立
　　B. 两个高斯随机变量之间相关系数为 0，这两个随机变量相互独立
　　C. 两个随机变量之间的相关系数为 0.5，这两个随机变量有可能相互独立
　　D. 两个独立随机变量之间的相关系数一定为 0
　　E. 相关系数为 0.5 相对于相关系数为 -1 的相关性更强

三、计算题

1. 某工业生产过程中，处理温度与产量的资料如下：

温度(℃)	600	625	650	675	700	725	750	775	800	825	850
产量(件)	127	139	147	147	155	154	153	148	146	136	129

要求：画散点图并计算相关系数，说明两者之间是否存在线性相关关系、是否存在相关关系，为什么？

2. 某公司对购买其生产的滑雪板的客户进行一项调查，滑雪板的拥有时间和使用时间如下：

拥有月数	12	2	6	9	7	2	8	4	10	5
使用小时数	4	10	8	5	5	8	3	8	2	5

要求：(1) 画散点图。

(2) 求相关系数并予以解释。

(3) 在 0.01 的显著水平下对相关关系进行检验。

3. 某公司所辖六个企业生产同种产品的有关资料如下：

企业编号	月产量(千件)	生产费用(万元)
1	6.1	130
2	3.8	110
3	5.0	115
4	7.0	140
5	7.2	145
6	3.5	105

要求：(1) 画散点图。

(2) 计算相关系数，测定月产量与生产费用之间的相关方向和程度。

4. 某班 40 名学生，按某课程的学习时数每 8 人一组进行分组，其对应的学习成绩如下表：

序 号	学习时数	学习成绩
1	10	40
2	15	50
3	19	60
4	25	70
5	36	91

要求：(1) 画散点图。

(2) 计算相关系数。

(3) 在 0.05 的显著水平下对相关关系进行检验。

5. 从某校随机抽取 10 名学生，分别对其学习态度和学业成绩进行测试，测试结果如下表：

学习态度	30	35	33	36	20	24	31	27	29	32
学业成绩	95	97	90	98	70	78	89	85	88	93

要求：(1) 画散点图。

(2) 求相关系数并予以解释。

四、思考题

1. 试述相关关系与函数关系之间的联系和区别。
2. 试叙相关关系和独立性关系之间的联系和区别。

第十三章

回归分析

一、单项选择题

1. 在线性回归模型中,随机误差 ε 被假定服从( )。
   A. 正态分布　　　　B. 二项分布　　　　C. 指数分布　　　　D. t 分布
2. 两变量 x 与 y 的相关系数为 0.8,则其回归直线的判定系数为( )。
   A. 0.50　　　　　　B. 0.80　　　　　　C. 0.64　　　　　　D. 0.90
3. 利用一个已通过检验的回归模型,我们可以( )。
   A. 估计未来所需样本的容量
   B. 计算相关系数与判定系数
   C. 以给定的因变量的值估计自变量的值
   D. 以给定的自变量的值估计因变量的值
4. 多重线性回归模型与一重线性回归模型的区别在于有不止一个( )。
   A. 判定系数 R^2　　B. 估计标准误　　　C. 因变量　　　　　D. 自变量
5. 某一多重线性回归模型有 3 个自变量,但其中两个自变量的相关系数达 0.9,此现象为( )。
   A. 同方差　　　　　　　　　　　　　　B. 异方差
   C. 自相关　　　　　　　　　　　　　　D. 多重共线性
6. 产量 x(千件)与单位成本 y(元)的回归方程为 $\hat{y}=77-2x$,表明产量每提高 1 000 件,单位成本平均( )。
   A. 增加 2 元　　　　B. 增加 2 000 元　　C. 减少 2 000 元　　D. 减少 2 元
7. 对两变量的散点图拟合最好的回归方程,必须满足一个基本条件是( )。
   A. $\sum(y-\hat{y})$ 最小　　　　　　　　B. $\sum(y-\hat{y})$ 最大
   C. $\sum(y-\hat{y})^2$ 最大　　　　　　　D. $\sum(y-\hat{y})^2$ 最小
8. 根据回归直线方程 $\hat{y}=a+bx$,则( )。
   A. 可以根据 x 预测 y　　　　　　　　B. 可以根据 y 预测 x
   C. 不能预测 x、y　　　　　　　　　　D. 可以互相预测 x、y
9. 就单相关而言,相关系数 r 与判定系数 r^2( )。

A. 无关系   B. 可以以 r 推断 r^2
C. 可以互相推导   D. 是完全相同的

10. 判定系数 r^2 是（   ）。
    A. 剩余偏差与总偏差之比
    B. 剩余偏差与回归偏差之比
    C. 回归偏差与总偏差之比
    D. 平均回归偏差与平均剩余偏差之比

11. 评价线性回归方程拟合优度如何的指标有（   ）。
    A. 回归系数 b B. 直线截距 a C. 判定系数 r^2 D. 相关系数 r

12. 相关系数 r 与回归系数 b 的关系为（   ）。
    A. 回归系数 b 大，则相关系数 r 一定也大
    B. 回归系数 b 与相关系数 r 的正负符号相同
    C. $r = b \dfrac{\sigma_y}{\sigma_x}$
    D. 相关系数 r 与回归系数 b 无任何联系

13. 在回归分析中，两个变量（   ）。
    A. 都是随机变量   B. 都不是随机变量
    C. 自变量是随机变量   D. 因变量是随机变量

14. 已知回归直线方程的判定系数 $r^2 = 0.81$，那么可知（   ）。
    A. 相关系数 $r = 0.9$ B. 相关系数 $r = -0.9$
    C. 相关系数 $r = 0.9$ 或 -0.9 D. 无法计算相关系数

15. 一重线性回归模型与多重线性回归模型的区别在于只有一个（   ）。
    A. 因变量   B. 自变量   C. 相关系数 r D. 判定系数 r^2

16. 以下指标恒为正的是（   ）。
    A. 相关系数   B. 截距 a C. 斜率 b D. 复相关系数

17. 当方差膨胀因子 VIF 大于 5 时，可认为（   ）。
    A. 自变量之间存在较高的相关关系
    B. 自变量之间不存在较高的相关关系
    C. 因变量与自变量之间存在较高的相关关系
    D. 因变量与自变量之间不存在较高的相关关系

18. 若因变量是定性变量并用比率表示，适合采用（   ）。
    A. 直线回归   B. 一重线性回归   C. 多重线性回归   D. 以上均错误

二、多项选择题

1. 简单线性回归分析的特点是（   ）。
   A. 两个变量之间不是对等关系
   B. 回归系数有正负号
   C. 两个变量都是随机的
   D. 利用一个回归方程，两个变量可以互换推算
   E. 有可能求出两个回归方程

2. 一重线性回归方程 $y=a+bx$，其判定系数为 0.64，则 x 与 y 的相关系数可以是（　　）。
   A. 0.8　　　　　　　　　　　　B. 0.32
   C. -0.8　　　　　　　　　　　D. 不可计算
   E. 其他值

3. 在线性回归模型中，假定随机误差 ε（　　）。
   A. 同方差　　　　　　　　　　　B. 异方差
   C. 独立性　　　　　　　　　　　D. 数学期望为 0
   E. 同分布

4. 反映某一重线性回归方程 $\hat{y}=a+bx$ 拟合好坏的指标有（　　）。
   A. 相关系数　　　　　　　　　　B. 判定系数
   C. b 的大小　　　　　　　　　　D. 估计标准误
   E. a 的大小

5. 多重线性回归中的相关分析可选以下指标（　　）。
   A. 复相关系数　　　　　　　　　B. 偏相关系数
   C. 判定系数 R^2　　　　　　　　D. 估计标准误
   E. Pearson 相关系数

6. 模拟回归方程进行分析适用于（　　）。
   A. 变量之间存在一定程度的相关关系　　B. 不存在任何关系的几个变量之间
   C. 变量之间存在线性相关关系　　　　　D. 变量之间存在曲线相关关系
   E. 时间序列变量与时间之间

7. 判定系数 $r^2=80\%$ 的含义为（　　）。
   A. 自变量与因变量之间的相关关系的密切程度
   B. 因变量 y 的总变化中有 80% 可以由回归直线来解释和说明
   C. 总偏差中有 80% 可以由回归偏差来解释
   D. 相关系数一定为 0.64
   E. 判定系数与相关系数无关

8. 一重线性回归分析中的回归系数 b 可以表示为（　　）。
   A. 两个变量之间相关关系的密切程度
   B. 两个变量之间相关关系的方向
   C. 当自变量增减一个单位时，因变量平均增减的量
   D. 当因变量增减一个单位时，自变量平均增减的量
   E. 无正确选项

9. 已知线性回归方程的判定系数 $r^2=0.81$，那么（　　）。
   A. 相关系数为 0.9　　　　　　　　B. 相关系数为 -0.9
   C. 相关系数为 0　　　　　　　　　D. 相关系数为 1
   E. 无法确定

10. 在多重线性回归分析中，估计标准误 s_{xy} 的作用有（　　）。
    A. 说明回归模型拟合优度的好坏　　B. 用于区间估计
    C. 可用于比较不同模型的拟合优度　　D. 与判定系数的作用完全相同
    E. 无正确选项

11. 判定系数 r^2 的作用是（   ）。
    A. 说明回归模型的拟合优度情况　　B. 比较不同模型的拟合优度
    C. 推导 r 的大小和符号　　D. 可用于区间估计
    E. 无正确选项

12. 对于一重线性回归模型的检验方法，说法正确的有（   ）。
    A. 可用 t 检验
    B. 可用 F 检验
    C. t 检验与 F 检验的结论是一致的
    D. t 检验与 F 检验的结论可以是不一致的
    E. 可用判定系数检验

13. 在多重线性回归方程的检验方面，（   ）。
    A. 可用 t 检验
    B. 可用 F 检验
    C. t 检验与 F 检验的结论是等价的
    D. t 检验是检验回归方程各个系数的显著性
    E. F 检验是检验整个回归关系的显著性

14. 多重线性回归模型的相关分析中，（   ）。
    A. 复相关是指一个因变量与多个自变量之间的相关关系
    B. 偏相关是指一个因变量与各个自变量之间的相关关系
    C. 可通过复相关系数求偏相关系数
    D. 可通过单相关系数求偏相关系数
    E. 可通过偏相关系数求复相关系数

15. 回归分析和相关分析的关系是（   ）。
    A. 回归分析可用于估计或预测
    B. 相关分析是研究变量之间相互依存关系的密切程度
    C. 回归分析中自变量和因变量可以互相推导并进行预测
    D. 相关分析需区分自变量和因变量
    E. 相关分析是回归分析的基础

16. 以下指标恒为正的是（   ）。
    A. 相关系数　　B. 判定系数
    C. 复相关系数　　D. 偏相关系数
    E. 回归方程的斜率

三、计算题

1. 已知 $r=0.90, \bar{x}=20, \bar{y}=40$，又知 σ_y 是 σ_x 的 3 倍，求 y 对 x 的线性回归方程。

2. 已知 $n=12, \sum x=60, \sum x^2=352, \sum y=8\,520, \sum y^2=6\,428\,800, \sum xy=46\,560$，试计算 x 与 y 的相关系数，并求 y 对 x 的线性回归方程。

3. 已知有两个变量，即亩产量 y 和施肥量 x。假定两变量间存在线性关系，并已知：$n=10$, $\bar{x}=27, \bar{y}=380, \sigma_{xy}=985.5, \sigma_x^2=101.2, \sigma_y^2=12\,995, \sum(y-\hat{y})^2=33\,897, t_{\frac{\alpha}{2}}(8)=1.86$。

要求：
(1) 建立 $\hat{y}=a+bx$ 线性回归方程，求 a 和 b。
(2) 计算估计标准误 S_{xy}。
(3) 计算相关系数 r 和判定系数 r^2，并说明其含义。
(4) 当施肥量 $x_0=35$ 时，试以 95% 的置信度预测亩产量的平均值和特定值的置信区间。

4. 某工厂生产某电器产品的产量 x（万件）与单位成本 y（元）的资料如下：
$$n=6, \sum x=21, \sum x^2=79, \sum xy=1\,487, \sum y=426,$$
$$\sum y^2=30\,268$$
要求：
(1) 分析产量与单位成本是否存在线性相关，如存在，相关程度如何？
(2) 拟合适当的回归模型，并评价拟合优度如何？
(3) 估计产量为 6 万件时，其单位成本置信度为 95% 的特定值的置信区间。

5. 某产品的价格与需求量的资料如下：

价格（元/件）	2	3	4	3	4	5
需求量（件）	73	72	71	73	69	68

要求：
(1) 确定价格与需求量的回归模型，并指出其回归系数的意义。
(2) 对模型的拟合优度做出评价。
(3) 以 95% 的置信度估计价格为 6 时，需求量的特定值的置信区间。
$(Z_{1-\frac{0.05}{2}}=1.96, t_{1-\frac{0.05}{2},4}=2.776\,4)$

6. 有温度 x 和冷饮销售量 y 两个变量，已知：
$$\sum x=9.4, \sum y=959, \sum x^2=9.28, \sum xy=924.8,$$
$$\sum y^2=93\,569, n=10。$$
要求：
(1) 拟合线性回归模型。
(2) 评价拟合优度情况。
(3) 对模型进行显著性检验。
(4) 计算估计标准误。
(5) 预测温度为 1℃ 时冷饮销售量的特定值的置信区间。
$(\alpha=0.05, F_{0.95,(1,8)}=5.32, t_{0.975,(8)}=2.306)$

7. 某地区失业率与通货膨胀率的资料如下：

失业率(%)	1.0	1.6	2.0	2.5	3.1	3.6	4.0	4.5	5.1	5.6	6.0	6.5
通货膨胀率(%)	1.6	1.51	1.14	1.28	0.85	0.91	0.75	0.76	0.66	0.60	0.61	0.60

要求：
(1) 计算拟合指数曲线回归方程 $y=ab^x$。
(2) 判定拟合优度情况

(3) 当失业率高达 7% 时,估计通货膨胀率的水平如何?

8. 某村施肥量 x_1 与农药用量 x_2 对亩产量 y 的数据资料如下:

亩产量 y(斤)	58	152	41	93	101	38	203	78	117	44
施肥量 x_1(斤)	7	18	5	14	11	5	23	9	16	5
农药用量 x_2(斤)	5	16	3	7	10	4	22	7	10	4

要求:(1) 拟合二重线性回归方程。
(2) 评价拟合优度情况。
(3) 对模型进行显著性检验。
(4) 计算复相关系数、偏相关系数、单相关系数,并作比较。

9. 某企业销售量、推销人员数和广告费资料如下:

销售量(万箱)	25	23	24	23	24	25	26	26	25	27	28	30	31
推销人数(人)	44	42	45	45	46	44	46	46	44	46	45	48	50
广告费(万元)	15	15	14	16	15	17	16	15	15	16	18	20	19

要求:(1) 建立二重线性回归方程 $\hat{y} = a + b_1 x_1 + b_2 x_2$。
(2) 评价拟合优度情况。
(3) 对模型进行显著性检验。
(4) 当推销人数增加到 55 人,广告费为 20 万元时,预测可能的销售量。

10. 已知身高与体重的资料如下:

身高(米)	1.55	1.60	1.65	1.67	1.70	1.75	1.80	1.82
体重(千克)	50	52	57	56	60	65	62	70

要求:(1) 建立一重线性回归方程 $y = a + bx$。
(2) 评价拟合优度情况。
(3) 对模型进行显著性检验。
(4) 计算当体重为 75 公斤时,其身高平均值的 94.45% 的置信区间。

11. 已知 $\sum x = 21, \sum y = 28, \sum xy = 66, \sum x^2 = 52, \sum y^2 = 87, n = 13$。

要求:(1) 求一重线性回归方程。
(2) 计算判定系数,并评价拟合优度情况。

12. 某公司销售人员数与销售量资料如下:

销售人员数(人)	26	13	21	37	17	20	17	28	28	6	23	25	38	33	12
销售量(箱)	11	7	8	20	9	12	4	16	11	2	11	7	18	14	2

要求:(1) 作散点图。
(2) 拟合适当的回归方程。
(3) 判断拟合优度情况。
(4) 对模型进行显著性检验。($\alpha = 0.05$)

(5) 预测置信度为95%、销售人员为40人时销售量特定值的区间估计。

13. 某市房地产投资公司出售的五个楼盘面积与总售价资料如下：

楼盘面积(平方百米)	9	15	10	11	10
总售价(千元)	36	80	44	55	35

要求：(1) 分析楼盘总面积与楼盘总售价之间是否存在相关关系，计算相关系数。
(2) 建立一重线性回归方程。
(3) 判断模型的拟合优度。
(4) 以90%置信度估计楼盘总面积为20平方百米时，其总售价的平均值的置信区间。

14. 中国历史11年GDP增长率与第三产业增长率资料如下：

年 份	第1年	第2年	第3年	第4年	第5年	第6年	第7年	第8年	第9年	第10年	第11年
GDP增长率(%)	3.8	9.2	14.2	13.5	12.6	10.5	9.8	8.8	8.8	9.2	9.5
第三产业增长率(%)	2.3	8.8	12.4	10.7	9.6	8.4	7.9	8.2	8.4	8.3	8.7

要求：(1) 试分析GDP增长率与第三产业增长率是否存在线性相关关系。
(2) 建立一重线性回归方程。
(3) 评价拟合优度情况。
(4) 以95%的置信度估计当GDP增长率为10%时，第三产业增长率特定值的置信区间。

15. 中国历史11年人力资本存量增长率与GDP增长率资料如下：

年 份	第1年	第2年	第3年	第4年	第5年	第6年	第7年	第8年	第9年	第10年	第11年
人力资本存量增长率(%)	15.0	19.0	10.8	4.5	8.6	2.0	13.9	20.1	15.5	14.8	14.8
GDP增长率(%)	3.8	9.2	14.2	13.5	12.6	10.5	9.8	8.8	8.8	9.2	9.5

要求：(1) 以人力资本存量增长率为因变量建立一重线性回归方程。
(2) 评价模型的拟合优度。
(3) 对模型进行显著性检验。

16. 对某种新轮胎进行耐磨试验，资料如下：

试验小时数(小时)	13	25	27	46	18	31	46	57	75	87
磨损程度(系数)	0.1	0.2	0.2	0.3	0.1	0.2	0.3	0.4	0.5	0.6

要求：(1) 拟合一重线性回归方程。
(2) 判定模型的拟合优度情况。
(3) 对模型进行显著性检验。
(4) 计算估计标准误。

17. 某健美减肥班的调查资料如下：

起始体重(斤)	205	165	289	154	142	306	261	177
减轻体重(斤)	25	15	36	12	15	146	73	50

要求：(1) 试分析起始体重与减轻体重是否相关？相关程度如何？

(2) 拟合一重线性回归方程。

(3) 评价模型的拟合优度情况。

(4) 以 95.45% 的置信度估计当起始体重为 140 斤时，其减轻体重的平均值的置信区间。

18. 某项调查资料如下：

年看电影次数 y_1 （次）	年龄 x_1 （年）	受教育年限 x_2 （年）	年收入 x_3 （千元）	年均看展览数 （y_2）
25	18	11	35	11
12	35	13	38	10
21	21	14	35	25
9	35	16	50	22
18	25	14	36	13
27	21	13	39	14
4	39	13	37	13
17	31	12	34	7
17	20	14	41	15
17	40	12	29	12

要求：(1) 试以年看电影次数为因变量，年龄、受教育年限和年收入为自变量，拟合三重一次线性回归方程，并评价其拟合优度情况。

(2) 试以年均看展览数为因变量，年龄、受教育年限和年收入为自变量，拟合三重一次线性回归方程，并评价其拟合优度情况。

(3) 试以年均看展览数为因变量，年龄、受教育年限、年收入和年均看电影数为自变量拟合四重一次线性回归方程。并评价其拟合优度情况。

19. 中国历年 GDP 增加额、固定资产投资增加量以及教育费用增加量的资料如下：

年 份	GDP 增加量 （亿元）	教育费用增加量 （亿元）	固定资产投资增加量 （亿元）
第 1 年	45.0	13.9	10.3
第 2 年	52.5	15.8	27.3
第 3 年	73.2	18.9	49.5
第 4 年	92.9	23.9	74.6
第 5 年	116.9	28.9	94.8
第 6 年	139.6	31.2	112.7
第 7 年	167.8	38.0	138.1
第 8 年	179.8	43.9	138.9
第 9 年	217.0	49.4	152.6
第 10 年	240.1	56.8	198.4
第 11 年	282.4	66.2	283.0
第 12 年	361.9	80.2	423.6
第 13 年	528.5	107.9	521.7
第 14 年	705.1	127.2	581.2

要求：(1) 试以逐步回归的方法，建立 GDP 增加量与教育费用增加量的一重一次回归方程，并建立 GDP 增加量与教育费用增加量和固定资产投资增加量(亿元)的二重一次回归方程。

(2) 评价上述回归模型的拟合优度情况。

(3) 教育费用增加量与固定资产投资增加量是否存在多重共线性？

20. 某公司对 10 名销售人员的调查反映其上个月拨打的有关销售的电话个数与所售商品件数的资料如下：

电 话 数	销售商品数
20	30
40	60
20	40
30	60
10	30
10	40
20	40
20	50
20	30
30	70

试求：(1) 画散点图。

(2) 求相关系数。

(3) 求回归方程。

(4) 说明方程的拟合优度情况。

(5) 计算估计标准误。

(6) 计算当电话的个数为 25 时，在 95% 的置信水平下其所售商品的件数的平均数的置信区间。

21. 一些保险代理人员上半年和下半年推销保单的数目如下：

上半年	13	27	18	17	21	26	28	19	23	7	21	19
下半年	23	28	29	27	29	26	31	20	19	18	26	30

要求：(1) 分析保险代理人员上半年和下半年推销保单的数目的相关程度。

(2) 如果某保险代理人员上半年推销保单的数目为 30 份，计算其下半年推销保单的数目。

(3) 计算估计标准误。

22. 10 位同学的拼写测试成绩和阅读测试成绩如下：

拼写成绩	12	10	10	8	7	6	6	5	4	2
阅读成绩	20	12	18	10	12	14	6	7	3	1

要求：(1) 分析拼写测试成绩和阅读测试成绩是否存在线性相关关系，其相关关系的程度如何？

(2) 如果已知某同学的拼写成绩是 14,计算其阅读成绩。
(3) 计算估计标准误。
(4) 进行 F 检验。($\alpha=0.05$)

23. 一些宝石的重量(克拉)与其价格(美元)的资料如下:

重量	0.17	0.16	0.17	0.18	0.25	0.16	0.15	0.19	0.21
价格	353	328	350	325	642	342	322	485	483

要求:(1) 画散点图。
(2) 拟合线性回归方程并评价其拟合优度情况。
(3) 分析在某宝石重 0.23 克拉的情况下,其价格为多少比较合适?
(4) 求估计标准误
(5) 进行 F 检验。($\alpha=0.05$)

24. 一些股票的投资收益率和风险率的资料如下:

收益率	9.8	6.9	6.4	6.4	10.6	9.9	8.7
风险率	15.8	11.1	10.9	2.9	10.7	8.5	4.9

要求:(1) 画散点图。
(2) 分析其相关程度。
(3) 拟合适当的回归方程。
(4) 计算收益率为 7 时的风险率。

25. 某公司在 1~4 月的广告费支出和销售收入资料如下:

月　份	1	2	3	4
广告费(万元)	2	1	3	4
销售收入(万元)	7	3	8	

要求:(1) 求相关系数。
(2) 拟合线性回归方程并评价拟合优度情况。
(3) 计算估计标准误。
(4) 在 90% 的置信水平下估计 5 月份广告费支出为 3 万元时其销售收入平均值的置信区间。

26. 已知 $n=6, \sum x=30, \sum y=180, \sum x^2=200, \sum y^2=5\,642, \sum xy=1\,000$,
要求:(1) 求以 x 为自变量的线性回归方程。
(2) 解释截距和斜率的意义。

27. 以下是抽样调查的结果:

x	4	5	3	6	10
y	4	6	5	7	7

要求:(1) 求线性回归方程。

(2) 计算当 x 为 7 时的 y 的估计值。

28. 对 10 户家庭的抽样调查显示家庭规模与食品支出额的资料如下：

家庭规模(人)	3	6	5	6	6	3	4	4	5	3
食品支出(元)	99	104	151	129	142	111	74	91	119	91

要求：(1) 计算相关系数并解释。
(2) 求判定系数。
(3) 在 0.05 的显著水平下对相关关系进行检验。

四、思考题

1. 相关分析与回归分析的关系如何？
2. 一重线性回归分析中的回归系数、判定系数和估计标准误三个指标之间有何联系？它们各自有什么作用？
3. 应用线性回归方程进行估计时，平均值与特定值的区间估计有何不同？
4. 与一重线性回归模型相比，多重线性回归模型有什么特点？
5. 试举例说明如何建立曲线回归模型。

第十四章

时间序列分析

一、单项选择题

1. 今年某月发展水平除以去年同期发展水平的指标是( )。
   A. 定基发展速度　　　　　　　　B. 环比发展速度
   C. 平均发展速度　　　　　　　　D. 同比发展速度

2. 对按年排列的时间序列计算年平均发展速度时,应采用的一种方法是( )。
   A. 各年定基发展速度连乘,然后开 n 次方
   B. 各年环比发展速度连乘,然后开 n 次方
   C. 各年定基增长速度连乘,然后开 n 次方
   D. 各年环比增长速度连乘,然后开 n 次方

3. 已知近年的环比增长速度为 7.5%,9.5%,6.2%,4.9%,则定基增长速度为( )。
   A. 7.5%×9.5%×6.2%×4.9%
   B. 7.5%×9.5%×6.2%×4.9%－1
   C. 107.5%×109.5%×106.2%×104.9%－1
   D. 107.5%×109.5%×106.2%×104.9%

4. 评比城市间的社会发展状况,将各城市每人分摊的绿化面积按年排列的时间序列是属于( )。
   A. 时期序列　　　　　　　　　　B. 时点序列
   C. 相对数时间序列　　　　　　　D. 平均数时间序列。

5. 构成时间序列的要素一般有( )。
   A. 1个　　　　B. 2个　　　　C. 3个　　　　D. 4个

6. 定基发展速度与环比发展速度之间的关系表现为( )。
   A. 定基发展速度等于相应各个环比发展速度的连乘积
   B. 定基发展速度等于相应各个环比发展速度的连乘积再减去100%
   C. 定基发展速度等于相应各个环比发展速度之和
   D. 定基发展速度等于相应各个环比发展速度之和再减去1

7. 按季平均法测定季节指数时,各季的季节指数之和应等于( )。
   A. 100%　　　　B. 400%　　　　C. 120%　　　　D. 1 200%

8. 发展速度的计算方法为( )。
   A. 报告期水平与基期水平之差　　　B. 报告期水平与基期水平相比
   C. 增长量与基期水平之差　　　　　D. 增长量与基期水平相比

9. 若已知某网站4月份平均员工人数为84人,5月份平均员工人数为72人,6月份平均员工人数为84人,7月份平均员工人数为96人,则二季度该网站的月平均员工人数为( )。
   A. 84　　　　B. 80　　　　C. 82　　　　D. 83

10. 已知前五年的平均增长速度10%,后五年的平均增长速度为8%,求这10年的平均增长速度,下列计算方法正确的是( )。
    A. $\sqrt[10]{0.1 \times 0.08}$
    B. $\sqrt[10]{1.1 \times 1.08} - 1$
    C. $\sqrt[10]{(0.1)^5 \times (0.08)^5}$
    D. $\sqrt[10]{(1.1)^5 \times (1.08)^5} - 1$

11. 如果六年的产量分别是20,15,22,25,27,31,那么其平均增长量是( )。
    A. $\dfrac{31}{5}$　　B. $\dfrac{11}{5}$　　C. $\dfrac{11}{4}$　　D. $\sqrt[5]{\dfrac{31}{20}}$

12. 某公司销售产值计划完成103%,本年实际比上年实际增长5%,则计划比上年实际增长的算式为( )。
    A. $\dfrac{5\%}{3\%}$　　B. $\dfrac{3\%}{5\%}$　　C. $\dfrac{105\%}{103\%} - 1$　　D. $\dfrac{103\%}{105\%} - 1$

13. 如果一个时间序列的自相关系数出现周期性的变化,每间隔若干个便有一个高峰,表明该时间序列是( )。
    A. 随机性时间序列　　　　　　B. 平稳性时间序列
    C. 存在着某种趋势的时间序列　　D. 季节性时间序列

14. 累计增长量等于相应的各个逐期增长量( )。
    A. 之差　　　B. 之商　　　C. 之和　　　D. 之积

15. 把近20年来某国的国内生产总值指标按年份顺序排列起来,形成的时间序列是( )。
    A. 时期总量的时间序列　　B. 时点总量的时间序列
    C. 相对数的时间序列　　　D. 平均数的时间序列

16. 已知2018年某自治区牛奶产量的环比发展速度为105%,2019年为103.5%,2021年为104%,又知2021年比2017年的定基发展速度为116.4%,则2020年环比发展速度为( )。
    A. 105.2%　　　B. 103%　　　C. 102.4%　　　D. 109.2%

17. 求间隔相等的、间断的时点序列的序时平均数,其计算公式是( )。

    A. $\bar{a} = \dfrac{\dfrac{a_1}{2} + a_2 + a_3 + \cdots + \dfrac{a_n}{2}}{n-1}$

    B. $\bar{a} = \dfrac{\sum a}{n}$

    C. $\bar{a} = \dfrac{\sum af}{\sum f}$

    D. $\bar{a} = \dfrac{\dfrac{a_1+a_2}{2} \cdot f_1 + \dfrac{a_2+a_3}{2} \cdot f_2 + \cdots + \dfrac{a_{n-1}+a_n}{2} \cdot f_{n-1}}{f_1 + f_2 + \cdots + f_{n-1}}$

18. 某地过去连续 7 年的各年 7 月 1 日零时统计的人口资料如下：

年 份	第1年	第2年	第3年	第4年	第5年	第6年	第7年
7月1日人口数(万人)	23	23	24	25	25	26	27

则该地区过去 7 年的年平均人数为（　　）。

A. $\dfrac{\dfrac{23}{2}+23+24+25+25+26+\dfrac{27}{2}}{6}=24.67(万人)$

B. $\dfrac{23+23+24+25+25+26+27}{6}=\dfrac{173}{6}=28.83(万人)$

C. $\dfrac{\dfrac{23}{2}+23+24+25+25+26+\dfrac{27}{2}}{6}=\dfrac{148}{6}=24.67(万人)$

D. $\dfrac{23+23+24+25+25+26+27}{7}=\dfrac{173}{7}=24.71(万人)$

19. 某市某年末有人口 750 万人，有零售商业网点 3 万个，则该市的商业网点密度指标是（　　）。
   A. 2.5 千人/个　　B. 250 人/个　　C. 0.25 个/千人　　D. 250 个/人

20. 若杜宾—沃森检验统计量 $d > 4-d_L$，说明误差项 ε（　　）。
   A. 存在正自相关　　　　　　B. 存在负自相关
   C. 无自相关　　　　　　　　D. 不能确定

21. 计算增长 1% 的绝对值所用的公式是（　　）。
   A. $\dfrac{本期水平}{100}$　　　　　　　　B. $\dfrac{前期水平}{100}$
   C. $\dfrac{本期水平-前期水平}{100}$　　　D. 本期水平×1%

22. 若二阶差分大体相同，则应配合（　　）。
   A. 线性方程　　B. 指数方程　　C. 抛物线方程　　D. 对数方程

23. 某省历史 8 年按年排列的第三产业占全部产业比重的时间序列是（　　）。
   A. 比较相对指标时间序列　　　　B. 强度相对指标时间序列
   C. 结构相对指标时间序列　　　　D. 平均指标时间序列

24. 若要配合指数曲线方程，所依据的样本资料的特点是（　　）。
   A. 定基发展速度大致相等　　　　B. 环比发展速度大致相等
   C. 逐期增长量大致接近一个常数　D. 二级增长量大致接近一个常数

25. 已知某省 2017 年水果产量的环比发展速度为 105%，2018 年为 104%，2019 年和 2020 年均为 102%，又知 2021 年的产量与 2016 年定基相比，其定基发展速度为 118%，则 2021 年水果产量的环比发展速度为（　　）。
   A. 103.86%　　B. 105.94%　　C. 104.12%　　D. 109.2%

二、多项选择题

1. 用水平法所计算的年平均发展速度，就是（　　）。

A. 各年环比发展速度的几何平均数
B. 各年定基发展速度的几何平均数
C. n 个年环比发展速度连乘积的 n 次方根
D. 最末年水平与基期年水平之比的 n 次方根
E. 各年定期发展速度之和的 n 次方根

2. 某水产公司 2014 年产值为 2 000 万元,2021 年产值为 2014 年的 300%,则年平均增长速度及年平均增长量为( )。
   A. 年平均增长速度=16.99%
   B. 年平均增长速度=14.72%
   C. 年平均增长速度=20.09%
   D. 年平均增长量=571.43(万元)
   E. 年平均增长量=500.00(万元)

3. 构成时间序列的基本要素是( )。
   A. 现象所属的时间
   B. 标志
   C. 频数
   D. 指标名称
   E. 反映客观现象的统计指标数值

4. 由两个时期序列 (a,b) 相应项对比所形成的相对数时间序列 c 计算序时平均数 $\bar{c}$ 的公式为( )。
   A. $\bar{c}=\dfrac{\bar{a}}{\bar{b}}$
   B. $\bar{c}=\dfrac{\sum cb}{\sum b}$
   C. $\bar{c}=\dfrac{\sum a}{\sum b}$
   D. $\bar{c}=\dfrac{\sum a}{\sum \dfrac{1}{c}a}$
   E. $\bar{c}=\dfrac{\sum b}{\sum bc}$

5. 时点序列的特点有( )。
   A. 序列中各个指标数值可以相加
   B. 序列中各个指标数值不具有可加性
   C. 指标数值是通过一次登记取得的
   D. 指标数值的大小与间隔长短没有直接联系
   E. 指标数值是通过连续不断登记取得的

6. 下列等式中,正确的有( )。
   A. 增长速度=发展速度-1
   B. 环比发展速度=环比增长速度-1
   C. 定基发展速度=定基增长速度+1
   D. 平均发展速度=平均增长速度-1
   E. 平均增长速度=平均发展速度-1

7. 用于分析时间序列现象发展水平的指标有( )。
   A. 发展速度
   B. 增长速度
   C. 平均发展水平
   D. 增减量
   E. 平均增减量

8. 应用最小平方方法配合一条理想的趋势线方程式,要求满足的条件是( )。
   A. $\sum (y-y_c)^2 = 0$
   B. $\sum (y-y_c)^2 = $ 最小值

C. $\sum(y-y_c)^2 > 0$　　　　　　　　D. $\sum(y-y_c) = 最小值$

E. $\sum(y-y_c) = 0$

9. 时间序列中,各项指标数值直接相加没有实际意义的有(　　)。

A. 时点序列　　　　　　　　B. 时期序列

C. 相对数时间序列　　　　　　D. 平均数时间序列

E. 以上序列中的各项指标数值都不能相加

10. 构成时间序列的各种因素,按它们的性质和作用,可以分解为(　　)。

A. 长期趋势　　　　　　　　B. 季节变动

C. 不规则变动　　　　　　　D. 发散变动

E. 循环变动

三、计算题

1. 某百货商厦上半年每月的商品储存额资料如下表所示,已知去年末的商品储存额为 24 万元:

月　份	1月	2月	3月	4月	5月	6月
月末储存额(万元)	26	34	28	32	31	36

要求:计算上半该商店每月平均商品储存额。

2. 某公司去年职工人数的时点资料如下:

日　期	1月1日	3月31日	5月1日	11月1日	12月31日
人数(人)	3 020	3 260	2 950	3 200	3 270

要求:计算该公司去年全年职工平均人数。

3. 2016—2021 年某公司职工人数和工程技术人员数如下:

年　份	2016	2017	2018	2019	2020	2021
年末职工人数	1 000	1 020	1 083	1 120	1 218	1 425
年末工程技术人员数	50	50	52	60	78	82

要求:试计算 2017—2021 年工程技术人员占全部职工人数的平均比重。

4. 某企业集团公司某年第三季度职工人数及产值资料如下:

	7月	8月	9月	10月
销售产值(万元)	4 000	4 200	4 500	—
月平均人数(人)	4 640	4 660	4 680	4 600

要求:(1)编制第三季度各月劳动生产率的时间序列;

(2)计算第三季度的月平均劳动生产率;

(3)计算第三季度的劳动生产率。

5. 某建筑工地水泥库存量资料如下:

日 期	1月1日	2月1日	3月1日	4月1日	6月1日	7月1日	10月1日	11月1日	次年1月1日
水泥库存量(吨)	8.14	7.83	7.25	8.28	10.12	9.76	9.82	10.04	9.56

要求:计算该工地第一、二季度、下半年及全年的平均水泥库存量。

6. 设2001年1月1日我国人口为12.9亿人,为争取2020年末我国人口控制在15亿人之内,要求:

(1) 计算年人口平均增长率;

(2) 若今后年平均增长率控制在10‰时,试计算2020年末我国人口数。(增长率千分数保留两位小数,列出算式、答数)

7. 某外贸公司一至四季度收购额的季节性指数分别为91%、112%、138%和59%。该公司明年收购计划为250万元,按上述季节指数,明年一至四季度的计划数字各应分配多少?

8. 某国2021年第一季度的国内生产总值为25亿美元。已知该国内生产总值的第一季度季节指数为98%,求2021年第一季度经季节性调整的国内生产总值。

9. 根据各指标之间的关系,填入表中未填入的指标值。

某化肥公司近年生产情况分析表

年 份	产量(吨)	累计增长量(吨)	定基发展速度(%)	环比发展速度(%)
2016	100			
2017		20		
2018			125	
2019				120
2020				130
2021		100		

10. 某零售商店今年上半年的零售额、库存额和流通费用额资料如下表所示,又已知今年7月初库存额为11万元:

单位:万元

月 份	1	2	3	4	5	6
零售总额	32	34	33	41	30	46
月初库存额	14	15	12	16	10	13
流通费用额	2.9	3.1	2.7	3.4	3.2	3.0

要求:计算今年第一季和上半年的商品流转次数和平均商品流通费用率。(提示:商品流转次数=零售总额÷平均库存额;商品流通费用率=流通费用额÷零售总额)

11. 某建筑集团公司2015—2021年的年产值如下:

年 份	产值 y(万元)	年份编码 t	ty
2015	10	−3	−30
2016	20	−2	−40
2017	50	−1	−50
2018	50	0	0
2019	50	1	50
2020	80	2	160
2021	60	3	180
合 计	320	0	270

有关中间数据提供如下：

$\sum t^2 y = 1\,130, \sum t^4 = 196, \sum \lg y = 11.079\,2, \sum t \lg y = 3.538\,6, \sum t^2 = 28$

要求：(1) 建立与该时间序列相拟合的抛物线趋势方程；

(2) 建立与该时间序列相拟合的指数曲线趋势方程。

12. 某外贸公司驻甲市收购站 2015—2021 年某种土特产品收购量如下：

年 份	2015	2016	2017	2018	2020	2021
收购量(万千克)	58	66	74	80	89	109

要求：(1) 建立线性趋势方程；

(2) 预测 2023 年收购量。

13. 某地区 2015—2021 年各年末人口数资料如下：

年 份	年末人口数(万人)
2015	21
2016	25
2017	30
2018	36
2019	44
2020	53
2021	59

要求：用最小平方趋势线来拟合这些数据，并预测 2023 年的年末人口数。

14. 据某市邮政支局统计，该邮政支局近四年的包裹收寄量资料如下：

单位：百件

年份\月份	1	2	3	4	5	6	7	8	9	10	11	12
1	213	181	128	133	122	145	124	150	131	139	196	287
2	298	191	131	143	156	158	146	153	157	151	227	327
3	261	175	164	166	174	177	175	206	180	168	274	361
4	304	290	210	220	230	228	200	210	220	215	270	300

要求：用按月平均法计算包裹收寄量的季节指数。

15. 某大型超市在星期二至星期六这 5 个晚上延长营业时间后不久，顾客对超市服务不规范提出不少意见，值班经理迅速采取补救措施。下表给出了补救措施执行前三周及执行后三周中顾客的意见数：

周 数	星 期	意见数	周 数	星 期	意见数
第1周	二	22	第4周	二	19
	三	30		三	30
	四	57		四	45
	五	51		五	35
	六	24		六	17
第2周	二	24	第5周	二	15
	三	41		三	23
	四	63		四	30
	五	52		五	23
	六	25		六	10
第3周	二	24	第6周	二	13
	三	41		三	20
	四	56		四	27
	五	44		五	22
	六	21		六	16

要求：试计算 5 天移动平均值。

16. 某市历年各月家庭电力消耗情况如下：

单位：千瓦

	2016 年	2017 年	2018 年	2019 年	2020 年	2021 年
1	558	599	587	678	752	825
2	564	585	611	691	783	720
3	535	546	579	693	381	766
4	560	612	625	753	714	770
5	582	681	659	747	751	877
6	738	736	788	972	1 013	1 096
7	1 044	967	1 011	1 260	1 206	1 215
8	983	1 049	1 137	1 251	1 298	1 411
9	945	1 029	1 074	1 234	1 213	1 207
10	764	786	863	1 053	985	1 022
11	608	595	693	723	740	867
12	533	550	601	631	680	743

要求：(1) 用时距扩大法(一年为时距)求长期趋势；
(2) 用按月平均法求季节指数。

17. 某企业产量季度资料如下:

年份\季度	1	2	3	4
1	522	540	570	600
2	630	656	680	708
3	728	750	775	800
4	821	845	870	900

要求:(1)用按季平均法计算季节指数;
(2)用长期趋势剔除法计算季节指数。

四、思考题

1. 什么是时间序列?时间序列分析有何作用?
2. 传统时间序列分析和现代时间序列分析各有什么特点?
3. 时间序列变量和形态的识别与判断方法有哪些?
4. 时间序列的动态分析指标有哪些?它们各有什么特点?
5. 在建立时间序列的回归模型时,D-W检验有何作用?
6. 时间序列包含哪些变动因素?分解这些因素有哪些基本模型?
7. 测定长期趋势和季节变动的方法各有几种?各有什么特点?
8. 试述移动平均法与指数平滑法的关系。

第十五章

统计指数

一、单项选择题

1. 指数按其反映对象范围的不同,可以分为( )。
   A. 个体指数和总指数　　　　　　B. 简单指数与加数指数
   C. 动态指数和静态指数　　　　　D. 数量指数和质量指数
2. 类指数的性质类似于总指数,只是( )。
   A. 编制方法不同　　　　　　　　B. 计算方法不同
   C. 范围不同　　　　　　　　　　D. 同度量因素不同
3. 从形式看,编制总指数的方法主要有( )。
   A. 综合指数和个体指数　　　　　B. 综合指数与平均数指数
   C. 综合指数与平均指标指数　　　D. 数量指数与质量指数
4. 以个体指数与报告期销售额计算的价格指数是( )。
   A. 平均指标指数　　　　　　　　B. 综合指数
   C. 加权算术平均数指数　　　　　D. 加权调和平均数指数
5. 在综合指数编制时需确定同度量因素和指数化因素,这两个因素一般( )。
   A. 都固定在基期　　　　　　　　B. 都固定在报告期
   C. 采用基期和报告期的平均　　　D. 一个固定在基期,另一个固定在报告期
6. 拉氏指数所用的同度量因素固定在( )。
   A. 基期　　　B. 报告期　　　C. 假定期　　　D. 任意时期
7. 反映个别现象变动的相对数是( )。
   A. 个体指数　　B. 综合指数　　C. 总指数　　D. 定基指数
8. 某商品价格发生变化,现在的100元只值原来的90元,则价格指数为( )。
   A. 10%　　　B. 90%　　　C. 110%　　　D. 111%
9. 在编制我国物价指数时,一般采用的权数是( )。
   A. 统计报表资料　B. 抽样调查资料　C. 零点调查资料　D. 典型调查资料
10. 加权算术平均数指数要成为综合指数的变形,其权数为( )。
    A. Q_1P_1　　　B. Q_0P_0　　　C. Q_0P_1　　　D. 前三者均可
11. 加权调和平均数指数要成为综合指数的变形,其权数为( )。

A. Q_1P_1 B. Q_0P_0 C. Q_0P_1 D. 前三者均可

12. 综合指数包括（　　）。
   A. 个体指数和总指数　　　　B. 定基指数和环比指数
   C. 平均数指数和平均指标指数　　D. 数量指数和质量指数

13. 说明现象总的规模和水平变动情况的统计指数是（　　）。
   A. 质量指数　　B. 数量指数　　C. 平均指标指数　　D. 定基指数

二、多项选择题

1. 指数的作用有（　　）。
   A. 综合反映现象的变动方向的变动程度　　B. 对复杂现象进行因素分析
   C. 研究现象的数量特征和变动规律　　D. 反映现象的长期趋势和季节变动
   E. 揭示现象总体分布结构

2. 在编制综合指数时，首先需（　　）。
   A. 确定指数化因素　　　　B. 计算个体指数
   C. 固定同度量因素　　　　D. 选择同度量因素所属的时期
   E. 选择代表规格品

3. 三种商品的价格指数为 110%，其绝对影响为 500 元，则结果表明（　　）。
   A. 三种商品价格平均上涨 10%
   B. 由于价格变动使销售额增长 10%
   C. 由于价格上涨使居民消费支出多了 500 元
   D. 由于价格上涨使商店多了 500 元收入
   E. 报告期价格与基期价格绝对相差 500 元

4. 平均数指数（　　）。
   A. 是个体指数的加权平均数
   B. 是计算总指数的一种形式
   C. 其计算方法是先综合后对比
   D. 资料选择时，既可用全面资料，也可用非全面资料
   E. 可作为综合指数的变形形式来使用

5. 下列属于质量指标指数的有（　　）。
   A. 价格指数　　　　B. 单位成本指数
   C. 固定构成指数　　D. 产量指数
   E. 劳动生产率指数

6. 下列属于数量指标指数的有（　　）。
   A. 产量指数　　　　B. 价格指数
   C. 结构影响指数　　D. 可变指数
   E. 销售量指数

7. 综合指数属于（　　）。
   A. 总指数　　　　B. 平均指标指数
   C. 平均数指数　　D. 简单指数
   E. 加权指数

三、计算题

1. 某商店三种产品的销售情况资料如下：

商品名称	单位	价格（元） 基期	价格（元） 报告期	销售量 基期	销售量 报告期
皮鞋	双	25	28	4 000	5 000
呢大衣	件	140	160	500	550
线手套	只	0.5	0.6	800	1 000

要求：(1) 计算商品价格和销售量个体指数；
(2) 分析销售量总变动程度和价格总变动程度（从相对数和绝对数两方面）。

2. 某企业三种产品的生产情况资料如下：

产品名称	单位	单位成本（元） 基期	单位成本（元） 报告期	产量 基期	产量 报告期
甲	尺	5	6	400	500
乙	个	8	10	500	600
丙	件	12	15	150	200

要求：计算产量总指数和单位成本总指数。

3. 某商店三种商品的销售资料如下：

商品名称	销售额（万元） 去年	销售额（万元） 今年	今年销售量比去年增长（%）
甲	150	180	8
乙	200	240	5
丙	400	450	15

要求：(1) 计算销售量总指数及因销售量的变动而增加的销售额；
(2) 计算销售价格总指数及因销售价格的变动而增加的销售额。

4. 某企业资料如下：

产品名称	总产值 基期	总产值 报告期	报告期出厂价格比基期增长（%）
甲	145	168	12
乙	220	276	15
丙	350	378	5

要求：(1) 计算价格总指数；
(2) 计算产量总指数。

5. 某企业有关资料如下：

产品名称	生产总费用(万元)		第二季度成本比 第一季度降低(%)
	基期	报告期	
甲	160	171	5
乙	240	240	4

要求：(1) 计算单位成本变化程度，以及由于单位成本降低而节约的生产费用；

(2) 计算产量变化程度，以及由于产量增加而增加的生产费用。

6. 某市某年零售物价资料如下：

	指数(%)	固定权数
1. 食品类		60.9
（1）粮食	113.2	19.7
（2）副食品	131.5	49.6
（3）烟酒茶	110.2	12.9
（4）其他食品	130.2	17.8
2. 衣着类	117.5	17.9
3. 日用品类	114.9	11.9
4. 文娱用品类	122.6	4.8
5. 书报杂志类	112.2	1.2
6. 药及医疗品类	124.2	0.7
7. 建筑材料类	111.9	0.8
8. 燃料类	117.1	1.8

要求：计算该市食品类总指数和零售物价总指数。

7. 某纺纱厂产量资料如下：

产品名称	上年实际产值 （万元）	本年实际产值 （万元）	本年产量比上年 增长(%)
甲	200	240	25
乙	450	485	10
丙	350	480	40

要求：根据上表资料计算加权算术平均数指数，以及由于产量增长而增加的产值。

8. 某企业三种产品个体价格指数和销售额资料如下：

产品名称	计量单位	个体价格 指数(%)	销售额(万元)	
			基期	报告期
甲	件	102	50	95
乙	米	95	20	20
丙	斤	100	100	120

要求：根据上表计算价格总指数和销售量总指数。

9. 某企业报告期生产的甲、乙、丙三种产品的总产值分别是 80 万元、32 万元、150 万元,产品价格报告期和基期相比分别为 105％、100％和 98％,该企业总产值报告期比基期增长了 8.5％。

   要求:计算三种产品的产量总指数和价格总指数,以及两者对总产值的影响。

10. 某地区社会商品零售额报告期为 9.89 亿元,比基期增加 1.29 亿元,零售物价指数涨了 3％,试分析报告期比基期的商品销售量的变动情况。

11. 某地区市场销售额,报告期为 40 万元,比上年增加了 5 万元,销售量与上年相比上升 3％,试计算:

    (1) 市场销售量总指数;
    (2) 市场销售价格总指数;
    (3) 销售量变动对销售额的影响。

12. 某地区市场中甲、乙、丙、丁四种产品的个体零售价格指数分别为:110％、104％、108.5％、118％,它们的固定权数分别为 11％、29％、35％、25％,试计算这四类商品的零售物价指数。

四、思考题

1. 试述指数的概念、作用和种类。
2. 编制总指数有哪些方法?其关系如何?
3. 编制综合指数的常用公式有哪些?其特点各是什么?
4. 居民消费价格指数有何作用?
5. 常用的股票价格指数有哪些?

第二部分

参考答案

第一章　绪　论

一、单项选择题

1. A　　2. A　　3. C　　4. D　　5. D　　6. A　　7. D　　8. D
9. C　　10. B

二、多项选择题

1. ADE　　2. AD　　3. BCD　　4. ABCD　　5. ACD
6. CD　　7. BCE

第二章　统计设计

一、单项选择题

1. A　　2. B　　3. D　　4. B　　5. D　　6. D　　7. A　　8. B
9. A　　10. C　　11. C

二、多选

1. ABCD　　2. ABCD　　3. ABC　　4. ADE　　5. AB

第三章　数据的搜集与整理

一、单项选择题

1. A　　2. B　　3. C　　4. D　　5. B　　6. A

二、多项选择题

1. ABCDE　　2. ABCDE　　3. ABD　　4. AB　　5. ABCDE

第四章　数据的图表展示

一、单项选择题

1. C　　2. B　　3. D　　4. D　　5. D

二、多项选择题

1. ABCDE　　2. BC　　3. ABCDE　　4. ABC　　5. AD

第五章　数据的描述性分析

一、单项选择题

1. A 2. D 3. A 4. B 5. B 6. D 7. A 8. C
9. C 10. B 11. B 12. D 13. D 14. A 15. B 16. C
17. B 18. C 19. B

二、多项选择题

1. BDE 2. ABD 3. AD 4. AD 5. CE
6. ABC 7. CD 8. BD 9. ABC 10. BC
11. DE 12. ADE 13. ABCDE 14. ABC 15. AB
16. BCDE

三、计算题

1.

企 业	计划额(万元)	实际额(万元)	计划完成程度(%)
甲	280	291.2	104
乙	360	432	120
丙	350	420	120
合 计	990	1 143.2	115.47

2. $\bar{x} = \dfrac{\sum\limits_{i=1}^{n} x_i f_i}{\sum\limits_{i=1}^{n} f_i} = \dfrac{7 \times 5 + 8 \times 8 + 9 \times 20 + 10 \times 10 + 11 \times 7}{50}$

$= \dfrac{456}{50} = 9.12(件)$

3. $\bar{x} = \sum \left(x \cdot \dfrac{f}{\sum f} \right)$

$= 1\,500 \times 6\% + 2\,500 \times 15\% + 4\,000 \times 40\% + 7\,500 \times 25\% + 12\,500 \times 14\%$
$= 5\,690(元)$

4. $\bar{x} = \dfrac{\sum xf}{\sum f} = \dfrac{9 \times 3 + 9.4 \times 4 + 10 \times 5}{12} = \dfrac{114.6}{12} = 9.55(元/千克)$

$\bar{x}_H = \dfrac{\sum m}{\sum \dfrac{m}{x}} = \dfrac{450}{\dfrac{100}{9} + \dfrac{150}{9.4} + \dfrac{200}{10}} = 9.56(元/千克)$

5. (1) 这里,我们已知 x 和 f,故可直接采用加权算术平均数公式计算。

$$\bar{x} = \frac{\sum xf}{\sum f} = \frac{210 \times 95\% + 340 \times 100\% + 400 \times 115\%}{950} = \frac{999.5}{950} = 105.21\%$$

(2) $\overline{x_H} = \dfrac{\sum m}{\sum \dfrac{m}{x}} = \dfrac{199.5 + 340 + 460}{\dfrac{199.5}{0.95} + \dfrac{340}{1} + \dfrac{460}{1.15}} = \dfrac{999.5}{950} = 105.21\%$

6. (1) $\bar{x} = \dfrac{\sum xf}{\sum f} = \dfrac{1\,500 \times 10\% + 2\,000 \times 12\% + 3\,000 \times 13\%}{6\,500} = \dfrac{780}{6\,500} = 12\%$

(2) $\overline{x_H} = \dfrac{\sum m}{\sum \dfrac{m}{x}} = \dfrac{150 + 240 + 390}{\dfrac{150}{0.1} + \dfrac{240}{0.12} + \dfrac{390}{0.13}} = \dfrac{780}{6\,500} = 12\%$

7. 该产品总的合格率等于各车间合格率之积,故四个车间的平均合格率为：

$\bar{x}_G = \sqrt[n]{x_1 x_2 \cdots x_n} = \sqrt[4]{90\% \times 97\% \times 95\% \times 98\%} = \sqrt[4]{0.81} = 95\%$

8. $\bar{x}_G = \sqrt[\sum f]{x_1^{f_1} \cdot x_2^{f_2} \cdots \cdot x_n^{f_n}} = \sqrt[10]{0.9^2 \times 0.92^3 \times 0.94^4 \times 0.98} = 92.97\%$

9. 下限公式：

$M_o = L + \dfrac{d_1}{d_1 + d_2} \times i = 8\,000 + \dfrac{950 - 400}{(950 - 400) + (950 - 500)} \times 1\,000$

$= 8\,000 + \dfrac{550}{550 + 450} \times 1\,000 = 8\,000 + 550 = 8\,550(元)$

上限公式：

$M_o = U - \dfrac{d_2}{d_1 + d_2} \times i = 9\,000 - \dfrac{950 - 500}{550 + 450} \times 1\,000 = 9\,000 - 450 = 8\,550(元)$

$M_e = L + \dfrac{\dfrac{\sum f}{2} - s_{m-1}}{f_m} \times i = 8\,000 + \dfrac{2\,380/2 - 580}{950} \times 1\,000 = 8\,642.11(元)$

10. $\bar{x} = \dfrac{\sum xf}{\sum f} = \dfrac{22\,700}{86} = 263.95(元)$

$M_o = L + \dfrac{d_1}{d_1 + d_2} \times i = 250 + \dfrac{23}{23 + 20} \times 50 = 276.74(元)$

$M_e = L + \dfrac{\dfrac{\sum f}{2} - s_{m-1}}{f_m} \times i = 250 + \dfrac{43 - 28}{35} \times 50 = 271.43(元)$

$\because \bar{x} < M_e < M_o$ $\therefore$ 左偏(负偏)。

11. $\bar{x}_甲 = \dfrac{\sum_{i=1}^{n} x_i}{n} = \dfrac{57}{5} = 11.4(件)$ $\bar{x}_乙 = \dfrac{67}{5} = 13.4(件)$

$R_甲 = 15 - 8 = 7(件)$ $R_乙 = 16 - 10 = 6(件)$

$AD_甲 = \dfrac{10.4}{5} = 2.08(件)$ $AD_乙 = \dfrac{9.6}{5} = 1.92(件)$

$\sigma_甲 = 2.416\,6(件)$ $\sigma_乙 = 2.154\,1(件)$

$v_{\sigma_{甲}}=21.20\%$ $v_{\sigma_{乙}}=16.08\%$

$\because v_{\sigma_{乙}} < v_{\sigma_{甲}}$,

$\therefore$ 乙组日产量差异程度小,其平均数更有代表性。

12. $\bar{x} = \dfrac{\sum xf}{\sum f} = \dfrac{3\,830}{50} = 76.6(分)$

$AD = \dfrac{\sum\limits_{i=1}^{n}|x_i - \bar{x}|f_i}{\sum\limits_{i=1}^{n} f_i} = \dfrac{352.0}{50} = 7.04(分)$

$\sigma = \sqrt{\dfrac{\sum\limits_{i=1}^{n}(x_i - \bar{x})^2 f_i}{\sum\limits_{i=1}^{n} f_i}} = \sqrt{\dfrac{4\,472}{50}} = 9.46(分)$

13. 甲单位：$\bar{x}_{甲} = \dfrac{\sum\limits_{i=1}^{n} x_i f_i}{\sum\limits_{i=1}^{n} f_i} = \dfrac{27\,050}{33} = 819.70(元)$

$\sigma = \sqrt{\overline{x^2} - \bar{x}^2} = \sqrt{690\,984.85 - 671\,903.12} = 138.14(元)$

$v_{\sigma_{甲}} = \dfrac{\sigma}{\bar{x}} \times 100\% = \dfrac{138.14}{819.70} = 16.85\%$

乙单位：$\bar{x}_{乙} = \dfrac{26\,000}{30} = 866.67(元)$

$\sigma = \sqrt{766\,500 - 751\,111.11} = 124.05(元)$

$v_{\sigma_{乙}} = \dfrac{124.05}{866.67} = 14.31\%$

$\because v_{\sigma_{乙}} < v_{\sigma_{甲}}$, $\therefore$ 乙单位职工的奖金差异程度小。

14. $\bar{x}_{甲} = 9.92(mm)$ $\bar{x}_{乙} = 9.96(mm)$

$\sigma_{甲} = 0.23(mm)$ $\sigma_{乙} = 0.25(mm)$

$v_{\sigma_{甲}} = 2.29\%$ $v_{\sigma_{乙}} = 2.55\%$

$\because v_{\sigma_{乙}} > v_{\sigma_{甲}}$ $\therefore$ 甲工人的零件质量比较稳定。

15. $\bar{x}_{甲} = \dfrac{107\,510}{118} = 911.10(斤)$ $\bar{x}_{乙} = \dfrac{86\,400}{93} = 929.03(斤)$

$\sigma_{甲} = 82.09(斤)$ $\sigma_{乙} = 68.08(斤)$

$v_{\sigma_{甲}} = 9.01\%$ $v_{\sigma_{乙}} = 7.33\%$

$\because v_{\sigma_{乙}} < v_{\sigma_{甲}}$ $\therefore$ 乙稻种的稳定性比较好。

16. (1) $\bar{x} = \dfrac{\sum xf}{\sum f} = \dfrac{604\,000}{1\,000} = 6\,040(元)$

$M_o = L + \dfrac{d_1}{d_1 + d_2} \times i = 5\,000 + \dfrac{350}{350 + 250} \times 1\,000 = 5\,583.33(元)$

$$M_e = L + \frac{\frac{\sum f}{2} - s_{m-1}}{f_m} \times i = 5\,000 + \frac{500 - 150}{450} \times 1\,000 = 5\,777.78(元)$$

(2) $\sigma = 1\,337.33(元)$

$$m_3 = \frac{\sum(x-\bar{x})^3 f}{\sum f} = \frac{1\,625\,328\,000\,000}{1\,000} = 1\,625\,328\,000$$

$$\alpha = \frac{m_3}{\sigma^3} = \frac{1\,625\,328\,000}{1\,337.33^3} = 0.679\,6$$

计算结果说明,该地区人均月收入为正偏分配。

17. $\bar{x} = \frac{\sum xf}{\sum f} = \frac{28\,670}{235} = 122(元)$

$$\sigma = \sqrt{\overline{x^2} - \bar{x}^2} = \sqrt{15\,899.15 - 14\,884} = 31.86(元)$$

$$m_3 = \frac{\sum(x-\bar{x})^3 f}{\sum f} = \frac{4\,709\,760}{235} = 20\,041.53$$

$$\alpha = \frac{m_3}{\sigma^3} = \frac{20\,041.53}{31.86^3} = 0.619\,7$$

计算结果说明,该企业职工的奖金分配为正偏分配。

$$m_4 = \frac{\sum(x-\bar{x})^4 f}{\sum f} = \frac{78\,934\,270}{235} = 3\,358\,905.19$$

$$\beta = \frac{m_4}{\sigma^4} = \frac{3\,358\,905.19}{31.86^4} = 3.26$$

β 的值大于3,故该企业职工奖金分配曲线为尖峰曲线分配,即其峰度为尖顶峰度。

18.

学生编号	高等数学	大学语文	政治经济学	哲　学	经济学
1	80	65	79	84	80
2	95	90	89	90	86
3	90	86	85	90	83
4	78	70	84	82	80
5	65	72	80	84	81
6	72	70	78	82	80
7	60	64	75	80	78
8	91	76	80	86	87
9	97	88	88	85	92
10	84	80	82	83	86
平均数	81.2	76.1	82	84.6	83.3
标准差	11.96	8.99	4.24	3.14	4.12

第 2 个学生的标准总分 = 1.15 + 1.55 + 1.65 + 1.72 + 0.66 = 6.73(分)

第 9 个学生的标准总分 = 1.32 + 1.33 + 1.42 + 0.13 + 2.11 = 6.3(分)

显然第 2 个学生的标准总分大于第 9 个学生的标准总分,所以第 2 个学生的学习成绩较好。

19. $\bar{x} = \dfrac{3M_e - M_o}{2} = \dfrac{3 \times 600 - 700}{2} = 550(元)$

计算结果说明,该地区家庭人均月收入为负偏态分布。

20. (1)

企 业	实际额(万元)	计划额(万元)	计划完成(%)
甲	4 900	5 000	98
乙	6 600	6 000	110
丙	7 020	6 500	108
丁	7 440	8 000	93
合 计	25 960	25 500	101.80

(2) (5 000 + 6 600 + 7 020 + 8 000) − 25 960 = 26 620 − 25 960 = 660(万元)

或 (5 000 − 4 900) + (8 000 − 7 440) = 100 + 560 = 660(万元)

(3) (5 000 × 1.1 + 6 600 + 6 500 × 1.1 + 8 000 × 1.1) − 25 960
   = 28 050 − 25 960 = 2 090(万元)

$\dfrac{28\,050}{25\,500} - 1 = 110\% - 1 = 10\%$

21. $\dfrac{75 \times f_男 + 80 \times (50 - f_男)}{50} = 78$

$5 \times f_男 = 4\,000 - 3\,900$

$f_男 = \dfrac{100}{5} = 20 \quad f_女 = 50 - 20 = 30$

22. $\bar{x} = \sum \left(x \cdot \dfrac{f}{\sum f} \right) = 8\% \times 30\% + 5\% \times 50\% + 3\% \times 20\% = 5.5\%$

23. $1\,200 \times 55\% + 45\% f_乙 = 1\,050$

$f_乙 = 866.67(件/人)$

24. (1) $\bar{x}_G = \sqrt[\sum f]{x_1^{f_1} \cdot x_2^{f_2} \cdots x_n^{f_n}}$

$= \sqrt[16]{1.02 \times 1.04^3 \times 1.05^6 \times 1.07^4 \times 1.08^2} = 105.49\%$

平均年利率:$\bar{x}_G - 1 = 5.49\%$

(2) $\bar{x} = \dfrac{\sum xf}{\sum f} = \dfrac{2\% + 4\% \times 3 + 5\% \times 6 + 7\% \times 4 + 8\% \times 2}{16} = 5.50\%$

25. (1)

企　业	工人数(人)	人均产量(件)	总产量(件)	单位产品成本(元/件)	总成本(元)
甲	200	900	180 000	50	9 000 000
乙	300	1 200	360 000	58	20 880 000
丙	350	1 250	437 500	54	23 625 000
合　计	850	1 150	977 500	54.74	53 505 000

(2) $(200+300+350) \times 1\,250 - 977\,500 = 1\,062\,500 - 977\,500 = 85\,000$(件)

可增加产量 85 000 件。

$85\,000 \times 80 = 6\,800\,000$(元)

可增加产值 6 800 000 元。

(3) $53\,505\,000 - 977\,500 \times 50 = 53\,505\,000 - 48\,875\,000 = 4\,630\,000$(元)

可节约 4 630 000 元。

第六章　随机变量与概率分布

一、单项选择题

1. B　　2. B　　3. A　　4. D　　5. D　　6. B　　7. D　　8. C
9. D　　10. B

二、多项选择题

1. ABDE　　2. BE　　3. CDE　　4. AD　　5. CD

三、计算题

1. 由题意可得：

$P(A) = 40\%$，$P(B) = 50\%$，$P(AB) = 30\%$

$P(A+B) = P(A) + P(B) - P(AB) = 40\% + 50\% - 30\% = 60\%$

$P(A \mid B) = \dfrac{P(AB)}{P(B)} = \dfrac{0.3}{0.5} = 0.6$

$P(B \mid A) = \dfrac{P(AB)}{P(A)} = \dfrac{0.3}{0.4} = 0.75$

2. 设事件 A_1、A_2 分别为此人上班乘公共汽车和乘地铁，事件 B 为此人上班迟到的概率，根据题意有：

$P(A_1) = 0.4$；$P(A_2) = 0.6$

$P(B \mid A_1) = 30\%$；$P(B \mid A_2) = 10\%$

由全概率公式，可得此人上班迟到的概率是：

$P(B) = \sum\limits_{i=1}^{2} P(A_i) P(B \mid A_i) = 0.4 \times 0.3 + 0.6 \times 0.1 = 0.18$

由逆概率公式,可得此人在某一天迟到乘地铁的概率是:

$$P(A_2 \mid B) = \frac{P(A_2 B)}{P(B)} = \frac{P(A_2)P(B \mid A_2)}{\sum_{i=1}^{2} P(A_i)P(B \mid A_i)} = \frac{0.6 \times 0.1}{0.18} = \frac{1}{3}$$

3. 设事件 $A_i (i=1, 2, \cdots, 10)$ 为第 i 口油井产油,根据题意有 $P(A_i) = 30\%$,则:

(1) 10 口井皆产油的概率 $P(\Pi A_i) = 0.3^{10} = 0.000\ 005\ 9$

(2) 10 口井皆无油的概率 $P(\Pi \overline{A_i}) = 0.7^{10} = 0.028\ 25$

(3) 因为 10 口井中,只有一口产油的概率 $P = C_{10}^1 0.3^1 \cdot 0.7^9 = 0.121$

该公司盈利的机会为 $P = 1 - 0.028\ 25 - 0.121 = 0.850\ 7$

4. 设事件 A 为去专业商场,事件 B 为去超级市场,根据题意有:

$P(A) = (30 + 10)/100 = 0.4$

$P(B) = (60 + 10)/100 = 0.7$

$P(AB) = 10/100 = 0.1$

(1) 去超级市场的顾客中也去专业商场的比例是:

$P(A \mid B) = P(AB)/P(B) = 0.1/0.7 = 1/7$

(2) 一个人去专业商场不去超级市场的概率是:

$P(\overline{B} \mid A) = 1 - P(B \mid A) = 1 - P(AB)/P(A) = 1 - (0.1/0.4) = 0.75$

5. 设 X 为抽取的次品数,根据题意有:

(1) 抽取的一个是次品,一个是合格品的概率是:

$$P(X=1) = \frac{C_4^1 C_6^1}{C_{10}^2} = \frac{4 \times 6}{45} = \frac{24}{45}$$

(2) 抽取的两个都是次品的概率是:

$$P(X=2) = \frac{C_4^2 C_6^0}{C_{10}^2} = \frac{6 \times 1}{45} = \frac{6}{45}$$

(3) 至少有一个次品被选取的概率是:

$P(X=1; X=2) = P(X=1) + P(X=2) = 24/45 + 6/24 = 30/45 = 2/3$

(4) 抽取两个合格品的概率是:

$P(X=0) = 1 - P(X=1; X=2) = 1 - 2/3 = 1/3$

6. 设 $A、B、C$ 分别为第 1、2、3 条建议被接受的事件,$A、B、C$ 相互独立,根据题意有:

(1) 有且只有一条建议被接受的概率是:

$P(A\overline{B}\overline{C}) + P(\overline{A}B\overline{C}) + P(\overline{A}\overline{B}C)$

$= \frac{1}{2} \times \frac{2}{3} \times \frac{3}{4} + \frac{1}{2} \times \frac{1}{3} \times \frac{3}{4} + \frac{1}{2} \times \frac{2}{3} \times \frac{1}{4} = \frac{6+3+2}{24} = \frac{11}{24}$

(2) 没有建议被接受的概率是:

$P(\overline{A}\overline{B}\overline{C}) = \frac{1}{2} \times \frac{2}{3} \times \frac{3}{4} = \frac{6}{24} = 0.25$

(3) 三条建议全被接受的概率是:

$P(ABC) = \frac{1}{2} \times \frac{1}{3} \times \frac{1}{4} = \frac{1}{24}$

7. 根据题意有 $\lambda = 5$,因而:

(1) 星期一晚上 10 点到 11 点之间只有 1 位或 2 位顾客到来的概率是:

$$P(k=1;k=2)=\sum_{k=1}^{2}\frac{\lambda^{k}\mathrm{e}^{-\lambda}}{k!}=\frac{5\,\mathrm{e}^{-5}}{1!}+\frac{5^{2}\,\mathrm{e}^{-5}}{2!}=0.118$$

(2) 正好有 5 位顾客到来的概率是：

$$P(k=5)\frac{\lambda^{k}\mathrm{e}^{-\lambda}}{k!}=\frac{5^{5}\,\mathrm{e}^{-5}}{5!}=0.175\ 5$$

(3) 超过 8 位顾客到来的概率是：

$$P(k>8)=1-P(k\leqslant 8)=1-\sum_{k=0}^{8}\frac{\lambda^{k}\mathrm{e}^{-\lambda}}{k!}=1-0.931\ 9=0.068\ 1$$

8. 根据题意可以用泊松分布近似计算，并有 $\lambda=np=100\times0.03=3$，因而有 4 位或少于 4 位学生遭遇交通事故的概率为：

$$P(k\leqslant 4)=\sum_{k=0}^{4}\frac{\lambda^{k}\mathrm{e}^{-\lambda}}{k!}=\sum_{k=0}^{4}\frac{9^{k}\mathrm{e}^{-9}}{k!}=0.815\ 3$$

9. 因为 $X\sim N(1\ 000,100^{2})$，所以：

(1) $P(950<X<1\ 300)=P\left(\dfrac{950-1\ 000}{100}<\dfrac{X-1\ 000}{100}<\dfrac{1\ 300-1\ 000}{100}\right)$

$=\Phi(3)-\Phi(-0.5)=\Phi(3)-(1-\Phi(0.5))$

$=0.998\ 65-1+0.691\ 5=0.690\ 15$

即介于 950 元和 1 300 元之间的概率为 0.690 15。

(2) $P(X\geqslant 1\ 125)=1-P(X<1\ 125)$

$=1-P\left(\dfrac{X-1\ 000}{100}<\dfrac{1\ 125-1\ 000}{100}\right)$

$=1-\Phi(1.25)=1-0.894\ 4=0.105\ 6$

即超过 1 125 元的概率为 0.105 6。

(3) $P(X<800)=P\left(\dfrac{X-1\ 000}{100}<\dfrac{800-1\ 000}{100}\right)$

$=\Phi(-2)=1-\Phi(2)=1-0.977\ 25=0.022\ 75$

即低于 800 元的概率为 0.022 75。

10. 因为 $X\sim N(80,10^{2})$，所以

(1) $P(X<60)=P\left(\dfrac{X-80}{10}<\dfrac{60-80}{10}\right)=\Phi(-2)=1-\Phi(2)$

$=1-0.977\ 25=0.022\ 75$

即在一个小时或更少的时间内装配完一台机器的概率为 0.022 75。

(2) $P(60<X<70)=P\left(\dfrac{60-80}{10}<\dfrac{X-80}{10}<\dfrac{70-80}{10}\right)$

$=\Phi(-1)-\Phi(-2)=(1-0.841\ 3)-(1-0.977\ 25)=0.135\ 95$

即在超过 60 分钟但少于 70 分钟的时间内装配完一台机器的概率为 0.135 95。

第七章　统计量与抽样分布

一、单项选择题

1. A　　2. B　　3. D　　4. A　　5. D　　6. C　　7. C　　8. A

9. C   10. B

二、多项选择题

1. BCD   2. BC   3. ACD   4. ABCDE   5. ACDE
6. BE

三、计算题

1. 总体是鱼塘里所有的鱼,样本是一天后再从鱼塘里打捞出的一网鱼。

设鱼塘里有 N 条鱼,涂有红漆的鱼所占比例为:n/N;

一天后打捞出的一网鱼中涂有红漆的鱼所占比例为:k/m,估计:$n/N \approx k/m$

故估计鱼塘里大概有 $N \approx mn/k$ 条鱼。

2. (1) 该厂的 900 名员工组成一个有限样本,虽然不知道总体分布的性质,但由于样本容量为 100 为大样本。由中心极限定理,样本均值的抽样分布近似正态分布。所以:$N=900$, $\mu=4\,000, \sigma=500, n=100, n/N > 0.05$

$$\sigma_{\bar{X}} = \frac{\sigma}{\sqrt{n}}\sqrt{1-\frac{n}{N}} = \frac{500}{\sqrt{100}}\sqrt{1-100/900} = 47.14$$

即样本中员工的平均工资的抽样平均误差为 47.14 元/月

(2) 由公式:

$$Z = \frac{\bar{X} - \mu_{\bar{X}}}{\sigma_{\bar{X}}} = \frac{3\,900 - 4\,000}{47.14} = -2.12$$

查表可知,小于 $Z=-2.12$ 的面积为 0.017,即样本中员工的平均工资低于 3 900 元/月的概率为 0.017,所以工资不低于 3 900 元/月的概率为 0.983。

3. 记第 i 个样本的观察值为 $x_{i1}, x_{i2}, \cdots, x_{in_i}$,则已知的是

$$\bar{x}_i = \frac{1}{n_i}\sum_{j=1}^{n_i} x_{ij}, S_i^2 = \frac{1}{n_i-1}\sum_{j=1}^{n_i}(x_{ij}-\bar{x}_i)^2$$

则:

$$\bar{x} = \frac{1}{n}\sum_{i=1}^{k}\sum_{j=1}^{n_i} x_{ij} = \frac{1}{n}\sum_{i=1}^{k} n_i \bar{x}_i$$

$$S^2 = \frac{1}{n-1}\sum_{i=1}^{k}\sum_{j=1}^{n_i}(x_{ij}-\bar{x})^2 = \frac{1}{n-1}\sum_{i=1}^{k}\sum_{j=1}^{n_i}(x_{ij}-\bar{x}_i+\bar{x}_i-\bar{x})^2$$

$$= \frac{1}{n-1}\left[\sum_{i=1}^{k}\sum_{j=1}^{n_i}(x_{ij}-\bar{x}_i)^2 + \sum_{i=1}^{k}\sum_{j=1}^{n_i}(\bar{x}_i-\bar{x})^2\right]$$

$$= \frac{1}{n-1}\left[\sum_{i=1}^{k}(n_i-1)S_i^2 + \sum_{i=1}^{k} n_i(\bar{x}_i-\bar{x})^2\right]$$

4. (1) 全部 6 000 包材料构成一个有限总体,由中心极限定理,样本均值的抽样分布近似正态分布,且 $n/N < 5\%$

$$\sigma_{\bar{X}} = \frac{\sigma}{\sqrt{n}} = \frac{4}{\sqrt{50}} = 0.566$$

(2) 由公式：
$$Z = \frac{\overline{X} - \mu_{\overline{X}}}{\sigma_{\overline{X}}} = \frac{51 - 50}{0.566} = 1.768$$

查表可知，大于 $Z = 1.768$ 的面积为 $0.038\,4$，所以均值高于 $51\,\text{kg}/\text{包}$的概率为 3.84%。

(3) 将样本容量增加到 100 包，此时 n/N 仍然小于 5%，抽样误差为：
$$\sigma_{\overline{X}} = \frac{\sigma}{\sqrt{n}} = \frac{4}{\sqrt{100}} = 0.4$$

此时：
$$Z = \frac{\overline{X} - \mu_{\overline{X}}}{\sigma_{\overline{X}}} = \frac{51 - 50}{0.4} = 2.5$$

查表可知，大于 $Z = 2.5$ 的面积为 $0.006\,21$，所以均值高于 $51\,\text{kg}/\text{包}$的概率为 0.621%。

5. 因为 $Z = \dfrac{\overline{X} - \mu}{\sigma/\sqrt{n}}$ 服从标准正态分布 $N(0,1)$，$P(|Z| > 1.96) = 0.05$，由此得到出现 $|\overline{X} - \mu| > 1.96\sigma/\sqrt{n}$ 的概率为 0.05。由题意，身高抽样误差 $|\overline{X} - \mu| > 0.5\,\text{cm}$，可令 $\dfrac{1.96\sigma}{\sqrt{n}} = 0.5$，解得：
$$n = \left(\frac{1.96\sigma}{0.5}\right)^2 \approx 610$$

即样本量 $n \geqslant 610$，可以保证"身高抽样误差 $|\overline{X} - \mu| > 0.5\,\text{cm}$"的概率小于 5%。

6. 由题意，X_1 和 X_2 都服从正态分布，则 $\overline{X}_1 - \overline{X}_2 \sim N\left(\mu_1 - \mu_2, \dfrac{\sigma_1^2}{n_1} + \dfrac{\sigma_2^2}{n_2}\right)$，则有：
$$Z = \frac{(\overline{X}_1 - \overline{X}_2) - (\mu_1 - \mu_2)}{\sqrt{\dfrac{\sigma_1^2}{n_1} + \dfrac{\sigma_2^2}{n_2}}} = \frac{0 - (14 - 15)}{\sqrt{\dfrac{3^2}{30} + \dfrac{4^2}{35}}} = 1.149$$

查表可知，大于 $Z = 1.149$ 的面积为：$0.125\,1$，所以 B 公司样本的平均工龄高于 A 公司的概率为 $1 - 0.125\,1 = 87.49\%$。

7. 将 $p = 41.5\% = 0.415$，$n = 776$，代入公式：
$$S_p = \sqrt{p(1-p)/n} = \sqrt{0.415 \times 0.585/776} = 1.77\%$$

8. 由公式：
$$S_p = \sqrt{p(1-p)/n} = \sqrt{0.6 \times 0.4/n} \leqslant 3\%$$

解得：$n \geqslant 0.6 \times 0.4/3\%^2 \approx 267$

即至少抽取容量为 267 人的样本才能将抽样误差控制在 3%。

9. 由题意，$P_1 = 0.11$，$P_2 = 0.14$，$n_1 = 200$，$n_2 = 220$，因为 $n_1 P_1$ 和 $n_2 P_2$ 都大于 5，所以可以认为 $p_1 - p_2$ 近似服从正态分布，$p_1 - p_2$ 的均值和方差分别为：
$$E(p_1 - p_2) = P_1 - P_2 = 0.11 - 0.14 = -0.03$$

$$\sigma^2_{p_1-p_2} = \frac{P_1(1-P_1)}{n_1} + \frac{P_2(1-P_2)}{n_2} = \frac{0.11 \times 0.89}{200} + \frac{0.14 \times 0.86}{220} = 1.037 \times 10^{-3}$$

$$\sigma_{p_1-p_2} = 0.0322$$

优秀率相差不超过2%的概率等于不超过正的2%减去不超过负的2%的概率,则:

$$Z = \frac{(p_1-p_2)-(P_1-P_2)}{\sqrt{\frac{P_1(1-P_1)}{n_1} + \frac{P_2(1-P_2)}{n_2}}} = \frac{-0.02-(-0.03)}{0.0322} = 0.3106$$

$$Z = \frac{0.02-(-0.03)}{0.0322} = 1.5528$$

查表可知:小于 $Z=0.3106$ 的面积为 0.6217,小于 $Z=1.5528$ 的面积为 0.93943,所以两个样本的优秀率相差不超过2%的概率是:$0.93943-0.6217=31.77\%$。

10. 由公式:

$$F = \frac{S_1^2/\sigma_1^2}{S_2^2/\sigma_2^2} = \frac{\frac{24^2}{484}}{\frac{27^2}{625}} = 1.02$$

查自由度分别为19和19的 F 分布表,$F_{0.99,(19,19)}=3$,所以 $P\left(\frac{S_1^2/\sigma_1^2}{S_2^2/\sigma_2^2}=3\right)<0.01$,即出现上述差别的概率小于 0.01。

第八章 参数估计和假设检验

一、单项选择题

1. C	2. B	3. B	4. C	5. C	6. D	7. C	8. C
9. C	10. A	11. C	12. A	13. D	14. A	15. B	16. D
17. B	18. C	19. A	20. D	21. B	22. C	23. D	24. C
25. D							

二、多项选择题

1. ABD	2. ACD	3. ABCD	4. ABDE	5. ADE
6. BCD	7. ADE	8. ABD	9. ACDE	10. BD
11. BE	12. ACDE	13. BDE	14. ACE	

三、计算题

1. 样本容量为62,查正态分布表可知置信水平为95%的临界值为1.96,根据公式 $\left(\bar{X} - z_{1-\frac{\alpha}{2}} \frac{S}{\sqrt{n}}, \bar{X} + z_{1-\frac{\alpha}{2}} \frac{S}{\sqrt{n}}\right)$ 可计算得到总体均值的95%的置信区间在122至130之间。

2. $n_0 = Z_{1-0.025}^2 \sigma^2 / \Delta^2 = \dfrac{1.96^2 \times 4.8^2}{1} = 88.51$

$n = \dfrac{n_0}{1 + \dfrac{n_0}{N}} = \dfrac{88.51}{1 + \dfrac{88.51}{3\,000}} = 85.97$

取 $n = 86$。

3. $H_0: p = 15.7\%$　　$H_1: p \neq 15.7\%$

$\hat{p} = \dfrac{62}{400} = 15.5\%$

$Z = \dfrac{\hat{p} - p}{\sqrt{\dfrac{p_0(1-p_0)}{n}}} = \dfrac{0.155 - 0.157}{\sqrt{\dfrac{0.157 \times (1-0.157)}{400}}} = -0.109\,9$

$\because |Z| < |Z_{\frac{\alpha}{2}}| = 1.96$，故不拒绝 H_0，即随机调查的结果验证了该市老年人口比重为 15.7%。

4. $n_0 = Z_{1-0.025}^2 pq / \Delta^2 = \dfrac{1.96^2 \times 0.28 \times 0.72}{0.05^2} = 309.79$

$n = \dfrac{n_0}{1 + \dfrac{n_0 - 1}{N}} = \dfrac{309.79}{1 + \dfrac{308.79}{1\,050}} = 239.2$

取 $n = 240$。

5. $\because x \sim N(\mu, 9)$　　$\therefore \bar{x} \sim N\left(\mu, \dfrac{9}{25}\right)$

在 H_0 成立的情况下，

$P(|\bar{x} - \mu_0| \geqslant c) = P\left(\left|\dfrac{\bar{x} - \mu_0}{3/5}\right| \geqslant \dfrac{5}{3}c\right) = 2\left[1 - \Phi\left(\dfrac{5}{3}c\right)\right] = 0.05$

$\therefore \Phi\left(\dfrac{5}{3}c\right) = 0.975, \dfrac{5}{3}c = 1.96$

$\therefore c = 1.176$

6. $H_0: p_甲 - p_乙 = 0$

$H_1: p_甲 - p_乙 < 0$

$\hat{p}_甲 = \dfrac{18}{60} = 0.3$　　$\hat{p}_乙 = \dfrac{14}{40} = 0.35$

$n_甲 = 60$　　$n_乙 = 40$

$Z = \dfrac{(\hat{p}_甲 - \hat{p}_乙) - (p_甲 - p_乙)}{\sqrt{\dfrac{\hat{p}_甲(1-\hat{p}_甲)}{n_甲} + \dfrac{\hat{p}_乙(1-\hat{p}_乙)}{n_乙}}} = \dfrac{0.30 - 0.35 - 0}{\sqrt{\dfrac{0.30 \times 0.70}{60} + \dfrac{0.35 \times 0.65}{40}}} = -0.52$

由于 $Z > Z_{0.05} = -1.645$，所以不拒绝 H_0，即不能认为乙校学生参加跨校选课人数比例高于甲校。

7. 假定甲机床生产的产品直径服从 $N(\mu_1, \sigma_1^2)$，根据样本观察估计的 $\bar{x} = 20.00, s_{n_1}^2 = 0.012\,9$
假定乙机床生产的产品直径也服从 $N(\mu_2, \sigma_2^2)$，根据样本观察值，计算 $\bar{y} = 20.00, s_{n_2}^2 = 0.396\,7$。

比较甲、乙机床加工的精度，即检验 $H_0: \sigma_1^2 = \sigma_2^2$

$$\therefore F = \frac{s_{n_1}^2}{s_{n_2}^2} = \frac{0.102\ 9}{0.396\ 7} = 0.259\ 4 < F_{0.975,(7,6)} = 5.70$$

由于 $F_{0.05,(7,6)} = \frac{1}{F_{0.975,(6,7)}} = \frac{1}{5.12} = 0.195\ 3 < F$

$\therefore$ 不拒绝 H_0，即不能认为两台机床的加工精度有显著差异。

8. 当 $\alpha = 0.05$ 时，$p(\bar{x} \geqslant 1\ 245) = p\left(\dfrac{\bar{x} - 1\ 200}{\dfrac{300}{\sqrt{100}}} \geqslant \dfrac{1\ 245 - 1\ 200}{\dfrac{300}{\sqrt{100}}}\right) = p(z \geqslant 1.5) = 0.067 >$

0.05，所以不能说该厂的产品质量已显著地高于规定标准；

当 $\alpha = 0.1$ 时，$p(z \geqslant 1.5) = 0.067 < 0.1$，所以能够说该厂的产品质量已显著地高于规定标准。

9. $H_0: \mu = 120 \quad H_1: \mu > 120$

$$p(\bar{x} \geqslant 128.1) = p\left(\dfrac{\bar{x} - 120}{\dfrac{45}{\sqrt{144}}} \geqslant \dfrac{128.1 - 120}{\dfrac{45}{\sqrt{144}}}\right) = p(z \geqslant 2.16) = 0.015\ 4 > \alpha$$

$\therefore$ 不拒绝 H_0，即贷款的平均规模没有超过 120 万元。

10. $H_0: \mu = 80 \quad H_1: \mu \neq 80$

$p(|\bar{x}| \leqslant 83) = p(-83 < \bar{x} < 83) = p(\bar{x} < 83) - p(\bar{x} < -83)$

$$= 2p(\bar{x} < 83) - 1 = 2p\left(\dfrac{\bar{x} - 80}{\dfrac{5}{4}} < \dfrac{83 - 80}{\dfrac{5}{4}}\right) - 1$$

$$= 2p(z < 2.4) - 1 = 0.983\ 64$$

$\therefore p$ 值为 $1 - 0.983\ 64 = 0.016\ 36 < 0.05$，故接受 H_1，认为这种装置的实际平均工作温度与厂方说的有显著差异，厂方的说法不能接受。

11. 旧灭蚊产品的药性持续时间 $X \sim N(10.8, 1.8^2)$，新灭蚊产品的药性持续时间 $Y \sim N(\mu, \sigma^2)$

$H_0: \mu = 13.8$

$H_1: \mu < 13.8$

从总体 Y 取得容量为 7 的样本，计算得到 $\bar{y} = 14.2, s^2 = 5.27$。

由于 Y 的方差未知，用 t 检验：

$$t = \dfrac{\bar{y} - \mu_0}{s}\sqrt{n} = \dfrac{14.2 - 13.8}{\sqrt{5.27}} \times \sqrt{7} = 0.461$$

$t_{0.10,(7-1)} = -1.439\ 8 < t$，所以不能否定新灭蚊产品的灭蚊效果有了新的提高。

12. 两总体均服从正态分布，且方差相等，所以：

$$(\bar{x}_1, \bar{x}_2) \pm t_{1-\frac{\alpha}{2},(n_1+n_2-2)} s_p \sqrt{\dfrac{1}{n_1} + \dfrac{1}{n_2}},$$

其中 $\bar{x}_1 = 25.2, s_1^2 = 16.64, \bar{x}_2 = 22.5, s_2^2 = 14.92, n_1 = n_2 = 10$

$$s_p = \sqrt{\dfrac{(n_1-1)s_1^2 + (n_2-1)s_2^2}{n_1 + n_2 - 2}} = \sqrt{\dfrac{9 \times 16.64 + 9 \times 14.92}{18}} = 3.972$$

$t_{1-\frac{\alpha}{2},(n_1+n_2-2)} = t_{0.975,(18)} = 2.1$

∴ $(25.2-22.5) \pm 2.1 \times 23.972 \times \sqrt{\dfrac{1}{10}+\dfrac{1}{10}}$，即 $(-1.03, 6.43)$。

13. 由于 σ 未知，采用 $t=\dfrac{\bar{x}-\mu}{s/\sqrt{n}}$，其中 $\bar{x}=10.092, s=0.2575, t_{0.975,(11)}=2.201$，故总体均值 μ 的置信区间为 $\left[10.092 \pm \dfrac{2.201 \times 0.2575}{\sqrt{12}}\right]$，即 $(9.9284, 10.2556)$。

14. ∵ σ^2 已知，故 $Z=\dfrac{\bar{x}-\mu}{\sigma/\sqrt{n}}$，$\mu$ 的置信水平为 $(1-\alpha)\%$ 的置信区间长度为：

$$\bar{x}+\dfrac{Z_{1-\alpha}\sigma}{\sqrt{n}}-\bar{x}+\dfrac{Z_{1-\alpha}\sigma}{\sqrt{n}}=2\dfrac{Z_{1-\alpha}\sigma}{\sqrt{n}} \leqslant L$$

∴ $n \geqslant \dfrac{4Z_{1-\alpha}^2 \sigma^2}{L^2}$

15. $H_0: \mu=120, H_1: \mu<120$

$t=\dfrac{117-120}{8/\sqrt{16}}=\dfrac{-3}{2}=-1.5$

∵ $t_{0.95,(15)}=1.7531, t > -t_{0.95,(15)}$

∴ 不拒绝原假设。

16. 由于不知总体是否服从正态分布，且方差未知，并且 $\dfrac{n}{N}=\dfrac{350}{6000}>5\%$，故 μ 的 95% 的置信区间为 $\bar{x} \pm Z_{1-0.05}\dfrac{s}{\sqrt{n}}\sqrt{1-\dfrac{n}{N}}=21.4 \pm 1.96 \times \dfrac{0.15}{\sqrt{350}} \times \sqrt{1-\dfrac{350}{6000}}$，即 $(21.38, 21.42)$，也即有 95% 的把握估计平均长度在 $21.38 \sim 21.42$ mm。

17. 已知 $n=200, \hat{p}=0.3, n\hat{p}=60, n(1-\hat{p})=140$，当 $\alpha=0.05$ 时，$Z_{1-\frac{\alpha}{2}}=1.96$，∴ $\hat{p} \pm Z_{1-\frac{\alpha}{2}}\sqrt{\dfrac{\hat{p}(1-\hat{p})}{n}}=0.3 \pm 1.96 \times 0.0324$，即 $(0.2691, 0.331)$。

18. 由于没有可利用 $\hat{p}$ 估计值，但当 $\hat{p}=0.5$ 时，其方差达到最大值，因此，只能采用 $\hat{p}=0.5$ 计算，虽然这样得到的必要样本容量可能比实际需要的容量要大一些，但可以充分保证足够高的置信水平。

∴ $n=\dfrac{Z_{1-\frac{\alpha}{2}}^2 \hat{p}(1-\hat{p})}{\Delta^2}=\dfrac{1.96^2 \times 0.5 \times 0.5}{0.05^2}=385$

19. 两个总体均服从正态分布，且方差已知，故 $\mu_1-\mu_2$ 的置信度为 95% 的置信区间为：

$(\bar{x}_1-\bar{x}_2) \pm Z_{1-0.025}\sqrt{\dfrac{\sigma_1^2}{n_1}+\dfrac{\sigma_2^2}{n_2}}=(45000-32500) \pm 1.96 \times \sqrt{\dfrac{920}{25}+\dfrac{960}{25}}=12500 \pm 521$

也即有 95% 把握估计甲、乙两证券公司投资者存款数额之差在 $11929 \sim 13021$ 元。

20. 由于 $\dfrac{(n-1)s^2}{\sigma^2} \sim \chi^2_{(n-1)}$，故 σ^2 的置信水平为 90% 的置信区间为：

上限：$\dfrac{(n-1)s^2}{\chi^2_{\frac{\alpha}{2},(n-1)}}=\dfrac{8 \times 11}{2.733}=32.199$

下限：$\dfrac{(n-1)s^2}{\chi^2_{1-\frac{\alpha}{2},(n-1)}}=\dfrac{8 \times 11}{15.507}=5.6749$

由于 $p\left(\dfrac{(n-1)s^2}{\chi^2_{1-\frac{\alpha}{2},(n-1)}} < \sigma^2 < \dfrac{(n-1)s^2}{\chi^2_{\frac{\alpha}{2},(n-1)}}\right) = p\left(\dfrac{s\sqrt{n-1}}{\sqrt{\chi^2_{1-\frac{\alpha}{2},(n-1)}}} < \sigma < \dfrac{s\sqrt{n-1}}{\sqrt{\chi^2_{\frac{\alpha}{2},(n-1)}}}\right)$

$= 1-\alpha$

∴ σ 的置信区间为上限：$\sqrt{32.199} = 5.6744$，下限：$\sqrt{5.6749} = 2.3822$。

21. 假定该产品的直径服从正态分布，则此时 σ^2 的置信度为 95% 的区间为：

$$\left[\dfrac{(n-1)s^2}{\chi^2_{1-\frac{\alpha}{2},(n-1)}}, \dfrac{(n-1)s^2}{\chi^2_{\frac{\alpha}{2},(n-1)}}\right]$$

由于 $p\left(\dfrac{(n-1)s^2}{\chi^2_{1-\frac{\alpha}{2},(n-1)}} < \sigma^2 < \dfrac{(n-1)s^2}{\chi^2_{\frac{\alpha}{2},(n-1)}}\right) = 95\%$

∴ $p\left(\dfrac{s\sqrt{(n-1)}}{\sqrt{\chi^2_{1-\frac{\alpha}{2},(n-1)}}} < \sigma < \dfrac{s\sqrt{(n-1)}}{\sqrt{\chi^2_{\frac{\alpha}{2},(n-1)}}}\right) = 95\%$

式中，$n=10$，$1-\alpha=0.95$，$s=2$，∴ σ 的 95% 的置信区间为 (1.38, 3.65)。

22. 根据题意，总体均值 μ 的 95% 的置信区间为：

$\bar{x} - t_{1-0.025,(16-1)} \dfrac{S}{\sqrt{n}} = 800 - 2.1315 \times \dfrac{300}{\sqrt{16}} \approx 640.14$

$\bar{x} + t_{1-0.025,(16-1)} \dfrac{S}{\sqrt{n}} = 800 + 2.1315 \times \dfrac{300}{\sqrt{16}} \approx 959.86$

总体方差 σ^2 的 95% 的置信区间为：

$\dfrac{(n-1)S^2}{\chi^2_{\frac{\alpha}{2},(n-1)}} = \dfrac{(16-1) \times 200^2}{6.262} \approx 95\,816.03$

$\dfrac{(n-1)S^2}{\chi^2_{1-\frac{\alpha}{2},(n-1)}} = \dfrac{(16-1) \times 200^2}{27.488} \approx 21\,827.71$

所以，总体标准差 σ 的 95% 的置信区间为 $(\sqrt{21\,827.71}, \sqrt{95\,816.03})$，即 (147.74, 309.54)。

23. 因为总体近似服从正态分布，方差未知，所以总体均值 95% 的置信区间为：

$\bar{x} - t_{1-0.025,(16-1)} \dfrac{s}{\sqrt{n}} = 30 - 2.1315 \times \dfrac{8}{\sqrt{16}} = 25.737$

$\bar{x} + t_{1-0.025,(16-1)} \dfrac{s}{\sqrt{n}} = 30 + 2.1315 \times \dfrac{8}{\sqrt{16}} = 34.263$

也即有 95% 的把握估计全部顾客平均年龄在 25.737～34.263 岁。

24. $P(|\mu - \bar{X}| < 1) = P(-1 < \bar{X} - \mu < 1)$

$= P\left(-\dfrac{1}{\sqrt{9/n}} < \dfrac{\bar{X} - \mu}{\sqrt{9/n}} < \dfrac{1}{\sqrt{9/n}}\right)$

$= 2\Phi(\sqrt{n}/3) - 1 \geq 0.90$

所以，$\Phi(\sqrt{n}/3) \geq 0.95$，$\sqrt{n}/3 \geq 1.645$，$n \geq 24.4$，故 n 至少应为 25。

第九章　定量数据的统计分析

一、单项选择题

1. C　　2. C　　3. D　　4. D　　5. D　　6. A　　7. C　　8. A
9. B　　10. D　　11. D　　12. D　　13. C　　14. C　　15. A

二、多项选择题

1. ABDE　　2. DE　　3. BC

三、计算题

1. 根据题意，要检验的假设为：

$$H_0: \mu=290, H_1: \mu \neq 290$$

由于总体服从正态分布，且总体方差已知，所以选取检验统计量

$$Z=\frac{\overline{X}-\mu_0}{\frac{\sigma}{\sqrt{n}}}$$

其观测值为：

$$Z=\frac{287.22-290}{\frac{12}{\sqrt{9}}}=\frac{-2.78}{4}=-0.695$$

查表可得：$Z_{0.95}=1.65$，由于$Z>-Z_{0.95}$，因此无法拒绝原假设，认为该批次的钢丝的折断力和该厂平均折断力290相等。

2. 由题意建立假设：

$$H_0: \mu=130, H_1: \mu \neq 130$$

由于：

$$Z=\frac{\sqrt{n}(\overline{X}-\mu_0)}{\sigma}=\sqrt{200}\times\frac{(142.8-130)}{36.4}=4.97$$

查表可得p值小于0.05，所以拒绝原假设，认为差异具有统计学意义，可认为该管理学院在校生的心理健康平均得分与全国水平不同。

3. 设用一升柴油发动机的运转时间$X \sim N(\mu, \sigma^2)$。现μ, σ^2均未知，样本容量$n=6$，要检验假设：

$$H_0: \mu=30, H_1: \mu<30$$

由于：

$$t = \frac{\sqrt{n}\,(\overline{X}-\mu_0)}{S} = \sqrt{6} \times \frac{(28.67-30)}{1.633} = -2.00$$

而 $-t_{1-\alpha,(n-1)} = -t_{0.95,(5)} = -2.015 < -2.00$

所以无法拒绝原假设 H_0，即可认为装配好的这种发动机符合原设计的要求。

4. 由题意建立假设：

$$H_0: \mu_1 = \mu_2, H_1: \mu_1 \neq \mu_2$$

由于滚珠直径服从正态分布，总体方差相等但未知，所以选取检验统计量

$$t = \frac{\overline{X}_1 - \overline{X}_2}{S_p\sqrt{\frac{1}{n_1}+\frac{1}{n_2}}} = \frac{15.01-14.99}{\sqrt{\frac{7\times 0.096 + 8\times 0.026}{15}} \times \sqrt{\frac{1}{8}+\frac{1}{9}}} = 0.17$$

$t < t_{0.975,(15)} = 2.132$，故无法拒绝原假设，认为两台机床生产的产品直径相同。

5. 由题意建立假设：

$$H_0: \mu_1 = \mu_2, H_1: \mu_1 \neq \mu_2$$

由于杂质含量服从正态分布，总体方差相等但未知，所以选取检验统计量

$$t = \frac{\overline{X}_1 - \overline{X}_2}{S_p\sqrt{\frac{1}{n_1}+\frac{1}{n_2}}} = \frac{25.76-22.51}{\sqrt{\frac{12\times 6.18 + 8\times 1.64}{20}} \times \sqrt{\frac{1}{13}+\frac{1}{9}}} = 3.59$$

$t > t_{0.975,(20)} = 2.0860$，故拒绝原假设，认为这两种方法冶炼时杂志的平均含量有显著差异。

6. 由题意建立假设：

$$H_0: \mu_1 = \mu_2, H_1: \mu_1 \neq \mu_2$$

由于样本容量足够大，根据中心极限定理，计算检验统计量 Z 值：

$$Z = \frac{\overline{x}_1 - \overline{x}_2}{\sqrt{\frac{S_1^2}{n_1}+\frac{S_2^2}{n_2}}} = \frac{134.5-117.6}{\sqrt{\frac{7.1^2}{360}+\frac{10.2^2}{255}}} = 22.83$$

查表可得：$Z_{1-0.05/2} = 1.96$，$Z_{1-0.05/2} < Z$，拒绝原假设，认为差异具有统计学意义。

7. 假定甲机床生产的产品直径服从 $N(\mu_1, \sigma_1^2)$，根据样本观察估计的 $\overline{x} = 20.00$，$s_{n_1}^2 = 0.1029$ 假定乙机床生产的产品直径也服从 $N(\mu_2, \sigma_2^2)$，根据样本观察值，计算 $\overline{y} = 20.00$，$s_{n_2}^2 = 0.3967$。

比较甲、乙机床加工的精度，即检验 $H_0: \sigma_1^2 = \sigma_2^2$

$\therefore F = \dfrac{s_{n_1}^2}{s_{n_2}^2} = \dfrac{0.1029}{0.3967} = 0.2594 < F_{0.975}(7,6) = 5.70$

由于 $F_{0.975,(7,6)} = \dfrac{1}{F_{0.975,(6,7)}} = \dfrac{1}{5.12} = 0.1953 < F$

$\therefore$ 接受 H_0，即不能认为两台机床的加工精度有显著差异。

8. (1) $H_0: \sigma_1^2 = \sigma_2^2, H_1: \sigma_1^2 \neq \sigma_2^2$

检验统计量 $F = \dfrac{S_1^2}{S_2^2} \sim F_{(n_1-1, n_2-1)}$，其观察值为 $F = \dfrac{3.7^2}{4.5^2} \approx 0.6761$

$F_{0.95,(20,15)} = 2.33, F_{0.95,(20,15)} = \dfrac{1}{F_{0.05,(15,20)}} = \dfrac{1}{2.20} \approx 0.4545$。

因为 $0.4545 < 0.6761 < 2.33$，所以接受 $H_0 : \sigma_1^2 = \sigma_2^2$。

(2) $H_0 : \mu_1 = \mu_2, H_1 : \mu_1 < \mu_2$

方差 σ_1^2, σ_2^2 未知，但由(1)知道 $\sigma_1^2 = \sigma_2^2$，因此可用 t 检验。取统计量 $t = \dfrac{\overline{X_1} - \overline{X_2}}{S_p \sqrt{\dfrac{1}{n_1} + \dfrac{1}{n_2}}} \sim$

$t_{(n_1+n_2-2)}$，其观察值为：

$$t = \dfrac{16.5 - 19.5}{\sqrt{\dfrac{20 \times 3.7^2 + 15 \times 4.5^2}{35} \times \left(\dfrac{1}{21} + \dfrac{1}{16}\right)}} = -2.226 < -t_{0.9,(35)} = -1.3062$$

故应拒绝原假设，有关人士有理由做出居民区甲中的家庭每月上网的平均小时数比居民区乙中的家庭少的结论。

9. 根据题意建立假设，

$H_0 : \mu_1 = \mu_2, H_1 : \mu_1 \neq \mu_2$

并选取统计量 $t = \dfrac{\overline{x_1} - \overline{x_2}}{S_p \sqrt{\dfrac{1}{n_1} + \dfrac{1}{n_2}}}$，其观测值为：

$$t = \dfrac{200 - 199}{\sqrt{\dfrac{7 \times 1.7 + 5 \times 1.4}{12} \times \left(\dfrac{1}{8} + \dfrac{1}{6}\right)}} = 1.4754$$

查表 $t_{0.975,(12)} = 2.1788$。由于 $1.4754 < t_{0.975,(12)} = 2.1788$，所以接受原假设，也即有理由认为甲、乙两台灌装机灌装的平均容量无显著差异。

10. 建立假设检验：

$$H_0 : 治疗前后舒张压无变化，即 \mu_d = 0$$

$$H_1 : 治疗前后舒张压有变化，即 \mu_d \neq 0$$

已知：$n = 10, \sum d = 97, \sum d^2 = 2313, \bar{d} = 9.7$

$$S_d = \sqrt{\dfrac{\sum d^2 - (\sum d)^2 / n}{n - 1}} = \sqrt{\dfrac{2313 - (97)^2 / 10}{10 - 1}} = 12.35$$

$$t = \dfrac{\bar{d} - 0}{S_d / \sqrt{n}} = \dfrac{9.7}{12.35 / \sqrt{10}} = 2.484$$

$$v = n - 1 = 9$$

查表，可得：$t_{1-0.05/2,9} = 2.262$，则 $t_{1-0.05/2,9} < t, P < 0.05$，拒绝原假设，认为患者在接受治疗前后的舒张压不同。

11. 解释如下：

(1) 该研究为随机区组设计,因此该研究者所使用的统计分析正确。

(2) 但是在结果解释方面存在一定的问题。经方差分析后三种抗癌药物间的 $F=11.88$,$P<0.01$;不同体重间的 $F=5.95,P<0.05$。这时应该拒绝三种抗癌药物组的小鼠肉瘤重量没有差别的 H_0 假设和不同体重分组的小鼠肉瘤重量没有差别的 H_0 假设,接受各自的 H_1 假设,说明抗癌药物和小鼠体重对小鼠肉瘤重量均有影响。但是,不能根据 P 值的大小,得出抗癌药物的抑瘤效果要比小鼠体重好的结论。此外,解释统计结果时,要结合专业目的。本例中从专业角度讲,小鼠体重应该是检查抗癌药物的抑瘤效果的控制因素,为此,合理的结论是在控制小鼠体重对肉瘤的影响后,抗癌药物对小鼠肉瘤具有抑制作用。

12. H_0:三所中学初一女学生平均身高相同

H_1:三所中学初一女学生平均身高不全相同

由公式计算可得下表:

组别	观测数	求和	平均	方差
1	7	930	132.86	27.88
2	7	1 012.5	144.64	99.21
3	7	1 006.3	143.76	9.76

方差分析结果为:

差异来源	自由度	平方和	均方	F 值
组间	2	603.16	301.58	6.61
组内	18	821.09	45.62	
总计	20	1 424.25		

查表可得:$F_{0.95,(2,18)}=3.55$,所以 $F>F_{0.95,(2,18)}$,拒绝原假设,认为三所中学初一女学生平均身高不全相同。

13.

(1) H_0:三组大鼠的全肺湿重总体均数全相等

H_1:三组大鼠的全肺湿重总体均数不全相等

计算检验统计量 F 值:

$$SS_T = S^2(N-1) = 0.326 \times (24-1) = 7.498$$

$$SS_B = \sum_i n_i (\bar{x}_i - \bar{x})^2$$
$$= 8 \times [(3.812\,5 - 4.245\,8)^2 + (4.237\,5 - 4.245\,8)^2 + (4.687\,5 - 4.245\,8)^2]$$
$$= 3.063$$

$$SS_E = SS_T - SS_B = 7.498 - 3.063 = 4.435$$

$$v_T = 24 - 1 = 23, v_B = 3 - 1 = 2, v_E = 24 - 3 = 21$$

$$MS_B = \frac{3.063}{2} = 1.532$$

$$MS_E = \frac{4.435}{21} = 0.211$$

$$F = \frac{MS_B}{MS_E} = \frac{1.532}{0.211} = 7.261$$

$F_{0.95,(2,21)} = 3.47$，所以 $F_{0.95,(2,21)} < F$，拒绝原假设，认为三组大鼠的全肺湿重不全相等。

（2）利用LSD法比较两两组别的大鼠全肺湿重，建立假设检验：

$H_0: \mu_A = \mu_B$，即所研究的两个对比组的总体均数相等

$H_1: \mu_A \neq \mu_B$，即所研究的两个对比组的总体均数不等

计算检验统计量：已知 $n_A = n_B$，$MS_E = 0.211$

由于本例各组例数相等，故任意两组均数差值的标准误相等，即：

$$S_{\bar{x}_A - \bar{x}_B} = \sqrt{0.211 \times \left(\frac{1}{8} + \frac{1}{8}\right)} = 0.229\,7$$

计算 LSD-t 值，如下表：

对比组 A 与 B (1)	$\|\bar{x}_A - \bar{x}_B\|$ (2)	t 值 (3)=(2)/0.229 7 (3)	t 界值 0.05 (4)	P (5)
甲和乙	0.425	1.850 2	2.080	>0.05
甲和丙	0.875	3.809	2.080	<0.05
乙和丙	0.450	1.959	2.080	>0.05

由表可以看出，甲组和丙组的总体均数差异有统计学意义，甲组和乙组、乙组和丙组的总体均数差异均无统计学意义。

第十章　有序分类数据的统计分析

一、单项选择题

1. B　　2. C　　3. C　　4. C　　5. B　　6. B　　7. D　　8. B
9. A　　10. C　　11. A　　12. B

二、多项选择题

1. AC　　2. ACE　　3. ABC　　4. ACE　　5. AC

三、计算题

1. 由题意可建立如下假设：

H_0：这两种种子没有显著差异；

H_1：这两种种子具有显著差异。

在原假设成立的条件下，用 Wilcoxon 带符号的等级检验法的计算过程如下表：

	1	2	3	4	5	6	7	8	合计
种子 A	209	200	177	169	163	167	187	198	—
种子 B	151	168	147	164	166	163	176	188	—
$d=A-B$	58	32	30	5	−3	4	11	10	—
$\|d\|$ 的等级	8	7	6	3	1	2	5	4	—
T_+	8	7	6	3		2	5	4	35
T_-					1				1

本题为双侧检验,且 $\alpha=0.05$,查 Wilcoxon T 值表,得临界值 $T_{0.05}=3$。

因 $T_-=1<T_{0.05}$,所以拒绝原假设,接受备择假设,即认为这两种种子具有显著差异。

2. 由题意,可建立假设:

H_0:这两种万能胶的效用没有显著差别;

H_1:一种万能胶比另一种有效。

本题采用 Wilcoxon 的等级检验方法比符号检验方法更好,其计算过程如下表:

材 料	1	2	3	4	5	6	7	8	9	10	合计
A	10	9	20	40	14	30	26	30	30	42	—
B	12	10	23	45	12	31	20	65	32	39	—
$d=A-B$	−2	−1	−3	−5	2	−1	6	−35	−2	3	—
$\|d\|$ 的等级	4	1.5	6.5	8	4	1.5	9	10	4	6.5	—
T_+					4		9			6.5	19.5
T_-	4	1.5	6.5	8		1.5		10	4		35.5

本题为单侧检验,且 $\alpha=0.05$,$n=10$,查 Wilcoxon T 值表,得临界值 $T_{0.05}=10$,因 $T_+=19.5>T_{0.05}$,所以接受原假设,即认为这两种万能胶的效用没有显著差别。

3. 由题意,可建立假设:

H_0:小猪的公或母对饲养增重没有显著影响;

H_1:小猪的公或母对饲养增重具有显著影响。

本题中小母猪与小公猪最后测试的头数不同,且它们是独立的,所以不能用成对比较检验,而应采用曼-惠特尼 U 检验的方法。

我们将小母猪与小公猪的增重按从小到大的顺序排列,并用 A 表示小母猪,用 B 表示小公猪,计算过程如下表:

等 级	分 数	A 或 B	等 级	分 数	A 或 B
1	8.46	B	9	9.57	A
2	8.52	A	10	9.98	B
3	8.86	A	11	10.14	B
4	8.92	B	12	10.17	B
5	9.14	B	13	10.21	A
6	9.21	A	14	10.53	A
7	9.31	A	15	11.04	B
8	9.43	B			

我们用 n_A 表示小母猪的样本容量,用 n_B 表示小公猪的样本容量。$n_A=7, n_B=8$。

用 T_A 表示 n_A 号样本中各项的等级和,则,T_A 是 2、3、6、7、9、13、14 名等级的和,$T_A = 54$。类似地,$T_B = 66$。现计算 U 值:

$$U_A = n_1 n_2 + \frac{n_1(n_1+1)}{2} - T_A = 7 \times 8 + \frac{7 \times 8}{2} - 54 = 30$$

$$U_B = n_1 n_2 + \frac{n_2(n_2+1)}{2} - T_B = 7 \times 8 + \frac{8 \times 9}{2} - 66 = 26$$

$U_A + U_B = n_A \times n_B$,说明计算结果正确。

因这是双侧检验,由显著性水平 $\alpha=0.05, n_A=7, n_B=8$,查表得 U 的临界值 $U_\alpha=10$,故接受 H_0,也即断定小猪的公或母对饲养增重没有显著影响。

4. 由题意,可建立假设:

H_0:两台机器的填料水平总体之间没有显著的差别;

H_1:两台机器的填料水平总体之间具有显著的差别。

在两台填料机的产量中将所选择的 5 个填料容器内的流体容量按从小到大的顺序排列,计算过程如下表:

等 级	分 数	A 或 B	等 级	分 数	A 或 B
1	30	A	6	31	B
2	30.2	A	7.5	31.2	A
3	30.5	A	7.5	31.2	B
4	30.7	A	9	31.4	B
5	30.9	B	10	31.5	B

我们用 n_A 表示机器 A 的样本容量,用 n_B 表示机器 B 的样本容量。$n_A=5, n_B=5$。

用 T_A 表示 n_A 号样本中各项的等级和,则 T_A 是 1、2、3、4、7.5 名等级的和,$T_A=17.5$。类似地,$T_B=37.5$。现计算 U 值:

$$U_A = n_1 n_2 + \frac{n_1(n_1+1)}{2} - T_A = 5 \times 5 + \frac{5 \times 6}{2} - 17.5 = 22.5$$

$$U_B = n_1 n_2 + \frac{n_2(n_2+1)}{2} - T_B = 5 \times 5 + \frac{5 \times 6}{2} - 37.5 = 2.5$$

因这是双侧检验,由显著性水平 $\alpha=0.05, n_A=5, n_B=5$,查表得 U 的临界值,$U_\alpha=4 > U_B$,故拒绝原假设,接受备择假设,即可认为两台机器的填料水平总体之间具有显著的差别。

5. 这是双侧检验。

这里,X 的观察数目 n_1 与 Y 的观察数目 n_2 都等于 20,实际游程个数 $r=25$。查游程检验表,得到临界值为 14 和 28,由于 $14 < 25 < 28$,故接受原假设 H_0,也即断定该样本具有随机性。对两种电视广告手段具有显著偏爱。

若这些单位对两种电视广告手段没有显著偏爱,则对两种电视广告手段所花费的广告费总额应差不多,用符号检验方法,把原数据计算差异后列于下表:

刊登广告的单位（代号）	电视联播(1)	穿插播放(2)	差 异 (3)=(1)-(2)
A	44	49	−
B	46	36	+
C	40	26	+
D	38	20	+
E	36	11	+
F	15	16	−
G	15	18	−
H	27	16	+
I	24	17	+
J	18	13	+

如果原假设成立,出现"+"、"−"号的个数应大致相等,其概率都为0.5。本题 $n=10\leqslant 30$,可用二项分布处理。

由 $\alpha=0.05,\left(\dfrac{\alpha}{2}=0.025\right)$ 确定拒绝域,查二项分布表($n=10,P=0.5$),可得:

出现正(负)号的个数	0	1	2	3	4	5	6	7	8	9	10
概 率	.001	.009 7	.044	.117 2	.195 1	.246	.195 1	.117 2	.044	.009 7	.001

可见,拒绝域(双侧)应为 0,1,9,10。

现检验统计量(+)=7(即 7 正号),0.117 2>0.025。

所以,原假设在 5% 显著性水平上不能被拒绝,即认为这 10 家刊登广告的单位对两种电视广告手段没有显著偏爱。

6. 由题意仍可建立的假设为:

H_0：这 10 家刊登广告的单位对两种电视广告手段没有显著偏爱;

H_1：这 10 家刊登广告的单位对两种电视广告手段具有显著偏爱。

本题采用 Wilcoxon 符号秩检验方法,其计算过程如下表:

刊登广告的单位（代号）	电视联播(1)	穿插播放(2)	$d=(1)-(2)$	$|d|$的等级	T_+	T_-
A	44	49	−5	3.5		3.5
B	46	36	+10	6	6	
C	40	26	+14	8	8	
D	38	20	+18	9	9	
E	36	11	+25	10	10	
F	15	16	−1	1		1
G	15	18	−3	2		2
H	27	16	+11	7	7	
I	24	17	+7	5	5	
J	18	13	+5	3.5	3.5	
合 计					48.5	6.5

本题为双侧检验,且 $\alpha=0.05$,$n=10$,查 Wilcoxon 符号秩检验的 T 值表,得临界值 $T_{0.05}=8$。

因 $T_-=6.5<T_{0.05}$,所以拒绝原假设,接受备择假设,即认为这 10 家刊登广告的单位对两种电视广告手段具有显著偏爱。本结论与习题 5 中运用符号检验所得出的结论是不相同的,造成这种差别的原因是符号检验没有充分利用样本所提供的全部信息,未免显得粗略。而威尔科克森秩和检验不但考虑到了正负号,还采用了其差别大小的信息。因此,它是一个更为有效的非参数统计方法。

7. 建立假设检验,确定检验水准。

H_0:该药对两种病情的疗效相同;

H_1:该药对两种病情的疗效不同。

混合编秩,求各组秩和。

疗 效	单纯型	合并肺气肿	合 计	秩号范围	平均秩次	秩 和 单纯型	秩 和 合并肺气肿
无效	13	11	24	1～24	12.5	162.5	137.5
有效	30	23	53	25～77	51	1 530	1 173
显著	18	6	24	78～101	89.5	1 611	537
痊愈	65	42	107	102～208	155	10 075	6 510
合计	126	82	208	—	—	13 378.5	8 357.5

所以单纯型秩和:$R_1=13\,378.5$,单纯型合并肺气肿秩和:$R_2=8\,357.5$

计算秩检验统计量:$Z=0.543$,$P=0.587\,4>0.05$

在 $\alpha=0.05$ 的检验水准下,无法拒绝原假设,不能认为两样本来自不同的总体,即没有足够的证据可以推断该药对两种病情的疗效不同。

8. 建立假设检验,确定检验水准。

H_0:三个班级学生的阅读时间相同;

H_1:三个班级学生的阅读时间不完全相同。

混合编秩,求各组秩和,相等的值取平均秩。

一班	秩次	二班	秩次	三班	秩次
5.3	10	7.1	15	11.4	19
7.9	17	6.6	13.5	0.5	1
8.7	18	6.5	12	1.6	3
4.3	7	14.8	21	2.3	4
6.6	13.5	17.3	22	3.1	5
6.4	11	3.4	6	1.4	2
		13.4	20	4.4	8
		7.6	16	5.1	9

求秩和:$R_1=76.5$,$R_2=125.5$,$R_3=51$

计算统计量:

$$H=\frac{12}{N(N+1)}\sum\frac{R_i^2}{n_i}-3(N+1)=\frac{12}{22\times 23}\left(\frac{76.5^2}{6}+\frac{125.5^2}{8}+\frac{51^2}{8}\right)-3\times 23=8.532$$

$$\nu = k - 1 = 2$$

查 H 界值表：$p < 0.05$

拒绝原假设，认为三个班级学生的阅读时间不完全相等。

第十一章 无序分类数据的统计分析

一、单项选择题

1. B   2. C   3. B   4. D   5. B   6. D   7. B   8. B
9. D   10. D   11. B   12. C

二、多项选择题

1. AB   2. ADE   3. AE   4. BC   5. ABC

三、计算题

1. 要检验本问题，可建立的假设为：

H_0：故障的实际分布与正态分布没有明显差别；

H_1：故障的实际分布与正态分布有明显差别。

在原假设成立的条件下，可设机器出现故障之前的实际月份为 f_o，机器出现故障之前的期望月份为 f_e，进行 χ^2 检验：

因为

$$\chi^2 = \sum \frac{(f_o - f_e)^2}{f_e}$$

$$= \frac{(6-9)^2}{9} + \frac{(24-17)^2}{17} + \frac{(28-27)^2}{27} + \frac{(18-25)^2}{25} + \frac{(14-15)^2}{15} + \frac{(10-7)^2}{7} = 7.23$$

而自由度为 6−1、$\alpha = 0.05$ 的 χ^2 分布的临界值 $\chi^2(5) = 11.071 > 7.23$，所以接受原假设，即认为故障的实际分布与正态分布没有明显差别。

2. 建立检验假设，确定检验水准

（1）H_0：两种培养基接种培养弯曲菌的阳性率相同；

H_1：两种培养基接种培养弯曲菌的阳性率不同。

$\alpha = 0.05$

求检验统计量 χ^2 值和自由度 v

本例对子数不一致的数为，$b = 17, c = 8, b + c < 40$，计算校正 χ^2 值：

$$\chi^2 = \frac{(|b-c|-1)^2}{b+c} = \frac{(|17-8|-1)^2}{17+8} = 2.56$$

$$v = 1$$

查表可知：$\chi^2_{0.95,1} = 3.84, \chi^2 < \chi^2_{0.95,1}, p > 0.05$，无法拒绝原假设，尚不能认为两种培养基接种培养弯曲菌的阳性率不相同。

（2）H_0：两种培养基结果之间无关联性；

H_1：两种培养基结果之间有关联性。

$\alpha=0.05$

求检验统计量 χ^2 值和自由度 v：

$$\chi^2 = \frac{(ad-bc)^2 \cdot N}{(a+b)(c+d)(a+c)(b+d)} = 21.89$$
$$v = 1$$

查表可知，$\chi^2_{0.95,1}=3.84$，$\chi^2 > \chi^2_{0.95,1}$，$P<0.05$，拒绝原假设。尚不能认为两种培养基结果之间没有关联性。

3. 由题意可建立的假设为：

H_0：居民对两种商标的偏好与社会经济阶层没有明显的关系；

H_1：居民对两种商标的偏好与社会经济阶层有明显的关系。

在原假设成立的条件下，可用 χ^2 进行独立性检验，计算的理论频数 $E_{ij}\left(E_{ij}=\frac{n_j \times n_i}{n}\right)$ 列于下表的括号中：

商标	社会经济阶层			总计
	A	B	C	
1	125(130)	110(110.5)	90(84.5)	325
2	75(70)	60(59.5)	40(45.5)	175
总计	200	170	130	500

因为

$$\chi^2 = \sum\sum \frac{(O_{ij}-E_{ij})^2}{E_{ij}} = \frac{(125-130)^2}{130} + \frac{(75-70)^2}{70} + \frac{(110-110.5)^2}{110.5} + \frac{(60-59.5)^2}{59.2} + \frac{(90-84.5)^2}{84.5} + \frac{(40-45.5)^2}{45.5} = 1.58$$

而自由度为 $(2-1)(3-1)$、$\alpha=0.05$ 的 χ^2 分布的临界值 $\chi^2_{(2)}=5.991 > 1.58$，所以接受原假设，即认为居民对两种商标的偏好与社会经济阶层没有明显的关系。

4. 由题意可建立的假设为：

H_0：工人的生产水平与年龄没有明显的关系；

H_1：工人的生产水平与年龄有明显的关系。

在原假设成立的条件下，可用 χ^2 进行独立性检验，计算的理论频数 $E_{ij}\left(E_{ij}=\frac{n_j \times n_i}{n}\right)$ 列于下表的括号中：

年龄组	工人的生产水平			总计
	高	中	低	
18~30	12(12.4)	15(15.2)	13(12.4)	40
31~45	11(10.85)	13(13.3)	11(10.85)	35
45~65	8(7.75)	10(9.5)	7(7.75)	25
总计	31	38	31	100

因为
$$\chi^2 = \sum\sum \frac{(O_{ij}-E_{ij})^2}{E_{ij}} = \frac{(12-12.4)^2}{12.4}+\frac{(11-10.85)^2}{10.85}+\frac{(8-7.75)^2}{7.75}+\frac{(15-15.2)^2}{15.2}+$$
$$\frac{(13-13.3)^2}{13.3}+\frac{(10-9.5)^2}{9.5}+\frac{(13-12.4)^2}{12.4}+\frac{(11-10.85)^2}{10.85}+\frac{(7-7.75)^2}{7.75}=0.16$$

而自由度为$(3-1)(3-1)$、$\alpha=0.05$ 的χ^2分布的临界值$\chi^2_{(4)}=9.488>0.16$,所以接受原假设,即认为工人的生产水平与年龄没有明显的关系。

5. 由题意可建立如下假设:

H_0：不同结账台的顾客人数没有明显的不同,即认为不同结账台的顾客人数服从均匀分布;

H_1：不同结账台的顾客人数具有明显的不同,即认为不同结账台的顾客人数不服从均匀分布。

在原假设成立的条件下,可用χ^2进行拟合优度检验,每个结账台顾客人数的理论频数为:

$(84+110+146+152+61+47)/6=100$

因为
$$\chi^2 = \sum \frac{(f_o-f_e)^2}{f_e} = \frac{(84-100)^2}{100}+\frac{(110-100)^2}{100}+\frac{(146-100)^2}{100}+\frac{(152-100)^2}{100}+$$
$$\frac{(61-100)^2}{100}+\frac{(47-100)^2}{100}=95.06$$

而自由度为$6-1$、$\alpha=0.05$ 的χ^2分布的临界值$\chi^2_{(5)}=11.071<95.06$,所以拒绝原假设,接受备择假设,即认为不同结账台的顾客人数具有明显的不同,不服从均匀分布。

6. 由题意可建立如下假设:

H_0：自从新旅馆开业以来该经理的旅馆空房间数模型没有显著变化;

H_1：自从新旅馆开业以来该经理的旅馆空房间数模型有了显著变化。

在原假设成立的条件下,100天的理论频数应有如下分布：

空房间数	0	1	2	3	$\geqslant 4$
天 数	8	16	35	25	16
理论天数	10	25	35	20	10

可用χ^2进行拟合优度检验,

因为
$$\chi^2 = \sum \frac{(f_o-f_e)^2}{f_e} = \frac{(8-10)^2}{10}+\frac{(16-25)^2}{25}+\frac{(35-35)^2}{35}+\frac{(25-20)^2}{20}+\frac{(16-10)^2}{10}$$
$$=8.49$$

而自由度为$5-1$、$\alpha=0.05$ 的χ^2分布的临界值$\chi^2_{(4)}=9.488>8.49$,所以接受原假设,即认为自从新旅馆开业以来该经理的旅馆空房间数模型没有显著变化。

7. 由题意,可建立假设:

H_0：不同机器生产的有缺陷的纽扣数目没有明显的不同,服从均匀分布;

H_1：不同机器生产的有缺陷的纽扣数目具有明显的不同,不服从均匀分布。

在原假设成立的条件下,不同机器生产的有缺陷的纽扣理论数目应为:

$(16+24+11)/3=17$

即有：

机器编号	1	2	3
有缺陷的纽扣数目	16	24	11
理论数目	17	17	17

因而，可用 χ^2 进行拟合优度检验，

$$\chi^2 = \sum \frac{(f_o-f_e)^2}{f_e} = \frac{(16-17)^2}{17} + \frac{(24-17)^2}{17} + \frac{(11-17)^2}{17} = 5.059$$

自由度为 3−1、$\alpha=0.05$ 的 χ^2 分布的临界值 $\chi^2_{(2)}=5.991>5.059$，而自由度为 3−1、$\alpha=0.10$ 的 χ^2 分布的临界值 $\chi^2_{(2)}=4.605<5.059$，所以，当 $\alpha=0.05$ 时，没有充分的理由认为不同机器生产的有缺陷的纽扣数目不服从均匀分布，接受原假设；当 $\alpha=0.10$ 时，可拒绝原假设，接受备择假设。

8. 由题意，可建立假设：

H_0：顾客对颜色的喜爱没有显著差别，服从均匀分布；

H_1：顾客对颜色的喜爱具有显著差别，不服从均匀分布。

在原假设成立的条件下，喜爱 4 种不同颜色的顾客理论数目均为 50，因而，可用 χ^2 进行拟合优度检验：

$$\chi^2 = \sum \frac{(f_o-f_e)^2}{f_e} = \frac{(50-50)^2}{50} + \frac{(75-50)^2}{50} + \frac{(30-50)^2}{50} + \frac{(45-50)^2}{50} = 21$$

自由度为 4−1、$\alpha=0.05$ 的 χ^2 分布的临界值 $\chi^2_{(3)}=9.488<21$，所以拒绝原假设，接受备择假设，即认为顾客对颜色的喜爱具有显著差别，不服从均匀分布。

9. 由题意，可建立假设：

H_0：布匹上的疵点数服从泊松分布；

H_1：布匹上的疵点数不服从泊松分布。

泊松分布的参数 λ 可根据样本平均数估计，经计算，样本平均数 $\bar{x}=1.8$。在原假设成立的条件下，布匹上疵点数的理论频数为：

疵点数	0	1	2	3	4	≥5
布匹数	12	22	8	7	6	5
理论频率	0.165 3	0.297 5	0.267 8	0.160 7	0.072 3	0.036 4
理论次数	10	18	16	10	4	2

合并

因而，可用 χ^2 进行拟合优度检验，

$$\chi^2 = \sum \frac{(f_o-f_e)^2}{f_e} = \frac{(12-10)^2}{10} + \frac{(22-18)^2}{18} + \frac{(8-16)^2}{16} + \frac{(7-10)^2}{10} + \frac{(11-6)^2}{6}$$
$$= 10.36$$

因为参数 λ 是由样本平均数估计的，可查自由度为 5−1−1=3、$\alpha=0.05$ 的 χ^2 分布，得临界值 $\chi^2_{(3)}=7.815<10.36$。所以拒绝原假设，接受备择假设，即认为布匹上的疵点数不服从泊松分布。

10. 由题意,可建立假设:

H_0:各年级学生的打算没有显著差别;

H_1:各年级学生的打算具有显著的差别。

在原假设成立的条件下,可用 χ^2 进行独立性检验,计算的理论频数 E_{ij} $\left(E_{ij}=\dfrac{n_{\cdot j}\times n_{i\cdot}}{n}\right)$ 列于下表的括号中:

	找工作	上大学	未　定	总　计
一年级	50(63)	50(105)	250(182)	350
二年级	50(63)	100(105)	200(182)	350
三年级	80(54)	150(90)	70(156)	300
总　计	180	300	520	1 000

因为

$$\chi^2=\sum\dfrac{(O_{ij}-E_{ij})^2}{E_{ij}}=\dfrac{(50-63)^2}{63}+\dfrac{(50-63)^2}{63}+\dfrac{(80-54)^2}{54}+\dfrac{(50-105)^2}{105}+$$

$$\dfrac{(100-105)^2}{105}+\dfrac{(150-90)^2}{90}+\dfrac{(250-182)^2}{182}+\dfrac{(200-182)^2}{182}+\dfrac{(70-156)^2}{156}=161.53$$

而自由度为 $(3-1)(3-1)$、$\alpha=0.05$ 的 χ^2 分布的临界值 $\chi^2_{(4)}=9.488<161.53$,所以拒绝原假设,接受备择假设,即可认为各年级学生的打算具有显著的差别。

11. 由题意,可建立假设:

H_0:股东们对合并的意见并不取决于他们所掌握的股份数;

H_1:股东们对合并的意见取决于他们所掌握的股份数。

在原假设成立的条件下,可用 χ^2 进行独立性检验,计算的理论频数 E_{ij} $\left(E_{ij}=\dfrac{n_{\cdot j}\times n_{i\cdot}}{n}\right)$ 列于下表的括号中:

所掌握的股份数	意见 赞　成	意见 反　对	意见 未　定	总　计
1 000 份以下	38(30)	16(24)	6(6)	60
1 000～5 000 份	30(30)	22(24)	8(6)	60
5 000 份以上	32(40)	42(32)	6(8)	80
总　计	100	80	20	200

因为

$$\chi^2=\sum\dfrac{(O_{ij}-E_{ij})^2}{E_{ij}}=\dfrac{(38-30)^2}{30}+\dfrac{(30-30)^2}{30}+\dfrac{(32-40)^2}{40}+\dfrac{(16-24)^2}{24}+$$

$$\dfrac{(22-24)^2}{24}+\dfrac{(42-32)^2}{32}+\dfrac{(6-6)^2}{6}+\dfrac{(8-6)^2}{6}+\dfrac{(6-8)^2}{8}=10.86$$

而自由度为 $(3-1)(3-1)$、$\alpha=0.05$ 的 χ^2 分布的临界值 $\chi^2_{(4)}=9.488<10.86$,所以拒绝原假设,接受备择假设,即可认为股东们对合并的意见取决于他们所掌握的股份数。

12. 由题意,可建立假设:

H_0:股东们对拟议合并的反应不取决于股东的性别;

H_1:股东们对拟议合并的反应取决于股东的性别。

在原假设成立的条件下,可用 χ^2 进行独立性检验,计算的理论频数 $E_{ij}\left(E_{ij}=\dfrac{n_{.j}\times n_{i.}}{n}\right)$ 列于下表的括号中:

性 别	意 见 赞 成	意 见 反 对	意 见 未 定	总 计
男	45(50)	45(40)	10(10)	100
女	55(50)	35(40)	10(10)	100
总 计	100	80	20	200

因为

$$\chi^2 = \sum \frac{(O_{ij}-E_{ij})^2}{E_{ij}}$$

$$= \frac{(45-50)^2}{50}+\frac{(55-50)^2}{50}+\frac{(45-40)^2}{40}+\frac{(35-40)^2}{40}+\frac{(10-10)^2}{10}+\frac{(10-10)^2}{10}=5.25$$

而自由度为 $(2-1)(3-1)$、$\alpha=0.05$ 的 χ^2 分布的临界值 $\chi^2_{(2)}=7.378>5.25$,所以接受原假设,即可认为股东们对拟议合并的反应不取决于股东的性别。

13. 由题意可建立的假设为:

H_0:这种血清对于关节炎患者的病情没有明显的改善作用;

H_1:这种血清对于关节炎患者的病情具有明显的改善作用。

在原假设成立的条件下,可用 χ^2 进行独立性检验,计算的理论频数 $E_{ij}\left(E_{ij}=\dfrac{n_{.j}\times n_{i.}}{n}\right)$ 列于下表的括号中:

	注射血清	注射安慰剂	总 计
已改善	117(95.5)	74(95.5)	191
未改善	83(104.5)	126(104.5)	209
总 计	200	200	400

因为

$$\chi^2 = \sum \frac{(O_{ij}-E_{ij})^2}{E_{ij}} = \frac{(117-95.5)^2}{95.5}+\frac{(74-95.5)^2}{95.5}+\frac{(83-104.5)^2}{104.5}+\frac{(126-104.5)^2}{104.5}$$

$$=18.5275$$

而自由度为 $(2-1)(2-1)$、$\alpha=0.05$ 的 χ^2 分布的临界值 $\chi^2_{(1)}=3.81<18.5275$,所以拒绝原假设,接受备择假设,即认为这种血清对于关节炎患者的病情具有明显的改善作用。

注意本题的联列表为 2×2,所以 χ^2 值的计算公式可以按下式简化:

$$\chi^2 = \frac{n(ad-bc)^2}{(a+c)(b+d)(a+b)(c+d)} = \frac{400(117\times 126-74\times 83)^2}{200\times 200\times 191\times 209}=18.5275$$

结果与以上方法相同。

14. 由题意可建立的假设为：

H_0：经济衰退时期，刺激经济发生转机的最好办法的意见在企业总经理、经济学家和政府官员之间没有存在明显的分歧，即是独立的；

H_1：这些意见在企业总经理、经济学家和政府官员之间存在明显的分歧，即是不独立的。

在原假设成立的条件下，可用 χ^2 进行独立性检验，计算的理论频数 $E_{ij}\left(E_{ij}=\dfrac{n_{.j}\times n_{i.}}{n}\right)$ 列于下表的括号中：

意 见	企业总经理	经济学家	政府官员	合 计
增加政府经费	10(21.33)	15(21.33)	39(21.33)	64
削减私人所得税	37(35.67)	37(35.67)	33(35.67)	107
降低利率	24(24.33)	34(24.33)	15(24.33)	73
为企业提供税收刺激	29(18.67)	14(18.67)	13(18.67)	56
合 计	100	100	100	300

因为

$$\chi^2=\sum\dfrac{(O_{ij}-E_{ij})^2}{E_{ij}}=\dfrac{(10-21.33)^2}{21.33}+\dfrac{(15-21.33)^2}{21.33}+\dfrac{(39-21.33)^2}{21.33}+\dfrac{(37-35.67)^2}{35.67}+$$

$$\dfrac{(37-35.67)^2}{35.67}+\dfrac{(33-35.67)^2}{35.67}+\dfrac{(24-24.33)^2}{24.33}+\dfrac{(34-24.33)^2}{24.33}+\dfrac{(15-24.33)^2}{24.33}+$$

$$\dfrac{(29-18.67)^2}{18.67}+\dfrac{(14-18.67)^2}{18.67}+\dfrac{(13-18.67)^2}{18.67}=38.9$$

而自由度为(3−1)(4−1)、$\alpha=0.05$ 的 χ^2 分布的临界值 $\chi^2_{(6)}=12.592<38.9$，所以拒绝原假设，接受备择假设，即认为经济衰退时期刺激经济发生转机的最好办法的意见在企业总经理、经济学家和政府官员之间存在明显的分歧，即不是独立的。

第十二章　相关分析

一、单项选择题

1. D　　2. D　　3. D　　4. C　　5. D　　6. A　　7. A　　8. C
9. C　　10. D　　11. C　　12. C

二、多项选择题

1. CD　　2. BC　　3. ABDE　　4. AB　　5. BD

三、计算题

1. $r=\dfrac{n\sum xy-\sum x\sum y}{\sqrt{n\sum x^2-(\sum x)^2}\sqrt{n\sum y^2-(\sum y)^2}}=-0.0155$

不存在很强的线性相关关系,通过散点图观察,可能存在曲线相关关系。

2. (1) 散点图(略)。

(2) $r = \dfrac{n\sum xy - \sum x \sum y}{\sqrt{[n\sum x^2 - (\sum x)^2][n\sum y^2 - (\sum y)^2]}}$

$= \dfrac{10 \times 313 - 65 \times 58}{\sqrt{[10 \times 523 - (65)^2][10 \times 396 - (58)^2]}} = -0.827$

两者呈高度线性负相关。

(3) $H_0: \rho = 0, H_1: \rho \neq 0$

$t = \sqrt{\dfrac{r^2}{1-r^2}(n-2)} = \sqrt{\dfrac{(-0.827)^2}{1-(-0.827)^2} \times (10-2)} = 4.16 > t_{0.975,(8)} = 3.355$,

∴ 拒绝原假设。

3. (1) 散点图(略)。

(2) $r = \dfrac{n\sum xy - \sum x \sum y}{\sqrt{[n\sum x^2 - (\sum x)^2][n\sum y^2 - (\sum y)^2]}}$

$= \dfrac{6 \times 4\,177.5 - 32.6 \times 745}{\sqrt{[6 \times 189.74 - (32.6)^2][6 \times 93\,875 - (745)^2]}} = 0.986\,1$

月产量和生产费用成高度正相关。

4. (1) 散点图(略)。

(2) $r = 0.998\,7$

(3) $H_0: \rho = 0, H_1: \rho \neq 0$

$t = \sqrt{\dfrac{r^2}{1-r^2}(n-2)} = 33.924 > t_{0.975,(3)} = 3.182$

∴ 拒绝原假设。

5. (1) 散点图(略)。

(2) $r = \dfrac{n\sum xy - \sum x \sum y}{\sqrt{n\sum x^2 - (\sum x)^2}\sqrt{n\sum y^2 - (\sum y)^2}} = 0.952\,9$

这10名学生的学习态度和学业成绩成高度正相关。

第十三章　回归分析

一、单项选择题

1. A　　2. C　　3. D　　4. D　　5. D　　6. D　　7. D　　8. A
9. B　　10. C　　11. C　　12. B　　13. D　　14. C　　15. B　　16. D
17. A　　18. D

二、多项选择题

1. ABE　　2. AC　　3. ACDE　　4. ABD　　5. ABCD

6. ACDE 7. ABC 8. BC 9. AB 10. ABC
11. AB 12. ABC 13. ABDE 14. ABD 15. ABE
16. BC

三、计算题

1. $b = r\dfrac{\sigma_y}{\sigma_x} = 0.9 \times 3 = 2.7$

$a = \bar{y} - b\bar{x} = -14$

$\hat{y} = -14 + 2.7x$

2. $r = \dfrac{n\sum xy - \sum x \sum y}{\sqrt{n\sum x^2 - (\sum x)^2}\sqrt{n\sum y^2 - (\sum y)^2}}$

$= \dfrac{12 \times 46\,560 - 60 \times 8\,520}{\sqrt{12 \times 352 - (60)^2}\sqrt{12 \times 6\,428\,800 - (8\,520)^2}} = 0.891\,3$

$b = \dfrac{n\sum xy - \sum x \sum y}{n\sum x^2 - (\sum x)^2} = \dfrac{12 \times 46\,560 - 60 \times 8\,520}{12 \times 352 - (60)^2} = 76.15$

$a = \bar{y} - b\bar{x} = \dfrac{8\,520}{12} - 76.15 \times \dfrac{60}{12} = 329.25$

$\therefore \hat{y} = 329.25 + 76.15x$

3. (1) $b = \dfrac{\sigma_{xy}}{\sigma_x^2} = \dfrac{985.5}{101.2} = 9.74$

$a = \bar{y} - b\bar{x} = 380 - 9.74 \times 27 = 117.07$

$\hat{y} = 117.07 + 9.74x$

(2) $S_{yx} = \sqrt{\dfrac{\sum (y - \hat{y})^2}{n - 2}} = \sqrt{\dfrac{33\,897}{8}} = \sqrt{4\,237.13} = 65.09$

(3) $r = \dfrac{\sigma_{xy}}{\sigma_x \sigma_y} = \dfrac{985.5}{\sqrt{101.2} \cdot \sqrt{12\,995}} = 0.86$

说明亩产量与施肥量呈高度线性正相关。

$r^2 = 0.74$，说明总编差中有 74% 可由回归偏差来解释，模型是比较合适的。

(4) $E(y_0) = \hat{y}_0 \pm t_{1-\frac{\alpha}{2}}(n-2) S_{yx} \sqrt{\dfrac{1}{n} + \dfrac{(x_0 - \bar{x})^2}{\sum (x - \bar{x})^2}}$

$= 117.07 + 9.74 \times 35 \pm 1.86 \times 65.09 \times \sqrt{\dfrac{1}{10} + \dfrac{(35 - 27)^2}{10 \times 101.2}}$

$= 457.97 \pm 48.91 = (409.06, 506.88)$

$y_0 = \hat{y}_0 \pm t_{1-\frac{\alpha}{2}}(n-2) S_{yx} \sqrt{1 + \dfrac{1}{n} + \dfrac{(x_0 - \bar{x})^2}{\sum (x - \bar{x})^2}}$

$= 457.97 \pm 1.86 \times 65.09 \sqrt{1 + \dfrac{1}{10} + \dfrac{(35 - 27)^2}{10 \times 101.2}}$

$= 457.97 \pm 130.58 = (327.39, 588.55)$

4. (1) $r = \dfrac{n\sum xy - \sum x \sum y}{\sqrt{n\sum x^2 - (\sum x)^2}\sqrt{n\sum y^2 - (\sum y)^2}}$

$= \dfrac{6 \times 1\,487 - 21 \times 426}{\sqrt{6 \times 79 - (21)^2}\sqrt{6 \times 30\,268 - (426)^2}}$

$= \dfrac{-24}{65.999\,9} = -0.36$，两变量存在低度线性负相关关系。

(2) $b = \dfrac{6 \times 1\,487 - 21 \times 426}{6 \times 79 - (21)^2} = -0.73$

$a = \bar{y} - b\bar{x} = 73.56$

$\therefore \hat{y} = 73.56 - 0.73x$

$r^2 = (r)^2 = (-0.36)^2 = 12.96\%$，拟合程度差。

(3) $y_0 = \hat{y}_0 \pm t_{1-\frac{\alpha}{2}}(n-2)S_{yx}\sqrt{1 + \dfrac{1}{n} + \dfrac{(x_0 - \bar{x})^2}{\sum(x - \bar{x})^2}}$

其中，

$S_{yx} = \sqrt{\dfrac{\sum y^2 - a\sum y - b\sum xy}{n-2}}$

$= \sqrt{\dfrac{30\,268 - 73.56 \times 426 + 0.73 \times 1\,487}{6-2}} = 2.058\,5$

$y_0 = 73.56 - 0.73 \times 6 \pm 2.775\,4 \times 2.058\,5 \times \sqrt{1 + \dfrac{1}{6} + \dfrac{\left(6 - \dfrac{21}{6}\right)^2}{79 - \dfrac{(21)^2}{6}}}$

$= 69.18 \pm 2.776\,4 \times 2.058\,5 \times \sqrt{1 + \dfrac{1}{6} + 1.14}$

$= 69.18 \pm 8.67 = (60.51, 77.85)$

5. (1) $b = \dfrac{8\,886 - 21 \times 426}{6 \times 79 - 21 \times 21} = -1.82$，说明需求量每增加一件，价格平均下降 1.82 元/件。

$a = \dfrac{426 + 1.82 \times 21}{6} = 77.37$

$\hat{y} = 77.37 - 1.82x$

(2) $r^2 = \dfrac{77.37 \times 426 + (-1.82) \times 1\,481 - 6 \times 5\,041}{30\,268 - 6 \times 5\,041} = 82.73\%$

拟合程度比较好。

(3) $y_0 = \hat{y}_0 \pm t_{1-\frac{\alpha}{2}}(n-2)S_{yx}\sqrt{1 + \dfrac{1}{n} + \dfrac{(x_0 - \bar{x})^2}{\sum(x - \bar{x})^2}}$

$= 77.37 - 1.82 \times 6 \pm 2.776\,4 \times \sqrt{\dfrac{30\,268 - 77.37 \times 426 + 1.82 \times 1\,481}{4}}$

$$\times \sqrt{1+\frac{1}{6}+\frac{(6-3.5)^2}{79-\frac{(21)^2}{6}}}$$

$$=66.45\pm 2.776\,4\times\sqrt{0.95}\times 1.518\,8$$
$$=66.45\pm 4.11$$
$$=(62.34,70.56)$$

6. (1) $b=\dfrac{10\times 924.8-9.4\times 959}{10\times 9.28-(9.4)^2}=\dfrac{233.4}{4.44}=52.57$

$a=\dfrac{959}{10}-52.57\times\dfrac{9.4}{10}=95.9-49.42=46.48$

$\hat{y}=46.48+52.57x$

(2) $r^2=\dfrac{46.48\times 959+52.57\times 924.8-10\times\left(\dfrac{959}{10}\right)^2}{93\,569-10\times(95.9)^2}$

$=\dfrac{1\,222.96}{1\,600.9}=76.39\%$

(3) $H_0:\beta=0, H_1:\beta\neq 0$

$|t|=\dfrac{b}{\hat{\sigma}_b}=\dfrac{52.57}{\hat{\sigma}_b}$

其中，$\hat{\sigma}_b=\sqrt{\dfrac{S_{yx}^2}{\sum(x-\bar{x})^2}}=\sqrt{\dfrac{(\sum y^2-a\sum y-b\sum xy)/(n-2)}{\sum x^2-(\sum x)^2/n}}$

$=\sqrt{\dfrac{(93\,569-46.48\times 959-52.57\times 924.8)/8}{9.28-(9.4)^2/10}}=\sqrt{\dfrac{47.243}{0.444}}=10.32$

则 $|t|=\dfrac{52.57}{10.32}=5.094$

$|t|=5.094>t_{0.975,(8)}=2.306$

∴ 拒绝 H_0。

$F=\dfrac{r^2(n-2)}{1-r^2}=\dfrac{0.763\,9(10-2)}{1-0.763\,9}=\dfrac{6.111\,2}{0.236\,1}=25.88$

F 值 $>F_{0.95,(1,8)}$

∴ 拒绝原假设。

(4) $S_{yx}=\sqrt{\dfrac{\sum y^2-a\sum y-b\sum xy}{n-2}}$

$=\sqrt{\dfrac{93\,569-46.48\times 959-52.57\times 924.8}{8}}$

$=\sqrt{\dfrac{377.944}{8}}=\sqrt{47.24}=6.87$

(5) $y_0=\hat{y}_0\pm t_{1-\frac{\alpha}{2}}(n-2)S_{yx}\sqrt{1+\dfrac{1}{n}+\dfrac{(x_0-\bar{x})^2}{\sum(x-\bar{x})^2}}$

$$=46.48+52.57\times 1\pm 2.306\times 6.87\times \sqrt{1+\frac{1}{10}+\frac{\left(1-\frac{9.4}{10}\right)^2}{0.444}}$$
$$=99.05\pm 16.68=(82.37,115.73)$$

7. (1) $\hat{y}=ab^x$

$\lg \hat{y}=\lg a+x\lg b$

令 $\hat{y}'=\lg y, a'=\lg a, b'=\lg b$，则：

$\hat{y}=a'+b'x$

$\therefore \sum y'=-0.647\,3, \sum x=45.5, \sum xy'=-5.422\,7,$

$\sum (y')^2=0.302\,0, \sum x^2=208.25, n=12$

$\therefore b'=\dfrac{12\times(-5.422\,7)+45.5\times 0.647\,3}{12\times 208.25-45.5\times 45.5}=\dfrac{35.620\,7}{428.75}=-0.083$

$a'=\dfrac{-0.647\,3+0.083\times 45.5}{12}=0.260\,7$

$b=0.826\,0$

$a=1.822\,6$

$\therefore \hat{y}=1.822\,6\times (0.826)^x$

(2) $r^2=\dfrac{0.260\,7\times(-0.647\,3)+(-0.083)\times 5.422\,7-12\times\left(\dfrac{0.647\,3}{12}\right)^2}{0.302\,0-12\left(\dfrac{0.647\,3}{12}\right)^2}$

$=\dfrac{0.246\,4}{0.267\,1}=92.25\%$

拟合程度比较好。

(3) $\hat{y}=1.822\,6\times(0.826)^7=0.48$

8. (1) $\sum y=925, \sum y^2=111\,361, \sum x_1y=13\,413$

$\sum x_1=113, \sum x_1^2=1\,631, \sum x_2y=11\,016$

$\sum x_2=88, \sum x_2^2=1\,104, \sum x_1x_2=1\,315$

$\hat{y}=3.32+3.77x_1+5.8x_2$

(2) $r^2=98.7\%$

拟合程度比较好。

(3) $F=\dfrac{r^2/2}{(1-r^2)/(n-3)}=\dfrac{r^2(n-3)}{2(1-r^2)}=\dfrac{0.987\times(10-3)}{2(1-0.987)}=265.73$

F 值大于 $F_{0.95,(2,8)}=4.46$

$\therefore$ 拒绝原假设。

(4) 复相关系数 $r_{y12}=\sqrt{r^2}=0.99$

单相关系数：

$r_{y1}=\dfrac{n\sum x_1y-\sum x_1\sum y}{\sqrt{n\sum x_1^2-(\sum x_1)^2}\sqrt{n\sum y^2-(\sum y)^2}}$

$$=\frac{10\times 13\,413-113\times 925}{\sqrt{10\times 1\,631-(113)^2}\sqrt{10\times 111\,361-(925)^2}}=0.979\,5$$

$$r_{y2}=\frac{10\times 11\,016-88\times 925}{\sqrt{101\,104-(88)^2}\sqrt{10\,111\,361-(925)^2}}=0.986\,3$$

$$r_{12}=\frac{10\times 1\,315-113\times 88}{\sqrt{10\times 1\,104-(88)^2}\sqrt{10\times 1\,631-(113)^2}}=0.938\,4$$

偏相关系数：

$$r_{y1(2)}=\frac{r_{y1}-r_{y2}\cdot r_{12}}{\sqrt{1-(r_{y2})^2}\sqrt{1-(r_{12})^2}}=\frac{0.979\,5-0.986\,3\times 0.938\,4}{\sqrt{1-(0.986\,3)^2}\sqrt{1-(0.938\,4)^2}}=0.946\,9$$

$$r_{y2(1)}=\frac{r_{y2}-r_{y1}\cdot r_{21}}{\sqrt{1-(r_{y1})^2}\sqrt{1-(y_{21})^2}}=\frac{0.986\,3-0.979\,5\times 0.938\,4}{\sqrt{1-(0.979\,5)^2}\sqrt{1-(0.938\,4)^2}}=0.964\,7$$

9. (1) $\sum x_1=591,\sum x_1^2=26\,915,\sum x_1y=15\,369$

$\sum x_2=211,\sum x_2^2=3\,463,\sum x_2y=5\,515$

$\sum y=337,\sum y^2=8\,811,\sum x_1x_2=9\,620$

$n=13$

$\hat{y}=-12.84+0.58x_1+0.76x_2$

(2) $r^2=\dfrac{b_0\sum y+b_1\sum x_1y+b_2\sum x_2y-n(\bar{y})^2}{\sum y^2-n(\bar{y})^2}$

$$=\frac{-12.84\times 337+0.58\times 15\,369+0.76\times 5\,515-13\left(\dfrac{337}{13}\right)^2}{8\,811-13\left(\dfrac{337}{13}\right)^2}$$

$=0.564\,1=56.41\%$

(3) $F=\dfrac{r^2(n-3)}{2(1-r^2)}=\dfrac{0.564\,1\times 10}{2\times(1-0.564\,1)}=6.470\,5>F_{0.95,(2,11)}$

∴ 拒绝原假设。

(4) $\hat{y}=-12.84+0.58\times 55+0.76\times 20=34.26$(万箱)

10. (1) $\sum y=13.54,\sum y^2=22.978\,8,\sum x=472,$

$\sum x^2=28\,158,n=8,\sum xy=803.02$

$b=\dfrac{8\times 803.02-13.54\times 472}{8\times 28\,158-(472)^2}=0.013\,4$

$a=\dfrac{13.54}{8}-0.013\,4\times\dfrac{472}{8}=0.90$

∴ $\hat{y}=0.90+0.013\,4x$

(2) $r^2=\dfrac{a\sum y+b\sum xy-n(\bar{y})^2}{\sum y^2-n\bar{y}^2}$

$$=\frac{0.90\times 13.54+0.013\,4\times 803.02-8\times\left(\dfrac{13.54}{8}\right)^2}{22.978\,8-8\times\left(\dfrac{13.54}{8}\right)^2}=0.481\,5$$

(3) $F = \dfrac{r^2(n-2)}{1-r^2} = \dfrac{0.481\,5(802)}{1-0.481\,5} = 5.56 > F_{0.95,(1,6)} = 5.99$

∴ 拒绝原假设。

(4) $S_{yx} = \sqrt{\dfrac{\sum y^2 - a\sum y - b\sum xy}{n-2}}$

$= \sqrt{\dfrac{22.978\,8 - 0.90 \times 13.54 - 0.013\,4 \times 803.02}{6}} = 0.073\,4$

$E(y_0) = (y_0) \pm t_{1-\frac{\alpha}{2}}(n-2) S_{yx} \sqrt{\dfrac{1}{n} + \dfrac{(x_0-\bar{x})^2}{\sum(x-\bar{x})^2}}$

$= 0.90 + 0.013\,4 \times 75 \pm 2.447\,6 \times 0.073\,4 \times \sqrt{\dfrac{1}{8} + \dfrac{\left(75-\dfrac{472}{8}\right)^2}{28\,158 - \dfrac{(472)^2}{8}}}$

$= (1.730, 2.080)$

11. (1) $b = \dfrac{13 \times 66 - 21 \times 28}{13 \times 52 - (21)^2} = 1.148\,9$

$a = \dfrac{28 - 1.148\,9 \times 21}{13} = 0.297\,9$

∴ $\hat{y} = 0.297\,9 + 1.148\,9x$

(2) $r^2 = \dfrac{a\sum y + b\sum xy - n\bar{y}^2}{\sum y^2 - n\bar{y}^2}$

$= \dfrac{0.297\,9 + 1.148\,9 \times 66 - 13 \times \left(\dfrac{28}{13}\right)^2}{87 - 13 \times \left(\dfrac{28}{13}\right)^2} = 59.26\%$

拟合程度一般。

12. (1) 散点图(略)

(2) $n=15, \sum x = 344, \sum x^2 = 9\,068$

$\sum y = 152, \sum y^2 = 1\,950, \sum xy = 4\,112$

$\hat{y} = -5 + 0.625x$

(3) $r^2 = 0.78$

(4) $F = \dfrac{r^2(n-2)}{1-r^2} = \dfrac{0.78 \times 13}{1-0.78} = 46.09 > F_{0.95,(1,13)} = 4.67$

∴ 拒绝原假设。

(5) $S_{yx} = \sqrt{\dfrac{\sum y^2 - a\sum y - b\sum xy}{n-2}}$

$= \sqrt{\dfrac{1\,950 + 5 \times 152 - 0.625 \times 4\,112}{13}} = 3.281\,7$

$Y_0 = \hat{y}_0 \pm t_{1-\frac{\alpha}{2},(n-2)} S_{yx} \sqrt{1 + \dfrac{1}{n} + \dfrac{(x_0-\bar{x})^2}{\sum(x-\bar{x})^2}}$

$$=-5+0.625\times 40\pm 2.160\ 4\times 3.281\ 7\times \sqrt{1+\frac{1}{15}+\frac{\left(40-\frac{344}{15}\right)^2}{9\ 068-\frac{(344)^2}{5}}}$$

$$=20\pm 8.13=(11.87,28.13)$$

13. (1) $\sum x=55, \sum x^2=627, \sum y=250, \sum y^2=13\ 882,$ $\sum xy=2\ 919, n=5$

$$r=\frac{5\times 2\ 919-55\times 250}{\sqrt{5\times 627-(55)^2}\sqrt{5\times 13\ 882-(250)^2}}=0.969\ 2$$

(2) $y=-34.5+7.68x$

(3) $r^2=(0.969\ 2)^2=0.939\ 4=93.94\%$

(4) $E(y_0)=y_0\pm t_{1-\frac{\alpha}{2},(n-2)}S_{yx}\sqrt{\frac{1}{n}+\frac{(x_0-\bar{x})^2}{\sum(x-\bar{x})^2}}$

$$=-34.5+7.68\times 20\pm 2.353\ 4\times \sqrt{\frac{13\ 882+34.5\times 250-7.68\times 2\ 919}{3}}$$

$$\times \sqrt{\frac{1}{5}+\frac{\left(20-\frac{55}{5}^2\right)}{627-\frac{(55)^2}{5}}}$$

$$=119.1\pm 2.353\ 4\times 5.449\ 2\times 1.970\ 2$$
$$=119.1\pm 25.266\ 6$$
$$=(93.83,144.37)$$

14. (1) $\sum x=109.9, \sum x^2=1\ 177.79, \sum y=93.7, \sum y=93.7, \sum y^2=858.49, \sum xy=1\ 001.9, n=11$

$r=0.90$ 两者呈高度线性正相关关系。

(2) $b=\frac{11\times 1\ 001.9-109.9\times 93.7}{11\times 1\ 177.79-(109.9)^2}=0.824\ 1$

$a=\frac{93.7-0.824\ 1\times 109.9}{11}=0.285$

$\hat{y}=0.285+0.824\ 1x$

(3) $r^2=(0.9)^2=0.81=81\%$

(4) $y_0=\hat{y}_0\pm t_{1-\frac{\alpha}{2},(n-2)}S_{yx}\sqrt{1+\frac{1}{n}+\frac{(x_0-\bar{x})^2}{\sum(x-\bar{x})^2}}$

$$=0.285+0.824\ 1\times 10\pm 2.262\ 2\times \sqrt{\frac{858.49-0.285\times 93.7-0.824\ 1\times 1\ 001.9}{11-2}}$$

$$\times \sqrt{1+\frac{1}{11}+\frac{\left(10-\frac{109.9}{11}\right)^2}{1\ 177.79-\frac{(109.9)^2}{11}}}$$

$$= 8.526 \pm 2.262\,2 \times 0.824\,6 \times 1.044\,5$$
$$= 8.526 \pm 1.948\,4 = (6.58, 10.47)$$

15. (1) $\hat{y} = 23.56 - 1.09x$

(2) $r^2 = 0.20$

(3) $F = \dfrac{r^2(n-2)}{1-r^2} = \dfrac{0.2 \times (11-2)}{1-0.2} = 2.25 < F_{0.95,(1,9)} = 5.12$

∴ 接受原假设。

16. (1) $b = \dfrac{n\sum xy - \sum x \sum y}{n\sum x^2 - (\sum x)^2} = 0.006\,7$

$a = \bar{y} - b\bar{x} = 0.003\,4$

$\hat{y} = 0.003\,4 + 0.006\,7x$

(2) $r^2 = 0.95$

(3) $F = \dfrac{r^2(n-2)}{1-r^2} = \dfrac{0.95(10-2)}{1-0.95} = 152 > F_{0.95,(1,8)} = 5.32$

∴ 拒绝原假设。

(4) $S_{yx} = \sqrt{\dfrac{\sum y^2 - a\sum y - b\sum xy}{n-2}} = 0.017\,8$

17. (1) $\sum x = 1\,699, \sum x^2 = 389\,737, \sum y = 372, \sum y^2 = 31\,660, \sum xy = 94\,561, n = 8$

$r = \dfrac{8 \times 94\,561 - 1\,699 \times 372}{\sqrt{8 \times 389\,737 - (1\,699)^2}\sqrt{8 \times 31\,660 - (372)^2}} = 0.76$

(2) $b = \dfrac{8 \times 94\,561 - 1\,699 \times 372}{8 \times 389\,737 - (1\,699)^2} = 0.538\,1$

$a = \dfrac{372 - 1\,699 \times 0.538\,1}{8} = -67.78$

∴ $\hat{y} = -67.78 + 0.538\,1x$

(3) $r^2 = (0.76)^2 = 0.58$

(4) $S_{yx} = \sqrt{\dfrac{31\,660 + 67.78 \times 372 - 0.538\,1 \times 94\,561}{6}} = 31.60$

$E(y_0) = \hat{y}_0 \pm t_{1-\frac{\alpha}{2},(n-2)} S_{yx} \sqrt{\dfrac{1}{n} + \dfrac{(x_0 - \bar{x})^2}{\sum(x - \bar{x})}}$

$$= -67.78 + 0.538\,1 \times 140 \pm t_{0.975,6} \times 31.60 \times \sqrt{\dfrac{1}{8} + \dfrac{\left(140 - \dfrac{1\,699}{8}\right)^2}{389\,737 - \dfrac{(1\,699)^2}{8}}}$$

$$= 7.554 \pm 2.446\,9 \times 31.60 \times 0.553\,3$$
$$= 7.554 \pm 42.78 = (0, 50.334)$$

18. (1) $\hat{y}_1 = 56.51 - 0.64x_1 - 0.73x_2 - 0.31x_3$

$r^2 = 0.75$

(2) $\hat{y}_2 = -19.93 - 0.18x_1 + 3.92x_2 - 0.33x_3$

$r^2 = 0.63$

(3) $\hat{y}_2 = -25.98 - 0.11x_1 + 3.997x_2 - 0.30x_3 + 0.107y_1$

$r^2 = 0.62$

19. (1) $\hat{y} = -21.82 + 6.33x_1, r^2 = 0.55$

(2) $\hat{y} = 143.82 - 7.63x_1 + 2.67x_2, r^2 = 0.61$

(3) $\hat{y}_1 = 12.72 + 0.18x_2, r^2 = 0.973$, 存在多重共线性。

20. (1) 散点图(略)

(2) $\sum x = 220, \sum y = 450, \sum x^2 = 5\,600, \sum y^2 = 22\,100,$

$\sum xy = 10\,800, n = 10$

$$r = \frac{n\sum xy - \sum x \sum y}{\sqrt{[n\sum x^2 - (\sum x)^2][n\sum y^2 - (\sum y)^2]}} = 0.759$$

(3) $b = \dfrac{n\sum xy - \sum x \sum y}{n\sum x^2 - (\sum x)^2} = 1.184\,2$

$a = \sum y/n - b\dfrac{\sum x}{n} = 18.947\,6$

$\hat{y} = 18.947\,6 + 1.184\,2x$

(4) $r^2 = 0.759 \times 0.759 = 0.58$

(5) $S_{yx} = \sqrt{\dfrac{\sum y^2 - a\sum y - b\sum xy}{n-2}} = 9.901$

(6) $y_0 = \hat{y} \pm t_{\frac{\alpha}{2},(n-2)} S_{yx} \sqrt{\dfrac{1}{n} + \dfrac{(x_0 - \bar{x})^2}{\sum(x-\bar{x})^2}}$

$= (a + bx_0) \pm t_{1-\frac{\alpha}{2},(n-2)} S_{yx} \sqrt{\dfrac{1}{n} + \dfrac{(x_0 - \bar{x})^2}{\sum(x-\bar{x})^2}}$

$= 48.552\,6 \pm 2.306 \times 9.901 \times \sqrt{\dfrac{1}{10} + \dfrac{(25-22)^2}{760}}$

$= 48.552\,6 \pm 7.635\,6 = (40.917, 56.188\,2)$

21. (1) $r = 0.523\,3$

(2) $b = 17.719\,2$

$a = 0.390\,7$

$\hat{y} = 0.390\,7 + 17.719\,26x$

$\hat{y}_0 = 0.390\,7 + 17.719\,2 \times 30 = 531.966\,7$

(3) $s_{yx} = 3.987\,9$

22. (1) $r = 0.896\,7$

(2) $b = 1.809\,5$

$a = -2.366\,7$

$\hat{y} = -2.366\,7 + 1.809\,5x$

$\hat{y}_0 = -2.366\,7 + 1.809\,5 \times 14 = 22.966\,3$

(3) $s_{yx} = 2.895\ 1$

(4) $F = 32.815\ 8 > F_{0.95,(1,8)} = 5.32$,∴ 拒绝原假设。

23.（1）散点图（略）

(2) $a = \sum y/n - b\dfrac{\sum x}{n} = -210.453$

$b = \dfrac{n\sum xy - \sum x \sum y}{n\sum x^2 - (\sum x)^2} = 3\ 368.338$

$\hat{y} = -210.453 + 3\ 368.338x$

$r^2 = 0.902\ 1$

(3) $\hat{y}_0 = -210.453 + 3\ 368.338 \times 0.23 = 564.264\ 7$

(4) $S_{yx} = \sqrt{\dfrac{\sum y^2 - a\sum y - b\sum xy}{n-2}} = 36.939\ 7$

(5) $F = 64.48 > F_{0.95,(1,7)} = 5.59$,∴ 拒绝原假设。

24.（1）散点图（略）

(2) $r = \dfrac{n\sum xy - \sum x \sum y}{\sqrt{[n\sum x^2 - (\sum x)^2][n\sum y^2 - (\sum y)^2]}} = 0.357\ 0$

(3) $a = \sum y/n - b\dfrac{\sum x}{n} = 2.096\ 7$

$b = \dfrac{n\sum xy - \sum x \sum y}{n\sum x^2 - (\sum x)^2} = 0.853\ 9$

$\hat{y} = 2.096\ 7 + 0.853\ 9x$

(4) $\hat{y}_0 = 2.096\ 7 + 0.853\ 9 \times 7 = 8.074$

25.（1）$r = \dfrac{n\sum xy - \sum x \sum y}{\sqrt{[n\sum x^2 - (\sum x)^2][n\sum y^2 - (\sum y)^2]}} = 0.964\ 8$

(2) $a = \sum y/n - b\dfrac{\sum x}{n} = 1.5$

$b = \dfrac{n\sum xy - \sum x \sum y}{n\sum x^2 - (\sum x)^2} = 2.2$

$\hat{y} = 1.5 + 2.2x$

$r^2 = 0.930\ 8$

(3) $S_{yx} = 0.948\ 7$

(4) $y_0 = \hat{y}_0 \pm t_{\frac{\alpha}{2},(n-2)} S_{yx} \sqrt{\dfrac{1}{n} + \dfrac{(x_0 - \bar{x})^2}{\sum(x - \bar{x})^2}}$

$\quad = (a + bx_0) \pm t_{\frac{\alpha}{2},(n-2)} S_{yx} \sqrt{\dfrac{1}{n} + \dfrac{(x_0 - \bar{x})^2}{\sum(x - \bar{x})^2}}$

$$=8.1\pm 2.920\times 0.948\ 7\times\sqrt{\frac{1}{4}+\frac{(3-2.5)^2}{5}}$$
$$=8.1\pm 2.920\times 0.948\ 7\times 0.547\ 7=(6.58,9.62)$$

26. (1) $a=\sum y/n-b\dfrac{\sum x}{n}=180/6-2\times 30/6=20$

$b=\dfrac{n\sum xy-\sum x\sum y}{n\sum x^2-(\sum x)^2}=\dfrac{6\times 1\ 000-30\times 180}{6\times 200-9\ 000}=2$

$\hat{y}=20+2x$

(2) 此题截距的意义：当 $x=0$ 时，$\hat{y}=20$；回归系数的意义：当 x 增加一个单位时，y 平均增加 2 个单位。

27. (1) $a=\sum y/n-b\dfrac{\sum x}{n}=29/5-0.363\times 28/5=3.376\ 71$

$b=\dfrac{n\sum xy-\sum x\sum y}{n\sum x^2-(\sum x)^2}=\dfrac{5\times 173-28\times 29}{5\times 186-28\times 28}=0.363\ 0$

$\hat{y}=3.376\ 71+0.363\ 0x$

(2) $\hat{y}_0=3.376\ 71+0.363\ 0\times 7=6.308\ 1$

28. (1) $r=0.589$

(2) $r^2=0.589\times 0.589=0.346\ 9$

(3) $H_0:\rho=0,H_1:\rho\neq 0$

$t=2.062<t_{0.975,(8)}=2.306$

∴ 不拒绝原假设。

第十四章 时间序列分析

一、单项选择题

1. D 2. B 3. C 4. C 5. B 6. A 7. B 8. B
9. B 10. D 11. B 12. C 13. D 14. C 15. A 16. B
17. A 18. D 19. B 20. B 21. B 22. C 23. C 24. B
25. A

二、多项选择题

1. ACD 2. AD 3. AE 4. ABCD 5. BCD
6. ACE 7. CDE 8. BE 9. ACD 10. ABCE

三、计算题

1. 上半年该商店每月平均商品储存额为：

$$\bar{a}=\dfrac{\dfrac{a_1}{2}+a_2+a_3+\cdots+\dfrac{a_n}{2}}{n-1}=\dfrac{\dfrac{24}{2}+26+34+\cdots+\dfrac{36}{2}}{7-1}=181/6=30.17(万元)$$

2. 公司去年全年职工平均人数为：

$$\bar{a}=\frac{\frac{a_1+a_2}{2}\cdot f_1+\frac{a_2+a_3}{2}\cdot f_2+\cdots+\frac{a_{n-1}+a_n}{2}\cdot f_{n-1}}{f_1+f_2+\cdots+f_{n-1}}$$

$$=\frac{\frac{3\,020+3\,260}{2}\times 3+\frac{3\,260+2\,950}{2}\times 1+\cdots+\frac{3\,200+3\,270}{2}\times 2}{3+1+\cdots+2}$$

$$=40\,680/12=3\,390(人)$$

3. 2017—2021年工程技术人员占全部职工人数的平均比重为：

$$\bar{a}=\frac{\frac{a_1}{2}+a_2+a_3+\cdots+\frac{a_n}{2}}{n-1}=\frac{\frac{50}{2}+50+52+60+78+\frac{82}{2}}{6-1}=306$$

$$\bar{b}=\frac{\frac{b_1}{2}+b_2+b_3+\cdots+\frac{b_n}{2}}{n-1}=\frac{\frac{1\,000}{2}+1\,020+1\,083+1\,120+1\,218+\frac{1\,425}{2}}{6-1}=5\,653.5$$

$$\bar{c}=\frac{306}{5\,653.5}=5.41\%$$

即2017—2021年工程技术人员占全部职工人数的平均比重为5.416%。

4.（1）各月劳动生产率的时间序列见下表底行：

	单位	7月	8月	9月	第三季度
销售产值	万元	4 000.00	4 200.00	4 500.00	12 700.00
月平均人数	人	4 640.00	4 660.00	4 680.00	4 653.33
月劳动生产率	万元/人	8 602.15	8 993.58	9 698.28	27 292.26

（2）第三季度的月平均劳动生产率分为：

$$\bar{a}=\frac{a_1+a_2+a_3+\cdots+a_n}{n}=\frac{4\,000+4\,200+4\,500}{3}=\frac{12\,700}{3}$$

$$\bar{b}=\frac{\frac{b_1}{2}+b_2+b_3+\cdots+\frac{b_n}{2}}{n-1}=\frac{\frac{4\,640}{2}+4\,660+4\,680+\frac{4\,600}{2}}{3}=\frac{13\,960}{3}$$

$$\bar{c}=\frac{\bar{a}}{\bar{b}}=\frac{12\,700}{13\,960}=0.090\,7(万元/人)$$

（3）第三季度的劳动生产率为：

$$\frac{12\,700\text{万元}}{4\,653.33\text{人}}=27\,292.26(元/人)$$

5. 工地一季度平均水泥库存量为：

$$\bar{a}_{一季度}=\frac{\frac{a_1}{2}+a_2+a_3+\cdots+\frac{a_n}{2}}{n-1}=\frac{\frac{8.14}{2}+7.83+7.25+\frac{8.28}{2}}{4-1}=\frac{23.29}{3}=7.763(吨)$$

工地二季度平均水泥库存量为：

$$\bar{a}_{二季度}=\frac{\frac{a_1+a_2}{2}\cdot f_1+\frac{a_2+a_3}{2}\cdot f_2+\cdots+\frac{a_{n-1}+a_n}{2}\cdot f_{n-1}}{f_1+f_2+\cdots+f_{n-1}}$$

$$= \frac{\frac{8.28+10.12}{2} \times 2 + \frac{10.12+9.76}{2} \times 1}{2+1} = \frac{28.34}{3} = 9.4467(吨)$$

工地下半年平均水泥库存量为：

$$\bar{a}_{下半年} = \frac{\frac{a_1+a_2}{2} \cdot f_1 + \frac{a_2+a_3}{2} \cdot f_2 + \cdots + \frac{a_{n-1}+a_n}{2} \cdot f_{n-1}}{f_1+f_2+\cdots+f_{n-1}}$$

$$= \frac{\frac{9.76+9.82}{2} \times 3 + \frac{9.82+10.04}{2} \times 1 + \frac{10.04+9.56}{2} \times 2}{3+1+2} = \frac{50.9}{6} = 9.817(吨)$$

工地全年的平均水泥库存量为：

$$\bar{a}_{全年} = \frac{\frac{a_1+a_2}{2} \cdot f_1 + \frac{a_2+a_3}{2} \cdot f_2 + \cdots + \frac{a_{n-1}+a_n}{2} \cdot f_{n-1}}{f_1+f_2+\cdots f_{n-1}}$$

$$= \frac{\frac{8.14+7.83}{2} \times 1 + \cdots + \frac{9.76+9.82}{2} \times 3 + \cdots + \frac{10.04+9.56}{2} \times 2}{1+1+\cdots+2}$$

$$= \frac{110.532}{2} = 9.211(吨)$$

6. 根据题意：$a_n = a_{2020末} = 15(亿人)$，$a_0 = a_{2000末} = 12.9(亿人)$，$n = 20$，

(1) 年人口平均增长率(‰) = 年人口平均发展速度(‰) − 1 000‰

$$\bar{X}_G - 1\,000‰ = \sqrt[20]{\frac{15}{12.9}} - 1\,000‰ = \sqrt[20]{1.1628} - 1\,000‰$$

$$= 1\,007.57‰ - 1\,000‰ = 7.57‰$$

(2) 若今后年平均增长率控制在10‰时，2020年末我国人口将达：

$a_n = a_{2020末} = a_0(1+10‰)^{20} = 12.9(1.01)^{20} = 15.74(亿人)$

7. 明年一季度的计划数字应分配 = 91%/400% × 250 = 56.875(万元)

明年二季度的计划数字应分配 = 112%/400% × 250 = 70(万元)

明年三季度的计划数字应分配 = 138%/400% × 250 = 86.25(万元)

明年四季度的计划数字应分配 = 59%/400% × 250 = 36.875(万元)

8. 2021年第一季度经季节性调整的国内生产总值 = 25 × 98% = 24.5(亿美元)

9.

某化肥公司近年生产情况分析表

年 份	产量(吨)	累计增长量(吨)	定基发展速度(%)	环比发展速度(%)
2016	100	—	100	—
2017	120	20	120	120.00
2018	125	25	125	104.17
2019	150	50	150	120.00
2020	195	95	195	130.00
2021	200	100	200	102.56

10. 今年第一季度的商品流转次数＝$\dfrac{\text{第一季度零售总额}}{\text{第一季度平均库存额}}$

$$=\dfrac{32+34+33}{\dfrac{14}{2}+15+12+\dfrac{16}{2}}=\dfrac{99}{14}=7.07(次)$$

今年第一季度的平均商品流通费用率＝$\dfrac{\bar{a}}{\bar{b}}=\dfrac{\sum a/n}{\sum b/n}=\dfrac{\sum a}{\sum b}=\dfrac{2.9+3.1+2.7}{32+34+33}$

$$=\dfrac{8.7}{99}=8.79\%$$

今年上半年的商品流转次数＝$\dfrac{32+34+33+41+30+46}{\left(\dfrac{14}{2}+15+12+16+10+13+\dfrac{11}{2}\right)\big/6}$

$$=\dfrac{216}{13.083\,3}=16.51(次)$$

今年上半年的平均商品流通费用率＝$\dfrac{\text{上半年平均月流通费用额}}{\text{上半年平均月零售总额}}$

$$=\dfrac{\bar{a}}{\bar{b}}=\dfrac{\sum a/n}{\sum b/n}=\dfrac{\sum a}{\sum b}$$

$$=\dfrac{2.9+3.1+2.7+3.4+3.2+3.0}{32+34+33+41+30+46}$$

$$=\dfrac{18.3}{216}=8.47\%$$

11. (1) 抛物线趋势方程求解简化方程组为：

年 份	产值 y(万元)	年份编码 t	ty	t^2	$t^2 y$	t^4
2015	10	−3	−30	9	90	81
2016	20	−2	−40	4	80	16
2017	50	−1	−50	1	50	1
2018	50	0	0	0	0	0
2019	50	1	50	1	50	1
2020	80	2	160	4	320	16
2021	60	3	180	9	540	81
合 计	320	0	270	28	1 130	196

$$\begin{cases}\sum y=na+c\sum t^2\\ \sum ty=b\sum t^2\\ \sum t^2y=a\sum t^2+c\sum t^4\end{cases}\Rightarrow\begin{cases}320=7a+28c\\ 270=28b\\ 1\,130=28a+196c\end{cases}\Rightarrow\begin{cases}a=52.857\\ b=9.642\,9\\ c=-1.785\,7\end{cases}$$

所求的抛物线方程为：$y=52.857+9.642\,9t-1.785\,7t^2$

(2) 解法一：

年 份	t	y	$y'=\lg y$	t^2	ty'	t^2y'
2015	1	10	1	1	1	1
2016	2	20	1.301 03	4	2.602 06	5.204 12
2017	3	50	1.698 97	9	5.096 91	15.290 73
2018	4	50	1.698 97	16	6.795 88	27.183 52
2019	5	50	1.698 97	25	8.494 85	42.474 25
2020	6	80	1.903 09	36	11.418 54	68.511 24
2021	7	60	1.778 151	49	12.447 06	87.129 41
合 计	28	320	11.079 18	140	47.855 3	246.793 3

$$B = \frac{n\sum ty' - \sum t \sum y'}{n\sum t^2 - (\sum t)^2} = \frac{7 \times 47.855\ 3 - 28 \times 11.079\ 18}{7 \times 140 - 28^2} = 0.126\ 4$$

$b = 1.337\ 8$

$$A = \overline{y'} - B\overline{t} = \frac{11.079\ 3}{7} - 0.126\ 4 \times \frac{28}{7} = 1.077\ 2$$

$a = 11.944\ 2$

所求的指数曲线趋势方程为：$y = 11.944\ 2 \times 1.337\ 8^t$

解法二（简捷法）：

年 份	产值 y（万元）	年份编码 t	t^2	$y'=\lg y$	ty'
2015	10	−3	9	1.000 0	−3.000 0
2016	20	−2	4	1.301 0	−2.602 0
2017	50	−1	1	1.699 0	−1.699 0
2018	50	0	0	1.699 0	0.000 0
2019	50	1	1	1.699 0	1.699 0
2020	80	2	4	1.903 1	3.806 2
2021	60	3	9	1.778 2	5.334 6
合 计	320	0	28	11.079 3	3.538 8

$$\begin{cases} A = \dfrac{\sum y'}{n} = \dfrac{11.079\ 3}{7} = 1.582\ 8 \\ B = \dfrac{\sum ty'}{\sum t^2} = \dfrac{3.538\ 8}{28} = 0.126\ 4 \end{cases}$$

$\lg b = B$　$b = 1.337\ 8$

$\lg a = A$　$a = 38.264\ 8$

所求的指数方程为：$y = 38.264\ 8 \times 1.337\ 8^t$

12.(1) 解法一：

$$\begin{cases} b = \dfrac{n\sum ty - \sum t \sum y}{n\sum t^2 - (\sum t)^2} = \dfrac{6 \times 1\ 831 - 21 \times 476}{6 \times 91 - 21^2} = 9.428\ 6 \\ a = \overline{y} - b\overline{t} = 79.333\ 3 - 9.428\ 6 \times 3.5 = 46.333\ 3 \end{cases}$$

所求的线性趋势方程为：$y = 46.3333 + 9.4286t$

解法二（简捷法）：

年 份	2015	2016	2017	2018	2020	2021	合计
收购量（万千克）y	58	66	74	80	89	109	476
t	-5	-3	-1	1	3	5	0
$t \cdot y$	-290	-198	-74	80	267	545	330
t^2	25	9	1	1	9	25	70

$$\begin{cases} b = \dfrac{\sum ty}{\sum t^2} = \dfrac{330}{70} = 4.7143 \\ a = \dfrac{\sum y}{n} = \dfrac{476}{6} = 79.3333 \end{cases}$$

所求的线性趋势方程为：$y = 79.3333 + 4.7143t$

（2）预测 2023 年的收购量为：$y = 46.3333 + 9.4286 \times 8 = 121.76$（万千克）

简捷法：$y = 79.3333 + 4.7143 \times 9 = 121.76$（万千克）

13. 将原始数据分别进行差分处理，得到有关数据如下：

年 份	年末人口数(万人)	一阶差分	二阶差分	环比值
2015	21	—	—	
2016	25	4	—	1.19
2017	30	5	1	1.20
2018	36	6	1	1.20
2019	44	8	2	1.22
2020	53	9	1	1.21
2021	59	6	-3	1.11

从以上结果来看，采用二次抛物线方程或指数曲线方程较妥。

解法一：当拟合二次抛物线方程时，其计算表如下：

年 份	年末人口数（万人）y	t	ty	t^2	$t^2 y$	t^4
2015	21	-3	-63	9	189	81
2016	25	-2	-50	4	100	16
2017	30	-1	-30	1	30	1
2018	36	0	0	0	0	0
2019	44	1	44	1	44	1
2020	53	2	106	4	212	16
2021	56	3	168	9	504	81
合 计	265	0	175	28	1 079	196

$$\begin{cases} \sum y = nb_0 + b_2 \sum t^2 \\ \sum ty = b_1 \sum t^2 \\ \sum t^2 y = b_0 \sum t^2 + b_2 \sum t^4 \end{cases} \Rightarrow \begin{cases} 265 = 7b_0 + 28b_2 \\ 175 = 28b_1 \\ 1\,079 = 28b_0 + 196b_2 \end{cases} \Rightarrow \begin{cases} b_0 = 37.333\,3 \\ b_1 = 6.25 \\ b_2 = 0.130\,95 \end{cases}$$

所求二次抛物线方程为：$y = 37.333\,3 + 6.25t + 0.130\,95t^2$

预测 2023 年末的人口数为：$y = 37.333\,3 + 6.25 \times 5 + 0.130\,95 \times 5^2 = 71.957\,05$（万人）

解法二：当拟合指数曲线方程时，其计算表如下：

年 份	年末人口数（万人）y	t	$y' = \lg y$	t^2	ty'
2015	21	−3	1.322 2	9	−3.966 6
2016	25	−2	1.398 0	4	−2.796 0
2017	30	−1	1.477 1	1	−1.477 1
2018	36	0	1.556 3	0	0
2019	44	1	1.643 5	1	1.643 5
2020	53	2	1.724 3	4	3.448 6
2021	56	3	1.748 2	9	5.244 6
合 计	265	0	10.869 6	28	2.097 0

$$\begin{cases} A = \dfrac{\sum y'}{n} = \dfrac{10.869\,6}{7} = 1.552\,8 \\ B = \dfrac{\sum ty'}{\sum t^2} = \dfrac{2.097\,0}{28} = 0.074\,9 \end{cases}$$

$\lg b = B \quad b = 1.188\,2$

$\lg a = A \quad a = 35.710\,8$

所求的指数方程为：$y = 35.710\,8 \times 1.188\,2^t$

预测 2023 年的年末人口数为：$y = 35.710\,8 \times 1.188\,2^5 = 84.576\,0$（万人）

从以上的两个趋势方程来看，其预测的人口数差异较大。

14. 用按月平均法计算包裹收寄量的季节指数的过程及结果见下表：

年份＼月份	1	2	3	4	5	6	7	8	9	10	11	12	合计
1	213	181	128	133	122	145	124	150	131	139	196	287	—
2	298	191	131	143	156	158	146	153	157	151	227	327	—
3	261	175	164	166	174	177	175	206	180	168	274	361	—
4	304	290	210	220	230	228	200	210	220	215	270	300	—
合 计	1 076	837	633	442	682	708	645	719	688	673	967	1 275	9 345
月平均	266.75	208.25	158.25	110.5	170.5	177	161.25	179.75	172	168.25	241.75	318.75	194.687 5
季节指数(%)	137.01	107.48	81.284	56.758	87.576	90.915	82.825	92.327	88.347	86.42	124.173	163.724	1 200

15. 5 天移动平均意见数计算表如下：

周 数	序 号	星 期	意见数	5天移动意见总数	5天移动平均意见数
第1周	1	二	22	—	—
	2	三	30	—	—
	3	四	57	184	36.8
	4	五	51	186	37.2
	5	六	24	180	36.0
第2周	6	二	24	164	32.8
	7	三	41	204	40.8
	8	四	63	205	41.0
	9	五	52	205	41.0
	10	六	25	205	41.0
第3周	11	二	24	198	39.6
	12	三	41	190	38.0
	13	四	56	186	37.5
	14	五	44	181	36.2
	15	六	21	170	34
第4周	16	二	19	159	31.8
	17	三	30	150	30
	18	四	45	146	29.2
	19	五	35	137	27.4
	20	六	17	135	27.0
第5周	21	二	15	120	24.0
	22	三	23	108	21.6
	23	四	30	101	20.2
	24	五	23	99	19.8
	25	六	10	96	19.2
第6周	26	二	13	93	18.6
	27	三	20	92	18.4
	28	四	27	98	19.6
	29	五	22	—	—
	30	六	16	—	—

16.（1）将每年各月的电力消耗加总,便得到了一年为时距的时间序列,具体数据见下表:

某市历年家庭电力消耗情况一览　　　　　　　　　　　　　　单位:千瓦

年份	2016	2017	2018	2019	2020	2021
年家庭电力消耗	8 414	8 735	9 228	10 686	10 516	11 519

（2）

某市历年家庭电力消耗季节比率情况一览　　　　　　　　　　单位:千瓦

月份	2016年	2017年	2018年	2019年	2020年	2021年	同月合计	同月平均	季节比率(%)
1	558	599	587	678	752	825	3 999	666.5	81.20
2	564	585	611	691	783	720	3 954	659.0	80.29
3	535	546	579	693	381	766	3 500	583.3	71.07
4	560	612	625	753	714	770	4 034	672.3	81.91
5	582	681	659	747	751	877	4 297	716.2	87.26
6	738	736	788	972	1 013	1 096	5 343	890.5	108.49
7	1 044	967	1 011	1 260	1 206	1 215	6 703	1 117.2	136.11
8	983	1 049	1 137	1 251	1 298	1 411	7 129	1 188.2	144.76
9	945	1 029	1 074	1 234	1 213	1 207	6 702	1 117.0	136.09
10	764	786	863	1 053	985	1 022	5 473	912.2	111.13
11	608	595	693	723	740	867	4 226	704.3	85.81
12	533	550	601	631	680	743	3 738	623.0	75.90
合计	8 414	8 735	9 228	10 686	10 516	11 519	59 098	820.8	1 200.00

具体求解时,用72个月的总平均值(即820.8)分别除以不同年份的同月平均值,所求的季节比率见上表的右端。

17.（1）用按季平均法求季节指数的过程见下表。

年份 \ 季度	1	2	3	4	合计
1	522	540	570	600	2 232
2	630	656	680	708	2 674
3	728	750	775	800	3 053
4	821	845	870	900	3 436
合计	2 701	2 791	2 895	3 008	11 395
季平均	675.25	697.75	723.75	752	712.187 5
季节指数	0.948 1	0.979 7	1.016 2	1.055 9	1

（2）用长期趋势剔除法求季节指数的过程见下表:

时间序号 t	Y	预测值	$Y/T = S \times I$
1	522	524.808 8	0.994 6
2	540	549.792 6	0.982 2

续表

时间序号 t	Y	预测值	$Y/T=S\times I$
3	570	574.776 5	0.991 7
4	600	599.760 3	1.000 4
5	630	624.744 1	1.008 4
6	656	649.727 9	1.009 7
7	680	674.711 8	1.007 8
8	708	699.695 6	1.011 9
9	728	724.679 4	1.004 6
10	750	749.663 2	1.000 4
11	775	774.647 1	1.000 5
12	800	799.630 9	1.000 5
13	821	824.614 7	0.995 6
14	845	849.598 5	0.994 6
15	870	874.582 4	0.994 8
16	900	899.566 2	1.000 5

年份＼季度	1	2	3	4	合计
1	0.994 6	0.982 2	0.991 7	1.000 4	3.968 9
2	1.008 4	1.009 7	1.007 8	1.011 9	4.037 8
3	1.004 6	1.000 4	1.000 5	1.000 5	4.006
4	0.995 6	0.994 6	0.994 8	1.000 5	3.985 5
合计	4.003 2	3.986 9	3.994 8	4.013 3	15.998 2
季平均（季节指数）	1.000 8	0.996 725	0.998 7	1.003 325	0.999 9

第十五章　统计指数

一、单项选择题

1. A　　2. C　　3. B　　4. D　　5. D　　6. A　　7. A　　8. D
9. B　　10. B　　11. A　　12. D　　13. B

二、多项选择题

1. ABC　　2. ACD　　3. ABCD　　4. ABDE　　5. ABCE
6. AE　　7. AE

三、计算题

1. 列计算表如下：

商品名称	价格		销售量		基期	销售额	假定期
	P_0	P_1	Q_0	Q_1	P_0Q_0	P_1Q_1	P_0Q_1
皮鞋	25	28	4 000	5 000	100 000	140 000	125 000
呢大衣	140	160	500	550	70 000	88 000	77 000
线手套	0.5	0.6	800	1 000	400	600	500
合 计					170 400	228 600	202 500

(1) 皮鞋 $I_p = \dfrac{p_1}{p_0} = \dfrac{28}{25} = 112\%$

呢大衣 $I_p = \dfrac{p_1}{p_0} = \dfrac{160}{140} = 114\%$

线手套 $I_p = \dfrac{p_1}{p_0} = \dfrac{160}{140} = 114\%$

皮鞋 $I_q = \dfrac{q_1}{q_0} = \dfrac{5\,000}{4\,000} = 125\%$

呢大衣 $I_q = \dfrac{q_1}{q_0} = \dfrac{550}{500} = 110\%$

线手套 $I_q = \dfrac{q_1}{q_0} = \dfrac{550}{500} = 110\%$

(2) $\bar{I}_q = \dfrac{\sum p_0 q_1}{\sum p_0 q_0} = \dfrac{202\,500}{170\,400} = 118.84\%$

$\sum p_0 q_1 - \sum p_0 q_0 = 32\,100(元)$

销售量增长 18.84%，使销售额增加 32 100 元；

$\bar{I}_p = \dfrac{\sum p_1 q_1}{\sum p_0 q_1} = \dfrac{228\,600}{202\,500} = 112.89\%$

$\sum p_1 q_1 - \sum p_0 q_1 = 26\,100(元)$

销售价格增长 12.89%，使销售额增加 26 100 元。

2. 计算表如下：

产品名称	单位成本		产量		基期	报告期	假定期
	Z_0	Z_1	q_0	q_1	$Z_0 q_0$	$Z_1 q_1$	$Z_0 q_1$
甲	5	6	400	500	2 000	3 000	2 500
乙	8	10	500	600	4 000	6 000	4 800
丙	12	15	150	200	1 800	3 000	2 400
合 计	—	—	—	—	7 800	12 000	9 700

$\bar{I}_q = \dfrac{\sum z_0 q_1}{\sum z_0 q_0} = \dfrac{9\,700}{7\,800} = 124.36\%$

$\bar{I}_z = \dfrac{\sum z_1 q_1}{\sum z_0 q_1} = \dfrac{12\,000}{9\,700} = 123.71\%$

3. 列计算表如下：

产品名称	销售额(万元) p_0q_0	销售额(万元) p_1q_1	I_q
甲	150	180	1.08
乙	200	240	1.05
丙	400	450	1.15
合　计	750	870	—

(1) $\bar{I}_q = \dfrac{\sum I_q p_0 q_0}{\sum p_0 q_0} = \dfrac{1.08 \times 150 + 1.05 \times 200 + 1.15 \times 400}{750}$

$= \dfrac{832}{750} = 110.93\%$

销售量增长 10.93%。

由于销售量变动而增加的销售额为：832－750＝82(万元)

(2) $\bar{I}_p = \dfrac{\sum p_1 q_1}{\sum p_0 q_0} = \dfrac{870}{832} = 104.57\%$

销售价格增长 4.57%。

由于销售价格变动而增加的销售额为：$\sum p_1 q_1 - \sum p_0 q_0 = 870 - 832 = 38$(万元)

4. 列计算表如下：

产品名称	总产值 p_0q_0	总产值 p_1q_1	$I_p(\%)$	$\dfrac{p_1q_1}{I_p}$
甲	145	168	112	150
乙	220	276	115	240
丙	350	378	105	360
合　计	715	822	—	750

(1) $\bar{I}_p = \dfrac{\sum p_1 q_1}{\sum \dfrac{1}{I_p} p_1 q_1} = \dfrac{870}{750} = 109.6\%$

(2) $\bar{I}_q = \dfrac{\sum \dfrac{1}{I_p} p_1 q_1}{\sum p_0 q_0} = \dfrac{750}{715} = 104.90\%$

5. 列计算表如下：

产品名称	生产费用(万元) z_0q_0	生产费用(万元) z_1q_1	$I_z(\%)$
甲	160	171	95
乙	240	240	96
合　计	400	411	—

(1) 单位成本指数 $\bar{I}_z = \dfrac{\sum z_1 q_1}{\sum \dfrac{1}{I_z} z_1 q_1} = \dfrac{171+240}{\dfrac{171}{0.95}+\dfrac{240}{0.96}} = \dfrac{411}{430} = 95.58\%$

$411 - 430 = -19$(万元)

由于成本降低而节约的生产费用为 19 万元。

(2) 产量指数 $\bar{I}_q = \dfrac{\sum \dfrac{1}{I_z} z_1 q_1}{\sum z_0 q_0} = \dfrac{430}{400} = 107.50\%$

$430 - 400 = 30$(万元)

由于产量增加而增加的生产费用为：30 万元。

6. 列计算表如下：

	指数(%)	固定权数 W(%)	KW
1. 食品类		60.9	
（1）粮食	113.2	19.7	2 230.0
（2）副食品	131.5	49.6	6 522.4
（3）烟酒茶	110.2	12.9	1 421.6
（4）其他食品	130.2	17.8	2 317.0
合　计			12 491.6

食品类总指数 $\bar{I}_p = \dfrac{\sum I_p W}{\sum W} = \dfrac{12\,491.6}{100} \times 100\% = 124.9\%$

类　别	指数(%)	固定权数 W(%)	KW
1. 食品类	125	60.9	7 612.5
2. 衣着类	117.5	17.9	2 103.3
3. 日用品类	114.9	11.9	1 367.3
4. 文娱用品类	122.6	4.8	588.5
5. 书报杂志类	112.2	1.2	134.6
6. 药及医疗品类	124.2	0.7	86.9
7. 建筑材料类	111.9	0.8	89.5
8. 燃料类	117.1	1.8	210.8
合　计		100	12 193.4

零售物价总指数 $\bar{I}_p = \dfrac{\sum I_p W}{\sum W} = 121.9\%$

7. 计算列表如下：

产品名称	$p_0 q_0$	$p_1 q_1$	k_q(%)
甲	200	240	125
乙	450	485	110
丙	350	480	140

产量总指数 $\bar{I}_q = \dfrac{\sum I_g p_0 q_0}{\sum p_0 q_0} = \dfrac{200 \times 1.25 + 450 \times 1.1 + 350 \times 1.40}{200 + 450 + 350} = \dfrac{1\,235}{1\,000} = 123.5\%$

由于产量增长而增加的产值：$1\,235 - 1\,000 = 235$（万元）

8. 价格总指数为：

$$\bar{I}_p = \dfrac{\sum p_1 q_1}{\sum \dfrac{1}{I_p} p_1 q_1} = \dfrac{95 + 20 + 120}{\dfrac{95}{1.02} + \dfrac{20}{0.95} + \dfrac{120}{1.0}} = \dfrac{235}{234.19} = 100.35\%$$

销售量总指数为：

$$\bar{I}_q = \dfrac{\sum p_0 q_1}{\sum p_0 q_0} = \dfrac{\sum \dfrac{1}{I_p} p_1 q_1}{\sum p_0 q_0} = \dfrac{234.19}{170} = 137.76\%$$

9. 产量总指数为：

$$\bar{I}_q = \dfrac{\sum q_1 p_0}{\sum q_0 p_0} = \dfrac{\sum \dfrac{1}{I_p} p_1 q_0}{\sum p_1 q_1 \div \dfrac{\sum p_1 q_1}{\sum p_0 q_0}}$$

$$= \dfrac{\dfrac{80}{1.05} + \dfrac{32}{1.00} + \dfrac{150}{0.98}}{262 \div 108.5\%} = \dfrac{261.25}{241.47} = 108.19\%$$

由于产量增加而增加的产值为：$\sum q_1 p_0 - \sum q_0 p_0 = 19.78$（万元）

价格总指数为：

$$\bar{I}_p = \dfrac{\sum p_1 q_1}{\sum \dfrac{1}{I_p} p_1 q_1} = \dfrac{80 + 32 + 150}{261.25} = \dfrac{262}{261.25} = 100.29\%$$

由于价格变动使产值增加：$262 - 261.25 = 0.75$（万元）

10. 商品销售量指数为：

$$\bar{I}_q = \dfrac{\sum q_0 p_1}{\sum q_0 p_0} = \dfrac{\sum q_0 p_1}{\sum q_0 p_0} \div \dfrac{\sum q_1 p_1}{\sum q_1 p_0} = \dfrac{9.89}{8.60} \div 103\% = \dfrac{9.602}{8.60} = 111.65\%$$

由于销售量变动使商品销售额增加：$9.602 - 8.60 = 1.002$（亿元）

11.（1）销售量总指数为：

$$\bar{I}_q = \dfrac{p_0 q_1}{p_0 q_0} = \dfrac{p_0 q_0 \times \dfrac{q_1}{q_0}}{p_0 q_0} = \dfrac{35 \times 103\%}{35} = \dfrac{36.05}{35} = 103\%$$

（2）价格总指数为：

$$\bar{I}_p = \dfrac{p_1 q_1}{p_0 q_1} = \dfrac{40}{35 \times 103\%} = 110.96\%$$

（3）销售量变动对销售额的影响为：

$36.05 - 35 = 1.05$（万元）

12. 零售物价指数为：

$$\bar{I}_p = \sum \left(I_p \times \frac{w}{\sum w} \right)$$

$= 1.10 \times 11\% + 14\% \times 29\% + 108.5\% \times 35\% + 118\% \times 25\% = 109.735\%$